Diego Barros Arana

Historia general de Chile

Tomo I

Barcelona 2023
Linkgua-ediciones.com

Créditos

Título original: Historia general de Chile.

© 2023, Red ediciones.

e-mail: info@linkgua.com

ISBN rústica: 978-84-9816-733-7.
ISBN ebook: 978-84-9897-649-6.

Cualquier forma de reproducción, distribución, comunicación pública o transformación de esta obra solo puede ser realizada con la autorización de sus titulares, salvo excepción prevista por la ley. Diríjase a CEDRO (Centro Español de Derechos Reprográficos, www.cedro.org) si necesita fotocopiar, escanear o hacer copias digitales de algún fragmento de esta obra.

Sumario

Créditos _____ 4

Brevísima presentación _____ 13
   La vida _____ 13

Prólogo _____ 15

Parte primera. Los indígenas _____ 31

Capítulo I. La cuestión de los orígenes _____ 33
1. Remota existencia del hombre en el suelo americano _____ 33
2. Antiquísima civilización de algunos pueblos de América ____ 37
3. Hipótesis acerca del origen del hombre americano _____ 41
4. El estudio de sus costumbres y de sus lenguas no ha conducido a ningún resultado ____ 46
5. Trabajos de la antropología para hallar la solución de este problema: los poligenistas y los monogenistas. Hipótesis de Virchow ____ 50
6. A pesar de los hechos comprobados y bien establecidos, subsiste la oscuridad sobre la cuestión de orígenes ____ 53
7. Condiciones físicas que facilitaron el desenvolvimiento de la civilización primitiva en América ____ 54

Capítulo II. El territorio chileno. Sus antiguos habitantes. Los fueguinos _____ 57
1. Idea general de la configuración orográfica del territorio chileno ____ 57
2. Influencia de esta configuración en su meteorología y en sus producciones ____ 58
3. Sus condiciones de habitabilidad para los hombres no civilizados ____ 60
4. Incertidumbre sobre el origen etnográfico de los antiguos habitantes de Chile; unidad probable de raza de éstos con los isleños de la Tierra del Fuego ____ 62
5. Los fueguinos: su estado de barbarie, sus caracteres físicos ____ 66
6. Sus costumbres ____ 71

Capítulo III. Unidad etnográfica de los indios chilenos; conquistas de los incas en Chile _____ **77**

1. La unidad etnográfica de los indios chilenos está demostrada por sus caracteres fisionómicos y por la lingüística_____77
2. Caracteres principales de la lengua chilena _____81
3. El imperio de los incas: Tupac Yupanqui conquista toda la parte norte del territorio chileno _____85
4. El inca Huaina Capac consolida y dilata la conquista_____91
5. Resistencia tenaz que los indios del sur de Chile oponen a los conquistadores: los derrotan y los obligan a repasar el río Maule que llegó a ser el límite austral del Imperio. Historiadores de las conquistas de los incas (nota)_____92
6. Influencia bienhechora de la conquista incásica en toda la región norte de Chile __97

Capítulo IV. Estado social de los indios chilenos: la familia, la tribu, la guerra _ **102**

1. La familia entre los indios de Chile _____102
2. Aislamiento en que vivían: las habitaciones, los alimentos, el canibalismo, los vestidos _____105
3. Juntas de guerra que reunían a la tribu _____110
4. Armas que usaban en la guerra _____113
5. Cualidades militares de los indios de Chile; su astucia y su valor: suerte lastimosa de los prisioneros _____115

Capítulo V. Estado social de los indios chilenos: la industria, la vida moral e intelectual_____ **120**

1. Atraso industrial de los indios chilenos; uniformidad de ocupaciones y trabajos; la Edad de Piedra_____120
2. La agricultura_____123
3. La construcción de embarcaciones y la pesca_____124
4. Producciones intelectuales: la oratoria, la poesía, la música _____126
5. Nociones de un orden científico: la medida del tiempo, la medicina y la cirugía, los hechiceros _____128
6. Supersticiones groseras y costumbres vergonzosas _____131
7. Carencia absoluta de creencias religiosas y de todo culto: sus ideas acerca de la existencia de espíritus misteriosos_____132

8. Sus ideas acerca de la muerte y de la vida futura _____ 134
9. Carácter general de los indios chilenos. Escritores que los han dado a conocer (nota) _____ 136

Parte segunda. Descubrimiento y conquista. Hernando de Magallanes _____ 142

Capítulo I. Magallanes, 1520 _____ 143
1. Los grandes descubrimientos geográficos iniciados a fines del siglo XV ____ 143
2. Se reconoce que América forma un nuevo continente: los españoles se creen perjudicados al saber que los países descubiertos no son la India oriental ____ 145
3. Hernando de Magallanes: sus antecedentes y proyectos _____ 149
4. Emprende su viaje bajo la protección del rey de España _____ 154
5. Descubrimiento del estrecho que sirve de comunicación a los dos océanos ___ 156
6. Magallanes es abandonado por una de sus naves _____ 159
7. Exploración y salida del estrecho _____ 161
8. Primer viaje alrededor del mundo. Historiadores de la expedición de Magallanes (nota) _____ 163

Capítulo II. Expediciones de Loaisa, 1525, y de Alcazaba, 1534 _____ 169
1. Expedición de Jofré de Loaisa a las Molucas; segundo reconocimiento del estrecho de Magallanes. Historiadores de esta expedición (nota) _____ 169
2. Proyectada expedición de Simón de Alcazaba; se frustra por haber cedido Carlos V a Portugal la posesión de esas islas _____ 173
3. El emperador autoriza a Francisco Pizarro y a Alcazaba para hacer nuevas conquistas en las Indias: Pizarro conquista el Perú _____ 174
4. Carlos V divide una gran parte de la América meridional en cuatro gobernaciones y nombra gobernadores para cada una de ellas _____ 177
5. Desastrosa expedición de Alcazaba en la Patagonia. Historiadores de esta expedición (nota) _____ 179
6. Expedición de don Pedro de Mendoza al Río de la Plata: no pretende llegar a la parte de Chile que entraba en los límites de su gobernación. Historiadores de esta expedición (nota) _____ 183

Capítulo III. Almagro 1535-1537 _____ 187

1. Don Diego de Almagro resuelve marchar a la conquista de Chile _____ 187
2. Aprestos de Almagro para la campaña _____ 191
3. Viaje de los expedicionarios por las altiplanicies del Collao: horrores cometidos durante la marcha _____ 194
4. Reconcentración del ejército y su marcha al sur _____ 198
5. Viaje de Almagro al través de la cordillera de los Andes _____ 201
6. Los conquistadores en el territorio chileno: sus primeras crueldades _____ 206
7. Reciben auxilios por mar y avanzan hasta Aconcagua _____ 208
8. Reconocimiento del territorio _____ 212
9. Resuelven los españoles dar la vuelta al Perú y retroceden hasta Copiapó _____ 216
10. Almagro se reúne a sus capitanes Rodrigo Orgóñez y Juan de Rada _____ 218
11. Emprende la vuelta al Perú por el desierto de Atacama _____ 221
12. Fin desastroso del primer explorador de Chile. Historiadores de la expedición de Almagro (nota) _____ 224

Capítulo IV. Valdivia; su entrada a Chile. Fundación de Santiago (1539-1541) __ 229

1. Descrédito en que había caído el proyecto de conquistar Chile _____ 229
2. Pedro de Valdivia: Pizarro lo faculta para llevar a cabo esa conquista _____ 232
3. Trabajos y sacrificios de Valdivia para reunir y organizar las tropas expedicionarias _____ 235
4. Llega al Perú Pedro Sancho de Hoz con provisiones reales, y Valdivia se ve obligado a celebrar con él una compañía para la conquista de Chile _____ 237
5. Sale Valdivia del Cuzco en marcha para Chile _____ 241
6. Pedro Sancho de Hoz es compelido a renunciar a la compañía celebrada con Valdivia _____ 243
7. Marcha de Valdivia hasta el valle del Mapocho _____ 246
8. Fundación de la ciudad de Santiago _____ 248
9. Desastroso fin de la empresa confiada por el rey a Francisco de Camargo para poblar una gobernación en la región de Magallanes _____ 252

Capítulo V. Valdivia; los primeros días de la Conquista; destrucción y reedificación de Santiago (1541-1543) _____ 255

1. Valdivia se hace nombrar por el Cabildo y por los vecinos de Santiago gobernador y capitán general de la Nueva Extremadura _____ 255

2. Pone trabajo en los lavaderos de oro y manda construir un buque para comunicarse con el Perú _____ 262
3. Conspiración de algunos españoles contra Valdivia; castigo de los principales de ellos _____ 263
4. Levantamiento general de los indígenas contra la dominación extranjera _____ 266
5. Asalto e incendio de la ciudad de Santiago; los indios son derrotados después de un combate de un día entero _____ 267
6. Trabajos y penalidades de Valdivia para reconstruir la ciudad y para sustentar la Conquista _____ 271
7. Viaje de Alonso de Monroy al Perú y sus esfuerzos para socorrer a Valdivia _____ 278
8. Llegan a Chile los primeros auxilios enviados del Perú y se afianza la conquista comenzada por Valdivia _____ 281

Capítulo VI. Valdivia; exploración del territorio; los primeros repartimientos de indios (1544-1546) _____ **284**

1. Expediciones enviadas por Valdivia al sur y al norte del territorio; fundación de la ciudad de La Serena _____ 284
2. Hace reconocer las costas del sur de Chile por dos buques bajo las órdenes del capitán Juan Bautista Pastene _____ 287
3. Despacha Valdivia nuevos emisarios a España y al Perú para dar noticias de sus conquistas y traer otros socorros _____ 292
4. El jefe conquistador emprende una campaña al sur de Chile: llega hasta las orillas del Biobío y retrocede a Santiago convencido de que no puede fundar una ciudad _____ 296
5. Ideas dominantes entre los conquistadores de que los territorios de América y sus habitantes eran de derecho propiedad absoluta del rey _____ 299
6. El sistema de encomiendas _____ 302
7. Valdivia reparte entre sus compañeros el territorio conquistado y los indios que lo poblaban _____ 303
8. Preferencia que los españoles dan al trabajo de los lavaderos de oro _____ 308
9. Implantación del sistema de encomiendas de una manera estable _____ 312

Capítulo VII. Valdivia; su viaje al Perú; gobierno interino de Francisco de Villagrán (1546-1548) _____ **316**

1. Aventuras de los emisarios de Valdivia en el Perú: la traición de Antonio de Ulloa _316
2. Vuelta de Pastene a Chile: Valdivia se embarca en Valparaíso apoderándose de los caudales de los colonos que querían salir del país _325
3. Villagrán es reconocido gobernador interino de Chile; conspiración frustrada de Pedro Sancho de Hoz _330
4. Viaje de Valdivia al Perú _333
5. Servicios prestados por él a la causa del rey en ese país _336

Capítulo VIII. Valdivia: su regreso a Chile con el título de Gobernador (1548-1549) _339

1. El cabildo de Santiago envía al Perú a Pedro de Villagrán a pedir la vuelta de Valdivia o el nombramiento de otro gobernador _339
2. Valdivia, nombrado gobernador de Chile, reúne un cuerpo de tropas y emprende su vuelta a este país _343
3. La Gasca lo hace volver a Lima para investigar su conducta _345
4. Proceso de Pedro de Valdivia _348
5. Se embarca en Arica para volver a Chile _352
6. Sublevación de los indios del norte de Chile; incendio y destrucción de La Serena y matanza de sus habitantes _354
7. Llega Valdivia a Chile y es recibido en el rango de gobernador _356

Capítulo IX. Valdivia: organización administrativa y social de la colonia (1541-1553) _360

1. Primera población de la colonia _360
2. Primeros trabajos agrícolas _363
3. Industrias manuales; aranceles fijados por el Cabildo _369
4. El comercio: creación de un mercado público _372
5. Moneda usada por los conquistadores: la fundición de oro _375
6. Inútiles esfuerzos de los conquistadores para descubrir minas de plata _377
7. Impuestos y multas _379
8. Administración de justicia _382
9. La vida de ciudad _385
10. Condición de los indígenas _388
11. Estado religioso de la colonia _393

12. Falta absoluta de escuelas en estos primeros tiempos _____397

Capítulo X. Valdivia: primera campaña de Arauco; fundación de nuevas ciudades (1550-1552) _____ **399**

1. Aprestos de Valdivia para su campaña al sur: trabajos para la defensa de Santiago_____399
2. Noticia acerca de las armas usadas por los españoles en la conquista _____402
3. Campaña de Valdivia en las márgenes del Biobío: batalla nocturna de Andalién ___405
4. Fundación de Concepción: defensa de la nueva ciudad contra los ataques de los indios _____409
5. Valdivia despacha un nuevo emisario a España a dar cuenta de sus conquistas y a pedir las gracias a que se creía merecedor _____416
6. Campaña de Valdivia hasta las márgenes del Cautín y fundación de la Imperial___ 419
7. Reciben los españoles nuevos auxilios. Viajes y aventuras de Francisco de Villagrán: incorpora la ciudad del Barco a la gobernación de Valdivia y llega a Chile con 200 soldados _____421
8. Campaña de los conquistadores a la región del sur: fundación de las ciudades de Valdivia y Villarrica _____426

Capítulo XI. Valdivia: sus últimas campañas y su muerte (1552-1554) _____ **430**

1. Misión de Jerónimo de Alderete cerca del rey de España _____430
2. Arrogancia de Valdivia en la gestión de los negocios públicos y en la concepción de sus proyectos _____434
3. Envía dos expediciones para explorar por tierra y por mar hasta el estrecho de Magallanes _____437
4. Establece el gobernador el fuerte de Arauco y manda fundar otra ciudad al sur de Valdivia _____440
5. Fundación de dos fuertes y de una nueva ciudad en el corazón del territorio araucano _____441
6. Preparativos de los indios para un levantamiento: atacan y destruyen el fuerte de Tucapel _____443
7. Marcha Valdivia a sofocar la rebelión _____446
8. Junta general de los indios: Lautaro propone un plan de batalla y toma el mando del ejército araucano_____448

9. Memorable batalla de Tucapel _____ 451
10. Muerte de Pedro de Valdivia _____ 455
11. Su persona y familia. Historiadores de Valdivia (nota) _____ 459

Libros a la carta _____ **467**

Brevísima presentación

La vida

Diego Barros Arana (1830-1907). Chile.
Era hijo de Diego Antonio Barros Fernández de Leiva y Martina Arana Andonaegui, ambos de clase alta. Su madre murió cuando él tenía cuatro años, y fue educado por una tía paterna que le dio una formación muy religiosa.

Estudió en el Instituto Nacional latín, gramática, filosofía, historia santa y francés. Su interés por la historia se despertó tras sus lecturas del *Compendio de la historia civil, geográfica y natural* del Abate Molina, las *Memorias del general William Miller*, la *Historia de la revolución hispanoamericana* del español Mariano Torrente y la *Historia física y política de Chile* de Claudio Gay.

Su trabajo historiográfico se inició en 1850, tras la publicación de un artículo en el periódico *La Tribuna* sobre Tupac Amaru y de su primer libro, *Estudios históricos sobre Vicente Benavides y las campañas del sur*.

Barros Arana se decantó en política por el liberalismo y se enfrentó a los círculos católicos. Fue opositor encarnizado del gobierno de Manuel Montt, y su casa fue allanada en busca de armas (que en efecto se ocultaban allí). Tras este incidente tuvo que exiliarse en Argentina, donde hizo amistad con Bartolomé Mitre.

Regresó en 1863 y fue nombrado rector del Instituto Nacional, y ocupó el decanato de la Facultad de Filosofía y Humanidades de la Universidad de Chile, así como la rectoría.

Su paso por el instituto desencadenó una tormenta que quebró la alianza de gobierno conocida como Fusión Liberal-Conservadora.

En la etapa final de su vida se dedicó a su obra historiográfica y fue enviado a Argentina en una misión para definir los fronteras.

Prólogo

La publicación de una nueva *Historia de Chile*, después de los diferentes libros que existen con títulos análogos, exige algunas palabras que la justifiquen.

Las obras que al presente forman la literatura histórica de Chile se clasifican en tres grupos diferentes.

Pertenecen al primero unas cuantas crónicas o memorias escritas por contemporáneos de los sucesos que narran. Sus autores fueron generalmente soldados más o menos inteligentes, pero desprovistos de los conocimientos y de la práctica literaria que dan a los libros formas cuidadas y agradables. Dispuestas de ordinario con poco método, redactadas con desaliño, esas crónicas son, sin embargo, un auxiliar poderoso del historiador. No solo consignan noticias preciosas y casi siempre exactas sobre los hombres y los sucesos pasados, sino que las revisten de un colorido especial que nos permite penetrar en el espíritu y en las ideas de esos tiempos. Estas crónicas, desgraciadamente muy escasas, se refieren a períodos sumamente limitados, de tal suerte que fuera de éstos, el historiador no puede disponer de ninguna guía de esa clase.

El segundo grupo es compuesto por obras de muy distinto género. Escritores inteligentes e ilustrados, investigadores laboriosos, se han propuesto estudiar ciertas épocas o materias determinadas, y han formado monografías o historias parciales que dejan ver un prolijo examen de los documentos, una exposición ordenada y metódica de los hechos, un criterio elevado para juzgarlos y, con frecuencia, un verdadero arte literario en la narración. Estos libros, fruto de la cultura a que ha llegado nuestro país en los últimos años, son fragmentos notables de la historia nacional, interesantes para todo tipo de lectores, y utilísimos para el historiador que emprende una obra más vasta y más general; pero no se complementan unos con otros, y dejan, incluso, largos períodos históricos casi absolutamente inexplorados.

Forman el tercer grupo, que es el más abundante, pero, al mismo tiempo, el menos valioso de todos, las obras de conjunto, las llamadas historias generales. Desde el padre jesuita Alonso de Ovalle, que escribía en la primera mitad del siglo XVII, hasta el sabio naturalista francés, que 200 años más tarde emprendía por encargo de nuestro gobierno la publicación de la *Historia física y política de Chile*, hay una larga serie de escritores que se propusieron consignar en libros, más o menos extensos, todos los hechos históricos ocurridos en nuestro país, acerca de los cuales pudieron procurarse noticias. Desgraciadamente, ni los escasos materiales de que disponían, ni la limitada preparación literaria del mayor número de esos escritores, correspondían a la magnitud de este propósito. Ellos desconocieron, o quizá solo conocieron por fragmentos, las crónicas primitivas; no tuvieron a su alcance sino una porción muy reducida de los documentos en que debe apoyarse el historiador, y solo adquirieron sobre muchos sucesos nociones vagas, incompletas y equivocadas. Sus obras, aunque fruto de un buen propósito y de una laudable laboriosidad, distan considerablemente de satisfacer la curiosidad de los lectores de nuestra época, que buscan en la historia algo más que la relación interminable y desordenada de batallas muchas veces de escaso interés. Esos libros, por otra parte, prestan un servicio de importancia apenas relativa al historiador que dispone de más abundantes materiales para comprobar la verdad. Coordinadas con poco método, concebidas con escasa crítica, no solo para juzgar los sucesos sino para apartar las tradiciones falsas y a veces las patrañas más absurdas, esas historias, al paso que carecen de un estudio cabal de los hechos y de los documentos históricos, olvidan casi por completo los acontecimientos que no son de un carácter militar, descuidan la cronología y cada una de ellas reproduce y aumenta los mismos errores que se hallaban consignados en los libros anteriores.

Esta censura de las obras de esta clase, no puede hacerse sin algunas restricciones. Los autores de esas historias generales, que han llevado la narración hasta los sucesos de su tiempo, nos han legado acerca de éstos, noticias que colocan sus libros, a lo menos en la última parte, en la categoría de las crónicas o memorias escritas por los contemporáneos de los hechos que cuentan. Hay, por otra parte, entre las historias de este género, dos que por méritos diferentes, merecen una mención especial.

La primera de ellas es el *Compendio de la historia civil del reino de Chile*, escrito en italiano por el abate chileno don Juan Ignacio Molina, publicado en Bolonia en 1787, en un solo volumen en 8°, y traducido más tarde a varios idiomas. Fruto de una inteligencia sólida y cultivada, meditado con un criterio muy superior al de los otros historiadores que emprendieron un trabajo análogo, y escrito con una rara elegancia, ese compendio adolece, sin embargo, de varios inconvenientes que amenguan su mérito indisputable. Es demasiado sumario y, por tanto, satisface solo a medias la curiosidad del que desea instruirse en la historia de los orígenes y del desenvolvimiento de un pueblo. Obligado el autor a residir en un país en que no podía procurarse sino muy escasos materiales para la obra que había acometido, tuvo por fuerza que reducir su investigación y limitarse casi exclusivamente a dar nueva redacción a las historias que hasta entonces existían, repitiendo sus numerosos errores de detalle, pero animando su libro con más vida y con un espíritu crítico y filosófico de que aquellas obras carecían absolutamente. Su narración se detiene en los sucesos de la segunda mitad del siglo pasado, de manera que a esas otras desventajas, se une la de ser muy incompleta para nosotros.

La extensa *Historia política de Chile*, que lleva el nombre de don Claudio Gay, y que forma ocho volúmenes en 8.°, aunque superior a las obras históricas que la precedieron, no ha satisfecho tampoco la necesidad de una historia general. Naturalista laborioso, explorador infatigable, Gay no estaba preparado por sus estudios especiales ni por la inclinación de su espíritu para acometer trabajos históricos. Sin embargo, poniendo en ejercicio su empeñosa actividad, dio cima a una obra desigual en mérito, pero que tiene partes recomendables. Son estas últimas las que ha trabajado por sí mismo, esto es, los primeros años de la Conquista, y la historia de la revolución y de la República. Pero, obligado a prestar una atención preferente a la historia natural del país, confió a manos subalternas la composición de una gran porción de la historia civil. Sus colaboradores se limitaron casi exclusivamente a dar nueva forma a las llamadas historias generales que entonces existían. El lector encuentra allí el tejido más o menos completo y ordenado de los hechos, pero concebido con escaso estudio de las fuentes históricas, sembrado de graves y frecuentes errores y falto en su conjunto y en sus accidentes de todo aquello que puede darnos a conocer la vida, las ideas y el carácter de los tiempos pasados. Es difícil concebir una historia que satisfaga menos las exigencias de un lector de nuestros días.

Un examen casi superficial de esas obras bastaba para producir el convencimiento de que la historia de Chile estaba por rehacerse en casi todas sus partes, y de que debía emprenderse este trabajo con el mismo espíritu de prolija investigación y de crítica escrupulosa que algunos escritores nacionales han aplicado al estudio de ciertos períodos o de materias determinadas. Cuando hace más de treinta años me propuse adquirir un conocimiento regular y ordenado de la historia patria, pude interiorizarme de que no eran los materiales lo que faltaba para llevar a cabo esta obra de reconstrucción. Los archivos nacionales guardaban un considerable caudal de documentos, de donde era fácil sacar abundantes noticias para rectificar y para completar las que hasta entonces corrían en los libros impresos o manuscritos que circulaban con el nombre de historia de Chile. El estudio paciente de muy pocos años bastaba, sin embargo, para agotar el material histórico de esos archivos, donde, por otra parte, habían hecho rudos y deplorables estragos la acción destructora del tiempo y el descuido de las viejas generaciones de gobernantes y de oficinistas, a punto de haber desaparecido una buena parte del material legado por los dos primeros siglos de la Colonia.

Pero en España se conserva casi intacto el más rico tesoro de documentos relativos a nuestra historia antigua, guardado en el inmenso Archivo de Indias que existe en Sevilla. Conservado con esmero, clasificado con un método que facilita hasta cierto punto la investigación, ese archivo encierra, entre otras preciosidades, la correspondencia que los virreyes y gobernadores de América mantenían con el rey, los procesos de residencia de aquellos mandatarios, las quejas y acusaciones que se formulaban contra éstos, las relaciones de méritos de los que pedían alguna gracia al soberano, derroteros de viajes y exploraciones, memoriales o notas sobre muchos hechos o sobre la descripción de estos países y un número considerable de expedientes y papeles sobre negocios militares, religiosos, civiles y administrativos. El régimen esencialmente centralizador que los monarcas españoles crearon para el gobierno de sus colonias, aun de las más apartadas, pudo ser muy desfavorable para el desarrollo de éstas; pero ha sido de la más grande utilidad para la construcción de la verdadera historia. Todos los funcionarios civiles, militares y eclesiásticos estaban obligados a dirigirse al rey para informarlo acerca de los asuntos que corrían a cargo de cada uno de ellos. El rey, por su parte, dictaba desde Madrid todas las leyes, todas las instrucciones y hasta las ordenanzas de policía para el gobierno de sus colonias. Esos informes de los subalternos y esos mandatos del soberano, que son la fuente más abundante de informaciones seguras acerca de la historia americana, forman por sí solos muchos millares de legajos que ofrecen un campo casi inagotable a la investigación histórica. Guardados con obstinada reserva durante siglos, esos documentos no fueron conocidos sino por unos pocos historiadores. Un espíritu mucho más ilustrado los ha puesto en nuestro tiempo a la disposición de los hombres estudiosos de todas las naciones.

Aunque los legajos referentes a Chile ocupan por su número un rango modesto en el Archivo de Indias, respecto, sobre todo, del inmenso caudal de materiales que allí existen sobre las otras colonias, y en especial respecto del Perú y de la Nueva España, su estudio me ocupó muchos meses de los años de 1859 y 1860. Por mí mismo tomaba notas de los documentos menos importantes, extractaba voluminosos expedientes, abreviaba extensos y difusos memoriales, al mismo tiempo que hacía copiar por varios escribientes, experimentados en esta clase de trabajos, todas las piezas que creía de importancia capital. Formé, así, una extensa y valiosa colección de manuscritos que me permitió reconstruir por completo una gran parte, si no el todo, de la historia antigua de Chile.[1]

Mis investigaciones en el Archivo de Indias no se limitaron a la sección clasificada bajo el nombre de Chile. Entre los documentos concernientes al Perú, hallé muchos relativos a nuestro país, como cartas de los gobernadores a los virreyes o expedientes sobre asuntos chilenos tramitados en Lima. Estoy persuadido, sin embargo, de que a pesar de mi diligencia, queda en esta última sección algo de que no pude tomar conocimiento, y que más tarde podrán quizá explotar otros investigadores más afortunados.

En España, además, pude procurarme muchos otros materiales. En el riquísimo Archivo de Simancas, donde estuvieron depositados hasta fines del siglo último los documentos relativos a América, hallé algunos legajos concernientes a Chile que contenían piezas de grande utilidad. La biblioteca de la Academia de la Historia, de Madrid, posee una preciosa sección de manuscritos, y entre ellos la mayor parte de la importante colección de notas y documentos formada

---

1 Diez años más tarde, don Benjamín Vicuña Mackenna hizo sacar copia de un gran número de documentos del mismo Archivo de Indias, y formó una colección tan valiosa como abundante, que conserva cuidadosamente distribuida y empastada. Naturalmente, nuestras colecciones, la suya y la mía, tienen muchos documentos comunes, pero hay también en cada una de ellas piezas que faltan en la otra, de tal suerte que ambas se completan. Así, en la colección del señor Vicuña he hallado copias íntegras de ciertos documentos, informaciones y expedientes, de que solo poseía extractos en la mía. Felizmente para mí, cuando he emprendido el trabajo de redacción, he podido disponer a la vez de ambas colecciones, gracias a la ilustrada generosidad de este antiguo amigo que sin reserva alguna ha puesto a mi disposición su extenso y precioso archivo de manuscritos para la historia nacional.

a fines del siglo anterior por el laborioso historiógrafo don Juan Bautista Muñoz. En la Biblioteca Nacional de Madrid y en las colecciones de algunos particulares, me proporcioné copias de numerosas relaciones y de varias crónicas, dos de ellas en verso, que eran absolutamente desconocidas en nuestro país. En España y en otros países de Europa pude también completar mis colecciones de libros impresos sobre la historia y la geografía de América. En ellas he logrado reunir, después de más de treinta años de afanosas diligencias, casi todos los libros y opúsculos que directa o indirectamente se refieren a la historia de Chile.

Una vez en posesión de estos abundantes y valiosos materiales, he pensado utilizarlos en una obra general y de conjunto que sin aspirar a ser la historia definitiva de nuestro país, satisfaga por el presente la necesidad que hay de un libro de esta naturaleza. Pero si me es dado tener confianza absoluta en la solidez de los materiales que tenía reunidos, todo me induce a temer por el resultado de esta tentativa. La historia general de una nación, por corta que sea la vida política que ésta ha tenido, exige una extensa y prolija investigación sobre las más variadas materias. Una historia de esta clase no puede ser la obra de un solo hombre, a menos que existan abundantes estudios parciales que hayan preparado una parte considerable del trabajo de investigación y de esclarecimiento fundamental de los hechos. Aunque, como ya he dicho, no faltan ensayos de esta clase acerca de la historia chilena, son todavía poco numerosos y no tratan más que algunos de los múltiples asuntos que deben figurar en una historia general.

Pero aun contando con esos trabajos preparatorios, la composición de una obra de la naturaleza de la presente, habría desalentado a quien hubiese acometido esta empresa con propósitos menos modestos que los míos, es decir, con el designio de escribir una historia de aspiraciones filosóficas y literarias, y no un cuadro menos aparatoso de noticias estudiadas con seriedad y expuestas con claridad y sencillez. Era preciso abarcar en su conjunto la vida de una nación, dar a conocer los diversos elementos que la han formado y que han procurado su desenvolvimiento, y descubrir con criterio seguro la influencia recíproca de esos elementos. La historia de la sucesión ordenada de los gobernantes de un pueblo, de las guerras que sostuvieron, y de las más aparatosas manifestaciones de la vida pública, no satisface en nuestra época a los lectores ilustrados. Buscan éstos en las relaciones del pasado algo que lo haga conocer más completamente, que explique su espíritu, su manera de ser, y que revele las diversas fases por las que ha pasado la sociedad de que se trata. Para muchos de ellos, la relación prolija de acontecimientos, por pintoresca y animada que sea, tiene escasa importancia.

De aquí han nacido las historias vulgarmente llamadas filosóficas, con pocos hechos, o en que éstos ocupan un lugar secundario y como simple accesorio que sirve de comprobación de las conclusiones generales. En manos de verdaderos pensadores y de escritores ilustres, la historia concebida en esta forma, ha adquirido una grandiosidad sorprendente; nos permite observar, en un cuadro general y concreto, la marcha progresiva de la humanidad, y apreciar en su conjunto las leyes morales a que está sometido su desenvolvimiento. Este género de historia, instructivo e interesante para los lectores cultos, no es todavía propiamente popular, porque para ser comprendido y apreciado, es indispensable cierta preparación intelectual que no es del dominio de la mayoría. Exige además del autor, a la vez que un juicio claro y penetrante, ajeno a todo espíritu de sistema, un conocimiento exacto y profundo de los hechos, por más que éstos tengan poca cabida en su libro. Cuando el historiador no posee estas condiciones, no llega a otro resultado que el de combinar una serie de generalidades más o menos vagas y declamatorias, una especie de caos que no procura agrado ni instrucción, una obra fútil y de escaso valor, que solo puede cautivar a los espíritus más superficiales.

Al emprender esta historia, he adoptado de propósito deliberado el sistema narrativo. Me he propuesto investigar los hechos con toda prolijidad en los numerosos documentos de que he podido disponer, y referirlos naturalmente, con el orden, el método y la claridad que me fuera posible para dejarlos al alcance del mayor número de los lectores. Sin desconocer la importancia de la aplicación del método sintético o filosófico al arte de escribir la historia, he obedecido en mi elección a razones que creo necesario exponer.

En primer lugar, la llamada historia filosófica es la última transformación del arte histórico. No puede existir sino a condición de que la historia haya pasado por las otras fases, de que haya llevado a cabo un estudio atento y minucioso de los documentos y de los hechos, y de que haya establecido definitivamente la verdad, despojándola de fábulas y de invenciones, y echado así los cimientos sobre los cuales debe construirse la historia verdaderamente filosófica. El estudio de los hechos no ha llegado todavía entre nosotros a este grado de perfeccionamiento. Existen, como hemos dicho, trabajos parciales de un mérito indisputable, pero están contraídos a muy cortos períodos o a materias muy determinadas; de modo que queda aún mucho por investigar para tener un cuadro aproximadamente verdadero de los hechos sobre los cuales puedan basarse esas obras de conjunto y de conclusiones generales.

La historia narrativa, en segundo lugar, se dirige a mayor número de lectores, agrada a veces con el interés de una obra de imaginación, y nos da a conocer las individualidades más o menos prominentes de los tiempos pasados, de que hace abstracción casi por completo la historia conocida comúnmente con la denominación de filosófica. Aunque la importancia de un gran número de personajes que figuraron en un siglo, desaparece más o menos con el transcurso de los tiempos, siempre hay un interés, aunque sea el de simple curiosidad, por conocer sus hechos y su carácter. Ha llegado a decirse que, relegada por el movimiento científico e industrial de nuestra época y, más aún, por el de los tiempos futuros, la historia, a lo menos tal como ahora se la comprende, tiene que desaparecer del número de los estudios que preocupan a la humanidad.[2] Esta opinión no puede ser sino relativamente exacta. Es cierto que más tarde, cuando la historia más vasta y más complicada en su conjunto, llegue a ser un estudio mucho más difícil, habrán de interesar menos que al presente los accidentes biográficos; pero siempre habrá en cada pueblo hombres que desearán conocer los antecedentes de su raza y lo que fue la vida de sus antepasados. Este estudio es una necesidad intelectual de que difícilmente podrá desprenderse el espíritu de los hombres, por diversas que sean las aspiraciones de las edades futuras. La historia narrativa tendrá en los siglos venideros menos adeptos, pero siempre contará con algunos aficionados.

---

2 «Las ciencias históricas, dice M. E. Renán, pequeñas ciencias conjeturales que se deshacen sin cesar después de haber sido hechas, y que se descuidarán dentro de cien años. En efecto, se ve aparecer una época en que el hombre no prestará mucho interés a su pasado. Me temo mucho que nuestros escritos de precisión de la Academia de Bellas Letras e inscripciones, destinados a dar alguna exactitud a la historia, se pudran antes de haber sido leídos. La química por una parte, la astronomía por otra, y la fisiología sobre todo, nos darán verdaderamente el secreto del ser y del mundo. El pesar de mi vida es el haber escogido para mis estudios un género de investigaciones que no se impondrá nunca, y que quedará siempre en el estado de interesantes discusiones sobre una realidad desaparecida para siempre.» E. Renán, «Souvenirs d'enfance et de jeuneusse», en la Revue des deux mondes, del 15 de diciembre de 1881.

En tercer lugar, la forma narrativa no excluye de la historia las aplicaciones del género filosófico: antes, por el contrario, las exige y, aun, éstas llegan a constituir uno de sus elementos indispensables. Puede decirse que ambos géneros se combinan fácilmente en una sola obra, haciéndola más instructiva e interesante. Si por historia filosófica se comprende un tejido de generalidades aplicables igualmente a todos los tiempos y a todos los países, o de disertaciones morales y políticas, como lo han creído algunos espíritus superficiales, será, sin duda, difícil o, a lo menos, embarazoso, refundirla en la historia narrativa. Pero, si por aquélla se entiende el encadenamiento lógico de los hechos, su sucesión natural explicada por medio de las relaciones de causas y de efectos, el estudio no solo de los sucesos militares y brillantes, sino de todos los accidentes civiles y sociales que pueden darnos a conocer la vida de otros tiempos, lo que pensaban y sufrían las generaciones pasadas, así como su estado moral y material, sin duda que esas nociones deben tener cabida en el cuadro narrativo de los hechos, y aun desprenderse sencillamente de éstos.

Es preciso no ignorar que la historia narrativa comprendida de esta manera, presenta las más graves dificultades y exige en el historiador dotes intelectuales que a pocos es dado poseer. La Edad Moderna, como ya dijimos, no se contenta con hallar en la historia el cuadro de los sucesos políticos y militares, sino que reclama noticias de otra clase, descuidadas ordinariamente antes de ahora, y que, sin embargo, son las que nos hacen penetrar mejor en el conocimiento de los tiempos pasados. La historia de un pueblo no es ya únicamente la de sus gobernantes, de sus ministros, de sus generales y de sus hombres notables, sino la del pueblo mismo, estudiado en todas sus manifestaciones, sus costumbres, sus leyes, sus ideas, sus creencias, su vida material y moral; y debe, además, estar expuesta con la más transparente claridad para que del conjunto de hechos tan complejos, resulte la reconstrucción artificial, pero exacta del pasado. El historiador, como se comprende, tiene que dar una gran amplitud a sus trabajos de investigación, que extenderlos a materias que en otras épocas se creían ajenas de la historia, y que combinar sus noticias para hacer entrar en el cuadro de los hechos los accidentes morales y materiales que contribuyen a dar toda la luz posible sobre los tiempos que deseamos conocer.

La labor de investigación que recae sobre esta clase de accidentes, exige una sagacidad particular. Hace medio siglo, un insigne crítico, que más tarde fue uno de los grandes historiadores de nuestro tiempo, decía a este respecto lo que sigue: «Las circunstancias que más influyen en la felicidad de la especie humana, los cambios en las costumbres y en la moral, el movimiento que hace pasar las sociedades de la pobreza a la riqueza, de la ignorancia a la instrucción, de la ferocidad a la humanidad, son en su mayor parte revoluciones que se operan sin ruido. Sus progresos son rara vez señalados por lo que los historiadores han convenido en llamar acontecimientos importantes. No son los ejércitos quienes los ejecutan, ni los senados quienes los votan. No han sido sancionados por tratados ni inscritos en los archivos. La corriente superficial de la sociedad no nos da ningún criterio seguro para poder juzgar cuál es la dirección de la corriente inferior. Leemos las relaciones de derrotas y de victorias, pero sabemos que las naciones pueden ser desgraciadas en medio de las victorias y prósperas en medio de las derrotas».[3] Solo una penetración verdaderamente superior y un largo hábito de estudios históricos, pueden habilitar al investigador para penetrar con paso firme y seguro en la observación de esta clase de hechos.

Si esta dificultad es verdaderamente enorme cuando se trata del estudio de los hechos materiales, es todavía mayor si se quiere penetrar su espíritu, así como el carácter de los hombres y de los tiempos pasados. «Se insiste mucho

---

3   Lord Macaulay, «On history», artículo de la Edimbourgh Review de mayo de 1828. Señalando las dificultades con que tiene que luchar el historiador, Macaulay dice magistralmente lo que sigue: «Escribir la historia convenientemente, es decir, hacer sumarios de los despachos y extractos de los discursos, repartir la dosis requerida de epítetos encomiásticos o indignados, dibujar por medio de antítesis los retratos de los grandes hombres hasta poner en relieve cuantas virtudes y vicios contradictorios se combinaban en ellos, son todas cosas muy fáciles. Pero ser realmente un verdadero historiador es quizá la más rara de las distinciones intelectuales. Hay muchas obras científicas que son absolutamente perfectas en su género. Hay poemas que nos inclinan a declararlos sin defectos, o marcados solo por algunas manchas que desaparecen bajo el brillo general de su belleza. Hay discursos, muchos discursos de Demóstenes particularmente, en que sería imposible cambiar una sola palabra sin imperfeccionarlos. Pero no conocemos un solo libro de historia que se acerque a la historia tal como concebimos que debería ser, y que no se desvíe grandemente ya a la derecha ya a la izquierda de la línea exacta que debía ser su verdadero camino».
Estos conceptos que el autor desarrolla con tanta erudición como criterio en algunas páginas llenas de brillo, son desalentadores para los que aspiran a producir obras históricas de aparato literario y filosófico; pero no deben desalentar a los que con propósitos mucho más modestos, pretenden solo contar con método y claridad los sucesos que han estudiado prolijamente.

en nuestros días, y con razón, dice un célebre crítico contemporáneo, en la necesidad que tiene el historiador de hacer abstracción del medio intelectual y moral en que se encuentra colocado. Se quiere que se separe de su siglo y, en cierta manera, de sí mismo, de sus propios sentimientos, de sus propias ideas, a fin de entrar mejor en el espíritu de los tiempos pasados. La recomendación es buena, pero es más difícil de seguir de lo que parece. Se necesita un gran hábito en las investigaciones históricas para saber cuánto difiere el hombre antiguo del hombre moderno: se necesita una flexibilidad de espíritu poco común para transportarse a una antigüedad remota y asociarse un momento a sus preocupaciones y pasiones. Se necesita una alta imparcialidad de espíritu para desligarse de su propia manera de ver, y para renunciar a hacer de ella la regla de lo verdadero.»[4]

Si es casi absolutamente imposible el desempeñar en toda su extensión este vasto y difícil programa impuesto a los estudios históricos por las necesidades y exigencias de nuestra época, si es dado a muy pocos hombres el acercarse siquiera a ese resultado, no debe el historiador dejar de poner de su parte el esfuerzo posible para servir a esos propósitos. Desgraciadamente, por lo que respecta a nuestro país, las relaciones y documentos que nos ha legado el tiempo pasado, son en su mayor parte de un carácter puramente militar. La guerra de más de dos siglos que ocupó a los españoles conquistadores de nuestro suelo, y más tarde la guerra de nuestra independencia, forman el material preferente de esas piezas, porque era también la guerra el asunto que más preocupaba la atención de nuestros mayores. Sin embargo, al lado de ella se operaba lentamente, sin estrépito ni aparato, una transformación social de ésas que apenas dejan huella en los documentos. Un investigador paciente encontrará en ellos, si no toda la luz que puede apetecer, la suficiente para que la historia que se propone escribir no quede a este respecto en la oscuridad en que la dejaron casi todos los historiadores y cronistas anteriores.

Mi principal empeño ha sido el recoger este orden de noticias. Sin descuidar la crónica militar, que tiene una importancia tan capital en la historia de nuestro pasado, antes por el contrario, esclareciéndola con el fruto de nuevas y más prolijas investigaciones, rectificando los numerosos errores con que había sido contada, esforzándome en relacionarla en sus causas y en sus efectos con los

---

4   Edmond Scherer, *Etudes critiques sur la littérature contemporaine*, París, 1863, pág. 189.

sucesos de otra clase, he querido acercarme cuanto me era dable a escribir una historia civil de Chile. En esta tentativa no pretendo siquiera el mérito de la originalidad de haber introducido en nuestra historia un elemento y una forma que le fueran desconocidos. Algunos escritores modernos de nuestro país habían ensayado ya este sistema, y han producido obras de un mérito indisputable. No necesito recordar la más notable de todas ellas, Los precursores de la independencia de Chile, en que don Miguel Luis Amunátegui ha trazado con elevado criterio y con la más rica erudición, muchas de las fases de la vida social de la Colonia. Mi libro, aumentando el caudal de noticias, presentándolas en un cuadro más vasto, y en un orden cronológico, a la par con los sucesos políticos y militares, aspira a completar en la medida de lo posible el conocimiento de nuestro pasado.

En el curso de estas páginas he tenido cuidado particular de hacer hablar los antiguos documentos o las viejas relaciones, sea reproduciendo literalmente sus propias palabras, sea abreviándolas para darles una forma más clara y más concreta. En todo caso, me he esmerado en poner al pie de cada página la indicación exacta del documento o del libro que me sirve de guía. Es posible que para algunos lectores, esta abundancia de citas no tenga ningún interés y, aun, que pueda parecer embarazosa. Sin embargo, los que se dedican a este orden de estudios estimarán de otra manera nuestras indicaciones. Cualquier persona que se haya contraído un poco a los trabajos de investigación histórica, sabe cuán útiles son las referencias bibliográficas y cuánto facilitan la tarea.[5]

Además de estas notas de simple referencia, he destinado otras más extensas y, aun, a veces capítulos enteros, a dar a conocer algunos documentos, a señalar la importancia histórica de ciertas relaciones y a consignar noticias biográficas de sus autores. Estas indicaciones bibliográficas servirán, según creo, no solo para establecer la importancia relativa de cada pieza o de cada libro, sino para guiar en el trabajo de investigación a los que se dedican a este género de estudios. Esas apreciaciones, generalmente sumarias son, sin embargo, el

---

[5] En las citaciones de documentos, he omitido casi siempre la indicación de que son inéditos, para evitar repeticiones. Cuando cito alguna pieza que ha sido publicada con anterioridad, tengo ordinariamente cuidado de advertirlo así, señalando el libro en que se encuentra. Debe entenderse que cuando falta esta indicación, es porque el documento de que se trata permanece manuscrito.

resultado del examen detenido que he tenido que hacer de los documentos y de las crónicas.

En estas notas me he limitado de ordinario a señalar solo las autoridades verdaderamente respetables, es decir, las de los documentos o relaciones contemporáneas de los sucesos, absteniéndome casi siempre de refutar los asertos que sobre los mismos hechos se hallan en los cronistas e historiadores posteriores. El estudio detenido de éstos, y su comparación con los documentos primitivos, revelan, tantos, tan graves y tan frecuentes errores, que su autoridad debe parecer en todo caso sospechosa, a menos de existir pruebas en contrario. La demostración de esos errores me habría llevado demasiado lejos, obligándome a llenar tomos enteros con explicaciones engorrosas y casi innecesarias. En este punto, me bastará repetir aquí lo que he dicho en algunas páginas anteriores: los llamados cronistas o historiadores de la era colonial no merecen confianza sino en lo que cuentan respecto del tiempo en que vivieron. Sus noticias acerca de los sucesos anteriores, adolecen de todo género de equivocaciones. Solo una que otra vez han consignado en sus libros algún documento que no ha llegado hasta nosotros en otra forma, y que el historiador moderno puede utilizar. La verdadera crítica histórica es de implantación moderna en nuestra literatura. Ha comenzado solo con los apreciables trabajos que han dado a luz algunos historiadores chilenos en los últimos cuarenta años.

Debo terminar estas páginas con una declaración de la más absoluta franqueza. Aunque he puesto la más empeñosa diligencia en reunir en largos años de trabajo, y sin perdonar sacrificios, los materiales para preparar esta historia; aunque he podido disponer de un vasto y precioso arsenal de libros y de documentos, en su mayor parte desconocidos a los historiadores generales de Chile que me han precedido y, aunque los he estudiado con la más esmerada prolijidad para sacar de ellos las noticias mejor comprobadas y las más útiles, estoy persuadido de que mi libro no es más que un extenso bosquejo de la historia nacional, que será sobrepujado en breve por trabajos mejor elaborados. La historia, como se sabe, está sujeta a transformaciones sucesivas. «Así como los hombres y los pueblos no han pensado ni obrado siempre con las mismas disposiciones, decía un distinguido historiador francés, de Barante, así también no han visto los hechos pasados bajo el mismo aspecto.» Cada edad busca en la historia nuevas lecciones y cada una exige de sus páginas otros elementos y otras noticias que habían descuidado las edades anteriores. Pero aun sin contar con esta ley fatal que ha condenado a un olvido casi completo a muchas obras de un mérito real y que tuvieron gran crédito en la época de su publicación, tengo otros motivos para creer que antes de mucho, esta historia será reemplazada por obras de un mérito más duradero. La investigación prolija y completa de nuestro pasado está apenas comenzada. Creo que mi libro contribuirá no poco a adelantarla y que en algunos puntos será difícil pasar más allá, pero nuevos investigadores, más afortunados que yo, podrán rehacer muchas de estas páginas con más luz, en vista de documentos que, a pesar de mi empeño, me han quedado desconocidos.

Por otra parte, desde el punto de vista del arte de composición, mi libro deja, sin duda, alguna no poco que desear. Empeñado, sobre todo, en descubrir la verdad en millares de documentos, con frecuencia embrollados y confusos, cuando no contradictorios entre sí, como sucede en las piezas de los procesos, escritos muchos de esos documentos en una letra casi ininteligible para nosotros, y que, sin embargo, me ha sido necesario descifrar con paciencia,[6]

---

6   No es por cierto el menor de los trabajos que impone el estudio de los viejos documentos históricos, la interpretación de escrituras muchas veces casi ininteligibles. Aunque la constancia y el hábito vencen en parte esta dificultad y habilitan al investigador para leer casi corrientemente manuscritos que a primera vista parecen indescifrables, he tenido siempre a la mano algunos tratados especiales que me han sido de gran utilidad. Debo recordar como el mejor quizá de todos ellos, y el que más me ha servido, la *Escuela de leer letras cursivas antiguas y modernas* del padre Andrés Merino, que forma un hermoso volumen en folio, impreso en Madrid en 1780 con todo el lujo de la edad de oro de la tipografía española.
La lectura de esos viejos documentos me ha confirmado la verdad de una observación que ha hecho el padre Merino al final del prólogo de su obra. «No deja de ser verdad, dice, que la mayor parte de las letras del siglo decimosexto (y pudo haber agregado de la primera mitad del siglo siguiente) parecen caracteres nigrománticos, en especial por lo tocante a cartas; y se debe notar una cosa bastante singular, y es que a excepción de los escribanos, y los que tenían oficio de escribir cartas, los demás escribían bien claro e igual, y con una letra peladita y limpia.» En efecto, al paso que los escribanos y los copistas de oficio, por engalanar la escritura o por cualquier otro motivo, la recargaban de rasgos y de adornos que la convertían a veces en una especie de jeroglíficos casi indescifrables, cuando no verdaderamente indescifrables, las personas de alguna cultura que escribían por sí mismas, usaban de ordinario una letra bastante clara, y que se asemeja mucho a la del siglo pasado. Así, al paso que los libros del Cabildo de Santiago, escritos por escribanos de oficio, tienen páginas cuya interpretación impone el más fatigoso trabajo, y deja siempre lugar a dudas en algunos pasajes, sobre todo por ciertas abreviaciones casi inexplicables, el manuscrito original de la crónica de Góngora Marmolejo, conservado en la biblioteca de la Academia

no me era dado prestar una atención preferente al trabajo puramente literario, y he cuidado más el fondo que la forma. Me he empeñado en reunir, en cuanto me ha sido dable, todas las noticias que pueden interesar o ser útiles a la posteridad, en fijar su exactitud y en agruparlas ordenadamente sin aparato y sin pretensiones literarias, buscando en la ejecución solo la mayor claridad que me era posible alcanzar.

A pesar de todo, sin hacerme ilusiones sobre el mérito de mi libro, creo que puede ser útil en el estado actual de los conocimientos sobre la historia nacional. Los lectores chilenos hallarán en él un cuadro de los acontecimientos de nuestro pasado en que no escasean las noticias recogidas en las fuentes más autorizadas, y expuestas con el sincero propósito de no escribir más que la verdad.

---

de la Historia de Madrid, escrito por los años de 1575 con dos letras diferentes, se lee casi corrientemente.

La letra usada en esa época en las escrituras y en los documentos públicos, era confusa y oscura para los mismos contemporáneos, y se acarreó no pocas veces las burlas. Cuenta Cervantes que cuando don Quijote encargaba a Sancho que hiciera copiar por un maestro de escuela o por un sacristán la carta que había escrito para Dulcinea (*Don Quijote*, parte I, capítulo 25), tuvo cuidado de hacerle esta recomendación: «Y no se la des a trasladar a ningún escribano, que hacen letra procesada, que no la entenderá Satanás». El historiador, sin embargo, está forzado por la necesidad de la investigación, a interpretar manuscritos que según la burlesca aserción de Cervantes, no habría entendido el mismo Satanás.

Parte primera. Los indígenas

Capítulo I. La cuestión de los orígenes

1. Remota existencia del hombre en el suelo americano. 2. Antiquísima civilización de algunos pueblos de América. 3. Hipótesis acerca del origen del hombre americano. 4. El estudio de sus costumbres y de sus lenguas no ha conducido a ningún resultado. 5. Trabajos de la antropología para hallar la solución de este problema: los poligenistas y los monogenistas. Hipótesis de Virchow. 6. A pesar de los hechos comprobados y bien establecidos, subsiste la oscuridad sobre la cuestión de orígenes. 7. Condiciones físicas que facilitaron el desenvolvimiento de la civilización primitiva en América.

1. Remota existencia del hombre en el suelo americano

El vasto continente descubierto por Colón a fines del siglo XV no merece el nombre de Nuevo Mundo con que se le designa generalmente. Su aparición sobre la superficie de los mares data de una época tan remota que, geológicamente hablando, se le debiera llamar el Viejo Continente. Aunque el suelo americano deja ver por todas partes que ha estado sometido, como los otros continentes, a las transformaciones constantes que no han cesado de modificar desde las primeras edades el relieve y los contornos de las tierras, seguramente tenía ya una configuración semejante a la actual, cuando la Europa y el Asia presentaban formas y contornos bien diferentes a los que tienen hoy.

Del mismo modo, los indígenas que los conquistadores europeos hallaron en poblaciones semicivilizadas o en el estado de barbarie, no eran los primitivos habitantes de América, así como las selvas en que vivían numerosas tribus de salvajes, no podían llamarse primitivas. Las investigaciones científicas han venido a probar que esas selvas habían sido precedidas por otras, que tampoco merecían el nombre de vírgenes, puesto que habían sido pisadas por el hombre cuyos restos se encuentran sepultados junto con los de aquella antigua vegetación. Si como es indudable, la demostración de la remota antigüedad del hombre es una de las más notables conquistas de la ciencia moderna,[7] el suelo

---

7   M. de Quatrefages, *Rapport sur les progrès de l'antropologie*, París, 1867, pág. 176. «Será seguramente una de las glorias de nuestra época, la más grande quizá, el haber hecho recular los recuerdos de la humanidad, y el haber añadido un gran número de siglos a la historia», dice M. Gastón Boissier, «Le musée de Saint Germain», en la *Reveue des deux mondes*, del 15 de agosto de 1881.

americano ha dado las primeras y, bajo ciertos conceptos, las más concluyentes pruebas para llegar a este maravilloso descubrimiento de la antropología.

En efecto, cuando las nociones científicas que se tenían a este respecto eran todavía vagas e inconsistentes, la América pudo exhibir hechos fijos y determinados que debían servir de punto de partida a los progresos subsiguientes. En 1844, un sabio danés, el doctor Lund, anunciaba haber hallado en las cavernas de las inmediaciones de Lagoa Santa (provincia de Minas Geraes, en el Brasil) restos humanos fósiles de muchos individuos, viejos y niños, confundidos con los de animales desaparecidos largos siglos há. En presencia de estos hechos, decía, no puede caber la menor duda de que la existencia del hombre en este continente data de tiempos anteriores a la época en que cesaron de existir las últimas razas de los animales gigantescos, cuyos restos se encuentran en abundancia en las cavernas de este país, o en otros términos, anteriores a los tiempos históricos.[8] Recibido con desconfianza este descubrimiento, ha sido confirmado más tarde por centenares de hechos que han llevado el convencimiento a los más incrédulos. Vamos a recordar solo algunos de esos hechos.

En los terrenos de aluvión depositados por el río Mississipi, sobre los cuales se levanta la ciudad de Nueva Orleáns, un corte del suelo ejecutado con un propósito industrial, ha puesto en descubierto diez selvas sucesivas, sobrepuestas unas a otras, y formadas por árboles desaparecidos desde hace muchos siglos. «En una capa dependiente de la cuarta selva, entre los troncos de árboles y de fragmentos de madera quemada, yacía el esqueleto de un hombre. El cráneo estaba cubierto con las raíces de un ciprés gigantesco que probablemente había vivido largo tiempo después que el hombre, y que a su turno había sucumbido. Mr. Bennet Dowler, calculando el crecimiento y la duración de las diversas capas de selvas, fija en 57.600 años la edad de estos restos humanos.» Sin que sea posible garantizar la exactitud de esta cifra, el hecho solo basta para formarse una idea aproximativa de la remota antigüedad del hombre en América. En 1857, el doctor Winslow enviaba a la Sociedad de Historia Natural

---

8   La memoria en que el doctor Lund dio cuenta de estos descubrimientos, que han sido el punto de partida serio de los estudios prehistóricos en América, tiene la fecha de 21 de abril de 1844. Leída en el Instituto Histórico del Brasil, fue insertada en la Revista que publica esta corporación, tomo VI, págs. 334-343, y ha sido después traducida a varios idiomas y muchas veces reimpresa. El lector puede hallarla en francés en el tomo III de la 3.ª serie (1845) del *Bulletin de la societé de géographie de Paris*, págs. 250-260.

de Boston un cráneo encontrado en California a 60 metros de profundidad con huesos fósiles de muchos grandes animales desaparecidos.[9] En esa misma región se han hallado numerosos restos humanos en condiciones semejantes, y juntos con ellos los instrumentos de una industria primitiva. Algunas minas de mercurio dejan ver las huellas de una explotación que debe haber tenido lugar en siglos bien remotos. En un punto, las rocas se han hundido sepultando a los trabajadores cuyos restos se ven mezclados con sus útiles de piedra toscamente pulimentada.[10] En un conglomerado calcáreo, que formaba parte de un arrecife de coral de Florida, se han encontrado huesos humanos que según los cálculos muy prolijos del profesor Agassiz, deben datar de 10.000 años.[11] Por último, y para no citar otros muchos hechos, en la formación pampeana de Mercedes, a pocas leguas al occidente de Buenos Aires, y a una profundidad de cerca de tres metros de la superficie del suelo, se han hallado restos humanos asociados a piedras groseramente talladas y a géneros animales extinguidos largo tiempo ha.[12] Parece que esos antiguos pobladores de la pampa argentina, construían

---

9   Nardaillac, *Les premiers hommes*, París, 1881, tomo II, pág. 13.
10   H. H. Bancroft, *Native races of the Pacific states of North America*, Nueva York, 1875-76, tomo IV, pág. 697.
11   Sir Charles Lyell, *L'ancienneté de l'homme prouvée par la géologie*, trad. Chaper, París, 1864, capítulo III, pág. 45.
12   Florentino Ameghino, *La antigüedad del hombre en el Plata*, París y Buenos Aires, 1880-1881, tomo II, capítulo XVII. En la imposibilidad de reunir todos los hechos que comprueban la remota antigüedad del hombre americano, lo que nos haría llenar algunas decenas de páginas, indicaremos aquí que el lector puede hallarlos en los libros citados en las notas anteriores, y en algunas obras de fácil consulta en que están consignados los resultados generales. Entre éstos es digno de recomendarse el capítulo VII de *L'homme avant l'histoire* por sir John Lubbock, trad. Barbier, París, 1867. Si bien de entonces acá se han multiplicado de tal manera los descubrimientos que sería preciso agrupar muchos otros hechos más concluyentes y decisivos todavía. El capítulo VIII de la obra citada del marqués de Nardaillac (*Les premiers hommes*) es infinitamente más completo.

Estos hechos numerosos estudiados y reunidos por millares de sabios en los últimos treinta años, impugnados porfiadamente con argumentos de todo orden, han convertido por fin a los más obstinados adversarios, de tal suerte que en nuestros días no es posible negar la remota antigüedad del hombre en Europa y en América. «Largo tiempo se ha creído que esta cuestión debía resolverse negativamente, dice el doctor H. Burmeister, y nosotros lo habíamos hecho así en las ediciones anteriores de este libro. Pero durante los últimos diez años otros hechos nuevos han venido a combatir con tal poder esta manera de ver, defendida antes por los sabios más considerables y los más autorizados, que querer sostenerla todavía no es más que un capricho por no abandonar ideas que han llegado a ser insostenibles. Nosotros admitimos la existencia de huesos humanos fósiles, y reconocemos no solo que el hombre es contemporáneo de los grandes mamíferos extinguidos,

sus miserables habitaciones bajo la concha de una tortuga gigantesca (el *glyptodon elegans*, conocido solo en el estado fósil), que los guarecía contra el rigor de las estaciones.[13]

«La industria de este hombre, que en rigor podemos llamar primitivo, dice un distinguido sabio de nuestros días, presentaba una semejanza casi perfecta con la del hombre europeo en plena Edad de Piedra. Solamente, en vez del sílex, raro o ausente en ciertas comarcas de América, el indio americano empleaba el granito, la sienita, el jade, el pórfido, el cuarzo, y sobre todo la obsidiana, roca vidriosa muy abundante en México y en otros lugares. Fragmentos de esta roca, hábilmente partidos por la percusión, le servían para fabricar cuchillos cortantes como navajas, puntas de flechas y de lanzas, anzuelos y arpones para la pesca, en una palabra, una muchedumbre de objetos semejantes a aquéllos de que hacía uso el hombre europeo contemporáneo del mamut o elefante primogénito, y del oso de las cavernas. De estos objetos de piedra dura, unos son más o menos groseramente tallados, otros perfectamente pulimentados. Aun, algunos presentan formas insólitas y un arte de corte llevado a límites que con justicia causan nuestra admiración. Objetos de tocador y de adorno, algunos fragmentos de alfarería, evidentemente prehistóricos, han sido encontrados en México y en otros países del continente americano. Se han recogido también perlas de obsidiana, destinadas a suspenderse de los labios; perlas verdaderas, dientes y conchas agujereadas para collares o para adornos, botones cincelados en tierra cocida o secada al Sol, espejos redondos en pirita. Todos estos objetos se remontan a una grande antigüedad geológica y se han encontrado en diversas partes de este continente que, sin embargo, nos obstinamos en llamar nuevo mundo, como si su fauna y su flora extinguidas, no protestasen altamente contra esta opinión errónea; como si el gran número de razas diversas, diseminadas en la superficie de este mismo continente y la multiplicidad mayor aun de lenguas

---

sino que consideramos como muy probable su existencia durante los últimos tiempos de la época terciaria, esperando que el porvenir dé una solución definitiva sobre este importante asunto.» *Histoire de la création. Exposé scientifique des phases de developpement du globe terrestre et de ses habitants*, trad. Maupas, sobre la 8.ª edición alemana, París, 1869, capítulo XVIII, pág. 637.
13 M. N. Joly, *L'homme avant les metaux*, París, 1879, part. I, capítulo VII. Es éste un libro excelente de arqueología prehistórica en que están expuestos con una elegante claridad todos los hechos conocidos hasta entonces, para popularizar estas nociones.

y de dialectos que en él se hablaban, no bastasen para establecer y confirmar la tesis que sostenemos.

2. Antiquísima civilización de algunos pueblos de América

Pero aparte de estos hechos que podemos llamar de un carácter esencialmente geológico, la existencia del hombre en América en una época muy remota, está comprobada por los vestigios de una antiquísima civilización, cuyo origen se pierde en la noche de los tiempos. Se hallan en diferentes partes del suelo americano ruinas monumentales de construcciones gigantescas, a las cuales no se puede asignar razonablemente una edad probable sino fijándola en algunos millares de años. Ha llegado a sostenerse con razones cuyo peso no es posible desconocer, que cuando los otros continentes estaban habitados por salvajes nómades de la Edad de Piedra, América se hallaba poblada por hombres que construían ciudades y monumentos grandiosos, manifestaciones de un estado social muy avanzado.

Esa remotísima civilización, que ha debido ser la obra de una incalculable serie de siglos, es de origen exclusivamente americano. De cualquiera parte que provenga el hombre que habitaba nuestro continente, parece fuera de toda duda que su cultura nació y se desarrolló aquí, sin influencias extrañas, que aquí formó sus diversas lenguas, creó y perfeccionó en varios puntos instituciones sociales que suponen una elaboración secular, y que levantó las construcciones cuyos restos no pueden verse sin una respetuosa admiración.[14]

---

14 Hace algunos años, esta noción, en pugna con las ideas y preocupaciones reinantes, no podía emitirse sino como una simple hipótesis y con mucha desconfianza. En 1796 publicaba Laplace su famosa *Exposition du système du monde*. En el capítulo III del libro V consagraba algunas líneas a los conocimientos astronómicos de los pueblos americanos, y su profundo espíritu de observación le impedía aceptar las ideas corrientes en esa época acerca del origen asiático de esos conocimientos; pero sin atreverse a pronunciar una opinión definitiva, terminaba ese pasaje con estas palabras: «Estas son cuestiones que parece imposible resolver». Pero la arqueología moderna, después de adelantar considerablemente el examen de la mayor parte de los restos que quedan de aquella remota civilización, no vacila en dar una opinión más franca y resuelta.
En la sesión celebrada en Nancy por el Congreso de Americanistas el 19 de julio de 1875, un hábil lingüista, bastante conocedor de América, M. Lucien Adam, sostenía el origen exclusivamente americano de la civilización de este continente, y dos días después resumía su doctrina en estas palabras: «He sostenido que la civilización de México, de la América Central y del Perú se ha elaborado en el suelo americano, sin tomar nada a los chinos, ni a los japoneses, ni a los isleños de la Oceanía, ni a los israelitas, ni a los fenicios, ni a los

Las tradiciones de los pueblos americanos a la época de la conquista europea, no podían dar una luz medianamente segura sobre los orígenes de esa civilización, y sobre la época de su nacimiento y de su desarrollo. Los mounds, o construcciones piramidales que se hallan en abundancia en los Estados Unidos, los majestuosos palacios de Copán y de Palenque en la América Central y los de Tiahuanaco, entre muchos otros que no tenemos para qué recordar, contemporáneos a lo menos de las pirámides de Egipto, desiertos y arruinados ya a la época de la conquista europea, no eran la obra de la civilización que ésta encontró en pie. Las poblaciones indígenas que en el siglo XVI habitaban los campos vecinos de aquellas venerables y misteriosas ruinas, ignoraban la historia de éstas o solo tenían tradiciones fabulosas e inconexas sobre la civilización anterior que había levantado esas construcciones. Las inscripciones que se encuentran en ellas no han podido ser interpretadas de una manera satisfactoria. Las poderosas monarquías de los aztecas y de los incas, a las cuales no se

---

celtas, ni a los germanos, ni a los escandinavos, y para poner más en relieve esta verdad, yo he propuesto que se introduzca, a título de regla fundamental, la máxima política de que la América pertenece a los americanos». *Congrès des américanistes, Sesión de Nancy,* París, 1875, tomo II, pág. 6.

«Mientras más estudiamos las ruinas de los monumentos americanos, dice otro escritor muy versado en estas materias, más nos convencemos de que es necesario creer que la civilización que ellos representan, tuvo su origen en América, y probablemente en la misma región en que se hallan. Esa civilización no provino del Viejo Mundo: fue la obra de alguna rama particularmente inteligente de la raza que hallaron en 1492 los conquistadores europeos en la parte sur del continente. Sus orígenes pueden ser tan antiguos como los del Egipto, y aun pueden ser anteriores a los principios del Egipto. ¿Quién puede fijar su edad con certidumbre? Pero sea anterior o posterior, el hecho es que esa civilización fue original». J. D. Baldwin, *Ancient America, in notes on American Archeology,* Nueva York, 1878, capítulo VII, pág. 184.

«Que la civilización de los antiguos peruanos fue indígena, es un hecho que no admite duda razonable», dice uno de los más prolijos y competentes exploradores de los monumentos que nos quedan de aquella civilización. E. George Squier, *Incidents of travel and exploration in the land of the Incas,* Nueva York, 1877, capítulo XXVII, pág. 561.

Los monumentos de aquella remota civilización, imperfectamente conocidos y descritos por los conquistadores europeos del siglo XVI, han sido en nuestra época, y son todavía, el objeto de numerosas exploraciones científicas y de muchos libros de gran mérito contraídos al estudio parcial de localidades determinadas. Como obra de conjunto, puede consultarse el libro de Mr. John D. Baldwin que hemos citado más arriba, publicado en Londres en 1872 y reimpreso en Nueva York en 1878. Posteriormente se han continuado los estudios y las exploraciones, trayendo cada día un nuevo contingente de luz que, sin embargo, no permite aún llegar a conclusiones absolutas sobre muchos puntos de arqueología americana.

puede dar una gran antigüedad, ya que los diversos ensayos de cronología les asignan solo una duración de unos pocos siglos, habían sido formadas con los restos salvados de una civilización mucho más lejana, y lo que es más notable, mucho más adelantada.[15] Aquella antigua civilización había atravesado una o varias crisis, de que comenzaba a salir cuando la conquista europea vino a destruirla.

¿Qué causas pudieron determinar la caída de esa vieja civilización y el abandono y la ruina de aquellos antiguos monumentos? Las noticias recogidas por los europeos en sus primeras investigaciones acerca del pasado de estos países, les demostraron que los pueblos americanos tenían una historia complicada, oscura, casi inexplicable, pero en que había sobrevivido el recuerdo de grandes invasiones que produjeron trastornos considerables, la destrucción de otros imperios más antiguos y el predominio de los invasores. Los soberanos de México sabían perfectamente que su dominación de ese país no era de larga data. «Muchos días ha, decía Moctezuma a Hernán Cortés, que por nuestras

---

15 «Todo lo que en México ha merecido el nombre de ciencia, proviene de los antiguos pueblos que habitaron ese país. Las ruinas de los numerosos edificios de la Nueva España que les son atribuidos, demuestran que en arquitectura, eran muy superiores a los pueblos que los han reemplazado en el valle de Anahuac.» Prescott, *Conquest of Mexico*, libro I, capítulo III, pág. 28.
«Los aztecas eran manifiestamente diferentes de los salvajes mexicanos. Al mismo tiempo, eran menos avanzados en muchas cosas que sus predecesores. Su gusto en arquitectura y en la ornamentación arquitectural no los habría hecho aptos para construir ciudades como Mitla y Palenque, y su escritura por pinturas es una forma mucho más ruda de arte gráfico que el sistema fonético de los mayas y quichés... Si ese país no hubiera estado sometido a la influencia de una cultura más alta que la de los aztecas, no habría ahora, ni habría podido haber ciudades arruinadas como Mitla, Copán y Palenque». J. D. Baldwin, obra citada, pág. 221.
«Ahora es aceptado que las antigüedades (peruanas) representan dos distintos períodos en la antigua historia del país, y que uno es mucho más viejo que el otro. Mr. Prescott acepta y repite la opinión de que «existió en ese país una raza avanzada en civilización antes de los incas», y que las ruinas de las orillas del lago de Titicaca son anteriores al reinado del primer inca. En la obra de Rivero y Tschudi se establece que un examen crítico de los monumentos «indica dos épocas muy diferentes en el arte peruano en lo que concierne a la arquitectura, una anterior y otra posterior al arribo del primer inca». Entre las ruinas que pertenecen a la civilización más antigua, se cuentan las del lago de Titicaca, Huanuco viejo, Tiahuanaco y Gran Chimu, y probablemente los caminos y acueductos». Baldwin, pág. 226.
«Los monumentos americanos que señalan un mayor adelanto en las artes y un grado más elevado de cultura intelectual o moral, no son los más modernos: son precisamente los más antiguos». Don Bartolomé Mitre, *Las ruinas de Tiahuanaco, recuerdos de viaje*, Buenos Aires, 1879, pág. 57.

escrituras tenemos (sabemos) de nuestros antepasados que yo ni todos los que en esta tierra estamos no somos naturales della, sino extranjeros y venidos a ella de partes muy extrañas.»[16] Del mismo modo, la aparición de la monarquía de los incas no puede explicarse razonablemente sino como la reconstrucción más o menos completa de las ruinas dispersas de una civilización mucho más antigua.

De estos hechos, dice un escritor moderno, conocedor de América y de su historia, «aparece que la tragedia que en el Viejo Mundo tuvo por desenlace la caída del Imperio Romano, se repitió en el Nuevo Mundo, y que los godos, los hunos y los vándalos de América consiguieron destruir una civilización que podía rivalizar con las de Roma, de Nínive, del Egipto y de la India».[17] El

---

16 Véase *Cartas y relaciones de Hernán Cortes al emperador Carlos V*, colegidas e ilustradas por don Pascual de Gayangos (la edición más correcta y completa de esas cartas), París, 1866, pág. 86.

17 Mr. Francis A. Allen (de Londres), *La très ancienne Amérique*, memoria presentada al Congreso de Americanistas de Nancy, en 1875, publicada en la pág. 198 y siguientes del II tomo de los trabajos de aquella asamblea.

La historia de estas grandes invasiones que destruyeron la antigua civilización americana, y sobre cuyas ruinas se fundaron los imperios que encontraron en pie los conquistadores europeos del siglo XVI, no es ni puede ser bien conocida en sus detalles, pero no es posible poner en duda su conjunto. Esas invasiones habían dejado huella indeleble en las tradiciones de varios pueblos americanos, y explican en cierto modo la existencia de ciudades y palacios abandonados y desiertos, de construcciones extensas en lugares despoblados, y de las numerosas ruinas que hallaron los europeos, y acerca de las cuales no pudieron recoger más que noticias oscuras e inciertas.

¿Se hizo sentir la influencia de estas invasiones en otras regiones de América? ¿Había en este continente otras sociedades civilizadas o semicivilizadas que sufrieron las consecuencias de esas guerras destructoras? Un célebre viajero inglés, el capitán Richard F. Burton, en su obra *Explorations of the highlands of Brazil*, Londres, 1868, 2 v.; se cree en situación de establecer que los indios salvajes del Brasil pertenecen a una raza anteriormente civilizada. Pero si los estudios de arqueología prehistórica, apenas iniciados en una gran porción de América, no bastan para fijar estos hechos con mediana certidumbre, no cabe duda de que las invasiones destruyeron en el espacioso valle del Mississippi la civilización de un pueblo agricultor y bastante adelantado, que ha dejado monumentos que la investigación moderna ha podido estudiar perfectamente. Las obras citadas de Baldwin, de Lubbock y de Nardaillac presentan con satisfactoria claridad el cuadro sumario de los importantes descubrimientos que en esa región han hecho centenares de arqueólogos estadounidenses.

Un escritor inglés, que vivió veinte años en la India oriental, y que conocía bastante ese país, John Ranking, impuesto de las noticias que acerca de esos hechos se encuentran en los antiguos historiadores de América, se formó una teoría según la cual aquellas invasiones serían la obra de los mogoles; y al efecto publicó un libro que lleva por título *Historical researches on the conquest of Peru, Mexico, Bogota, Natchez in the XIII century, by the*

autor de quien tomamos estas palabras, pudo haber desarrollado más aún su comparación, diciendo que así como los invasores del Imperio Romano fueron los instrumentos de la formación de las nuevas nacionalidades europeas, la destrucción de la antigua cultura americana, fue seguida, después de algunos siglos de perturbación, por el nacimiento de las sociedades civilizadas que hallaron en este continente los conquistadores europeos.

Pero, aunque todos estos acontecimientos que no hemos hecho más que indicar sumariamente en estas páginas, no pueden ser conocidos en sus pormenores, aunque sea imposible fijarles fechas ni siquiera aproximadamente, es lo cierto que a lo menos una parte considerable de la población americana ha pasado por alternativas de adelanto y de retroceso, y que el nacimiento y el desarrollo de aquella antigua civilización, la caída de grandes y viejos imperios, y la reconstrucción de otros, comprueba la existencia del hombre en este continente desde una época muy remota. Así, pues, los descubrimientos de la arqueología han venido a confirmar los hechos establecidos por las investigaciones geológicas.

3. Hipótesis acerca del origen del hombre americano

«La existencia del continente americano era desconocida a los egipcios, a los chinos, a los fenicios, a los griegos y a los romanos. Sus historiadores no hacen de él la menor mención, y los primeros conocimientos serios de los europeos datan de la conquista española. En ese momento, la América estaba habitada desde el océano Ártico hasta el cabo de Hornos, desde las riberas del Atlántico a las del Pacífico, por millones de hombres que presentaban rasgos característicos en contraste completo con los del antiguo continente. Esos hombres vivían en medio de mamíferos, de aves, de peces, de reptiles y hasta de vegetales desconocidos en el otro continente. Hablaban centenares de dialectos, semejantes en su estructura, diferentes en sus vocabularios, pero todos igualmente

---

Mongols, Londres, 1827, completado con un suplemento en 1832. La teoría de Ranking no pasa de ser una paradoja insostenible e inconciliable con las tradiciones americanas y con la lingüística. La conquista de una gran porción de América por los asiáticos en el siglo XIII habría dejado huellas en el recuerdo y en la lengua de los pueblos americanos, que los conquistadores europeos habrían reconocido fácilmente tres siglos más tarde y que los estudios gramaticales habrían hecho evidentes. Aquellas invasiones son, a no dudarlo, la obra de naciones del mismo continente. La teoría de Ranking no ha merecido parar la atención de la ciencia moderna.

extraños a las lenguas de la Europa y del Asia. Su manera de numeración, su sistema astronómico, el modo de contar el tiempo, diferían igualmente de los que usaban los europeos. Todo era nuevo para éstos».[18]

El descubrimiento de América y de sus antiguos habitantes, fue, como se sabe, un hecho imprevisto para los pobladores de los otros continentes. Colón y sus compañeros, al pisar por primera vez el suelo americano, creían haber llegado a las regiones orientales del Asia, y hallarse en presencia no de hombres absolutamente desconocidos, sino de los chinos y de los japoneses de que hablaban los geógrafos y los viajeros. Pero esta ilusión de los primeros días, no pudo durar muy largo tiempo. Fue forzoso reconocer que esas tierras y esos hombres formaban un mundo extraño, nuevo, según la expresión consagrada. Como era natural, se trató de investigar de dónde provenían esas gentes, esto es, de averiguar el origen oscuro y misterioso del hombre americano. Antes de mucho tiempo, se habían escrito sobre este punto disertaciones y libros que obtuvieron gran crédito en esos siglos, pero que en nuestros días no pueden consultarse sino para conocer la historia del tardío desenvolvimiento de la razón aplicada a la crítica histórica y científica.

En efecto, los hombres del siglo XVI tenían que estudiar esa cuestión a la luz de los conocimientos y de las preocupaciones de su tiempo, cuando la lingüística, la etnografía y la antropología no existían en el estado de ciencias. Para ellos era una verdad dogmática, segura, incuestionable el que la humanidad no había tenido más que un solo centro de creación, y que éste se hallaba situado en las montañas del Asia central, doctrina que hasta nuestros días tiene altos y respetables sostenedores. Los intérpretes y comentadores de la Biblia habían asentado también que la Tierra y el hombre tenían 6.000 años de existencia; y esta cronología que la ciencia moderna ha destruido completamente, se imponía entonces como una verdad que no era dado discutir. Así, pues, todas las hipótesis a que dio lugar en los primeros tiempos el estudio del origen del hombre americano, debían basarse sobre esos dos hechos acerca de los cuales no se podía admitir duda. Como elementos subalternos y secundarios de estudio, los investigadores de esa época observaron, para apoyar sus teorías, las tradiciones confusas e inconexas de algunos pueblos americanos, la semejanza de

---

18 Nardaillac, obra citada, capítulo VIII. Son tan incompletas las noticias que se tienen sobre la cifra de la población americana a la época de la Conquista, que los cálculos que se hacen para apreciar el número de sus habitantes varían entre 30 y 100 millones.

ciertas costumbres, las analogías casuales y más o menos exactas de algunos vocablos; y combinando estas observaciones con los hechos históricos, fidedignos o no, que hallaban consignados en los escritores antiguos, forjaron numerosos sistemas, contradictorios unos de otros, todos los cuales no hicieron, sin embargo, adelantar un solo paso para llegar a la solución de este misterioso problema.[19] Todas esas teorías estaban encuadradas en aquella cronología

---

19   Sería un libro curioso e instructivo para la historia del desenvolvimiento de la razón y de la crítica, aquél que expusiese clara y ordenadamente y en un orden cronológico, las diversas hipótesis a que ha dado motivo la cuestión de investigar el origen de los primeros habitantes de América, y aún más que las mismas hipótesis, los argumentos y doctrinas que se han alegado en favor de cada una de ellas.
Apenas descubierto el Nuevo Mundo en 1492, los europeos creyeron que los indígenas que Colón había hallado en las regiones que acababa de explorar, eran asiáticos, indios, chinos y japoneses, porque estaban persuadidos de que había llegado solo a los confines orientales del Asia. Pero cuando se conoció que los países recién descubiertos formaban parte de un continente desconocido, se quiso saber el origen de sus habitantes, y se buscó afanosamente en los escritores de la Antigüedad alguna noticia que sirviese para explicarse este misterio.
Se halló, en efecto, en dos diálogos de Platón y en un pasaje de Plutarco, la noticia de una gran isla llamada Atlántida, más grande que el Asia y el África reunidas, que en otro tiempo se había alzado a poca distancia del estrecho de Gibraltar y al occidente de la cual se levantaban otras islas menores. Platón decía que aquella gran isla, muy poblada en otro tiempo, había desaparecido bajo las ondas del océano. Muchas gentes ilustradas aceptaron como verdad incuestionable la existencia de esa isla, y creyeron que de allí habían pasado a América los primeros pobladores. El cronista López de Gómara, que en 1552 publicaba en Zaragoza su *Historia de las Indias*, destinaba uno de los últimos capítulos al estudio de este punto, y se pronunciaba abiertamente por esta opinión. Más explícito fue todavía Agustín de Zárate en una disertación preliminar de su *Historia del descubrimiento y conquista del Perú*, publicada en Amberes en 1555, en donde, aceptando la relación de Platón, declara satisfecha la duda a que podía dar lugar esta cuestión. En 1590, sin embargo, el padre José de Acosta, en el capítulo XXII libro I, de su *Historia natural y moral de las Indias*, combatía resueltamente aquella opinión sosteniendo que la existencia de la isla Atlántida, y todo lo que a ello se refería, era una pura novela inventada o transmitida por Platón.
Antes de pasar adelante y de exponer otra de las hipótesis a que dio lugar la cuestión de descubrir el origen de los indios americanos, debemos decir que la que se funda en la existencia de la isla Atlántida descrita por Platón, acogida como verdad incontestable por muchos sabios de los tres siglos subsiguientes al descubrimiento de América (el lector puede encontrar la exposición de estas diversas opiniones en los dos primeros capítulos del *Etude sur les rapports de l'Amérique et de l'ancien continent avant C. Colomb*, por M. Paul Gaffarel, París, 1869, en 8°), ha encontrado ardientes sostenedores en nuestra época. Sin insistir en las opiniones del abate Brasseur de Bourbourg, tan fecundo para escribir historias como para construir sistemas etnográficos, y cuya autoridad no puede ser tomada seriamente en cuenta a pesar de su aparente erudición, ni la opinión de otros escritores

que han dado a esta hipótesis el carácter de discutible, nos bastará recordar un grueso volumen en 8° publicado en París en 1874 por M. Roisel con el título de *Etudes antehistoriques. Les Atlantes*, en que el autor se muestra profundamente convencido por la geología y por la tradición de la existencia de este continente desaparecido, pero da a la primitiva población americana una remotísima antigüedad, según la ciencia moderna, que no se aviene con los sistemas cronológicos de los escritores del siglo XVI.

Otra opinión que tuvo gran crédito en esa misma época y que le disputó su popularidad, fue fundada en la Biblia. Se habla aquí de un país misterioso llamado Ofir, poblado por los descendientes de un personaje de este mismo nombre, que se dice fue bisnieto de Sem. El país de Ofir, situado en el Oriente, abundaba en oro y piedras preciosas, y de allí habría sacado Salomón las riquezas para construir y adornar el templo de Jerusalén. Los sabios de esos siglos se afanaban por descubrir la situación de esa rica y maravillosa región; y cuando ocurrió el descubrimiento de América y se habló de los tesoros que encerraban sus templos y su suelo, se creyó que este continente, y en particular el Perú, era el Ofir de Salomón. Al efecto, se inventaron etimologías hebraicas, y se escribieron largas disertaciones sobre el particular. Tres grandes sabios del siglo XVI, el español Arias Montano, y los franceses Guillermo Portel y Gilberto Genebrard, dieron prestigio a esta hipótesis extravagante, de que hizo una juiciosa crítica el padre Acosta en el capítulo XIV, libro I, de su historia antes citada.

En la Biblia se fundó otra hipótesis no menos caprichosa. En el IV libro de Esdras (que no es libro canónico) se dice que diez tribus judías llevadas al cautiverio por Salmanazar, rey de Asiria, se internaron en Asia, y después de un largo viaje, fueron a establecerse en una región apartada que no había habitado el género humano. Algunos comentadores de la Biblia, y entre otros Gilberto Genebrard, creyeron que esos judíos se habían establecido en América 700 años antes de Jesucristo, pasando por un estrecho que debía separar este continente del Asia. Aunque esta opinión fue combatida por los padres Acosta, Torquemada, *Monarquía indiana*, libro I, capítulo IX y Pedro Simón, *Noticias historiales de Tierra Firme*, Cuenca, 1626, parte I, capítulo XII, siguió corriendo con gran aceptación en muchos libros. Así, el padre Simón de Vasconcellos que en 1663 publicaba en Lisboa su *Chronica da companhia de Jesus do Brasil*, aceptaba (libro I, n.° 92) esta hipótesis como muy probable, vista «la semejanza que hay de costumbres entre estos indios y aquellos antiguos judíos». El doctor don Diego Andrés Rocha, que en 1680 publicó en Lima su *Tratado único y singular del origen de los indios occidentales del Pirú*, etc., uno de los libros más raros que se conozcan sobre las cosas de América, despliega la más fatigosa y prolija erudición para robustecer esta hipótesis. La demostración del origen judío de los indios de América es también objeto de la obra monumental de Lord Kinsborough, preciosa colección de documentos sobre la historia antigua de México.

El cronista Gonzalo Fernández de Oviedo, que habitó América inmediatamente después del descubrimiento, escribía seriamente en el capítulo III del libro II de su importante *Historia general y natural de Indias*, que 171 años antes que Troya fuese edificada, bajo el reinado de Hespero, duodécimo monarca de España, los españoles habían descubierto y poblado las Indias. Aducía para ello citas históricas que le parecían concluyentes. Muchos escritores posteriores, y entre ellos el doctor Rocha, ya citado, dieron consistencia a esta hipótesis. Algunos de ellos llegaron a sostener que la conquista de América en nombre de los reyes de España, era una simple reivindicación, porque este continente había sido poblado primitivamente por españoles.

En la imposibilidad de seguir exponiendo en esta nota todas las hipótesis a que ha dado lugar esta cuestión y de examinar, aunque sea de paso, los libros en que esas opiniones han sido sostenidas ordinariamente con una asombrosa erudición, y casi siempre con una absoluta carencia de crítica histórica, debemos, sin embargo, recordar dos libros escritos fuera de España, en que domina un criterio mucho más seguro, sin llegar tampoco a conclusiones convincentes.

Un célebre publicista y erudito holandés, Hugo van Groot, más conocido con el nombre latinizado de Grotius, de donde se ha formado Grocio en castellano, publicó en Ámsterdam en 1642 un pequeño tratado titulado *De origine gentium americanarum dissertatio*, completado el año siguiente con una segunda disertación. Sostenía en ellas que América había sido poblada por los noruegos, como si hubiera presentido los descubrimientos que poco más tarde debía hacer la historia de la geografía desentrañando noticias de los viajes de los normandos a las regiones septentrionales de nuestro continente.

El libro de Grocio dio lugar a una refutación de su teoría por el célebre geógrafo Juan de Laet. Pero un distinguido historiador alemán, Jorge Horn (en latín Hornius), publicó en La Haya, en 1652 un libro de 282 páginas en 12°, con el título de *De originibus americanis libri IV*, en que con una gran erudición, refuta el sistema de Grocio, y expone el suyo que consiste en sostener que América había sido poblada sucesivamente por los fenicios, los cántabros y otros pueblos de Occidente, y más tarde por los chinos, los hunos y otros pueblos de Oriente. Aunque estos escritos adolecen de la falta de crítica segura que solo se ha alcanzado en los tiempos posteriores, y están basados en el respeto ciego por las doctrinas históricas más insostenibles, dejan ver cierto espíritu de observación filosófica que en vano se buscaría en los escritores españoles de esa época.

Quien desee estudiar esta cuestión, no por cierto para llegar al descubrimiento de la verdad sobre el origen de los americanos, sino para conocer las singulares teorías a que su estudio ha dado origen, debe consultar ante todo el Origen de los indios del Nuevo Mundo del padre dominicano fray Gregorio García, publicado en Valencia en 1607, y reimpreso en Madrid en 1729 con notables agregaciones de don Andrés González de Barcia. El padre García expone ordenadamente todas las hipótesis emitidas hasta su tiempo, las discute prolijamente dando las razones en pro y en contra, reforzándolas con argumentos suyos, y concluye sosteniendo que según él, América fue poblada en tiempos diferentes, por diversas naciones o tribus, llegadas unas por el oriente y otras por el occidente. Pero, lo que el libro del padre García ofrece de más interesante no es precisamente la conclusión a que arriba, sino las doctrinas históricas y científicas que en su siglo servían para discutir estas materias, por ejemplo, las explicaciones que los sabios se daban acerca de la existencia en América de animales diferentes a los de Europa, y por tanto, diversos a los que se habrían salvado del diluvio universal en el arca de Noé. Punto era éste que no podían explicarse sino interpretando un pasaje de San Agustín según el cual habría habido una segunda creación de especies animales después del diluvio; así como para explicarse la presencia en América de animales semejantes a los de Europa, y que no habría podido transportar el hombre, servía otro pasaje de San Agustín, *De civitate Dei*, libro XVI, capítulo 7, en que se dice que después del diluvio universal, los animales fueron distribuidos en la superficie de la tierra por un poder sobrenatural y por ministerio de los ángeles. No son menos curiosas las discusiones sobre la ciencia de Adán, el más sabio de los hombres de todos los tiempos y lugares, dice el padre García apoyándose en Santo Tomás, y sobre la ciencia de Noé que, aunque inferior a la de Adán, le sirvió para usar instrumentos tan seguros como la brújula,

artificial, y en las nociones no siempre correctas que se tenían como historia. El criterio y la fantasía de cada cual se permitían agrupar los accidentes para producir el convencimiento, acompañando sus argumentos con citas de escritores antiguos y modernos que revelan un extenso trabajo y una estéril erudición.

Tendríamos que destinar centenares de páginas si quisiéramos pasar en revista todas esas teorías. Apoyándose, no en la geología, que era desconocida en esa época, sino en las citas de algunos escritores, se han supuesto grandes y violentos cataclismos terrestres que han hecho desaparecer islas, istmos o continentes que unían o acercaban la América al Viejo Mundo, y se ha supuesto también que esas revoluciones dejaron aislados a los primitivos habitantes que se habían establecido en el suelo americano después de un viaje largo sin duda, pero más o menos practicable. Sobre la fe de documentos análogos, se ha sostenido extensa y prolijamente que los primeros americanos fueron judíos, fenicios, troyanos, cartagineses, cántabros, españoles, griegos, romanos, noruegos, chinos, mogoles, tártaros, australasios y polinesios. Es verdad que algunas de estas hipótesis pueden sustentarse en nuestros días, y que en efecto lo han sido con fundamentos más o menos poderosos; pero lo que distingue aquellos primeros estudios es la manera de demostración con una ausencia casi completa de base científica, y con un apego inflexible a ciertos puntos de partida que son insostenibles.

4. El estudio de sus costumbres y de sus lenguas no ha conducido a ningún resultado

Conocida la remota antigüedad de la existencia del hombre en el suelo americano, se comprende que la tradición no puede dar nociones atendibles para resolver esta cuestión. En efecto, las tradiciones de los indios de América, distintas en los diferentes pueblos, vagas, inconsistentes y variables, no pasan de

---

y para enseñar a sus hijos la teología, la cosmografía y otras ciencias humanas (libro I, capítulo II), y para escribir en una piedra la historia del diluvio (libro III, capítulo V).

Mr. John D. Baldwin, en *Ancient America*, destina todo el capítulo VII a refutar sumaria, pero razonadamente, algunas de las hipótesis emitidas para explicar el origen de la población americana, la de las tribus perdidas de Israel, la de la Atlántida, y las que suponen que los americanos son descendientes de los indios malayos o de los fenicios. Sus observaciones son generalmente decisivas. M. Nardaillac consagra también la mayor parte del capítulo IX de su libro, Les premiers hommes, a exponer compendiosa, pero razonadamente las principales de estas antiguas hipótesis.

ser un tejido de fábulas absurdas a que no es dado prestar atención. Pero no era posible condenar al mismo desdén otros hechos de un carácter que parece más fijo y consistente.

Por más que la civilización americana sea esencialmente distinta de la de otros pueblos de diverso origen, y por más que esa misma civilización estuviera distribuida en agrupaciones aisladas que habían llegado a rangos muy diversos de cultura, no era posible hallar entre ellas ciertas analogías que debían tentar a los observadores para pretender descubrir alguna identidad de origen. En efecto, en ciertas ideas religiosas, en varios ritos, en diversos principios de moral, en algunas costumbres y hasta en los procedimientos industriales, se encontraron entre pueblos diferentes y muchas veces muy lejanos, semejanzas de accidentes que con más o menos fundamento habrían podido explicarse como nacidos de una identidad de origen o de antiguas y misteriosas relaciones, si razones de otro orden no se hubieran opuesto a esa asimilación. La observación atenta de los fenómenos de este orden, ha revelado, por otra parte, que esas aparentes analogías no demuestran identidad de origen, ni la influencia de un pueblo sobre otro. La ciencia social ha probado de una manera irrefutable que esas coincidencias son simplemente manifestaciones independientes y espontáneas, efectos de un grado semejante de desarrollo y de cultura y de la similitud fundamental del espíritu humano.

Se creería tal vez que la filología comparada podría conducir a un resultado más práctico y decisivo para la solución de este misterioso problema. En efecto, durante mucho tiempo se pensó hallar el origen y la filiación de los pueblos americanos en el estudio comparado de sus lenguas, creyendo que el examen de sus analogías con los idiomas del Viejo Mundo podría establecer el parentesco seguro e incuestionable de las razas de uno y otro continente. Este trabajo, sin embargo, no ha producido, como vamos a verlo, más que resultados puramente negativos.[20]

---

20 «Yo he tratado de probar, dice sir John Lubbock, que ciertas ideas que a primera vista parecen arbitrarias e inexplicables, se presentan naturalmente en pueblos muy distintos cuando llegan a un mismo estado de desarrollo. Es, pues, necesario mantenerse en gran reserva si se quiere tratar de establecer, por medio de estas costumbres o de estas ideas, un lazo especial entre diferentes razas de hombres.» *Les origines de la civilisation*, trad. Barbier, París, 1873, apénd. I, pág. 489. Todo este importante y erudito libro ofrece, apoyándose en numerosos ejemplos, la demostración concluyente de ese principio.

Los europeos contaron en América más de 400 lenguas subdivididas todavía en dialectos, acerca de las cuales se compusieron gramáticas, vocabularios o simples indicaciones.[21] Mientras se buscaron las afinidades y el parentesco de esas lenguas en las etimologías más o menos artificiosas, aunque de ordinario muy poco seguras, de algunas palabras, no fue posible establecer ninguna conclusión seria ni digna de tomarse en cuenta. Pero la lingüística, tal como la comprende la ciencia moderna, estudiada en la gramática comparada, y no en el vocabulario, tiene medios mucho más seguros de observación, y si no ha llegado a solucionar el problema, ha fijado a lo menos los límites hasta donde se puede llegar en la investigación y la imposibilidad casi absoluta de pasar adelante. Ha reconocido que las lenguas matrices americanas forman un número mucho menor del que se juzgaba hasta hace poco, demostrando que son simples dialectos y subdialectos algunas que se creían idiomas independientes.[22] Pero se ha observado también que esas lenguas matrices americanas, en número de veintiséis, no solo no tienen entre sí la menor analogía de parentesco, sino que no es posible relacionarlas con las lenguas de los otros continentes

---

«No hay mejor medio de estudiar las leyes del pensamiento y de la actividad humana que buscar, tanto como se puede hacerlo, el grado de cultura de los diversos grupos de la humanidad. Entonces, no se tarda en reconocer en el desarrollo de la civilización una uniformidad casi constante que puede ser mirada como el efecto uniforme de causas uniformes». Edward B. Tylor, *Primitive culture*, Londres, 1873, capítulo I.

El autor de un buen libro de mitología comparada, después de haber descrito largamente las creencias religiosas de los pueblos más civilizados de América, llega a la misma conclusión, que expresa en estos términos: «Los capítulos precedentes demuestran que la humanidad, en todas partes donde se ha encontrado en condiciones favorables de progreso, ha seguido el mismo itinerario hacia un desarrollo más completo. En un mundo absolutamente separado de lo que se ha convenido en llamar el Mundo Antiguo, la evolución religiosa se ha operado absolutamente de la misma manera que en el terreno en que se ha preparado la civilización de este último». Girard de Rialle, *La mythologie comparée*, París, 1878, tomo I, capítulo XX, pág. 362.

21 Véase la enumeración casi completa de todos estos trabajos gramaticales en *The literature of american aboriginal languages*, by Hermann E. Ludewig, Londres, 1858. Después de esa época se ha aumentado todavía notablemente el número de gramáticas y vocabularios de las lenguas americanas.

22 Fr. Muller, eminente lingüista de nuestros días, después de observar que América era la parte del mundo menos poblada, reconoce que tenía, sin embargo, un número más considerable de lenguas y de grupos distintos de lenguas. Así, pues, agrupando convenientemente los dialectos derivados de cada una de ellas, y buscando solo las lenguas matrices, cree llegar a enumerar en las dos Américas veintiséis razas lingüísticas del todo diferentes. *Allgemeine ethnographie*, Viena, 1873, pág. 550.

de donde se había pretendido hacer descender a los indígenas de América.[23] Este resultado, que no es único en las investigaciones del mismo orden en las lenguas de otros continentes, demuestra claramente que la lingüística, a pesar de sus indisputables progresos, puede ser un auxiliar muy útil para completar el conocimiento de los tiempos históricos, pero que hasta ahora es impotente, y tal vez lo sea siempre, para resolver la cuestión de orígenes.[24] La existencia de lenguas absolutamente irreductibles unas a otras, tanto en el Viejo como en el Nuevo Mundo, ha hecho sentar como verdad definitiva e incuestionable, que esas lenguas, contra lo que se había creído largo tiempo, no tienen un origen único, y que ha habido tantos centros de formación como hay tipos lingüísticos.[25] Por lo que respecta a los estudios americanos, este resultado de la investigación emprendida en el terreno lingüístico, ha hecho perder por completo la esperanza de llegar por este camino a la solución del problema de que tratamos.

---

23 El distinguido arqueólogo estadounidense E. G. Squier, utilizando las investigaciones de la lingüística moderna, y sin hacer caso de las etimologías caprichosas que en un tiempo gozaron de gran favor, pero que no pueden resistir al menor examen crítico, se cree autorizado para decir que en los 400 dialectos americanos solo hay 187 palabras comunes con las lenguas extranjeras. 104 se encuentran en las lenguas asiáticas o australianas, 43 en las lenguas de Europa y 40 en las del África. Aunque estas cifras se deben tomar como simplemente aproximativas, se comprende que ése sería un cimiento muy débil para construir sobre él teorías de unidad y de parentescos de razas.

24 Mr. William D. Whitney, célebre lingüista estadounidense, lo declara expresamente en la pág. 222 de su notable libro *La vie du langage*, París, 1875. «La incompetencia, dice, de la ciencia lingüística para decidir de la unidad o de la diversidad de las razas humanas, parece estar completa e irrevocablemente demostrada... Lenguas completamente diferentes son habladas por pueblos que el etnologista no separa; y lenguas de la misma familia son habladas por pueblos completamente extraños los unos a los otros.» Hablando en otra parte (pág. 216) especialmente de las lenguas americanas, dice: «Parece absolutamente improbable que, aun suponiendo que las lenguas de la América hayan podido salir del Viejo Continente, sea posible establecer jamás su filiación».

25 «Cualesquiera que puedan ser las hipótesis futuras de la ciencia sobre las cuestiones de origen, se puede plantear esta proposición como un axioma incontestable: el lenguaje no tiene un origen único: se ha producido paralelamente en muchos puntos a la vez. Estos puntos han podido ser muy inmediatos: las apariciones han podido ser casi simultáneas; pero seguramente han sido distintas, y el principio de la antigua escuela: «Todas las lenguas son dialectos de una sola», debe ser abandonado para siempre.» E. Renán, *De l'origine du langage*, París, 1859, pág. 203. En el capítulo III, al hablar del lenguaje de los antiguos habitantes de Chile, tendremos que insistir sobre estas ideas y dar más desarrollo a su demostración.

5. Trabajos de la antropología para hallar la solución de este problema: los poligenistas y los monogenistas. Hipótesis de Virchow

La antropología, es decir, la historia natural del hombre, no ha dado tampoco resultados más satisfactorios. El examen de la naturaleza física del hombre americano, de la configuración de su cuerpo y de su cráneo, para descubrir por las analogías de conformación la raza a que pertenece, ha producido teorías diversas que no pueden considerarse definitivas. El poligenismo, que sostiene la diversidad de origen de las razas humanas, propuesto muchos años atrás, ha encontrado ardientes sostenedores en los últimos años al tratar del origen del hombre americano. Según esta teoría, los diversos tipos humanos que hoy existen en la superficie del globo, son especies distintas, como las especies animales de un mismo género lo son entre sí. Así como cada gran continente tiene su flora especial, su fauna animal particular, hay también, se dice, una fauna humana que le es propia. Este sistema, fundado en las diferencias específicas de los diversos grupos humanos que generalmente se llaman razas, no obliga, se agrega, como el monogenismo, a hacer violentos esfuerzos de imaginación para trazar itinerarios fantásticos a los hombres prehistóricos, puesto que no hay necesidad de demostrar a toda costa que el indio del Indostán, el americano del norte, el patagón y el chino son primos hermanos.[26] Para los poligenistas, el

---

26 Tomo casi textualmente esta explicación de la teoría poligenista de un notable artículo titulado «L'origine de l'homme», del doctor Ch. Letourneau, publicado en *La pensée nouvelle*, revista francesa de 1867.
Esta teoría no es, como podría creerse, de origen reciente. Un literato francés llamado Isaac La Peyrère, la sostuvo en 1656 en un libro latino titulado *Praeadamitae*, buscando un apoyo en la misma Biblia para demostrar que antes de Adán había habido hombres. La Peyrère establece dos creaciones efectuadas con intervalos muy grandes. De la primera, que fue la creación general, salió el mundo físico, poblado en todas sus comarcas de animales, de hombres y de mujeres. La segunda, que según él, es la única que está referida en el Génesis, no es más que la fundación de un pueblo particular, de que Adán habría sido el fundador. Esta teoría, que suscitó violentas polémicas en su tiempo, no preocupa a los poligenistas de nuestros días, que buscan el apoyo de su sistema en fundamentos de otro orden.
El doctor Samuel G. Morton, célebre antropologista de Filadelfia, puede ser considerado el primero y el más resuelto sostenedor de la existencia de una raza americana diferente de las otras razas humanas. En 1839 publicaba en su ciudad natal su espléndida obra Crania americana, y allí asentaba «que la raza americana difiere esencialmente de todas las otras, sin exceptuar la mogólica». Cinco años más tarde, en otro tratado impreso en Filadelfia con el título de *An inquiry into the distinctive character of the original race of America*, decía en la pág. 35 las palabras que siguen: «La raza americana es esencialmente diferente y

separada de todas las otras; y si se les considera bajo sus aspectos físicos, morales o intelectuales, nosotros no podemos ver ninguna relación entre los pueblos del antiguo y del nuevo continente. Si aun se llegase a probar más tarde que las artes, las religiones, las ciencias de la América remontan a fuentes exóticas, yo mantendría siempre que los caracteres orgánicos de nuestro pueblo, siempre persistentes al través de sus ramificaciones sin fin de tribus y de naciones, prueban que todas pertenecen a una misma raza y que esta raza es completamente distinta de todas las otras». Dos años más tarde, en 1846, en otro tratado impreso en New Haven con el título de *Some observations on the ethnography and archaeology of the american aborigines*, se ratificaba en la pág. 9 en sus antiguas ideas, con estas palabras: «Declaro que dieciséis años de trabajos incesantes no han hecho más que confirmar las conclusiones que yo planteaba en los Crania americana, que todas las naciones de la América, con la sola excepción de los esquimales, pertenecen a la misma raza, y que esta raza es completamente distinta de todas las otras».

Otro naturalista de gran nombre, Louis Agassiz, ha completado esta teoría con una hipótesis más concreta todavía. En una memoria titulada «Sketch of the natura provinces of the world», publicada en la célebre obra *Types of mankind*, Filadelfia, 1854 de Nott y Gliddon, el profesor Agassiz expuso su sistema que ha desarrollado en otros escritos. Las razas humanas, según él, difieren tanto como ciertas familias, ciertos géneros o ciertas especies. Ellas han nacido de una manera independiente, en ocho puntos diferentes del globo, o centros de creación, que se distinguen entre sí tanto por su fauna como por su flora propia. Pero contra esta teoría existen adversarios de diferentes escuelas que proclaman la unidad del género humano. Son unos los monogenistas clásicos que sostienen el origen del hombre de una sola pareja, propagada en el curso de los siglos y extendida al fin en toda la Tierra, en donde el largo transcurso del tiempo y las diversas condiciones del mundo exterior, han introducido las diferentes modificaciones que hoy nos hacen distinguir la variedad de razas. El más eminente defensor de esta doctrina es en nuestros días el profesor francés Quatrefages, que en el libro *Unité de l'espéce humaine*, París, 1861 y en otras publicaciones subsiguientes, sostiene que el hombre americano, a pesar de las diferencias observadas, tiene el mismo origen que el hombre de los otros continentes.

El segundo grupo de monogenistas, es formado por muchos de los transformistas que no ven en las especies actuales, tanto en la flora como en la fauna, sino el resultado de transformaciones y subdivisiones de especies anteriores. El hombre mismo no sería más que el resultado de esta transformación, habría llegado a sus formas actuales en un solo centro, y de allí se habría extendido lenta y gradualmente por todo el globo, modificándose por las diversas condiciones de su existencia hasta formar las razas actuales. Uno de los más resueltos campeones del transformismo, el profesor alemán Ernesto Haeckel, va hasta fijar el lugar que podría llamarse la cuna del género humano, en un continente que habría existido al sur del Asia, y del cual serían vestigios los numerosos archipiélagos que allí se hallan. E. Haeckel, *Histoire de la création des êtres organisés d'aprés les lois naturelles*, trad. Letourneau, París, 1874, leçon XXII, pág. 613.

Conviene advertir que entre los mismos transformistas no todos aceptan sin restricción la unidad primitiva del hombre, o a lo menos no la sostienen con igual confianza. Así, uno de los más caracterizados entre todos ellos, dice que, en apariencia a lo menos, «los mejores argumentos están de parte de los que sostienen la diversidad primitiva del hombre». Alfredo Russell Wallace, *Anthropological Review* (Sobre el origen de las razas humanas), mayo de 1864.

origen del hombre en América no es un problema de muy embarazosa solución. El hombre americano, según ellos, es distinto de los que pueblan los otros continentes, y habría nacido en este suelo, como nacieron las plantas y los animales que forman su flora y su fauna distintas y especiales.

Por el contrario, los monogenistas, aunque divididos en la cuestión de origen del hombre, sostienen la unidad del género humano. Según ellos, la raza, o más propiamente las diversas razas americanas, no forman una especie distinta del hombre del Viejo Mundo, sino que son ramas de un tronco común que seguramente tuvo su primer origen fuera de este continente. Para explicarse la presencia del hombre en el suelo americano, no siendo posible clasificar a toda su población en una sola raza o rama que presente analogías ciertas con alguna de las razas del Viejo Mundo, se ha formulado una hipótesis fundada en el estudio de los caracteres físicos del hombre americano, en circunstancias geográficas y en ciertas noticias tradicionales. Se ha supuesto que la América ha sido poblada desde una época muy remota por inmigraciones sucesivas, generalmente fortuitas, venidas de diversas partes del Viejo Mundo.[27] Un eminente antropologista alemán de nuestros días, Virchow, ha sustentado esta teoría desarrollándola conforme a los últimos progresos científicos. Según él, la antropología americana es uno de los más difíciles problemas de las ciencias geográficas. Es menester renunciar a la opinión que se había formado antes de ahora de un tipo americano característico, especie de transición entre la raza caucásica y la raza negra. Los monumentos que atestiguan entre los europeos diferentes edades de desarrollo, no podrían suministrarnos hasta el presente noticias seguras sobre las épocas prehistóricas de América, porque en este continente no han sido éstas suficientemente estudiadas o están confundidas. El color de la cutis de los americanos no suministra tampoco conclusiones definitivas, porque, exceptuando la tez negra de los africanos, se encuentran entre los indígenas todos los otros tintes, desde el moreno negro hasta el blanco europeo. En este estado de los conocimientos, es preciso recurrir a la craneología, cuyos progresos recientes han permitido reunir una cantidad considerable de materiales. Este estudio conduce a Virchow a las conclusiones siguientes.

---

27   Esta hipótesis, sostenida por M. de Quatrefages, en el capítulo XXII, pág. 406 de su libro *Unité de l'espéce humaine*, ha sido ampliamente desarrollada en el capítulo XVIII del libro V de *L'espéce humaine*, París, 1877, del mismo autor. En el texto exponemos el resumen de esta misma teoría según sus últimas explicaciones.

La raza roja, o americana, no es una raza autóctona, originaria de este continente. La población primitiva de América tendría su origen en las razas de los otros continentes. Los pieles rojas, o americanos del norte, provendrían de los esquimales. Las poblaciones de las costas occidentales de América revelan la existencia de inmigraciones asiáticas. El cráneo particular de los incas hace creer que los peruanos provenían de las Filipinas, o quizá de Indochina, único país en que se encuentran cráneos semejantes. Las costas orientales parecen haber sido pobladas por inmigraciones de Europa y del Atlántico. Pero estas inmigraciones remontan a la más alta antigüedad, a las primeras edades de los tiempos prehistóricos, de tal suerte que no es posible asignarles una fecha ni siquiera aproximativa, y mucho menos hacerlas entrar en los sistemas corrientes de cronología.[28] La ciencia en su estado actual no puede pasar más adelante.

6. A pesar de los hechos comprobados y bien establecidos, subsiste la oscuridad sobre la cuestión de orígenes

Todos los estudios, como se ve, no han llevado a una solución que pueda llamarse definitiva, y fuera del terreno de las hipótesis. Pero los trabajos de investigación no han sido del todo infructuosos, y han conseguido establecer ciertas conclusiones de verdadera importancia que en realidad parecen demostrar que será imposible pasar más adelante. Estas conclusiones son:

1.ª El hombre habita América desde tiempos tan remotos que, no siendo posible encuadrarlos en ningún sistema cronológico, se les ha dado la denominación de prehistóricos, y solo pueden combinarse con los períodos geológicos.

2.ª La civilización americana, tan vieja en su origen como las más antiguas civilizaciones conocidas de los otros continentes, no es exótica. Se ha formado y desarrollado en este suelo, y ha pasado por alternativas de adelanto y de retroceso que produjeron en un largo transcurso de siglos la grandeza, la caída y la reconstrucción de vastos y poderosos imperios.

3.ª Las lenguas americanas parecen igualmente formadas en este continente; y no solo no pueden asimilarse o acercarse a las de los otros continentes a

---

28 Rudolph Virchow, *Über die Antropologie von Amerika* (*Acerca de la antropología de América*, Berlín, 1877). El sabio profesor señala en esta disertación un hecho particular a la craneología americana. Los más hermosos tipos son braquiocéfalos, es decir, de cabeza ancha y corta, mientras que en Europa son dolicocéfalos, es decir, de cabeza larga y angosta.

cuyas poblaciones se les atribuía un origen común, sino que estaban divididas en lenguas enteramente diversas entre sí, e irreductibles a un centro lingüístico único.

Estas conclusiones no hacen otra cosa que alejar la dificultad, obligando a buscar la solución en un tiempo tan remoto que toda investigación es excesivamente difícil y casi imposible. Así, pues, la manera como se ha poblado América, queda siempre como uno de los puntos más oscuros de la historia de la humanidad; y las hipótesis formuladas para llegar a esclarecerlo, podrán ser más o menos fundadas, pero no llegan a producir el convencimiento. «Nadie puede decir el verdadero origen de los americanos, dice un escritor que ha estudiado esta materia con la más rara prolijidad. Todas las hipótesis son permitidas, y lo más seguro es abandonar la cuestión hasta que tengamos pruebas más decisivas, o lo que es más probable, hasta que estemos una vez más obligados a confesar la impotencia de nuestros limitados conocimientos, la insuficiencia del saber humano para resolver los grandes e irresolubles problemas que se levantan delante de nosotros.»[29]

7. Condiciones físicas que facilitaron el desenvolvimiento de la civilización primitiva en América

Pero si las investigaciones de este orden no han podido llegar a un resultado más satisfactorio, han servido para confirmar ciertos principios importantes y trascendentales de la ciencia social. En América, como en los otros continentes, aquellas antiguas civilizaciones de que hemos hablado más atrás, tuvieron su centro primitivo en los lugares menos inhospitalarios, seguramente en las altas mesetas de la zona intertropical. Allí, donde el clima es benigno, donde el hombre no estaba forzado a sostener la lucha contra animales feroces ni contra

---

29 Bancroft, *Native races*, tomo V, pág. 132. Al leer esta desconsoladora conclusión, conviene recordar que ella es aplicable a los estudios que se hacen para investigar el origen primero de la población humana en los otros continentes. La oscuridad es exactamente la misma. Hasta hace un cuarto de siglo, el campo de investigación se limitaba a un período de 6 a 7.000 años, y había llegado a trazarse la historia más o menos completa del hombre. Pero desde que se ha comprobado que la humanidad tenía detrás de sí un pasado tan lejano de nosotros que la palabra «prehistórico» con que se le designa, apenas nos da una idea vaga de su extensión, y acerca del cual no existen recuerdos tradicionales, la investigación ha tenido que abrazar un número indefinido de millares de años; y a pesar de los admirables progresos alcanzados, no ha podido resolver nada de positivo sobre la cuestión de orígenes.

una naturaleza hostil e implacable, donde no es difícil procurarse los alimentos y hacer fructificar abundantemente el suelo, los habitantes primitivos de América, desnudos, débiles respecto del mundo exterior que los rodeaba, pudieron, sin duda, sostenerse, crecer en número y en valor intelectual y moral, civilizarse y formar con el transcurso de los siglos asociaciones considerables. Robustecidos con el poder de su industria, debieron avanzar a regiones menos clementes, que solo el hombre semicivilizado llega a dominar y a someter a su imperio.[30]

Pero, en los países de un clima riguroso, tanto en las regiones frías vecinas a los polos como en las tierras bajas de la zona tórrida, húmedas y abrasadoras a la vez, malsanas, pobladas de animales temibles o molestos para el hombre, la naturaleza ponía un obstáculo insubsanable al desenvolvimiento de la primitiva civilización. En esas regiones, la vida salvaje se prolongó más tiempo que en cualquier otra parte. Si la antigua civilización americana llegó a alguno de esos lugares, debe suponerse lógicamente que ella fue importada por una raza más adelantada, que llevaba de climas más favorables los gérmenes intelectuales para luchar contra esos obstáculos y para hacerse superior a la naturaleza.

---

30 «Se puede considerar como demostrado que las grandes civilizaciones antiguas han tenido todas por lugar de origen, comarcas favorecidas, de lujosa vegetación y bien abrigadas, en que el hombre encontró sin mucho trabajo y sin competencia temible, un alimento suficiente, y particularmente especies vegetales benéficas, que compensaban un pequeño cultivo con una abundante cosecha. Citemos la India y el arroz, el Egipto con el dátil y el loto comestible, en fin, México y el Perú con su maíz y su mandioca.» Doctor Ch. Letourneau, art. «Civilisation» en el *Dictionnaire encyclopédique des sciences médicales*, París, 1875, tomo XVII, pág. 637. El lector encontrará más extensamente desarrollada esta teoría de las leyes naturales que han precedido al nacimiento de las sociedades civilizadas, y desarrollada con gran sagacidad y con un acopio notable de hechos y de ciencia, en dos obras importantes de la literatura contemporánea de Inglaterra. Son éstas los *Principes de sociologie*, de Herbert Spencer, trad. E. Cazelles, París, 1880 en que el capítulo III del libro I discute bajo el título de «factores originales externos», las condiciones naturales que facilitan o retardan los primeros pasos de la civilización; y la *History of the civilisation in England*, Londres, 1861, de H. J. Buckle, cuyo capítulo II examina «las influencias ejercidas por las leyes físicas sobre la organización de la sociedad y sobre el carácter de los individuos».

Mucho tiempo antes, el barón de Humboldt había señalado la fácil y prodigiosa producción de artículos alimenticios en la altiplanicie mexicana, que fue sin duda uno de los primeros centros civilizados en este continente. «La fecundidad del tlaolli, o maíz mexicano, dice, es superior a todo lo que se puede imaginar. La planta favorecida por fuertes calores y por mucha humedad, adquiere una altura de dos a tres metros. En las hermosas llanuras que se extienden de San Juan del Río a Querétaro, una fanega de maíz produce algunas veces 800. Otros terrenos fértiles dan un año con otro de 300 a 400 por una.» *Essai politique sur la Nouvelle Espagne*, París, 1811, libro IV, capítulo IX.

El territorio que hoy forma la República de Chile, no se hallaba en ninguno de estos dos extremos. No está sometido al calor terrible y constante de las selvas y de los llanos de la zona tórrida ni al frío glacial de las altas latitudes. Pero la ausencia de productos espontáneos para satisfacer, sin el auxilio de un trabajo inteligente, las necesidades de una numerosa población, por una parte, y la sucesión alternada de estaciones relativamente rigurosas, por otra, demuestran que su suelo era poco apto para servir de cuna a una civilización primitiva como la que se creó en otros lugares de América. Todas estas circunstancias, unidas a la ausencia de vestigios de antiguos monumentos y de las reliquias que siempre deja una raza civilizada, nos hacen creer, como habremos de examinarlo más adelante, que el suelo chileno fue ocupado hasta la época de la conquista incásica del siglo XV, por bárbaros que no habían salido de los primeros grados de la Edad de Piedra.

Capítulo II. El territorio chileno. Sus antiguos habitantes. Los fueguinos

1. Idea general de la configuración orográfica del territorio chileno. 2. Influencia de esta configuración en su meteorología y en sus producciones. 3. Sus condiciones de habitabilidad para los hombres no civilizados. 4. Incertidumbre sobre el origen etnográfico de los antiguos habitantes de Chile; unidad probable de raza de éstos con los isleños de la Tierra del Fuego. 5. Los fueguinos: su estado de barbarie, sus caracteres físicos. 6. Sus costumbres.

1. Idea general de la configuración orográfica del territorio chileno

La larga y angosta faja de territorio que en la parte sur de América meridional se extiende al occidente de la cordillera de los Andes, presenta en su estructura y en sus condiciones de habitabilidad para el hombre, caracteres que le son peculiares. En su extensión de más de 500 leguas casi en línea recta, toca por el norte a las regiones tropicales y llega por el sur a latitudes cuya temperatura se aproxima a las de los países cercanos a la zona circumpolar. Al revés de lo que sucede en la mayor parte de la Tierra, donde los países tropicales ostentan la vegetación más lujosa y variada, y los más abundantes productos agrícolas, el suelo chileno comienza por desiertos áridos, secos y estériles para todo cultivo y, al parecer, inhabitables, y en su prolongación hacia el sur varía gradualmente de aspecto y modo de ser, y alcanza el mayor grado de humedad, y de vida vegetal y animal casi en la mitad de su curso, para principiar de nuevo a decrecer al acercarse a los climas más fríos de las altas latitudes.

Este fenómeno curioso de climatología, que ha ejercido una gran influencia en la distribución y en el desarrollo de la población, tiene su causa natural en la estructura y en el relieve del suelo chileno. Dos cadenas de montañas que corren paralelas de norte a sur, constituyen la base de su orografía. Una de ellas, de montañas ásperas, desfiladeros rápidos, faldas y laderas rayadas con estratificaciones de diversos colores, de numerosos conos volcánicos, algunos en ignición en nuestros días, de perfiles angulares y de cimas inaccesibles que se pierden en la región de las nieves eternas, es la grande y espesa cordillera de los Andes, que se levanta al oriente y sigue recorriendo toda la América meridional. La otra, formada por cerros bajos, redondos, achatados, graníticos, y cuyas cimas se asemejan a las olas del mar que se aquieta después de una tempestad, corre al occidente. En la región del norte, la trabazón de estas últimas montañas no es constante; y sus macizos dispersos y desordenados, están frecuentemente unidos a los contrafuertes que se desprenden de la cordillera de los Andes. En la parte central del territorio, la continuidad de aquella cadena se acentúa, y solo se interrumpe para dar paso a los ríos que bajan de la gran cordillera. Más al sur todavía, esta misma cadena occidental está cortada por el océano; y solo sus picos culminantes aparecen sobre la superficie de las aguas en forma de archipiélagos de centenares de islas grandes y pequeñas que conservan por su situación el paralelismo con las altas montañas que se levantan al oriente.

En medio de esas dos cadenas corre un valle longitudinal, cuya configuración y cuyos accidentes se hallan marcados por el sistema orográfico que acabamos de describir. En el norte, ese valle está interrumpido por los contrafuertes que arrancan de los Andes para unirse con las montañas de la costa. En el centro, el valle se dilata casi sin obstáculos, ensanchándose o estrechándose según el mayor o menor espesor de las montañas que lo encierran. En el sur, las aguas del océano, que interrumpe la continuidad de la cadena de la costa convirtiendo en islas sus picos más elevados, ocupan el lecho del valle central dejándolo convertido en un canal intermediario entre aquellos archipiélagos y las faldas de la gran cordillera. La acción lenta, pero incesante de las fuerzas geológicas, que transforman sin descanso los contornos y el relieve de los continentes, consumará, sin duda, en un tiempo más o menos largo el solevantamiento de aquella región. Los archipiélagos pasarán a ser la continuación visible de la cadena de montañas de la costa y los canales, que ahora separan esas islas del continente, serán la prolongación natural del valle longitudinal.

2. Influencia de esta configuración en su meteorología y en sus producciones

Esta estructura del territorio chileno ejerce una influencia directa e inmediata sobre su clima y sobre su meteorología. La espesa y empinada cordillera de los Andes, extendida de norte a sur como una muralla gigantesca, es una barrera formidable a los movimientos de la atmósfera de las regiones orientales. Los vientos del este, que en los países vecinos a los trópicos, llevan consigo la humedad y las lluvias, se encuentran detenidos por esa barrera y descargan sus aguas al otro lado de los Andes. De aquí proviene que la lluvia sea casi desconocida en las más bajas latitudes de Chile y allí donde, según las leyes generales del régimen climatológico, debía ostentarse una abundante vegetación, solo existen desiertos inútiles para todo cultivo agrícola.

Alejándose un poco de la zona tropical, las lluvias comienzan a aparecer. Débiles y mezquinas en el norte, van aumentando gradualmente, pero sometidas a intermitencias perfectamente regulares. Las humedades atmosféricas son traídas por los vientos del noroeste, propiamente por la contracorriente de los vientos alisios, que en la estación fría desciende a las capas inferiores de la atmósfera. Aquellas humedades arrojan las lluvias en las tierras bajas y depositan la nieve en las montañas. Esos vientos, a su vez, se encuentran detenidos más al sur por la gran cordillera, y se resuelven en esos lugares en lluvias torrenciales, mientras la región del otro lado de los Andes permanece en esas latitudes en una sequedad casi constante. De aquí resulta que, al contrario de lo que sucede en la mayor parte de la Tierra, las lluvias caen en una gran porción de Chile solo en la estación de invierno, esto es, durante tres o cuatro meses del año, y que únicamente en la región austral son más constantes, a causa de la menor temperatura del clima, pero siempre más escasas en la época de verano. En las islas más australes la lluvia cae con frecuencia en forma de nieve.

La hidrografía fluvial del territorio está sometida a la acción de estos fenómenos meteorológicos. En la región del norte, los ríos, los arroyos, las vertientes son casi desconocidos. Forma aquélla un país inhospitalario en que, fuera de uno que otro lugar, el hombre no puede vivir sino a condición de llevar consigo sus alimentos y su bebida. Más adelante comienzan a aparecer algunos riachuelos de poco caudal, que bañan con sus aguas escasas porciones de terreno. Pero los ríos, alimentados más al sur por una mayor cantidad de lluvias y de nieves, se hacen más abundantes, y forman en las latitudes superiores vastos y ricos cauces. Por fin, en la región más fría, en las inmediaciones del estrecho de Magallanes, descienden hasta el mar en forma de ventisqueros majestuosos, como otros tantos ríos de hielo.

Sigue esta misma progresión el crecimiento y la abundancia de la vegetación. Fuera ya de la región de los desiertos, ésta no aparece sino a las orillas de esos pequeños ríos, dejando entre ellos vastas extensiones de terrenos desprovistos de verdura, y que, sin embargo, por el calor de esa latitud, serían de una sorprendente fertilidad si el agua del cielo viniera a regarlos quince o veinte días en el año. En el centro del territorio, las lluvias más abundantes y las humedades de los ríos alimentan una hermosa vegetación. Los campos se cubren de yerbas y de flores, crecen árboles de muchas especies y de variado follaje. Pero solo éstos conservan su verdura durante la estación de los calores. El Sol, en cambio, agota las praderas en las montañas y en los llanos, y antes que el hombre hubiera discurrido el sacar canales de los ríos para regar esos campos, la vida vegetal de las plantas pequeñas quedaba interrumpida durante largos meses. Por el contrario, en la región del sur, donde la humedad es más abundante, donde las lluvias caen casi todo el año, se alzan selvas de una riqueza tropical, y la verdura de los campos es permanente. Pero allí comienza a faltar el calor; el cielo es inclemente y el cultivo de las plantas más útiles y necesarias al hombre, se hace difícil y poco productivo.

Más al sur todavía, sobre todo en los archipiélagos más australes, el clima es aún menos hospitalario. Cae nieve en todas las estaciones del año; y si el invierno, a causa de la temperatura casi invariable del mar, no es tan riguroso como podría serlo en el interior de un continente, el verano, relativamente corto, y refrescado por los vientos helados del sur, no produce el calor suficiente para hacer crecer y madurar los cereales ni casi ninguno de los frutos útiles al hombre. En aquellas regiones el Sol no da vida más que a yerbas y arbustos utilizables solo para los animales, y a una abundante vegetación arborescente siempre verde, que crece sobre un terreno pantanoso.[31]

3. Sus condiciones de habitabilidad para los hombres no civilizados

Establecidos estos hechos, se comprenderá que si el territorio chileno puede ser convenientemente explotado por el hombre que ha ascendido a cierto grado de civilización y de cultura, y que sabe procurarse las comodidades de la vida en casi todos los climas, era una triste morada para el salvaje primitivo. Faltaban en él las producciones espontáneas y generosas que se hallan en las regiones tropicales, y faltaban también aquéllas que compensan con un abundante provecho un trabajo fácil y ligero. El salvaje no sabía que los terrenos estériles del norte encerraban en su seno ricos metales, que por otra parte no

---

31 Las temperaturas medias, observadas en 1882 y 1883 por la comisión científica francesa que ha residido un año entero en la Tierra del Fuego, dan las cifras siguientes: verano, 7°, 2; invierno, 3°, 6.

habría podido extraer, y que tampoco le habrían sido de gran utilidad. No sabía que en el centro del territorio, el agua de los ríos, conducida por canales fáciles de abrir a causa del declive natural del suelo, podía mantener la vegetación y la verdura en todas las estaciones del año y aumentar los recursos naturales mediante el cultivo de algunas plantas útiles. Ignoraba también que el desmonte de los terrenos del sur, le habría permitido disecar algunas porciones del suelo para hacerlo productivo. Todos estos trabajos exigían cierta previsión y un desarrollo intelectual de que carece el hombre salvaje, y que no poseían los más antiguos habitantes de Chile de que hay recuerdo en la historia.[32]

Así, pues, los antiguos pobladores de este país, inhábiles para procurarse los recursos que proporciona la civilización por imperfecta que sea, incapaces de vencer las dificultades que a su desarrollo oponían las condiciones climatológicas del territorio, vivían repartidos según las leyes impuestas por las condiciones del mundo exterior. En la región del norte solo se hallaban pequeñas tribus aisladas, establecidas a las orillas de los escasos riachuelos que bajan de la montaña. En el centro, las agrupaciones eran más considerables, ocupaban los bosques, muy abundantes entonces, y habitaban cerca de los ríos y de las vertientes que se hallan a cortas distancias. La región del sur, menos hospitalaria por su clima, les ofrecía, en cambio, la ventaja de mayor uniformidad en la temperatura, es decir, estaciones menos pronunciadas, abundancia de agua

---

32   Desde que los guerreros de los incas del Perú, primero, y después los conquistadores europeos trajeron a Chile el maíz, el trigo y los árboles frutales, y emprendieron los primeros trabajos agrícolas por medio del riego, la producción del país fue sorprendente. «Es toda aquella tierra tan fértil y abundante de mantenimientos en todas las partes que se cultivan, escribía en 1614 el maestre de campo Alonso González de Nájera, que casi todos los de las tierras de paz comen de balde, y por ninguna parte poblada se camina que sea menester llevar dinero para el gasto del mantenimiento de personas y caballos; por lo que, aunque hay gente pobre en aquella tierra, no hay ningún mendigante.» *Desengaño de la guerra de Chile*, pág. 54.
Otra pintoresca descripción de la abundancia y amenidad de Chile después de la Conquista se halla en una historia latina del Paraguay, escrita a mediados del siglo XVII. «Nada puede imaginarse más delicioso por la amenidad, ni más favorable para el uso de la vida cómoda que toda la región chilena, dice este libro. Abunda en todo género de frutos y ostenta grandes masas de ganados en los amenos collados, en las orillas de los ríos, en los prados de los valles y en las márgenes de las fuentes. Es abundante en miel, en trigos y en vinos generosos. Toda la tierra no produce un solo animal venenoso ni una sola fiera nociva.» P. Nicolás del Techo, *Historia provinciae Paraquariae Societatis Jesu*, libro II, capítulo 18 (Leyde, 1673). Del Techo es el nombre españolizado de un jesuita francés, Du Toict, que pasó a América en 1649, y que residió largos años en este continente.

por todas partes y de algunos alimentos, entre otros el fruto del pehuén o piñón (la araucaria imbricata de Ruiz y Pavón), aparte de la afluencia de peces y de mariscos en los ríos y en la costa. Allí la población se había agrupado en mucho mayor número; y la vida salvaje, sin influencia conocida exterior, había alcanzado cierta regularidad. En la región insular, sometidos a un clima más frío e inclemente, los naturales vivían en ese estado de barbarie primitiva en que el hombre, por sus instintos groseros, por su estupidez y su pereza, apenas se distingue de los brutos.[33]

4. Incertidumbre sobre el origen etnográfico de los antiguos habitantes de Chile; unidad probable de raza de éstos con los isleños de la Tierra del Fuego

¿De qué raza provenían estos antiguos habitantes de Chile? Hasta el presente no es posible dar a esta cuestión una respuesta definitiva. Alcides D'Orbigny, el naturalista que se ha ocupado con más extensión y prolijidad de la etnografía de la América meridional, no vacila en clasificar a todos los antiguos habitantes de Chile, incluso a los pobladores de las islas más australes, en una sola rama de la raza señora de las altiplanicies del Perú.[34] Han creído otros que los indios

---

[33] El abate don Juan Ignacio Molina, fundándose en la perfección y la riqueza de la lengua chilena, que exagera notablemente, es, según creo, el primer escritor que haya emitido la hipótesis de que la población indígena de este país había sido en otro tiempo más culta de lo que era a la época de la conquista española (*Historia civil del reino de Chile*, libro I, capítulo I). En el estado actual de la investigación de la arqueología prehistórica, no hay todavía nada que autorice la adopción de esta hipótesis. Aunque es posible que en épocas muy remotas, y bajo diversas condiciones climatológicas, hayan podido vivir en Chile hombres más adelantados que los que hallaron los españoles en el siglo XVI, es lo cierto que hasta ahora no se han descubierto restos de esas antiquísimas construcciones que se ven en otras partes de América, ni vestigio alguno de una antigua industria. Apartando algunos objetos de cobre y de alfarería, de origen indudablemente peruano, que no remontan más allá de la época de la conquista de los incas, y que se hallan en las provincias que éstos dominaron, no se han encontrado más que los restos de la Edad de Piedra, fase primera del desenvolvimiento industrial de la humanidad.

[34] *L'homme américain de l'Amérique meridionale considéré sous ses rapports physiologiques et moraux*, París, 1839, tomo I, pág. 247 y siguientes. D'Orbigny, muerto en 1857, recorrió una parte considerable de la América meridional, República Argentina, Patagonia, Chile, Bolivia, etc., durante un viaje de ocho años (1826-1834) y a su vuelta a Europa publicó el resultado de sus exploraciones, y enseguida, algunos otros trabajos de paleontología y de historia natural que le dieron un alto rango en el mundo sabio. Su *Homme américain* es sin disputa el mejor estudio de etnografía de la América meridional. Pero esta obra, que por la investigación dejaba que desear en la época en que se publicó, es muy deficiente

chilenos provienen de la raza guaraní, pobladora de la mayor parte del Brasil, y que por tanto habían llegado por el oriente y al través de las cordilleras en inmigraciones sucesivas. Por último, algunos han pretendido ver en ellos un tipo que se acerca más que cualquiera otro del litoral americano del Pacífico, a la raza malaya o parda que puebla los archipiélagos del gran océano. Los fundamentos que se han dado para apoyar cada una de estas tres hipótesis, no son en manera alguna satisfactorios. La lingüística que podría esclarecer la cuestión, enseña, por el contrario, que fuera de una tribu evidentemente de origen peruano, que vivía en el litoral de los desiertos del norte, los indios chilenos hablaban lenguas que no tienen con las de las razas de hombres de quienes se les supone descendientes, esas analogías que pudieran servir para comprobar la identidad de origen.

Otra cuestión menos oscura, pero que tampoco se puede resolver definitivamente, es la de saber si todos los indios que poblaban el actual territorio chileno, pertenecían a una sola rama, o si este suelo había sido, como otras partes de América, el teatro de invasiones sucesivas que habrían implantado diferentes familias y lenguas diversas. Toda duda desaparece respecto de los indios que habitaban la mayor y la más rica porción del territorio. Desde el grado 25 de latitud sur hasta el 44, no hallaron los conquistadores europeos más que una sola lengua, sometida es verdad a pequeñas modificaciones locales, pero que todos los indígenas comprendían sin dificultad.[35] Por sus caracteres fisionómicos, el indio chileno que poblaba esa extensa porción de territorio, dejaba ver también

---

en nuestros días en que el método científico, ayudado con los últimos descubrimientos de la antropología, exige datos más seguros. Sin embargo, falto de otra fuente mejor de informaciones, el doctor James Cowles Prichard, al describir al hombre americano, ha seguido fielmente las clasificaciones de D'Orbigny en las ediciones posteriores de sus notables *Researches into the phisical history of mankind*, obra fundamental en materia de historia natural del hombre.

35 Este hecho, que induce a creer que esta gran porción del territorio chileno no estuvo sometida a las invasiones de pueblos de otras razas antes de mediados del siglo XV, forma un contraste singular con el fenómeno que se observa en otras regiones de América. Así, por ejemplo, en el territorio que formaba el antiguo Imperio Mexicano, la lingüística moderna ha podido contar diecinueve familias de lenguas, subdivididas en unos cien dialectos diferentes. El lector puede encontrar noticias sobre este particular en la *Geografía de las lenguas y carta etnográfica de México*, México, 1865, de don Manuel de Orozco y Berra, y más completas todavía en el *Cuadro descriptivo y comparativo de las lenguas indígenas de México* de don Francisco Pimentel, cuya segunda edición, publicada en México, en 1874-75, en tres volúmenes en 8°, es una obra fundamental sobre la materia. Las cifras

la unidad de raza. Está igualmente fuera de duda, como hemos dicho, que la tribu o tribus que poblaban el litoral de los desiertos del norte, conocidos en la etnografía americana con el nombre de changos, provenían de la raza peruana de los Andes, cuyo idioma hablaban con ligeras alteraciones. Allí llevaban una vida miserable, buscando en la pesca el único alimento que podía suministrarles esa árida región. Pero en cambio, no se tienen noticias bastante seguras sobre los pocos millares de salvajes que vivían sumidos en el más completo estado de barbarie en los archipiélagos del sur, y solo por analogías imperfectamente estudiadas, se les supone identidad de origen con los indios del centro de Chile, y se les considera familia de una misma rama. La afinidad de esos isleños con los indios chilenos es hasta el presente puramente conjetural.[36]

---

que acerca de los idiomas mexicanos doy en esta nota, están tomadas del capítulo 51 del tomo tu de esta obra.

Aparte de estas implantaciones de nuevas lenguas, debidas a las invasiones y conquistas de pueblos de otras familias, los idiomas americanos estaban expuestos a dividirse y subdividirse en dialectos diferentes por efecto del aislamiento en que vivían las diversas tribus que hablaban una lengua, y por las transformaciones incesantes a que están sometidas todas las lenguas que no tienen una literatura escrita. El distinguido lingüista Max-Müller cita a este respecto el siguiente fragmento del viajero naturalista Bates. «El lenguaje no es un guía seguro para establecer la filiación de las tribus brasileñas, porque a veces se hablan siete y ocho lenguas a orillas de un mismo río y en un espacio de 200 a 300 millas. Hay en las costumbres de los indios ciertas particularidades que producen prontamente la alteración del lenguaje y la separación de los dialectos.» Max-Müller, *Nouvelles leçons sur la science du langage*, trad. de Harris et Perrot, París, 1866, tomo I, pág. 49. Cualquiera persona que haya recorrido la obra del doctor Martius titulada *Glossaria linguarum brasiliensium*, Erlangen, 1863, colección de cerca de ochenta vocabularios de las lenguas y dialectos del Brasil, comprenderá que no es exagerada la noticia del viajero Bates.

En Chile, como veremos en el capítulo siguiente, no se formó esta gran diversidad de dialectos. Pero, desde luego, debemos advertir que cuando decimos que los conquistadores españoles del siglo XVI no hallaron desde el grado 25 hasta el 44 más que una sola lengua, no tomamos en cuenta el idioma quechua o peruano, importado por los incas un siglo antes. Su aparición reciente y perfectamente conocida, no modificó la unidad de la lengua general de Chile.

36 Prichard, obra citada, sección XLV. El célebre naturalista Darwin es todavía más afirmativo. «Cuando se ven estos salvajes, dice, la primera pregunta que uno se hace es ésta: ¿De dónde vienen? ¿Qué ha podido decidir, qué ha podido forzar a una tribu de hombres a dejar las hermosas regiones del norte, a seguir la cordillera, esta espina dorsal de la América, a inventar y a construir canoas que no emplean las tribus de Chile, ni las del Perú, ni las del Brasil, y en fin, a ir a habitar uno de los países más inhospitalarios que existen en el mundo... La naturaleza, haciendo omnipotente el hábito, haciendo hereditarios sus efectos, ha apropiado al fueguino al clima y a las producciones de su miserable país.» Ch. Darwin, *Journal of researches into the natural history of the countries visited*, etc., Londres,

Sin embargo, esta opinión puede aceptarse como probable. De las relaciones de los diferentes exploradores de esas islas, es fácil deducir este hecho cierto. Los indígenas de Chile eran más abyectos, más groseros y degradados en razón del mayor rigor del clima y de la mayor esterilidad del suelo que habitaban. Así, pues, desde la región insular, la barbarie iba en progresión con la más alta latitud hasta llegar a su último grado en las islas vecinas al cabo de Hornos.[37] Hasta los últimos términos del archipiélago de Chiloé, la lengua chilena, menos pura si se quiere que en la región central del territorio, era el idioma general de los indígenas. Pero, en los que están situados más al sur, los salvajes hablaban uno o más dialectos diversos, cuyo estudio apenas iniciado es todavía insuficiente para establecer aproximadamente su afinidad con la lengua chilena.[38] Puede creerse, con todo, que así como la vida miserable a que se

---

1860, capítulo X, pág. 216. El sabio profesor Virchow cree igualmente que los fueguinos son una rama de las razas de los indios continentales. El 14 de noviembre de 1881, con motivo de la exhibición que se hacía en Berlín de algunos salvajes de la Tierra del Fuego, el célebre profesor daba una conferencia en el jardín zoológico de esa ciudad en que emitía aquella opinión, y en que hallamos los conceptos siguientes que parecen confirmarla. «No hay el menor motivo para creer que la naturaleza haya dotado a esta raza de una organización tan inferior que hiciera considerarla como un pasaje entre el mono y el hombre. Por el contrario, debemos pensar que estos hombres habrían progresado mucho más si no hubieran sido impedidos en su desarrollo por los agentes exteriores, de tal modo que han permanecido en el estado más bajo de la vida social.» Virchow cree que los fueguinos, a pesar de su degradante barbarie, no carecen de aptitudes intelectuales y que no han podido desarrollarse por las condiciones físicas que los rodean.

37 El padre Ovalle, *Histórica relación del reino de Chile*, Roma, 1646, hacía notar en esa época que los habitantes de las islas de Chonos era la gente «más inculta de cuantas hay en estas partes», libro VIII, capítulo 21, pág. 395. Los reconocimientos subsiguientes vinieron a demostrar que la barbarie continuaba siendo mayor así que se avanzaba al sur, y que llegaba a su último grado en los climas más rigurosos y en las regiones menos productivas. El comandante John Byron, joven entonces de dieciocho años, recorrió en 1741, una parte de esas islas como náufrago del Wager, buque inglés de la escuadra de Lord Anson, y consignó más tarde sus recuerdos en un libro titulado *The narrative of the hon. J. Byron containing an account of the distresses suffered on the coast of Patagonia*, Londres, 1768. Leyendo atentamente esta interesante relación, se perciben los matices que presentaban los diversos grados de barbarie de los salvajes desde las bocas del estrecho de Magallanes hasta el archipiélago de Chiloé. En nuestros días, esta observación es mucho más difícil. La población indígena poco numerosa en tiempo de Byron, se halla muy disminuida, y casi extinguida en grandes porciones de esos archipiélagos.

38 La lengua de estos isleños era una de las muy pocas entre las lenguas americanas, acerca de la cual no existía ningún ensayo de gramática. Solo se conocían algunas palabras sueltas recogidas por tres o cuatro viajeros, y ni siquiera se sabía de positivo si todos ellos hablaban uno o varios dialectos. El padre jesuita José García Martí, misionero del siglo

hallan reducidos por las condiciones físicas que los rodean, es causa del embrutecimiento en que están sumidos, esas condiciones han acabado por alejarlos no solo en sus costumbres sino, también, en algunos accidentes fisionómicos de los indios chilenos de quienes se les supone originarios.

5. Los fueguinos: su estado de barbarie, sus caracteres físicos
Han sido designados estos isleños con distintos nombres por algunos de los viajeros que han tenido ocasión de estudiar sus costumbres; y aun varios de éstos los han dividido en diversas tribus o familias con diferentes denomina-

---

pasado en las islas situadas al sur de Chiloé, informaba al abate Hervas en 1783 que aquellos isleños componían diversas tribus o naciones, que hablaban dialectos más o menos distintos, pero que se entendían entre sí. Aunque el padre García reconoce que no sabía estos dialectos y que no estaba en situación de decir si ellos formaban parte de una lengua matriz común o si eran lenguas diferentes, no vacila en declarar que no tenían relación con el idioma de los indios de Chile. Hervas, *Catálogo de las lenguas de las naciones conocidas*, Madrid, 1800, tomo I, págs. 125 y 126. D'Orbigny, por su parte, *L'homme américain*, tomo I, pág. 412, dice que si se comparan las palabras conocidas de esa lengua con las de la lengua de los indios chilenos, «se encontrará alguna analogía no en los sonidos ni en la dureza del lenguaje sino en el sentido, lo que está completamente en relación con las facciones y con la talla de estos últimos, todo lo cual los coloca muy cerca de éstos». El capitán Fitz-Roy, sin pronunciarse abiertamente sobre esta cuestión, parece creer en las analogías y afinidades entre el lenguaje de aquellos isleños y el de los indios de Chile. Véase *Narrative of the surveying voyages of Adventure and Beagle*, Londres, 1839, tomo II, capítulo XVI, pág. 358.
Hasta hace poco era del todo aventurado el dar una opinión sobre esta materia; pero recientemente se han hecho los primeros estudios lingüísticos, y ellos no parecen confirmar el juicio de los que creían hallar analogías entre el idioma de los fueguinos y el de los indios chilenos. Los misioneros anglicanos que partiendo de las islas Malvinas han pretendido civilizar a los salvajes de la Tierra del Fuego, tradujeron al idioma de éstos el evangelio de San Lucas, y publicaron esa traducción en Londres en 1881. Basándose en ella, un erudito lingüista alemán, Julius Platzmann, ha dado a luz en Leipzig en 1882, un volumen en 8° con el título de *Glossar der feuerlandischen Sprache*. (Glosario de la lengua de los fueguinos.) Aunque este libro no contiene más voces fueguinas que las que se hallan en la traducción del evangelio de San Lucas y, aunque no hay allí nociones gramaticales, puede prestar útiles servicios a los que se consagran al estudio de la lingüística americana.

ciones.[39] Se les ha llamado pecherais,[40] yacanacuni[41] y fueguinos,[42] y se ha propuesto la denominación griega de ictiófagos, o comedores de pescado.[43] Nosotros le daremos la penúltima de esas denominaciones con que se les designa comúnmente por el nombre de la isla grande en que tienen su principal residencia. Aunque esas tribus no han desempeñado papel alguno en la historia de Chile, vamos, solo por el interés etnográfico, a dar alguna noticia de su vida y de sus costumbres antes de hablar de los otros indios chilenos que sostuvieron larga guerra contra los conquistadores europeos.

---

39 El navegante holandés Olivero van Noort, que los visitó en 1598 y 99, los divide en cuatro ramas o familias. Véase la *Description du penible voyage fait á l'entour ou globe terrestre, par sir Ollivier du Noort d'Utrecht*, publicado en Ámsterdam en 1602, y reimpresa en varias colecciones. El comandante francés Beauchesne-Gouin, exactamente un siglo después, los dividió en dos familias distintas y siempre rivales, los laguediches y los aveguediches, en la relación inédita de su viaje, escrita por el teniente de Villefort, y publicada en extracto por el presidente De Brosses en el tomo II, pág. 113 y siguientes de su *Histoire des navigations aux terres australes*, París, 1756. Fitz-Roy los ha clasificado más tarde en seis ramas o familias, aparte de los tehuelches o patagones. V. *Narrative of surveying voyages of Adventure and Beagle*, Londres, 1839, capítulo VII, pág. 133. M. W. Parker Snow, capitán del Allen Gardiner, yate de los misioneros ingleses que, partiendo de las islas Malvinas o Falkland, han pretendido civilizar a los salvajes de la Tierra del Fuego, ha publicado un libro muy curioso que suministra noticias importantes sobre esa región y sus habitantes. Distingue entre éstos siete tribus: los oensmen en las grandes islas; los yapoos en el sureste; los tekeenicas en el sur; los alikoolips en el poniente y al sur; los chonos en la parte de Chile; los pescherais en la isla del Almirantazgo, y los irees, en frente a la Patagonia. V. Parker Snow, *A two years cruise of Tierra del Fuego, the Falkland islands, Patagonia and in the river Plate*, Londres, 1857, 2 vol. 8°. Son tan poco seguras estas noticias, que entre los nombres asignados por Fitz-Roy a seis tribus de que habla y los que da el capitán Parker Snow solo hay tres que sean comunes, los tekeenicas, los pecherais y los chonos.

40 «Nosotros los llamamos pecherais porque ésta fue la palabra que pronunciaron al acercársenos, y porque la repetían sin cesar», dice Bougainville, *Voyage autour du monde par la Boudeuse et l'Etoile*, París, 1771, capítulo IX, pág. 147. El capitán Cook refería más tarde haberlos oído repetir la misma palabra, capítulo II, libro IV, de su segundo viaje de que tendremos que hablar más adelante.

Lo mismo observaron los marinos españoles de la expedición de la fragata Santa María de la Cabeza, José Vargas Ponce, *Relación del último viaje al estrecho Magallanes*, Madrid, 1788, Parte II, pág. 349.

41 Thomas Falkner, *A description of Patagonia and the adjoining parts of South America*, Londres, 1774, obra traducida a varios idiomas, y al castellano en el primer tomo de la Colección de documentos para la historia del Río de la Plata, Buenos Aires, 1836, de don Pedro de Angelis.

42 James Weddell, *A voyage towards the south pole, performed in the years 1822-1824*, Londres, 1825.

43 Prichard, *History of the mankind*, sec. XLV.

Los fueguinos tienen el triste honor de ocupar el rango más bajo en la escala de la civilización. En este punto están de acuerdo casi todos los viajeros que los han visitado en diversos tiempos. Adolfo Decker, que en 1624 navegaba en la escuadra holandesa de Jacobo L'Hermite, es uno de los primeros viajeros que ha consignado noticias sobre esos salvajes. «Bajo el punto de vista de sus costumbres y de su carácter, dice, estas gentes tienen más relación con las bestias que con los hombres. Porque además que desgarran a los hombres y devoran su carne cruda y sangrienta, no se nota en ellos la menor chispa de religión ni de cultura. Al contrario, viven completamente como brutos.»[44] «Los habitantes de estas islas, dice el diario del capitán Wallis (1767) parecen ser los más miserables de los hombres... ni siquiera pueden pretender a las prerrogativas de la especie humana.»[45] Los viajeros más recientes que han estudiado las costumbres de estos salvajes, y entre ellos dos grandes observadores, tan sagaces como prolijos, el capitán Fitz-Roy y el célebre naturalista Darwin, confirman plenamente estas apreciaciones. «Cuando vemos a estos hombres, dice el último, apenas se puede creer que sean criaturas humanas, habitantes del mismo mundo que nosotros.» Y más adelante agrega: «Yo creo que el hombre en esta parte extrema de América es más degradado que en cualquier otro

---

[44] *Voyage de la flotte de Nassau*, publicado en el tomo IX del *Recueil des voyages de la compagnie des Indes*, Rouen, 1725, pág. 48. Decker no es propiamente más que el traductor alemán de esta relación, pero la aumentó con sus propias observaciones.

[45] J. Hawkesworth, *Relation des voyages de Byron, Carteret, Wallis et Cook*, trad. francesa anónima de Suard, tomo II, pág. 39. Idénticas a éstas son las observaciones del comandante Byron en la relación de su viaje alrededor del mundo (1764), en la pág. 107 del tomo I de la misma colección. El capitán Cook y el naturalista Forster, que lo acompañó en su segundo viaje (1774), llegan precisamente a las mismas conclusiones. Véase el *Voyage dans l'hemisphere austral et autour du monde*, París, 1778, tomo IV, capítulo II, donde el traductor anónimo (Suard) ha tenido la buena idea de intercalar entre comillas, en la relación de Cook, las excelentes observaciones de Forster.

Los marinos españoles de la fragata Santa María de la Cabeza, formaron en 1786 el mismo concepto de la barbarie de esos isleños. «Si en el universo existen hombres que se hallen en el estado de naturaleza, dice su relación, son sin duda estos indios, los más miserables y estólidos de las criaturas humanas, nacidos para gastar sus días errantes en unos desiertos horribles, sin otra habitación que una desdichada choza, en la que el viento, la lluvia y la nieve penetran por todas partes, casi en cueros vivos, destituidos de las comodidades que suministran las artes más groseras, faltos de todos los medios y métodos para preparar sus alimentos.» *Relación del último viaje al estrecho de Magallanes*, Madrid, 1788, Parte II, pág. 354. Esta relación, formada sobre las notas recogidas por los oficiales españoles, fue escrita por don José Vargas Ponce, distinguido literato y erudito español.

lugar de la Tierra. Comparadas a los fueguinos, las dos razas de insulares del grande océano, los esquimales y los australianos, son civilizadas».**46**

Esta uniformidad de los viajeros y observadores de los diversos tiempos, revela que los fueguinos en el transcurso de tres siglos han permanecido estacionarios. Nadie ha notado el menor progreso en su industria ni en su cultura, a pesar del contacto de esos isleños con los navegantes que en diversos tiempos han visitado esa región. Se ha observado que el número de individuos de esas tribus parece disminuir considerablemente y; en efecto, hoy se les halla rara vez en regiones en que antes se veían con frecuencia. Todo hace pensar que esa raza desgraciada, como tantas otras razas inferiores, parece estar condenada a desaparecer sin haber salido del rango miserable que ocupa en la escala de la humanidad.**47** Así, pues, las noticias que acerca de su estado social dan los viajeros contemporáneos se pueden tomar como el retrato fiel de sus costumbres de la época en que por primera vez fueron observados por los individuos de una civilización superior.

Los fueguinos revelan en su fisonomía la barbarie y el atraso en que viven. Su cabeza es grande, su cara redonda: tienen la nariz corta, estrecha entre los ojos y ancha en su extremidad, con ventanillas abiertas. Los ojos son pequeños, hundidos, horizontales y de color negro, pero casi siempre irritados por el humo de sus fogatas. La boca es grande y con labios gruesos, y dientes blancos, parejos y sin que les sobresalgan los colmillos. Las orejas son pequeñas y los pomos poco salientes. El aire general de su fisonomía tiene más de rechazante que de feroz; en ella no se percibe ni inteligencia ni energía. Los fueguinos, dice

---

46 Mr. Ch. Darwin, *Journal of researches into the natural history of the countries visited*, etc. Londres, 1860, capítulo X, págs. 313 y 330. Mr. Robert O. Cunningham, naturalista de la Nassau, que visitó aquellas regiones en los años de 1866-69, casi no ha hecho más que repetir, abreviándolas, las observaciones de Fitz-Roy. Véase el capítulo X de sus *Notes on the natural history of Magellan*, Edimburgo, 1871.

47 El capitán Fitz-Roy, que, como ya dijimos, divide a los fueguinos en seis tribus o ramas distintas en que ha creído reconocer diversos caracteres y aun podría decirse diferentes signos de cultura, los avalúa en su situación de 1834 en 2.200 individuos. Obra citada, pág. 133. No es posible tomar este dato como una cifra segura, pero se puede creer que su número no debe pasar de 3 a 4.000. Las noticias que contiene el interesante libro de este hábil marino y observador, revelan la esterilidad de los esfuerzos que pueden hacerse para civilizarlos, por más que esta empresa se haya intentado antes y después. Darwin, por su parte, cree que no hay ninguna razón para pensar que los fueguinos disminuyen al presente en número. Véase pág. 216. Pero parece indudable que su número actual es muy inferior al que observaron los antiguos viajeros.

el capitán Fitz-Roy, «son de baja estatura, de mal aspecto y mal proporcionados. Su color es el de la caoba vieja, o más bien el del cobre oscuro y del bronce. El tronco de su cuerpo es ancho en proporción de sus miembros torcidos y delgados. Su cabellera negra, ruda, inculta y extremadamente sucia, oculta a medias y, sin embargo, embellece algo la más fea fisonomía que pueden ofrecer las facciones de un salvaje. Pasando su vida en pequeñas chozas, o encogidos en sus canoas, sufren en la contextura y en la forma de sus piernas, y están obligados a andar de una manera embarazosa, con las rodillas muy inclinadas. A pesar de esto, son ágiles y fuertes. Frecuentemente no usan, ni para cubrir su desnudez, ni para conservar el calor, otra cosa que un pedazo de cuero de guanaco o de piel de lobo marino o de pingüino, sujeto al costado o a la espalda por una cuerda amarrada a la cintura. Este cuero les sirve de bolsillo en que pueden llevar las piedras para sus hondas, o los cueros que recogen o que hurtan. Un hombre, a cualquiera parte que vaya, lleva siempre su honda a la espalda o a la cintura.

«Las mujeres usan más vestido, esto es casi un cuero entero de guanaco o de lobo marino, con que se envuelven el cuerpo. Como está amarrado a la cintura, les sirve para cargar sus niños. Ni hombres ni mujeres usan cosa alguna que reemplace a los zapatos. No usan ningún adorno en las narices, en las orejas, en los labios ni en los dedos; pero les gustan mucho los collares y los brazaletes. Cuando no tienen otra cosa mejor, los hacen con conchitas de moluscos, o con huesos de aves, ensartados en fila; pero estiman mucho más para este objeto las cuentas, los botones, los pedazos de vidrio o de loza. La cabellera de las mujeres es más larga que la de los hombres, menos inculta y seguramente más aseada que la de éstos. La peinan con una mandíbula de lobo marino, pero no la trenzan ni la atan, sino que la dejan crecer en completa libertad, menos encima de los ojos, donde se la cortan. Son pequeñas y tienen el cuerpo ancho para su estatura. Su rostro, sobre todo cuando son viejas, es casi tan desagradable como el de los hombres es rechazante. Cuatro pies y algunas pulgadas, he ahí la talla de estas fueguinas que por cortesía llamamos mujeres. Jamás se mantienen derechas al andar; una actitud encorvada y una marcha torpe, forman su aire natural. Pueden ser las dignas compañeras de seres tan groseros; pero para gentes civilizadas, su aspecto es rechazante.

«Los individuos de ambos sexos se untan el cuerpo con grasa, y se pintan la cara y el cuerpo de rojo, de negro o de blanco. Se atan la cabeza con una cuerda hecha de nervios de animales; pero cuando van a la guerra, esa cuerda es adornada con plumas blancas. El humo de sus fogatas, viviendo encerrados en pequeñas cabañas, les hace tanto mal a los ojos que éstos están siempre húmedos y rojos. La costumbre de engrasarse el cuerpo para frotarse enseguida con una especie de tiza, con tierra o con carbón, y sus infames alimentos, algunas veces podridos, producen los efectos que es fácil imaginarse».[48]

6. Sus costumbres

Las cabañas de los fueguinos se asemejan por su forma y por su tamaño a un montón de heno. Consisten simplemente en algunos palos clavados en el suelo y reunidos en su parte superior formando un cono. Los intersticios que quedan entre esos palos se cubren con algunos cueros y más comúnmente con un poco de yerba y con algunas ramas de árboles. Esas cabañas, donde el hombre no puede ponerse de pie y donde muchas veces no caben más que una o dos personas, representan apenas el trabajo de una hora. Los fueguinos, por otra parte, no las ocupan muchos días. Esencialmente nómades y movedizos, se trasladan sin cesar de un punto a otro buscando su alimento. Donde los sorprende la noche, cinco o seis de esos salvajes, desnudos, apenas protegidos contra el viento, la lluvia y la nieve en aquel clima inhospitalario, se tienden sobre el suelo húmedo, estrechados los unos a los otros, como montones de animales. En la baja mar, así en invierno como en verano, de día y de noche, están forzados a levantarse para ir a buscar los moluscos en las rocas que las olas han

---

48   Fitz-Roy, obra citada, tomo II, capítulo VII, págs. 137 a 139. Esta descripción, que abreviamos un poco al traducirla, se refiere principalmente a la tribu que el célebre viajero llama Tekeenica, una de las más numerosas; pero corresponde a todos los fueguinos. Aunque las costumbres de estos isleños habían sido prolijamente estudiadas por muchos viajeros, especialmente por Cook, Forster y Weddell, la relación de Fitz-Roy y la de su compañero el ilustre naturalista Darwin, son mucho más completas. En estas páginas, vamos a seguirlos, muchas veces con sus mismas palabras, y solo abreviando sus descripciones.
En algunos libros antiguos, sobre todo en los españoles, se encuentran las noticias más absurdas sobre estos salvajes, lo que deja ver la propensión que esos escritores tenían a aceptar lo maravilloso. Así, por ejemplo, el padre Alonso de Ovalle, en el mapa de Chile que acompaña a su *Histórica relación*, etc., pone un fueguino con cola; y para que no quede duda sobre la intención del dibujante, escribe al lado estas palabras: Caudati homines hic (Aquí viven hombres con cola).

dejado descubiertas. Las mujeres se arrojan al agua, aun a profundidades considerables, para procurarse los erizos, o quedan largo tiempo sentadas en sus canoas, para pescar algunos pececillos, sin inquietarse por la lluvia y la nieve que cae sobre sus espaldas. Cuando han muerto un lobo marino, o cuando descubren alguna ballena varada en la playa, por más que se encuentre en estado de putrefacción, se dan el placer de un inmenso festín. Se hartan con este asqueroso alimento, y para completar la fiesta, añade Darwin, comen algunas semillas o algunos hongos del país, que no tienen el menor gusto. Algunos viajeros los han visto cargar grandes pedazos de carne de ballena medio podrida. Para llevar más fácilmente esta carga, habían hecho un agujero en el centro de cada trozo, y pasando por él su cabeza, quedaba colocado sobre sus hombros como el poncho que usan los hombres de nuestros campos.

Los fueguinos, así hombres como mujeres, son excelentes nadadores. Pero, además, saben construir canoas de madera que dirigen con notable habilidad. En nada demuestran mayor inteligencia que en la fabricación y en el manejo de esas pequeñas embarcaciones, en que recorren los canales en busca de lobos marinos o de peces. En esta parte, como en todas las otras manifestaciones del poder intelectual, tienen una gran superioridad los indígenas que viven en los archipiélagos que se extienden al noroeste del estrecho de Magallanes. Las canoas de éstos son construidas con cinco grandes tablas, dos de cada lado y una en el fondo, adheridas por amarras hechas a manera de costura, con tallos de enredaderas o con nervios de animales. Los intersticios y agujeros son tapados con cortezas de árboles reducidas por la trituración al estado de estopa.[49] Se comprenderá mejor el esfuerzo que supone este trabajo, recordando que todo él es ejecutado con instrumentos de concha y de piedra. En el fondo de esas embarcaciones tienen siempre un fogón de tierra, y en él arden sin cesar algunos trozos de madera, a pesar de que por medio de la pirita de fierro, saben aquellos isleños procurarse el fuego con una maravillosa destreza. Las mujeres tienen el encargo de remar en estas navegaciones, y allí como en la cabaña, son ellas quienes mantienen el fuego.

---

49 El padre José Gumilla, *El Orinoco ilustrado*, Madrid, 1741, parte II, capítulo XI, pág. 388, describe prolijamente un procedimiento semejante de los indios de esa región para calafatear sus embarcaciones, pero expresa el temor de que sus lectores no crean en la eficacia de este procedimiento que, sin embargo, él había observado por sus propios ojos. La observación de la misma práctica entre los fueguinos, no deja lugar a duda.

Pero en la preparación de sus comidas, el fuego les sirve de poca cosa. No conocen ninguna clase de ollas para cocer sus alimentos, y solo cuando no están muy urgidos por el hambre, asan ligeramente los mariscos, los peces y los otros animales que comen. De ordinario, los devoran completamente crudos, y con una ansia que deja adivinar largas horas y quizá días de un ayuno impuesto por la necesidad. El capitán Wallis, que los vio comer carne podrida y grasa cruda de ballena con un apetito feroz, cuenta que uno de esos salvajes a quienes sus marineros dieron un pez un poco más grande que un arenque, que acababan de sacar del agua, lo tomó con la mayor avidez, como un perro lo haría con un hueso, lo mató de un mordisco y, enseguida se lo comió, comenzando por la cabeza y acabando por la cola, sin perdonar las espinas, ni las aletas, ni las escamas, ni las entrañas. Uno de los más antiguos viajeros en aquellas regiones, Bernardo Janszon, cirujano de la expedición de Simón de Cordes (1599), ha contado la historia de una mujer fueguina que visitó una de las naves holandesas con dos hijos pequeños. «Como no quiso comer la carne cocida, se le dieron algunas aves crudas. Ella las tomó, les arrancó las plumas gruesas, las abrió con una concha, les sacó las entrañas, y enseguida ella y sus hijos se las comieron de manera que la sangre les corría por el pecho. Aquella mujer permanecía impasible en medio de las carcajadas de los marineros.»[50] Un hecho curioso, observado por algunos viajeros, es que esos salvajes, al revés de los patagones, y de la mayor parte de los indios bárbaros, repugnan las bebidas alcohólicas, y no beben de ordinario el aguardiente que han solido ofrecerles los navegantes que los han visitado.

Esas diferentes tribus no tienen apariencia alguna de gobierno ni jefe ninguno reconocido. Cada una de ellas, sin embargo, está rodeada de otras tribus hostiles. La principal causa de sus perpetuas guerras es la dificultad que experimentan para procurarse alimentos en aquella región formada de rocas salvajes, de colinas elevadas y estériles, de bosques inútiles, envueltos en espesas neblinas y agitados por incesantes tempestades. Sus armas son la honda, grandes mazas de madera, flechas y jabalinas de madera dura y con puntas de hueso,

---

50 La relación de Janszon, o más propiamente formada sobre los diarios de este facultativo, fue publicada varias veces en holandés, alemán y latín a principios del siglo XVII. Se halla una traducción francesa algo abreviada en el II tomo de la colección de viajes de la compañía de Indias que hemos citado más atrás. El presidente de Brosses ha hecho un excelente resumen de esa relación en la *Histoire des navigations*, etc. tomo I, pág. 274.

de ágata o de obsidiana, y cuchillos de piedra. Los fueguinos no saben explotar ni trabajar ningún metal. Sus arcos, fabricados con cierto esmero, tienen por cuerda algunos nervios trenzados. Es raro que cada encuentro con el enemigo no se termine con una batalla. Los vencidos, si no sucumben en el combate, son muertos y comidos por los vencedores. «Las mujeres, añade Fitz-Roy, devoran los brazos y el pecho: los hombres se alimentan con las piernas; y el tronco es arrojado al mar.»

Pero aparte de este canibalismo que podemos llamar guerrero, los fueguinos comen la carne humana por hambre. En invierno, cuando les faltan otros alimentos, devoran a las mujeres viejas. Un viajero preguntó a uno de esos isleños por qué en tales circunstancias no preferían comerse sus perros. «Los perros cazan las nutrias, contestó el salvaje, y las viejas no cazan nada. Y enseguida comenzó a contar cómo se les daba muerte, poniendo en el humo de sus fogatas la cabeza de la víctima, para sofocarla antes de comenzar a distribuirse sus miembros, e imitaba riendo las contorsiones y los gritos de esas infelices.» Por horrible que sea semejante muerte, dada por la mano de sus parientes y de sus amigos, observa Darwin, es más horrible aun el pensar en el terror que debe asaltar a las viejas cuando comienza a hacerse sentir el hambre. Se nos ha contado, agrega, que ellas se fugan a las montañas, pero los hombres las persiguen y las arrastran al matadero, que es su propio hogar.

Cuando los viajeros han querido descubrir en aquellos salvajes algunas ideas de un orden más elevado que la satisfacción de las necesidades puramente animales, han encontrado o las preocupaciones más groseras y chocantes o un vacío absoluto. Así, por ejemplo, creen que algunos de ellos están dotados de un poder sobrenatural para curar a los enfermos por medio de signos y movimientos misteriosos. Hablan de un hombre grande y negro que habita los bosques y que hace el buen y el mal tiempo. Fuera de estas supersticiones, no se ha podido descubrir en ellos el menor sentimiento religioso.[51] «Jamás he

---

51 Esta observación del viajero Decker, ha sido más tarde confirmada y desarrollada por otros observadores, y particularmente por Weddell, en la obra citada en otra nota.
En estas páginas nos hemos limitado a dar una ligera noticia de las costumbres de los fueguinos, en la persuasión de que más extensos pormenores no tendrían objeto en este libro. El lector puede hallarlos en las relaciones de los viajeros que dejamos citados y, además, en el capítulo XII de *L'homme avant l'histoire de sir John Lubbock*, trad. Barbier, París, 1867 y en el capítulo CXX de *The uncivilized races of men in all countries of the world* por el Rev. John George Wood, publicada en Londres en 1874, y reimpresa en Hanford, Estados

asistido, dice Fitz-Roy, a ningún acto de un carácter positivamente religioso, ni jamás he oído hablar de ninguno.» Algunos observadores han creído percibir que ciertos fueguinos están convencidos de que las aves no son más que los hombres que han muerto; pero Fitz-Roy dice que él no ha podido llegar a saber si esos salvajes creen en otra vida. Por lo demás, el cadáver de las personas que mueren naturalmente, parece despertar en ellos cierto horror. Después de sepultarlo en el bosque o en una caverna, se alejan de ese lugar para no volver a acercarse a él.

El salvaje de la Tierra del Fuego y de las islas cercanas, sombrío, desconfiado, grosero, constantemente armado contra sus vecinos, sin paz y sin cariño en su propio hogar, sin placeres y sin aspiraciones, viviendo del presente, sin recuerdos del pasado, sin previsión para el porvenir y sin más móvil que la satisfacción de los apetitos animales de cada día, ocupa, como hemos dicho, el rango inferior en las agrupaciones humanas, y sirve de tipo viviente para apreciar lo que ha debido ser el hombre primitivo. Los poetas, y no pocos filósofos, sin embargo, hicieron en los siglos pasados de esa situación social de los salvajes un cuadro de pura imaginación que denominaron la edad de oro, en que el hombre habría nacido en la más placentera felicidad, en medio de un mundo ideal sin conocer los vicios ni las ambiciones, y bajo el régimen de las virtudes más nobles y sencillas.[52] Pero cuando se ha empleado una observación más atenta en el estudio del desenvolvimiento de la humanidad, cuando se ha conocido a fondo la vida de los salvajes, esa ilusión ha desaparecido. La edad de oro de los poetas y de ciertos filósofos no ha existido más que en su imaginación. La realidad de las cosas, estudiada en la naturaleza misma, nos muestra al hombre marchando con una desesperante lentitud de la más espantosa barbarie al estado de civilización relativa en que hoy lo vemos en las sociedades más adelantadas, luchando siempre consciente o inconscientemente por el progreso para realizar los destinos de la humanidad. Un gran filósofo de nuestro siglo,

---

Unidos en 1877, 2 v., 8° mayor, cuadro completo y pintoresco de las costumbres de todos los pueblos no civilizados de la Tierra.

52 Estas ideas que forman la base de un célebre y conocido escrito de Rousseau, han sido sustentadas con una elocuencia fascinadora, pero enteramente paradojal. Así, por ejemplo, Herder sostenía en 1784 en una página admirable de elocuencia que el hombre en ese estado original, y en virtud de su organización, está dotado de las disposiciones más pacíficas. Véase *Ideen zur Geschichte der Menscheit* (*Ideas sobre la historia de la humanidad*) tomo I, pág. 185. En estas apreciaciones hay más poesía que conocimiento de los hechos.

Saint Simon, ha podido decir con la más profunda verdad: «La edad de oro del género humano no está detrás de nosotros: está adelante. Nuestros padres no la han visto: nuestros hijos llegarán a verla algún día. A nosotros nos toca trabajar para abrir el camino».

Capítulo III. Unidad etnográfica de los indios chilenos; conquistas de los incas en Chile

1. La unidad etnográfica de los indios chilenos está demostrada por sus caracteres fisionómicos y por la lingüística. 2. Caracteres principales de la lengua chilena. 3. El imperio de los incas: Tupac Yupanqui conquista toda la parte norte del territorio chileno. 4. El inca Huaina Capac consolida y dilata la conquista. 5. Resistencia tenaz que los indios del sur de Chile oponen a los conquistadores: los derrotan y los obligan a repasar el río Maule que llegó a ser el límite austral del Imperio. Historiadores de las conquistas de los incas (nota). 6. Influencia bienhechora de la conquista incásica en toda la región norte de Chile.

1. La unidad etnográfica de los indios chilenos está demostrada por sus caracteres fisionómicos y por la lingüística

Si se puede poner en duda el que los fueguinos formen parte de la misma rama etnográfica que los otros indios de Chile, no es posible dejar de reconocer que todos estos últimos constituían una sola familia. Todos ellos tenían los mismos caracteres fisionómicos, si bien el color de la piel, en general semejante al de los mulatos, presentaba diversos matices y se acercaba al blanco en algunas localidades o individuos. Cabeza grande en proporción del cuerpo, cara redonda, pomos salientes, boca ancha, labios gruesos, nariz corta y algo aplastada, con ventanillas abiertas, ojos negros, pequeños y horizontales, frente estrecha, tirada hacia atrás, barba corta, cabello negro, fuerte y lacio, pocos pelos en la barba, estatura mediana (1 metro 60), tales son los caracteres generales de su fisonomía, acompañada ordinariamente de un aire duro, frío, serio y sombrío. Su cuerpo, falto de elegancia, como el de casi todos los salvajes, deja ver el vigor, y parece presentar un tronco más largo en proporción con los otros miembros.

Sin embargo, si el indio chileno carecía de esa elegancia de formas que es el don de las razas superiores, no mostraba tampoco la irregularidad de cuerpo que se descubre en los fueguinos, y más aún en otras razas de bárbaros. Obsérvase sí en él esa semejanza de tipos, que es el resultado natural de la identidad de vida y de ocupaciones, y que hace que sea muy difícil, a lo menos a los extranjeros, el distinguir un individuo de otro.[53] Esta semejanza explica,

---

53 «Los salvajes tienen todos las mismas ocupaciones y el mismo género de vida. Al contrario, en las sociedades superiores, la aparición sucesiva de las grandes funciones sociales, agricultura, industria, comercio, etc. y de los millares de profesiones que dependen de

pero no justifica, el que los conquistadores españoles adoptaran la inhumana costumbre de marcar con un hierro candente a sus indios de servicio para reconocerlos en toda ocasión, como objetos de su propiedad, y a fin de que no pudieran ser confundidos con los que pertenecían a otros amos o con los que no habían sido sometidos.

El valor sobrehumano que los indios chilenos desplegaban en los combates, la entereza, o, más propiamente, la estoica indiferencia con que soportaban las crueles torturas a que se les sometía, la constancia que empleaban en la guerra y en las marchas, su habilidad para nadar, y la sobriedad de su vida, fueron causa de que sus mismos enemigos les atribuyesen una gran resistencia de constitución física y, sobre todo, las extraordinarias fuerzas corporales con que han solido adornarlos los observadores poco atentos. Es cierto que los rigores de la vida salvaje los hacía menos sensibles a los cambios de estación, y a las enfermedades que éstos traen consigo; y que pasados los peligros de la primera edad, los indios mantenían una salud robusta y llegaban generalmente a una vejez avanzada. Es verdad también que la miseria de su condición les hacía soportar el hambre o alimentarse con muy poca cosa cuando les faltaban otros víveres. Pero, como todos los salvajes, poseían fuerzas musculares inferiores a las de los hombres de una cultura superior. Así, en los combates, en los trabajos industriales y en los ejercicios a que solían entregarse con los soldados españoles, tenían éstos la ventaja cuando era necesario medir las fuerzas corporales. Un capitán tan entendido como circunspecto, que los conoció de cerca, se creyó en el caso de desvanecer el error vulgar, y «de probar que los indios de Chile no se aventajan en más fuerzas que las ordinarias y comunes».[54]

Si la constancia invariable de los signos exteriores de que hablamos más arriba no bastase para probar la afinidad de origen de todos los indios de Chile, podría demostrarse por la existencia de un idioma único. El padre jesuita Luis de Valdivia, autor de la primera gramática chilena que se dio a luz, decía en 1606 a este respecto lo que sigue: «En todo el reino de Chile no hay más desta

---

ellas, sustituyen al tipo primitivo, tipos múltiples y diversos que diferencian a los individuos hasta el infinito. La diferencia de individuos o de categorías de individuos aumenta con la especialización del trabajo a medida que se eleva en la escala de las sociedades, porque la especialización del trabajo tiene por resultado el no ejercitar más que ciertos miembros o ciertas facultades con detrimento de las otras.» G. Delaunay, «L'egalité et l'inégalité des individu», en la *Revue scientifique*, de 20 de mayo de 1882.

54 González de Nájera, *Desengaño y reparo de la guerra de Chile*, pág. 89.

lengua que corre desde la ciudad de Coquimbo y sus términos, hasta las islas de Chiloé y más adelante, por espacio casi de 400 leguas de norte a sur, que es la longitud de Chile, y desde el pie de la cordillera grande nevada hasta la mar, que es el ancho de aquel reino; porque aunque en diversas provincias de estos indios hay algunos vocablos diferentes, pero no son todos los nombres, verbos o adverbios diversos; y así, los preceptos y reglas deste arte son generales para todas las provincias».[55] El padre Valdivia pudo haber agregado que esta misma lengua, con pequeñas modificaciones, se hablaba también en las faldas orientales de los Andes, comprendidas entre los paralelos 32 y 41, lo que revela que la población de estas regiones tenía el mismo origen.

Este fenómeno, sumamente raro en la etnografía americana, como hemos dicho anteriormente, merece llamar la atención. La existencia de una familia única, ocupando una gran extensión de territorio y hablando un solo idioma, que no tiene afinidades con las lenguas de las naciones vecinas, deja ver que Chile no estuvo sometido, como otras porciones de América, a invasiones múltiples que habrían implantado lenguas diversas. Todo hace creer que esta familia ocupaba el territorio chileno desde una remota antigüedad. Pero hasta ahora no se han encontrado pruebas suficientes para saber si esa familia pertenecía a una raza antiguamente civilizada que cayó más tarde en la degradación, o si llegando en el estado de barbarie primitiva, formó aquí su idioma, y comenzó

---

[55] *Arte y gramática general de la lengua que corre en todo el reino de Chile*, con mi vocabulario y confesonario, compuestos por el padre Luis de Valdivia, de la Compañía de Jesús, en la provincia del Perú. Advertencia al lector. Esta gramática publicada en Lima en 1606, ha llegado a hacerse de tal manera rara que sería útil reimprimirla.

El primer europeo que estudió razonadamente la lengua chilena fue el padre jesuita Gabriel de Vega, español de la provincia de Toledo, que murió en Santiago en 1605 a la edad de treinta y ocho años, dejando una gramática manuscrita que, sin duda, utilizó el padre Valdivia. Debe advertirse que estos primeros trabajos eran mucho menos difíciles de lo que ahora parecen. Los niños chilenos que concurrían a los colegios de los jesuitas, aunque hijos de los conquistadores, hablaban indiferentemente el español que les enseñaban sus padres, y el idioma nacional que aprendían de los sirvientes y, luego, se ponían en estado de satisfacer todas las preguntas que sobre el particular les dirigían sus maestros, simplificando así la tarea de hallar las voces equivalentes, etc.

La unidad de lengua de los indios de Chile fue observada desde luego por los conquistadores europeos. «Tienen todos una misma lengua, aunque varían algo en ella y en la pronunciación, según las diferencias de sus provincias», decía el maestre de campo Alonso González de Nájera en su *Desengaño de la guerra de Chile*, pág. 101, que tendremos que citar muchas veces más adelante.

su desenvolvimiento hasta ascender al estado en que se encontraba cuando comienza la historia tradicional. Sin pretender negar que los futuros estudios arqueológicos en nuestro suelo puedan dar fuerza a la primera de esas hipótesis, el hecho de no haberse hallado todavía en Chile los restos de antiguas construcciones, ni objetos de una comprobada antigüedad, que revelen mayor progreso que el que encontraron los conquistadores europeos, induce a pensar en el estado actual de nuestros conocimientos, que esa raza no había recorrido más que las primeras escalas de la evolución.

Los indios chilenos no formaban un cuerpo de nación que hubiese tomado un nombre general. Se designaban entre sí por la denominación que daban a las parcialidades territoriales o por la situación respectiva que ocupaban. Huilliches eran los del sur; picunches eran los del norte; puelches los del este; pero estas denominaciones, en que se ha insistido más tarde, como medio de clasificar a las tribus, eran vagas e indeterminadas, y relativas al lugar en que se hallaban. No pretendemos, por tanto, entrar en un verdadero dédalo de denominaciones y clasificaciones, porque todas son más o menos indeterminadas. Muchas de ellas, por otra parte, fueron establecidas antojadizamente por los primeros escritores españoles, que daban a los indios de toda una región el nombre que tenían los de una localidad reducida o el apodo que les daban las otras tribus en razón de sus costumbres o inclinaciones. Así, por ejemplo, el nombre de araucanos con que los españoles designaron a los habitantes de una gran porción de Chile, era del todo desconocido de los indígenas, y a no caber duda vino de la palabra aucca, voz absolutamente peruana o quechua que quiere decir enemigos.[56] Esta confusión en las denominaciones nació principalmente del desconocimiento que los españoles tenían del país, y más que todo de su

---

56 El padre Diego de Rosales, en su *Historia general del reino de Chile*, libro I, capítulo 27, da a la palabra Arauco otra etimología enteramente fantástica. La hace derivar de ragco, que significa agua de greda, en el idioma chileno. No se comprende qué analogía puede descubrirse entre esta significación y el nombre de aquellas tribus. Pero este gusto por las etimologías fundadas simplemente en la similitud de sonidos, era general en esa época en que estando todavía muy atrasado el estudio de la gramática comparada, se daba a esas similitudes de sonidos una importancia que no tiene, y se sacaban de ellas las más peregrinas consecuencias. Así, el canónigo don Sebastián de Covarrubias en su *Tesoro de la lengua castellana*, Madrid, 1611, hace derivar la palabra araucana del verbo hebreo arau, secar por el calor, de donde deduce que el territorio araucano debía ser ardiente y seco.

lengua, lo que los inducía a emplear las palabras que habían aprendido en el Perú, como si ése fuera el idioma de Chile.

2. Caracteres principales de la lengua chilena

Y, sin embargo, la lengua chilena es un instrumento fácil de comprender y de manejar. Abundante en vocales, con pocos sonidos fuertes, casi sin aspiraciones guturales, y por tanto de fácil pronunciación, presenta en su estructura una absoluta regularidad. Su gramática puede estudiarse en pocos días; y basta poseer un limitado caudal de voces para expresar por medio de combinaciones de poco artificio, un gran número de ideas. Los sustantivos no tienen más que un solo género, empleándose en los nombres de animales las palabras huentu (o alca para las aves) para designar el macho, y domo para designar la hembra. Todos ellos se declinan según una forma invariable, por medio de partículas o preposiciones agregadas al fin de la palabra. El adjetivo, que va siempre antes del nombre, es absolutamente indeclinable. No hay más que una sola conjugación a cuyas formas sumamente sencillas deben someterse invariablemente todos los verbos. Como el griego, tiene tres números, el singular, el dual y el plural. La voz pasiva se construye cambiando solo la n final del verbo activo en gen (quimuln, yo enseño, quimulgen, yo soy enseñado), y sometiendo esta forma a la regla general de la conjugación. Todos estos principios gramaticales son de tal manera simples y rigurosos que se ha dicho de ellos, casi sin exageración, que podrían escribirse en un pliego de papel.

Si el vocabulario de esta lengua es incompleto y deficiente, si carece de voces que representen ideas genéricas o abstractas, como debe suponerse de todo idioma que no ha sido cultivado por una nación civilizada, puede suplirse en parte esta falta por medios sencillos. Las derivaciones de palabras se hacen con la mayor regularidad y por procedimientos casi invariables, formando de un sustantivo, por ejemplo, un verbo para denotar la acción, y de éste el nombre del que la ejecuta. Pero hay, además, otros medios de componer vocablos o de modificar el significado de los que existen. La lengua chilena pertenece a la familia de las lenguas aglutinantes o polisintéticas, que por una simple yuxtaposición de los elementos que se hacen entrar en la formación de las palabras, modifican su valor gramatical o le dan un sentido más o menos diferente para apreciar los diversos matices de una idea. Su tendencia marcada es a la absorción de las otras partes del discurso en el verbo.**⁵⁷** Esta yuxtaposición puede hacerse al principio, al fin, o al medio de la palabra, y en todo caso modifica su sentido, formando, es verdad, muchas veces vocablos largos y de fatigosa pronunciación, pero que suplen perfectamente la deficiencia del vocabulario. Algunos ejemplos harán comprender mejor este sistema de aglutinación. Dugun, hablar (que también significa cantar las aves), empleado en combinación con otras voces, da origen a muchos verbos de significado más complejo; duguyen, hablar de otro, tomado en el sentido de murmurar; dugunman, hablar en favor de otro; cavcunquechidugun, hablar en voz baja; rithodugun, hablar sin exageración; hueledugun, hablar disparates; hucdadugun, hablar mal, con impropiedad; huivdugun hablar la verdad; dugupran, hablar en vano, sin razón ni provecho y duguquecan, hablar incesantemente. Los verbos elun, dar; eln y vemn, hacer, se prestan todavía a un número mucho mayor de combinaciones. Con frecuencia, estas absorciones de palabras llegan a construir un verbo que envuelve el sentido de una frase entera. Así, iduanclolavin, verbo compuesto de cinco vocablos, significa «no quiero comer junto con él».

Este sistema de aglutinación suple solo en parte, como hemos dicho, la deficiencia del vocabulario. Faltan en él muchas voces de un significado genérico, lo que denota la pobreza del idioma. Así, por ejemplo, no existen las palabras caza y cazar, que los indios suplían con los verbos nun, coge, y tun, agarrar (más propiamente comer, como ilotun, comer carne, covquetun, comer pan), antepuestos al nombre del animal de que se trata, tuvudum, cazar perdices, nupagin, cazar leones. A pesar de su espíritu belicoso, no tenían más que una

---

57 Los lingüistas clasifican generalmente las lenguas en tres grandes familias; monosilábicas, aglutinantes o aglutinativas, y de inflexión, que representarían los tres grados de evolución por los que pasan los idiomas para llegar a su completo desarrollo. Sin embargo, esta clasificación no puede considerarse absoluta. «Los tres grados se siguen, dice Whitney, pero también se confunden», *Vie du langage*, pág. 227. La lengua chilena es una prueba de la verdad de la observación del ilustre profesor estadounidense. Eminentemente aglutinativa, es decir, formando un gran número de voces de la yuxtaposición de otras cuyo sentido modifica, restringe o amplía, esta lengua tiene inflexiones en la declinación de los nombres, y en la conjugación de los verbos, y ofrece abundantes y rigurosas derivaciones de sustantivos a verbos y de verbo a nombres, que en rigor pueden considerarse también como inflexiones. Todo sustantivo pasa a ser verbo con solo agregarle una n, ejemplo: mamull, leña, mamulln, recoger leña; ghul, canto, canción, ghuln, cantar. Del mismo modo, basta cambiar la n del verbo en voe para significar al que ejecuta la acción, mamulvoe, leñador, ghulvoe, cantor; dugun hablar, duguvoe, hablador; hueñen, robar, hueñevoe y hueñeve, por contracción, ladrón.

palabra para significar hacer la guerra y presentar una batalla, hueichan. Las palabras victoria y derrota les eran desconocidas; y suplían la primera con la voz pruloncon, que significa cantar o celebrar el triunfo, y quechan, propiamente recoger y llevarse el botín, y la segunda con el verbo michicun, tomar la fuga. Todo hace creer que su antiguo vocabulario de numeración era muy incompleto, quizá tanto como el de las tribus más salvajes de América, hasta la época en que los chilenos tuvieron comunicación con una raza más adelantada.[58]

A pesar de estas formas sencillas y estrictamente rigurosas de la lengua chilena, no pudo sustraerse completamente a los accidentes comunes a los idiomas de las razas inferiores. El aislamiento de las tribus que la hablaban, debía producir en cada una de ellas esas modificaciones accidentales que solo habría podido impedir una literatura escrita, y debía formar al fin dialectos más o menos diferentes. La lengua chilena, sin duda, por su excesiva sencillez, se salvó en parte de esta descomposición; pero se habían introducido ya, a la época de la Conquista, evidentes modificaciones en la composición y en el uso de las palabras en el norte y en el sur del territorio. El padre Valdivia, que llegó a Chile cincuenta años después de la Conquista, tuvo motivo de observarlas y de hacerlas notar en su gramática. Queriendo dar allí la traducción de las oraciones más comunes y de la doctrina cristiana, se resolvió a verterlas dos veces, una para los indígenas del norte y otra para los del sur. La semejanza de esas dos traducciones es evidente: se ve allí que la lengua es una; pero se perciben muy

---

58 Baste decir que las voces pataca, ciento y guaranca, 1.000, son absolutamente peruanas o quechuas.
No entra en nuestro propósito el dar más amplias nociones sobre el idioma chileno. El lector puede hallarlas en la gramática antes citada del padre Valdivia, y más desarrolladas todavía en el Arte de la lengua general del reino de Chile, con un vocabulario chileno-hispano y otro hispano-chileno, del padre jesuita Andrés Febres, Lima, 1765; y más tarde corregida y ampliada por el padre franciscano fray Antonio Hernández de la Calzada, Santiago, 1846, en que el vocabulario forma un volumen aparte. Existe, además, un compendio de la gramática del padre Febres, publicado en Concepción en 1864. Escritas aquellas gramáticas en una época en que los estudios filológicos estaban muy atrasados, necesitarían una revisión casi completa para dar mayor claridad y mejor sistema a sus reglas. Mucho menos conocida que las anteriores es la gramática chilena escrita por el padre jesuita Bernardo Havestadt, que forma la primera parte de su obra titulada *Chili dugu, sive res chilenses*, etc., publicada en Westfalia en 1777, en 2 v. 8, y reimpresa recientemente en Leipzig.
Conviene hacer notar que la lengua chilena tiene sonidos particulares que nosotros no usamos y que nos cuesta trabajo pronunciar. En cambio, le faltan otros que nos son usuales, y entre ellos los de la c delante de e y de y, de la s, de la z y de la x.

bien esas pequeñas variaciones que revelan la modificación por que en cada parte pasaba la lengua general.

La lengua chilena, conocida en su estructura gramatical y en su vocabulario, no ha sido, sin embargo, bastante estudiada desde el punto de vista filosófico e histórico, para investigar su origen y su entroncamiento. El primer examen de la cuestión deja ver, con todo, que esa lengua no tiene afinidades con las que hablaban las razas con quienes se le atribuye identidad de origen, los quechuas del Perú y los tupís del Brasil.[59] Así, pues, sin dudar de que hay en las tinieblas del pasado hechos de que no podemos tener la menor sospecha, sin desconocer que no es posible fijar límites a los descubrimientos futuros de la ciencia, sin pretender negar que ésta puede llegar quizá algún día a esclarecer el caos que presentan las lenguas del Nuevo Mundo, y a fijar su afinidad, el examen de la lengua chilena en el estado actual de los estudios de la lingüística americana, y su comparación con las de los pueblos que se le suponen afines, induce a for-

---

[59] No hablamos aquí de las semejanzas de voces que pueden dar origen a establecer etimologías caprichosas, como las que hallamos con frecuencia en los lingüistas del tiempo pasado. En nuestra época, la lingüística procede con la mayor circunspección. «La etimología en sí misma no es más que un juego de ingenio, dice M. Abel Hovelacque. Nada es más peligroso que apoderarse de dos palabras formadas y acercarlas la una a la otra, si se ignoran los procedimientos y las leyes de su estructura. Las equivalencias que a primera vista parecen imponerse más irresistiblemente, son algunas veces las más engañadoras.» *La linguistique*, París, 1876, pág. 16. M. Littré ha desarrollado magistralmente la misma idea exponiendo los principios fundamentales a que debe someterse la etimología para que sea aceptable, en el § IX del prefacio magistral de su *Dictionnaire de la langue française*. Mr. Hubert H. Bancroft, en una obra notable, *The native races of the Pacific states of North America*, consagra una página excelente (pág. 560 del tomo III) a probar la futileza de las tentativas del abate Brasseur de Bourbourg y de otros pretendidos americanistas que creen que la aproximación de algunas palabras de diversos idiomas, pero de forma y de significado semejante, puede servir para descubrir la filiación de los idiomas. Al efecto, Mr. Bancroft cita numerosos ejemplos de palabras que reúnen esas condiciones, y que, sin embargo, pertenecen a lenguas que no tienen entre sí la menor afinidad. Según estos principios, la aproximación que se ha hecho de cuarenta y siete voces griegas y latinas más o menos semejantes a otras chilenas que tienen un significado análogo, no pasa de ser un juego de paciencia, una similitud por simple accidente, como decía con mucha razón el abate don Juan Ignacio Molina en las págs. 334 y 335 de su *Historia civil de Chile*. La comparación de las lenguas para buscar su afinidad y su parentesco debe hacerse no sobre las fútiles analogías de unas cuantas palabras, sino sobre sus caracteres fundamentales, sobre su semejanza de fondo y sobre la identidad gramatical y lógica, estudiada esta última, no en una aparente similitud sino en la razón de la estructura de las palabras. Examinada desde este punto de vista, la lengua chilena resiste hasta ahora a todo sistema de entroncamiento con otras lenguas conocidas.

tificar con un ejemplo más la opinión de los que sostienen que es positivamente imposible reducir todas las lenguas a un solo y único idioma primitivo, y que un estudio imparcial de los hechos nos lleva a reconocer tantos idiomas primitivos como hay tipos lingüísticos.[60] Si casi no es posible dar el nombre de primitiva a una lengua indudablemente desarrollada en un largo transcurso de siglos, se le debe considerar a lo menos independiente; y en este sentido no puede servir de auxiliar para descubrir los orígenes de la raza que la hablaba.

3. El imperio de los incas: Tupac Yupanqui conquista toda la parte norte del territorio chileno

Faltan igualmente los datos para apreciar el grado de desarrollo a que había alcanzado esta raza antes de que elementos extraños hubieran venido a modificar, en parte a lo menos, su manera de ser. Cuando llegaron los conquistadores europeos, que nos han transmitido las primeras noticias, la nación chilena acababa de pasar por una de esas grandes conmociones que ejercen una profunda influencia en la vida de los pueblos, aun de los pueblos salvajes, tan obstinados

---

60 August Schleicher, *Über die Bedeutung der Sprache für die Naturgeschichte des Menschen* (*Sobre la importancia del lenguaje en la historia natural del hombre*), Weimar, 1865. La opinión de Schleicher, contraria, sin duda, a la de los escritores y filósofos que, sin un estudio atento, y hasta hace un siglo imposible, buscaban para todas las lenguas un origen único, es un hecho perfectamente demostrado por los progresos radicales de la lingüística moderna, y es la doctrina enseñada por los más grandes maestros de esta ciencia. En el capítulo I, § 4, hemos transcrito en su forma concreta y elegante la opinión de M. E. Renán, y aquí tenemos que insistir en este mismo punto. Se ha resumido esta demostración en los términos siguientes: «Ningún hecho, científicamente analizado, prueba que las lenguas han tenido en su principio un mismo origen: centenares de hechos indican, por el contrario, que se han formado en la superficie de la Tierra, sea en Asia, sea en Europa, sea en otras partes, ciertos centros de lenguaje, probablemente muy numerosos, de los cuales han irradiado las lenguas y los dialectos posteriores». M. Joly, *L'homme avant les métaux*, pág. 290, citando esta conclusión, recuerda de paso los nombres de los lingüistas modernos que la han formulado y defendido. Uno de los más eminentes entre ellos, Friedrich Müller, sostiene que cada tipo lingüístico y cada lengua primitiva, han tenido un origen diferente, pero, al mismo tiempo, demuestra que no hay ninguna concordancia entre la distribución de esos cuerpos lingüísticos y de sus subdivisiones con la de las llamadas razas humanas, que nosotros distinguimos por sus caracteres físicos, debido, sin duda, a la mezcla confusa de esas razas en épocas que no han podido entrar bajo el dominio de la observación científica. De allí nace la dificultad, si no la imposibilidad, de aplicar la lingüística no precisamente a la etnografía actual sino a la cuestión de los orígenes etnográficos. V. el tratado relativo a la *Ehrtographie* en los complementos del viaje alrededor del mundo de la fragata austriaca *Novara*, Viena, 1868.

para resistir a toda innovación. Es, sin embargo, fuera de duda que las tribus chilenas no tenían entre sí vínculos de unión y que no formaban un cuerpo social con los caracteres de una nacionalidad de alguna cohesión. Audaces y belicosos, vivían, por el contrario, en frecuentes guerras, sin más guía que sus inclinaciones naturales, sin sujeción a freno alguno y sin más vínculos que los de la familia, muy débiles, como se sabe, en esas condiciones de barbarie. Se alimentaban de la caza y de la pesca, recogían algunos frutos de la tierra, pero probablemente no sabían cultivarla ni poseían semillas que sembrar. Sus vestidos consistían solo en algunos pedazos de pieles. Eran, además, antropófagos, quizá no tanto por hambre cuanto por zaña guerrera, como satisfacción de sus instintos vengativos sobre los enemigos que habían tomado prisioneros. Para la fabricación de sus armas y de sus utensilios solo empleaban la madera, la piedra y los huesos y conchas de los animales que comían.[61]

Sin duda los indios de Chile eran entonces tan bárbaros como las tribus más groseras que los conquistadores hallaron en América. Pero la historia, falta de noticias seguras, no puede describir sus costumbres. El indígena que conocemos por los más antiguos documentos, había estado en contacto con una civilización extraña y superior, que indudablemente modificó sus hábitos de alguna manera. El historiador, sin correr el riesgo de equivocarse mucho, no puede distinguir en la situación social que hallaron los conquistadores europeos, la parte que correspondía al estado primitivo de la nación, y cuál a la revolución, porque ésta acababa de pasar.

Al norte del territorio de Chile, en las altiplanicies de los Andes peruanos, se había levantado un poderoso imperio, cuya capital estaba establecida en el

---

[61] Un obispo de la Imperial, don fray Baltasar de Ovando, más conocido con el nombre de fray Reginaldo de Lizárraga, compuso a principios del siglo XVII una curiosa descripción histórica y geográfica del Perú y de Chile, que se conserva inédita en la Biblioteca Nacional de Madrid. En el capítulo 87, hablando de los indios chilenos, ha trazado en pocas líneas el cuadro de sus costumbres antes de recibir la influencia de la conquista extranjera. «No adoraban, dice, cosa alguna, ni tuvieron por Dios ni al Sol, ni a la Luna ni a las estrellas. No tenían vestidos. De pieles de gatillos hacían unas mantas con que se cubrían en el invierno. Se estaban en sus casas metidos, que son redondas, mayores o menores como es la familia. Eran grandes holgazanes. Las mujeres trabajaban en todo lo necesario. Fuera de esto, sin ley ni rey. El más valiente entre ellos es el más temido. Castigo no había para ningún género de vicio. A padre ni a madre no tienen reverencia alguna ni sujeción. Son deshonestísimos.» El obispo Ovando hacía este retrato por el conocimiento que tenía de los indios del sur de Chile, donde la dominación de los incas no se había hecho sentir.

Cuzco. Por medio de conquistas militares, había extendido sus dominios en una vasta porción del continente. Los incas, o soberanos de ese imperio, se arrogaban una misión civilizadora y, en efecto, los pueblos sometidos bajo su cetro se hacían agricultores y recibían leyes e instituciones emanadas de un poder absoluto y despótico, pero ordinariamente benigno.

La historia de este imperio y de sus soberanos, construida sobre las tradiciones que hallaron en el Perú los conquistadores europeos, no puede resistir al análisis de la crítica moderna. Se habla de dos personajes, un hombre y una mujer, de origen misterioso, aparecidos en las orillas del lago Titicaca para desempeñar una misión providencial. Con el solo prestigio de su palabra y de su pretendido origen divino, habrían sometido a la vida civil a las hordas salvajes que en aquella región vivían hasta entonces en un estado semejante al de las bestias, y les habrían dado las leyes sobre las cuales se fundó la grandeza y la prosperidad del Imperio. Los escritores españoles que se apoderaron de estas tradiciones, no estaban preparados para desentrañar la verdad de aquel caos de leyendas del pasado; aceptaron los cuentos más inverosímiles, comenzando por la historia de la transformación completa de un pueblo salvaje por la sola acción de dos individuos, y forjaron sistemas cronológicos que fueron aceptados casi sin discusión. La monarquía de los incas, fundada, sin duda alguna, sobre las ruinas dispersas de una civilización mucho más antigua, databa según el mayor número de esos escritores, del siglo XI de la era cristiana, había sido gobernada por una dinastía de doce o trece soberanos que ensancharon gradualmente los límites de sus estados por el norte y por el sur, y había acabado por constituir un imperio tan vasto como poderoso. Seguramente, la imaginación de los que recogieron estas noticias se complació también en introducir detalles y accidentes que han acabado por hacer más confuso el cuadro de la historia, que con una sana crítica habría podido ser ordenado y claro, a lo menos en los sucesos concernientes al último siglo que precedió a la conquista española.

El mayor número de esos historiadores está conforme en contar que el más ilustre de esos príncipes guerreros fue el inca Tupac Yupanqui, que reinaba a mediados del siglo XV, probablemente de 1430 a 1470. Refiérese que habiendo ido este monarca al sur del lago Titicaca, a sofocar una insurrección de los indios collas, se dejó arrastrar por la confianza que le inspiraban sus constantes victorias y la solidez y disciplina de su ejército, y emprendió nuevas conquistas hasta la provincia de Tucma o Tucumán. Allí adquirió noticias de un país que se extendía al occidente de la cordillera nevada, y sin vacilar, se aprestó para marchar a su conquista.**62**

Los soldados peruanos estaban preparados para estas empresas lejanas. Sobrios, sufridos para las marchas, sumisos a la voz de sus jefes, escalaban las montañas y recorrían los desiertos, en expediciones que duraban años enteros, llevando consigo sus escasos alimentos, sin quejarse jamás de las fatigas ni de las privaciones. En esta ocasión atravesaron los áridos despoblados que se dilataban al occidente de Tucumán, trasmontaron la formidable cordillera de los Andes, y cayeron a los valles septentrionales de Chile, donde no podían hallar una vigorosa resistencia.**63** En efecto, la población era allí poco numerosa, y como ya dijimos en otra parte, vivía repartida en estrechos valles, separados unos de otros por porciones de territorio desprovistas de agua y enteramente

---

62 Uno de los historiadores de los incas, Miguel Cabello Balboa, de quien hablaremos al final de este capítulo para dar a conocer su obra, dice que la expedición del inca Tupac Yupanqui al Collao y a Chile ha debido tener lugar hacia el año de 1413. Véase su *Histoire du Pérou*, pág. 109. Probablemente hay un error de impresión, por 1443, ateniéndonos a su propio sistema cronológico.

63 Algunos de los historiadores de los incas, leyendo sin duda en las primeras relaciones de los conquistadores españoles que el ejército de Tupac Yupanqui tuvo que atravesar grandes desiertos, han referido que penetró a Chile por el despoblado de Atacama, lo que supone simplemente un gran desconocimiento de la geografía. Partiendo de la región de Tucumán, el inca no ha podido seguir otro sendero que el de los despoblados que existen en esa parte al oriente de los Andes, y luego de la cordillera. Este itinerario no es precisamente el mismo que señala un juicioso soldado español, Miguel de Olaverría, sargento mayor en la guerra de Chile, bajo el gobierno de Martín Óñez de Loyola. Dice éste expresamente que el Inca penetró en Chile «por el mismo camino que usaron los españoles desde Mendoza y San Juan a la ciudad de Santiago», donde él vio un siglo más tarde las ruinas de los paredones que hacían los peruanos en sus acuartelamientos de cada día. Esta noticia tiene en su apoyo la tradición, consignada en los nombres de algunos puntos de ese camino, el puente natural del inca, los baños termales del inca, etc. Pero estos hechos no bastan para formar una convicción absoluta a este respecto. Es posible que este camino fuera muy traficado en tiempo de los incas y, aun, que por allí pasara alguno de los emperadores peruanos, que le dio su nombre; pero es más probable que la primera expedición conquistadora penetró a Chile por Copiapó, por el mismo camino por donde los indios peruanos condujeron la expedición de Almagro. La relación de Olaverría, que nos sirve para esclarecer de algún modo la historia de las campañas de los incas en Chile, forma parte de un extenso y prolijo memorial que sobre la situación de este país presentó ese militar al gobierno español a fines del siglo XVI. Ha sido publicado por don Claudio Gay, con algunos errores de copia, en el tomo II de la colección de Documentos de su historia.

desiertas. El Inca pudo sujetar fácilmente esas poblaciones diseminadas, hacerles aceptar las autoridades que les impuso y dejarlas sometidas a su dominio.

Por lo demás, el sistema de conquista usado por los incas, a ser cierto todo lo que nos cuentan los antiguos historiadores, era de tal manera benigno, que de ordinario encontraba pocas resistencias. Si bien aquellos monarcas tomaban todas las precauciones imaginables para aislar a las tribus que pretendían reducir, y si cuando era necesario sabían someterlas por la fuerza desplegando un poder militar sólido y bien organizado, trataban a los vencidos con la más generosa humanidad. Los soldados del Inca no cometían muertes, ni robos, ni ultrajes de ninguna naturaleza. La obediencia pasiva y absoluta que constituía la base fundamental de la organización del imperio, aseguraba el fiel cumplimiento de las órdenes del soberano. En las provincias en que eran escasos los víveres, el Inca mandaba distribuirlos a sus pobladores y, además, les repartía llamas, para que cuidasen de la propagación de estos útiles animales a fin de que tuviesen lana para sus vestidos. Reducida una región, sus soldados construían en los lugares convenientes, de ordinario en alguna altura, una fortaleza en que debía establecerse la guarnición encargada de mantenerla sujeta.

Para conseguir este resultado, el Inca sacaba también una parte de la población de la provincia sometida y la transportaba a otra región de su vasto imperio. Los indios así trasladados de un lugar a otro, se llamaban mitimaes. Al abandonar sus tierras y, aun, al verse sometidos a ciertos trabajos de utilidad pública, no tenían que sufrir el maltrato de sus vencedores. Lejos de eso, se les daban tierras para que las cultivasen, casas para sus habitaciones y se les sometía a un régimen suave y patriarcal calculado para hacer olvidar la libertad absoluta de la vida salvaje. La provincia sometida recibía nuevos pobladores venidos del Perú, que propagaban la lengua y las costumbres del imperio y el respeto por sus instituciones y por su soberano. Esas poblaciones quedaban obligadas a pagar al Inca un tributo moderado de las producciones de la tierra y de los metales que sabían explotar, principalmente del oro de los lavaderos.[64]

---

64 El sistema de conquista usado por los incas se halla expuesto con mayor o menor abundancia de detalles en las primeras historias que escribieron los cronistas españoles acerca del Perú; pero la autoridad más digna de tomarse en cuenta es Pedro Cieza de León. La segunda parte de su *Crónica del Perú*, publicada por primera vez en Madrid en 1880, puede considerarse la obra capital por la seriedad de la investigación y por el juicio del autor, para conocer la historia y las instituciones del antiguo imperio peruano. Los capítulos 17 a 24 exponen largamente el sistema de conquista.

Se comprende que un sistema de esta clase podía aplicarse a la conquista de tribus aisladas y poco numerosas como las que habitaban el norte de Chile, pero cuando los incas llevaron sus armas más al sur y se encontraron con una población más compacta y mucho más considerable, hallaron una resistencia tan firme y sostenida que sus armas ordinariamente vencedoras, no pudieron afianzar la conquista.

Las tropas del Inca avanzaron hasta el valle de Chile (Aconcagua y Quillota), que dio su nombre a todo el país.[65] Los antiguos historiadores refieren que el gobierno imperial no había descuidado un solo instante el mantener a sus soldados bien abastecidos de víveres, de vestuarios y de refuerzos de tropas para robustecer sus filas. Algunos de esos escritores dicen, sin duda con gran exageración, que el ejército peruano llegó a contar más de 50.000 guerreros, y otros hablan de un número mayor aún. Sus exploradores recorrieron otras regiones más australes todavía, pero probablemente no avanzaron por entonces mucho más en sus conquistas. La campaña había durado cerca de seis años. El inca Tupac Yupanqui volvió al Cuzco contento con las ventajas alcanzadas en esta expedición. Dejaba en los territorios recién ocupados, respetables guarniciones para el mantenimiento de su dominación.

El territorio conquistado debió ser sometido a la explotación industrial de una raza más inteligente y más civilizada. Los peruanos, esencialmente agricultores, hallaron un terreno fértil que solo necesitaba ser regado en la estación seca, es decir, durante cerca de ocho meses del año, para producir los más abundantes frutos. Hicieron allí lo que habían practicado en el Perú, esto es, sacaron canales de los ríos y cultivaron los campos no solo para subvenir a sus

---

[65] En una curiosa relación histórica escrita del siglo XVIII leemos las palabras siguientes: «Háblase con variedad del origen del nombre de Chile. Dicen unos que en el idioma peruano alude a región fría. Otros afirman que era nombre propio de un valle, y que los españoles lo hicieron genérico. Y no falta quien discurra que se derivó de un pequeño pájaro llamado Aili, bien conocido en el reino». *Historia de Chile* por el maestre de campo don Pedro de Córdoba Figueroa, libro I, capítulo IX. Posteriormente se han sostenido en diversas ocasiones estas tres hipótesis, de las cuales la más aceptable parece ser la segunda.

Por lo demás, la palabra Chile o Chille era el nombre geográfico de otras localidades. En la costa de la Araucanía, un poco al sur del río Toltén, y a la latitud 38°, hay un lago del que sale un pequeño río que va a desembocar al océano. El lago y el río tienen el nombre de Chille, que se dice originado por una ave acuática. Los indios daban el nombre de Chilla a una especie de zorro, y después llamaron del mismo modo el recado o avío para montar a caballo.

necesidades sino, también, para contribuir por su parte al sostenimiento del gobierno imperial. En muchos arroyos encontraron tierras auríferas que dieron desde entonces a esta región una gran fama de riqueza. Por último, mediante un régimen suave y patriarcal, mantuvieron y asentaron su dominación. El gobierno imperial, según su sistema político, hizo arreglar algunos caminos y mandó extender hasta Chile, por el desierto de Atacama, uno que partía del Cuzco y que le servía para estar, por medio de sus correos, en comunicación con las provincias más remotas de sus estados.

4. El inca Huaina Capac consolida y dilata la conquista

Pero la política tradicional de los incas no podía contentarse solo con esto. El inca Huaina Capac, hijo y sucesor de Tupac Yupanqui, venciendo toda clase de dificultades, hizo una nueva campaña a Chile para asentar la conquista y para adelantarla hasta otras provincias más lejanas de aquéllas que había sometido su padre. Regularizó la percepción de los tributos, construyó fuertes y cercados para el acuartelamiento de las guarniciones que dejaba, impuso gobernadores dependientes de la Corona, mejoró los caminos que usaban para las comunicaciones con el Perú y el servicio de postas, y se volvió al Cuzco cuando creyó consolidado el nuevo orden de cosas.[66] De esta lucha no se tienen más que noticias vagas e inciertas, pero su resultado definitivo es mejor conocido. Al cabo de algunos años, los peruanos habían llegado hasta el río Biobío, que vino a ser el límite definitivo de sus conquistas. Los bárbaros indomables que vivían del otro lado de ese río, más numerosos y compactos que los que habitaban las provincias del norte, desplegaron en esas circunstancias la heroica energía que los ha hecho famosos en la epopeya y en la historia, y supieron contener a los invasores. Los guerreros del Inca establecieron allí sus cuarteles, y construyeron fortificaciones para defender las fronteras del Imperio.[67] Allí estuvieron obliga-

---

66 Cieza de León, obra citada, capítulo 62.
67 «Conquistaron, los peruanos, y sujetaron todos los indios que había hasta el gran río de Biobío, como hoy se ve haber llegado hasta el dicho río por los fuertes que hicieron en el cerro del río Claro, donde pusieron y tuvieron frontera a los indios del estado (de Arauco) con quienes tuvieron muchas batallas.» Informe de Miguel de Olavarría, pág. 24 de la obra citada. Este valioso documento no es la única autoridad que nos sirve de apoyo para dar, contra el común de los historiadores, la línea del Biobío como límite de la conquista de los incas en Chile. El padre Anello Oliva, en su *Histoire du Pérou*, de que hablaremos al fin de este capítulo, dice lo mismo. Véase el capítulo VI, pág. 53.

dos a sostener frecuentes combates con aquellos obstinados defensores de su independencia y de su suelo.

Aun en el territorio conquistado, la dominación de los incas no fue siempre tranquila. Los indios que vivían en la región últimamente sometida, no querían aceptar la conquista extranjera, la resistían cuanto les era dable, y sobre todo se negaban a salir del territorio para ir a establecerse en los otros dominios del Inca o para servir en sus ejércitos en el Perú. Esos indios, siempre dispuestos a la rebelión, esperaban solo una ocasión oportuna para sacudir el yugo a que se les había sometido.[68]

5. Resistencia tenaz que los indios del sur de Chile oponen a los conquistadores: los derrotan y los obligan a repasar el río Maule

---

68   Los españoles de la época de la Conquista daban el nombre de promaucaes o purumaucaes, a los indios que habitaban en la región del sur de Chile hasta las orillas del Biobío, así como llamaban araucanos o aucas a los establecidos al sur de ese río. El abate don Juan Ignacio Molina, que no pudo conocer los documentos españoles de esa época, creía que los indios llamados promaucaes eran los que habitaban al sur del río Cachapoal; y leyendo en Ercilla y en los primeros cronistas que los promaucaes rechazaron las huestes del Inca, sostiene que el límite de la conquista peruana fue el Cachapoal, en cuyas márgenes existían algunas ruinas de antiguas fortificaciones. La observación de Molina es juiciosa, pero parte de una equivocada indicación etnográfica. Véase su *Historia civil*, libro I, capítulo II, pág. 11.

La palabra promaucaes, como dicen unos documentos, o purumaucaces, como dicen otros, no es de origen chileno. El padre Rosales en su *Historia general de Chile*, libro II, capítulo XII, y Molina en el lugar citado, han incurrido en este punto en el error de atribuirle este origen y de traducirla por «hombres libres y bailarines». Es formada de dos palabras quechuas o peruanas, purum aucca, que significan enemigos no sometidos, nombre que los guerreros del Inca daban a las tribus fronterizas que no habían conquistado, y que los españoles aplicaban a su vez a los indios del sur de Santiago, antes de someterlos. Esta etimología, enteramente gramatical, se halla confirmada en el libro relativo a la geografía del Perú y de Chile, de don fray Baltasar de Ovando, obispo de la Imperial, que hemos citado anteriormente. Dice allí que los capitanes del Inca dieron a los indios no sometidos de Chile el nombre de purun aucas.

Esta etimología está, además, confirmada por los más antiguos documentos de la conquista española. Cuando Valdivia hubo asentado su dominio en el valle del Mapocho, y puesto en fuga a los indios que habían intentado rebelarse, llamaba poromabcaes, a los indígenas no sometidos que vivían a 6 leguas de Santiago, en la ribera sur del río Maipo, región que aún no habían sometido los castellanos. Véase una importante carta de Valdivia a Hernando Pizarro, escrita en agosto de 1545, y publicada por primera vez en el *Proceso de Pedro de Valdivia*, Santiago, 1874, pág. 204.

que llegó a ser el límite austral del Imperio. Historiadores de las conquistas de los incas (nota)

No tardó en presentarse esa ocasión. Por los años de 1520 falleció el inca Huaina Capac. Sus dos hijos, Huáscar y Atahualpa, se disputaron el Imperio en una encarnizada guerra civil. El primero de éstos, que mandaba en el sur del Perú, dio las órdenes más premiosas para reconcentrar sus tropas cerca del Cuzco, a fin de rechazar las legiones de su hermano que avanzaban de las provincias de Quito. Los guerreros de Chile, que eran en gran parte, sin duda, indios chilenos, acudieron a este llamamiento, y en los principios de la guerra alcanzaron sobre los soldados de Atahualpa una señalada victoria.[69] Pero al fin, la suerte de las armas fue fatal al inca Huáscar, que cayó vencido y prisionero en manos de su rival.

Esta guerra fratricida había obligado a los conquistadores, como dijimos, a retirar de Chile una parte de las tropas que lo guarnecían. El ejército que defendía la frontera del Biobío, hostilizado sin cesar por los indios de aquella región, experimentó los quebrantos consiguientes a una lucha tenaz en que no le era posible reparar sus pérdidas con nuevos refuerzos. Al fin, se vio forzado a abandonar sus posiciones y a replegarse al norte para defender en mejores condiciones la mayor parte del territorio conquistado. Aquella retirada casi importaba una derrota. Los indios de esa región se levantaron más enérgicos y resueltos que nunca, empuñaron las armas con el ardor que inspira la confianza de alcanzar una victoria completa, y emprendieron la persecución de los peruanos hasta alcanzarlos en los llanos que se extienden al sur del río Maule. Allí tuvo lugar una terrible batalla que duró tres días, según cuentan algunos historiadores. Los guerreros del Inca perdieron más de la mitad de sus fuerzas; pero los indios chilenos habían sufrido tanto en la refriega que no pudieron impedir la retirada de los últimos restos del ejército enemigo. Medio siglo más tarde, la tradición contaba en aquellos lugares que los soldados peruanos salvados de ese desastre, habían hallado un asilo al otro lado de las cordilleras, donde fundaron una ciudad misteriosa que desde los primeros días de la Conquista

---

69 Cabello Balboa, obra citada, capítulo XXI, pág. 293. Los sucesos de esta guerra civil, que no tenemos para qué consignar aquí, han sido referidos con bastante prolijidad, pero siempre con divergencias en los detalles, por los antiguos historiadores del Perú.

daba mucho que hablar a los españoles que habitaban esta parte de América.[70] Parece, sin embargo, que ellos lograron repasar el río Maule, en cuyas riberas quedó establecido el límite austral del imperio de los incas.

Tal es la historia de las conquistas de los incas en el territorio chileno, referida en su conjunto, y despojada de nombres propios de la más dudosa autenticidad, y de incidentes con frecuencia contradictorios y en ningún caso dignos de confianza. Aun en esta forma, la historia es en cierta manera conjetural; porque, aunque no se puede poner en duda el fondo de los hechos, la época exacta en que tuvieron lugar, la designación fiel de las provincias o territorios conquistados, y el encadenamiento de estas expediciones, constan de crónicas escritas generalmente con poco discernimiento y que raras veces se concuerdan entre sí.[71]

---

70 Miguel de Olaverría, que ha consignado estos hechos y estas tradiciones, refiere que él conoció en Chile algunos indios viejos que habían asistido a esta gran batalla.

71 Más que para recordar las autoridades que nos han servido de guía al escribir estas páginas, vamos a reunir en esta nota algunas noticias crítico-bibliográficas para auxiliar con ciertas indicaciones a los que deseen profundizar el estudio de estos primeros hechos de nuestra historia.

Desde los primeros días de la Conquista, los pocos españoles que se hallaban en estado de apreciar la civilización que encontraron en el Perú, recogieron las noticias históricas que podían suministrarles los indígenas, y las consignaron en sus escritos, como puede verse en los primeros capítulos de la *Historia del descubrimiento y conquista del Perú*, de Agustín de Zárate y en la *Historia de las Indias*, capítulo 119 a 122, de López de Gómara. Pero el investigador más prolijo y el observador más sagaz y más profundo fue Pedro Cieza de León, que después de muchos viajes de exploración y de largos años de trabajo, compuso *La crónica del Perú*, cuya primera parte, consagrada a la descripción del país, vio la luz pública en 1553. La segunda que trata de la historia de los incas, así como las restantes relativas a la Conquista y a las guerras civiles de los conquistadores, quedaron inéditas, y solo en nuestros días se ha publicado una porción considerable de ellas. La segunda, que es sumamente interesante, porque nadie mejor que Cieza de León pudo estudiar la historia de los incas, se creyó perdida largo tiempo. Sin embargo, el manuscrito existía casi completo; pero estando dedicado a don Juan Sarmiento, presidente del Consejo de Indias, por una mala inteligencia de la escritura, llegó a darse a este último por autor, equivocación en que incurrió el prolijo y erudito historiador Prescott en su *Historia de la conquista del Perú*. Esta segunda parte de la *Crónica* de Cieza de León, ha sido publicada en Madrid en 1880 con sumo esmero, bajo la dirección de don Marcos Jiménez de la Espada, y puede considerarse la mejor fuente para conocer la historia y las instituciones del Imperio. La Suma y narración de los incas, de Juan de Betanzos, que está publicada en el mismo volumen, se halla desgraciadamente incompleta, y no contiene la parte que se refiere a la conquista de Chile.

Otro escritor español, que fue un laborioso compilador de noticias, Diego Fernández, más conocido con el nombre de El Palentino, se contrajo en su *Historia del Perú*, impresa en

1571, a referir las guerras civiles de los conquistadores, y solo al final de su libro destinó seis capítulos cortos, pero sustanciosos, a la historia de los incas, que pueden consultarse con provecho.

En 1586, Miguel Cabello Balboa, después de veinte años de residencia en América, terminaba en Lima un libro titulado *Miscelánea austral*, en que, como parte de una especie de historia universal, consignaba todo lo que había podido averiguar sobre el Perú antiguo, reuniendo con claridad, pero con poca crítica, las tradiciones que conservaban los indígenas. Su libro se conserva inédito todavía; pero en 1840 un erudito coleccionista y bibliógrafo, Henri Ternaux Compans, publicó en París, con el título de *Histoire du Pérou*, un interesante volumen que contiene la traducción francesa de todo lo que acerca de este país encierra la obra de Cabello Balboa. Aunque esta relación no concuerda de ordinario en sus detalles con las que nos han dejado otros cronistas, es de gran utilidad para el historiador.

En esa misma época, un jesuita español, el padre Blas Valera, que residió largos años en el Perú, que conocía las lenguas de los indígenas y que recogió de ellos todas sus tradiciones históricas, escribió en latín una extensa historia de los incas, que desgraciadamente se perdió cuando estaba presta para la impresión. El inca Garcilaso de la Vega, que conoció en parte ese manuscrito, lo utilizó en sus famosos *Comentarios reales* que tratan del origen de los incas, reyes que fueron del Perú, publicados por primera vez en Lisboa en 1609. La circunstancia de haber nacido el autor en el Perú, el pertenecer por su madre a la familia de los incas, la sencillez y la extensión de su libro, la amplitud de sus noticias, han sido causa de la inmensa popularidad de esta obra, de que se haya reimpreso varias veces y de que se la haya traducido a muchos idiomas. Sin embargo, Garcilaso es un escritor de segunda mano y, aunque no carece de arte literario, no posee crítica ni espíritu investigador. Salió del Perú en 1560, siendo muy joven, y escribió muchos años después, cuando era de una edad avanzada, no por sus recuerdos sino siguiendo los libros y manuscritos que tenía a la vista, ampliando las noticias que hallaba en ellos con pormenores de su imaginación, y obedeciendo al plan más poético que filosófico de presentar al antiguo Imperio Peruano como una sociedad perfecta en su pureza y en la bondad de sus instituciones. El crédito de que gozó largo tiempo, ha comenzado a disiparse, y hoy se le consulta con menos interés y con mucho menos confianza.

En 1615, cuando el célebre cronista Antonio de Herrera publicaba la segunda parte de su *Historia general de los hechos de los castellanos*, etc., quiso dar en la década noticias del antiguo Imperio del Perú, y aprovechó los datos consignados en el libro de Garcilaso. Utilizó también los manuscritos de Cieza de León, que Herrera poseía y que explotó en otras partes de su obra. Los capítulos que a esta materia destina merecen ser consultados por los aficionados a la historia americana.

Aunque mucho más reducido que las obras anteriores, merece consultarse el libro de un jesuita napolitano, el padre Anello Oliva, que después de haber vivido largos años en el Perú, escribió en español una colección de diez biografías de otros tantos micmbros de la Compañía de Jesús que allí se habían ilustrado, y precedidas de una extensa introducción sobre la historia de ese país. Ésta es la única parte que se ha publicado hasta ahora, y eso es una traducción francesa hecha por Ternaux Compans. Forma un pequeño volumen de 128 páginas en 12° de la Bibliotheque Elsevirienne de P. Janet, y se titula *Histoire du Pérou*, París, 1857. El padre Oliva tuvo a la vista algunos escritos anteriores que no han llegado hasta nosotros; y su librito, aunque muchas veces desacorde en los detalles con las otras relaciones, ayuda a completar las noticias que tenemos sobre esos tiempos.

Se comprende fácilmente que los españoles del tiempo de la Conquista no estaban preparados por su educación para hacer este orden de investigaciones. Pero a los inconvenientes nacidos de la ignorancia, vinieron a agregarse otros que tenían su origen en el fanatismo religioso y en la superstición. Así como el obispo Zumarraga de México se empeñaba en destruir las pinturas que habrían servido para reconstruir la historia antigua de ese Imperio, los obispos del Perú declararon la guerra a los quipos, o manojos de cuerdas, en que, por medio de nudos de colores recordaban los peruanos la historia antigua del país.

Así, en el tercer concilio celebrado en Lima por el arzobispo Santo Toribio de Magrovejo, por el capítulo 37 de la tercera sesión de 22 de septiembre de 1583, se acordó lo siguiente: «Y por cuanto entre los indios que desconocieron las letras, se hallan, en lugar de libros, ciertos signos compuestos de varios ramales, que ellos denominan quipos, y de los cuales no menos resaltan los monumentos de la superstición antigua, en los que está conservada la memoria de sus ritos, ceremonias y leyes inicuas, por eso los obispos deben cuidar de que todos esos instrumentos perniciosos sean completamente destruidos».

Es cierto que al lado de estos actos de verdadera barbarie de parte de los europeos, habría que señalar la existencia de varios informes y memoriales mandados levantar por orden de los virreyes a algunos letrados más o menos distinguidos, oidores de la audiencia de Lima o corregidores de algunas ciudades. Pero esos informes, muy útiles algunos de ellos para estudiar las instituciones del Imperio, tenían, casi siempre, por objeto particular, el conocer el sistema tributario a que estaban sometidos los vasallos del Inca, para fijar la base de los impuestos con que se quería gravar a los indios.

Los historiadores arriba citados están generalmente acordes en asignar a la monarquía de los incas una duración de cuatro siglos, con once, doce o trece soberanos, porque algunos de ellos hacen un mismo monarca de dos diferentes o viceversa. Pero no faltó entre ellos quien creyese que la civilización peruana, cuyos viejos monumentos tenían a la vista, databa de una antigüedad mucho más remota. Así, por ejemplo, el padre Valera, en un fragmento citado por el padre Oliva en la página 65 de su libro, habla de un monarca conocedor de la astronomía que habría reinado antes de la era cristiana, y que fijó los fundamentos del calendario peruano. Un letrado español que escribía en 1652, el licenciado Fernando Montesinos, empeñado en demostrar que el Perú era el Ofir de donde Salomón sacó sus riquezas, compuso un libro destinado a probar que aquel país se había poblado poco tiempo después del diluvio de la Biblia, y al efecto Montesinos formó la historia fantástica de más de cien soberanos del Perú. La obra de este escritor no ha sido publicada nunca íntegramente. Solo conocemos una extensa porción de ella traducida al francés por Ternaux Compans, con el título de *Mémoires historiques sur l'ancien Pérou*, París, 1840. Este libro, en que el autor da la apariencia de historia formal y positiva a todas sus conjeturas, ha sido apreciado de muy distintas maneras, pero ordinariamente con la más resuelta severidad. El célebre arqueólogo estadounidense Squier la llama solo «la historia apócrifa de Montesinos» en la página 166 de sus *Incidents of travel and exploration in the land of the incas*.

Pero cualquiera que sea el aprecio que pueda hacerse de algunos detalles de aquella obra, por su conjunto debe colocarse entre las disertaciones desprovistas de criterio e insostenibles ante la luz de las investigaciones científicas, con que en el siglo XVII se pretendía explicar el origen de los habitantes del Nuevo Mundo. Montesinos refiere expresamente

6. Influencia bienhechora de la conquista incásica en toda la región norte de Chile

Pero si al narrar las operaciones militares de la conquista de Chile por los incas peruanos, el historiador está obligado a proceder con esta cautela, tiene menos dificultad para apreciar la influencia ejercida por esa conquista, por más que a este respecto sean aún más deficientes los documentos escritos. El historiador

---

que Ofir, bisnieto de Noé, se estableció en el Perú con los suyos; que éstos se multiplicaron rápidamente y que vivieron en paz cerca de 160 años, formando después varias tribus con jefes diferentes, pág. 2. Más adelante, pág. 3, añade que cerca de 500 años después del diluvio, ya el Perú estaba lleno de habitantes, y que entonces comenzó la obra de constitución de la nación en un solo centro. No necesitamos insistir mucho para demostrar que por más aire de seriedad que Montesinos ponga para referir estos hechos apoyándose, como dice, en las antiguas tradiciones de los peruanos, sobre sucesos que se suponen ocurridos 3 o 4.000 años atrás, el sistema histórico y cronológico de su libro, no merece en su conjunto la menor confianza. Montesinos escribía con el criterio histórico español de su época; y su cronología de los antiguos reyes del Perú podría colocarse al lado de la genealogía de Carlos V, que el obispo Sandoval, historiador, por otra parte, respetable y digno de crédito, puso al frente de la historia de ese emperador, publicada en 1604. Se sabe que en esta genealogía están colocados en orden rigurosamente cronológico los 119 ascendientes de Carlos V desde Adán, que, según el historiador, fue criado un viernes del año de 3960 antes de J. C., hasta Felipe el Hermoso, que murió en 1506 de la era cristiana, y que en ella ocupan su lugar respectivo Enoc, Matusalén, Noé, Príamo, rey de Troya, y muchos otros reyes escitas y sicambros. Los reyes del Perú de la cronología de Montesinos no valen mucho más que los antepasados de Carlos V de la genealogía de Sandoval.

En todos estos libros se habla con más o menos extensión, y con accidentes más o menos varios y con frecuencia contradictorios, de las conquistas de los incas en el territorio de Chile, que también ha contado Ercilla en el canto primero de *La Araucana*. Pero esas referencias no bastan para dar una idea completa de esas expediciones ni para conocerlas sino en su conjunto general. Por esto mismo, nos ha sido de gran utilidad el informe de Olaverría, que hemos citado más arriba, el cual nos ha servido principalmente para referir estos sucesos en el texto.

No hemos querido alargar esta nota bibliográfica con la enumeración de otros escritos en que se da a conocer la historia de los incas, como la notable obra del padre José de Acosta, monumento de sagacidad rara en un escritor español del siglo XVI, y la noticiosa *Historia del reino de Quito*, del padre Juan de Velasco, libro útil sin duda, pero que por su falta de crítica no parece escrito a fines del siglo XVIII. Estos escritores no han contado la conquista de Chile por los incas, que es lo que motiva esta nota.

Como hemos dicho anteriormente, la historia de los incas no ha sido estudiada todavía desde un punto de vista crítico y filosófico, si bien las antigüedades peruanas han sido objeto de trabajos serios. La elegante *Historia antigua del Perú*, de don Sebastián Lorente, París, 1860, aunque superior a las que se conocían hasta entonces, es principalmente la exposición ordenada y bien escrita de la historia tradicional, tal como se encuentra en Garcilaso. La conquista de Chile por los incas está contada muy ligeramente en la sola pág. 191.

puede descubrir algunos hechos en que no fijaron su atención los primeros escritores europeos, pero que dejaron huellas que es fácil reconocer.

Hemos dicho que la ocupación de una parte de Chile por los vasallos del Inca trajo consigo un gran progreso en la industria de este país. En efecto, los peruanos introdujeron el uso del riego de los campos por medio decanales que sacaban de los ríos, lo que permitió utilizar terrenos que no producían nada durante la parte seca del año. Hicieron sus sembrados y enseñaron prácticamente los principios de la agricultura. Importaron algunas semillas que produjeron los más favorables resultados, y entre ellas dos que fueron de la más grande utilidad. Nos referimos al maíz, que ellos llamaban zara, y a una especie de fréjol, que nombraban purutu pallar. Los peruanos importaron también las llamas, cuadrúpedos de la familia de los camellos, que los acompañaban en sus expediciones y que les servían de alimento y de bestias de carga, pero su cría no prosperó en Chile. En cambio, domesticaron otro animal análogo, el luan de los chilenos, que tomó en el estado de domesticidad el nombre peruano de guanaco, y que prestó servicios semejantes a las de la llama.[72] Enseñaron a utilizar la lana de esos animales, así como las de las vicuñas que habitan las montañas de las provincias del norte, en la fabricación de tejidos toscos y groseros sin duda, pero superiores a las pieles con que hasta entonces se vestían los chilenos. Se debe, además, a los vasallos del Inca la introducción de otro arte, la alfarería o fabricación de vasijas de barro, industria que nosotros consideramos rudimen-

---

[72] En 1615 el almirante holandés Spilberghen estuvo en la isla de la Mocha, donde vio algunos guanacos que describe en la relación de su viaje, añadiendo que los indios se servían de ellos «para labrar y cultivar sus campos, como otros se sirven de caballos y de asnos». Véase el viaje de Spilberghen en el *Recueil des voyages de la campagnie des Indes*, tomo VIII, pág. 44. En la colección de viajes de los hermanos De Bry, donde fue publicada también esta relación, aparece una lámina que representa el cultivo de los campos en Chile por medio de dos guanacos que arrastran un arado. El padre Ovalle, en el mapa de su *Histórica relación del Reino de Chile*, ha reproducido el mismo dibujo. El abate Molina, mucho más circunspecto, parece con todo aceptar en la pág. 359 de su *Historia Natural* la noticia que da el diario de Spilbergen. Sin embargo, los indios chilenos que utilizaron el guanaco como bestia de carga, no lo emplearon nunca para arar las tierras. Véase el padre Diego Rosales, *Historia general del Reino de Chile*, libro 11, capítulo 24.

Lo que prueba que la domesticación de este animal fue debida a los conquistadores, es que en Chile se le siguió llamando luan en el estado salvaje, y guanaco, voz enteramente quechua, en el estado de domesticidad.

El chilihueque (o carnero de la tierra) de que Molina hace un animal distinto, es el mismo guanaco. V. Gay, *Zoología*, tomo I, pág. 153 y Philippi, *Hist. natural*, pág. 57.

taria, pero que denota un gran progreso en el desenvolvimiento de la civilización primitiva.

Se debe, además, a los peruanos la primera explotación de las riquezas minerales de Chile. Plantearon en diversos puntos del territorio conquistado, lavaderos de oro que produjeron beneficios considerables. Los chilenos, obligados a pagar al Inca un tributo periódico en este precioso metal, llegaron a conocer perfectamente los arroyos y los cerros cuyas tierras contenían oro, y adquirieron en estos trabajos una notable maestría. Estos lavaderos dieron a Chile una gran reputación de riqueza entre los vasallos del Inca.

La influencia de la conquista peruana se hizo sentir en otro orden de hechos. No solo se experimentó un mejoramiento en las costumbres bajo la acción de una raza más adelantada, como vamos a verlo enseguida, sino que se inocularon en las tribus conquistadas nociones que revelan cierto desarrollo intelectual. Todo nos hace creer que los indios chilenos se hallaban antes de la conquista peruana en un estado de barbarie semejante al de muchos otros salvajes de América. Su sistema de numeración no pasaba de diez, los diez dedos de la mano, para lo cual tenían voces perfectamente distintas; pero la idea de una numeración superior y, sobre todo, la de las combinaciones de los múltiplos de diez, que a nosotros nos parece tan sencilla, supone un espíritu de abstracción mental, que no se descubre en los idiomas de los verdaderos salvajes. Los indios chilenos aprendieron de sus conquistadores el arte de vencer esta dificultad, y construyeron los numerales siguientes adoptando absolutamente la forma gramatical usada en la lengua quechua. Diez y dos (mari epu, en chileno) pasó a ser doce, diez y cuatro (mari meli) catorce. Lo mismo hicieron con los múltiples de diez, formándolos exactamente como los peruanos: así dos dieces (epu mari, en chileno) pasó a significar veinte, y cuatro dieces (meli mari) cuarenta. Pero esta influencia de una civilización superior, es más evidente todavía en otros términos de la numeración. Así, las palabras pataca (ciento) y huaranca (1.000) que se hallan en el vocabulario chino, son absolutamente quechuas.[73]

---

73 La numeración quechua es formada, como hemos dicho, bajo el mismo sistema que acabamos de analizar. Dos dieces (iscay chunca) expresan veinte; cuatro dieces (iscay tahua) cuarenta, etc., según puede verse en alguna de las muchas gramáticas que existen de esta lengua.
Se comprenderá mejor el progreso que importa en el desenvolvimiento de la razón humana el tener un buen sistema de numeración, leyendo lo que los viajeros han observado en muchos pueblos salvajes y, sobre todo, en algunas tribus americanas que a este respecto

Merced a esta influencia extranjera, y a la adopción de un sistema tan lógico como sencillo, el idioma chileno pudo expresar claramente todas las cantidades.

La acción civilizadora de la Conquista no fue igual en todo el territorio. Fue más intensa en la región en que ésta tuvo más larga duración, y en que por esto mismo pudo desarrollarse más profundamente. En el norte de Chile, desde el valle de Copiapó hasta un poco al sur del sitio en que hoy se levanta Santiago, la dominación extranjera se cimentó de una manera más estable. Dos curacas, o jefes de distrito, designados por el gobierno del Cuzco, y establecidos el uno en Coquimbo y el otro en el valle de Aconcagua, o probablemente en el valle del Mapocho, representaban la autoridad imperial, y estaban encargados de recoger los tributos que los indios de Chile debían pagar al Inca.[74] Según el sistema político de los incas, y como se expresa en alguno de los antiguos historiadores, en esta región fue removida una parte de la población viril. Conserváronse en sus propios hogares los jefes de tribu, pero un número considerable de los habitantes de este país fue incorporado al ejército conquistador, sacado del territorio y reemplazado por gentes del Inca, que contribuían a consolidar la nueva dominación.

De esta manera, las instituciones imperiales se ejercían más fácilmente, y la industria extranjera pudo implantarse con más rapidez. Desaparecieron o se modificaron las costumbres bárbaras, y cesaron casi por completo las guerras entre las diversas tribus. Los conquistadores europeos no hallaron en esta región el canibalismo que subsistía en el sur de Chile. Habíanse formado en muchos puntos agrupaciones de familias en forma de aldeas en que las habitaciones eran más cómodas y espaciosas que las que hasta entonces se habían conocido. En ninguna parte, sin embargo, se levantaron construcciones de importancia, grandes templos, palacios o verdaderas fortalezas, pero se hicieron caminos, tambos o posadas para los viajeros, y se mantuvieron las comunica-

---

se hallaban en el más deplorable atraso. Para no recargar las citas de Humboldt, de Brett, de Du Tertre, de Spix y Martius, de Dobritzhoffer, de Gilii, etc., recomendaremos al lector que consulte *Les origines de la civilisation* de sir John Lubbock, trad. Ed. Barbier, París, 1873, págs. 428-436 y *La sociologie d'après l'ethnographie*, de M. Letourneau. París, 1880, pág. 557. En ambos libros se hallará un buen conjunto de noticias sobre esta materia.

74 En muchos puntos de esta región se han encontrado los vestigios de la dominación de los incas. Si no se han hallado restos considerables de antiguas construcciones, se han descubierto, en cambio, obras de alfarería, ídolos de piedra o de cobre y otros objetos que desgraciadamente no siempre han sido recogidos con inteligencia.

ciones constantes con la capital del Imperio. El idioma quechua se generalizó también y, aun, dio nombres a muchos lugares. Así, cuando llegaron a este país los conquistadores europeos, les fue fácil hacerse entender de los naturales por medio de los intérpretes que traían del Perú. Casi bajo todos los aspectos, esta región de Chile había llegado a ser la prolongación natural del imperio de los incas. Las condiciones físicas del territorio, el aislamiento en que tenían que vivir las tribus de la antigua población, separadas entre sí por las anchas fajas de terreno sin cultivo que mediaban entre los valles de esa región, la escasez relativa de la población indígena y la permutación de una parte considerable de ésta por gente de la raza conquistadora, según el sistema colonial de los incas, habían favorecido esta revolución en la industria y en las costumbres.[75]

Pero, más al sur todavía, la dominación extranjera no pudo hacer sentir su influencia tan decisivamente. Desde luego, ella no duró tanto tiempo como en el norte de Chile, donde alcanzó a contar aproximadamente un siglo entero. La población indígena de esta región, por otra parte, más numerosa y compacta, resistió, como hemos dicho, la traslación de una parte de sus habitantes, y opuso, por esto mismo, un número mayor de energías y de voluntades a las modificaciones que la Conquista quería introducir. A pesar de esto, la antigua barbarie se modificó ligeramente, y aquella débil luz de civilización penetró poco a poco a los lugares hasta donde no llegaron los conquistadores. Así, pues, las costumbres que los europeos hallaron entre los salvajes de Chile a mediados del siglo XVI, y que vamos a describir en las páginas siguientes, no pueden ser tomadas estricta y rigurosamente como la expresión del antiguo estado social del país.

---

75 Mariño de Lobera. *Crónica del Reino de Chile*, capítulo I.

Capítulo IV. Estado social de los indios chilenos: la familia, la tribu, la guerra

1. La familia entre los indios de Chile. 2. Aislamiento en que vivían: las habitaciones, los alimentos, el canibalismo, los vestidos. 3. Juntas de guerra que reunían a la tribu. 4. Armas que usaban en la guerra. 5. Cualidades militares de los indios de Chile; su astucia y su valor: suerte lastimosa de los prisioneros.

1. La familia entre los indios de Chile

Inútil sería buscar entre los indios que poblaban Chile a la época de la conquista española del siglo XVI, el menor vestigio de organización, y casi pudiera decirse, de mancomunidad nacional. Fuera de la región sometida a los incas, en donde, sin embargo, los vínculos de unión no fueron, según parece, muy estrechos, la vida social estaba reducida a la esfera limitada de la familia y a lo más de la tribu.

La familia indígena no estaba constituida por los vínculos de los afectos suaves y tiernos que forman los lazos de la familia civilizada. El indio chileno tenía tantas mujeres como podía comprar y sustentar, cuatro o seis la generalidad de los hombres, diez o veinte los más ricos[76] o, más propiamente, los más audaces que eran reconocidos por jefes de la tribu. Esas infelices, vendidas por sus padres por un precio vil, casi podría decirse por algunos alimentos o por algún vestido,[77] pasaban a constituir un hogar triste y sombrío en que faltaban casi todos los goces de la vida doméstica. La que salía estéril podía ser devuelta a su padre, el cual estaba obligado a entregar el precio que había recibido por ella.[78] La primera de ellas, aunque hubiera llegado a la vejez y, aunque por esto o por cualquier otra causa hubiera desmerecido a los ojos del varón, conservaba de ordinario en la casa el respeto y la consideración de las demás. Todas ellas vivían en comunidad, en estrechas e incómodas habitaciones, sometidas como esclavas a la voluntad del señor, al cual no osaban acercarse sino en actitud humilde y reverente. Todas ellas, también, estaban expuestas a los malos tratamientos nacidos del carácter imperioso y brutal del jefe de la familia o de la exaltación de sus malos instintos después de las frecuentes borracheras en que aquél había perdido el uso de sus sentidos. El jefe de la familia podía dar muerte a sus mujeres sin que tuviera que dar cuenta a nadie de este crimen,

---

76   Padre Diego de Rosales, *Historia general*, libro I, capítulo 24.
77   Nájera, *Desengaño de la guerra de Chile*, pág. 96.
78   Olaverría, informe citado, pág. 23.

porque según los principios morales de esos bárbaros, él era dueño de disponer a su antojo de lo que había comprado. Del mismo modo, era libre de matar a sus hijos, porque en este caso disponía de su propia sangre.[79] A pesar de la indolencia y de la apatía, inherentes a la condición de los salvajes, aquella vida debía estar acompañada de tormentos que es fácil imaginarse. Celos, envidia, odio, debían ser las pasiones que se albergaban en ese triste hogar.

Y, sin embargo, la mujer era un capital para esos bárbaros. Eran ellas las que labraban la tierra y hacían la cosecha, las que tejían la lana y hacían los vestidos, las que preparaban los alimentos y las bebidas, mientras los hombres vivían en la más completa ociosidad.[80] Los acompañaban a la caza y a la guerra, llevando sobre sus hombros las provisiones para su sustento y, a veces, a sus fiestas y reuniones para transportarles sus bebidas.

A pesar de esta abundancia de mujeres en cada hogar, la familia de los indígenas de Chile no era por lo general muy numerosa. El cuidado de ella, no imponía a los padres grandes atenciones. Desde que el niño nacía, la madre bajaba a bañarlo al río o al arroyo vecino, y se encargaba de criarlo, habituándolo desde temprano a la vida dura e independiente, sin empeñarse en corregir ninguno de sus malos instintos. La ociosidad comenzaba a desarrollarse en ellos sin freno ni tropiezo. «En teniendo seis años un muchacho, escribe un antiguo observador, le enseñan a jugar lanza o macana, o a tirar el arco, y en lo que más se inclina en ello lo habitúan, y particularmente le enseñan a correr para que salgan ligeros y alentados, como lo son todos generalmente, y grandísimos nadadores.»[81] Hombres y mujeres tomaban parte en estos últimos ejercicios, bañándose en todo tiempo, de tal suerte que desde la niñez aprendían a pasar los ríos a nado, llevando la lanza en la mano o en la boca.[82] Desde temprano, los muchachos acompañaban a sus padres en sus fiestas y borracheras, asistiendo con ellos a las escenas más vergonzosas y repugnantes. Cuando el niño mostraba inclinaciones de bebedor, cuando se desarrollaban en él precozmente los groseros instintos sexuales, cuando aporreaba a su madre, o se encaraba en riña con su padre, éste en vez de corregirlo, experimentaba una verdadera satisfacción, persuadido, según el orden de las ideas de los salvajes, de que tenía un hijo

---

79 Olivares, *Historia civil de Chile*, libro I, capítulo 10.
80 Nájera, obra citada, págs. 93 y 99. Rosales, obra y lugar citados.
81 Olaverría, informe citado, pág. 23.
82 Nájera, obra citada, pág. 99.

aventajado.**83** Como a sus ojos el primer mérito de un hombre era su vigor y su valentía, y como además tenían el orgullo de linaje y de descendencia de guerreros distinguidos,**84** veían en esos hijos el heredero de su renombre. Por eso, cuando el niño era flojo o débil, era mucho menos estimado, y era sometido a los más rudos ejercicios para vigorizar sus fuerzas.

Si el hijo era apreciado por el padre por un sentimiento de orgullo, y por la esperanza de perpetuar su nombre de esforzado y de valiente, la hija era estimada por el fruto que podía sacarse de su venta.**85** Pero poco importaba a esos bárbaros que la hija conservase su pureza. Así, pues, se las dejaba en situación de usar y de abusar de su propia libertad, de donde resultaba, según la expresión de un antiguo misionero, que «las más de ellas son mujeres antes de haber sido esposas». De este desorden en las costumbres, se originaban frecuentes infanticidios, o el abandono del niño que nacía en esas condiciones, colocándolo cerca de la casa ajena, donde solía ser recogido como miembro de esta última familia.**86** No eran tampoco raros los raptos de mujeres. El indio que no podía pagar por una de ellas los objetos en que la apreciaba su padre, solía robarla; y obtenía más tarde el perdón de su delito si alcanzaba a satisfacer el todo o parte del precio exigido.**87**

La vida de familia de los antiguos habitantes de Chile, como dijimos anteriormente, no estaba fundada en los vínculos del afecto. Los padres se desprendían de sus hijas por simple lucro, en medio de una borrachera, pero sin sentimiento alguno. La misma indiferencia reinaba en las relaciones conyugales. El hombre que quería deshacerse de una de sus mujeres, la devolvía a sus padres o la entregaba a cualquier otro individuo a condición de que se le pagasen los objetos que le había costado. Este derecho de propiedad adquirido sobre sus mujeres, era un sentimiento tan arraigado en el ánimo de esos salvajes, que el varón disponía de ellas para después de su muerte. De ordinario, el hijo tomaba

---

83 «Suele acaecer preguntar a algún indio si está crecido un mocetoncillo, y respondiendo que sí, dan estas señas: "Ya está grande; ya sigue a las mujeres; ya pelea con su padre; ya golpea a su madre", y esto en tono tan grave como que en ello no hubiera la menor disformidad». Padre Miguel de Olivares, *Historia civil de Chile*, libro I, capítulo 15.
84 Nájera, pág. 96.
85 «El padre que más hijas tiene es el más rico, porque desde niñas las venden a otros», dice el obispo Ovando de la Imperial en el capítulo 87 del libro que hemos citado anteriormente.
86 Olivares, libro I, capítulo 15.
87 Rosales, libro I, capítulo 24.

por compañeras y por esposas, a todas las que lo habían sido de su padre. Si alguna de ellas quería rescatarse, debía pagar al hijo lo que el padre había dado por ella.[88]

Las relaciones de familia no eran muy numerosas ni muy duraderas. Se creería que la poligamia tendía a ensanchar el número de los parientes. Muy al contrario de ello, aquí, como entre otros muchos pueblos bárbaros, parecía restringirlo y debilitar sus lazos. Los hijos de un mismo padre, pero de distintas madres, no se creían ordinariamente unidos por los vínculos de la sangre. Por otra parte, los muchachos llegados precozmente a la pubertad por efecto del género de vida que llevaban, tendiente a desarrollar solo las funciones animales del organismo, no tardaban en separarse de los suyos para ir a fundar una familia aparte.

2. Aislamiento en que vivían: las habitaciones, los alimentos, el canibalismo, los vestidos

Por más que los indios celebraran frecuentes reuniones en que con diversos motivos tenían desordenadas borracheras, cada familia vivía aislada, en un lugar apartado, lejos del contacto diario con los otros hombres. La razón de este aislamiento era una manifestación de la grosería e ignorancia de sus preocupaciones, y de la sombría desconfianza que forma uno de los caracteres distintivos del hombre salvaje. Creían que viviendo reunidos, estaban expuestos a los hechizos y venenos de sus enemigos,[89] enemigos encubiertos en quienes suponían un poder maravilloso y sobrenatural. Así, pues, cada familia elegía para su hogar un sitio solitario, ordinariamente en las márgenes de un río o de un arroyo, cerca del bosque y casi siempre en un lugar ameno y pintoresco. La casa no era más que una débil construcción de varas de madera clavadas en el suelo en forma cuadrada o circular, y cubiertas de paja en el techo y en sus costados. Aunque una obra de esta naturaleza no representa más que el trabajo de unos cuantos días y, aunque podía ser ejecutada sin dificultad por los individuos de cada familia, era costumbre convocar para la faena a toda la parentela y a otros indios de la tribu. Considerábase afrentoso para un hombre el no tener amigos que lo ayudaran en la obra o el no poseer víveres y bebidas con que

---

88   Rosales, libro I, capítulo 24.
89   Nájera, pág. 99. Rosales, libro I, capítulo 26.

obsequiarlos mientras duraba el trabajo. Esta preocupación era causa de que la construcción de una miserable habitación durase muchos días, durante los cuales los trabajadores pasaban en constante borrachera.[90]

El interior de aquellas pequeñas chozas, no daba mejor idea de sus habitantes. En el centro ardía siempre una fogata que daba luz y lumbre a la habitación. En torno de ella, y tendidos en el suelo, y en medio de una atmósfera saturada de humo, dormían confundidos todos los individuos de la familia, sin otra almohada que una piedra o un trozo de madera, ni más abrigo que el vestido que llevaban puesto. Pocos eran los que podían disponer de un cuero de guanaco para reposar sus miembros.[91] No importaba que aquel fuego se apagase en las altas horas de la noche. El indio sabía procurárselo fácilmente en la mañana siguiente. Para ello, colocaba en el suelo un pedazo de madera seca que mantenía inmóvil entre sus pies. Luego, daba con sus manos un rápido movimiento giratorio a una vara de palo cuya punta, frotándose fuertemente sobre aquella madera, hacía brotar el fuego en pocos minutos.[92] Algunas yerbas secas servían entonces para propagarlo.

En la vida de esos bárbaros, el fuego tenía, sin embargo, un uso relativamente limitado, y casi no era indispensable para la preparación de muchos de sus alimentos. Así, de ordinario, comían cruda la carne de guanaco o de los otros animales que cazaban, y probablemente comían de la misma manera los peces y mariscos que cogían en los ríos y en la costa. Antes de la invasión del norte de Chile por los ejércitos del Inca, cuando los campos no eran regados, cuando seguramente no existía ninguna noción de agricultura, y cundo faltaba en este suelo el maíz y el fréjol, la alimentación del indio estaba reducida a lo que podían proporcionarle la caza y la pesca, y a las pocas frutas y semillas que producía el país. Ocupaban el primer lugar entre éstas, la fresa o frutilla (fragaria

---

90 Rosales, libro I, capítulo 26.
91 Rosales, libro I, capítulo 28.
92 Este sistema, usado igualmente en Australia, en Sumatra, en China, en el África austral y en otras regiones de América, es el que Mr. Tylor llama fire-drill (fuego taladro) en sus notables *Researches on the early history of mankind*, Londres, 1865. Mr. Tylor, particularmente conocedor de las antigüedades de México, que ha conocido personalmente y que ha descrito en una obra anterior, reproduce un dibujo mexicano que representa a un hombre que saca fuego por este sistema.
En la India, la producción del fuego por este mismo aparato ha dado lugar a todo un mito religioso. Véase Em. Burnouf, *Essai sur le Veda*, etc. París, 1863, pág. 302, y más extensamente el capítulo XIII, pág. 349 y siguientes.

chilensis) espontánea en la región del sur, el pehuén o piñón (araucaria imbricata), cuyo fruto podía guardarse un año entero; la papa (solanum tuberosum), originaria de este suelo, y la avellana del país (la guevina avellana de Molina, o quadria heterophilla de Ruiz y Pavón). Aun, después de la introducción de nuevas semillas, y de practicada la agricultura, la producción del país, a causa de la indolencia y de la imprevisión de sus habitantes, era sumamente limitada, que el indio pasaba temporadas más o menos largas de hambre y de miseria. En esta condición, dice un inteligente observador, «no hacen distinción de animales comestibles a los inmundos y asquerosos, que todo no lo coman sin asco ni recelo, sin perdonar sabandija, lo cual entiendo es causa de que crían muchos de el los feísimos lamparones». «Son pocos los que de estos bárbaros dejan de comer carne humana, dice más atrás, de tal suerte que en años estériles el indio forastero que acierta por algún caso a pasar por ajena tierra, se puede contar por venturoso si escapa de que encuentren con él indios de ella; porque luego lo matan y se lo comen.»[93] En efecto, el indio prefería matar y comerse a un hombre o sufrir muchos días de escasez, antes que dar muerte a un guanaco, que representaba un gran valor, y que solo debía ser repartido en una de las reuniones a que convocaba a su parentela o a su tribu. A estos horrores del canibalismo por hambre, común entre todos los pueblos bárbaros, hay que agregar los repugnantes banquetes de carne humana que se seguían a la victoria, y que han conservado los hombres aun en el más alto rango de civilización.[94]

---

93 Nájera, obra citada, pág. 94. Según el vocabulario del padre Valdivia, los indios chilenos tenían el verbo ilochen, comer hombres, compuesto de ilon, comer carne, y de che, gente.
94 Se encontraron detalles sobre la antropofagia o canibalismo en las relaciones de numerosos viajeros que demuestran la universalidad de estas bárbaras costumbres entre los pueblos bárbaros; pero el lector puede verlas refundidas en más corto espacio en las obras de Mr. Tylor, *Early history of mankind* y de M. Joly, *L'homme avant les metaux*, que hemos citado anteriormente. La *Encyclopedie générale*, publicación desgraciadamente interrumpida, dio a luz en 1869 un notable artículo sobre la materia escrito por el doctor Ch. Letourneau, que éste ha reimpreso más tarde en la pág. 353 de su *Science et materialisme*, París, 1879. Pero el cuadro más noticioso y completo que conozcamos del canibalismo antiguo y moderno, forma el capítulo XII, libro III de *La sociologie d'aprés l'ethnographie* del mismo doctor Letourneau, París, 1880. Allí se encontrará la demostración de que esta bárbara costumbre, tan contraria a nuestras ideas y a nuestros sentimientos, ha sido inherente a cierto estado social, que ha sido practicado en todas partes, y que, por tanto, los salvajes americanos no formaban excepción.

Se ha exagerado, sin duda, la voracidad de los indios chilenos, porque los observadores que los han visto comer en ciertas ocasiones no tomaban en cuenta que esos infelices habían pasado quizá muchos días de hambre y de penuria. Pero en lo que no hay exageración posible es en su pasión desordenada por la bebida. Sea que se hiciese el entierro de un muerto, que se tuviese una junta de guerra o que se celebrase una fiesta de familia, como la entrega de una hija al hombre que la había comprado, o simplemente la construcción de una choza, debía tener lugar una larga borrachera, frecuentemente de algunos días, hasta que se acababan las bebidas que se habían reunido. Consistían éstas en la chicha, licor formado por la fermentación del maíz, y cuyo uso fue introducido por los peruanos. Los indios chilenos la fabricaban también, y quizá desde un tiempo anterior, con otras frutas y granos.[95] Su paladar inculto no les permitía distinguir la buena o mala calidad de esa bebida, y la usaban con mayor agrado cuando había comenzado a avinagrarse.[96]

Parece fuera de duda que antes de la conquista peruana los indios chilenos andaban desnudos, o se cubrían una parte del cuerpo con pieles de animales o con cortezas de árboles, o con unos toscos tejidos de paja. Aun después de la ocupación de una gran parte del territorio por los conquistadores europeos, había tribus apartadas que usaban todavía estos trajes, que podemos llamar primitivos.[97] Pero, como hemos dicho en páginas anteriores, los peruanos habían enseñado al mayor número de ellos a utilizar la lana del guanaco y a tejer con ella telas para hacerse sus vestidos. Ésta era la ocupación de las mujeres, que en el constante ejercicio habían adquirido cierta maestría, sobre todo para dar color a la lana por medio de algunas raíces y para adornar sus telas con vistosos listones.

Los vestidos eran, por otra parte, sumamente sencillos. Una camiseta ancha y sin mangas, y con una gran abertura para pasar la cabeza, servía indiferentemente para los hombres y las mujeres. Estas últimas usaban, además, una manta o paño cuadrado con que se envolvían el cuerpo, prendiéndola a la cintura, y

---

95 «Solo es honrado y aplaudido y aplaudido el que tiene con qué ser más vicioso, como se ve en los que tienen muchas mujeres, porque ellas son las que hacen la chicha, que es su bebida, y sin que se escape fruta ni grano de que no la hagan», Jerónimo Pietas, «Noticia sobre las costumbres de los indios de Chile», en Gay, Documentos, tomo I, pág. 487.
96 Rosales, libro I, capítulo 27.
97 Íd., capítulo 28.

que solo les dejaba descubiertos los pies. Los hombres llevaban esta misma manta, pero en una forma diferente, pasándola por entre las piernas, y sujetando sus puntas a la cintura con una correa o ceñidor de cuero, para tener más libertad y desenvoltura en sus movimientos. En la estación de los fríos y de las lluvias, las mujeres y los hombres llevaban, además, la manta o poncho tejida de lana, de forma cuadrada, con una abertura en el medio que les servía para pasar la cabeza. Esa manta caía sobre sus hombros, cubriendo el cuerpo hasta la mitad del muslo. Ni las mujeres ni los hombres usaban calzado ni sombrero, y apenas tenían un cordón para atarse los cabellos, que nunca se cortaban. Por una excepción digna de notarse, los indios chilenos no usaban las pinturas ni el tatuaje[98] con que la mayor parte de los bárbaros revisten el rostro y muchas veces el cuerpo para parecer más hermosos o para presentar al enemigo un aspecto más temible. Tampoco acostumbraban hacer en sus rostros ni en sus cuerpos esas deformaciones y mutilaciones con que los salvajes de otras razas pretenden hermosearse. Así, no se arrancaban los dientes, ni se perforaban las narices, ni los labios para introducirse pedazos de madera, de hueso o de piedra.[99] Es probable también que el uso de los pendientes en las orejas fuera introducido más tarde, a imitación de las mujeres europeas. En cambio, las mujeres y los hombres gustaban mucho de los adornos de otra naturaleza. Consistían éstos en sartas de piedrecillas vistosas, pero sin pulimento ni brillo, y de conchitas marinas que hacían el efecto de abalorios. Con ellos cubrían los ceñidores de la cintura y los cordones con que se amarraban los cabellos. Junto con estas sartas usaban también algunas plumas, tanto las mujeres como los hombres. Las primeras, además, solían ponerse en el pecho un adorno formado igualmente de piedras y de conchas.[100]

---

98 El tatuaje es el conjunto de procedimientos, incisiones o picaduras, por medio de las cuales muchos salvajes se introducen materias colorantes debajo de la epidermis para producir la coloración uniforme o dibujos caprichosos y casi indelebles. Estamos obligados a usar esta voz que los franceses han tomado del idioma de Tahití, por no existir, según creemos, en la lengua castellana una palabra de sentido análogo.
99 El doctor Letourneau ha incurrido en una equivocación en la pág. 78 de su *Sociologie*, cuando apoyándose en la autoridad del doctor Rollin (autor de unas notas complementarias del viaje de Laperouse), dice que los indígenas de Chile acostumbraban perforarse el septum nasale para atravesarlo con un vidrio.
100 El vestido y los adornos de los indios de Chile han sido descritos con muy pequeña diferencia por el maestre de campo Nájera en las págs. 84, 96, 97 y 98 de su libro, y por el padre Rosales en el capítulo 28 del libro I de su historia.

3. Juntas de guerra que reunían a la tribu

Hemos dicho que aquellos salvajes no conocían principio alguno de administración ni de gobierno; pero cada grupo de familias más o menos relacionadas, tenía un jefe nominal, que era considerado el hombre más valiente y el más rico de la tribu. Éste era el ulmén, o cacique, si bien este nombre no fue conocido sino después de la entrada de los españoles, que lo trajeron de las primeras tierras que conquistaron en América. Pero la autoridad de ese jefe estaba reducida a bien poca cosa. Convocaba a la tribu para los asuntos de interés común, es decir, para hacer la guerra a otra tribu; y, en este caso, su dignidad exigía que diese de comer y de beber a los guerreros que se habían congregado. Fuera de esto, él no podía imponer castigos, ni administrar justicia, ni mucho menos exigir contribuciones. Entre los indios chilenos no había apariencia alguna de ley ni de organización regular.

En efecto, los ultrajes que se inferían unos a otros, los robos que se hacían y hasta las heridas y los asesinatos, no tenían más correctivo que la acción particular del ofendido o de sus deudos. Frecuentemente, las reuniones y borracheras degeneraban en acaloradas pendencias en que los contendores se golpeaban rudamente, o recurrían a las armas, se herían y se mataban sin que nadie intentara impedírselo. Con frecuencia, también se seguían a estas riñas las más sangrientas represalias. Un sagaz escritor que hemos citado muchas veces en estas páginas, observa que a consecuencia de estas riñas constantes, había muchos indios estropeados, y no pocos que habían perdido un ojo.[101] Pero según el orden de ideas morales de esos bárbaros, las ofensas se lavaban también con pagas y dádivas. Así, un hijo que tenía que vengar la muerte de su padre, se daba fácilmente por satisfecho si el asesino le entregaba algunas piedras de color que pudieran servirle para adornos, u otros objetos tenidos entre ellos por valiosos. «En pagando, dice el observador que ha consignado estas noticias, quedan tan amigos como antes, beben juntos y no se acuerdan de los rencores.»[102]

Cuando aquellas ofensas afectaban a varias familias o a la tribu entera, cuando el agresor verdadero o supuesto no quería pagar el daño que se le

---
101 Nájera, obra citada, pág. 100.
102 Rosales, obra citada, capítulo 22.

atribuía, o cuando ese agresor pertenecía a otra tribu, se originaba fácilmente una guerra. El ofendido convocaba a los suyos por medio del ulmén, y en medio de una borrachera se resolvía la expedición, se señalaba el día para el ataque y se designaba la parte que cabía desempeñar a cada uno. Todos acudían gustosos a la guerra, más que por un sentimiento de mancomunidad de intereses y de afecciones, por la esperanza del botín y por no adquirir la fama de flojos y de cobardes. Estas guerras parciales eran frecuentes entre los indios y se terminaban en corto tiempo, sin dejar, al parecer, odios profundos entre una tribu y otra.

Pero la guerra solía afectar a muchas tribus a la vez, y entonces tomaba mayores proporciones. Esto fue lo que sucedió con motivo de las invasiones extranjeras, de los peruanos primero y, enseguida, de los españoles. En este caso, la autoridad del ulmén se limitaba a citar a los guerreros para la gran asamblea en que debía tomarse una resolución. Los mensajeros partían con la mayor regularidad, y visitaban a los ulmenes vecinos mostrándoles una saeta ensangrentada, y no pocas veces la cabeza, u otro miembro del cuerpo de un enemigo, «el cual infunde en los indios animosos deseo de venir a las armas», dice un antiguo escritor.[103] No conociendo otro medio más seguro para señalar los plazos que las revoluciones de la Luna, fijaban de ordinario el día del plenilunio para celebrar la asamblea general. Los mensajeros encargados de hacer las convocaciones, llevaban, además, una cuerda con tantos nudos como eran los días que debían tardar en reunirse, y cada día que pasaba deshacían uno. El mismo sistema usaban los indios para arreglar sus marchas, a fin de hallarse todos reunidos en un día dado. La sagacidad natural de los salvajes para calcular las distancias, les servía admirablemente en estas ocasiones, de manera que en el plazo fijado se hallaban seguramente todos ellos en el lugar convenido. Sus instintos belicosos, su pasión por las fiestas y borracheras, y la codicia del botín, más que todo sentimiento de honor, los estimulaban a no faltar a la citación. En todos estos aprestos ponían una gran cautela para disimular al enemigo sus propósitos guerreros, y para ocultarle sus marchas y la proximidad del ataque.

Reunidos al fin en un sitio llano y espacioso, formaban un espeso y desordenado círculo de animosos guerreros, todos armados de largas picas. El ulmén

---

103 Nájera, pág. 183.

que había provocado la asamblea, era el primero en hablar. Ocupando el centro del círculo, y llevando en la mano una saeta ensangrentada, cuya punta dirigía al lugar hacia donde debía llevarse el ataque, comenzaba en voz alta y sonora un largo y ardoroso discurso en que, al decir de los antiguos historiadores, podían descubrirse rasgos de sentida elocuencia en medio del desencadenamiento de las más violentas pasiones expresadas en un lenguaje altisonante y aparatoso. Señalaba allí los agravios inferidos por el enemigo y la necesidad de tomar sangrienta venganza, acompañando su discurso de las más arrogantes amenazas. Uno de los resortes oratorios más frecuentemente usados era una especie de interrogación dirigida de tiempo en tiempo a su auditorio, a la cual éste contestaba, ¡veyllechi!, ¡veyllechi!, así es, así es. Este discurso era siempre seguido por los de algunos otros ulmenes destinados a reforzarlo más que con mejores argumentos, con nuevos ultrajes al enemigo, y a alentar a los suyos dándoles el tratamiento de invencibles, de leones u otros semejantes. El efecto de estos discursos sobre el alma de aquellos rudos salvajes era verdaderamente maravilloso. Inflamados en ira, rabiosos de venganza, aunque sin proferir palabra, hacían un ruido confuso en signo de aprobación; «y en el mismo tiempo, asida cada uno la pica a dos manos, teniéndola arbolada y cargando el cuerpo sobre ella, hieren todos juntos con los talones en el suelo, de suerte que parece que tiembla la tierra: efecto notable de su muchedumbre».[104]

A estos discursos, seguíase otra ceremonia. Se daba muerte a un guanaco, se le sacaba a toda prisa el corazón y, palpitando todavía, lo tomaban uno en pos de otro todos los ulmenes, lo allegaban a la boca hasta ensangrentarse los labios y ensangrentaban igualmente sus armas. Allí mismo quedaba designado el jefe o toqui que debía conducirlos a la guerra, y se señalaba el día en que se había de dar principio a las operaciones.[105] El plazo se fijaba, como ya dijimos,

---

[104] Nájera, pág. 183.
[105] La generalidad de los antiguos historiadores de Chile ha conocido imperfectamente las costumbres de los indígenas o no ha podido apreciar con mediano criterio su estado social. Así, casi todos ellos hablan de los toquis como de jefes militares designados por aclamación popular de sus compatriotas y revestidos de un poder estable y vitalicio. Según las crónicas de algunos de esos escritores, podría formarse la lista ordenada y cronológica de los toquis y aun de los vicetoquis que en Chile sostuvieron la guerra secular contra los conquistadores, del mismo modo que se forma la lista completa y regular de los gobernadores o de los monarcas españoles. En efecto, en 1824 se publicó en Santiago una guía de Chile con el título de *Almanaque nacional*. Aunque anónimo, se sabe que fue preparado por el doctor don Juan Egaña, el literato más notable de Chile en esa época. Allí se ha publicado

por las fases de la Luna, pero se repartían igualmente cordones con nudos que indicaban el número de días, pasados los cuales debían reunirse de nuevo. La asamblea se terminaba por una desordenada borrachera.[106]

4. Armas que usaban en la guerra

Las armas usadas por los indios chilenos eran de tres clases diferentes: las flechas, las picas y las mazas.

Las primeras eran, sin duda, las menos temibles. Un arco pequeño, de menos de un metro de largo, y sujeto por una cuerda de nervio, les servía para lanzar la saeta. Era ésta formada de pedazos de coligüe (chusquea cumingii) de medio metro de largo, de punta aguzada, ordinariamente provista de un hueso afilado y, algunas veces, arponado para causar una herida más grave y hacer más difícil su extracción. Sin embargo, estas flechas no tenían un largo alcance, y su golpe no causaba daños de consideración, por lo que los indígenas en el transcurso de sus guerras con los conquistadores europeos, las abandonaron poco más

---

en la página 6 una cronología ordenada de los llamados toquis: y poco más adelante, se ha destinado un capítulo entero a consignar noticias biográficas de esos personajes.

El estudio atento y prolijo de los cronistas primitivos y de los mejores documentos, nos revela que nada está más lejos de la verdad. Por más que las leyendas y tradiciones hayan realzado la personalidad de algunos de esos caudillos, atribuyéndoles la dirección de todas o de casi todas las empresas acometidas en su tiempo, como sucede con Caupolicán, es fácil convencerse de que los indios no tenían propiamente un jefe único, acatado y obedecido por todos; y que así como en muchas ocasiones la guerra era sostenida solo por ciertas tribus, en otras, cuando la resistencia era más general, aparecían dos o más caudillos diversos que obraban independientemente entre sí, y sin obedecer a ninguna combinación.

A este respecto es particularmente instructivo un curioso documento que encontré en el Archivo de Indias de Sevilla. Es la declaración prestada ante el cabildo de Santiago en abril de 1614 por fray Juan Falcón, religioso dominicano que había vivido quince años prisionero entre los indios. Habiéndole preguntado qué gobierno tenían éstos y a qué jefes obedecían en la guerra, contestó «que entre los dichos indios de guerra no hay cabeza a quien obedezcan, ni acaten sujeción, ni tienen modo ni orden de república, ni la conservan de ninguna manera, ni gobierno en sus cosas, ni hay forma de administrarse justicia de ninguna suerte. Y así como no hay a quien poderse pedir, ninguno trata de pedirla. Solo hay parcialidades repartidas por provincias que entre ellos llaman aillareguas, y en cada una de ellas hay cinco o más varones guerreros a quienes llaman toquis, que es lo mismo que capitanes, los cuales son caciques de ordinario, y entre ellos hay uno que es sobre los demás, o cuatro o cinco toquis, a cuyo llamado tienen obligación de juntarse y obedecerle para solo las cosas de la guerra y no más, y cuando alguno niega la obediencia no tiene pena ninguna por ello ni se le da ningún castigo».

106 Pietas, memoria citada, págs. 490 y 491.

tarde. Agréguese a esto que en Chile no se hallan esas yerbas venenosas que en la América tropical servían a los indios para emponzoñar sus flechas y para causar a sus enemigos una muerte dolorosa e inevitable.

Por el contrario, la pica era un arma terrible. Formábala una robusta quila (chusquea quila) hasta de cinco y seis metros de largo, cuya extremidad, cuidadosamente aguzada, penetraba en el cuerpo, casi como si estuviera provista de una punta de metal; y aun a veces, además, estaba armada de huesos o de piedras afiladas. Dirigida con singular maestría y con brazo vigoroso por el indio chileno, causaba heridas terribles y dolorosas y, con frecuencia, atravesaba al enemigo de parte a parte.

Pero el arma más formidable de los indios era la maza, conocida generalmente en Chile con el nombre peruano de macana. Consistía en un trozo de madera dura y pesada de dos a tres metros de largo, del espesor de la muñeca de la mano en la empuñadura, pero más gruesa en su prolongación, y terminada por un codo mucho más fuerte todavía. «Levantada en alto a dos manos y dejada caer con poca fuerza que sea ayudado su peso, dice un testigo que vio funcionar esta arma, corta el aire y asienta tan pesado golpe donde alcanza, que no hay celada que no abolle, ni hombre que no aturda y derribe; y aun es tan poderosa que algunas veces hace arrodillar a un caballo y aun tenderlo en el suelo de un solo golpe.»[107]

Usaban además los indios de otras armas, útiles en la guerra, pero más eficaces en la persecución de los animales. A este número pertenecían los laques o bolas, formados por tres piedras redondas, forradas en cuero y reunidas a un centro común por cuerdas de cuero o de nervios. El indio tomaba en su mano la más pequeña de esas piedras, hacía girar las otras alrededor de su cabeza, y las lanzaba con singular maestría sobre el enemigo o el animal que quería apresar. Las bolas, revolviéndose sobre sí mismas, iban a enrollarse sobre el cuerpo contra el cual iban dirigidas, cruzándose y anudándose fuertemente, y privándolo de todo movimiento. Cuando las piedras eran gruesas, podían quebrar la pierna de un hombre o de un guanaco; pero los indios usaban laques más pequeños cuando querían solo impedir la fuga del animal que perseguían.

Mencionan también algunos antiguos escritores las armas defensivas que usaban los indios chilenos, y entre ellas ciertos coseletes de cuero para cubrir

---

107 Nájera, pág. 178. (N. del A.)

el pecho, y resguardarlo contra las flechas; pero esas armaduras debían ser del todo ineficaces contra las picas y las mazas. Por otra parte, la bravura indomable de esos salvajes, el desprecio por la vida que demostraban en todos los combates, debían hacerles mirar como indignas de valientes aquella clase de defensas.

Un filósofo de nuestros días recuerda con mucha sagacidad que el esfuerzo de la industria para responder a las demandas imperativas de la guerra, ha sido el origen de progresos importantes, y que a este agente destructor en sí mismo, debe la industria una parte de su habilidad.[108] Esta observación, aplicable a todos los grados de civilización, se encuentra confirmada cuando se estudian las costumbres de los salvajes que antiguamente poblaban Chile, porque el deseo de matar a sus enemigos y de no ser muertos por ellos, había desarrollado sus facultades intelectuales mucho más que el propósito de satisfacer cualesquiera otras necesidades. El capitán español que mejor nos ha dado a conocer la estrategia y las armas de esos bárbaros, dice a este respecto: «son ellos mismos los artífices, proveyéndolos abundantemente de la materia sus amados montes, donde las perfeccionan y acaban sin necesidad de esperar a que los provean de ellas de otras tierras. Y es cosa muy de notar, que con ser los indios gentes tan viciosa y haragana, y no tener ejercicio ni ocupación que sea de algún primor, lo tienen maravilloso en saber labrar sus armas. En el perfeccionarlas tienen grande flema, raspándolas con conchas marinas que les sirven de cepillo, trayendo dentro del asta una sortija que muestra lo superfluo que le han de quitar. Hacen sus arcos de maravillosa forma, y en sus flechas muy vistosas labores; y précianse tanto del arreo de sus armas, que no solamente no dan paso sin ellas, pero aun bailando en sus borracheras de noche y de día, no dejan jamás la lanza de la mano. Tráenlas de ordinario tan bien tratadas, limpias y resplandecientes, que hacen en ello no solo ventaja, pero hasta vergüenza a muchos de nuestros españoles».[109]

5. Cualidades militares de los indios de Chile; su astucia y su valor: suerte lastimosa de los prisioneros

La guerra también aguzaba su inteligencia haciéndolos inventar estratagemas y, aun, operaciones estratégicas casi inconcebibles en la cabeza de los

---

108 Herbert Spencer, *Introduction a la science sociale*, París, 1875, capítulo 8, pág. 211.
109 Nájera, págs. 179 y 180.

bárbaros. Sus sentidos, toscos y embotados para la percepción de otras impresiones, habían adquirido la más rara delicadeza en sus aplicaciones a la guerra y a la caza. Sus exploradores, sobre todo, descubrían a grandes distancias los movimientos del enemigo y sabían distinguir admirablemente el menor ruido que turbara el silencio de los bosques. En la persecución de los fugitivos, ya fueran éstos hombres o animales, desplegaban una prodigiosa sagacidad para seguir la huella de sus pasos en el polvo del suelo o en la yerba de las praderas. Hábiles y artificiosos para ocultar sus aprestos bélicos y para engañar al enemigo, se daban las trazas más ingeniosas para estudiar la posición de éste y para aprovechar con rara oportunidad todos sus descuidos. Las tropas de sus apretados escuadrones sabían diseminarse en los bosques, hacerse casi invisibles, aprovechar todas las sinuosidades del terreno, y reunirse de día o de noche, en el momento preciso y con el silencio convenido, para caer sobre sus contrarios solo cuando se creían seguros de la victoria. Pero llegado el instante del ataque, nada podía contener su ímpetu. No peleaban en filas o en cuadros simétricamente formados, sino en espesos y sólidos pelotones. Jamás los guerreros de ningún tiempo ni de ningún pueblo fueron más obstinados en el combate, más firmes para defender un puesto, más audaces para asaltar los del enemigo.[110] Según sus ideas y según su lengua, pelear era vencer.

Pero desde que la victoria se había pronunciado por uno de los combatientes, desaparecía toda apariencia de disciplina y renacía el más espantoso desorden. La codicia del botín, la destrucción del campo enemigo y la captura de las mujeres, hacía olvidar todas las medidas conducentes a aprovechar el triunfo. El sacrificio de los cautivos era la ocasión de fiestas horribles en las cuales los indios se vestían con sus mejores adornos. Los vencedores colgaban en las ramas de un árbol las cabezas de los enemigos muertos en la batalla, y en torno de él bailaban y cantaban remeciendo por medio de cuerdas aquellas ramas para que las cabezas ensangrentadas acompañasen la danza con sus movimientos. Los infelices prisioneros eran, entre tanto, víctimas de los más duros ultrajes y, luego, de los más atroces tormentos. Sin duda alguna, la torpeza de la sensibilidad, característica de todos los salvajes, los hacía menos impresionables a los dolores físicos; pero los guerreros vencidos, por un

---

110 En el curso de esta historia tendremos muchas veces la ocasión de poner de relieve las dotes militares de los indios de Chile. Por esto mismo, nos limitamos aquí a señalar solo algunos rasgos.

sentimiento de amor propio, desplegaban una entereza heroica para soportar los más crueles sufrimientos sin despedir un quejido. Les cortaban uno o más miembros del cuerpo, y allí mismo, a su presencia, apartaban los huesos de los brazos y de las piernas para convertirlos en flautas, asaban ligeramente las carnes y las devoraban después de pasarlas muchas veces delante de los ojos y de la boca del infeliz cautivo. Esta operación era tanto más dolorosa cuanto que los indios no usaban otros cuchillos que conchas marinas, cuidadosamente afiladas, es cierto, pero siempre torpes y lentas para cortar. Los tormentos de la víctima se prolongaban largo rato, y cuando la pérdida de la sangre estaba a punto de causarle la muerte, le abrían el pecho, le arrancaban el corazón, y rociando el aire con la sangre que manaba de esta entraña, la pasaban de mano en mano entre los sacrificadores, mordiéndolo cada cual con la rabia más feroz. A otros prisioneros los desollaban vivos, ensayando en su agonía, todo género de tormentos, comiendo enseguida sus carnes y moliendo los huesos que no podían utilizar. Hemos dicho que los brazos y las piernas les servían para hacer flautas. El cráneo era convertido en copa que pintaban con vistosos colores y que usaban en sus bebidas con el orgullo que podía inspirarles el recuerdo de sus hazañas. Guardaban algunos indios como prendas de gran estimación, la piel del rostro de sus víctimas para usarla como máscaras en sus fiestas y borracheras, una mano o, a lo menos una tira de cuero, que empleaban para amarrarse los cabellos. Para perpetuar en su raza estos feroces sentimientos, aquellos salvajes hacían que sus hijos aprendiesen desde niños a descuartizar los miembros de sus víctimas, a arrancarles las carnes y a atormentarlas en su agonía. La pluma se resiste a describir en todos sus accidentes estos cuadros de horror y de barbarie.[111]

Estas guerras atroces, acompañadas del incendio y de la destrucción de las casas del enemigo, del cautiverio de sus mujeres y de la extirpación de familias enteras, tendían, sin embargo, a acercar y a unificar las tribus aliadas. Desde luego, en estos casos conocían los indios un jefe, cuya autoridad, aunque limi-

---

[111] Aunque estas horribles crueldades han sido dadas a conocer con variedad de detalles y de accidentes por muchos escritores, entre otros por un testigo de vista, don Francisco Núñez de Pineda y Bascuñán en su Cautiverio feliz, discurso 1°, capítulo 10, el cuadro más completo es el que nos ha dejado el maestre de campo Alonso González de Nájera en su *Desengaño de la guerra de Chile*, págs. 106 a 119, aparte de otros rasgos que se encuentran diseminados en el resto de su libro.

tada solo a las operaciones de la guerra y al tiempo que ella durara, tendía a constituir un poder central, a echar las bases de una organización política que podía ser el germen de una evolución civilizadora. El toqui, armado de un hacha de piedra, que tenía ese mismo nombre, y que le daba el rango de general en jefe, era considerado el hombre más valiente y el más astuto de las tribus coaligadas y, con frecuencia, legaba a su hijo la preeminencia en el mando, sobre todo cuando se había ilustrado con grandes hazañas. Pero si la guerra había sido desgraciada, el toqui conservaba difícilmente su prestigio y preeminencia. Le costaba mucho justificar su conducta, y estaba obligado a indemnizar los perjuicios sufridos por los suyos, a menos que la derrota pudiera atribuirse a flojedad o flaqueza de algunos de sus subalternos.[112]

Además de la guerra, los indios chilenos tenían otras ocasiones de reunirse en número más o menos considerable. Conocían diversos juegos; pero los que más los apasionaban eran los de fuerza y agilidad, que a más de desarrollar sus aptitudes militares, permitían entrar en ellos a un número considerable de individuos. Aunque algunos de esos juegos eran bastante peligrosos, las mujeres y los niños tomaban parte en ellos. Consistía uno de esos juegos en tirarse una bola regularmente pesada; y la destreza estribaba en evitar el golpe, esquivando el cuerpo con rápidos movimientos, arrojándose al suelo para levantarse enseguida de un salto, y en golpear a los adversarios.[113]

Éstas y otras diversiones análogas formaban el encanto de aquellos salvajes; y al paso que eran el motivo de fiestas y borracheras, y con frecuencia de bulliciosas pendencias, interrumpían la monótona y triste ociosidad de la vida salvaje y excitaban la agilidad de los indios adiestrándolos para la guerra. La

---

112 No encontramos en los antiguos escritores noticias seguras sobre los límites de la autoridad de los toquis. El padre Rosales, que es quien más se extiende sobre esta materia, en el capítulo 22 del libro I de su historia, no contiene sino noticias más o menos vagas. Véase lo que a este respecto hemos dicho en la nota 105 de este capítulo.

113 Rosales, libro I. capítulo 30; Olivares. libro I, capítulo 9. Algunos cronistas colocan entre los juegos predilectos de los indios uno que llamaban uño. En medio de un campo llano y despejado, y de una extensión de 200 a 300 metros, ponían una gran bola de madera. Los jugadores, divididos en dos bandos, estaban armados de garrotes de punta retorcida a manera de maza, y con ellos golpeaban la bola empujándola cada cual hacia el lado donde querían arrastrarla. Pero este juego es simplemente la chueca, muy usado entre los labradores de los campos de Castilla, e introducido en Chile por los conquistadores españoles. Los indios chilenos tomaron pasión por él y lo jugaban en medio de un gran bullicio y con la concurrencia de mucha gente.

guerra era, en efecto, la ocupación más seria de esa gente y la preocupación más constante de su espíritu.

Capítulo V. Estado social de los indios chilenos: la industria, la vida moral e intelectual

1. Atraso industrial de los indios chilenos; uniformidad de ocupaciones y trabajos; la Edad de Piedra. 2. La agricultura. 3. La construcción de embarcaciones y la pesca. 4. Producciones intelectuales: la oratoria, la poesía, la música. 5. Nociones de un orden científico: la medida del tiempo, la medicina y la cirugía: los hechiceros. 6. Supersticiones groseras y costumbres vergonzosas. 7. Carencia absoluta de creencias religiosas y de todo culto: sus ideas acerca de la existencia de espíritus misteriosos. 8. Sus ideas acerca de la muerte y de la vida futura. 9. Carácter general de los indios chilenos. Escritores que los han dado a conocer.

1. Atraso industrial de los indios chilenos; uniformidad de ocupaciones y trabajos; la Edad de Piedra

Las aptitudes que los indios chilenos desplegaban en la guerra, la sagacidad con que descubrían los planes del enemigo y conque elegían el sitio favorable para el combate, la astucia con que preparaban las emboscadas y el artificio con que encubrían sus proyectos militares, podrían hacer creer que sus facultades intelectuales habían adquirido un notable desarrollo. Pero el examen de su vida, de sus costumbres y de su industria los coloca en un rango muy inferior. Los hábitos de ociosidad de la vida salvaje y el adormecimiento constante de aquellas facultades por la falta de actividad y de ejercicio, los hacían incapaces de concebir nociones de un orden más elevado que la satisfacción de las necesidades más premiosas de su triste existencia ni de comprender y apreciar cosa alguna que saliese del orden ordinario de sus ideas. Su espíritu se fatigaba fácilmente con el menor esfuerzo de atención hacia un asunto que no les interesaba inmediatamente. Interrogados por los europeos sobre algunas materias que parecían destinadas a despertar su razón, solían revelar en sus primeras contestaciones cierta viveza de concepción; pero luego, sin entrar a contradecir lo que se les quería enseñar, abandonaban la conversación para no volver a pensar en cosas que podían hacer trabajar su inteligencia.[114]

---

[114] Los españoles observaron perfectamente en sus relaciones con los indios la ninguna atención que éstos prestaban a lo que se les decía, cuando las nociones que se les querían comunicar eran superiores al orden ordinario de sus ideas. Uno de los más sagaces observadores entre ellos, el maestre de campo González de Nájera, cuenta a este respecto

El estado industrial de los indios chilenos correspondía a aquella situación intelectual. Vivían a este respecto en aquel estado rudimentario en que todos los hombres desempeñan las mismas ocupaciones, en que todos son cazadores, constructores de chozas y de embarcaciones, y aun agricultores, así como todos guerreros. Los sociólogos pretenden que un estado de cosas semejante no merece siquiera el nombre de sociedad, y que ésta no existe sino el día en que la división natural del trabajo y de las profesiones hace indispensable la unión y la cooperación de todos los individuos para el bienestar y el mejoramiento de la comunidad.[115] En efecto, esa situación, causa y a la vez resultado del aislamiento en que vivía cada familia, aseguraba la independencia de éstas, pero obligaba a cada cual a vivir en una condición miserable, sin conocer más comodidades ni más condiciones de bienestar que las que podía procurarse por sí mismo, y sin poder gozar de los beneficios que a las agrupaciones de hombres más adelantados proporcionan la diversidad de ocupaciones y de artes, los cambios de productos y de servicios y, por fin, el comercio.

Una situación semejante tendía, además, a retardar el desenvolvimiento del poder industrial. Los indios chilenos vivieron un número indefinido de siglos en plena Edad de Piedra, en ese primer grado de la industria humana en que el hombre no conoció más que la piedra para la fabricación de sus armas y de sus

---

lo que sigue: «Con otro indio cacique, hombre ya viejo, me sucedió en el castillo de Arauco que por parecerme que era hombre de razón, según algunas agudas preguntas que me había hecho en materia de guerra, le pregunté que a cuáles tenía por hombres más sabios y de mejor razón y entendimiento, a los españoles o a los indios. Y respondiéndome que a los españoles, me animé a decirle que pues lo entendía así, que por qué no se aplicaban a creer lo que los españoles, que era que había un solo creador de todas las cosas, y que mediante nuestras obras buenas o malas, nos había de dar el premio o la pena eterna. Y estando muy atento a todo, habiéndole yo dicho lo que digo por palabras más especificadas e inteligibles, aguardando del indio alguna buena respuesta, la primera cosa que habló fue decirme si le quería dar una herradura, que es cosa que ellos precian para cavar sus posesiones. De esta manera y al tono de este bárbaro sienten y hacen caso todos los indios de las cosas de la fe y religión cristiana que se les enseña». *Desengaño y reparo de la guerra de Chile*, pág. 463. González de Nájera refiere otros hechos análogos, y dice que muchos misioneros españoles se habían formado la misma opinión de la incapacidad de los indios para fijar su atención en otro orden de ideas de aquél a que estaban habituados.

115 Herbert Spencer, *Principes de sociologie*, trad. Cazelles, part. II, capítulo I, en que compara con notable ingenio este estado rudimentario de las agrupaciones humanas, a las cuales niega el nombre de sociedad, con los organismos animales inferiores, en que todos los órganos desempeñan funciones biológicas semejantes, pero en que el individuo parece carecer hasta de vida propia.

útiles. La conquista peruana del siglo XV introdujo en una parte del territorio chileno el uso de los objetos de cobre, y seguramente el de la tierra cocida para la fabricación de vasijas; pero el empleo de los metales no fue conocido más allá de los lugares en que la dominación de los incas estuvo firmemente asentada y, aun aquí, no está representado más que por unos pocos objetos, principalmente ídolos pequeños de cobre o de plata, que parecen haber sido fabricados en el Perú. Los indios chilenos empleaban la piedra, las espinas de los pescados, las conchas de los moluscos, los huesos de algunos cuadrúpedos o de algunas aves para la fabricación de sus armas, de sus adornos y de los pocos útiles que necesitaban. Se han hallado muchos de los productos de aquella antigua industria: puntas de lanza y de flecha talladas en piedras de varias clases; hachas del mismo material más o menos pulimentadas; pitos de varias especies; ciertas piedras achatadas y labradas en forma circular, con una perforación en el centro, que debían ser usadas como martillo; otras piedras de color igualmente agujereadas que sirvieron, sin duda, de adorno y varios útiles de usos diversos. En el examen de estos objetos llama particularmente la atención su semejanza casi absoluta con los instrumentos de la Edad de Piedra encontrados en otros países a cuyos antiguos habitantes no se puede suponer la menor conexión con los indios de Chile.[116]

---

[116] Durante siglos, estos preciosos restos de la antigua industria de los chilenos, que se hallan en varias partes del territorio, así como los fósiles de animales extinguidos largo tiempo ha, no llamaban la atención de nadie, y rara vez se les recogía por mera curiosidad. El progreso de la cultura en nuestro país, ha hecho de pocos años a esta parte que se les busque con particular anhelo y que algunas personas ilustradas los conserven y coleccionen como una fuente de informaciones para investigar nuestro pasado. Cuando se conocen algunas de las obras que en los últimos treinta años se han publicado en Europa y en los Estados Unidos acerca del hombre prehistórico, se comprende la utilidad que puede sacarse de tales documentos para reconstruir la historia de esas viejas edades y para descubrir la primitiva industria de los hombres. Entre esas obras, algunas de las cuales hemos citado en las notas de nuestro capítulo primero, debemos recomendar particularmente dos de Mr. John Evans que, aunque contraídas particularmente al estudio de las antigüedades de Gran Bretaña, presentan un gran número de hechos de un carácter general, y pueden servir de guía seguro para este género de investigaciones. Ambas contienen un número considerable de láminas, y han sido traducidas al francés, lo que las pone al alcance de un número mayor de lectores. Son éstas: *Les ages de la pierre, instruments, armes et ornements de la Grande Bretagne*, trad. Barbier, París, 1878 y *L'age da bronce*, etc., trad. Battier, París, 1882.

2. La agricultura

Seguramente, los indios chilenos no conocían los trabajos agrícolas antes de la conquista de una parte de su territorio por los incas del Perú. Debían vivir de la caza y de la pesca, y de los escasos frutos espontáneos de su suelo, según dijimos. Parece que los soldados del Inca introdujeron en Chile el maíz y el poroto pallar, pero lo que es indudable es que ellos enseñaron el riego de los campos, sin el cual una gran parte del suelo chileno es escasamente productor, y que, además, enseñaron procedimientos agrícolas relativamente adelantados. El uso de esas útiles semillas, así como los métodos más rudimentarios para su cultivo, debieron propagarse fácilmente como un medio de suministrar alimentos a una población que tanto necesitaba de ellos. Los conquistadores españoles encontraron planteada en casi todo el país la industria agrícola, mucho más adelantada, sin duda, en las provincias sometidas al Inca, y apenas reducida a limitadísimos cultivos en aquéllas que conservaron su independencia.

Desde luego, los indios chilenos no tenían la menor idea de propiedad individual del territorio. Todos los miembros de la tribu tenían derecho para establecerse donde mejor quisieran, construir sus chozas y utilizar los frutos espontáneos del campo vecino, así como los animales del bosque y los peces de los ríos. Pero frecuentemente abandonaban un hogar por otro, sin tomar el consentimiento de nadie y sin pensar en poner límites al terreno que usufructuaban. Este estado económico, que en rigor podría llamarse de propiedad comunal o de la tribu, no ofrecía grandes inconvenientes, aun faltando, como faltaba, una autoridad que fijase a cada familia la porción que podía ocupar. En los pueblos en que ha existido este sistema al mismo tiempo que un mayor progreso industrial y una abundancia más o menos considerable de la población, esa intervención de la autoridad era necesaria; pero en Chile no existía ninguna de estas dos circunstancias. La agricultura, como hemos dicho, estaba reducida a limitadísimas proporciones. La población del país, que algunos de los antiguos escritores de la Conquista han exagerado extraordinariamente, no podía alcanzar, según nuestro cálculo, a medio millón de almas repartidas en una extensión de más de 300.000 kilómetros cuadrados.

Las faenas agrícolas, hemos dicho, estaban encomendadas a las mujeres. Eran ellas quienes araban el terreno con una punta de madera impulsada por sus solas manos y removiendo apenas las capas más superficiales. Ellas sembraban el grano y hacían la cosecha, pero el sembrado estaba reducido a satisfacer escasamente las necesidades de la familia y, por lo tanto, imponía un trabajo muy limitado. Así se comprenderá cómo esos salvajes llevaban una vida de privaciones y de miserias en un suelo que habría recompensado generosamente un esfuerzo industrial un poco más activo y enérgico. Los conquistadores europeos hallaron grandes extensiones de los terrenos más feraces del país donde la mano del hombre no había sembrado nunca un solo grano.

También era trabajo de las mujeres, como ya dijimos, el tejer la lana para los vestidos y, según creemos, la fabricación de ollas y de cántaros cocidos al fuego, para cocinar algunos alimentos y para preparar las bebidas. Esta última industria fue introducida indudablemente por los peruanos. Algunas tribus del norte de Chile habían hecho grandes progresos en ella. Producían obras notables por su tamaño, por su forma y por los dibujos y pinturas con que las adornaban, aunque, en general, muy semejantes a los trabajos de la alfarería peruana. Pero, este arte no se había propagado en todo el territorio. Así, en la región insular del sur los indios chilenos hacían con cortezas de árboles las vasijas para guardar sus provisiones. En estas mismas vasijas y, aun, en agujeros abiertos en la tierra, cocían también algunos de sus alimentos, como el pescado, por un método mucho más primitivo, practicado igualmente en otros pueblos. Calentaban piedras al fuego y, enseguida, las arrojaban a la vasija hasta hacer hervir el agua para obtener así la cocción del pescado.[117]

3. La construcción de embarcaciones y la pesca

La industria de los indios chilenos se había ejercitado, además, en la fabricación de pequeñas embarcaciones que les servían para el paso de los grandes ríos del sur y para pescar en las costas marítimas. Los indios del norte trabajaban esas embarcaciones con cueros de lobos marinos, dispuestos a manera de odres. Dos de esos cueros unidos entre sí, y perfectamente llenos de aire, formaban una embarcación en que encontraban asiento dos o tres personas que

---

117 Rosales, obra y libro citados, capítulo 26. La misma costumbre, hija de un idéntico estado de barbarie, ha sido observada en algunos pueblos de América del Norte. Véase Charlevoix, *Histoire de la Nouvelle France*, París, 1744, tomo III, pág. 332. Este procedimiento en uso todavía en muchas tribus salvajes, ha sido prolijamente descrito por Mr. Tylor en su *Early history of mankind*, capítulo 9, pág. 231, dando a conocer las naciones donde se practica. Mr. Tylor lo denomina stone boiling, piedras que hacen hervir.

las manejaban con la ayuda de remos cortos.[118] En ellas se hacían al mar, hasta la distancia de algunas leguas, mientras se procuraban la provisión de pescado. En los ríos del sur usaban embarcaciones más sencillas todavía. Abundan en esos campos diversas especies de gramíneas, algunas de las cuales se levantan a un metro y más de altura. Los indios formaban de ellas gruesos atados y los amarraban entre sí con los tallos largos y flexibles del boqui, enredadera común en esa región, y cuyos vástagos tienen la consistencia de una cuerda. Con solo algunas horas de trabajo, construían, de esta manera, una balsa más o menos grande. Utilizaban para el mismo objetivo algunas maderas de sus bosques, amarrando fuertemente cuatro o seis postes de regulares dimensiones. Les servían también los grandes tallos del chagual o cardón (puya de Molina), largos de dos a tres metros y sumamente livianos. Amarrando cuidadosamente un gran número de esas varas, formaban embarcaciones planas y bastante extensas, en que se aventuraban en el mar para comunicarse con las islas vecinas. El ejercicio de remar había dado a los indios de la costa de Arauco una gran maestría para manejar esas embarcaciones con admirable seguridad.

Pero construían, además, canoas grandes o pequeñas de una sola pieza de madera, de un solo tronco de árbol. Estas embarcaciones, que eran las más ligeras, y, al mismo tiempo, las más sólidas, imponían a los indios un trabajo de muchos meses. Comenzaban por cortar el árbol con hachas de piedra, y una vez derribado y despojado de sus ramas después de una penosa tarea, daban principio a otra más larga y prolija todavía. Quemaban con gran cuidado y precaución la parte exterior del tronco para darle la forma de embarcación, y con los cuchillos de conchas marinas le quitaban las partes carbonizadas y hacían desaparecer todas las irregularidades de la superficie. Todo esto, sin embargo, no era más que la parte más fácil y sencilla de la obra. Faltaba todavía ahuecar el tronco despojándolo de su parte más sólida. Los indios, a pesar de su carencia absoluta de instrumentos de metal, habían aprendido a ejecutar este trabajo con la más rara maestría, empleando alternativamente el fuego y los cuchillos de conchas marinas. Un antiguo historiador que hemos citado muchas veces en estas páginas, el padre Diego de Rosales, refiere haber visto en el sur de Chile

---

118 Don Claudio Gay ha representado muy bien estas embarcaciones en una vista del puerto del Huasco que ha publicado en el atlas de su *Historia de Chile*, lámina n.º 36.

una embarcación de esta naturaleza capaz de contener treinta tripulantes;[119] pero, en general, eran mucho más pequeñas, y algunas de ellas solo podían llevar dos o tres personas. Los indios chilenos habían adquirido la más admirable destreza para manejar esas canoas y para cortar las olas con maravillosa rapidez. Un hombre colocado en la popa maniobraba con una especie de pala que hacía las veces de timón, mientras los tripulantes, armados de pequeños remos, daban movimiento a la embarcación.

Los habitantes de Chiloé usaban piraguas menores. Construíanlas con tablas, elaboradas igualmente por el fuego y los instrumentos de piedra y de concha, y les daban la misma forma que hemos descrito, al hablar de la navegación de los indios fueguinos. Aquellos isleños eran igualmente diestrísimos para manejar esas embarcaciones.[120]

4. Producciones intelectuales: la oratoria, la poesía, la música

Cuando se estudian las groseras costumbres de estos salvajes y el limitado desarrollo de sus facultades intelectuales, sorprende un hecho que casi no acertaríamos a creer si no estuviera corroborado por muchos observadores. Es ésta su pasión por los discursos, su amor por las formas oratorias. «Es indecible, dice un misionero, cuán bien usan estos indios bárbaros de aquellas figuras de sentencias que encienden en los ánimos de los oyentes los afectos de ira, indignación y furor que arden en el ánimo del orador, y a veces los de lástima, compasión y misericordia, usando de vivísimas prosopopeyas, hipótesis, reticencias irónicas y de aquellas interrogaciones retóricas que sirven no para preguntar sino para responder y argüir.»[121] Sea que se tratara de hacer la guerra en las juntas que hemos descrito anteriormente, sea que por cualquier otro motivo se celebrara una congregación de muchas personas y, aun, en las simples reuniones de familia, el indio oía con gran recogimiento estos largos discursos; y el

---

119 El padre José Gumilla, *Orinoco ilustrado*, parte II, capítulo 11, describe las embarcaciones de los indios de esa región, construidas de una sola pieza, y por el mismo procedimiento industrial, y capaces de contener treinta hombres, fuera de la carga y bastimentos. Los indios del Brasil construían por el mismo procedimiento embarcaciones más grandes todavía, montadas por cincuenta o sesenta remeros. Varnhagen, vizconde de Porto Seguro, *Historia geral do Brazil*, ed. de Viena, tomo I, sec. III, pág. 37.

120 El lector encontrará más amplios detalles acerca de las embarcaciones de los indios de Chile en la obra del padre Rosales, libro I, capítulo 31.

121 Olivares, *Historia civil*, libro I, capítulo 9.

orador sabía adaptar sus pensamientos y el tono de su voz a las condiciones de las circunstancias: bronco y amenazador en ocasiones, suave e insinuante en otras, pero siempre grave y solemne. La elocuencia, el ardor en los discursos, el cuidado de las formas en el uso de la palabra, eran entre esos salvajes, un título de prestigio y de superioridad. Pero esta manía de pronunciar aparatosos discursos en todas circunstancias, pasaba a ser una costumbre chocante y bárbara, «porque, en este particular, como lo observa el misionero que acabamos de citar, no hay nación que tenga semejanza con ésta, que practica como moda cortesana lo que entre las cultas fuera la mayor impertinencia».

Algunos escritores hablan también de la poesía de los indios de Chile. Al efecto han copiado ciertas estrofas compuestas en esta lengua que no bastan para dar idea del espíritu poético. Por otra parte, examinadas con atención, se reconoce fácilmente que el artificio métrico, esto es la cantidad silábica, el ritmo y la rima, es absolutamente castellano, así como el asunto de esas estrofas es de un carácter religioso. A no caber duda, son la obra de los misioneros españoles que conociendo regularmente la lengua chilena, componían versos para hacerlos aprender de memoria a los indígenas. Es cierto, sin embargo, que éstos tenían cantos de varias clases que entonaban en las reuniones de familia y en ocasiones más solemnes, en las juntas de guerra y en los entierros, pero esos cantos no son absolutamente desconocidos. Los historiadores que nos han hablado de ellos, refieren que los poetas eran a la vez los cantores de esas fiestas, y que esta profesión, tenida en mucha estima, era muy bien remunerada.[122]

El canto de los indios chilenos era siempre sombrío y monótono. Consistía exclusivamente en subir y bajar la voz sin modulaciones armoniosas, y con tan escaso artificio que ya se tratara de celebrar las hazañas de la guerra, ya de lamentar la muerte del jefe de la familia o de la tribu, el tono era casi siempre semejante y siempre triste y aun podría decirse lúgubre. El canto, además, era acompañado por una música desapacible y no menos monótona. Los indios no conocían más instrumentos que un tamboril, cuya forma no hallamos descrita en las relaciones que tenemos a la vista, y algunas flautas de huesos de hombres y

---

[122] «El cacique que hace la fiesta, paga a los poetas los romances que han hecho y por cada uno les da diez botijas de chicha y un carnero, huanaco. Y en cada borrachera sacan ocho o diez romances nuevos en que alaban al que la hace. Y si es para el entierro de algún difunto o para sus honras, hacen lo mismo y así para otros intentos.» Rosales, libro I, capítulo 24.

de animales. Al son de esos instrumentos, los indios se entregaban igualmente a la danza, y en ella desplegaban mucha agilidad. Un carácter especial de sus bailes es que las mujeres bailaban ordinariamente en grupos separados de los hombres.

5. Nociones de un orden científico: la medida del tiempo, la medicina y la cirugía, los hechiceros

Carecían también los indios chilenos de casi todas aquellas nociones de un carácter de ciencia práctica, que han poseído algunos pueblos bárbaros, y que son indispensables en los usos más ordinarios de la vida. Fuera de la región conquistada por los peruanos, donde se conocían las divisiones del tiempo y del año en meses lunares, en el resto del territorio no se tenía casi noción alguna a este respecto. Los indios distinguían con nombres diversos solo dos estaciones, el invierno y el verano; y para sus emplazamientos en día fijo, usaban únicamente el medio que hemos indicado, al hablar de la convocación para las juntas de guerra, es decir, un cordón con tantos nudos como eran los días que faltaban para el plazo convenido.[123] Aun cuando daban diversos nombres a las partes del día, recordaban aproximadamente la hora en que ocurrió tal o cual cosa, señalando con el dedo el punto de la esfera celeste en que se hallaba el Sol.[124] Estos usos revelaban un estado de atraso que el hombre civilizado apenas puede concebir.

En sus curaciones no estaban mucho más adelantados los indios de Chile. La práctica les había enseñado a reducir una luxación y, probablemente, a soldar la fractura de un hueso, operaciones ambas que debían ser comunes entre aquellos bárbaros, como consecuencia natural de sus guerras y de sus riñas. Sabían igualmente curarse las heridas por medio del agua fría y de la aplicación de algunas yerbas.[125] Se sangraban frecuentemente con un fragmento de pedernal que habían aprendido a manejar con suma destreza. El mismo instrumento les servía para abrir y para vaciar un tumor.[126] Pero fuera de estas prácticas rudimentarias de la medicina y de la cirugía, no se encontraban en aquellos salvajes más que los usos más bárbaros y groseros.

---

123 Olivares, obra citada, libro I, capítulo 14.
124 Nájera, obra citada, págs. 101 y 102.
125 Rosales, capítulo 22 y Nájera, pág. 100.
126 Nájera, pág. 101 y Rosales, capítulo 30.

Según una superstición común entre los pueblos bárbaros, la curación de las enfermedades solo podía ser la obra de un poder sobrenatural. La ignorancia había dado origen a la existencia de ciertos personajes misteriosos, mitad ilusos y mitad embusteros, a quienes se reconocía la facultad de descubrir la causa del mal y de hallarle el remedio. Los machis, éste era el nombre con que se les designaba, vivían en lugares apartados; casi siempre solos, vestían como las mujeres, usaban el cabello y las uñas más largas que los otros indios y tomaban en sus maneras y en sus palabras cierto aire misterioso. Por un fenómeno psicológico, igualmente observado en todos los grados de las civilizaciones inferiores, estos pretendidos hechiceros estaban persuadidos de que poseían el arte de la adivinación; y cuando tenían que ejercerlo, se imponían ayunos o pasaban algún tiempo contraídos a la meditación estática. Los mismos españoles, tanto los soldados como los misioneros, que los observaron en el ejercicio de sus funciones, creyeron firmemente que esos adivinos estaban dotados de un poder sobrenatural, que aquéllos no podían explicarse sino por la intervención del Diablo. En sus libros nos han dejado las pruebas de esta doble superstición, no menos absurda que la de los mismos salvajes.[127]

Llamado al lado del enfermo, el machi comenzaba por plantar una rama de canelo (drymis chilensis), para hacer sus invocaciones. Acercándose en seguida al paciente al son de cantos tristes y lastimosos de las mujeres circunstantes, degollaba en su presencia un guanaco, clavaba el corazón en la rama del canelo, y daba saltos y hacía contorsiones como si estuviese poseído por una fuerza interior e irresistible. Produciendo una gran humareda en la habitación, hacía ademán de abrir con un cuchillo el cuerpo del enfermo, de extraerle de las entrañas o de alguno de sus miembros un animal o el veneno que causaba la dolencia y, enseguida, le aplicaba emplastos y remedios antojadizos y caprichosos en que no podría descubrirse ningún principio de razón ni de lógica. Según la creencia general de esos salvajes, toda enfermedad natural, que no provenía de una herida o de un golpe, era el resultado de un veneno misterioso aplicado por algún enemigo oculto. El deber del machi era expulsar ese veneno del cuerpo del enfermo; pero él sabía darse trazas para explicar los casos de

---

127 Bascuñán en su *Cautiverio feliz*, disc. 11. capítulo 19, ha descrito prolijamente una de estas curaciones de que fue testigo presencial. Véase también Rosales, obra citada, capítulo 30; Olivares, obra citada, libro I, capítulo 10; Pietas, memoria citada, pág. 487.

muerte como la consecuencia de un envenenamiento que había llegado hasta las entrañas más nobles, y que ningún poder humano podía combatir.

Parece que con frecuencia el machi reunía a su carácter de médico el de adivino, y que como tal podía designar al autor oculto del daño a que se atribuía la muerte del enfermo. Pero entre los indios chilenos había, además, otra especie de pretendidos hechiceros cuyo oficio era adivinar quién había cometido un robo o quién había dado el veneno. Este individuo, conocido ordinariamente con el nombre de tuduguhue, pero designado, además, con otras denominaciones, era el causante de las más injustas y bárbaras venganzas. Encargado de descubrir un culpable que no existía, el adivino señalaba caprichosamente a alguno de sus propios enemigos, muchas veces a alguno de los parientes del muerto o a algún indio miserable y desvalido que expiaba con una muerte cruel un crimen que no había cometido.[128] De ordinario se les hacía morir a fuego lento, quemándoles sus miembros uno a uno para prolongar sus sufrimientos y su agonía.

---

128 Véanse, además, de los autores citados en la nota anterior, Nájera, obra citada, pág. 102; Molina, *Historia civil de Chile*, libro II, capítulo 7; Stevenson, *Historical and descriptive narrative of twenty years' residence in South America*, Londres, 1829, V. I, capítulo 3; fray Melchor Martínez, *Memoria sobre las misiones viajeras en la Araucania*, 1806, Ms.

Esta última memoria, que permanece inédita todavía, fue escrita por mandato del presidente de Chile don Luis Muñoz de Guzmán, por un misionero franciscano inteligente y experimentado, más conocido por su Memoria histórica sobre la revolución de Chile. Su propósito es demostrar que las misiones viajeras en la Araucania no darían ningún resultado para la conversión de los indios, pero incidentalmente trata de sus costumbres y de sus supersticiones con verdadero conocimiento de causa.

El crédito de que gozaban los hechiceros entre los indios chilenos no era, como podría creerse, una superstición especial de éstos. Muy lejos de eso, se ha observado en todos los pueblos que viven en un estado análogo de barbarie y, aun, en algunos más adelantados todavía. En un libro reciente sobre las ideas religiosas de los salvajes, hallamos a este respecto las palabras siguientes, que dan a conocer muy bien el carácter de estas supersticiones:

«El hechicero es el hombre excepcional que mantiene relaciones personales e íntimas con los espíritus, que está poseído por ellos, que se considera su instrumento voluntario o involuntario, a veces dirigido por ellos, a veces dirigiéndolos él mismo, médico en las enfermedades, encantador de amuletos, adivino del porvenir, revelador de los secretos, denunciador de los culpables, autor de la lluvia y del buen tiempo. Es alternativamente el sacerdote, el médico, el sabio, el profeta, el artista y el poeta de las tribus primitivas.» Albert Réville, *Histoire des religions des peuples non civilisés*, París, 1883, vol. II, conclusión.

6. Supersticiones groseras y costumbres vergonzosas

Estas bárbaras supersticiones y estas estúpidas venganzas no eran el patrimonio exclusivo de los indios de Chile. Los conquistadores europeos las encontraron en muchas partes de América, y distinguidos viajeros las han observado en otras regiones, en Australia y en África, como manifestaciones de un estado análogo de barbarie.[129] Pero imperaban, además, entre aquéllos, muchas otras supersticiones que el hombre civilizado no acierta a comprender, por más que algunas de ellas hayan sido también comunes a otros pueblos aún más adelantados. Los indios chilenos creían en una multitud de patrañas. La presencia de un moscardón en la casa del enfermo o el canto de ciertas aves en los alrededores de ella, eran aviso de que éste debía morir. Al partir para la guerra observaban atentamente ciertos signos en que creían descubrir el porvenir. La excitación nerviosa de algunos de los miembros del guerrero, el vuelo de las aves, la carrera de los zorros, eran para ellos indicios seguros del resultado de la campaña que se iba a abrir.[130] Es digno de notarse que aquellos bárbaros tan audaces para afrontar los mayores peligros en el combate, se sentían dominados por el terror cuando percibían alguno de esos signos que creían desfavorables.

Algunas prácticas higiénicas de los indios chilenos reflejan, igualmente, el orden de sus ideas. Antes de marchar a la guerra, disminuían sus alimentos, creyendo ponerse así más livianos y más ágiles. Se frotaban el cuerpo con las pieles de guanaco o con las plumas de algunas aves, para que se les comunicase la rapidez de los movimientos de estos animales. Se alimentaban con las mismas yerbas que comían los pájaros más veloces en su vuelo. Se cortaban el cabello y llevaban en sus vestidos algunas plumas que debían comunicarles mayor agilidad.[131] En los juegos y probablemente en la guerra, se prendían también colas de zorros, para adquirir su astucia y su ligereza, lo que sin duda

---

129 Sir John Lubbock, *Les origines de la civilisation*, capítulo 5, pág. 223 y siguientes, agrupa un número considerable de hechos y de citaciones para demostrar la generalidad de estas supersticiones y de las horrorosas venganzas que ellas producen entre varios pueblos salvajes.
130 Rosales, obra citada, capítulo 29.
131 Rosales, capítulo 18. Pueden compararse estas costumbres con las observadas en otros pueblos en un estado análogo de barbarie, recorriendo las págs. 17-19 de la obra citada de Lubbock.

ha dado lugar a que algunos observadores vulgares hayan creído que esos indios estaban realmente dotados de rabo como los monos o los cuadrúpedos.

Fruto de este estado de ignorancia y de barbarie eran también ciertas costumbres groseras y vergonzosas, que degradan al hombre y que parecen a primera vista ajenas de un pueblo vigoroso y guerrero. Un gran número de filósofos y un número mayor, todavía, de poetas, se han empeñado en demostrar que los vicios degradantes llamados contra naturaleza, son el fruto maldito del refinamiento de la civilización, y que los hombres primitivos vivieron en un estado de pureza de costumbres que la cultura ha venido a pervertir. Nada hay, sin embargo, más lejos de la verdad. Esos vicios, raros en las sociedades cultas, que se practican sigilosamente y que infaman al que los comete, son comunes entre los salvajes donde casi puede decirse que se hace ostentación de ellos. Los europeos los encontraron en casi toda América,[132] y la insistencia con que hablan de ellos los que primero estudiaron las costumbres de los indios de Chile, no deja lugar a duda.[133]

7. Carencia absoluta de creencias religiosas y de todo culto: sus ideas acerca de la existencia de espíritus misteriosos

Las costumbres de estos indios, su estado social y su industria, han podido ser observadas por los soldados que emprendieron su conquista y por los misioneros que trataban de convertirlos al cristianismo. Pero estos observadores, así los primeros como los segundos, nos han transmitido pocas noticias dignas de fe acerca de las ideas de otro orden de esos indios. La razón de este vacío es de muy fácil explicación. La mayor parte de esos observadores, aun de los más inteligentes, no estaba preparada para este género de investigaciones que exigen un elevado espíritu filosófico. Al querer descubrir los

---

[132] Podríamos agrupar aquí muchas autoridades para demostrar la casi universalidad de estos vicios entre los salvajes y, principalmente, entre los indios de América; pero nos limitaremos a citar dos que son verdaderamente respetables: el padre Charlevoix, en su diario histórico de un viaje a América, publicado como apéndice a su excelente *Histoire de la Nouvelle France*. V. el tomo III, pág. 303 y Bernal Díaz del Castillo en el capítulo 208 de su *Historia verdadera de la conquista de la Nueva España*. El doctor Jourdanet, que ha traducido al francés la obra de Bernal Díaz, ha creído que solo en latín podía verter el pasaje a que aludimos. Véase la pág. 835 de esta traducción, París, 1877, segunda edición, corregida.

[133] Olaverría, lugar citado, pág. 19; Bascuñán, *Cautiverio feliz*, págs. 107 y 159; Pietas, lugar citado, pág. 488.

principios religiosos de esos salvajes, esperaban hallar ideas conformes a las suyas, aunque rodeadas de errores y supersticiones. Dirigían a los indios preguntas encaminadas en este orden de ideas, y como era natural, solo recibían respuestas que debían perturbarlos por completo. Así, casi todos ellos creían encontrar en las relaciones de los salvajes una noción del Diablo, semejante a la que tenían los españoles de los siglos XVI y XVII, siendo que como lo observa un escritor tan erudito como sagaz «la mitología de ningún pueblo salvaje posee un ser espiritual con los caracteres de Satanás».[134] No es extraño que aquellos antiguos observadores nos hablen seriamente de los coloquios que los indios tenían con el demonio, de las frecuentes apariciones de éste y de los sortilegios y hechizos que practicaba por medio de sus adeptos. Esos escritores daban cuerpo y forma a sus propias supersticiones, creyendo de buena fe que estaban inquiriendo noticias sobre las ideas religiosas de los indios.

Sin embargo, esos antiguos observadores nos han dejado constancia de un hecho importante que conviene conocer. Los indios chilenos, como muchos otros indios americanos, y como algunos otros pueblos, no tenían la menor idea de una divinidad.[135] Eran propiamente ateos, entendiendo con esta palabra no la negación de la existencia de un dios sino la ausencia absoluta de ideas definidas sobre la materia. Inútil sería buscar en las noticias que tenemos de sus costumbres el menor signo de adoración ni de sentimientos religiosos.

Pero hay en los fenómenos ordinarios de la naturaleza ciertas manifestaciones a que el salvaje no puede hallar una explicación natural. Los truenos, los relámpagos, el granizo, las erupciones volcánicas, los sacudimientos de la tierra, eran para los indios de Chile la acción de un poder situado fuera del alcance del hombre, que ellos no sabían definir ni designar. Éste era el pillán, voz que los misioneros interpretaron por la idea del demonio; pero que en realidad tiene un sentido vago e indeterminado, y que designaba quizá el espíritu de los muertos. No atribuían a este poder misterioso la facultad de crear nada, ni de gobernar el universo, ni tampoco creían que podía pedírsele cosa alguna. Era solo un

---

[134] Sir John Lubbock, *Les origines de la civilisation*, capítulo 5.
[135] Obispo Ovando, de La Imperial, *Descripción de Chile y del Perú*, capítulo 87, Ms.; Nájera, obra citada, pág. 95; Rosales, capítulo 29; Olivares, libro I, capítulo 12; fray Melchor Martínez, *Memoria sobre las misiones viajeras en la Araucania*, 1806. Ms. Todos estos escritores, con excepción del último que se muestra un poco más reservado en tales aseveraciones, hablan con la mayor seriedad de los tratos frecuentes de los indios con el demonio.

símbolo indefinido de todo lo que puede infundir pavor en la naturaleza[136] o, más propiamente, la acción misteriosa de los grandes guerreros de su raza, que al dejar la tierra, habían cambiado su existencia y dominaban los elementos. A pesar de que esos espíritus les infundían cierto pavor, los indios que les atribuían la facultad de penetrar el porvenir y de manejar los truenos, no los creían de una naturaleza superior a la de los demás hombres.

Los accidentes desgraciados que les ocurrían, la pérdida de la cosecha, la falta de lluvia para el riego del campo, la escasez de peces en un día de pesca, eran explicados por aquellos bárbaros como la obra de otro ente incorpóreo y misterioso de cuyo carácter y de cuyo espíritu tenían nociones más vagas e indeterminadas todavía. Designábanlo con el nombre de huecuvu, pero con esta misma palabra nombraban la causa de sus enfermedades, es decir, el veneno misterioso que, según sus preocupaciones, les habían dado sus enemigos, los animales o las pequeñas flechas que los machis fingían sacar del cuerpo de los enfermos y, en general, todo lo que les causaba algún daño.[137] Los indios no tenían idea alguna de la personalidad del huecuvu, y más que un ser corpóreo o espiritual, como han pretendido algunos escritores, era para ellos un símbolo de la mala fortuna o, más propiamente, una simple expresión de todo lo que es adverso.

8. Sus ideas acerca de la muerte y de la vida futura

Los indios chilenos estaban persuadidos de que la muerte no era el término de la existencia y de la personalidad individual. Esta creencia no era propiamente la doctrina de la inmortalidad del alma, sino una noción vaga y confusa de un alcance diferente. El hombre, según ellos, no podía morir por una causa natural e inherente a los organismos vitales: la muerte era un accidente sobrenatural, producido siempre por una acción extraña, la herida visible inferida por un enemigo, o el sortilegio o veneno misterioso de un enemigo invisible. Aun en este caso, la muerte no era el término sino simplemente una desviación o una modificación de la vida. La nueva vida que comenzaba el día en que el cuerpo sufre la suspensión de todas sus funciones, no se abría, según sus ideas, con un juicio sobre su conducta anterior, ni implicaba en manera alguna la idea de castigo

---
136 Rosales, capítulo 19; Olivares, lugar citado; Martínez, manuscrito citado; Febres, *Diccionario chileno hispano*, verb. pillán.
137 Olivares, lugar citado; Febres, *Diccionario*, verb. huecuvu.

ni de recompensa. Lejos de eso, los hombres, cualesquiera que hubiesen sido sus virtudes o sus crímenes, seguían viviendo más allá del sepulcro en rangos o jerarquías aristocráticas relacionadas con la posición que habían ocupado en la tierra, pero todos en una condición igual a la que correspondía a los individuos del mismo orden o de la misma clase. Así, los valientes guerreros que sucumben en la pelea, eran transportados a las nubes donde seguían combatiendo en medio de las tempestades atmosféricas. Los jefes de tribus, los individuos más considerados entre los suyos quedaban viviendo en los mismos lugares que habían habitado y tomaban el cuerpo de un ave o de un moscardón. La generalidad de los hombres era llevada al otro lado de los mares, a una región fría y escasa de alimentos, pero donde tenían siempre una vida soportable.[138]

A estas creencias respondían las prácticas observadas en la sepultación de los cadáveres y en las ceremonias y recuerdos funerarios. El cadáver era conducido a un lugar apartado y se le depositaba debajo de tierra. A los jefes de tribus se les destinaba un sepulcro más ostentoso. Sus cuerpos eran encerrados en especies de cajas de madera y se les colocaba a cierta altura, entre dos árboles o sostenidos sobre fuertes postes. Cerca del cadáver los indios ponían muchos alimentos, algunos cántaros de chicha y un gran fuego que debía servir al difunto para calentarse en su nueva existencia. Sobre el sepulcro de las mujeres dejaban, además, sus útiles de tejer, y sobre el de los hombres, sus armas y sus mejores vestidos. Toda esta ceremonia tenía lugar en medio de cantos monótonos y lastimeros en que se recordaban las acciones del difunto. El entierro terminaba siempre con una borrachera que solía durar tres días. Al cabo de un año, el muerto era visitado de nuevo por sus parientes y amigos. Renovándole la provisión de víveres y de bebidas, y dando vueltas en torno del sepulcro, referían otra vez sus acciones y le contaban con una sombría seriedad todo lo que había ocurrido en su casa desde el día en que se separó de ella. Después de esta última conmemoración, nadie volvía a acercarse al sitio que guardaba aquellos restos.[139] Parece que los indios creían que después de esta postrera ceremonia, el espíritu del muerto abandonaba para siempre el lugar en que se había dado sepultura a su cadáver.

---

138 Rosales capítulo 29; Olivares, capítulo 12.
139 Rosales, capítulo 19; Nájera, pág. 103.

Pero el recuerdo de los muertos se conservaba siempre entre los vivos. Los indios seguían con el más curioso interés la marcha de las nubes en un día de tempestad, porque allí, decían, se hallaba el espíritu de los suyos y creían ver los combates que éstos sostenían en su nueva existencia contra otros adversarios aéreos. Era la lucha de los pillanes amigos con los pillanes enemigos o, más propiamente, la de los hombres que al alejarse de la tierra habían cambiado de existencia. Estos combates imaginarios los apasionaban de tal suerte que prorrumpían en gritos para alentar a sus amigos en los momentos más críticos de la pelea, y para celebrar el triunfo o lamentar la derrota según fuera la dirección que el viento había impreso a los nublados. Del mismo modo, persuadidos como estaban de que el espíritu de algunos de sus deudos no se había alejado de los lugares que habitaban, tenían la costumbre, al comenzar a beber, de arrojar al aire una parte del licor para calmar la sed de esos espíritus.[140]

9. Carácter general de los indios chilenos. Escritores que los han dado a conocer (nota)

Después de reunir en las páginas anteriores los principales rangos de las costumbres de los indios chilenos, podemos formarnos una idea acerca de su carácter nacional. Si este estudio nos conduce a creer que el hombre en ese estado de barbarie es en todas partes el mismo, con igual resistencia a aceptar las ideas extrañas y a abandonar sus hábitos inveterados, puede reconocerse que los salvajes de Chile ofrecían ciertos accidentes subalternos que les eran peculiares.

Todas las relaciones que tenemos nos pintan a esos indios como perezosos e imprevisores. El trabajo industrial y productivo era, según sus ideas, indigno de los hombres, y solo debía ser confiado a las manos de las mujeres. Aun en las operaciones que podían parecerles más premiosas, y que necesitaban el esfuerzo varonil, como la fabricación de una piragua, el trabajo marchaba con la lentitud imperceptible de la vegetación, según la pintoresca expresión que un sagaz observador (Gumilla) aplicaba a las obras de los indios del Orinoco. Reservados y sombríos por naturaleza, los indios chilenos casi desconocían la conversación franca y familiar del hogar; solo tenían algunas horas de expansión en sus borracheras, y aun, entonces, en lugar de dar libre vuelo a los senti-

---

140 Rosales y Olivares en los lugares citados.

mientos amistosos, dejaban con preferencia estallar sus odios y convertían la fiesta en una riña sangrienta. Esta reserva habitual los hacía desconfiados y los obligaba a vivir con las armas en la mano, casi viendo en cada hombre un enemigo. Por la misma causa, sus amistades eran de poca duración, se rompían con gran facilidad y con frecuencia se cambiaban en arranques de rabia y de odio. Aun, estas pasiones no eran muy duraderas; porque, como el mayor número de los salvajes, pasaban rápidamente de una impresión a otra. La desconfianza mutua en que vivían, nacía en cierto modo de esta misma versatilidad. Nadie podía estar seguro de la consistencia en los propósitos de los otros hombres; así como nadie podía fiar en la amistad ni en la palabra de otro, porque el indio, naturalmente caviloso, era disimulado en sus sentimientos y falaz en sus promesas. Podía recibir cualquier beneficio, pero no creía empeñada jamás su gratitud.

Sus facultades intelectuales habían alcanzado tal vez menos desarrollo que sus facultades morales. Eran incapaces, como ya dijimos, de fijar su atención en ninguna idea superior a la satisfacción inmediata de sus necesidades materiales. Creían las más groseras patrañas, al mismo tiempo que habrían opuesto la más obstinada resistencia a aceptar la verdad más sencilla y evidente. En sus juntas se dejaban impresionar por la palabra arrogante de sus caudillos, pero solo en tanto que éstos estimulaban sus instintos y sus pasiones.

La inactividad material e intelectual de los indios había creado en sus costumbres y en sus instintos condiciones especiales de existencia, una especie de estoicismo de que el hombre parece incapaz. Reducidos a esclavitud por los conquistadores, no manifestaban en sus semblantes la menor emoción por la pérdida de su libertad. Condenados por sus enemigos a los mayores tormentos, sufrían los más crueles dolores sin exhalar un quejido. Por más que se intentasen diversos arbitrios para reducirlos a otro orden de vida, fue forzoso reconocer que era igualmente imposible atraerlos por los halagos o por el terror. En su vida de familia, esta inercia llegaba casi a lo increíble. Era aquélla una existencia sin alegría y sin pesares. Una buena acción y un crimen horrible dejaban en el alma del que los cometía el mismo recuerdo. Los indios no conocían ni los remordimientos de la conciencia ni la satisfacción de haber obrado el bien.

Solo en la guerra demostraban cualidades superiores de inteligencia y de actividad. Sabían aprovecharse de todas las ventajas del terreno, de todos los descuidos del enemigo, de todas las circunstancias que podían serles favorables. La guerra estimulaba también su actividad. Su inercia habitual desaparecía cuando era necesario marchar sobre el enemigo y, entonces no había fatigas que no se impusiesen ni temeridad que no ejecutasen. Estas grandes dotes guerreras han hecho olvidar en cierto modo su ignorancia y sus vicios; les han conquistado una brillante página en la historia, y los han convertido en héroes de una epopeya.[141]

---

141 Hemos consagrado algunas páginas a la descripción de las costumbres de los indios chilenos no por satisfacer un vano interés de curiosidad sino por la importancia que este estudio tiene ante la ciencia social. Obedeciendo a un pensamiento profundamente filosófico, se trabaja en nuestros días por construir sobre hechos bien estudiados, la historia del camino que han seguido las agrupaciones humanas para alcanzar al desarrollo intelectual y moral en que se encuentran las sociedades más adelantadas. Este estudio, al cual sirve de ejemplo comprobativo la observación de las costumbres, de las ideas y de las preocupaciones del los pueblos bárbaros, ha producido los resultados más sorprendentes para reconstruir la historia de la civilización, de la industria y de las ideas morales.

Creemos, por esto, que nuestro cuadro, aunque sumario y quizá incompleto, pero que contiene las noticias auténticas que nos han dejado los mejores observadores, puede ser de alguna utilidad para los que estudian seriamente la historia del desenvolvimiento de la humanidad; y que era tanto más necesario bosquejarlo cuanto que en la mayor parte de las obras de conjunto que conocemos sobre esta materia, solo hemos encontrado datos deficientes o equivocados acerca de los indios chilenos.

Estos indios, a pesar de la reputación que les ha dado el poema de Ercilla, no han sido el objeto de ninguna monografía completa, como la del padre Gumilla sobre los indios del Orinoco, que por incidencia hemos citado anteriormente, como la del padre Dobrizhoffer sobre los indios del Paraguay, *Historia de abiponibus*, Viena, 1784, como la de James Adair sobre los indios de América del Norte, *The history of the American indians*, Londres, 1774, o como otros libros que no tenemos para qué citar. Pero si nos falta un estudio de ese género, tenemos esparcidos en muchos escritos y documentos noticias suficientes para conocer de una manera más o menos cabal la vida y costumbres de los antiguos habitantes de nuestro suelo. Al pie de las páginas que hemos consagrado a este asunto, hemos citado muchas de esas autoridades. En esta nota vamos a analizar ligeramente las principales de ellas.

En orden cronológico, ocupa el primer lugar el maestre de campo Alonso González de Nájera, inteligente soldado español que sirvió en la guerra de Chile durante siete años, de 1601 a 1608. Vuelto a Europa, escribió un libro titulado *Desengaño y reparo de la guerra de Chile*, que se conservó inédito por más de dos siglos, y que solo ha visto la luz pública en 1866. Forma el tomo 48 de la importante Colección de documentos inéditos para la historia de España, publicada bajo la dirección del marqués de Miraflores y de don Miguel Salvá. En ese libro, Nájera proponía un plan de campaña para reducir a los indios de Arauco; pero viendo que en España se tenían noticias muy equivocadas sobre Chile, sus habitantes y los sucesos de su guerra, creyó que debía comenzar su obra por describir el país y por dar a conocer a los indios que defendían su independencia. Para la posteridad, ésta es la parte más importante de su libro, porque su cuadro contiene noticias que no hallamos en otro lugar, y que aquí, como en muchas otras páginas de nuestra historia, nos han sido de gran utilidad. Nájera es un observador inteligente y juicioso y, aunque algo difuso, es un escritor sumamente claro y bastante noticioso. No creemos necesario extendernos más aquí en dar noticias del autor y de su libro, que el lector hallará en un artículo que sobre la materia publicamos en la *Revista de Santiago* de 1873, pág. 425 y siguientes; pero sí debemos agregar una indicación de carácter puramente bibliográfico.

Hemos dicho que la obra de Nájera permaneció inédita hasta 1866. Sin embargo, en el siglo XVII se publicó, sin fecha ni lugar de impresión, un opúsculo de 16 hojas que lleva este título: *El quinto y sexto punto de la relación del Desengaño de la guerra de Chile por el maestre de campo Alonso González de Nájera*. Tenemos a la vista este opúsculo, impreso, sin duda, a muy pocos ejemplares, y su examen nos deja ver que era una especie de prospecto de la obra manuscrita que solo vio la luz pública en 1866. Contiene únicamente dos fragmentos de ésta: el primero que ocupa las págs. 213-223 y el segundo, las págs. 161-172 de la edición de Madrid, con muy ligeras modificaciones y con un índice o sumario final de las materias que debía tratar la obra. Estas circunstancias nos han hecho creer que este rarísimo opúsculo fue dado a luz en vida del autor y como anuncio de una obra que no alcanzó a publicarse entonces por causas que desconocemos.

La segunda autoridad, también en orden cronológico, es *El cautiverio feliz*, de don Francisco Núñez de Pineda y Bascuñán, que dimos a luz en 1863 en el tomo III de la Colección de historiadores de Chile con una biografía del autor y con un juicio de su obra. Prisionero de los indios en 1629 durante algunos meses, envejecido después en el servicio de la guerra de la frontera, pudo describir las costumbres de aquéllos con gran conocimiento de causa. No es éste el lugar de repetir lo que ya hemos dicho en otra parte sobre el mérito de la obra de Bascuñán ni de adelantar lo que tendremos que decir al hablar de aquella guerra, pero sí debemos prevenir al lector una observación que puede serle útil. Bascuñán había leído a algunos poetas de la Antigüedad, y creía como cosa verdadera los cuentos de la edad de oro de las sociedades primitivas, donde solo habrían reinado las sencillas virtudes, la lealtad, la pureza y la honradez. Habiendo conocido personalmente a los indios, observándolos groseros, feroces, falsos, embusteros y ladrones, se persuade y, aun, trata de probarlo, de que estos vicios eran nuevos en ellos, y de que los habían adquirido después de la Conquista. Bascuñán, que es un escritor de cierto talento, es uno de los muchos autores que ofrece tantos ejemplos a la historia de las letras, que por poseer una ilustración defectuosa e incompleta, se han dejado extraviar por sus propios conocimientos literarios. Con menos lecturas, Bascuñán habría descrito sencillamente lo que vio, y nos habría legado un libro más verdadero y menos pesado por sus pedantescas digresiones, recargadas de citas de antiguos escritores o de padres de la Iglesia, que no tienen nada que ver con la cuestión de que se trata.

Más concreto y ordenado, a la vez que más verdadero, es el cuadro de la vida de los indios que nos ha dejado el padre jesuita Diego de Rosales en el libro primero de su extensa *Historia general del reino de Chile*, escrita en la segunda mitad del siglo XVII, y publicada por primera vez en 1877-1878 por el celo de don Benjamín Vicuña Mackenna. En el curso de nuestra historia, tendremos que apelar muchas veces a la autoridad del padre Rosales, y dar noticias acerca de su obra. Por ahora nos limitaremos a decir que, a nuestro juicio, los capítulos que destina al estudio de las costumbres de los indios, aunque podrían ser más completos en ciertos detalles y menos difusos en el estilo, son de los mejores de este libro.

Misionero largo tiempo entre los indios, conociendo su vida y su lengua, el padre Rosales, sin poder desprenderse de los principios y de las preocupaciones de un español del siglo XVII, ha trazado un cuadro que no puede estudiarse sin provecho.

El padre jesuita Miguel de Olivares, que escribía a mediados del siglo XVIII su *Historia militar, civil y sagrada de Chile*, destinó a la vida de los indios siete capítulos de su primer libro. Aunque menos completo que el del padre Rosales, el bosquejo que nos ha dejado Olivares revela en muchas partes observación directa y personal, y es de una indisputable utilidad, como hemos creído demostrarlo citando frecuentemente su autoridad al pie de nuestras páginas. Tanto esta obra como otra historia de los jesuitas en Chile, que habrá de servirnos más adelante, han sido publicadas por nosotros en los tomos IV y VII en la Colección de historiadores de Chile.

Pero el estudio más filosófico que se ha hecho de las costumbres de los indios chilenos se halla en la *Historia civil del reino de Chile*, del abate don Juan Ignacio Molina, donde ocupa muchos capítulos escritos con indisputable talento. Molina, sin embargo, no es un observador personal: utilizaba los pocos materiales que pudo reunir en Europa, sobre todo la obra manuscrita de Olivares y las noticias que podían suministrarle algunos misioneros confinados como él en Italia después de la expulsión de los jesuitas. El deseo de hacer la apología de su patria en el extranjero, lo llevó insensiblemente a suavizar el colorido de sus descripciones, presentando a los indios bajo una faz más lisonjera que la realidad. Su pintura, salvo algunos accidentes, es exacta en el fondo; pero en los detalles esos indios aparecen más cultos y casi podría decirse poetizados. Nosotros hemos creído un deber el ajustarnos más a la severa austeridad de la verdad histórica, y el examinar en esos indios ciertas manifestaciones de la vida salvaje que son de gran interés, y en que Molina no había fijado su atención.

Posteriormente los indios chilenos han sido el objeto de otros estudios de más o menos mérito. Debemos mencionar en primer lugar *La Araucania y sus habitantes, recuerdos de un viaje hecho a esa región* por don Ignacio Domeyko, Santiago, 1845. Ese pequeño libro, de solo 120 páginas, contiene además de una pintoresca descripción orográfica de todo el territorio chileno, una noticia animada del estado actual de los indios araucanos y de su manera de vida en el presente, y sirve en cierto modo para estimar las modificaciones que esas tribus han experimentado bajo el contacto secular con pueblos de una civilización más avanzada. Si el señor Domeyko no pudo conocer a los antiguos araucanos más que por lo que acerca de ellos dicen Ercilla y Molina, únicas fuentes de investigación en esa época, cuando aún no se habían descubierto y publicado las otras obras que citamos en esta nota, ha descrito por observación propia el estado presente de esos indios, de los cuales se formó una idea probablemente más ventajosa que la realidad. Su libro tuvo el honor de ser plagiado en cinco artículos de una revista francesa, *La Politique Nouvelle*, de 1851.

Después del libro del señor Domeyko, y en un rango inferior, debemos recordar un volumen de 335 páginas en 8° escrito por Mr. Edmond Reuel Smith, miembro de una comisión astronómica estadounidense que vino a Chile en 1849. Ese volumen publicado en Nueva York en 1855, lleva este título: *The Aracunians; or notes of a tour among the indian tribus of southern Chili*; y está formado por los apuntes de un viajero, de los cuales la mayor parte se refiere al estado presente de los indios no sometidos, y cuyas costumbres, sin embargo, se han modificado mucho con el trato de gentes civilizadas. El Rev. J. G. Wood, en el II tomo de su obra anteriormente citada (*The uncivilized races of men*) ha utilizado ampliamente

Parte segunda. Descubrimiento y conquista. Hernando de Magallanes

aquel libro en los capítulos que consagra a los araucanos. Pero estos trabajos no pueden tomarse en cuenta para estudiar más que el presente estado social de esos indios.

Merece igualmente recordarse un pequeño opúsculo de 66 páginas en 8°, publicado en los Ángeles en 1868, con el título de *Los araucanos y sus costumbres*, y escrito con cierto talento descriptivo por don Pedro Ruiz Aldea, joven escritor chileno, muerto en edad temprana, que por haber nacido y vivido en los pueblos cercanos a la frontera araucana, pudo observar las costumbres de los indios. Ruiz Aldea, sin embargo, no ha distinguido en los hábitos y en las ideas de los bárbaros la parte que pertenece a su antigua civilización y la que es la obra del contacto con hombres más adelantados, y ha querido solo anotar el estado actual de los indios araucanos. Por otra parte, dejándose apasionar por su terna, ha exaltado las buenas cualidades del indio, y sin alterar gravemente los hechos, lo presenta bajo una faz en cierto modo lisonjera, defecto común a muchos de los observadores modernos.

Después de escritas las páginas que preceden, se ha publicado entre nosotros un estudio mucho más completo y noticioso acerca de estos indios, con el título de *Los aborígenes de Chile*, de don José Toribio Medina, Santiago 1882, un vol. de 413 págs. en 4°. Entre los trabajos a que ha dado origen ese pueblo, éste es el primero en que se hallan agrupadas las noticias con el propósito que en nuestro tiempo sirvan de guía a las investigaciones de este orden, y en que se haya examinado los vestigios que nos quedan de su antigua industria, acompañando al texto con numerosas láminas litografiadas que reproducen muchos de esos objetos. El libro del señor Medina, sin poder llegar a conclusiones que hayan de tomarse como definitivas y a que no es posible arribar con los escasos elementos reunidos hasta ahora, es un ensayo que revela un estudio serio del asunto y que abre el camino a los trabajos de esta clase que apenas se inician en una gran porción de América.

Capítulo I. Magallanes, 1520

1. Los grandes descubrimientos geográficos iniciados a fines del siglo XV. 2. Se reconoce que América forma un nuevo continente: los españoles se creen perjudicados al saber que los países descubiertos no son la India oriental. 3. Hernando de Magallanes: sus antecedentes y proyectos. 4. Emprende su viaje bajo la protección del rey de España. 5. Descubrimiento del estrecho que sirve de comunicación a los dos océanos. 6. Magallanes es abandonado por una de sus naves. 7. Exploración y salida del estrecho. 8. Primer viaje alrededor del mundo. Historiadores de la expedición de Magallanes (nota).

1. Los grandes descubrimientos geográficos iniciados a fines del siglo XV

El período de treinta años que se extiende de 1492 a 1522 ha sido considerado la época más grande de la historia de la humanidad.[142] La inmensa renovación científica de esa época, aplicada a los progresos de la geografía, ha merecido que se dé a ese período el glorioso nombre de Siglo de los Descubrimientos.[143] A los errores cosmográficos que el oscurantismo de la Edad Media había impuesto sobre la ciencia mucho más racional de los griegos, había sucedido, desde dos siglos atrás, la restauración de los estudios de la Antigüedad clásica; y esa restauración había comenzado a renovar las ideas científicas largo tiempo perturbadas por la ignorancia y la superstición. Abandonando las doctrinas absurdas que entonces estaban en vigor, y a las cuales se pretendía dar la autoridad de dogmas religiosos, los espíritus superiores volvían a creer en la esfericidad de la Tierra y en la posibilidad de darle una vuelta entera dirigiéndose sea al oriente, sea al occidente.

---

142 Vivien de Saint-Martin, *Histoire de la géographie*, París, 1875, Periode III, capítulo I, pág. 313.

143 Óscar Peschel, *Geschichte des Zeibalters der Entdeckungen* (*Historia del siglo de los descubrimientos*), Stuttgart, 1858, 1 v. 8. Este libro, menos conocido de lo que debiera serlo, es un estudio sabio y magistral sobre las causas y el desenvolvimiento de los progresos geográficos de los siglos XV y XVI. Por la exactitud de sus noticias y por la seriedad de la investigación, puede colocarse al lado del *Examen critique de l'histoire de la géographie du nouveau continent*, del barón de Humboldt, sobre el cual tiene, sin embargo, la ventaja de ser más concreto y de estar expuestas las materias con más método y de una manera que facilita la consulta.

Los memorables descubrimientos ejecutados en virtud de esta restauración de la ciencia antigua, han dado un brillo imperecedero al período de treinta años que acabamos de recordar. Esos descubrimientos no solo doblaron todo lo que se conocía de la superficie terrestre sino que, como lo observa muy bien uno de los escritores que acabamos de citar, abrieron nuevos horizontes a la actividad industrial de los hombres, ensancharon el campo de las investigaciones y de los estudios, y han contribuido más que cualquiera otra causa a los maravillosos progresos que se han realizado en los últimos siglos en todos los ramos de los conocimientos humanos.

Si Cristóbal Colón no es el iniciador de esta restauración científica, que había comenzado desde el siglo antes, a él cabe la gloria de haber tenido más fe que nadie en la ciencia, y de haber emprendido, guiado por esa fe inquebrantable, el viaje más audaz que jamás hayan hecho los hombres. En una época en que los más atrevidos navegantes de su siglo, los portugueses, buscaban por el oriente un camino para el Asia, Colón concibió el proyecto de llegar a esa misma región navegando hacia el occidente. Su plan era inatacable en teoría; pero Colón pensaba, según los geógrafos antiguos, que el globo terrestre era más pequeño de lo que es en realidad o, más propiamente, que las tierras del viejo continente, más extensas de lo que son, ocupaban una mayor parte de su superficie. Así, pues, no podía imaginarse que yendo en busca de las costas orientales de la China y del Japón, iba a encontrar en su camino un nuevo continente. De esta manera, el más grande error de los geógrafos antiguos, error de detalle que no alteraba en nada la noción exacta que tuvieron de la forma de la Tierra, produjo el más portentoso descubrimiento de los tiempos modernos.[144]

El célebre marino emprendió su viaje en agosto de 1492 bajo los auspicios y bajo la protección de la corona de Castilla. Ocho meses más tarde, se anunciaba el resultado de su expedición en los términos siguientes: «Un tal Cristóbal Colón, natural de Liguria, al servicio de la reina Isabel, ha encontrado el camino de los antípodas. Ha seguido el Sol hacia su poniente hasta más de 5.000

---

[144] Humboldt cita esta idea del famoso geógrafo francés D'Anville al comenzar la primera sección de Examen critique. Enseguida discute con gran erudición la historia de la geografía entre los antiguos y la influencia de éstos en los grandes descubrimientos del siglo XV. Puede consultarse también sobre este particular una erudita memoria de M. Ch. Jourdain titulada *De l'influence d'Aristote et de ses interpretes sur la découverte du nouveau monde*, París, 1861.

millas de Cádiz: ha navegado durante treinta y tres días continuos sin percibir otra cosa que el cielo y el agua. Lo que estaba oculto desde el principio de las cosas, comienza al fin a revelarse». Y, sin embargo, entonces no se comprendía toda la importancia del descubrimiento. Colón, después de cuatro viajes a las nuevas regiones, murió en 1506 creyendo que solo había visitado la extremidad oriental del Asia. Partiendo de este falso concepto, los países recién explorados recibieron de los españoles el nombre impropio de India.

2. Se reconoce que América forma un nuevo continente: los españoles se creen perjudicados al saber que los países descubiertos no son la India oriental

Pero esta ilusión no podía durar largo tiempo. Colón, sus compañeros y sucesores habían recorrido una vasta extensión de costas buscando un camino que los llevara a las ricas regiones que producen la especiería. Por todas partes encontraron que las tierras con contornos e inflexiones más o menos accidentadas, se dilataban sin interrupción de norte a sur cerrando el paso a sus naves. Comenzose a creer que esas tierras formaban parte de un continente desconocido, de un nuevo mundo, como entonces se decía. Los primeros geógrafos que sustentaron esta idea, en Alemania primero y después en Italia, cometieron inconscientemente, sin duda, una de las más monstruosas iniquidades que la historia haya consagrado. El continente descubierto por Colón fue llamado América, en honor del piloto florentino Américo Vespucio que, siguiendo el camino abierto por Colón, había adelantado los descubrimientos marítimos. Tan escasos eran todavía los medios de comunicación entre los pueblos de Europa, y de publicidad de los sucesos contemporáneos, que muchos hombres ilustrados, y entre ellos el insigne astrónomo Copérnico, creían medio siglo después, que Vespucio era el descubridor del nuevo mundo.[145]

---

[145] La siguiente indicación bibliográfica dará a conocer mejor cuánto pudiéramos decir, cuál era la ignorancia en que, muchos años después de la invención de la imprenta, se vivía en los pueblos de Europa respecto de lo que pasaba en otros Estados. En 1532 se publicó en Basilea el *Novus orbis regionum ac insularum veteribus incognitarum*, conocido ordinariamente con el nombre de Simón Gryneus, que escribió el prefacio. Es una importante y valiosa colección de relaciones de viajes en que colaboraron grandes eruditos, Juan Huttich y Sebastián Munster, y en que los compiladores creían reunir todo lo que se sabía hasta entonces sobre los nuevos descubrimientos. Sin embargo, allí no se da cuenta del cuarto viaje de Colón ni de la famosa expedición de Magallanes, que diez años antes

Las conjeturas que sobre la existencia de este continente habían emitido algunos geógrafos, fueron completamente confirmadas siete años después de la muerte de Colón. En 1513, uno de los más inteligentes capitanes de aquel ciclo de audaces descubridores, Vasco Núñez de Balboa, se internó en el istmo que une las dos secciones de América, y desde la cumbre de las montañas, divisó un mar sin límites que se extendía hacia el occidente. Entonces no hubo ya lugar a duda. Aquel mar desconocido era un océano que era preciso atravesar para llegar a las regiones de Asia.

Este nuevo descubrimiento no produjo, sin embargo, en España la satisfacción que merecía o, más propiamente, fue una decepción de las esperanzas que los reyes y sus súbditos habían concebido en el fruto de esas atrevidas expediciones. Este sentimiento tiene una explicación muy sencilla que conviene conocer.

Hemos dicho que cuando Colón partió de España en 1492 en busca de un camino para la India por los mares de occidente, los portugueses estaban empeñados en abrirse otro camino para las mismas regiones por los mares del oriente. Para robustecer sus conquistas, habían obtenido desde 1454 una bula del papa Nicolás V en que, según las ideas de ese siglo, les concedía la propiedad de todas las tierras de infieles que descubriesen en sus exploraciones. Con este propósito, los portugueses habían recorrido las costas del África y habían llegado hasta su extremidad austral sin conseguir aún dar la vuelta de ese cabo. El descubrimiento de Colón vino a hacerles pensar que España iba a entrar en posesión de los países que ellos buscaban con tanto anhelo, y sobre los cuales creían tener un derecho perfecto.

---

de la publicación del libro, había regresado a España después de dar la primera vuelta al mundo, y se llama a Vespucio primer descubridor del nuevo orbe. Aludiendo a Colón, que había muerto veintiséis años antes, se le da como «viviendo en España rodeado de grandes honores». La principal causa de esta incomunicación histórica y literaria de los pueblos europeos no era precisamente la escasez de publicaciones, puesto que las había en número suficiente para satisfacer la curiosidad de los hombres estudiosos de la época, sino la dificultad y, aun podría decirse, la imposibilidad que hasta entonces había para la transmisión de noticias y de libros.

Conviene advertir que en 1536, al hacerse en Basilea una nueva edición de la colección de Gryneus, que lleva en su portada la fecha de 1537, se reparó la más grave de las omisiones que señalamos, publicando al fin del libro, en las págs. 585-600, la relación del viaje de Magallanes escrita por Maximilianus Transylvanus.

A su turno, los monarcas españoles solicitaron del papa un título de propiedad sobre los países que Colón acababa de descubrir. Alejandro VI expidió entonces sus famosas bulas de mayo de 1493, y allí «por su propia liberalidad, de ciencia cierta, y por la plenitud de su poder apostólico», los puso en posesión de todos los países que descubriesen al oriente de una línea imaginaria que se extendería de un polo al otro, pasando a 100 leguas al poniente de las Azores.[146] Por un tratado celebrado el año siguiente en Tordesillas, los reyes

---

[146] Las bulas de Alejandro VI, en que los españoles pretendieron fundar su derecho a la conquista de América, fueron expedidas el 3 y el 4 de mayo de 1493 y se completan en su significado la una a la otra. Han sido muchas veces publicadas. El lector puede hallarlas en su original (y traducida al castellano la segunda, que es la más importante) en el II tomo de la Colección de Navarrete, págs. 23-55, que tendremos que citar otras veces en el curso de este capítulo. Conviene, además, conocer una tercera, llamada «de extensión», que publica también Navarrete, traducida al castellano en las págs. 404-406 del tomo citado. Tiene la fecha de 25 de septiembre del mismo año de 1493. Parece que el objetivo de esta última bula fue el evitar las cuestiones que pudieran suscitarse entre españoles y portugueses si navegando en sentido opuesto llegaran a encontrarse en sus descubrimientos. Pero los términos de las letras de Alejandro VI son de tal manera vagos que no es posible hallarles a este respecto un sentido explícito. Lo que sí es claro en esta bula última es que el papa fulminaba excomunión lata sententia contra todos los hombres que pasasen a las Indias a descubrir nuevas tierras o solo a pescar sin el permiso de los reyes de España. Esas bulas son un documento importante para la historia del espíritu humano. «La política papal, en este género de cuestiones, reposaba esencialmente en este principio, que los paganos y los infieles no poseen legítimamente ni sus tierras ni sus bienes, y que los hijos de Dios tienen el derecho de quitárselos.» J. W. Draper, *Histoire du développement intellectuel de l'Europe*, trad. Aubert, París, 1869, tomo III, pág. 90.
Como documento geográfico, esas bulas tienen también una gran importancia para conocer el estado de la ciencia en ese siglo. Vamos a señalar sumariamente algunos de los errores que contienen. 1.º El papa creía que las islas Azores y las del Cabo Verde están situadas en el mismo meridiano. 2.º Concede a los reyes de Castilla la propiedad de las tierras situadas al occidente y al mediodía de una línea extendida de uno a otro polo, determinación cosmográfica verdaderamente incomprensible desde que la línea tirada de un polo a otro no puede separar las regiones septentrionales de las meridionales. 3.º El papa no parecía creer, a lo menos en el principio, en la esfericidad de la Tierra y, por lo tanto, no sospechaba que navegando los portugueses al oriente y los españoles al occidente, debían por fuerza encontrarse antes de mucho en el hemisferio opuesto. De aquí resultó que más tarde se diera a esas bulas un alcance que indudablemente no tenían en su principio, y que la línea divisoria se prolongara en forma de un meridiano completo que dividía la Tierra en dos hemisferios.
Por lo demás, las bulas del papa, aunque siempre invocadas como título perfecto de posesión, no fueron nunca respetadas. Los españoles y portugueses, deseando regularizar sus derechos sobre títulos más sólidos, fijaron el año siguiente, por un tratado, una nueva línea de demarcación y, aun, a pesar de esta línea, los españoles ocuparon como primeros des-

de España y de Portugal convinieron de común acuerdo en transportar la línea de demarcación 270 leguas más al occidente. Al este de esa línea estaba el dominio reservado a Portugal; al oeste, los territorios que debían pertenecer a los españoles. De esta manera, un tratado internacional celebrado entre dos monarcas, y en virtud de una concesión del papa, repartía entre ambos más de la mitad del mundo en momentos en que ni siquiera tenían la menor idea acerca de la extensión de las tierras que pensaban conquistar.

Por entonces se creyó que España se llevaba la mejor parte en aquella repartición de continentes. Pero en 1498, una escuadra portuguesa mandada por Vasco de Gama daba la vuelta a África, llegaba a las costas de la India verdadera y abría a la actividad de sus nacionales un comercio mil veces más rico que el que hasta entonces hacían los españoles en los países que habían descubierto. Los portugueses, además, habían hallado en aquellas regiones una población laboriosa e inteligente, que poseía una industria avanzada y productora. Cada flota que volvía de la India entraba a Lisboa cargada de los más valiosos frutos, drogas, especias, porcelanas, diamantes. Los países poseídos por los españoles, al contrario, perdían la reputación de riqueza que se les había dado en los primeros días del descubrimiento. Estaban poblados por salvajes ignorantes e indolentes que no tenían más que una industria grosera, y a quienes no se podía reducir a trabajar. El oro que los descubridores recogieron en los primeros veinticinco años de sus conquistas, casi no compensaba la fatiga que imponía la explotación de los lavaderos. Después de viajes penosos estaban obligados a habitar climas ardientes y malsanos que los diezmaban. «La España, se decía entonces, se despuebla, pero no se enriquece.» La verdad es que los conquistadores habían soñado hallar tesoros incalculables, que podrían recogerse sin ningún trabajo, y que la realidad no correspondía a sus ilusiones. Natural era que los españoles se creyesen ahora perjudicados por la repartición que pocos años antes habían estipulado con el Portugal.

---

cubridores las Filipinas y las Marianas, que debían haber pertenecido a los portugueses, y no renunciaron a las Molucas sino mediante una indemnización pecuniaria que les pagó el rey de Portugal. Las otras naciones de Europa no hicieron más caso de las bulas pontificias. Los ingleses primero y luego los franceses, fueron a descubrir y conquistar una porción de los territorios que el papa había concedido en dominio absoluto y exclusivo a los soberanos de Castilla.

Con la esperanza de reparar este daño, redoblaron su actividad para llegar también a los mares de la India a explotar el mismo comercio que enriquecía a sus rivales. El plan de los españoles se reducía a buscar un paso al través del Nuevo Mundo para transportar sus naves al océano descubierto por Balboa y, enseguida, navegar hacia el occidente en busca de las tierras que producen la especiería, y sobre las cuales creían tener, en virtud de la donación pontificia, tan buenos derechos como los portugueses. La primera tentativa hecha seriamente con este propósito fracasó de una manera lastimosa. Un distinguido piloto, Juan Díaz de Solís, partió de España con ese pensamiento, recorrió las costas de América del Sur, penetró en el río de la Plata, que había tomado al principio por el canal que buscaba para los mares de occidente, y halló en 1515 la muerte de manos de los salvajes de esa región. Sus compañeros dieron la vuelta a Europa, desesperando de alcanzar el objeto de su viaje.

Hubo entonces un corto período de desaliento en la carrera de las exploraciones. Se creyó que no existía en ninguna parte el pasaje que se buscaba, que el nuevo continente se extendía sin interrupción de un polo al otro como una barrera puesta por la Providencia para separar el oriente del occidente, «de forma que en ninguna manera se pudiese pasar ni navegar por allí para ir hacia el oriente».[147] Parecía, pues, inútil insistir más tiempo en aquel proyecto que llegó a creerse quimérico.

3. Hernando de Magallanes: sus antecedentes y proyectos

En esos momentos se presentó en España un personaje que estaba destinado a eclipsar la gloria de todos los exploradores que después de Colón se ilustraron por los grandes descubrimientos. Era éste Hernando de Magallanes, hidalgo portugués tan notable por la claridad de su entendimiento como por la entereza de su carácter. Soldado desde su primera juventud en los ejércitos de la India y de África, Magallanes se había distinguido por un valor a toda prueba y por dotes de inteligencia que habrían debido elevarlo a un rango superior.

---

147 Maximilianus Transylvanus, *De Molucis insulis*, etc., Roma, 1523, relación capital para la historia del viaje de Magallanes varias veces reimpresa y traducida, e insertada, además, en la famosa colección de Ramusio y en la reimpresión de la de Gryneus. Navarrete ha publicado una antigua traducción castellana en el IV tomo de su Colección de los viajes y descubrimientos que hicieron por mar los españoles desde fines del siglo XV, Madrid, 1837, pág. 249 y siguientes. De esta traducción copio las palabras del texto.

Pero había llegado a la edad de cuarenta años y solo tenía en la milicia un puesto subalterno. Peleando contra los moros de África había recibido una lanzada en una pierna que lo dejó cojo para el resto de sus días. Habiéndose presentado en Lisboa a solicitar de su soberano un aumento en la pensión que se le pagaba, se vio calumniado por sus enemigos y desairado en sus pretensiones. En tal situación, impotente para luchar en esta guerra de intrigas, que le había producido grandes amarguras, y deseando abrirse una carrera que correspondiese al temple de su alma, pensó solo en buscarse los medios de realizar un atrevido proyecto que lo preocupaba desde tiempo atrás.[148]

Magallanes había vivido en la India en calidad de soldado; pero, mucho más inteligente que la generalidad de sus compañeros, había estudiado también la geografía, recogiendo en todas partes noticias acerca de la extensión de esos países y de sus producciones. Había observado en sus viajes que las mercaderías que más estimación tenían en Europa, no eran precisamente originarias de la India, sino de los archipiélagos situados mucho más al oriente, de las islas Molucas, sobre todo, que en esos años adquirieron una reputación maravillosa de riqueza. Relacionado por una estrecha amistad con Francisco Serrano, el primer explorador de esas islas, Magallanes supo por las cartas de éste cuáles eran sus producciones y de las noticias que su amigo le suministraba, infirió que las Molucas, por su gran distancia de la India, estaban situadas fuera del hemisferio que según el reparto de 1494 correspondía al rey de Portugal. Desde entonces adquirió la convicción profunda de que las islas de la especiería pertenecían de derecho al rey de España, y de que era posible llegar a ellas por un

---

148 Los primeros años de la vida de Magallanes son bastante oscuros. No se sabe a punto fijo el lugar ni el año de su nacimiento. Los historiadores portugueses que han contado las guerras de la India y del África, lo nombran pocas veces, y siempre con cierto encono por haber pasado a prestar sus servicios al rey de España. De este sentimiento no pudieron sustraerse ni el gran historiador Juan de Barros en sus Décadas de Asia, ni el insigne poeta Camoens en sus *Lusíadas* (canto X). El lector encontrará todas las noticias que es posible recoger en los documentos y en los historiadores portugueses acerca de la primera parte de la carrera de este descubridor en el capítulo I de la Vida y viajes de Hernando de Magallanes, que publicamos en Santiago en 1864. Nuestro libro ha sido traducido al portugués por Fernando de Magallanes y Villas Boas y publicado por la Real Academia de Ciencias de Lisboa, 1881, 1 v. de 192 págs. en 8°; y el traductor le ha agregado un apéndice original en que es posible que haya adelantado la investigación sobre los primeros años de la vida de Magallanes; pero hasta el momento en que escribo estas páginas no he podido procurarme un ejemplar de esta traducción.

camino opuesto al que seguían los portugueses. Hallándose en Lisboa de vuelta de sus viajes, fortificó esa convicción con nuevos estudios y con el trato de un cosmógrafo inteligente, el bachiller Ruy Faleiro. Como Magallanes, éste había sido desairado también en sus pretensiones por el rey de Portugal. Uno y otro renunciaron a su nacionalidad, y fueron a buscar en el extranjero la protección de que necesitaban para llevar a cabo sus proyectos.

En octubre de 1517, Magallanes llegaba a Sevilla, seguido poco después por el cosmógrafo Faleiro. Con el nombre de Casa de Contratación existía en esa ciudad una gran oficina a que los monarcas españoles habían confiado la dirección de los negocios relativos a los nuevos descubrimientos. A ella se dirigieron Magallanes y Faleiro, esperando hallar los auxilios que necesitaban para poner en ejecución su proyecto. En apoyo de sus ideas, ellos no podían dar más razones que una convicción científica que era difícil comunicar a los demás. Desgraciadamente, los dos extranjeros, oscuros y desconocidos en España, no poseían ni brillantes antecedentes de descubridores ni esas valiosas recomendaciones que habrían podido servirles a falta de otros títulos. Los oficiales de la contratación, confundiéndolos con el vulgo de los aventureros proyectistas, desecharon perentoriamente sus proposiciones. Pero uno de ellos, llamado Juan de Aranda, a quien Magallanes expuso todos los detalles de su plan, se apasionó por la empresa y se ofreció a hacer valer sus relaciones en la corte para llevarla a cabo.

Las circunstancias eran propicias para esta tentativa. En septiembre de 1517 había llegado a España el príncipe don Carlos de Austria a tomar en sus manos las riendas del gobierno. Joven, ambicioso, inteligente, se sentía animado de un vivo entusiasmo por las grandes empresas; y el proyecto de los dos portugueses debía interesarlo desde que por él se le ofrecía la posesión de los ricos archipiélagos que producen la especiería.[149] Venciendo los estorbos y

---

[149] El antiguo cronista Francisco López de Gómara en su *Historia de las Indias*, Medina del Campo, 1553, capítulo 91, dice que Magallanes comenzó a tratar sobre sus proyectos con el cardenal Jiménez de Cisneros. Este error ha sido repetido por muchos escritores y entre ellos por don José Vargas Ponce, en la pág. 180 de la relación de las expediciones al estrecho que acompaña al Viaje de la fragata Santa María de la Cabeza, Madrid, 1788; por el abate Amoretti, en la pág. 29 de la introducción que puso el viaje de Pigafetta, y por Humboldt, en la pág. 304, tomo I de su Examen critique. Magallanes llegó a Sevilla el 20 de octubre de 1517, y solo inició sus negociaciones en la Corte en febrero de 1518, en la ciudad de Valladolid, si bien Juan de Aranda había escrito en su favor desde diciembre

dilaciones que estos negocios hallaban en la corte, Magallanes consiguió ser presentado al soberano en la ciudad de Valladolid a mediados de marzo de 1518. Llevaba consigo un globo en que estaban dibujadas las tierras conocidas. Sobre ese globo demostraba que siguiendo un camino diverso al que llevaban los portugueses para ir a la India, era posible llegar en menos tiempo a las islas de la especiería. Faleiro, por su parte, en su calidad de cosmógrafo, señalaba, con el compás en la mano, que aquellas islas estaban situadas dentro del hemisferio occidental, es decir, que se hallaban comprendidas en la mitad del globo, cuya conquista y cuya posesión correspondía al rey de España, en virtud del tratado de Tordesillas.**150** Parece que el fundamento capital de la

---

anterior. Mientras tanto, el cardenal Jiménez de Cisneros había muerto el 8 de noviembre de 1517.

Magallanes y Faleiro llegaron a Valladolid a mediados de febrero de 1518. El obispo de Burgos, don Juan Rodríguez de Fonseca, que hasta entonces había tenido gran influencia en la dirección de las expediciones marítimas, pero que en esos momentos se hallaba con menos valía, «como galera desarmada», según la pintoresca expresión de Bartolomé de Las Casas, presentó a Magallanes al gran canciller de Castilla, Juan Sauvage, caballero flamenco que gozaba de toda la confianza del nuevo soberano. «Yo me hallé aquel día y hora en la cámara del gran canciller, dice Las Casas; y hablando yo con el Magallanes, diciéndole qué camino pensaba llevar, respondiome que había de ir a tomar el cabo de Santa María, que nombramos el Río de la Plata, y de allí seguir por la costa arriba y así pensaba topar el estrecho. Díjele más "¿y si no halláis estrecho por dónde habéis de pasar a la otra mar?". Respondiome que cuando no lo hallase irse ya por el camino que los portugueses llevaban... Este Hernando de Magallanes debía de ser hombre de ánimo y valeroso en sus pensamientos, y para emprender cosas grandes, aunque la persona no la tenía de mucha autoridad, porque era pequeño de cuerpo, y en sí no mostraba ser para mucho.» Bartolomé de Las Casas, *Historia de las Indias*, Madrid, 1875, capítulo 101, tomo IV, pág. 377.

La presentación de Magallanes al rey ha debido tener lugar un mes más tarde, al comenzar la segunda mitad de marzo, pero los dos autores del proyecto tuvieron poco después otras conferencias con el soberano en la ciudad de Zaragoza.

150 La línea divisoria estipulada en Tordesillas correspondía muy aproximadamente al grado 48 de longitud oeste del meridiano de París. Tomando esta indicación como punto de partida y prolongando esa línea en torno del globo, iría a coincidir con el grado 132 de longitud este. Así, el Brasil, toda el África, la India, y las regiones y archipiélagos orientales, comprendiendo las Filipinas, las Molucas, una parte de Nueva Guinea y más de la mitad de Australia, formaban el lote que correspondía a Portugal.

Los cálculos cosmográficos de Faleiro y de Magallanes estaban pues, equivocados en más de 100 leguas. Este error tiene una explicación muy sencilla. Hasta entonces se tenían noticias muy imperfectas sobre la situación de las Molucas. Se sabía solo que estaban mucho más al oriente que Malaca. Agréguese a esto que si la astronomía náutica había hallado ya en esa época medios bastante seguros para designar la latitud de un lugar, la determinación de la longitud era poco menos que un problema irresoluble. «La determinación

teoría de Magallanes, y de su convicción de hallar al sur del nuevo continente un paso para los mares occidentales, nacía de una observación geográfica que había hecho en sus viajes. América, como África, como Indostán y como Malaca, debía tener una forma piramidal, cuya cúspide estaría dirigida al sur. Los reconocimientos hechos en las costas americanas hasta la embocadura del Río de la Plata, justificaban esta suposición. Sin embargo, se ha referido que en los momentos de duda, cuando se trataba de inquirir de Magallanes los fundamentos de sus planes, contestó que en la tesorería del rey de Portugal había visto un globo terrestre dibujado por un geógrafo de gran nota, llamado Martín Behaim, en que estaba señalado el estrecho que servía de comunicación entre los dos océanos.[151] No es imposible que en esas circunstancias,

---

de las longitudes en el mar, dice un inteligente y erudito marino de nuestros días, debía ser durante tres siglos la desesperación de los astrónomos, y faltó poco para que fuese colocada, con el movimiento perpetuo y la cuadratura del círculo, entre las cuestiones irresolubles.» Jurien de la Gravière, *Les marins du XV et du XVI siècle*, París, 1879, capítulo I, tomo I, pág. 21.

151 La más antigua referencia que se encuentra sobre este incidente está en la relación del viaje de Magallanes, escrita por Antonio Pigafetta, de que, como veremos más adelante, se publicó un resumen en 1525. Bartolomé de Las Casas, que consignó igualmente la especie del globo de Behaim que tenía dibujado el estrecho, la cuenta en el capítulo 101 de su *Historia de las Indias*, bajo la garantía de Pigafetta, y no como cosa que él hubiese oído a Magallanes. Otros historiadores, así españoles como extranjeros, dieron curso a la historia del globo de Behaim y, más tarde, se originaron muchos escritos en que ese geógrafo fue presentado como el precursor de Colón y de Magallanes en la carrera de los descubrimientos. No tenemos para qué recordar aquí esos escritos que, por otra parte, pasamos en revista en la ilustración III de la *Vida y viajes de Magallanes*. Solo diremos que un erudito historiador alemán, Federico Guillermo Ghillany, ha estudiado a fondo la cuestión, estableciendo definitivamente la futileza de los títulos con que se ha pretendido probar que el globo de Behaim abrió el camino de los descubrimientos de Colón y de Magallanes. Véase Ghillany, *Geschichte des Seefahrers Martín Behaim* (*Historia del navegante Martín Behaim*), Nüremberg, 1853.

El globo de Martín Behaim ha sido reproducido muchas veces por el grabado y se registra en los libros de Von Murr, Cladera, Amoretti, y Ghillany; y, además, en los atlas siguientes: J. Lelewel, *Géographie du moyen age*, Bruselas, 1852; Jomard, *Monuments de la geographie*, pl. XV, París, 1865 y Vivien de Saint Martin, *Histoire de la géographie*, pl. IX. El más ligero examen deja ver que ese globo, construido en 1492, representa el mundo tal como se lo imaginaba Colón, es decir, las costas occidentales de Europa están separadas del oriente del Asia por un vasto océano en que solo se ven algunas islas. Allí no se descubre indicación alguna de América y, por lo tanto, no se halla el menor indicio del estrecho que buscaba Magallanes. Es verdaderamente incomprensible cómo, sobre la base de la especie contada por Pigafetta, se ha podido escribir tanto para sostener una quimera histórica que quitaría a los más grandes descubridores una parte de su gloria.

Magallanes quisiera infundir confianza cubriendo su proyecto con el prestigio de una autoridad respetada; pero la crítica histórica ha demostrado que el globo del geógrafo Behaim, construido antes del descubrimiento de América, no pudo dar luz alguna a Magallanes para la concepción y menos aún para la ejecución de sus proyectos.

4. Emprende su viaje bajo la protección del rey de España

El monarca español oyó con agrado las proposiciones de los portugueses y acometió la empresa con ánimo resuelto. El 22 de marzo de 1518 firmó las capitulaciones, bajo las cuales debía llevarse a cabo la expedición. Por ellas se comprometía a armar una escuadrilla de cinco naves con 265 hombres de tripulación, y con víveres abundantes para dos años, y daba el mando de ellas a Magallanes y a Faleiro con el título de adelantados y gobernadores de las tierras que descubriesen y con una parte de sus productos, y les asignaba un sueldo para sus gastos personales. Más tarde, amplió todavía en Zaragoza algunas de estas concesiones. La expedición debía partir en pocos meses más.

Pero este convenio no hizo desaparecer en el primer momento todas las dificultades que hallaba la empresa. La calidad de extranjero suscitaba a Magallanes resistencias que parecían invencibles. Los oficiales de la Casa de Contratación opusieron dilaciones en los aprestos de la escuadra. El embajador de Portugal entabló reclamaciones contra una empresa que podía irrogar perjuicios a su soberano. Ruy Faleiro, hombre inteligente, pero de carácter desconfiado y rencilloso, había llegado a ser un estorbo en los aprestos del viaje. La decidida voluntad del rey, y más que todo la energía inquebrantable de Magallanes, allanaron todos los obstáculos. Mientras aquél desarmaba resueltamente las resistencias que oponía la diplomacia portuguesa y repetía sus órdenes para que se activasen los preparativos sin reparar en gastos, el segundo cuidaba todos los detalles de la expedición. Faleiro, por su lado, recibió una orden del rey para quedarse en España preparando otra escuadrilla que debía seguir a Magallanes. Se ha escrito sin fundamento que había perdido el juicio, y se ha contado, también, que se negó a embarcarse porque en su calidad de astrólogo, había leído en las estrellas que el cosmógrafo de la expedición moriría asesinado antes de volver a Europa.

Por fin, al cabo de dieciocho meses de trabajos incesantes, todo estuvo listo para la partida de Magallanes. La escuadrilla expedicionaria zarpó del puerto de San Lúcar el 20 de septiembre de 1519. Después de tocar en las Canarias y en Río de Janeiro, arribó al Río de la Plata el 10 de enero del año siguiente (1520). Desde allí comenzó Magallanes la exploración minuciosa de la costa. El reconocimiento de las márgenes de aquel río le hizo perder un mes entero; pero cuando comprendió que allí no existía el estrecho que buscaba, hizo rumbo al sur sin alejarse de tierra, y siguió explorando una a una las bahías y caletas. El 31 de marzo Magallanes mandó echar anclas en un puerto muy seguro que denominó de San Julián, resuelto a esperar allí un tiempo bonancible para continuar su navegación. Nada habría podido hacerle vacilar en sus inquebrantables propósitos de llevar a término la empresa que había acometido.

Esta determinación produjo un vivo descontento entre algunos de los expedicionarios. La nacionalidad de Magallanes, por otra parte, era causa de que los más caracterizados entre sus subalternos lo mirasen con una mal encubierta hostilidad, y pronta a estallar en la primera ocasión favorable. Durante la navegación, el resuelto comandante se había visto obligado a poner en el cepo al capitán de una de sus naves para reprimir el primer conato de desobediencia. En San Julián, los descontentos, creyendo, sin duda, que era temerario el seguir en una exploración que no podía dar otro resultado que inútiles sufrimientos, se pronunciaron en abierta rebelión en tres de las naves en la noche del 1 de abril. Magallanes, sin embargo, desplegando una gran energía, sofocó el motín, castigó con la pena de muerte a sus principales caudillos y supo mantener la disciplina en sus tripulaciones.[152]

---

152 No tenemos para qué contar aquí en sus pormenores la historia de este intento de sublevación y del severo castigo con que lo reprimió Magallanes. Esos hechos están referidos por casi todos los historiadores de esta expedición. Pero sí debemos recordar un accidente que revela el espíritu de aquellos tiempos. A poco de sofocado el motín, descubrió Magallanes que un capellán de la expedición llamado Pedro Sánchez de Reina, andaba tramando otro. No atreviéndose a castigar con la pena capital a un hombre que había recibido las órdenes sacerdotales, mandó dejarlo abandonado con otro conspirador en aquella costa. Estos castigos, sin los cuales no habría podido mantener la disciplina en su escuadrilla, están justificados de sobra por las circunstancias en que se impusieron. Sin embargo, los escritores eclesiásticos no han perdonado a Magallanes el que hubiese juzgado y condenado a un individuo que gozaba de fuero sacerdotal. El padre fray Rodrigo de Aganduru Moriz, autor de una antigua *Historia general de las Filipinas*, que solo ha sido publicada en los últimos años, Madrid, 1882, dice en el capítulo 8 del libro I que seguramente en castigo de

En ese lugar tuvo Magallanes sus primeras relaciones con los salvajes de la extremidad austral del continente americano. Envueltos en toscas y sucias pieles de guanaco, esos indios, altos y membrudos, parecían más grandes todavía. Por esa disposición a encontrar siempre algo de maravilloso en los países explorados por primera vez, inclinación natural a los navegantes de aquel siglo, Magallanes y sus compañeros creyeron que aquellos salvajes eran verdaderos gigantes de una talla sobrenatural. A la vista de la huella que dejaban con sus pies en la nieve y en la arena, los españoles les dieron el nombre de patagones, que conservan hasta ahora, y de donde se ha derivado la palabra Patagonia con que se designa esa región.

5. Descubrimiento del estrecho que sirve de comunicación a los dos océanos

Los expedicionarios permanecieron allí cerca de cinco meses. El invierno, excesivamente riguroso, los molestó sobremanera. Como aquellas costas inhospitalarias no ofrecían otros recursos que los que podía suministrar la pesca, Magallanes se vio en la necesidad de disminuir las raciones de víveres a sus marineros, temeroso de que se agotasen las provisiones de la escuadra si, como era de presumirse, se prolongaba el viaje algunos meses más. Mientras tanto, la prudencia le aconsejaba esperar un cambio de estación. La más pequeña de sus naves, que en el mes de mayo se había adelantado para reconocer la costa, fue destrozada por la tempestad cerca de la embocadura de un río a que los exploradores dieron el nombre de Santa Cruz.

Solo el 24 de agosto, cuando el tiempo parecía más bonancible, se dieron nuevamente a la vela los cuatro buques restantes; pero todavía les fue necesario detenerse en su camino y pasar cerca de otros dos meses más, allegados a la costa, sin poder adelantar la exploración. Algunos de los compañeros de Magallanes creían que era una temeridad el seguir navegando en aquellos mares en busca de un estrecho que no existía, y que por tanto era necesario dar la vuelta al norte. Sin la fuerza de voluntad desplegada por el jefe de la expedición, la empresa se habría frustrado indudablemente. Para demostrar la

---

este desacato cometido por Magallanes imponiendo penas a un sacerdote sobre el cual no podía tener jurisdicción, el estrecho que descubrió había servido solo para «abrir la puerta a los herejes (ingleses y holandeses) que con tanta felicidad y gloria le han pasado, robando las riquezas del Perú, costa de Nueva España. Manila y Maluco».

fijeza invariable de sus propósitos, expuso a sus capitanes que estaba resuelto a continuar el reconocimiento de la costa hasta la altura de 75° de latitud austral en demanda del estrecho.

No fue necesario ir tan lejos. El 21 de octubre de 1520, hallándose la escuadrilla a 5 leguas de la costa y a la latitud de poco más de 52°, se divisó un promontorio detrás del cual el mar formaba una especie de golfo. El corazón anunciaba a Magallanes que ése era el estrecho que buscaba. Las tripulaciones, por el contrario, estaban tan lejos de creerlo así, refiere uno de sus compañeros, «que nadie habría pensado en reconocer aquella entrada sin los grandes conocimientos del capitán general». En el momento dispuso éste que dos de sus naves emprendieran la exploración minuciosa de aquellos lugares. Después de tres días de diligencias, toda duda desapareció. Los exploradores habían visto que el canal se prolongaba hacia el occidente, estrechándose en partes, ensanchándose en otras. Una de las naves se adelantó hasta cerca de 50 leguas sin descubrir la salida al otro mar, pero habían observado, en cambio, la corriente de las aguas, y ella revelaba que esa entrada no podía dejar de ser la boca de un largo y tortuoso estrecho.

Magallanes no quiso esperar más tiempo. Aunque estaba firmemente resuelto a llevar a cabo la empresa que había acometido, reunió en consejo a sus capitanes para oír sus pareceres. Cualesquiera que fuesen los temores y vacilaciones de algunos de ellos, la entereza de Magallanes los arrastró a aprobar la determinación de éste. Solo un piloto portugués llamado Esteban Gómez, hombre práctico en la navegación y por esto mismo muy considerado en la escuadra, se atrevió a expresar una opinión contraria. Según él, ya estaba alcanzado el objeto de la expedición, puesto que se sabía que aquél era un estrecho; pero agregaba que no era posible pasar más adelante sin exponerse a los mayores peligros en la navegación de un mar desconocido, que debía prolongarse muchos meses y en que, aparte de otras eventualidades, los exploradores podían perecer de hambre antes de llegar a las Molucas. Gómez deducía de aquí que era tiempo de volver a España y de dejar el resto de la empresa a una escuadra mejor abastecida. Magallanes, con esa firmeza de ánimo que no le abandonó jamás en todo el viaje, puso término a la conferencia declarando que estaba resuelto a pasar adelante y a cumplir lo que había prometido al rey, aunque en el curso de la navegación le fuese necesario comer los cueros en que estaban forradas las entenas de sus naves. Para no dar lugar a dudas sobre la energía incontrastable de su propósito, mandó pregonar en la escuadra que castigaría con la pena de muerte a todo aquél que hablase de las dificultades del viaje o de la falta posible de víveres. La escuadra debía penetrar en el estrecho en la mañana siguiente.[153]

El 1 de noviembre de 1520 entró Magallanes en el estrecho que debía inmortalizar su nombre.[154] Pasado el golfo que le sirve de boca oriental, la escuadrilla se internó resueltamente en las primeras angosturas del canal, siguiendo siempre el mismo rumbo, el este-sur, hasta llegar a una espaciosa ensenada cerca de la cual se levantaban varias islas. Era ésta la bahía San Bartolomé de los españoles o, Peckett, de las cartas inglesas. En este punto, la naturaleza de aquellos canales cambiaba de aspecto. Hasta allí, el paisaje que se había presentado a la vista de los exploradores era triste y pobre. Extendidas playas de arena batidas por un viento frío, eminencias de poca altura, desprovistas de árboles y con una miserable vegetación herbácea, rocas áridas y peladas, y un cielo limpio y seco, fue todo lo que vieron en la primera parte del estrecho. Desde que pasaron la segunda angostura, el paisaje cambiaba como por encanto. Montañas más elevadas, con cimas cubiertas de nieve y con un suelo humedecido por lluvias frecuentes, ostentaban una lujosa vegetación de árboles

---

153 Antonio de Herrera, *Historia general de los hechos de los castellanos en las Indias*, dec. II, libro IX, capítulo 15.

154 Los navegantes españoles del siglo XVI daban a los puertos, ríos o cabos que descubrían, el nombre del santo del día, de tal suerte que casi se puede fijar la fecha de cada descubrimiento teniendo a la vista el calendario. El río Santa Cruz fue visitado por primera vez el 3 de mayo de 1520 y el cabo Vírgenes el 21 de octubre, día en que la Iglesia celebra la fiesta de santa Úrsula y las once mil vírgenes. Del mismo modo, el estrecho fue denominado por Magallanes con el nombre de Todos los Santos, por haber hecho su entrada con la escuadra el 1 de noviembre. Se sabe que este nombre no se conservó largo tiempo, y que la fama universal le dio el de su inmortal descubridor. Así, en las dos famosas cartas geográficas construidas en 1527 y 1529 por Diego Ribero, o Ribeiro, cosmógrafo de Carlos V, se le denomina Estrecho de Hernán de Magallanes. Estas cartas han sido admirablemente reproducidas en Weimar, en 1860, con una erudita memoria de geografía histórica por J. G. Kohl, con el título de *Altesten General Karten von Amerika*, etc.

El capitán y explorador Pedro Sarmiento de Gamboa, tomando posesión en 1580 del estrecho, en representación de Felipe II, le quitó por un acta solemne el nombre de Magallanes, y le dio el de «Madre de Dios», en recuerdo, decía, de los milagros operados por la Virgen en favor de la expedición que él mandaba, confiando en que el rey, tan devoto de María, confirmase esta nueva denominación. Véase el Viaje al estrecho de Magallanes por el capitán Sarmiento de Gamboa, publicado por primera vez en Madrid en 1768, pág. 512.

y yerbas. Este cambio de paisaje causó una agradable sorpresa a los viajeros que acababan de pasar muchos meses en las estériles regiones de la costa oriental. «Yo creo, dice uno de ellos, que no hay en el mundo un estrecho mejor que éste.»[155] «Las tierras de una y otra parte del estrecho son las más hermosas del mundo», dice uno de los historiadores de la expedición, copiando, sin duda, alguna relación que no ha llegado hasta nosotros.[156]

6. Magallanes es abandonado por una de sus naves

Desde la bahía en que había fondeado Magallanes, la costa cambiaba violentamente de dirección, dirigiéndose en línea recta hacia el sur. Este rumbo tomaron los expedicionarios; pero apenas habían navegado unas 15 leguas, hallaron el estrecho dividido en dos canales por la interposición de tierras ásperas y montañosas.[157] Magallanes mandó en el instante que dos de sus naves penetrasen por el camino que se abría al oriente,[158] mientras él mismo seguía avanzando por el otro canal con el resto de su escuadrilla. Las dos divisiones debían reunirse en el punto en que se abren esos dos canales para comunicarse las noticias que hubiesen recogido en sus exploraciones respectivas.

Esta providencia, irreprochable como medida de precaución para explorar el camino que buscaba, iba a procurar a Magallanes una de las mayores contrariedades de su viaje. Por su parte, recorrió la prolongación de la costa de la península llamada ahora de Brunswick, hasta el cabo de Froward, que forma la extremidad austral del continente americano. Observando allí que el estrecho tomaba en ese punto una dirección franca y expedita hacia el noroeste, se contrajo durante cinco días a renovar sus provisiones de leña y de pescado en las caletas vecinas. Mientras tanto, las otras dos naves exploraban el canal oriental sin encontrarle salida. Una de ellas, que había avanzado menos en este reconocimiento, dio luego la vuelta a reunirse con el jefe expedicionario. La otra, denominada San Antonio, había ido más lejos todavía. Al tercer día (8 de noviembre) regresó de su exploración, pero no halló a Magallanes en el punto de reunión. Mandaba esta nave el capitán Álvaro de Mezquita, portugués de nacimiento, primo hermano de Magallanes y hombre de toda su confianza. Por desgracia,

---

155 Pigafetta, *Premier voyage autour du Monde*, París, 1801, pág. 47.
156 Herrera, dec. II, libro IX, cap 15.
157 La isla Dawson de las cartas inglesas.
158 El canal denominado del Almirantazgo en las cartas inglesas.

estaba embarcado también en el mismo buque el piloto Esteban Gómez, espíritu inquieto y turbulento, que en días anteriores se había opuesto abiertamente a la continuación del viaje. Aprovechándose ahora de la separación del resto de la escuadra y de la ausencia de Magallanes, Gómez sublevó a la tripulación, apresó al capitán Mezquita y dio la vuelta a España.[159] Esta traición, que privaba a los expedicionarios de uno de sus buques, y de una abundante provisión de víveres que cargaba la San Antonio, estuvo a punto, como vamos a verlo, de frustrar la memorable empresa que había acometido Magallanes.

Cuando el jefe expedicionario volvió al lugar en que debía reunirse toda la escuadra, experimentó la más desagradable sorpresa al ver que no se hallaba allí la nave que mandaba el capitán Mezquita. Desde el primer momento todo fue conjeturas y sobresaltos, temiendo que hubiera naufragado en el reconocimiento de los canales. El cosmógrafo de la expedición, Andrés de San Martín, que durante todo el viaje había prestado los más útiles servicios fijando con una exactitud casi absoluta la latitud de los lugares que visitaba Magallanes,

---

[159] La nave San Antonio llegó a Sevilla el 6 de mayo de 1521. El piloto Esteban Gómez forjó las más duras acusaciones contra Magallanes, halló protectores en la Corte y, al fin, no recibió el castigo que merecía su traición. Tres años más tarde, propuso al rey que se le confiase el mando de otra expedición para ir a descubrir por el norte otro estrecho que conduciría más directamente a los mares de la China y a las islas de la especiería. Se le dio, en efecto, una nave, y con ella se dirigió en 1525 a las costas orientales de la América septentrional. Después de una exploración que duró diez meses, volvió a La Coruña con un cargamento de indios esclavos que había recogido en su viaje en vez de las especias que había ofrecido llevar. El cronista López de Gómara, dando cuenta de esta expedición, refiere una picante anécdota, que acabó con el prestigio y con la carrera de Esteban Gómez. Dice así: «Cuando entró a La Coruña, dijo que traía esclavos. Un vecino de allí entendió clavos, que era una de las especias que prometió traer. Corrió la posta y vino a pedir albricias al rey de que traía clavos Esteban Gómez. Desparcióse la nueva en la Corte con alegría de todos que holgaban con tan buen viaje. Mas, como dende a poco se supo la necedad del correo, que por esclavos entendió clavos, y el ruin despacho del marinero que había prometido lo que no sabía, ni había, rieron mucho las albricias y perdieron la esperanza del estrecho que tanto deseaban; y aun algunos que favorecieron al Esteban Gómez para el viaje, quedaron corridos». López de Gómara, *Historia de las Indias*, capítulo 40. La historia, consignando estos hechos, ha castigado la memoria del piloto que abandonó deslealmente a Magallanes en los momentos más solemnes de su carrera de descubridor.

El nombre de Esteban Gómez adquirió, sin embargo, cierta nombradía por esta expedición. En el mapa construido en 1529 por Diego Ribero, cosmógrafo de Carlos V, y publicado en Weimar en 1860 por J. G. Kohl, *Altesten General Karten von Amerika*, etc., está designada una gran porción del territorio actual de los Estados Unidos con la denominación de Tierras de Esteban Gómez, con noticias del viaje de éste y con la indicación de que allí halló muchos bacalaos y otros peces, pero no oro.

fue consultado por éste sobre aquella contrariedad. San Martín, como la mayor parte de los cosmógrafos de su siglo, estaba convencido de que la posición que ocupan los astros en un momento dado era un dato seguro para descubrir el porvenir y los hechos ocultos. Aplicando la ciencia astrológica al caso presente, San Martín, a ser cierto lo que cuenta un distinguido historiador, descubrió en este caso la verdad de lo ocurrido. «La nave que falta, dijo, ha dado la vuelta para Castilla, y su capitán es llevado preso.»[160] Pero Magallanes se negaba a dar crédito a la fatídica explicación de su cosmógrafo. La confirmación de este informe podía suscitar la rebelión en los otros buques. Por eso, redobló su actividad para buscar la nave perdida en los canales inmediatos. Solo después de algunos días de inútiles diligencias, cuando había desaparecido toda esperanza de hallar a sus compañeros, resolvió Magallanes alejarse de aquellos lugares. Aun entonces, hizo poner señales en algunos puntos de la costa. En uno de ellos, además, mandó dejar una marmita con una carta en que indicaba el rumbo que iba a tomar para que pudiera seguirlo la nave San Antonio.

7. Exploración y salida del estrecho

La exploración de las tierras vecinas al estrecho no ofrecía ningún interés para Magallanes que solo buscaba allí el paso para llegar a los mares de la India. Por otra parte, aquella región fragosa dominada por un frío helado y penetrante aun en la estación del año en que el día con su crepúsculo duraba dieciocho horas, aunque presentase a la vista un panorama grandioso e imponente, no valía la pena de detener en su camino a los navegantes que iban en busca de las islas más ricas del mundo. Pero Magallanes pertenecía por su genio al número de los grandes descubridores; y aun sin detenerse en prolijos reconocimientos, se formaba un concepto cabal de las tierras que divisaba. Para él, la costa que tenía al norte era a no caber duda la extremidad austral del continente americano. La región del sur, que Magallanes denominó Tierra del Fuego, por causa de las muchas fogatas que allí encendían los salvajes que la pueblan, debía de

---

160 Juan de Barros, *Da Asia*, dec. III, libro V, capítulo 9, Lisboa. 1777, tomo V, pág. 639. He aquí sus propias palabras: «Fernao de Magalhaes desejando do saber o que era feito della (la nave San Antonio), disse ao astrologo Andres de San Martin que prognosticasse pela hora da partida e sua interrogaçao: o qual respondeo que achava ser a náo tornada para Castella, e que o capitao hia prezo». Antonio de Herrera, sin dar tantos detalles, cuenta que San Martín descubrió a Magallanes el destino de la nave perdida. Véase la obra y el lugar citados con anterioridad.

ser una gran isla «porque algunas veces oían los navegantes las repercusiones y bramidos que el mar hacía en las riberas y costas de la otra parte».[161] Sin detenerse tampoco en buscar tratos con los indios de aquella isla, Magallanes, con las tres naves que formaban su escuadrilla, continuó resueltamente su navegación por el angosto canal que se abría con dirección al noroeste.

El 21 de noviembre, Magallanes se hallaba a pocas leguas de la boca occidental del estrecho, y todavía no perdía la esperanza de encontrar la nave que lo había abandonado. Sus exploradores, que volvieron atrás a buscarla, declararon que no habían hallado el menor vestigio de ella. En ese punto, el audaz navegante volvió a consultar a sus capitanes y pilotos sobre lo que convenía hacer. No quiso, sin embargo, reunirlos en consejo, sino que les pidió informes separados y por escrito, instándoles que lo diesen con franqueza, sin temor alguno, para tomar enseguida la resolución más útil al servicio del rey. No conocemos más que uno de esos informes, el del cosmógrafo de la escuadra, y ése era desfavorable a la continuación del viaje. Andrés de San Martín, sin entrar a discutir si por aquel camino podía llegarse a las islas de la especiería, pensaba que no era posible emprender este viaje por el mal estado de las naves, por la escasez de víveres, por el abatimiento y debilidad de las tripulaciones, y por las tempestades que debían hallar fuera del estrecho.[162] Es posible que Magallanes recibiera otros informes del mismo carácter; pero dándose por satisfecho con

---

161 Maximiliano Transilvano, *Relación*, etc., en la Colección, de Navarrete, tomo IV, pág. 266. Se comprenderá mejor la sagacidad de esta última observación, recordando que aun después de haber sido recorrido el estrecho de Magallanes por algunos otros viajeros, se quedó creyendo, por cerca de un siglo más, que la Tierra del Fuego formaba parte de un gran continente austral, cuyo centro habría sido el polo, y cuyos bordes formaban una curva muy irregular que al sur del Asia pasaba de la línea del trópico, encerrando la gran isla de Australia. Véase sobre este punto el famoso mapa mundi de Abraham Ortehus de 1587, muchas veces reimpreso, y que se encuentra prolijamente reproducido en la plancha IX del atlas de la *Histoire de la géographie*, de Vivien de Saint Martin. Como documento más moderno, pueden verse también los curiosísimos mapas publicados en Douai en 1607, en la *Histoire universelle des Indes occidentales* de Wytfliet. Y, sin embargo, en los diarios de los navegantes españoles que se acercaron a esas latitudes, en 1526 y en los años posteriores, así como en las relaciones de los primeros viajeros ingleses y holandeses, se ve, como lo haremos notar en otras partes de nuestra historia, que la idea de que la Tierra del Fuego era una isla, había sido emitida varias veces antes del viaje de Schouten y Le Maire en 1615 y 1616, a quienes se atribuye este descubrimiento.

162 Estos documentos nos han sido conservados por el historiador portugués Juan de Barros en la dec. III, libro V, capítulo 9, tomo V, págs. 639-646 de la obra citada. Refiere allí que él tuvo en su poder el diario original del cosmógrafo San Martín, que por fallecimiento de éste

el resultado de la investigación, haciendo quizá entender que la mayoría de los pilotos era de distinto parecer, mandó levantar anclas en la mañana siguiente, en medio de una salva de arcabucería. Su voluntad de fierro, que no podía doblegarse ante ninguna resistencia ni contrariedad, dominó así la peligrosa situación que le había creado la deslealtad del piloto Gómez.

Magallanes había hecho salir adelante una chalupa de la escuadra. Sus tripulantes regresaron al tercer día, anunciando que habían visto el cabo en que terminaba el estrecho. «Todos lloramos de alegría, dice el historiador de la expedición. Aquella punta fue llamada cabo Deseado, porque, en efecto, todos deseábamos verlo desde largo tiempo.»[163] El 27 de noviembre de 1520 entraba, por fin, Magallanes en el gran océano. Allí se terminó la exploración de aquella parte de nuestro territorio, la primera que pisaron los europeos. El resto del memorable viaje de Hernando de Magallanes no pertenece propiamente a la historia de Chile, pero tiene una importancia capital para la historia de la geografía.

8. Primer viaje alrededor del mundo. Historiadores de la expedición de Magallanes (nota)

El osado explorador no encontró en la entrada del gran océano las terribles tempestades que allí dificultan la navegación casi todo el año. Una mar gruesa y oscura, pero batida por los vientos del sur reinantes en esa estación, favoreció la marcha de los expedicionarios hacia el noreste y los puso en veinte días a la altura del trópico. Desde allí, el océano siempre tranquilo y bonancible mereció el nombre de Pacífico que le puso Magallanes.

Pero si el tiempo se mostraba favorable, los expedicionarios tuvieron que pasar por otro género de sufrimientos. Magallanes, sin imaginarse que la distancia que le separaba de las islas de la especiería era la mitad de la circunferencia del globo, había creído que esa navegación duraría solo unas cuantas semanas. La prolongación del viaje por más de tres meses, produjo en las tripulaciones la más lamentable miseria. «La galleta que comíamos, dice el historiador de la expedición, ya no era pan, sino un polvo mezclado de gusanos que habían devorado toda su sustancia. Tenía, además, una fetidez insoportable por estar

---

quedó en las Molucas, y que este documento le sirvió de base para los capítulos que en su gran obra ha destinado a la expedición de Magallanes. Ese diario parece ahora perdido.
163 Pigafetta, pág. 45. El cabo Deseado es conocido ahora con el nombre de cabo Pilar.

impregnada de orines de ratas. El agua que bebíamos era pútrida y hedionda. Nos vimos obligados, para no morirnos de hambre, a comer los pedazos de cuero de buey con que estaba forrada la gran verga para impedir que la madera gastase las cuerdas. Estos cueros, expuestos siempre al agua, al Sol y al viento, eran tan duros, que era preciso mantenerlos cuatro o cinco días en el mar para hacerlos un poco tiernos: en seguida los poníamos al fuego para comerlos. Muchas veces nos vimos reducidos a alimentarnos con aserrín de madera; y las ratas mismas, tan repugnantes para el hombre, habían llegado a ser un alimento tan buscado, que se pagaba hasta medio ducado por cada una. Esto no era todo. Nuestra mayor desgracia consistía en vernos atacados por una especie de enfermedad con la cual se hinchaban las mandíbulas hasta ocultar los dientes de ambas mandíbulas. Los que eran atacados por esta enfermedad no podían tomar ningún alimento. Además de los muertos, tuvimos veinticinco a treinta marineros enfermos, que sufrían dolores en los brazos, en las piernas y en otras partes del cuerpo, pero que al fin sanaron».[164]

El rumbo que llevaba Magallanes lo alejó fatalmente de los magníficos archipiélagos de que está sembrado el gran océano, y donde habría hallado víveres frescos para curar a sus enfermos y para renovar sus provisiones. En los cien días que duró su navegación, solo encontró dos islas desiertas, desprovistas de todo alimento, y a las cuales dio el triste nombre de Desventuradas. Por fin, el 6 de marzo de 1521 divisó un grupo de islas cubiertas de palmeras, donde debían encontrar término los sufrimientos del hambre. Era el archipiélago que hoy llamamos de las Marianas y que Magallanes denominó de los Ladrones. Diez días después descubría otro archipiélago más extenso y más poblado, el de las Filipinas. Allí encontró el ilustre descubridor una muerte oscura, indigna de su nombre y de sus hazañas. En un combate con los salvajes de la pequeña isla de Mactan, el 27 de abril (1521), cayó cubierto de heridas después de una resistencia heroica y desesperada. Al menos, tuvo la fortuna de morir cuando había realizado el viaje grandioso que lo ha hecho inmortal.

En efecto, como entonces lo pronosticaba el historiador de la expedición, «la gloria de Magallanes sobrevivirá a su muerte. Estaba, añade, adornado de todas

---

[164] Pigafetta. págs. 50 y 51. Según Herrera, lugar citado, los muertos durante la navegación alcanzaron a 20. La enfermedad descrita por Pigafetta, tan frecuente en las largas navegaciones, ha recibido más tarde el nombre de escorbuto, palabra de origen holandés.

las virtudes. Mostró siempre una constancia inquebrantable en medio de las mayores adversidades. En el mar se condenaba a sí mismo a mayores privaciones que el resto de su gente. Versado más que ningún otro en el conocimiento de las cartas náuticas, poseía el arte de la navegación, como lo ha probado dando la vuelta al mundo, empresa que ningún otro había osado acometer».[165] Sin haber alcanzado a volver a Europa, Magallanes había completado la obra de Colón. Después de un viaje que oscurecía la historia de todas las navegaciones hechas hasta entonces, él había probado, no por la teoría científica sino por la demostración experimental y palmaria, la esfericidad de la Tierra, la existencia de los antípodas, la seguridad de navegar el globo en todas direcciones. La geografía entraba desde entonces en una nueva fase, con una base sólida e indestructible.

Los compañeros de Magallanes tuvieron que pasar por nuevos sufrimientos antes de volver a España. Una sola de sus naves, la nao Victoria, mandada por el piloto Juan Sebastián del Cano,[166] con diecisiete hombres de tripulación, después de dar la vuelta a África, entraba al puerto de San Lúcar el 6 de septiembre de 1522. En aquel tiempo de veneración ardiente por la antigüedad clásica, un sabio humanista, después de escribir en latín la historia de esta expedición, exclama lleno de entusiasmo: «¿Qué empresa más grande que ésta ejecutaron los griegos?».[167] Y Maximiliano Transilvano terminaba la relación de este viaje maravilloso con estas palabras: «Los marineros que aportaron a Sevilla son más dignos de ser puestos en inmortal memoria que aquéllos que navegaron y fueron a Cólquida con Jasón, de quien los antiguos poetas hacen tanta celebridad. Esta nave que ha dado la vuelta a todo el orbe, debe ser colocada y ensalzada entre las constelaciones del cielo, mucho mejor que la nave Argos, en que navegó aquel griego».

---

165 Pigafetta, pág. 125.
166 Navarrete, escribe Juan Sebastián de Elcano en una reseña biográfica de este navegante y en su célebre Colección de viajes. La misma forma fue empleada en la inscripción de la estatua del sucesor de Magallanes, inaugurada en 1800 en la villa de Guetaria (en Guipúzcoa) su patria. Sin embargo, el mismo Navarrete, publicando, cinco años más tarde, en 1842, en el tomo I de la Colección de documentos inéditos para la historia de España, algunas piezas concernientes a ese personaje, volvió a adoptar la forma que usamos en el texto, que es la que generalmente se emplea y la que se halla en los documentos que llevan la firma autógrafa del navegante.
167 Pedro Mártir de Anglería, *De orbe novo*, dec. V, capítulo 7, pág. 391, París, 1587.

Este viaje memorable ha granjeado a Magallanes una gloria mil veces más imperecedera que las estatuas y las otras obras de los hombres. «Magallanes perdió la vida en esta expedición, dice un célebre filósofo de nuestros días; pero ¡cuán envidiable es su suerte! Imprimió su nombre en caracteres indelebles en la tierra y en la bóveda celeste, en el estrecho que une los dos grandes océanos y en esas nubes de mundos estrellados del cielo austral (las nébulas denominadas Nubes magallánicas). Dio también un nombre a la más vasta porción de la superficie del globo (el océano Pacífico). Su teniente, Sebastián del Cano, recibió todos los honores que los reyes pueden conferir. Los emblemas de su escudo de armas eran los más pomposos y más nobles de cuantos hayan recompensado jamás una grande y audaz empresa: eran un globo con esta inscripción: primus circundedistime!»[168] Nada hay más grande que este viaje, dice otro célebre historiador y filósofo. Desde entonces el globo estaba asegurado de su redondez. Revelación de inmenso alcance, no solo material, sino también moral, que centuplicaba la audacia del hombre y lo lanzaba en otro viaje sobre el libre océano de las ciencias, en el esfuerzo temerario y fecundo de dar vuelta a lo infinito.[169]

En la historia especial de Chile, Magallanes ocupa también un puesto de honor. Es el primer descubridor de nuestro suelo y el primer explorador de nuestras costas.[170]

---

[168] Draper, *Hist. du développement intellectuel de l'Europe*, trad. Aubert, capítulo 19, tomo III. pág. 102.
[169] Michelet, *La mer*, París, 1861, libro II.
[170] En la relación del memorable viaje de Magallanes, no nos hemos detenido más que en los accidentes que se refieren al primer descubrimiento de las costas de Chile. Por lo demás, la historia de esta expedición ha sido contada muchas veces con gran abundancia de datos, y nosotros mismos la hemos referido extensamente en otro libro. Según el plan que nos hemos trazado, vamos a hacer una reseña bibliográfica de los escritos que deben servir de guía más seguro a los que se propongan hacer el estudio de estos hechos.
Apenas llegados a España los compañeros de Magallanes, que habían tenido la fortuna de dar la vuelta al mundo, dos hombres distinguidos recogieron de los viajeros todas las noticias del caso y escribieron en latín la relación del viaje. Uno de ellos era el célebre Pedro Mártir de Anglería; pero su manuscrito enviado a Roma para la impresión, no llegó a publicarse y desapareció; pero nos queda del mismo autor el capítulo 7 de la dec. V de su libro *De orbe novo*, en que el viaje de Magallanes está referido con bastantes pormenores. El otro es un alemán, secretario de Carlos V, que solo conocemos por su nombre latinizado, Maximilianus Transylvanus, que compuso una extensa relación del viaje en forma de carta dirigida al arzobispo de Salzburg, y fechada en Valladolid en octubre de 1522. Publicada el año siguiente en Colonia y en Roma, reimpresa más tarde, fue insertada en 1537 en la

tercera edición del *Novus orbis*, de Gryneus, y traducida al italiano para el primer tomo de la célebre colección de Ramusio. El lector puede hallar una buena traducción castellana, hecha en el siglo XVI, e insertada por don Martín Fernández de Navarrete en el precioso volumen de que hablaremos más adelante. Esta importante relación, aunque no libre de errores de detalle, es un valioso documento histórico que contiene particularidades que no se hallan en ninguna otra parte, sobre todo en lo que se refiere a la organización de la expedición.

Dos años después, en 1525, se publicó en París un resumen de la relación del viaje, escrito por uno de los compañeros de Magallanes. Era éste Antonio Pigafetta, caballero lombardo, que había obtenido del rey de España permiso para embarcarse en aquella memorable expedición, cuya historia escribió en francés, según unos, en italiano, según otros, con verdadero talento narrativo y descriptivo. La obra completa de Pigafetta no ha sido publicada íntegra sino en 1800, en Milán, en un vol. en 4º por el abate Carlos Amoretti, sobre un manuscrito italiano hallado en la biblioteca Ambrosiana de esa ciudad, y con una introducción y notas complementarias. El mismo Amoretti tradujo al francés esa relación, y la publicó en París en 1801 con el título de *Premier voyage autour du monde*. Aunque este valioso libro, obra capital para conocer la historia del viaje de Hernando de Magallanes, no es raro, conviene advertir que el lector puede hallarlo reproducido íntegro en el tomo III de los *Voyageurs anciens et modernes* de M. Ed. Charton, París, 1855, y que los dos últimos volúmenes de la colección de M. Charton han sido traducidos al castellano.

Algunos otros compañeros de Magallanes escribieron diarios de esa navegación; pero no todos han llegado hasta nosotros. En una nota anterior dijimos que parece perdido el diario del cosmógrafo Andrés de San Martín, que tuvo a la vista el historiador portugués Juan de Barros. Se conserva, sin embargo, el de Francisco Albo, que volvió a España en 1522 en la nave Victoria. Este utilísimo documento ha sido publicado por don Martín Fernández de Navarrete en el tomo IV, págs. 209-247, de su importante Colección de los viajes y descubrimientos que hicieron por mar los españoles desde fines del siglo XV, Madrid, 1837, junto con los mejores documentos concernientes a esta expedición.

Navarrete, sin embargo, no conoció otro diario de navegación que había sido publicado en Lisboa en 1826, en el IV tomo, págs. 147-176 de la *Collecçao de noticias para a historia e geografía das naçoes ultramarinas*. Es éste un derrotero del viaje de Magallanes, escrito por un piloto genovés, que en 1521 quedó detenido en las posesiones portuguesas de los mares de Asia. Los colectores portugueses, que tuvieron a la vista dos copias de este importante documento, sabían que su autor se llamaba Juan Bautista, pero no pudieron descubrir su apellido. Las relaciones y documentos españoles apellidan a este piloto Poncero, Poncerón y Ponsevero. Era natural de Sestri, cerca de Génova.

El distinguido bibliógrafo estadounidense Henry Harrisse, en la pág. 229 de su *Bibliotheca Americana vetustissima*, Nueva York, 1866, coloca entre los historiadores de la expedición a Duarte Barbosa, capitán portugués, pariente y compañero de Magallanes, y que pereció asesinado por los indios de la isla de Zebú (Filipinas) el 1 de mayo de 1521. Hay en esta indicación, un grave error que conviene rectificar. Barbosa, que había viajado mucho en la India, escribió en 1516 una notable descripción geográfica de los países orientales, que en 1812 fue publicada en Lisboa en el tomo II, págs. 231-394, de la *Collecçao de noticias*, etc., que acabamos de citar. Ese libro es muy importante para la historia de los primeros establecimientos de los portugueses en la India; pero terminado tres años antes que Magallanes emprendiera su viaje, es evidente que no puede contener noticia alguna acerca de éste.

Ya que hablamos del libro de Duarte Barbosa, debemos hacer un esclarecimiento relativo a Magallanes. En el apéndice XVII de la biografía de este descubridor, habla Navarrete de un manuscrito español que halló en Madrid en 1793, y que tiene el título de *Descripción de los reinos de la India*, etc., compuesta por Fernando Magallanes. Navarrete halla dudosa la autenticidad de este manuscrito por las razones que allí detalla. En efecto, del examen atento de ese manuscrito, resulta que es una traducción del libro de Duarte Barbosa con algunas agregaciones del traductor o quizá de alguna de las copias portuguesas que existían. Navarrete, que no conoció el libro de Duarte Barbosa, no pudo resolver definitivamente si Magallanes sería o no el autor del manuscrito que analizaba.

A las noticias consignadas en esas relaciones primitivas del viaje de Magallanes, conviene agregar las que ha reunido Oviedo en los primeros capítulos del libro XX de su *Historia general de las Indias*, y más particularmente las que se encuentran en varias partes de la II y III décadas de la obra citada de Antonio de Herrera, que indudablemente fueron escritas teniendo a la vista un gran número de documentos originales, algunos de los cuales no han llegado hasta nosotros. Pero el más valioso conjunto de noticias sobre esta célebre expedición se halla en el volumen de la colección de Navarrete que hemos citado más arriba. Este laborioso investigador ha reunido y coordinado allí en 400 páginas en 8º casi todos los documentos que nos quedan, y los ha ilustrado de noticias biográficas y críticas que revelan un gran saber y un notable sentido histórico. Después de la publicación de este volumen, no es posible dejar de recurrir a él para estudiar cualquier punto relacionado con la historia de Magallanes y de la memorable expedición que le conquistó la inmortalidad.

Como información bibliográfica, debemos aquí un libro poco conocido sobre este viaje. Se titula: *Magellan, oder die erste Reise um die Erde* (*Magallanes, o sea el primer viaje alrededor del mundo*), con un retrato del célebre navegante, Leipzig, 1844, 1 v. 8º, por Augusto Bürck. Es simplemente un libro de lectura popular.

El viaje de Magallanes ha sido también contado por dos distinguidos geógrafos alemanes: 1.º Juan Jorge Kohl en una serie de artículos publicados en una revista de Berlín, y reunidos en un volumen que lleva este título: *Geschichte der Entdeckungsreisen und Schiffahrten zur Magellan's-strasse*, Berlín, 1877 (*Historia de los descubrimientos y navegaciones del estrecho de Magallanes*). Las treinta páginas que allí destina a esta célebre expedición, son el fruto de un estudio sólido y de un verdadero conocimiento de la materia. 2.º Óscar Peschel, *Geschichte des Zeitalters des Entdeckungen* (*Historia del siglo de los descubrimientos*) libro IV, capítulo 3, que, aunque es solo un resumen rápido y compendioso, es notable por su exactitud.

Capítulo II. Expediciones de Loaisa, 1525, y de Alcazaba, 1534

1. Expedición de Jofré de Loaisa a las Molucas; segundo reconocimiento del estrecho de Magallanes. Historiadores de esta expedición (nota). 2. Proyectada expedición de Simón de Alcazaba; se frustra por haber cedido Carlos V a Portugal la posesión de esas islas. 3. El emperador autoriza a Francisco Pizarro y a Alcazaba para hacer nuevas conquistas en las Indias: Pizarro conquista el Perú. 4. Carlos V divide una gran parte de la América meridional en cuatro gobernaciones y nombra gobernadores para cada una de ellas. 5. Desastrosa expedición de Alcazaba en la Patagonia. Historiadores de esta expedición (nota). 6. Expedición de don Pedro de Mendoza al Río de la Plata: no pretende llegar a la parte de Chile que entraba en los límites de su gobernación. Historiadores de esta expedición (nota).

1. Expedición de Jofré de Loaisa a las Molucas; segundo reconocimiento del estrecho de Magallanes. Historiadores de esta expedición (nota)

El resultado de la expedición de Magallanes llenó de admiración a los sabios y a los literatos por la importancia cosmográfica de los nuevos descubrimientos. En la Corte se aplaudió aquel desenlace por la esperanza de sacar riquezas incalculables de los nuevos dominios que España iba a adquirir en los archipiélagos que producen la especiería. No importó que Portugal reclamase vivamente, alegando que aquellas islas debían formar parte de sus dominios, y que estas reclamaciones dieran lugar a juntas y conferencias de cosmógrafos y de pilotos para solucionar las dificultades provocadas por la posesión pretendida de aquellas islas. Carlos V, sin resolver definitivamente estas complicaciones internacionales, pero seguro de su poder y urgido por la necesidad de procurarse recursos para hacer frente a las guerras europeas en que estaba empeñado, resolvió ocupar prontamente las islas Molucas.

Con este objeto, estableció en el puerto de La Coruña una Casa de Contratación para la especiería, semejante a la que existía en Sevilla para el comercio con América. Enseguida, mandó preparar una escuadra de siete naves, con 450 hombres para enviarla a aquellos mares lejanos a asentar la dominación española. Dio el mando de esa escuadra con título de capitán general y de gobernador de las Molucas a fray García Jofré de Loaisa, comendador de la orden de Rodas,**171** y puso a su lado, como segundo jefe de la flota, al capitán Juan Sebastián del Cano, y a algunos oficiales que habían hecho el primer viaje con Magallanes. Los expedicionarios recibieron el encargo de llevar el mismo rumbo de este célebre navegante, cuidando de no tocar en los territorios del rey de Portugal.

La escuadra salió de La Coruña el 24 de julio de 1525.**172** Entre sus capitanes no iba ningún hombre del temple de alma ni de la inteligencia de Magallanes, de tal suerte que en el curso de la navegación, aparte de las contrariedades naturales, ocasionadas por las tormentas y los vientos desfavorables, esas naves tuvieron que sufrir todos los inconvenientes de la inexperiencia de sus jefes. Cuatro de ellas, separadas del general de la expedición, se hallaban el 14 de enero del siguiente año a 5 o 6 leguas del estrecho. Tomando por boca de éste el estuario del río Gallegos,**173** encallaron en sus bancos y estuvieron a punto de perderse. Cuando la marea las hubo puesto a flote, siguieron su navegación hacia el sur; y en la tarde de ese mismo día penetraron por fin en el estrecho.

Allí los esperaban nuevos contratiempos. En la noche se levantó una violenta tempestad que arrojó a tierra la nave que mandaba Juan Sebastián del Cano, destrozándola completamente con pérdida de nueve hombres. Un nuevo temporal de viento suroeste sacudió otra vez a las naves que salvaron de la primera

---

171 No hallamos en los historiadores ni en los documentos que tenemos a la vista, noticia de los antecedentes militares de Jofré de Loaisa que puedan explicar esta elección. El comendador Jofré de Loaisa era pariente inmediato, probablemente sobrino, de fray García de Loaisa, superior de los padres dominicos, muy influyente en la Corte por los servicios que había prestado a la Corona durante la guerra de las comunidades de Castilla, presidente del Consejo de Indias, y luego confesor del rey, obispo de Osma, representante del rey en Roma, arzobispo de Sevilla, cardenal e inquisidor mayor. Puede verse una biografía suya publicada, junto con la correspondencia dirigida al rey desde Roma de 1530 a 1532, en el tomo XIV de la Colección de documentos inéditos para la historia de España, Madrid, 1849, así como un volumen publicado en Berlín en 1848, con el título de *Brife auf Kaiser Karl V* (*Correspondencia con el emperador Carlos V*), 1 v. 8º. Probablemente, el influjo de este personaje fue el motivo principal, si no único, de que se confiara a su pariente tan importante comisión.

172 Oviedo, *Historia general de las Indias*, libro XX, capítulo 5, tomo II, pág. 35 de la edición completa de Madrid, 1852, dice equivocadamente que salió de Sanlúcar de Barrameda.

173 Parece que el nombre de este río, que se encuentra escrito así en las antiguas cartas geográficas, tiene su origen en el de Vasco Gallego, uno de los pilotos de la expedición de Magallanes. Los mapas de Diego Ribeiro, que hemos citado en el capítulo anterior, lo nombran río de San Alfonso, con que también está designado en los documentos de la expedición de Loaisa.

tempestad, y arrastró a una de ellas fuera del estrecho. Parecía que todo se había conjurado contra los desgraciados navegantes.

Diez días más tarde, es decir, el 24 de enero de 1526, penetraba en el estrecho el general Loaisa con las otras tres naves que habían quedado atrás. En vez de entrar resueltamente en los canales, donde habría podido guarecerse de las tormentas, los expedicionarios perdieron un tiempo precioso a poca distancia de la embocadura del estrecho, ocupados en recoger los víveres y demás objetos salvados del naufragio. Los temporales de viento no cesaban de hostigarlos. Una de las naves, obligada a salir del estrecho, fue llevada por los vientos hasta la latitud de 55°, es decir, hasta la extremidad austral de la Tierra del Fuego; pero volvió a reunirse con la capitana, anunciando que «parecía que era allí acabamiento de tierra», dato importante para la geografía que, sin embargo, no fue estimado ni conocido, quizá, puesto que se siguió creyendo que aquella isla formaba parte de un continente austral. Otras dos naves que también salieron del estrecho por su boca oriental, se perdieron con sus tripulaciones. La capitana, después de sufrir grandes averías en esos temporales, tuvo que regresar al río Santa Cruz a repararse. Por fin, el 5 de abril volvieron a embocar el estrecho, y siguieron su navegación sin grandes contratiempos hasta el 26 de mayo en que comenzaron a navegar en el gran océano. En lugar del mes que Magallanes había empleado en explorar el estrecho y en recorrerlo, el general Loaisa, que no tenía más que seguir un rumbo conocido, había perdido en esta navegación más de tres veces ese mismo tiempo.[174]

---

[174] La expedición de Loaisa fue contada en una página, capítulo 102, de la *Historia general de las Indias*, de López de Gómara, Zaragoza, 1553 y con gran abundancia de pormenores por Gonzalo Fernández de Oviedo y Valdés en el libro XX de su *Historia general de las Indias*, que alcanzó a publicar en Valladolid en 1557, antes que la muerte le impidiese terminar la impresión de toda su obra. Ese fragmento de la historia de Oviedo pasó a ser uno de los libros más raros sobre historia americana, y esta circunstancia fue, sin duda, causa de que la expedición de Loaisa quedara ignorada y desconocida, como vamos a verlo, puesto que la impresión completa de su obra solo ha sido ejecutada en nuestro siglo (1851-1853) bajo los auspicios de la Academia de la Historia de Madrid, y bajo la inteligente dirección de don José Amador de los Ríos.

En 1590 publicaba en Sevilla el padre José de Acosta su famosa *Historia natural y moral de las Indias*, y en el capítulo 10 del libro III, da noticia de los navegantes que hasta esa época habían pasado el estrecho de Magallanes. En esa lista suprime la expedición de Loaisa, y la del portugués Alcazaba. Se puede asegurar que el erudito padre Acosta, a quien Feijoo llamaba el Plinio español, desconoció el libro de Oviedo, publicado treinta y tres años antes.

Los sucesos posteriores de esta expedición, no pertenecen a la historia de Chile. La nave capitana, separada de las otras casi a la entrada del Pacífico, hacía agua por todas partes, y después de mil peripecias, alcanzó a llegar a las Molucas. Durante la navegación, falleció el comendador Jofré de Loaisa (30 de julio), y cinco días después el capitán Del Cano que le había sucedido en el mando. De las naves restantes, una recaló a las costas occidentales de México, donde sus tripulantes contaron las miserias y padecimientos del viaje, dando las noticias más maravillosas sobre la región del estrecho y sobre los gigantes que la poblaban. Las otras llegaron a las Molucas, y sus tripulaciones se encontraron envueltas en las dificultades y guerras que les suscitaban los portugueses, creyéndose también dueños de aquellas islas con mejores títulos que los castellanos.

Pero el laborioso cronista Antonio de Herrera vino a reparar en 1601 esta omisión. Teniendo a la vista los diarios de navegación de los compañeros de Loaisa, y un vasto arsenal de documentos guardados en los archivos reales, contó extensamente en algunos capítulos de la década tercera de su obra monumental, todos los accidentes y peripecias del segundo viaje hecho al estrecho de Magallanes. El que quiera conocer en sus detalles la historia de la expedición de Loaisa, no puede eximirse de estudiar esta parte de la historia de Herrera.

A pesar del valioso caudal de noticias reunido por Herrera, el viaje de Loaisa quedó siempre más o menos desconocido. Así, Bartolomé Leonardo de Argensola, que en 1609 publicaba en Madrid la *Conquista de las islas Molucas*, apenas consagra algunas líneas del libro I, pág. 23 al viaje de Jofré de Loaisa. En la *Description des Indes Occidentales*, publicada en Ámsterdam en 1622, que es la traducción francesa de una parte de la obra de Herrera, se han agregado algunas relaciones importantes para la historia de la geografía americana, y entre ellas una noticia de todos los viajes hechos hasta entonces por el estrecho de Magallanes, que ocupa las págs. 179-195. Allí se coloca la expedición de Loaisa con el título de cuarto viaje, anteponiéndole otros que son posteriores. Este descuido ha hecho caer en el mismo error al presidente De Brosses, en su notable *Histoire des navigations aux terres australes* libro 11, tomo I, pág. 148 y siguientes, si bien, siguiendo a Herrera, ha hecho un resumen ordenado del viaje de Loaisa.

La restauración de los estudios de esta parte de la historia de la geografía americana, fue iniciada por don José Vargas Ponce en la segunda parte de la *Relación del último viaje al estrecho de Magallanes*, Madrid, 1788, que ya hemos citado. Hay allí, págs. 200-211, un buen resumen de la expedición de Loaisa. Pero en 1837 publicó don Martín Fernández de Navarrete el V tomo de su afamada Colección; y en ella insertó con el orden más esmerado, todos los documentos concernientes a esta expedición, diarios de los pilotos, despachos oficiales, etc. Allí se encontrarán todos los datos que pueden ilustrar la historia de este viaje. Posteriormente, en 1866, don Luis Torres de Mendoza publicaba en el tomo V, págs. 5-67 de su Colección de documentos inéditos relativos a América, el diario de esta expedición del piloto Andrés Urdaneta, sin sospechar que este mismo documento había sido publicado por Navarrete en las págs. 401-439 del tomo citado.

2. Proyectada expedición de Simón de Alcazaba; se frustra por haber cedido Carlos V a Portugal la posesión de esas islas

Carlos V había concebido en el principio grandes esperanzas de llenar las arcas de su tesoro con las riquezas que produjeran las islas de la especiería. Apenas había partido Jofré de Loaisa para su expedición a los mares orientales, ya se equipaba otra escuadrilla en que estaban interesados algunos comerciantes de Sevilla, cuyo mando fue confiado al célebre navegante veneciano Sebastián Cabot. Debía ésta pasar por el estrecho de Magallanes y llegar a los archipiélagos de Asia en busca de las valiosas producciones de esas islas. Cabot salió del puerto de San Lúcar el 3 de abril de 1526; pero no llegó a su destino. Arribó al Río de la Plata, y cambiando allí de plan de operaciones, comenzó la exploración y conquista de este país, que creía muy abundante en metales preciosos.

Tras de ésta debía salir una nueva expedición para las islas Molucas, bajo el mando de Simón de Alcazaba y Sotomayor, caballero portugués al servicio de España, que en su mocedad había navegado en los mares de la India, de que se decía muy conocedor. Cuando se hacían los aprestos para esta nueva empresa, llegaron a España noticias que debían tener una gran influencia en la suspensión de aquellas expediciones. Anunciábase que la navegación por el estrecho de Magallanes estaba erizada de los mayores peligros, y que el viaje a las Molucas por aquel camino era de tal manera penoso que las escuadras que lo emprendieran habían de perder una buena parte de sus naves. Sabíase que en aquel archipiélago los portugueses habían comenzado a oponer una resistencia armada a las tentativas de conquista de los castellanos y que se hallaban en mejor situación que éstos para sostener la lucha. Mientras tanto, el rey de Portugal entablaba las más activas gestiones diplomáticas para sostener sus derechos a las islas que pretendían disputarle los españoles. Todas estas dificultades no habrían hecho más que inflamar el porfiado ardor que ponían en esta conquista los consejeros del rey. Pero Carlos V, acostumbrado a gobernar por sí mismo y a posponer los negocios más importantes de los países que regía a los caprichos de su ambición y de su vanidad, meditaba en esos momentos un viaje a Italia para hacerse coronar emperador de romanos. Careciendo de fondos para emprender este viaje, celebró una capitulación con el rey de

Portugal en abril de 1529. Por este pacto, Carlos V recibía 350.000 ducados y cedía a Portugal la posesión de las Molucas; pero se reservaba el derecho de reclamarlas cuando devolviese esa suma. Los historiadores han dado el nombre no de venta sino de empeño a este contrato;[175] pero él puso término a estas dificultades dejando a los portugueses dueños absolutos de esas ricas islas. Fueron inútiles las representaciones y protestas de los altos funcionarios españoles contra esta cesión. En consecuencia de ella, se mandó suspender la expedición que se había confiado al capitán Alcazaba.

3. El emperador autoriza a Francisco Pizarro y a Alcazaba para hacer nuevas conquistas en las Indias: Pizarro conquista el Perú

En esos momentos, la atención de los españoles que pensaban en lejanas conquistas, volvía a fijarse en las regiones del Nuevo Mundo. América había comenzado a reconquistar su fama de riqueza de los primeros días del descubrimiento. Hernán Cortés acababa de conquistar el Imperio Mexicano, de cuya opulencia se hacían en España las más magníficas descripciones. Otro aventurero destinado también a una gran celebridad, Francisco Pizarro, se hallaba en Toledo solicitando de la Corte el permiso para ir a conquistar otro imperio, no menos rico, que se extendía sobre la costa del Pacífico. El portugués Alcazaba, soñando que una campaña en el Nuevo Mundo le procuraría «en breve tiempo tanta o más renta que el condestable de Castilla, que es uno de los mayores señores de España», escribe un historiador que lo conoció de cerca,[176] reclamaba por su parte, con insistencia, que ya que se había mandado desarmar la armada que pensaba llevar a las Molucas, se le señalase en cambio un girón del nuevo continente para ir a conquistarlo.

La emperatriz Isabel, que en ausencia de Carlos V había quedado gobernando en España, proveyó a estas solicitudes. Se le pedía solo el permiso para extender los dominios de España, sin auxilios ni socorros de ninguna especie; y ese permiso podía darse sin más gasto que el de una hoja de papel, y unos cuantos títulos de gobernador o de adelantado que no debían tener valor sino cuando se hubiese consumado la conquista de los países que se les asignaban.

---

175 Herrera, dec. IV, libro V. capítulo 10; Argensola, *Conquista de las Molucas*, libro I, pág. 46. Las Molucas volvieron a la soberanía de España en 1580, con motivo de la conquista de Portugal; pero los holandeses se apoderaron de ellas en 1607.

176 Oviedo, *Historia general*, libro XXII, capítulo I, tomo II, pág. 155.

El 26 de julio de 1529, la emperatriz firmaba dos reales cédulas de un tenor análogo. Por una, autorizaba a Pizarro para ir a conquistar y establecer una gobernación en los países que había descubierto, con una extensión de 200 leguas de norte a sur. Líneas rectas, paralelas a los grados de latitud, debían, según la mente de esa concesión, constituir los límites de ese territorio. Por el cálculo de la emperatriz, el término austral de la gobernación de Pizarro, debía pasar por Chincha, es decir, debía coincidir con el grado 14 de latitud sur. La otra cédula acordaba a Simón de Alcazaba otra gobernación de 200 leguas que debía comenzar a contarse desde Chincha, donde terminaba la de Francisco Pizarro.[177] Ambos concesionarios quedaban obligados a hacer todos los gastos de sus empresas respectivas, sin que en ningún tiempo pudieran reclamar de la Corona la menor indemnización.

Por su extensión territorial, estas dos concesiones eran semejantes y no establecían distinción alguna entre los dos favorecidos. Pero Pizarro llevaba grandes ventajas a Alcazaba. Además de que poseía un carácter bien templado para ejecutar las más difíciles empresas, conocía regularmente la región que se le permitía conquistar por haber explorado sus costas, y contaba en Panamá con socios acaudalados que debían ayudarlo a hacer los gastos de la expedi-

---

[177] Herrera, dec. IV, libro IV, capítulo 5. Se ve allí por la prolija relación de este cronista, que tuvo a la vista las dos reales cédulas o capitulaciones de 26 de julio de 1529. Pero estos documentos han sido publicados íntegros, el relativo a Pizarro en los apéndices de la *Historia de la conquista del Perú*, de Prescott y el otro en la pág. 125 del tomo X de la Colección citada de Torres de Mendoza.

Esta manera de repartir gobernaciones en un continente que no se conocía, podía parecer fácil y expedita a los reyes de España, pero debía dar origen a las más graves complicaciones entre los conquistadores. Así, la concesión hecha a Pizarro en 1529, se prestaba a una doble inteligencia en que no se han fijado suficientemente todos los historiadores de la conquista del Perú, y que dio origen o pretexto a una sangrienta guerra civil. La emperatriz gobernadora concedía a Pizarro una extensión de 200 leguas medidas sobre el meridiano, las cuales, decía la capitulación, «comienzan desde el pueblo que en lengua de indios se dice Tenumpuela, y después llamasteis Santiago, hasta llegar al pueblo de Chincha que puede haber las 200 leguas, poco más o menos». Estando situado el pueblo de Santiago a 1º 20' de latitud norte y Chincha a 13º 29' de latitud sur, es claro que había entre uno y otro punto más de 260 leguas, de 17 y media en grado, como se medían entonces.

El cronista Cieza de León, en el capítulo 39 de *La guerra de las Salinas*, hablando de ésta y de otras reales cédulas relativas a demarcaciones territoriales, las encuentra claras y explícitas, reconoce que «muchos de los de acá (el Perú), sin saber lo que dicen, hablan que las provisiones venían tan oscuras que ellas mismas fueron parte y el principal efecto para se poner en armas». Véase la pág. 208, en el tomo 68º de la Colección de documentos inéditos para la historia de España.

ción. Así, pues, se preparó con ánimo resuelto para llevar a cabo una de las campañas más audaces que jamás hayan emprendido los hombres. Alcazaba, por el contrario, era un hombre de poco fundamento, cuyo juicio, según los que lo conocieron, no estaba a la altura de su ambición. No tenía la menor idea de los países que pensaba conquistar ni podía infundir confianza a los capitalistas de quienes necesitaba para procurarse los fondos indispensables para su empresa. Creyendo mejorar su condición de concesionario, solicitó repetidas veces del rey que se le permitiese elegir las 200 leguas en toda la extensión de 600 o 700 que según sus cálculos debía haber entre el límite austral de la gobernación de Pizarro y el estrecho de Magallanes. Ignoramos el resultado de estas gestiones; pero sí sabemos que se pasaron más de cuatro años sin que Alcazaba hubiese alcanzado a hacer los aprestos para su viaje.[178]

Mientras tanto, el 5 de diciembre de 1533 llegaba al río de Sevilla una nave que comunicaba las más sorprendentes noticias. Pizarro había conquistado el más rico imperio de las Indias; y para que no cupiera duda acerca de la importancia de su conquista, enviaba al rey una gran cantidad de oro y de plata labrados en forma de ídolos, de cántaros, de aves, de flores y de frutas. La fama de tan portentosas riquezas se esparció inmediatamente en toda España,[179] despertando en las ciudades y en los campos el deseo de acudir a

---

[178] Estas gestiones constan de dos extractos sin fecha ni firma de los memoriales de Alcazaba guardados en el Archivo de Indias de Sevilla junto con la cédula en que se le hizo la concesión. Ambos han sido publicados por Torres de Mendoza en la pág. 132 del tomo citado. En el mismo Archivo de Indias, depositado en Sevilla hallé en 1860, en un legajo titulado Viajes a Magallanes y mar del sur, guardado entre los documentos del patrimonio, cinco reales cédulas expedidas por Carlos V y relativas a la proyectada campaña de Alcazaba. Las cinco están fechadas en Toledo el 24 de agosto de 1529. Por ellas nombraba veedor de las fundiciones de oro y plata de la nueva gobernación a Francisco Diosdado, contador a Bartolomé Cornejo y tesorero a Juan Gutiérrez. Los dos últimos eran, además, nombrados regidores del primer pueblo de cristianos que fundase Alcazaba. Casi parece excusado el decir que todos estos nombramientos fueron inútiles.

[179] En los primeros meses de 1534 se publicó en Sevilla, a manera de gaceta de noticias, una relación anónima en ocho hojas en folio, con tipo gótico, que lleva este título: *La conquista del Perú, llamada la Nueva Castilla; la cual tierra por divina voluntad fue maravillosamente conquistada*, de que hemos visto un ejemplar en la biblioteca del Museo Británico de Londres. Es una relación sumaria de la conquista del Perú, escrita probablemente por el secretario de Pizarro, Francisco de Jerez, que acababa de llegar a España. Esa relación debió de tener una prodigiosa circulación en toda España. Pocos meses más tarde, publicaba Jerez en la misma ciudad de Sevilla, para satisfacer la curiosidad pública, su *Verdadera relación de la conquista del Perú*, en cuyas últimas páginas hacía la descripción

aquellas apartadas regiones que la imaginación popular se representaba cuajadas de tesoros prodigiosos. En la Corte, pulularon los pretendientes a nuevas gobernaciones. Pizarro había enviado del Perú a su hermano Hernando para que solicitara un ensanche del territorio que se le había concedido. Diego de Almagro, el compañero de Pizarro en la conquista del Perú, tenía también en Toledo sus apoderados que pedían para él una gobernación especial. Los otros pretendientes poseían mucho menos títulos que aquéllos, pero no les faltaban influencias cerca del rey para alcanzar la satisfacción de sus aspiraciones.

4. Carlos V divide una gran parte de la América meridional en cuatro gobernaciones y nombra gobernadores para cada una de ellas

Carlos V despachó estos complicados negocios con solo cuatro cédulas expedidas en Toledo el 21 de mayo de 1534 y ratificadas por declaraciones posteriores el mismo año. Por ellas dividía toda la parte de la América meridional que correspondía a la corona de Castilla al sur de la línea equinoccial, en cuatro zonas extendidas paralelamente de este a oeste, cada una de las cuales pasaría a formar una gobernación por separado. El emperador confirmó la concesión de la primera de ellas, con el nombre de Nueva Castilla, a Francisco Pizarro, ampliándola con una nueva donación de 70 leguas al sur de las 200 que le había dado antes.[180] Dio a Almagro otra gobernación de 200 leguas que había

---

de los tesoros enviados por Pizarro al emperador y los que llevaban como propiedad particular algunos soldados de la Conquista que volvían enriquecidos a España. Esos tesoros, sin contar las vasijas y demás piezas de plata y de oro labrado, son avaluados por Jerez en una cantidad aproximada a dos millones y medio de pesos de nuestra moneda, suma enorme en aquella época. Como, además, se creía que ésas no eran más que las primeras muestras de las riquezas del Perú, se comprenderá el entusiasmo que debió despertarse en España por acudir a aquel país de maravillosos tesoros.

180 El cronista Antonio de Herrera, con su habitual prolijidad, extracta en esta forma en el capítulo 5, libro III, dec. IV, la provisión en favor de Pizarro. «Que por cuanto don Francisco de Pizarro había descubierto 60 a 70 leguas de costa más adelante de Chincha, se le hiciese merced que estas leguas entrasen en su gobernación, se le daba lo que pedía, con que no excediese de 70 leguas de luengo de costa, de manera que en todas fuesen 270 leguas las contenidas en su gobernación, contadas por la orden del meridiano.» Esta real cédula, desconocida de los historiadores (véase Amunátegui, *La cuestión de límites*, etc., tomo I, pág. 21) ha sido insertada íntegra por Cieza de León en el capítulo 39 de *La guerra de las Salinas*, publicada por primera vez en 1877. En esta edición, tal vez por error de copia, se le pone fecha de 4 de mayo.
Hemos visto en la nota número 7 de este capítulo que la primera concesión de 1529 daba a Pizarro 200 leguas contadas desde el pueblecito de Santiago, al norte del Ecuador, hasta

de llevar el nombre de Nueva Toledo, y que debía comenzar a contarse donde terminaba por el sur el territorio concedido a Pizarro. A un noble caballero llamado don Pedro de Mendoza, que andaba solicitando una gobernación en Indias, concedió el emperador otra tercera zona también de 200 leguas, contadas desde el límite austral de la gobernación de Almagro. Debía ir a descubrirlas y a conquistarlas por el Río de la Plata, pudiendo llegar por allí hasta el mar Pacífico. Por último, al portugués Simón de Alcazaba concedió el emperador la cuarta gobernación, con una extensión de 200 leguas de norte a sur, contadas desde el término austral de los territorios acordados a Mendoza.[181] Esta divi-

---

Chincha; pero que ese territorio mide más de 260 leguas, de manera que si las 70 de la segunda concesión han de contarse desde Chincha para el sur, la gobernación de Pizarro se extendería más de 330 leguas. La cédula de 1534, en que se dan a Pizarro esas 70 leguas, por haber descubierto otras tantas más adelante de Chincha, parece justificar esta demarcación; pero cuando el rey, por una cédula de 31 de mayo de 1536, nombró un juez que dirimiese las cuestiones suscitadas entre Pizarro y Almagro, sobre los límites de sus gobernaciones respectivas, mandó expresamente que se entendiera que la del primero tuviese solo 270 leguas. Así, pues, la gobernación de Pizarro llegaba solo a la altura de Ica, desde donde se miden 270 leguas al pueblecito de Santiago. En este caso, el Cuzco, situado a 13° 30' de latitud sur, entraba también en la gobernación de Pizarro; y Almagro no habría tenido derecho de conquistar más que hasta la latitud sur de 25° 31' 26", es decir, hasta la entrada de Chile.

Estas cuestiones han sido prolijamente expuestas por don Antonio Raimondi en su notable *Historia de la geografía del Perú* (tomo II de su obra titulada *El Perú*, Lima, 1876). Las estudia en dos pasajes distintos de sus capítulos 6 y 7, y fija la línea de Ica como límite de las gobernaciones de Almagro y de Pizarro. Publica, además, en este tomo, un importante mapa del Perú en los tiempos que siguieron a la Conquista, según los datos que arroja la crónica de Cieza de León, y allí ha trazado la línea que separaba a las dos gobernaciones haciéndola pasar por el valle de Ica.

Se comprende que estas divisiones geográficas debían dar origen a todo orden de dificultades teniendo que ser aplicadas por hombres que, como Pizarro y Almagro, no solo no entendían una palabra de cosmografía sino que ni siquiera sabían leer. Sin embargo, cuando se estudian los documentos originales del litigio que ambos sostuvieron, sorprende la exactitud casi absoluta con que los pilotos del tiempo de la Conquista fijaban la latitud de los lugares. Véase sobre este punto el cuadro que ha publicado el señor Raimondi en la pág. 91 del libro citado, donde se nota la exactitud casi absoluta con que los pilotos establecían las posiciones geográficas.

181 Para hacer comprender mejor esta demarcación, vamos a indicar algunos datos geográficos que señalan aproximadamente el límite austral de cada una de estas cuatro gobernaciones en la costa del Pacífico. Si la concesión hecha a Pizarro debe contarse sobre la base de solo 270 leguas a partir del pueblo de Santiago, habría terminado, como dijimos, a la altura de Ica; la de Almagro en la latitud sur 25° 31'; la de Mendoza a los 36° 57' y la de Alcazaba a los 48° 22'.

sión, muy cómoda para escribirse en el papel, no tomaba en cuenta para nada los accidentes de los territorios repartidos, y acerca de los cuales no se tenía aún casi la menor noticia. La larga y angosta faja de terreno que después pasó a constituir la capitanía general y más tarde la república de Chile, destinada por su estructura física a formar una sola provincia o un solo estado, quedaba así fraccionada en tres porciones, cada una de las cuales pasaba a ser parte de otras tantas gobernaciones. Según las concesiones del emperador, Chile debía ser conquistado y poseído al norte por Almagro, al centro por Mendoza y al sur por Alcazaba.

5. Desastrosa expedición de Alcazaba en la Patagonia. Historiadores de esta expedición (nota)

Por grande que fuera el entusiasmo que la conquista del Perú había despertado en España por las lejanas expediciones, los aprestos para cada una de ellas tenían que hacerse con una desesperante lentitud. La adquisición y el equipamiento de las naves, la compra de las armas y de los víveres, la dificultad de las comunicaciones entre los puertos y la residencia de la Corte, con la cual había siempre que comunicarse sobre algunos detalles, eran causa de que en estos afanes se perdiera un tiempo precioso. Así, pues, aunque Alcazaba y don Pedro de Mendoza se pusieran prontamente en movimiento para partir cuanto antes a la conquista de sus respectivas gobernaciones, tuvieron que pasar por las dilaciones a que estaban sometidos todos los expedicionarios. Estas dilaciones debían ser mayores todavía para el segundo de esos capitanes que meditaba sacar de España una escuadra considerable, y el ejército más numeroso que jamás hubiera partido para el Nuevo Mundo.

Las aspiraciones de Alcazaba eran mucho más limitadas. Sea por la escasez de sus recursos o porque estuviera persuadido de que con un puñado de aventureros podía conquistar como Pizarro un imperio poderoso, o sea, como es más probable, por las dos causas a la vez, limitó sus esfuerzos a equipar en Sevilla dos buques viejos y a reunir bajo sus banderas 250 hombres de gente allegadiza, de ésa que «solo un ángel puede contener», según dice el cronista Oviedo, muy conocedor de tales expediciones. El 21 de septiembre de 1534,

---

Don Miguel Luis Amunátegui ha expuesto con mucha claridad la demarcación de estas gobernaciones en los dos primeros capítulos del tomo I de *La cuestión de límites entre Chile y la República Argentina*, Santiago, 1879.

habiendo apresurado cuanto era dable sus aprestos, zarpaba Alcazaba del puerto de San Lúcar.

Desde los primeros días se pudieron presagiar las contrariedades de la navegación. La escuadrilla tuvo que recalar primero a Cádiz y después a las Canarias a reparar sus averías. Los víveres eran escasos y de mala calidad, de tal suerte que los expedicionarios tuvieron que sufrir hambre y sed durante un viaje de cuatro meses. Al fin, el 17 de enero de 1535 embocaron el estrecho de Magallanes, donde los esperaban nuevos desengaños. Alcazaba había pensado salir por la boca occidental del estrecho para buscar el asiento de su gobernación en la parte que le correspondía en las costas del Pacífico; pero el frío que allí reinaba en medio del verano, la esterilidad de las tierras que divisaba y la dificultad de hacer avanzar sus naves con los vientos del sur reinantes en esa estación, lo determinaron a cambiar de plan. Después de haber perdido algunos días en reconocer la primera mitad del estrecho, la escuadrilla expedicionaria volvió a salir al océano para buscar en otra parte un lugar de desembarco donde dar principio a la proyectada conquista. El 26 de febrero fondeaba por fin en una bahía de la costa oriental de la Patagonia, a 45º de latitud sur, a la cual dieron el nombre de puerto de Los Leones, que conserva hasta ahora.

Luego que saltaron a tierra, mandó Alcazaba hacer una iglesia provisoria de lonas y velas, en que se decía misa cada día. Allí mismo, exhibiendo los poderes que le había conferido Carlos V, se hizo jurar con toda solemnidad gobernador y capitán general de la provincia de Nueva León, nombre asignado a su proyectada gobernación, y confirió a algunos de los suyos cargos y empleos. Alcazaba creía que este primer establecimiento iba a ser el centro de sus vastos dominios, desde donde podía llegar por tierra hasta el otro mar. Alentado por estas ilusiones, resolvió emprender en breve el reconocimiento del país. El 9 de marzo, en efecto, los expedicionarios se pusieron en viaje para el interior. Uno de los pilotos de su escuadrilla, llamado Alonso Rodríguez, marchaba adelante provisto de brújula y astrolabio para señalar el rumbo y fijar las latitudes en que se hallaban.

Jamás los conquistadores españoles habían hallado una región más triste y desamparada. Llanuras secas y estériles, batidas constantemente por un viento frío, cerros áridos y pelados, era todo lo que veían. La marcha por aquellos desiertos era excesivamente penosa. Alcazaba, rendido por sus enfermedades, tuvo que dar la vuelta al puerto de Los Leones; pero sus exploradores siguieron caminando durante veintidós días, hasta cerca de 100 leguas del punto de partida. Habían atravesado un río caudaloso, el Chubut, y otros riachuelos de poca agua sin hallar nada que los indemnizase de las fatigas del viaje. Algunos indios tehuelches, o patagones del norte, que los expedicionarios encontraron en su camino, los alentaban por señas a continuar su viaje al norte. Pero el aspecto del paisaje no cambiaba, los víveres se habían agotado y todo hacía creer que la continuación de la marcha no podía llevarlos a otro resultado que la muerte entre los tormentos del hambre. En medio del desaliento que aquellas penalidades debían producir, uno de los capitanes, llamado Juan Arias, amotinó a la gente contra el jefe que había quedado en lugar de Alcazaba, lo redujo a prisión, y mandó a los suyos volver al puerto en que habían dejado sus naves.

La vuelta fue todavía mucho más penosa. Los expedicionarios viajaban por grupos dispersos de cuatro o seis individuos, deteniéndose en los lugares en que hallaban algunas raíces o algunas yerbas para disminuir el hambre que los devoraba. Muchos de ellos murieron de inanición. Los primeros que llegaron al puerto, aprovecharon la oscuridad de la noche para asaltar de improviso la nave capitana. Allí asesinaron a puñaladas al desgraciado Alcazaba, que dormía tranquilamente y, enseguida, se apoderaron de la otra nave, apresando o hiriendo a todo el que quería oponerles resistencia. Los horrores de la revuelta y el desencadenamiento de todas las malas pasiones no hicieron más que aumentar las angustias de la situación.

Aquel crimen había sido cometido en connivencia con el capitán Arias; pero cuando éste llegó al puerto vio su autoridad disputada por otros cabecillas del motín. Uno de ellos, apellidado Sotelo, quería que se dirigiesen al Río de la Plata, a esperar allí a don Pedro de Mendoza, que según suponían, debía llegar en poco tiempo más de España. Arias, por su parte, temiendo el castigo de sus crímenes, proponía que se lanzaran al mar en son de piratas, en persecución de las naves que encontrasen. La discordia de los sublevados tomaba el peor carácter, e iba a ser causa de nuevos horrores. Pero algunos hombres resueltos que no habían tomado parte en el motín, operaron valientemente una contrarrevolución, se echaron sobre los cabecillas del motín y en nombre del emperador designaron por jefe a Juan de Mori. La energía de éste se sobrepuso a todas las dificultades de aquel desorden y reprimió con mano firme los nuevos conatos de sublevación. Organizó rápidamente un tribunal militar, ante el cual se presentó un hijo de Alcazaba, muchacho de doce o trece años, como acusador de los asesinos de su padre. No se hizo esperar la sentencia y la ejecución de los reos. Arias y Sotelo fueron decapitados. De sus principales cómplices, cuatro fueron arrojados al mar con fuertes pesas a la garganta y otros dos ahorcados en las entenas de la nave capitana. Dos de ellos, además, fueron abandonados en la costa, con pena de destierro por diez años, lo que en realidad significaba morir de hambre en aquella tierra desamparada. Igual suerte tuvieron otros tres individuos que deseando sustraerse al castigo a que se habían hecho merecedores, tomaron la fuga internándose en el continente. La hueste expedicionaria perdió así cerca de ochenta hombres entre los muertos en la exploración y los castigados después del motín.

Los padecimientos de los compañeros de Alcazaba no terminaron allí. Convencidos de que no tenían nada que hacer en aquella tristísima región, acosados por el hambre y por el frío del invierno, se embarcaron de nuevo, y el 17 de junio tomaron rumbo hacia el norte, sin alejarse mucho de la costa. La Capitana naufragó en este viaje y la otra nave, después de tocar en algunos puertos del Brasil, en busca de víveres, llegó a la isla de Santo Domingo el 11 de septiembre, el mismo día en que se habían acabado a bordo los últimos alimentos. De aquella trágica campaña, solo volvieron con vida setenta y cinco personas, último resto de la hueste de aventureros que habían soñado fundar una rica colonia en esas apartadas regiones.[182]

---

182 La historia de la expedición de Alcazaba, a que López de Gómara no había destinado más que seis líneas en el capítulo 103 de su *Historia de las Indias*, fue escrita con bastante prolijidad por el cronista Oviedo en los tres capítulos que componen el libro XXII de su afamada obra. Este libro, sin embargo, no alcanzó a imprimirse en vida del autor, y solo ha visto la luz pública en la edición completa hecha por el cuidado de la Academia de la Historia de Madrid. Oviedo conoció en Santo Domingo a algunos de los compañeros de Alcazaba y al hijo de éste, y recogió de ellos las extensas noticias que ha consignado en su historia.

El cronista Antonio de Herrera ha referido igualmente los sucesos de esta desventurada expedición. Fundándose en los documentos contemporáneos y en las relaciones que existían en los archivos españoles, que sigue con la más escrupulosa fidelidad, copiándolos o extractándolos, ha contado en dos capítulos, dec. V, libro VII, capítulo 5 y libro VIII, capítulo 8, pero con abundancia de pormenores, todo cuanto se relaciona con esta tentativa de colonización.

Pero existen, además, dos relaciones minuciosas y completas de las peripecias del viaje de Alcazaba. Una de ellas fue escrita por Alonso Vehedor, escribano de la expedición. Redactada en forma de documento de notaría, casi sin apariencias literarias, contiene, sin

6. Expedición de don Pedro de Mendoza al Río de la Plata: no pretende llegar a la parte de Chile que entraba en los límites de su gobernación. Historiadores de esta expedición (nota)

Cuando Alcazaba partía de San Lúcar para la conquista de su gobernación, quedaba preparándose en Sevilla otra escuadra más numerosa para el Río de la Plata bajo las órdenes de don Pedro de Mendoza.

Caballero de fortuna y de familia, y capitán distinguido de las guerras de Italia, pudo contar con los recursos y con el prestigio necesarios para reunir en algunos meses los elementos con que acometer aquella empresa. Agréguese a esto que a causa del desconocimiento en que se vivía entonces acerca de la geografía de las regiones recién descubiertas, se pensaba que el Río de la Plata era probablemente el camino más corto para llegar al interior del Perú, y que siguiendo esa ruta no era necesario hacer escala en las Antillas, sufrir retardos en Panamá, ni exponerse a las enfermedades reinantes en toda aquella parte de América. Así, pues, fueron tantos los soldados que acudieron a buscar servicio bajo las banderas que, a pesar de las grandes dificultades con que siempre tropezaba el equipo de estas expediciones, un año después de haber obtenido

---

embargo, un gran acopio de hechos. Conservábase en el archivo de Simancas, cuando a fines del siglo pasado sacó una copia don Juan Bautista Muñoz, de cuya rica colección de manuscritos tomé en 1860 la que poseo en mi poder. Por lo demás, en 1866 fue publicada esta relación en el tomo V de la Colección citada de Torres de Mendoza; y en Chile ha sido dos veces reimpresa con oportunas y útiles notas geográficas en *La cuestión de límites entre Chile y la República Argentina*, por don Miguel Luis Amunátegui, tomo I, pág. 101 y siguientes, y en el *Anuario hidrográfico de Chile*, tomo V, pág. 434 y siguientes en unos importantes estudios históricos sobre Los descubridores del estrecho de Magallanes. La otra relación es una extensa carta escrita por Juan de Mori en la cárcel de Santo Domingo el 20 de octubre de 1535, y dirigida a un amigo en España para explicar y justificar su conducta. Esta pieza notable por el conjunto de noticias y aun por sus buenas formas literarias, cuenta los mismos hechos que contiene la relación de Vehedor, con algunos más detalles en ciertos puntos, casi sin divergencias en los hechos, pero con mayor claridad y con mejor método. Fue hallada esta relación por don Juan Bautista Muñoz en el archivo de Simancas en 1781, y copiada esmeradamente para la rica colección de manuscritos que reunió con el objeto de escribir la historia del Nuevo Mundo. De ella tomé la copia que me ha servido para escribir las pocas páginas que se refieren a la expedición de Alcazaba, y en las cuales no me era posible hacer entrar los numerosos e interesantes detalles consignados en las relaciones de Vehedor y de Mori. Recientemente, esta última ha sido publicada en las págs. 559-576 del tomo VII del *Anuario hidrográfico de Chile*, Santiago, 1881.

su título, Mendoza tenía listas doce o catorce naves de diversos portes y una columna de tropa que algunos historiadores hacen subir a cerca de 2.500 hombres, mientras otros la reducen a menos de la mitad.

La flota zarpó de San Lúcar el 1 de septiembre de 1535[183] Mendoza y sus compañeros soñaban en las conquistas que iban a ejecutar y en las riquezas que iban a recoger; pero la realidad no correspondió a sus esperanzas. Los

---

183 Un soldado alemán de la conquista del Río de la Plata. Ulrich Schmidt, de Straubingen, en Baviera, vuelto a Europa, después de veinte años de residencia en aquellos países, escribió una sencilla relación de los sucesos de que fue testigo y actor, publicada por primera vez en Francfort en 1567, y traducida después al latín, al español y al francés. Del tenor de esta relación se desprende que la escuadra de Mendoza salió de San Lúcar el 1 de septiembre de 1534. Se comprende que no tiene nada de particular que un soldado que consigna sus recuerdos veinte años después de los sucesos que cuenta, haya incurrido en un error cronológico de un año.

La fecha apuntada por Schmidt, en contradicción con la que daban los primitivos historiadores españoles, no fue seguida por los escritores subsiguientes, y entre ellos por el prolijo padre Charlevoix, en su notable *Histoire du Paraguay*, París, 1756, tomo I, pág. 35. Sin embargo, el padre Pedro Lozano, que en el siglo último escribía su *Historia de la conquista del Paraguay*, etc., publicada por primera vez en Buenos Aires en 1874, asentó, siguiendo al soldado alemán, en el capítulo 3 del libro II, que Mendoza salió de San Lúcar en septiembre de 1534. El padre Guevara, abreviador de Lozano, y después don Félix de Azara, en dos obras conocidas y populares, adoptaron esta fecha, que ha sido seguida por Funes y por todos los historiadores, así nacionales como extranjeros, que se han ocupado más tarde en escribir la historia argentina.

Basta conocer la lentitud con que en el siglo XVI se hacían en España los aprestos de buques y de gente, para comprender que Mendoza no pudo organizar su expedición en tres meses, de fines de mayo a fines de agosto de 1534. Este hecho daría solo lugar a una inducción más o menos sostenible; pero hay pruebas directas que sirven para demostrar que la fecha de Schmidt está equivocada en un año cabal. Vamos a señalarlas sumariamente.

López de Gómara, *Historia de las Indias*, capítulo 89, dice que Mendoza hizo su viaje en 1535. Oviedo, que en este punto ha consignado las noticias que le dio uno de los compañeros de Mendoza, dice lo mismo en el capítulo 6 del libro XXII de su *Historia general*. Rui Díaz de Guzmán, en el capítulo 10 del libro I de su Argentina, ha señalado la misma fecha. Antonio de Herrera, dec. V, libro IX, capítulo 10, coloca el viaje de Mendoza en el año 1535. Además de estas autoridades, cual de todas más respetable, vamos a citar otra que nos parece todavía más fundamental y decisiva. Alonso Vehedor en la relación de la expedición de Alcazaba que hemos citado, refiere que después del asesinato de este jefe (abril de 1535), uno de los cabecillas del motín, quería que los sublevados se fuesen al Río de la Plata, «a aguardar a don Pedro de Mendoza». En efecto, Alcazaba y sus compañeros salieron de San Lúcar el 21 de septiembre de 1534, y habían dejado a Mendoza haciendo los aprestos para su expedición. Seis meses después, creían fundadamente que aún no había llegado al Río de la Plata, y que si se trasladaban a esa región, tendrían que esperar allí a don Pedro de Mendoza, que en efecto no llegó sino a principios de 1536.

españoles desembarcaron en las márgenes del Río de la Plata en enero de 1536; pero los ataques reiterados de los indígenas, el hambre y las enfermedades causaron la muerte del mayor número de ellos. Un cuerpo mandado por Juan de Ayolas, teniente de Mendoza, remontó los ríos Paraná y Paraguay, en busca de un camino para el Perú, y acabó por fundar la ciudad de la Asunción, cerca del paralelo 25, propiamente fuera de los límites que el rey había fijado a la gobernación de ese conquistador. Mendoza, abrumado por tantas desgracias, y agobiado por la gota, se reembarcó para España en abril de 1537; pero no tuvo la fortuna de llegar a su patria. Falleció tristemente durante la navegación.

Mendoza, dueño por la concesión real de 200 leguas de costas en el Pacífico y, por tanto, de la más rica porción de Chile, no pensó siquiera en adelantar una partida de gente que reconociese este país. Al embarcarse para España, dejó sus instrucciones escritas a su teniente Ayolas. Hablando en ellas de esa parte de sus dominios, le dice lo que sigue: «Si Diego de Almagro quisiere daros por que le renuncie la gobernación que ahí tengo de esa costa (del Pacífico) y de las islas, 150.000 ducados y, aunque no sea más que 100.000, hacedlo sino viéredes que hay otra cosa que sea en más provecho, no dejándome morir de hambre».[184] En esos momentos, Almagro, después de una penosa campaña, había renunciado también a la conquista de Chile, persuadido de que éste era el rincón más miserable del Nuevo Mundo. El negocio propuesto por Mendoza,

---

[184] Las instrucciones de Mendoza a su sucesor, fechadas en la primera ciudad de Buenos Aires el 21 de abril de 1537, que el cronista Herrera tuvo a la vista y que extractó fielmente en el capítulo 17 del libro III de su dec. VI, han sido publicadas en la Colección de Torres de Mendoza, tomo X. págs. 536-541, según una copia hallada entre los papeles de ese jefe, y conservada en el Archivo de Indias. No conocemos otro documento antiguo sobre esta expedición, sino esas instrucciones y la provisión real, por la que se le había nombrado gobernador, y la cual se halla publicada igualmente en la Colección de Torres de Mendoza, tomo XXII, pág. 350 y siguientes.

La expedición de don Pedro de Mendoza, que apenas recordamos aquí en cuanto se relaciona con el proyecto de conquistar una parte de Chile, ha sido contada por Schmidt, por Oviedo, por Díaz de Guzmán y por Herrera en los lugares citados. Esas relaciones pueden considerarse primitivas, porque, aunque el último escribía en España en los primeros años del siglo XVII, se sabe que su trabajo se limitaba a compilar, muchas veces con sus mismas palabras, las primeras relaciones y los antiguos documentos. Entre los numerosos historiadores que más tarde han consignado estos sucesos, Charlevoix, Lozano, Guevara, Azara, Funes, Domínguez, etc., debemos recomendar las páginas (15-28) que a esta expedición destina el señor Burmeister en el tomo I de su importante *Description physique de la République Argentine*, París, 1876, que pueden contener algún error de detalle, pero que están escritas con un notable sentido histórico.

no llegó, pues, a verificarse. Este arrogante conquistador se había arruinado en aquella empresa, y ni siquiera legó a sus herederos la esperanza que él había abrigado de reparar su fortuna con la venta de una parte de su gobernación.

Capítulo III. Almagro 1535-1537

1. Don Diego de Almagro resuelve marchar a la conquista de Chile. 2. Aprestos de Almagro para la campaña. 3. Viaje de los expedicionarios por las altiplanicies del Collao: horrores cometidos durante la marcha. 4. Reconcentración del ejército y su marcha al sur. 5. Viaje de Almagro al través de la cordillera de los Andes. 6. Los conquistadores en el territorio chileno: sus primeras crueldades. 7. Reciben auxilios por mar y avanzan hasta Aconcagua. 8. Reconocimiento del territorio. 9. Resuelven los españoles dar la vuelta al Perú y retroceden hasta Copiapó. 10. Almagro se reúne a sus capitanes Rodrigo Orgóñez y Juan de Rada. 11. Emprende la vuelta al Perú por el desierto de Atacama. 12. Fin desastroso del primer explorador de Chile. Historiadores de la expedición de Almagro (nota).

1. Don Diego de Almagro resuelve marchar a la conquista de Chile

La gloria de hacer la primera exploración del territorio chileno estaba reservada a don Diego de Almagro, capitán mucho más famoso que Alcazaba y que Mendoza, aunque no era como éstos, caballero de alta alcurnia ni favorito de los reyes.

Diego de Almagro, que ganó en la conquista del Perú el tratamiento de «don» que le dieron sus contemporáneos, tratamiento que ha consagrado la historia y que nosotros le daremos en adelante, era un soldado envejecido y experimentado en las guerras de América. Niño expósito en el pueblo de su nombre, según algunos cronistas, o hijo de un oscuro labrador del mismo lugar, según Oviedo que lo conoció personalmente, Almagro pasó a las Indias, a lo que se cuenta, para sustraerse al castigo a que se había hecho merecedor por haber herido a un hombre en una pendencia. No sabía escribir y ni siquiera leer, pero era valiente a toda prueba y poseía, junto con una regular inteligencia, un corazón abierto a las emociones generosas, y un candor de alma, una franqueza espontánea, que debían de ser excepcionales entre los toscos y astutos aventureros con quienes vivía. En Panamá había alcanzado un repartimiento de tierras y de indios. Allí se había ligado por la amistad más estrecha con Francisco Pizarro, soldado sagaz y resuelto, pero de un carácter sombrío y desconfiado.[185]

---

[185] Los antiguos historiadores de la Conquista dan muy escasas noticias acerca de los primeros años de Almagro. Cuentan que en su mocedad entró al servicio de don Luis de Polanco, uno de los cuatro alcaldes de Corte de los Reyes Católicos; y que en este tiempo

Aquellas dos naturalezas opuestas, se completaban la una a la otra, y llegaron a formar, según la pintoresca expresión de Oviedo, «un mismo hombre en dos cuerpos». Asociados en todas sus empresas y en todas sus especulaciones, alcanzaron a reunir una fortuna común de alguna consideración, que fue la base del caudal con que acometieron en compañía la conquista del Perú.[186]

---

tuvo la pendencia que le obligó a fugar a América, pero no indican ni aproximadamente cuándo hizo este viaje. En el Archivo de Indias, depositado en Sevilla, hallé dos informaciones mandadas hacer en Panamá el 14 de diciembre de 1526 y el 13 de abril de 1531 a petición de Almagro, para probar sus servicios al rey. Son documentos muy importantes para estudiar la historia del primer descubrimiento del Perú y arrojan alguna luz sobre la vida de este capitán. Allí aparece que salió de España en la armada de Pedro Arias Dávila (11 de abril de 1514), que traía a América a Bernal Díaz del Castillo, el soldado historiador de México, al cosmógrafo Enciso, y al cronista Gonzalo Fernández de Oviedo. En Panamá hizo amistad con Francisco Pizarro, que había pasado a las Indias algunos años antes. Almagro hace constar cómo perdió un ojo en un combate con los indios en el descubrimiento del Perú. Con la segunda de esas informaciones, Almagro escribe al rey el 25 de agosto de 1531, y le dice que estando en la Corte Fernández de Oviedo, amigo a quien ama, encarga a éste que las mercedes que solicita. Oviedo ha demostrado en su historia que en efecto fue amigo verdadero de Almagro.

186 Los contemporáneos han hecho el retrato de Almagro con coloridos diferentes, según el bando a que pertenecieron. Pedro Pizarro, pariente y paje del conquistador del mismo nombre, lo describe así: «Don Diego de Almagro a todos decía sí y con pocos lo cumplía. Este don Diego de Almagro nunca se le halló deudo: decía él que era de Almagro. Era un hombre muy profano, de muy mala lengua, que en enojándose trataba muy mal a todos los que con él andaban, aunque fuesen caballeros, y por esta causa el marqués (Francisco Pizarro) no le encargaba gente porque iban con él de muy mala gana. Este Almagro era bien hecho, valiente en la guerra, animoso en el gastar, aunque hacía pocas mercedes, y las que hacía profanas y no a quien le servía». Pedro Pizarro, *Relación del descubrimiento y conquista de los reinos del Perú*, escrita en Arequipa en 1571 y publicada en el tomo V de la Colección de documentos inéditos para la historia de España, Madrid, 1844.

Francisco López de Gómara, que no estuvo nunca en América, y que solo conoció a Almagro por el testimonio de otros, lo retrata en el capítulo 141 de su *Historia general de las Indias*, en los términos siguientes: «Era Diego de Almagro natural de Almagro. Nunca se supo de cierto quién fue su padre, aunque lo procuró. Decían que era clérigo. No sabía leer, era esforzado, diligente, amigo de honra y fama, franco, mas con vanagloria, quería supiesen todos lo que daba. Por las dádivas lo amaban los soldados, que de otra manera muchas veces los maltrataba de lengua y manos».

Más completo todavía es el retrato que nos ha legado el célebre cronista Pedro Cieza de León, que vivió algunos años en el Perú, y que recogió los más prolijos y juiciosos informes. Helo aquí: «Almagro murió de sesenta y tres años. Era de pequeño cuerpo, de feo rostro y de mucho ánimo, gran trabajador, liberal aunque con jactancia, de gran presunción sacudía con la lengua algunas veces sin refrenarse. Era avisado, y sobre todo muy temeroso del rey. Fue gran parte para que estos reinos se descubriesen. Dejando las opiniones que algunos tienen, digo que era natural de Aldea del rey, nacido de tan bajos padres que se puede

Es posible que Pizarro y Almagro, a pesar del carácter desconfiado del primero, hubieran sido siempre los mejores amigos, así en la prosperidad a que alcanzaron por sus hazañas, como en las estrecheces y penalidades de sus primeros tiempos. Pero desde que llegaron a la grandeza y se vieron rodeados por hombres más cultos que ellos y que, por lo tanto, podían dominarlos, soplaron a sus oídos los recelos y la discordia. Tales semillas no podían dejar de germinar en el ánimo de los ignorantes soldados que consumaron la conquista de América. En 1535, Pizarro y Almagro se miraban ya con desconfianza y de reojo, cuando llegó al Perú la noticia de las concesiones que Carlos V acababa de hacerles en premio de sus servicios, y la copia de las cédulas que fijaban los límites de sus gobernaciones respectivas. Herrando Pizarro, que había ido a la Corte a entablar estas negociaciones, debía llegar en breve con los instrumentos originales.

Pizarro y Almagro reclamaron a la vez la ciudad del Cuzco, que cada cual creía dentro de los límites de su gobernación. Ambos se vieron asediados por

---

decir de él principiar y acabar en él su linaje». *La Guerra de las Salinas*, capítulo 70. Esta obra es la cuarta parte de la crónica de Cieza de León, y ha sido publicada por primera vez en 1877, en el tomo 68 de la Colección de documentos inéditos para la historia de España. Oviedo, que lo conoció de cerca, lo ha retratado en los términos siguientes: «Este pecador de este adelantado don Diego de Almagro, no lo quiero hacer recto. ni creo que dejó de pecar, porque la compañía de tantas gentes y tan largas conciencias no podían dejar de prestarle algún aviso; pero puédese creer que fue uno de los escogidos y más acabados capitanes que a Indias han pasado (y aún que fuera della han militado). Yo no he visto ni oído capitán general ni particular, acá ni por donde he andado (que ha sido mucha parte del mundo), que no quisiese más para sí que para sus soldados ni su príncipe, sino éste: que si todo cuanto oro y plata y perlas y piedras preciosas hay en estas Indias y fuera de ellas estuvieran en su poder y determinación, lo osaba dar primeramente a su rey, y después a sus militares y después a cuantos lo hubieran menester, y lo menos guardara para sí, si no con propósito de darlo». Oviedo, *Historia general*, libro 47, capítulo I. En el proemio del mismo libro, Oviedo hace otro retrato de Almagro con rasgos más o menos semejantes. Uno de los más leales amigos de Almagro y de su memoria, don Alonso Enríquez de Guzmán, que ha dejado manuscrita una historia de su propia vida que debiera publicarse por el interés de las noticias que contiene, habla de aquel personaje en el tono de las más altas alabanzas. Dice así: «Por la calidad y condición de su persona, esfuerzo y liberalidad, lealtad a su rey que es lo principal, amor y temor a nuestro Dios, lo podemos comparar con el Cid Rui Díaz, de gloriosa memoria y de famosas hazañas, porque, como sabréis, de los que de él hablaron (de Almagro) y escribieron, ni el dicho Cid, ni Salomón, ni Alejandro no le han hecho ventaja». Cuenta enseguida que sus soldados lo querían como a Dios por su bondad y su liberalidad. *Vida de don Alonso Enríquez*, Ms.

De estos retratos los que más se acercan a la verdad son, sin duda, los de Oviedo y Cieza de León que fueron observadores tan juiciosos como rectos.

algunos de los suyos que indiscretamente parecían querer llevar las cosas a un rompimiento. Hubo un instante en que pareció próxima a estallar la guerra civil; pero los dos viejos camaradas se reconciliaron solemnemente en el Cuzco, durante una ceremonia religiosa celebrada con este objeto, prometiéndose uno a otro bajo la fe del juramento, respetar la compañía que tenían hecha, y mantenerse siempre amigos. Sin embargo, en esta reconciliación, Pizarro puso tanta cautela como candorosa sencillez su competidor. Aquél quedó en posesión del Cuzco; y para apartar a éste de toda tentativa de reclamar su derecho a esta ciudad, Pizarro trató de hacerlo partir a una lejana empresa.

En esa época (1535) don Diego de Almagro se hallaba en edad y en condiciones de existencia en que el cuerpo y el espíritu reclaman el descanso. Frisaba en los sesenta años, y sufría los achaques consiguientes a una vida de combates y de disipación. En la guerra había perdido un ojo, y como fruto de las calaveradas de una juventud borrascosa, padecía los achaques consiguientes a una enfermedad venérea que los médicos no habían sabido curar radicalmente. En cambio, poseía una fortuna colosal ganada en la conquista del Perú, que le habría permitido llevar en América o en España una vida ostentosa. Pero el viejo capitán estaba también dominado por una gran ambición y por una codicia insaciable. Quería poder y oro para servir a sus amigos, para hacer ricos a cuantos se le acercaban, y los quería también para dar grandeza y fortuna al heredero de su nombre. Almagro había tenido un hijo natural en Panamá, lo amaba con idolatría, y soñaba en conquistas y en riquezas para dejarlo al morir en el rango más elevado a que podía aspirar un caballero de su siglo. Estos sentimientos, fomentados por su espíritu emprendedor y aventurero, iban a arrojarlo a una empresa en que esperaba sacar una gloria sin igual a la vez que inconmensurables tesoros.

Los indios del Cuzco hablaban de un país situado mucho más al sur, de clima bonancible y cuyo suelo estaba cuajado de riquezas. Chile, tal era el nombre que daban a ese país, estaba sometido en parte al imperio de los incas, y pagaba puntualmente sus tributos en oro. Los caminos para llegar hasta allá eran ásperos, despoblados en una gran extensión y siempre penosos; pero la abundancia y la fertilidad de su suelo indemnizaban de sobra todas las fatigas de una expedición de esa naturaleza. Indudablemente, los indios peruanos no creían tales grandezas, pero meditaban un levantamiento general contra los españoles y tenían interés en alejar del Perú una buena parte de éstos para consumar mejor su intento.

Conservaba nominalmente el mando del Perú el inca Manco, príncipe joven de la familia de los antiguos emperadores, a quien Pizarro había colocado en el trono para gobernar en su nombre. Este mancebo, resuelto a reconquistar la independencia y la soberanía de sus mayores, ocultaba astutamente sus planes; y cuando los conquistadores hablaron de la expedición a Chile, se ofreció gustoso a secundar esta empresa. Con este objeto, puso a disposición de Almagro a su propio hermano, el príncipe Paullo Tupac (o Paulo Topa, como escriben los cronistas españoles) y al villac umu (o más propiamente huillac umu), gran sacerdote o pontífice del templo del Sol, para que salieran adelante con tres soldados españoles. Ellos debían, según el Inca, anunciar en los pueblos del tránsito la expedición de Almagro, para que éste fuera recibido con el acatamiento que merecía el amigo y el aliado del soberano del Cuzco. Al mismo tiempo debían recoger los tributos de oro y de plata que pagaban al Inca los pueblos del sur del Imperio, para que fueran entregados a los conquistadores.

2. Aprestos de Almagro para la campaña

Almagro desplegó entonces una prodigiosa actividad para adquirir todos los informes relativos al camino que era preciso seguir, y para juntar intérpretes y guías entre los indios más conocedores de aquellas localidades. Despachó agentes a Lima a enganchar soldados que quisiesen tomar parte en la empresa. Cabalmente, en esos momentos, llegaban al Perú numerosos aventureros de España y de las otras colonias atraídos por la fama de la riqueza del imperio de los incas. En 1534, el conquistador de Guatemala, Pedro de Alvarado, había invadido el norte de la gobernación de Pizarro al frente de una hueste de 500 soldados, con el propósito de apoderarse de alguna parte de sus riquezas. Su empresa había sido desbaratada, pero el mayor número de los hombres que lo acompañaban había quedado en el Perú. Ellos, así como los otros aventureros que acababan de llegar al país, se hallaban sumamente pobres y, al mismo tiempo, deseosos de acometer una campaña que pudiera mejorar su situación. Almagro y sus agentes pudieron reunir bajo sus banderas en diversos puntos del Perú más de 500 guerreros, a quienes, sin embargo, era menester habilitar de todo: de caballos, de armas y de ropa.

Estos preparativos demandaban gastos ingentes, que con todo no arredraron a Almagro. Hizo sacar de su casa más de 120 cargas de plata y hasta veinte de oro en joyas quitadas a los indios y que le habían tocado a él en el reparto del botín; mandó hacer una gran fundición de estos metales preciosos y socorrer con ellos a todos los que querían tomar parte en la empresa.[187] Los historiadores han contado con este motivo los rasgos más singulares de la maravillosa prodigalidad con que Almagro repartía sus tesoros. Solo los que querían, firmaban obligaciones de pagar, con los provechos de la conquista, los anticipos que recibían.[188] Uno de los antiguos cronistas, Oviedo, calcula en más de millón y medio de pesos de oro el costo total de la expedición.[189] Se comprenderá la razón de este gasto recordando que en esos momentos los caballos, las armas, los arreos militares y la ropa, tenían en el Perú un precio subidísimo, verdaderamente fabuloso.[190]

---

[187] Existe en el Archivo de Indias, depositado en Sevilla, una relación del oro y de la plata que se fundieron en el Cuzco desde el 20 de mayo hasta fines de julio de 1535 para sacar el quinto que correspondía al rey. En esa relación, que da una idea aproximada de los grandes tesoros recogidos en el Perú por los conquistadores, aparece algunas veces el nombre de don Diego de Almagro por fuertes sumas; pero indudablemente deben registrarse allí muchas otras partidas bajo el nombre de alguno de sus tenientes. Este documento está publicado en el tomo IX de la Colección citada de Torres de Mendoza, pág. 503 y siguientes.

[188] Antonio de Herrera, dec. V, libro VII, capítulo 9.

[189] El peso de oro, usado por los conquistadores de América, y que tendremos que nombrar muchas veces, no era una moneda sino una medida de peso equivalente a un castellano, como lo dice expresamente Francisco Jerez en la última página de su *Relación*, antes citada. Cincuenta pesos de oro formaban un marco. Se apreciaba cada peso de oro en 450 maravedíes de plata, que reducidos a moneda moderna dan 3 pesos y algunos centavos. Así, pues, los gastos hechos en los aprestos de la expedición de Almagro pasaron de la enorme suma de cuatro millones y medio de pesos de nuestra moneda.

[190] Oviedo, *Historia general*, libro 47, capítulo 5, tomo IV, pág. 276, da en esta forma los precios de algunos artículos: «Un caballo valía 7 y 8.000 pesos de oro, y un negro 2.000, y una cota de malla 1.000, y una camisa 300, y a este respecto todo lo demás». Para formarse idea de estos precios según nuestra moneda, sería preciso multiplicarlos por tres, como indicamos en la nota anterior. Cieza de León, en el capítulo 26 de la primera parte de la *Crónica del Perú*, da algunas noticias acerca de los precios que por entonces tenían los animales europeos en América, y refiere que él vio vender una puerca en 1.600 pesos. El inca Garcilaso de la Vega, en los capítulos 16 a 20 del libro IX de sus *Comentarios reales*, ha reunido datos muy curiosos acerca de la introducción de los animales europeos en el Perú, y del alto valor a que alcanzaron en los primeros tiempos. Sin embargo, todas estas noticias no están perfectamente conformes entre sí, lo que se explica no solo por la calidad del animal vendido sino por la mayor o menor prodigalidad del comprador. Don Alonso

Por las noticias recogidas acerca de las dificultades del camino, comprendió Almagro que sería una imprudencia el emprender la campaña por los despoblados y desiertos que tenía que atravesar si llevaba sus tropas reunidas en un solo cuerpo. Así, pues, comenzó por despachar adelante al capitán Juan de Saavedra con cien jinetes, y con encargo de reunirle en su marcha el mayor acopio posible de provisiones, maíz y llamas, u ovejas de la tierra, como decían los castellanos.

Parece que en el principio, don Diego de Almagro había pensado confiar el mando de la expedición a alguno de sus capitanes, a Hernando de Soto o a Rodrigo Orgóñez, y quedarse él en el Cuzco. Pero esta determinación contrariaba muchos intereses. No siéndole posible desairar a uno de esos capitanes prefiriendo al otro para el mando, resolvió ponerse él mismo a la cabeza de sus tropas lo que, sin embargo, desagradó de tal manera a Hernando de Soto que poco después abandonó el Perú y fue a hallar la muerte en una romanesca y trágica campaña en la Florida. Pizarro, por su parte, impaciente por ver alejarse del Cuzco a su temible competidor, había hecho llegar hasta él, por vía de denuncio, la noticia de que pensaba prenderlo, ya que éste se hallaba privado de la columna que había hecho marchar adelante con el capitán Saavedra.[191] Almagro no vaciló ya en partir, pero siempre confiado en su antiguo amigo, creyó que eran los hermanos de éste los que preparaban esa deslealtad. «Os amo como a hermano, le dijo a Pizarro al despedirse de él en el Cuzco, y deseo que en todas circunstancias conservemos nuestra unión. Pero vuestros hermanos enturbiarán nuestra amistad y os indispondrán con muchos de vuestros capitanes. Enviadlos a España, y disponed de mi tesoro para que se vayan contentos.» Consejo saludable era éste, dice el historiador Herrera; pero la arrogancia cegó a Pizarro y le impidió aprovecharlo. La influencia de esos hermanos había de ser funesta al conquistador del Perú.

Enríquez de Guzmán refiere en su Vida inédita, que hemos citado más atrás, que cuando llegó a los puertos del norte del Perú, vendió uno de los tres caballos que traía, a un oficial llamado Alonso Garcés, por 1.000 pesos de oro y 70 marcos de plata fina.

191 Consigna esta noticia el autor anónimo de la relación titulada *Conquista y población del Perú*, que acompañó a Almagro en esta campaña. Herrera lo ha seguido fielmente en este punto como en muchos otros, en su dec. V. libro VII, capítulo 9.

3. Viaje de los expedicionarios por las altiplanicies del Collao: horrores cometidos durante la marcha

El 3 de julio de 1535, salió Almagro del Cuzco;[192] pero fue a establecerse en el pequeño pueblo de Moina, a 5 leguas de distancia, para terminar sus aprestos libre de las acechanzas de sus rivales. Allí pasó ocho días tomando sus últimas disposiciones para la campaña, y reconcentrando la gente que acudía a reunírsele, así españoles como indios auxiliares. En el Cuzco quedaba el capitán Rodrigo Orgóñez formando otra división; mientras en Lima se enganchaban soldados para la expedición, que debían partir bajo el mando de los capitanes Juan de Rada y Rui Díaz, soldados ambos dignos de toda la confianza de Almagro.

Desde Moina se abrían dos caminos para marchar a Chile. Uno de ellos, que se inclina a la costa pasando por Arequipa, habría llevado a Almagro por los áridos desiertos de Tarapacá y de Atacama, donde falta el agua y la vegetación, con fuertes calores durante el día y con neblinas y fríos penetrantes durante la noche. El otro, mucho más largo, corría por las altiplanicies de los Andes, era más socorrido en su primera parte, pero llevaba más adelante a regiones ásperas y pobladas por indios guerreros y feroces, y exigía por fin el paso de la gran cordillera por laderas casi inaccesibles. Almagro había elegido este último camino y, al efecto, había hecho avanzar por ese lado al capitán Saavedra. Después de atravesar las montañas que limitan por el sur la meseta del Cuzco, Almagro penetró en la región denominada del Collao en cuyo centro se extiende el dilatado lago Titicaca, cuyas orillas estaban entonces muy pobladas de indios y de ganados, que los conquistadores arrastraban consigo despiadadamente. Más adelante todavía, en la provincia denominada Paria, al oriente del río Desaguadero, se reunió con Saavedra que, según sus instrucciones, había fundado allí un pueblo y había reunido una gran cantidad de provisiones. En Paria se detuvo un mes entero para dar descanso a su tropa y para librarse de los fríos glaciales que en esa estación (agosto) reinaban todavía en la parte austral de aquellas altiplanicies.

Los expedicionarios iban cometiendo las mayores atrocidades en el camino. Un escritor contemporáneo, pero que no hizo esta campaña, refiere que los

---

192 La fecha precisa en que Almagro salió del Cuzco no está señalada sino por Oviedo, libro 47, capítulo 11. Herrera indica solo el año. Pedro Pizarro, *Relación* citada, pág. 286, dice: «Y el día que del Cuzco salió (Almagro) se quemó la mitad de ella»: desgracia que parece atribuir a los soldados expedicionarios.

soldados españoles que habían venido de Guatemala con Pedro de Alvarado, traían de aquel país, que fue teatro de los más negros horrores de la Conquista, el hábito de robar y de destruir cuanto encontraban, y que en esta expedición ejercitaron libremente sus malos instintos.[193] Mucho más explícito todavía es otro cronista que fue testigo presencial de aquellos horrores. «Sacaron los españoles de los términos del Cuzco, dice, gran cantidad de ovejas, de ropa y de materiales. Los indios que de su voluntad no querían ir con ellos, eran atados en cadenas y sogas; y todas las noches los metían en ásperas prisiones. De día los llevaban cargados y muertos de hambre. Los naturales no osaban esperarlos en sus pueblos, y abandonaban sus mantenimientos y ganados, de todo lo cual se aprovechaban los españoles. Y cuando éstos no tenían indios para cargar, ni mujeres para que los sirviesen, se juntaban en un pueblo diez o veinte; y so color que aquellos indios estaban alzados, iban a buscarlos y llevaban en cadena a los hombres, a las mujeres y a los niños. Algunos españoles, si les nacían potros de las yeguas, los hacían transportar en hamacas y en andas, cargados por los indios. Otros, por pasatiempo, se hacían cargar en andas, llevando los caballos del diestro para que fuesen gordos. Si los indios no daban tanto como se les pedía, los españoles hacían ranchear sus pueblos, y les tomaban por fuerza todo lo que se les antojaba, las mujeres y los hijos, y deshacían las casas para leña. De esta manera iban destruyendo toda la tierra, la cual se alzaba; y al español desunido de los otros, los indios lo mataban. Asimismo imponían a los indios de servicio que llevaban, y a los negros, que fuesen grandes rancheadores y robadores, y el que no lo usaba era apaleado cada día. Al español que era buen rancheador y cruel, y mataba muchos indios, teníanle por buen hombre y en gran reputación. Almagro, dejaba y permitía destruir todo porque los suyos le siguiesen alegres y contentos en su descubrimiento. Verdad es que algunas veces castigaba y reprendía, pero eran muy pocas, y con muy liviano castigo

---

[193] «Esta gente que (Almagro) llevaba de Guatemala y de don Pedro de Alvarado iban robando y destruyendo por donde pasaban, que venían vezados de aquellas partes según se entendió dellos mismos, cuando conquistaban a Guatemala. Estos fueron los primeros inventores de ranchear, que en nuestro común hablar es robar, que los que pasamos con el marqués (Pizarro) a la conquista no hubo hombre que osase tomar una mazorca de maíz sin licencia.» Pedro Pizarro, *Relación*, etc., págs. 286 y 287. Por el manuscrito citado de don Alonso Enríquez de Guzmán, se ve que los conquistadores del Perú sabían perfectamente ranchear, sin necesidad de que se lo enseñasen los soldados de Alvarado.

pasaba por todo.»**194** Se calcula en cerca de 15.000 el número de los indios que seguían a Almagro como auxiliares o más propiamente como bestias de carga.

La región que atravesaba Almagro ofrecía condiciones favorables para establecerse. A su izquierda se alzaba una sierra en que abundan las minas, y en que poco más tarde se hallaron las incalculables riquezas de Porco y de Potosí; pero él y sus compañeros, aunque oyeron hablar de esos depósitos, iban tan persuadidos de que marchaban a un país cuajado de metales preciosos, que ni siquiera pensaron en detenerse allí más tiempo que el necesario para descansar. Después de un mes de espera en Paria, emprendieron de nuevo su marcha hacia el sur. Hasta las orillas del lago Aullagas, el país era poblado y ofrecía recursos de ganados y de maíz que los españoles recogieron en los diez días que permanecieron allí. Pero más adelante hallaron llanuras estériles y faltas de agua, vastos campos de sal, desprovistos de víveres y, por último, las ásperas serranías de Chichas, que en ese momento estaban todavía cubiertas por las nieves del invierno. Almagro no se desalentó un solo instante por estas dificultades. A la vanguardia de los suyos continuó resueltamente su marcha sin detenerse ante ningún obstáculo; y al fin llegó (a fines de octubre) al pequeño pueblo de Tupiza, donde lo esperaban los primeros emisarios que había hecho partir del Cuzco. En efecto, allí se hallaban el príncipe Paullo Tupac y el villac-umu o pontífice del Sol; pero los tres españoles que los acompañaban, habían pasado adelante, sin tomar en cuenta los numerosos peligros a que se exponían.

En ese lugar, tuvo ocasión Almagro de apreciar mejor las dificultades de la empresa que había acometido. Después de cerca de cuatro meses de campaña, no se hallaba todavía en la mitad del camino que tenía que recorrer para llegar a Chile y, aunque había sufrido grandes penalidades en su marcha, ellas eran nada respecto a las que tendría que soportar el resto de su viaje por regiones mucho menos hospitalarias, según todos los informes que se le daban. Sus amigos del Cuzco, por otra parte, le habían enviado un mensajero con cartas en que premiosamente le pedían que volviese atrás. Anunciábanle que acababa de llegar al Perú el obispo de Panamá, don fray Tomás de Berlanga, con poderes del rey para fijar la demarcación entre su gobernación y la de Pizarro, y que

---

194 Conquista y población del Perú. Abrevio y simplifico un poco la narración de este escrito, conservando en su forma original los hechos capitales.

importaba mucho que él se hallase presente para hacer valer sus derechos.[195] Estas consideraciones habrían debido hacerlo vacilar en sus determinaciones; pero en el mismo pueblo de Tupiza halló Almagro estímulos de otro orden. Paullo Tupac y el villac-umu le habían reunido en su camino algunas cantidades de oro y plata, y habían detenido a los emisarios de Chile que llevaban los tributos que este país pagaba al Inca del Perú. Esos tributos ascendían a 90.000 pesos de oro.[196] Esta suma, relativamente pequeña, no correspondía a los costos y sacrificios de la expedición; pero tomándola Almagro como una simple muestra de las inagotables riquezas que esperaba hallar en Chile, persistió con mayor energía en continuar su viaje. No habría habido nada capaz de hacer desistir de sus propósitos al ambicioso y resuelto anciano, que en aquellas penosas jornadas desplegaba el ánimo y el vigor de sus mejores días.

De todas maneras, le fue forzoso demorarse allí más de dos meses. Este retardo era necesario para que se le reunieran las tropas que había dejado atrás y para que, derritiéndose la nieve que cubría aún las montañas que él acababa de pasar con su vanguardia, pudiese avanzar el grueso de su ejército con sus bastimentos y cargas. Por otra parte, los maizales de Tupiza, donde pensaba recoger una abundante provisión para el sustento de sus tropas, estaban todavía en yerba, y era necesario esperar que llegasen a su madurez, es decir, a los primeros días de 1536, para poder continuar la marcha bien abastecido.[197]

El ejército de Almagro siguió reuniéndose en Tupiza para continuar la campaña. La fatigosa marcha que acababa de hacer desde el Cuzco había gastado las herraduras de sus caballos. A falta de fierro, Almagro mandó hacer otras de

---

195 *Conquista y población del Perú*; Herrera, dec. V, libro VII, capítulo 9.
196 Da esta cifra Herrera en la dec. V, libro X, capítulo 1. El cronista don Pedro Mariño de Lobera, que sobre la expedición de Almagro da algunas noticias que no se hallan en otra parte, y que quizá recogió de boca de algunos de los soldados que hicieron esta campaña, confundiéndolas y exagerándolas, cuenta que el tributo de Chile llegaba a 200.000 pesos de oro; y que iban en él dos granos o pepitas de oro, de los cuales uno pesaba catorce libras y el otro once.
197 Las relaciones originales que nos han quedado de la expedición de Almagro. carecen casi completamente de indicaciones cronológicas. Sin embargo, leyéndolas atentamente pueden suplirse aproximadamente las fechas, deduciéndolas de las circunstancias de la narración. Así, pues, puede afirmarse sin temor de equivocación que el viaje de Almagro por las altiplanicies de los Andes, desde su salida del Cuzco, duró cerca de cuatro meses; que llegó a Tupiza a fines de octubre de 1535; y que habiendo reconcentrado allí su ejército y recogido el maíz de la nueva cosecha, continuó su viaje al sur a principios de enero del año siguiente.

cobre, que debían ser una mala defensa contra las asperezas de la gran cordillera que tenía que atravesar. Allí, mandaron los españoles que se volvieran a sus casas muchos de los indios que habían venido acompañándolos desde los campos vecinos al lago Titicaca. Una noche se desapareció del campamento el villac-umu con algunos individuos, así hombres como mujeres, de su séquito. Todas las diligencias que practicaron los españoles para descubrir su paradero, fueron infructuosas. El sacerdote peruano se había vuelto por caminos extraviados a la altiplanicie del Collao a levantar las poblaciones indígenas y a llevarlas contra los conquistadores que quedaban en el Cuzco. Así, pues, Almagro dejaba a sus espaldas una revolución formidable próxima a estallar. Por su frente, la situación no era más tranquilizadora. Los indios del sur, sometidos unos a los incas, nómadas e independientes los otros, eran belicosos y esforzados, vivían en bosques y sierras de difícil acceso, y estaban dispuestos a defender resueltamente el suelo que habitaban. De cinco españoles que se adelantaron a sus compañeros en aquella región, tres perecieron a manos de los indígenas, y los dos restantes volvieron al campamento de Almagro a dar a conocer los peligros que esperaban a los expedicionarios. Todo hacía creer que allí comenzaba la parte verdaderamente ruda de la campaña.

4. Reconcentración del ejército y su marcha al sur

El valeroso anciano no se alarmó por tales peligros. Formó una columna de setenta españoles bajo las órdenes del capitán Salcedo y la despachó adelante para castigar a los indios que debía encontrar en su camino. Esta empresa, sin embargo, ofrecía las mayores dificultades. Para llegar de Tupiza al valle que baña el río de Jujuí, era preciso atravesar terrenos quebrados y montañosos en que era difícil oponer una formidable resistencia. Todos los indios de esta región estaban sobre las armas: ocupaban las alturas, y en los campos inmediatos habían abierto fosos en que habían plantado púas afiladas de madera dura, cubiertas con yerbas como obra defensiva contra la caballería. Cuando Almagro tuvo noticia de la dificultad de atacar esas posiciones, hizo salir nuevos refuerzos de tropas para rodear a los indios. Éstos, creyéndose perdidos, abandonaron sus posiciones durante la noche y, aunque fueron perseguidos, supieron defenderse en su retirada.[198]

Quedó así expedito el camino para el valle de Jujui. El ejército de Almagro emprendió su marcha recogiendo en sus filas a los castellanos que iban llegando del norte para tomar parte en la campaña. La marcha se hacía lentamente, siguiendo el curso del río de Jujui, por el rico valle de este nombre, hasta llegar a la llanura de Chicoana, al occidente del lugar en que hoy se levanta la ciudad de Salta. En toda esta región, los indígenas habían abandonado sus habitaciones, y trepádose a las alturas de los cerros vecinos donde se creían fuertes para resistir a la caballería. Desde que divisaban a los españoles, prorrumpían en gritos horribles para provocarlos a combate; y cuando podían caer con ventaja sobre algún destacamento de los invasores, mataban sin piedad a cuantos encontraban. Los negros y los indios auxiliares que servían en el ejército de Almagro, conocidos estos últimos con el nombre peruano de yanaconas, eran los que despertaban el mayor furor de los enemigos, porque eran también los más crueles en las represalias. En uno de esos combates, Almagro, que no economizaba su persona en los peligros, se lanzó temerariamente en persecución de los salvajes. Su caballo cayó muerto por una saeta que le atravesó el corazón, y él mismo habría quedado prisionero si no hubieran acudido en su socorro algunos soldados castellanos.[199] Las venganzas que éstos tomaban del enemigo después de cada uno de estos combates, eran verdaderamente horribles, según todos los historiadores. Los españoles mataban sin piedad a todos los prisioneros, quemaban las chozas de los indios y arrasaban sus sembrados.

Chicoana era el último lugar en que los invasores podían proveerse de víveres antes de penetrar en la gran cordillera. Se detuvieron allí algún tiempo recogiendo todo el maíz de la nueva cosecha que podían transportar en las llamas y en los indios de servicio, convertidos así en bestias de carga.

---

198 Herrera, dec. V, libro X, capítulo 1. El capitán Mariño de Lobera, que escribió su *Crónica del reino de Chile* antes de la publicación de la obra de Herrera, ha referido estos combates con accidentes y pormenores que se diferencian poco de los que ha consignado este último cronista. Leyendo el capítulo 2 de Lobera, he creído que había recogido estas noticias de boca de alguno de los compañeros de Almagro que hicieron la primera expedición a Chile. Por lo demás, el capitán historiador explica como milagro la retirada de los indios en el primer combate. Puede decirse que allí comienza la crónica milagrosa de la conquista de Chile.

199 Oviedo, libro 47, capítulo 3; Mariño de Lobera, capítulo 2.

Esta demora de los expedicionarios en Chicoana tenía también otro objeto. Almagro, como refiere el cronista Oviedo, no quería pasar las cordilleras hasta que los calores del verano no hubiesen acabado de derretir las nieves; pero este mismo retardo lo exponía a otro peligro: la crecida y el desbordamiento de los ríos en la región que tenía que atravesar antes de llegar al pie de los Andes. Así, pues, al salir de los llanos de Chicoana, lo esperaba esta nueva contrariedad. Corre allí el río Guachipas,[200] que en su curso inferior antes de arrojarse al Paraná, toma el nombre de Salado. Ese río, pequeño y vadeable la mayor parte del año en aquella región, se aplaya en grandes extensiones cuando las lluvias tropicales del verano han aumentado extraordinariamente su caudal.[201] En esa estación, el río Guachipas estaba desbordado en los campos vecinos, y su paso era muy molesto. Los españoles anduvieron un día entero sin salir del agua; pero al fin pasaron al otro lado. Sin embargo, aquella jornada les había sido desastrosa. Las llamas, flacas y cansadas con la marcha, se tiraban al suelo y perecían, mientras sus cargas eran arrastradas por la corriente del río. Muchos indios auxiliares aprovecharon la confusión general para tomar la fuga. Llegados a la orilla opuesta, los españoles tuvieron todavía que abandonar una gran parte de sus provisiones porque no tenían medios para transportarlas.

Este contratiempo habría arredrado a un capitán menos animoso que el viejo Almagro. Se sabía que era necesario recorrer una gran distancia para penetrar en Chile, y que este camino, áspero y escabroso, era en su mayor parte desprovisto de víveres. Nada, sin embargo, doblegó el espíritu del valiente

---

200 En 1813 el general Belgrano le dio el nombre de Juramento, con que es más conocido. Véase Mitre, *Historia de Belgrano*, Buenos Aires, 1876, tomo I, pág. 512.

201 Este río, así como el Pilcomayo y el Bermejo, que corren casi en la misma dirección, y que están sujetos a las mismas alternativas, reciben muy pocas aguas de los Andes. Las lluvias torrenciales del verano, en cambio, los someten a crecidas periódicas perfectamente conocidas. Caen esas lluvias de noviembre a marzo; y las crecidas de los ríos comienzan en diciembre y se continúan durante algunos meses con grandes desbordamientos en los campos inmediatos, a los cuales comunican una notable fecundidad. Véase Burmeister, *Description physique de la Republique Argentine*, libro II, capítulo 11, pág. 281 y Martin de Moussy, *Description géographique de la Republique Argentine*, París, 1860, tomo I, pág. 142. El máximum de las crecidas de esos ríos tiene lugar en febrero. Almagro, partido de Tupiza en los primeros días de 1536, ha debido pasar ese río a fines de febrero, fecha que concuerda con las dificultades que según el cronista Oviedo, tuvo que vencer allí. El paso del Guachipas se efectuó seguramente cerca de su unión con el río de Santa María, para penetrar en el valle de este nombre y seguir a las sierras de Quilmes, habitadas por los indios calchaquis.

conquistador. Mandó repartir los bastimentos que quedaban entre todos sus compañeros, sin distinción de dueños, y alentándolos con su palabra y con su ejemplo, continuó su marcha por el valle denominado ahora de Santa María. El algarrobo (prosopis dulcis), árbol muy abundante en toda aquella región, les suministró algún alimento, que los españoles utilizaron a la manera de los indios. Sus legumbres cilíndricas y enroscadas, contienen una pulpa azucarada que se come con agrado, pero que es poco nutritiva. Los españoles, a ejemplo de los indios, hicieron pan y miel con esa fruta.[202] En esta región, que una antigua relación denomina Quirequire, tuvieron que sostener además numerosos combates con los indios calchaquis, guerreros valerosos y esforzados que les causaron algunas pérdidas. Aquí, como en toda la campaña, los invasores ejercieron sobre los indios represalias horribles.

5. Viaje de Almagro al través de la cordillera de los Andes

Después de atravesar por su parte norte el vasto desierto denominado Campo del Arenal, en que emplearon siete días, los expedicionarios transmontaron la sierra de Gulumpaja y llegaron a la altiplanicie de la Laguna Blanca, llanura interrumpida por algunos lagos salinos, últimos vestigios de un mar prehistórico, evaporado en su mayor parte. Al fin, entrando por las gargantas o quebradas que hay al norte de ellas, conocidas en nuestro tiempo con el nombre de San Francisco, comenzaron a escalar la gran cordillera. Allí los esperaban nuevos sufrimientos antes de penetrar en la deseada tierra de Chile.

La cordillera de los Andes forma en esta región una meseta que mide más de 30 leguas de ancho, y que va ensanchándose más y más hacia el norte hasta reunirse con la altiplanicie en que se hallan los lagos Titicaca y Pampa-Aullagas. Esa meseta, con una altura media de más de 4.000 metros, constituye uno de los lugares más tristes y más áridos del mundo. El suelo desnudo y seco, no ofrece más que en ciertos parajes una pobre vegetación raquítica, que apenas suministra en uno que otro punto un sustento miserable a los pocos animales que viven en esas alturas, o que están obligados a atravesarlas. El hombre no puede contar en ellas con ninguna especie de alimento; y el viajero que las recorre, está obligado a llevarlo todo consigo. El suelo está sembrado de gui-

---

202 Oviedo, libro 47, capítulo 3. Véanse en Martin Moussy, obra citada, tomo I, págs. 400 y 401, los usos que tiene todavía el fruto del algarrobo.

jarros pequeños, de cortes afilados, debidos a la desagregación de las rocas de los cerros vecinos por causa de las violentas variaciones de la temperatura. Esos guijarros que lastiman a los caballos, son terribles para los viajeros que se atreven a caminar a pie. En el invierno, esas altiplanicies están cubiertas de nieve, sin dejar, sin embargo, de ser más o menos practicables. En el verano, de noviembre a abril, la atmósfera es siempre pura y clara, a lo menos durante el día. La nieve desaparece del suelo, y solo se deja ver en algunos picos que miden más de 4.500 metros. Pero aun en esta estación, el clima es verdaderamente insoportable. El viento de oeste, sin duda la contracorriente del alisio, enfriado en las regiones elevadas de la atmósfera, bate sin cesar aquellas alturas causando las mayores molestias al viajero. En la noche, la temperatura baja mucho más todavía, y congela las pocas vertientes de agua que allí se encuentran. Se comprenderán mejor las dificultades de este viaje, recordando que la travesía debe hacerse en algunos días a causa de la extensión y de la aspereza del camino, y que el enrarecimiento del aire produce en muchos viajeros la angustiosa enfermedad conocida en las cordilleras americanas con los nombres de puna o soroche.[203]

Almagro iba a luchar con todos estos inconvenientes y, además, con la falta casi absoluta de alimentos.[204] Sus víveres y sus forrajes estaban casi del

---

[203] Esta parte de la cordillera de los Andes ha sido explorada en los últimos años con un objetivo científico por algunos sabios ilustres. Para hacer la corta descripción del texto, he tenido por guía al señor Burmeister, el sabio director del Museo de Buenos Aires, que ha visitado esta región y que la ha dado a conocer con mucha prolijidad en su *Reise durch die la Plata Staaten* (*Viaje por los estados del Plata*, 1860), tomo II, pág. 245 y siguientes, y un opúsculo del señor Domeyko titulado *Excursión a las cordilleras de Copiapó*, Santiago, 1843. El señor Burmeister ha acompañado su descripción de un mapa de esta parte de la cordillera, que me ha sido muy útil. El lector podrá encontrar un resumen muy noticioso de sus exploraciones en el capítulo 4 del libro II de su *Description physique* que hemos citado anteriormente.

[204] Algunos de los primeros escritores sobre las cosas de Chile que no hicieron esta campaña, como el capitán Alonso de Góngora Marmolejo (*Historia de Chile*, capítulo 2) y el sargento mayor Miguel de Olavarría, en el informe que hemos citado muchas veces (véase el II tomo de *Documentos* de Gay, pág. 25), no han podido explicar el horrible frío que experimentaron en su viaje los compañeros de Almagro, sino atribuyéndolo a grandes nevadas, de donde el cronista Herrera, que sin duda conoció esas relaciones, ha sacado un cuadro pintoresco de tempestades de nieve, que han adoptado más tarde casi todos los escritores posteriores. Por otra parte, las tropas que formaban el ejército de Almagro penetraron en Chile en tres cuerpos diferentes, de los cuales los dos últimos, mandados por Rodrigo Orgóñez y por Juan de Rada, pasaron la cordillera en pleno invierno, y debieron sufrir

todo agotados: sus caballos no tenían más defensa contra las asperezas de la montaña que herraduras de cobre, ya medio gastadas. Y, sin embargo, era preciso hacer todavía siete u ocho jornadas por aquellas alturas antes de llegar a una tierra más hospitalaria. Pero, ¿qué podría detener al ambicioso capitán que soñaba hallar al otro lado de la cordillera un país cuajado de oro, según la expresión de los conquistadores? Sin vacilar un momento, Almagro mandó seguir adelante, como si penetrara a una región llena de recursos.

Las penalidades consiguientes a tan temeraria empresa no se hicieron esperar largo tiempo. Vencidas las angostas y ásperas gargantas por donde era preciso caminar para llegar a las alturas de la cordillera, los expedicionarios

---

nevadas durante su marcha. No debe extrañarse que los que refirieron estos sucesos por los informes de los que fueron testigos y actores de ellos, confundieran estos accidentes aplicando a la primera división las contrariedades que experimentaron las otras dos. De este error de algunos de los antiguos cronistas, ha nacido el que historiadores distinguidos de nuestro tiempo digan que Almagro pasó la cordillera de los Andes en pleno invierno. Un erudito geógrafo alemán, Óscar Peschel, en una obra notable por su investigación, *Geschichte der Erdkunde* (*Historia de la geografía*, pág. 284) partiendo de esos datos, ha comparado el viaje de Almagro con el paso de los Alpes por Aníbal, operación que sin ser precisamente más grande que la empresa del primer explorador de Chile es, sin embargo, muy diferente.

Mientras tanto, Oviedo, que tuvo a la vista una carta relación de Almagro al rey, que desgraciadamente parece perdida, y que él extractó, no habla expresamente de esas nevadas, si bien recuerda el frío espantoso que sufrieron los expedicionarios, y dice en el capítulo siguiente, el 4, que dejaron sus ropas en las nieves. Mariño de Lobera, que sobre esta expedición ha consignado noticias particulares que, sin duda, le comunicó alguno de los compañeros de Almagro, habla también del frío, pero no dice nada de la caída de nieve. Estos testimonios puramente negativos, están confirmados por uno mucho más explícito e irrefutable. La única relación original que nos haya quedado de esta expedición, es la Conquista y población del Perú, cuyo autor venía con Almagro. Allí cuenta estos sucesos en la forma siguiente: «Pasó el adelantado (Almagro) y su gente, para pasar a los valles de Copiayapo, un despoblado y puerto de trece jornadas, que cuando es tiempo de nieves es todo el camino nevado hasta la orilla, a lo menos hay nieve, y cuando no la hay, que era cuando pasó el adelantado, hace tan gran frío que se murieron en una noche setenta caballos y gran cantidad de piezas de servicio». Esta parte de la relación coincide perfectamente con las observaciones meteorológicas de los viajeros modernos que han recorrido esos lugares.

Por lo demás, Almagro ha pasado la cordillera a fines de marzo o, a más tardar, a principios de abril. Solo así ha podido hallarse en Aconcagua a fines de mayo, como lo veremos más adelante. Aunque no es raro que en el verano caigan algunas nevadas en la cordillera de Copiapó, no son considerables ni temibles en esta estación. Pero parece que la expedición de Almagro no sufrió tales inconvenientes sino el frío glacial de las alturas en las noches despejadas.

atravesaron el primer puerto y se hallaron al fin en la altiplanicie. El frío de las altas regiones, el viento continuo que lo hacía aún más helado y penetrante, el cansancio de los caballos, el hambre devoradora, agobiaron a aquellos hombres de hierro que, sin embargo, estaban acostumbrados a vencer a la naturaleza en sus más duras manifestaciones. Los indios auxiliares, sobre todo, vestidos con los trajes ligeros que usaban en los valles calientes de las regiones tropicales, no podían resistir a la inclemencia del clima, y lloraban como niños lamentando el haber salido de sus tierras. Y, sin embargo, era preciso no detenerse: el frío mataba sin remedio a los rezagados que no tenían valor para seguir caminando. Allí no había leña ni fuego, y las noches eran verdaderamente horribles. Almagro llegó a temer por la suerte de su expedición: la fatiga y el hambre habían extenuado a sus soldados, y no parecía posible que pudieran llegar al otro lado de las cordilleras. La proyectada conquista estaba a punto de fracasar de la manera más trágica y dolorosa que era posible imaginarse.

El osado capitán no perdió, sin embargo, la entereza de su ánimo. Reuniendo a veinte de los suyos, montados en los mejores caballos de su ejército, se puso a su cabeza y emprendió resueltamente su marcha a los primeros valles de Chile. Caminando sin descanso tres días enteros, dos de ellos sin probar bocado, descendió por la quebrada que hoy llamamos de Paipote, hasta la entrada del valle de Copiapó. Recogió a toda prisa los víveres que pudieron suministrarle los indígenas y los despachó prontamente a la cordillera para socorrer a sus soldados.

Este auxilio era indispensable. Los expedicionarios habían continuado su viaje en medio de las mayores penalidades. El frío había arreciado en las alturas, particularmente en las noches. El paso de un elevado portezuelo, sobre todo, había sido fatal. Los caballos, los indios de servicio, los negros esclavos morían de frío, de hambre y de cansancio.[205] Los españoles, mucho más resistentes

---

[205] No es posible fijar cifras seguras sobre las pérdidas de vidas que costó al ejército de Almagro el paso de la cordillera. Las noticias que hallamos en las antiguas relaciones son contradictorias a este respecto. El autor de la *Conquista y población del Perú*, dice que el paso de ese puerto costó en una noche la pérdida de setenta caballos y de muchos indios. Oviedo, libro 47, capítulo 3, habla de la pérdida de más de 150 caballos; y Herrera, dec. V, libro X, capítulo 2, de solo treinta. Góngora Marmolejo, *Historia de Chile*, capítulo 2, dice que en el paso de la cordillera perecieron 800 indios. Mariño de Lobera, obra citada, capítulo 4, da cifras increíbles de los hombres que perecieron en esta jornada. Según él, éstos llegaban a 5.000 indios, entre hombres y mujeres, algunos negros esclavos y más de

a todas las fatigas, no tuvieron más que pérdidas casi insignificantes, pero a muchos de ellos se les cayeron helados los dedos de las manos y de los pies, y todos se vieron forzados a abandonar sus cargas, y en ellas sus ropas y cuanto llevaban consigo. El oportuno socorro suministrado por Almagro, las atenciones casi paternales de éste por cada uno de sus soldados, los confortaron en el descenso de la montaña y les permitieron llegar al valle de Copiapó en busca del reposo que necesitaban. El cronista Oviedo ha podido decir que la diligencia que Almagro puso en esos momentos, devolvió la vida a muchos de sus compañeros.

---

treinta españoles. Cuenta con este motivo que cuando él escribía, vivía aún en el Cuzco un vecino muy rico llamado Jerónimo Costilla, que había hecho esta campaña, «al cual, agrega, en este paso se le pegaron los dedos de los pies a las botas, de tal suerte, que cuando le descalzaron a la noche, le arrancaron los dedos sin que él lo sintiese, ni echase de ver hasta otro día, que halló sus pies sin dedos». El inca Garcilaso de la Vega, que ha referido el viaje de Almagro, compilando las noticias dadas por otros y cometiendo no pocos errores de detalle, dice que en el paso de la cordillera murieron 10.000 indios, lo que evidentemente es una monstruosa exageración. Allí consigna también el hecho referente a Costilla, a quien había conocido personalmente. Véanse sus *Comentarios reales*, libro II, capítulo 30. Jerónimo Costilla, ya bastante anciano, volvió a Chile en 1565, bajo el gobierno de Pedro de Villagrán.

El portezuelo, que tantos sufrimientos ocasionó a los expedicionarios, es denominado de las Tres Cruces, y tiene más de 4.500 metros de elevación sobre el nivel del mar. Después de él comienza el declive del terreno para el lado occidental de la cordillera. En este punto, han podido hallar nieve los españoles y, aun, sufrir alguna nevada, que nunca son considerables en esa estación. Pero se comprende que el frío de esas alturas, particularmente en las noches, ha debido ser horrible, sobre todo para soldados que venían fatigados por un largo viaje al través de regiones ardientes, y desprovistos de alimentos.

En el Archivo de Indias, depositado en Sevilla, en un paquete rotulado Relaciones de servicios e informaciones de los conquistadores del Perú, hallé en 1860 un expediente iniciado en el Cuzco el 20 de marzo de 1543, en que uno de los compañeros de Almagro trataba de probar sus servicios. Llamábase Vasco de Guevara, y como casi todos los soldados de la expedición a Chile, había llegado al Perú con Pedro de Alvarado después de haber servido en la conquista de la América Central. En esa información no hay noticias particulares sobre la campaña que aquí nos ocupa. Guevara dice que en el descubrimiento de Chile gastó mucha suma de pesos de oro, usando siempre sus propios caballos, yendo en la descubierta y tomando guías para el viaje. Añade que los expedicionarios padecieron muchos trabajos «y falta de agua y de comida que fue la mayor que nunca se vio en 700 leguas de camino». Las informaciones de los testigos confirman en todas sus partes esta exposición, en la cual, sin embargo, no se descubren noticias desconocidas para la historia. Guevara se distinguió más tarde en las guerras civiles de los conquistadores del Perú, y ocupa con su nombre algunas de las páginas de la historia de estos sucesos.

6. Los conquistadores en el territorio chileno: sus primeras crueldades

El primer hecho de Almagro en el valle de Copiapó, fue reponer al frente de la tribu a un indio joven que había sido despojado de su puesto por uno de sus parientes.

Este acto de estricta justicia, según los historiadores que lo han contado, pero probablemente de simple política para ganarse un aliado, le produjo los más ventajosos resultados. El jefe repuesto por los españoles, los proveyó abundantemente de víveres y de ropas. El auxilio prestado por esos indios era tanto más oportuno cuanto que en ese mismo valle huyeron repentinamente casi todos los indios peruanos que habían escapado con vida en el paso de las cordilleras. Temían esos infelices que la marcha que Almagro pensaba emprender en el territorio chileno había de ser tan penosa como la que acababa de ejecutar en las altiplanicies de los Andes o en los valles del otro lado de las cordilleras.

Pero esta buena acogida de los indígenas no debía extenderse más allá de los límites del primer valle de Chile. En el Huasco y en Coquimbo, los indios recogían apresuradamente sus cosechas y abandonaban sus hogares para privar de sus recursos a los españoles. Esta actitud hostil tenía una explicación muy sencilla. Los tres soldados castellanos que al principio de la campaña salieron del Cuzco con el villac-umu, no se habían detenido en su camino. Marchando siempre adelante de Almagro, habían penetrado antes que él en Chile y cometido por todas partes los excesos a que los conquistadores estaban acostumbrados. En uno de esos valles, los indios los habían muerto a ellos y a sus caballos. Temerosos del castigo e incitados sin duda por un indio peruano que servía de intérprete a los españoles, los indígenas de esos valles, no solo no oyeron las proposiciones pacíficas de Almagro sino que se encontraban dispuestos a hostilizarlo. En el principio, los invasores no sabían cómo explicarse aquella actitud ni pudieron recoger noticia alguna de sus compañeros. Pero cuando Almagro se hubo adelantado con los suyos hasta Coquimbo, descubrió por medio de sus indios auxiliares, lo que había ocurrido, y resolvió ejecutar un tremendo escarmiento. Hizo prender a los indios principales de los dos últimos valles, entre los cuales debían hallarse, según creía, los autores de la muerte de los tres castellanos, y reprochándoles sus crímenes, pero sin oír ningún descargo, los hizo perecer quemados, con el aparato conveniente para producir el terror en aquellas poblaciones.[206] Los demás indios de esa región fueron repartidos como esclavos entre los soldados de Almagro.

La conquista de Chile, que había de costar tanta sangre de españoles y de indios, se abría, pues, con estas atroces e injustificables crueldades. Los indios de esa región, sometidos desde un siglo atrás a los incas del Perú, eran, como se sabe, poco numerosos y, además, agricultores y pacíficos. Habituados a un régimen relativamente benigno, ellos habrían aceptado sin resistencia la conquista española, si ésta hubiese importado un simple cambio de dominación que les hubiera permitido vivir en paz a condición de seguir pagando sus tributos a los nuevos amos. Pero la conquista española vino a exasperarlos desde el primer día. Los tres exploradores de Almagro que antes que éste habían llegado a Chile, venían cometiendo en su camino tantas violencias y depredaciones, que esos pobres indios se creyeron en la necesidad de deshacerse de tan incómodos huéspedes.[207] La bárbara ejecución con que Almagro pretendió castigar la muerte de sus exploradores, impuso terror por el momento; pero debía estimular para más tarde la porfiada resistencia que halló en el país la dominación extranjera.

Hasta allí, el territorio chileno no daba muestras de las grandes riquezas con que soñaban los invasores. Sin tomar en cuenta los límites que el rey había asignado a su gobernación, Almagro estaba dispuesto a pasar adelante en busca de esos países dorados de que se le hablaba en el Cuzco. Hallándose en Coquimbo todavía, recibió unos mensajeros enviados por el curaca o señor que a nombre del Inca gobernaba en el valle de Chile, esto es, en el valle regado por el río de Aconcagua. Vivía desde más de un año atrás en las tierras de ese alto personaje, un soldado español llamado Pedro Calvo Barrientos, según unos, o Gonzalo Calvo de Barrientos, según otros. Por haber cometido un robo en Jauja,

---

206 Por las antiguas relaciones no se puede saber exactamente el número de indios sacrificados por Almagro en aquella bárbara ejecución. «Más de treinta señores», dice el autor del Descubrimiento y conquista del Perú; según Oviedo, fueron también más de treinta; Mariño de Lobera dice expresamente treinta y seis; y Herrera más de veintisiete. Estas divergencias tienen la más sencilla de las explicaciones: los conquistadores españoles contaban muy pocas veces a los indios que sacrificaban, y los cronistas no tenían noticias seguras a qué sujetarse.
207 «La codicia de ranchear, sus malas obras y los malos tratamientos que hacían a los indios fueron la causa de su muerte.» *Conquista y población del Perú*, pág. 47.

Pizarro había hecho cortarle las orejas. Viéndose así afrentado para toda su vida, ese infeliz tomó la fuga. Pasando las mayores penalidades, y habiendo llegado hasta el valle de Aconcagua donde los indios lo habían recibido amistosamente, Barrientos se había hecho querer por los indios, les había enseñado lo poco que él sabía de arte militar, y había acabado por ganarse su confianza. Al saberse en aquel valle que acababa de llegar a Coquimbo un ejército español, Barrientos recomendó a los indios, entre quienes vivía, que prestaran obediencia a los invasores como la única conducta que podría salvarlos de una guerra necesariamente desastrosa para los indígenas. Barrientos conocía perfectamente la superioridad militar de los españoles, y consiguió persuadir a sus huéspedes de que toda tentativa de resistencia era una temeraria insensatez.

Los emisarios del curaca de Aconcagua llegaron a Coquimbo a tiempo de presenciar la bárbara ejecución de los indios principales de esta última región. Esta cruel atrocidad, así como la vista de los soldados castellanos, de sus armas y de sus caballos, robustecieron en sus ánimos la idea del poder irresistible de los invasores. Almagro, por otra parte, los acogió favorablemente, haciéndoles entender que, si bien estaba dispuesto a ser severo con sus enemigos, trataría benignamente a los que quisieran someterse a su autoridad. En su marcha al sur, los castellanos no encontraron resistencia alguna. Lejos de eso, al pisar el territorio sometido al señor del valle de Aconcagua, encontraron una columna de indios que los esperaba para rendirles nuevamente homenaje y para ofrecerles una abundante provisión de víveres, maíz y carneros de la tierra. Almagro había hallado en el infeliz Barrientos, el oscuro desertor del ejército del Perú, un auxiliar valiosísimo, a cuya influencia debía el ver allanadas muchas de las dificultades que en otras circunstancias habría encontrado en su camino.

7. Reciben auxilios por mar y avanzan hasta Aconcagua

Antes de salir del Cuzco, Almagro, como se recordará, había despachado a Lima a tres de sus capitanes con el encargo de reunir gente y elementos para consumar la conquista de Chile. Uno de ellos llamado Rui Díaz, soldado distinguido de la conquista de Guatemala, de donde había pasado al Perú con la expedición de Alvarado, tenía orden de equipar algunos buques, y de dirigirse con ellos a las costas de Chile. En efecto, sin reparar en gastos de ninguna clase, Rui Díaz armó tres de los buques que dos años antes había llevado al

Perú Pedro de Alvarado, los equipó convenientemente, y los cargó con una abundante provisión de armas, de fierro y de ropa, que le costó una suma enorme de dinero. A principios de 1536 estuvieron terminados estos aprestos, y las naves se hicieron a la mar. Como navegaban por una costa enteramente desconocida hasta entonces, recibieron instrucción de no alejarse mucho de tierra. Este itinerario debía ser la causa de todo género de contrariedades. Esas naves iban a hallarse retardadas por los vientos del sur reinantes en esa estación y por las corrientes del océano.

Por otra parte, los buques del capitán Rui Díaz, construidos apresuradamente en Guatemala, se hallaban en mala condición. Perforados, además, por la broma, molusco abundante en aquellos mares, hacían agua por todas partes. Uno de ellos, que montaba el mismo capitán en compañía del hijo de Almagro, no pudo llegar más que hasta Chincha. Otro de los buques, combatido por vientos contrarios durante muchos meses, consumió sus provisiones de víveres y de agua, y apenas llegó al puerto de Arica. Por fin, el tercero, más afortunado que los anteriores, pasó adelante, y a mediados de mayo fondeaba en un puerto cuyo nombre no se indica, pero que debía ser el que ahora denominamos Los Vilos, o alguna caleta vecina. Allí supieron sus tripulantes que Almagro se hallaba en esas inmediaciones. Sin vacilar partió uno de ellos a comunicarle la noticia de su arribo a las costas de Chile.

Aquel mensajero encontró a Almagro el 25 de mayo.[208] Fue ése un día de regocijo en el campamento de los españoles. Sus caballos estaban sin herraduras, o con herraduras de cobre, gastadas e inservibles: muchas de sus

---

208 Dice Oviedo libro 47, capítulo 4, siguiendo fielmente la relación de Almagro, que no ha llegado hasta nosotros, que éste se hallaba en un pueblo de indios que llama Ramada, el día de la Ascensión, cuando recibió al mensajero que le comunicaba el feliz arribo de uno de sus buques. Prosiguiendo su camino hacia el sur, los expedicionarios se hallaron detenidos por una lluvia de tres días que cubrió de nieve un puerto seco que tenían que atravesar, y vencida esta dificultad, llegaron a un pueblo que está a cuatro jornadas antes de Lua, y en ese pueblo pasaron la Pascua.
Estas indicaciones son muy importantes para fijar el itinerario y la cronología de la expedición de Almagro. En 1536 la fiesta de la Ascensión cayó el 25 de mayo. Almagro debía hallarse ese día a orillas del pequeño río de Conchalí, donde hay un lugar denominado hasta ahora Ramada o Ramadilla, antiguo asiento de indios. El puerto seco que tuvo que atravesar después de la nevada de tres días está formado por las cuestas de Tilama y de la Palma. El lugar donde pasó la Pascua (la Pascua de Pentecostés cayó ese año el 4 de junio) ha sido algún pueblo de indios situado en el valle de Petorca, cuatro jornadas antes de Lua o La Ligua.

armas se hallaban en mal estado: ellos mismos, después de la pérdida de sus equipajes en la cordillera, estaban obligados a vestirse con las toscas jergas que les suministraban los indios. El buque que acababa de llegar les traía un cargamento de fierro, de armas y de ropa. Los soldados de Almagro lo descargaron prontamente, montaron fraguas, herraron nuevamente sus caballos y, sin pérdida de tiempo, prosiguieron su marcha hacia el sur. El buque que trajo aquel cargamento, recibió orden de continuar su viaje con la misma dirección para servir de apoyo a las operaciones militares de los conquistadores.

Los españoles se acercaban al valle de Aconcagua en la estación menos propicia del año. El invierno había comenzado trayendo grandes lluvias, y abundancia de nieve en las serranías que los expedicionarios tenían que atravesar. En aquella región, la gran cordillera, unida por formidables contrafuertes con la cadena de la costa, forma numerosos y apretados nudos de ásperas y empinadas montañas que solo se abajan para formar los angostos valles transversales por donde corren los pequeños ríos que descienden de los Andes. El tránsito por aquellos lugares, aun en nuestros días, ofrece serias dificultades en toda estación. En los inviernos lluviosos esas dificultades son mayores todavía. Pero los soldados de Almagro estaban acostumbrados a vencer a la naturaleza en todas sus manifestaciones. Siguiendo los estrechos senderos por donde traficaban los indios, avanzaron resueltamente, y llegaron, por fin, al valle de Aconcagua.

Allí los esperaba el señor del valle, en la plaza del pueblo, con un número considerable de indios principales, y en medio de grandes fiestas, para celebrar la llegada de los castellanos. No era posible dudar de las favorables disposiciones de aquellas gentes. Almagro los aceptó como amigos y repartió entre ellos los presentes que traía con ese objeto, haciéndoles entender que no tenían nada que temer de sus soldados. Esa amistosa recepción era la obra de Barrientos; pero había en el propio ejército de Almagro, un individuo que estaba empeñado en perturbar la paz entre los indígenas y los conquistadores.

Era éste un indio peruano que acompañaba a Almagro desde años atrás, y que habiendo aprendido el español, le servía de intérprete en sus expediciones. Bautizado con el nombre de Felipe, en honor del príncipe heredero de España,

---

El examen atento de estas fechas, que no había llamado la atención de los historiadores, desvanece por completo el error de los que han dicho y repetido que Almagro pasó las cordilleras de los Andes en el corazón del invierno.

ese indio se fingía adicto a los conquistadores, pero en toda ocasión había forjado artificiosas intrigas para procurarles dificultades. Durante la conquista del Perú, el intérprete Felipillo, como lo llamaban comúnmente los españoles, había desempeñado un odioso papel en el proceso de Atahualpa. En los valles del norte de Chile, había tratado de sublevar a los naturales contra los invasores. El mismo día que Almagro llegó a Aconcagua, y aun después de haber visto la amistosa recepción que le hacían los indios, Felipillo logró persuadir a éstos deque los españoles llevaban la intención de matarlos, como lo habían hecho con los naturales de los valles del norte.

La lengua peruana, bastante generalizada en esta parte del territorio chileno, servía al indio Felipillo para tramar su intriga y para sublevar a aquellas poblaciones. Aconsejoles con este motivo que cayesen de improviso sobre los españoles, que los quemasen en sus habitaciones, en la seguridad de que no pudiendo éstos utilizar sus caballos en la refriega, eran hombres perdidos, y tendrían que sucumbir.

El señor de Aconcagua creyó fácilmente estos maliciosos informes del pérfido lenguaraz, y aceptó en parte sus consejos. En la noche, él y los suyos abandonaron cautelosamente sus hogares, queriendo sustraerse, así, a una muerte segura. Felipillo, por su parte, tomó también la fuga, y se dirigió al norte con los pocos indios peruanos que quedaban en el ejército de Almagro, con la esperanza de llegar al Cuzco a fomentar la gran insurrección de los indígenas.

Cuando Almagro fue advertido de esta novedad, montó inmediatamente a caballo, y seguido de algunos soldados, emprendió la persecución de los fugitivos. Todo fue trabajo perdido: la oscuridad de la noche le impidió descubrir el asilo de los indios chilenos, y lo único que consiguieron los españoles fue ocupar las habitaciones de éstos, y apoderarse de sus depósitos de provisiones y de sus ganados. Una partida despachada al norte fue mucho más feliz. En las sierras vecinas apresó a Felipillo, y lo condujo al campamento de los castellanos. Creyéndose perdido, el indio intérprete confesó espontáneamente su delito. Sin dilación fue condenado a muerte, y descuartizado. Sus miembros colocados en escarpias en los caminos, sirvieron para dar a conocer aquel acto de justicia militar.[209] Este espectáculo demostró una vez más el poder y la penetración de los castellanos, tan prontos para descubrir a los que conspiraban contra ellos.

---
209 Oviedo, libro 47, capítulo 4.

Después de ese castigo, los indígenas comenzaron a volver a sus habitaciones, acogiéndose al perdón que les acordaba Almagro. La dominación de los conquistadores en aquella región no volvió a hallar resistencia visible. Almagro y los suyos, en número suficiente para establecerse en el país, y con muchos más recursos que los que lo conquistaron más tarde, habrían podido comenzar entonces su colonización con plena confianza en el éxito de esta empresa.

8. Reconocimiento del territorio

Pero Almagro y sus compañeros habían soñado que hallarían una región cuajada de oro, según la expresión de los españoles. El país parecía propicio para los trabajos tranquilos de la agricultura; y su clima, aun en el rigor del invierno, era tan benigno, que los invasores no tuvieron que sufrir más que la pérdida de tres hombres después de las que experimentaron en el paso de las cordilleras.

Habituados a recorrer en sus conquistas países pestíferos y malsanos, el suelo de Chile, aunque desprovisto de las frutas delicadas que habían hallado en las regiones tropicales,[210] les pareció benigno y apto además para el cultivo del maíz y de las producciones europeas. No era esto, sin embargo, lo que ellos buscaban. Así, pues, desde que vieron que no existía la abundancia de metales preciosos de que se les había hablado en el Cuzco, no pensaron más que en dar la vuelta.

Antes de tomar esta determinación, quiso Almagro adelantar el reconocimiento del país. Confió al capitán Gómez de Alvarado, hermano del conquistador de Guatemala, una columna de setenta jinetes y de veinte infantes, y le encargó que marchase al sur en exploración del territorio. El mismo general, cuya actividad no conocía momento de sosiego, comenzó a recorrer todos los distritos de las inmediaciones. Visitó primero la costa vecina a aquellos valles. Como encontrara allí la nave que le había traído socorros del Perú,[211] Almagro

---

210 «Cosa de maravillar parece, dice Oviedo, que desde el Cuzco hasta el estrecho, según dicen, hay 800 leguas de camino, [donde] no se halla un árbol que produzca fruta que se pueda comer.» Libro 47, capítulo 4. En efecto, toda esta región tan propicia para el cultivo de las plantas europeas, no producía entonces, como hemos dicho en otra parte, más que frutas más o menos insignificantes.

211 El cronista Mariño de Lobera cuenta en el capítulo 10 de su *Crónica* que el capitán Juan de Saavedra fue el primero que reconoció un puerto de esa costa que los indios llamaban Aliampo (probablemente Alimapu, región o lugar abrigado); y que complacido de su

mandó repararla haciendo tapar sus hendiduras, a falta de otro material, «con ropa de indios y sebo de ovejas». Puso a su bordo un capitán y sesenta soldados, y ordenole que explorase la costa en su prolongación al sur, reconociendo los puertos y caletas, y apoyando las operaciones del capitán Gómez de Alvarado, que seguía el mismo rumbo por la vía de tierra. El viaje de esa nave se frustró por completo. Después de veinte días de navegación, solo pudo avanzar unas pocas leguas. Ni las condiciones del buque ni la estación de invierno favorecieron ese reconocimiento.

En tierra también se hicieron otras exploraciones dirigidas por Almagro. Recorrió todo el valle de Chile, es decir, toda la hoya del río Aconcagua, y pasó a la provincia de los Picones, su comarcana, esto es, a la región bañada por el río Maipo y sus afluentes del norte. El resultado de estos reconocimientos fue verdaderamente desconsolador Almagro halló diversos pueblos de indios, de diez o quince casas cada uno, pero esas casas eran chozas o cabañas miserables que demostraban la pobreza de sus habitantes. Los campos eran fértiles y apropiados para la agricultura; pero no era eso lo que buscaban los españoles. Encontraron éstos las minas o lavaderos de oro que los indios explotaban en las quebradas y en los cauces de los arroyos para pagar al Inca los tributos a que estaban obligados. Esas minas, dice el cronista Oviedo, estaban «tan bien labradas como si españoles entendieran en ello»; pero su rendimiento era tan reducido que la mejor batea no produjo más de doce granos. No cabía duda de que el gasto de la explotación, aun contando con el trabajo forzado y gratuito del indio, sería probablemente superior al provecho que podría sacarse de ella.

Almagro pudo reconocer en estos viajes que la gran cordillera se extendía sin interrupción de norte a sur como una barrera formidable entre Chile y las regiones orientales. Pero movido siempre por la ilusión de descubrir las riquezas minerales de que se le había hablado en el Cuzco, creyó que el país del oro podía estar al otro lado de los Andes. Fue inútil que los indios le informasen que el paso de aquellas montañas presentaba las mayores dificultades, y que los

---

belleza (entonces debía estar rodeado de bosques y regado por abundantes arroyos), le dio el nombre de Valparaíso, en recuerdo de un pueblo de España en que Saavedra había nacido. Es probable, en efecto, que el buque de Almagro, después de dejar su carga en un puerto de más al norte, se estableciera en Valparaíso para reparar sus averías, mientras Almagro permanecía en el valle regado por el río Aconcagua. Según Gómara, *Historia de las Indias*, capítulo 121. Juan de Saavedra era natural de Sevilla, lo que hace poner en duda la etimología que da Mariño de Lobera al nombre de Valparaíso.

indios que habitaban al otro lado, en llanuras cenagosas y pobres, eran gentes miserables, sin agricultura y sin minas, que se alimentaban de la caza, que eran guerreros feroces, y que comían carne humana.[212] Sin querer dar entero crédito a estos informes, y sin reparar en que la estación de invierno hacía imposible esa exploración, Almagro ordenó que algunos de sus soldados emprendieran ese reconocimiento. A la segunda jornada de marcha, retrocedieron espantados esos exploradores. La cordillera estaba nevada hasta su base, no se descubría camino ni sendero por ninguna parte: los caballos no podían dar un paso más y no había medio de transportar los víveres indispensables para tal viaje. Almagro tuvo que desistir de toda tentativa de exploración por aquella parte.

Entre tanto, había llegado al valle de Chile el capitán Rui Díaz con el hijo de Almagro y con 110 soldados, después de un viaje que en nuestro tiempo parece increíble. Había desembarcado en Chincha, como ya lo mencionáramos, y allí había tomado los caminos de la costa del Perú desafiando todos los peligros que presentaban los hombres y la naturaleza. Esta región es formada por una serie de desiertos áridos y secos, interrumpidos a largos trechos por los angostos valles que forman los ríos que bajan de las montañas. En esos desiertos no hay ni agua ni vegetación. Un Sol abrasador durante el día, neblinas espesas y heladas durante la noche mortifican, sin cesar, al viajero que se aventura a recorrerlos. El Perú entero, por otra parte, estaba sublevado contra los conquistadores, de tal suerte que cuando esperaban hallar algún alimento en los valles, se veían forzados a sostener rudos combates con los indígenas. «Puédese creer, dice el cronista Oviedo, que ningún grano de maíz hubieron que a sangre no le pesasen.» Los castellanos perdieron en esas refriegas doce hombres y muchos caballos; pero nada podía entibiar su determinación, y después de más de tres meses de marcha, llegaron al valle de Copiapó donde sus padecimientos encontraron término. Sin detenerse mucho tiempo en ese lugar, avanzaron al sur y, al fin, se reunieron en Aconcagua con el jefe de la expedición.

El viejo Almagro debió tener un día de gozo al abrazar al hijo idolatrado en que estaban reconcentradas todas sus afecciones de familia. Pero esta satis-

---

[212] Oviedo, libro 47, capítulo 5. Este cronista, como muchos escritores del tiempo de la Conquista, llama caribes a los indios guerreros antropófagos. Nacía esto de que los españoles observaron por primera vez la costumbre de defenderse resueltamente y de comer carne humana entre los indios caribes que poblaban algunas de las Antillas menores, y la región vecina del continente.

facción estaba turbada por un triste convencimiento. En Chile no había hallado la rica región en que pensaba fundar un gobierno que le hubiese hecho grande y poderoso, y que le hubiera permitido legar a su único heredero un rango digno de su ambición. La última esperanza que había fundado en la exploración que por entonces practicaba Gómez de Alvarado en los campos del sur, vino a desvanecerse en breve. Después de una correría de cerca de tres meses, volvía éste a reunirse a sus compañeros, trayéndoles las más tristes noticias.

Gómez de Alvarado había avanzado 150 leguas, según sus cálculos.[213] La tierra que había recorrido durante cerca de tres meses, era pobre y poco poblada. En aquella estación, los campos, yermos y tristes, estaban cubiertos de ciénagas y tremedales. Los ríos y arroyos que habían entorpecido la marcha de los exploradores, se hacían más frecuentes y más abundantes mientras más se avanzaba hacia el sur. Las lluvias eran tan constantes y el clima tan frío, que en un solo día causaron la muerte de un gran número de indios auxiliares.[214] Los expedicionarios habían pasado veinticinco días sin hallar maíz para ellos ni para sus caballos. En la parte norte de la región explorada, los indios vivían agrupados en especies de aldeas sumamente miserables. Más al sur estaban desparramados en los campos, habitaban cuevas y estaban vestidos con cueros de animales. Estos indios eran groseros y feroces, no cultivaban la tierra, se alimentaban de raíces y de yerbas, comían carne humana, y se resistían a toda civilización. Según la expresión consagrada por los conquistadores, eran verdaderos caribes. Los informes recogidos acerca de la región situada más al sur del territorio explorado, eran todavía más desconsoladores. Aunque esta descripción era exacta en el fondo, los exploradores tenían interés en exagerar las malas condiciones del país para establecer una colonia. Habían soñado un

---

213 En las relaciones primitivas faltan las indicaciones precisas para saber hasta dónde alcanzó este reconocimiento. El común de los historiadores dice que Alvarado llegó hasta el Maule. Mariño de Lobera, *Crónica* citada, capítulo 6, da el río Itata por término de su viaje, y cuenta que en esta expedición los indios le presentaron una batalla en que los españoles obtuvieron la victoria por el favor del cielo, batalla de que no se hace mención en otros documentos. Los cálculos de Alvarado no pueden tampoco merecer mucha fe, porque él creía haber llegado a 100 leguas del estrecho de Magallanes.

214 La exploración del territorio chileno por Gómez de Alvarado tuvo lugar en los meses de junio, julio y agosto. Así se comprende la descripción que a su vuelta hizo de su suelo y de su clima; pero siempre debe tomarse en cuenta que la falta de cultivos y de caminos debía hacer este viaje al través de bosques salvajes y empantanados, mil veces más penoso de lo que ahora parece.

país abundante en metales preciosos, y ahora querían salir de él, porque el suelo no estaba cuajado de oro, según la expresión de uno de ellos.[215]

9. Resuelven los españoles dar la vuelta al Perú y retroceden hasta Copiapó

En el campamento de los españoles no se habló desde entonces más que de dar la vuelta al Perú. Solo Almagro persistía en prolongar su residencia en Chile, y quizá en establecerse definitivamente en este país. Pero el viejo capitán, tan enérgico y tenaz en las empresas militares, tan valiente y obstinado delante del enemigo, era débil como un niño ante las sugestiones de sus secuaces y consejeros. Representáronle éstos que su regreso al Perú iba a ponerlo en posesión de una provincia rica y poderosa, que uno de sus capitanes que acababa de llegar a Copiapó le traía el título real que confirmaba sus derechos indisputables a la gobernación de la Nueva Toledo, y que el Cuzco estaba en los límites de sus dominios. Cuando sus amigos lo sintieron vacilar ante estos consejos, le hicieron una reflexión que debía ser decisiva. Almagro había gastado en esta expedición casi toda su fortuna. Si la muerte le sorprendía antes de tomar posesión del gobierno que le había concedido el rey, su hijo no pasaría de ser don Diego de Almagro, es decir, el heredero de un nombre ilustre, sino un pobre hidalgo desamparado y sin bienes de fortuna.[216] El jefe expedicionario se dejó seducir por estos consejos, que al fin habían de costarle la vida, y dio la orden de ponerse en marcha para el norte.

Los aprestos se hicieron con la mayor rapidez y con un desprecio absoluto de todas las consideraciones de humanidad. Almagro dio licencia a sus soldados para que rancheasen la tierra, expresión que significaba la facultad para saquear a los pobres indios, quitarles sus víveres, sus ganados y cuanto objeto podía ser útil a los españoles en su retirada. Les permitió, además, tomar tantos indios cuantos necesitasen para el carguío de sus provisiones y de sus bagajes. Los castellanos pensaban no volver más a Chile. En esta seguridad, poco les importaba esquilmar el país y destruir a sus naturales, con quienes no habían de tener en adelante relación alguna, y cuyo odio debía serles del todo indiferente.

---

215 *Conquista y población del Pirú*, pág. 47.
216 *Conquista y población del Pirú*, pág. 48; Herrera, dec. VI, libro II, capítulo I.

Los valles en que habían residido los españoles durante esos tres meses, habían alcanzado bajo la dominación de los incas un grado considerable de prosperidad industrial. Sus campos, cruzados por numerosos canales, y cultivados con esmero, producían abundantes cosechas de maíz, y contaban varias agrupaciones de casas modestas, pero que debían ser el origen de pueblos en que podría desarrollarse una mayor civilización. Todo aquello quedó asolado y casi destruido; y esos pobres indios conservaron el más triste recuerdo de aquellos funestos huéspedes. Por lo demás, éstos eran los usos corrientes de la Conquista en estos países. «No es pequeño dolor, dice un honrado cronista, testigo de esas devastaciones, contemplar que siendo aquellos incas gentiles e idólatras, tuviesen tan buena orden para saber gobernar y conservar tierras tan largas, y nosotros, siendo cristianos, hayamos destruido tantos reinos; porque, por donde quiera que han pasado cristianos conquistando y descubriendo, otra cosa no parece sino que con fuego se va todo gastando.»[217]

No hubo un solo español que no tomase algunos indios de servicio. Los que tenían cadenas, los amarraban con ellas; y los que no las tenían, hicieron fuertes sogas de cueros de guanaco para aprisionar a sus servidores por medio de cepos o lazos que los retenían por el cuello. Los indios cargaban los víveres, las ropas y las camas de los españoles, sin tener otro alimento que un poco de maíz tostado, y estaban obligados a andar sin descanso, atados en sartas de diez a doce individuos. Si uno de ellos se enfermaba de extenuación y de fatiga durante la marcha, la sarta no se detenía por eso; y cuando moría alguno de estos infelices, le cortaban la cabeza para no abrir el candado de la cadena o para no deshacer el lazo; y dejando tirado el cadáver, la comitiva seguía su camino tranquilamente. Español hubo, dice un testigo de vista, que se alababa de que los doce indios de su sarta habían muerto de esa manera, sin dejarlos salir de la cadena. Si durante la noche, mientras dormían en los alojamientos, algún indio se movía, el español encargado de vigilarlos les daba de palos para castigar, decía, un intento de fuga.[218] Los españoles no perdonaban medida alguna para aterrorizar a esos pobres indios. Las penalidades de este viaje, que

---
217 Pedro Cieza de León, *Segunda parte de la crónica del Perú*, Madrid, 1880, capítulo 22.
218 *Conquista y población del Pirú*, págs. 48 y 49. La partida de Almagro del valle de Aconcagua tuvo, sin duda, lugar en los primeros días de septiembre de 1536, es decir, después de tres meses de su arribo a esos lugares. Esta indicación se relaciona perfectamente con las pocas fechas que contienen las relaciones que conocemos de esta campaña.

debían ser mucho mayores más allá de Copiapó, fueron considerables desde sus primeros días. Los castellanos, sin embargo, marchaban contentos con la idea de llegar prontamente al Perú, y aceleraban cuanto les era dable sus jornadas. Almagro, seguido de treinta jinetes, se adelantó a sus compañeros; y andando sin descanso y casi sin víveres, llegó a Copiapó después de quince días de viaje, cuando sus caballos, rendidos por tan penoso viaje, no podían dar un paso más.

10. Almagro se reúne a sus capitanes Rodrigo Orgóñez y Juan de Rada

Allí lo esperaban dos de sus mejores capitanes, Rodrigo Orgóñez y Juan de Rada, con un buen número de soldados españoles. Uno y otro habían llegado hacía poco del Perú, y le traían noticias importantes que habían de tener gran influencia en su ánimo para hacerlo acelerar la partida.

Hemos referido que al partir del Cuzco, Almagro había dejado en esta ciudad a Rodrigo Orgóñez con el encargo de reunir otra columna de españoles y de marchar a Chile en su seguimiento. Dotado de gran valor y de gran entereza, soldado experimentado de las guerras de Italia, donde había asistido al saco de Roma, Orgóñez se distinguía, además, por su lealtad incontrastable hacia Almagro.[219] En el Cuzco juntó a todos los aventureros que querían partir para esta expedición, así como un buen número de caballos, de negros esclavos y de armas; y a su cabeza se puso en marcha para Chile.[220] Siguiendo el mismo camino que había tomado Almagro, Orgóñez encontró víveres en la altiplanicie del Collao, esto es, en las orillas del lago Titicaca, cuyos habitantes, aunque

---

[219] En alguna de las historias de la conquista del Perú creo haber leído que Orgóñez, como la mayor parte de los capitanes de Almagro, había servido en la América Central y que pasó al Perú con Pedro de Alvarado. Éste es un error. Orgóñez se halló en la conquista del Perú casi desde sus primeros días. En 24 de marzo de 1534, cuando Pizarro repartió solares en el Cuzco a los conquistadores, Rodrigo Orgóñez u Horgonos, fue uno de los primeros que se asentaron como vecinos de esa ciudad. Véase el acta de la fundación española del Cuzco, publicada en el tomo 26, págs. 221-232 de la *Colección de documentos inéditos para la historia de España*, Madrid, 1855.

[220] En las antiguas relaciones no he hallado dato alguno para saber la fecha de la partida de Orgóñez del Cuzco, ni el número de gente que sacó, si bien se nombra a algunos de los oficiales que lo acompañaban, y entre ellos a Cristóbal de Sotelo, famoso después en las guerras civiles de los conquistadores del Perú. La partida de Orgóñez del Cuzco debió tener lugar en octubre de 1535.

inquietos y próximos a sublevarse, no querían anticipar el momento de la rebelión. Pero desde que los castellanos llegaron a Tupiza, les fue necesario buscarse el alimento con las armas en la mano. Los indios colocados en las alturas de las montañas por donde los invasores tenían que desfilar, hacían rodar grandes piedras sobre ellos, y causaron la muerte de algunos. Orgóñez, urgido en llegar cuanto antes a Chile, no quiso perder tiempo en inútiles combates, contentándose con abrirse camino y con seguir su viaje en medio de las mayores privaciones. Solo en Chicoana se proporcionó algún maíz y, más adelante, las semillas de algarrobo que le sirvieron para hacer pan. Con estos víveres llegó al pie de las cordilleras, cuyo paso ofrecía entonces mayores dificultades que las que había encontrado Almagro. El invierno había comenzado, había caído nieve en las montañas y los fríos eran horribles; pero nada fue capaz de detener al esforzado capitán. Al atravesar los Andes perdió algunos de los suyos: a él mismo se le helaron las manos hasta caérseles las uñas y el cuero de los dedos. Después de un viaje penosísimo de siete u ocho meses, Orgóñez llegó a Copiapó, donde los indios, recibiéndolo como amigo, le ofrecieron víveres y un lugar de descanso para reponerse de sus fatigas.[221]

Tras de él, y en peores condiciones todavía, llegó Juan de Rada. Este valiente capitán, compañero de Alvarado en la conquista de Guatemala, había pasado al Perú con este jefe; pero desde que se desorganizó aquella expedición, se había plegado a Almagro, a quien sirvió con una lealtad y con una honradez que no se desmintieron jamás. Al prepararse la expedición a Chile, Rada, como ya contamos, había sido despachado a Lima a reunir gente para la campaña. Su pensamiento era embarcarse en el Callao y venir por mar a reunirse con Almagro.

Pero en ese tiempo llegaba de España Hernando Pizarro, trayendo los despachos originales que fijaban los límites de las gobernaciones de la Nueva Castilla y de la Nueva Toledo. Rada, en representación de Almagro, reclamó los títulos de éste. El caviloso Hernando Pizarro, impuesto de las dificultades a que había dado lugar la posesión del Cuzco, se negó con diversos pretextos a entregárselos. Tanto Hernando como su hermano, el gobernador, temían que Almagro, abandonando la conquista de Chile, intentase de nuevo apoderarse de la capital del imperio de los incas, y querían poner a esta ciudad en estado de resistir cualquier ataque. Al efecto, Herrando debía tomar el mando de la

---

221 Herrera, dec. V, libro X, capítulo 3.

plaza, y con este objetivo se puso en marcha para el interior a los pocos días de haber llegado de España. Rada salió en su compañía, y seguido de los soldados que estaban listos para acompañarlo a Chile. Cuando llegaron al Cuzco, y cuando Hernando Pizarro creyó que nadie podría disputarle la posesión de la ciudad, entregó a Rada los despachos reales que conferían a Almagro el título de gobernador de la Nueva Toledo.

Solo entonces pudo Rada emprender su viaje.[222] Al sur del Cuzco se le juntaron algunos españoles, y su columna llegó a contar ochenta y ocho hombres, fuera de los indios de servicio. Su marcha fue sumamente penosa. Por todas partes los indios ocultaban sus bastimentos y oponían a los expedicionarios una porfiada resistencia. Rada y los suyos no podían procurarse los víveres sino con la punta de sus lanzas. En una parte del camino no tuvieron más alimento que las semillas de algarrobo. Al llegar al pie de la cordillera, sus provisiones estaban tan agotadas que les fue forzoso despachar adelante algunos emisarios para pedir a Orgóñez que los socorriese, enviándoles víveres a las montañas.

Pero si esta precaución les proporcionó algunos recursos, no los libertó de las horribles molestias del viaje. Rada pasó los Andes en pleno invierno, es decir, en agosto de 1536. Aunque la nieve que cubría el suelo no era bastante espesa para impedir el paso, los fríos de la antiplanicie habrían acobardado a hombres menos resueltos que los que formaban su división. Estando obligado en una ocasión a descansar en su marcha, Rada hizo recoger los cadáveres que allí habían quedado de las expediciones anteriores, y que a causa del frío seco de las alturas se encontraban en perfecto estado de conservación, los amontonó en forma de muralla para resguardarse del viento helado del oeste, y pasó la noche al abrigo de aquel fúnebre parapeto.[223] Esta misma circunstancia permitió a Rada utilizar la carne de los caballos muertos en las dos expedicio-

---

[222] Las relaciones primitivas de la Conquista suelen ser muy parcas en fechas. En ninguna parte se dice cuándo llegó Hernando Pizarro de vuelta de España, ni cuándo tomó el mando del Cuzco, ni menos cuándo partió Rada de esta ciudad. El examen detenido de los hechos, nos autoriza a suplir estas deficiencias sin temor de equivocarnos mucho. El arribo de Hernando Pizarro ha debido tener lugar en noviembre de 1535, y su entrada al Cuzco un mes después. Rada ha debido partir de esta ciudad a principios de enero de 1536, un mes antes que le pusieran sitio los indios rebelados bajo las órdenes del inca Manco. Oviedo dice expresamente que Rada pasó la cordillera cinco meses después que Almagro, lo que corresponde a agosto de 1536.

[223] Herrera, dec. v, libro x, caps. 4 y 5; Oviedo, libro 47, capítulo 5.

nes anteriores. Algunos castellanos se daban de cuchilladas disputándose las lenguas y los sesos de aquellos animales muertos hacía ya cinco meses. «Quien los comía, dice el cronista que ha consignado estas noticias, pensaba que tenía mirrauste y manjar blanco u otro de más precioso y agradable sabor.» Cuando Rada refería a Almagro los sufrimientos de su viaje, el viejo capitán se convenció de que las penalidades por que él y los suyos pasaron en los Andes, eran «bonanzas cotejadas con lo que este capitán contó de su camino, y que los primeros en este viaje fueron los mejor librados».[224] Al reunirse con Orgóñez en el valle de Copiapó, Rada y los suyos encontraron, por fin, el descanso de tantas fatigas.

11. Emprende la vuelta al Perú por el desierto de Atacama

Cuando Almagro llegó a Copiapó, estaba ya resuelto a abandonar la conquista de Chile. Rada y Orgóñez, que tenían gran valimiento en su ánimo, robustecieron eficazmente su determinación. A juicio de todos ellos, era preciso marchar prontamente a tomar posesión del gobierno de la Nueva Toledo y, sobre todo, de la importante ciudad del Cuzco, que debía ser su capital. Todos ellos creían firmemente que esta ciudad estaba en los límites de esa gobernación, y que solo la arrogancia y la mala fe de los Pizarros podía poner en duda los derechos incuestionables de don Diego de Almagro. Así, pues, inmediatamente comenzaron a hacer los aprestos para el viaje, esto es, la recolección de víveres arrancados a los infelices indios de esos valles. El ejército de Almagro había ido reuniéndose en aquellos lugares, y antes de fines de septiembre estaba todo pronto para la partida.

Pero en esos momentos se suscitaba una grave dificultad. Para llegar al Cuzco había dos caminos, a cual peor y más penoso. El viaje por las cordilleras de Copiapó y por los valles de Chicoana y de Jujui había dejado en los expedicionarios el más penoso recuerdo; y debía ser ahora mucho más difícil desde que el Sol de primavera no había alcanzado a derretir la nieve acumulada en las alturas durante el invierno. Ese paso no podía estar expedito sino uno o dos meses más tarde, y entonces los españoles habrían llegado a los valles orientales en un momento muy poco favorable, cuando los sembrados de maíz no

---

224 Oviedo, libro 47, capítulo 5.

habrían llegado aún a su madurez. A la vez que les impondría mil privaciones y sufrimientos, ese camino iba a retardarlos en su marcha.

El otro era el que había recorrido en parte el capitán Rui Díaz en el sorprendente viaje que había hecho desde Chincha hasta el valle de Chile. Era preciso atravesar los extensos y áridos desiertos de Atacama y de Tarapacá, y la serie de despoblados y de estrechos valles que median hasta llegar a Arequipa, desde donde comienza el camino áspero y fragoso de las montañas. En la mayor parte de esos territorios, los expedicionarios no debían hallar víveres de ninguna clase, y estarían obligados a recorrer grandes distancias, bajo un Sol abrasador, y sin encontrar una gota de agua. Las pequeñas vertientes que allí hallasen, conocidas con el nombre de jagüei, no podían suministrar bebida en el mayor número de los casos, más que para unos pocos soldados, de manera que en aquellos lugares, el ejército de Almagro tendría que marchar en grupos aislados.

Los conquistadores españoles del siglo XVI estaban profundamente convencidos de que desempeñaban una misión divina. Venían a América a enriquecerse a expensas de los desgraciados indios, pero creían que estaban combatiendo por una causa santa, la propagación de la fe de Cristo, empresa autorizada por el papa y protegida por el cielo, que los facultaba para tiranizar a los infieles y para arrebatarles sus tesoros. Los toscos soldados, que acababan de explorar Chile, habían cometido y seguían cometiendo esas violencias y esos crímenes que hacen estremecer el corazón y, sin embargo, invocaban a Dios con una tranquilidad de conciencia que nos da la medida de las ideas morales de su siglo. Cuando vacilaban en la elección del camino que debían seguir, celebraban misas y oraciones para que Dios los iluminase. Estas rogativas, como debe comprenderse, no sirvieron más que para fortificarlos en la convicción que tenían de antemano. Así, pues, por unanimidad se acordó tomar la vía de los desiertos.

Los expedicionarios hicieron los preparativos para el viaje con las precauciones que les aconsejaba el conocimiento de las condiciones físicas del territorio que debían atravesar. Comenzaron, como ya dijimos, por recoger todas las provisiones que pudieron quitar a los indios. Llenaron de agua todas las vasijas de barro que hallaron, las calabazas y los odres que alcanzaron a hacer con cueros de guanaco. Hicieron herraduras o zapatos para los guanacos y las llamas que debían llevar como bestias de carga. Almagro dispuso, además, que partiesen adelante cinco jinetes con caballos de repuesto, y con algunos negros provistos de azadones para que fueran ensanchando los pozos o jagüeyes, a fin de que tuvieran la mayor cantidad posible de agua. Mandó que sus soldados marchasen en grupos de a seis o de a ocho individuos, de manera que unos durmiesen en el lugar de donde habían partido los otros, y que no hiciesen jornadas de más de 3 o 4 leguas para no fatigar sus caballos y las bestias de carga. Como podía suceder que los indios rebelados del Perú intentasen atacar a los españoles así diseminados en la marcha, Almagro, con una prudencia que demuestra sus talentos de soldado, ordenó que uno de los suyos, el capitán Francisco Noguerol de Ulloa, se embarcase con ochenta hombres, en el buque que había venido del Perú, y que fuese a echarlos a tierra al norte del desierto de Atacama para que allí formasen un centro de resistencia capaz de poner a sus soldados fuera del alcance de un golpe de mano de los indígenas. Los vientos del sur, reinantes en esa época, favorecieron admirablemente esta operación.

En el momento de partir, ejecutó Almagro un acto de generosidad que con razón ha consignado la historia. Queriendo confortar a sus soldados abatidos por los sufrimientos de la campaña, y consolarlos de la decepción que habían experimentado en su esperanza de enriquecerse, los reunió a todos, y después de un corto discurso, comenzó a romper una a una las escrituras que le habían firmado por los capitales que les adelantó al salir del Cuzco. «No creáis, les dijo, que por esto dejaré de daros a vos y a mis amigos lo que me queda, porque nunca deseé dineros ni hacienda sino para darlo.» Uno de los cronistas que han consignado esta noticia con todos sus pormenores, estima aquella generosa condonación de deudas en 150.000 pesos de oro.[225] Otro historiador español, haciendo el retrato moral de Almagro, cuenta también este hecho y termina con esta dolorosa reflexión: «Liberalidad de príncipe más que de soldado; pero cuando murió, no tuvo quien le pusiese un paño en su degolladero».[226]

La retirada de los españoles se efectuó con toda regularidad. Muchos de los indios peruanos que a la llegada de Almagro a Copiapó seis meses atrás, se habían ocultado cuidadosamente, comenzaron a aparecer y fueron muy útiles en este viaje. El valiente Orgóñez marchaba a la vanguardia. Almagro fue el

---

225 Oviedo, *Historia general*, libro 47, proemio.
226 López de Gómara, *Historia de las Indias*, capítulo 141.

último que salió del valle de Copiapó, cuidando que se cumpliesen todas sus órdenes. Pero así que se halló en el desierto, redobló el paso, y adelantándose a sus compañeros, llegó a mediados de octubre al pequeño pueblo de Atacama, donde lo esperaban Orgóñez y Noguerol de Ulloa. Allí fue reuniéndose todo el ejército para renovar sus provisiones antes de penetrar en las llanuras desiertas de Tarapacá. Sus caballos estaban tan flacos y extenuados que tuvieron que darles dieciocho días de descanso en Atacama para poder proseguir la marcha.

Nuevas contrariedades esperaban todavía a los expedicionarios. Continuaban sufriendo un calor abrasador durante el día y neblinas frías y penetrantes en la noche; pero al menos no habían experimentado en el desierto de Atacama las hostilidades de los indios. Al penetrar en los despoblados de Tarapacá, les fue necesario mantenerse con las armas en la mano para rechazar los ataques de los indígenas rebelados contra los conquistadores. En Arica se hallaba uno de los buques que habían partido del Callao en auxilio de Almagro. Las provisiones de víveres y de agua estaban agotadas en ese buque después de un viaje que había durado algunos meses. El desembarco de los castellanos para renovar esas provisiones era materialmente imposible, porque los indios comarcanos los recibían en son de enemigos, y les impedían llegar a tierra. Fue necesario que se adelantase el capitán Saavedra en su socorro. Superiores a todas estas dificultades, Almagro y sus compañeros llegaron por fin a Arequipa a principios de 1537. A pesar de todos los sufrimientos de semejante viaje, los españoles no perdieron más que treinta caballos en la travesía de aquellos desiertos, pero no pereció ni un solo cristiano.

12. Fin desastroso del primer explorador de Chile. Historiadores de la expedición de Almagro (nota)

El Perú pasaba entonces por una crisis que estuvo a punto de concluir con el poder de los conquistadores. La raza indígena se había sublevado en todo el territorio, desplegando en la lucha un ardor de que no se la habría creído poseedora. Desde febrero de 1536 el Cuzco estaba sitiado por un ejército innumerable de indios mandados por el inca Manco. El gobernador Pizarro, incomunicado con sus hermanos y amenazado él mismo en Lima, hacía prodigios para reunir fuerzas con que combatir el levantamiento. En sus apuros, había pedido socorros a Panamá y a Nicaragua y, aunque comenzaban a llegarle esos auxilios, su situación era todavía muy crítica.

Pizarro habría debido contar en esos momentos con Almagro que tenía a sus órdenes un cuerpo de excelentes tropas, capaces por su calidad y por su número, de dominar la insurrección peruana. Esas tropas, es verdad, estaban en Chile, separadas por una gran distancia del teatro del levantamiento. Pero aun así, era más fácil y expedito el obtener la ayuda de ellas, que el pretender organizar nuevos cuerpos de auxiliares en colonias mucho más lejanas. Sin embargo, la soberbia de Pizarro, su mal disimulado encono contra Almagro a causa de las rivalidades anteriores, y el temor de que este jefe volviese al Perú a apoderarse del Cuzco, pudieron más en su ánimo que los peligros de que se hallaba rodeado. Así, pues, en los momentos en que imploraba socorro de todas partes, no hizo dar un solo aviso a su antiguo compañero.

Almagro, sin embargo, llegaba en tiempo para contener la insurrección. En efecto, después de cortas diligencias, el sitio del Cuzco fue levantado; pero entonces se originó la guerra civil entre los conquistadores. Almagro, vencedor en los primeros encuentros, se mostró generoso con sus rivales. Habiendo tomado prisioneros a Herrando y a Gonzalo Pizarro, así como a otros jefes enemigos, respetó sus vidas contra el consejo de sus propios capitanes que habrían querido desembarazarse de enemigos tan peligrosos. No fue propiamente este rasgo de generosidad lo que perdió a Almagro, sino su candor. Se dejó envolver por las artificiosas negociaciones promovidas por sus adversarios, perdió un tiempo precioso que éstos emplearon en engrosar sus filas, y acabó por ser vencido en el campo de Las Salinas, en las inmediaciones del Cuzco, el 6 de abril de 1538. Tres meses después, el 8 de julio, Hernando Pizarro, el implacable enemigo del valiente y candoroso Almagro, hacía aplicar a éste la pena de garrote dentro de un calabozo y luego mandaba decapitar su cadáver en la plaza pública.

Así acabó la vida del primer explorador del territorio chileno. Su nombre puede estar manchado por las crueldades que los suyos cometieron con los indígenas, pero su valor heroico en los combates, su resignación y su constancia para soportar los mayores sufrimientos, su espíritu audaz y emprendedor, su generosidad para con sus rivales, y su desprendimiento tan raro entre los codiciosos soldados de la Conquista, le han labrado una gloria inmortal, que no empaña el suplicio en que se le arrancó la vida.

El sacrificio de Almagro no puso término a las disensiones civiles de los conquistadores del Perú. Lejos de eso, fue la señal y origen de nuevas venganzas y de nuevas guerras. En ellas sucumbieron de una manera más o menos desastrosa casi todos los capitanes que habían acompañado a Almagro en su expedición a Chile, pero también costaron la vida a Francisco Pizarro y a muchos de sus más apasionados parciales y consejeros. El hijo de Almagro, el único heredero de su nombre, fue decapitado en el Cuzco en 1542, sin pedir otra gracia que la de que se le sepultase al lado de su padre. La relación de estas luchas y de estos horrores no forma parte del cuadro de nuestra historia.[227]

---

227 La historia de la expedición de Almagro, muy imperfectamente contada hasta hace pocos años por la generalidad de los historiadores, había sido, sin embargo, prolijamente referida por algunos de los antiguos cronistas. Pero solo ha llegado hasta nosotros una relación primitiva, escrita por uno de los testigos y actores en aquella memorable campaña.

Esa relación es un escrito anónimo titulado *Conquista y población del Pirú*. Conservada en el Archivo de Indias, fue copiada en 1782 por don Juan Bautista Muñoz: y de esa copia se sacó otra que utilizó el célebre historiador estadounidense Prescott, cuando escribía su *Historia de la conquista del Perú*. En 1859, yo tomé otra copia que, en 1873, entregué para que fuese dada a luz en una Colección de documentos inéditos relativos a la historia de América, de que no se publicaron más que 144 páginas, en que se encuentra íntegra toda esta pieza.

La *Conquista y población del Pirú* es una relación sumaria, escrita con poco método por un testigo de vista que parece ser un eclesiástico. El autor hizo la campaña de Chile con Almagro, y la ha referido brevemente, en seis páginas incompletas, y con escasos pormenores, pero ha contado con rasgos que no se hallan en ninguna parte, los horrores y atrocidades cometidas por los castellanos. El cronista Antonio de Herrera, que a no caber duda, tuvo a la vista este manuscrito, reproduce, sin citarlo, muchas de sus noticias.

En una corta advertencia que escribimos para la edición de 1873, expusimos que probablemente el autor de este manuscrito era Cristóbal de Molina, clérigo español que vino por primera vez a Chile con Almagro y que en 1578 vivía aún en Santiago, pero en un estado de completa demencia. Esta suposición se funda en una carta dirigida al rey desde Lima por el clérigo Molina, con fecha de 12 de julio de 1539, en que le anuncia el envío de un mapa de todo el territorio recorrido por Almagro desde Tumbes hasta el Maule, con una noticia acerca de estos países. Conviene advertir que en la Biblioteca Nacional de Madrid, en un tomo marcado B. 135, existe otro manuscrito titulado *Relación de las fábulas y de las costumbres religiosas de los Incas* escrita por Cristóbal de Molina, y que podría creerse que a esta relación se refiere la carta que recordamos. Este último manuscrito ha sido traducido al inglés por Mr. Cl. R. Markham y dado a luz junto con otras memorias análogas (Londres, 1873) en uno de los tomos de la colección de viajes que publica la sociedad Hakluyt. Pero hubo por esos años otro eclesiástico del nombre de Cristóbal de Molina, que fue el autor de esta segunda memoria. Este «padre Cristóbal de Molina, del hábito de San Pedro, muy perito en la lengua del Perú», vivía en el Cuzco en 1572, y fue uno de los sacerdotes que auxiliaron al inca Tupac Amaru el día de su ejecución. Véase la historia del *Gobierno del virrey Toledo*, por Tristán Sánchez, capítulo 30, publicada en el tomo 8 de la Colección de Torres de Mendoza.

En el curso de este capítulo hemos tenido ocasión de citar muchas veces la obra de Gonzalo Fernández de Oviedo. Este célebre cronista tuvo conocimiento de las relaciones en que Almagro daba cuenta al rey de su viaje a Chile, y las siguió fielmente en la parte de su libro que destina a estos sucesos. Forma ésta los cinco primeros capítulos del libro 47 de su gran *Historia general de las Indias*. Aunque escrita muy poco tiempo después de los sucesos que refiere, solo ha sido publicada en 1855, motivo por el cual ha sido desconocida de casi todos los historiadores de América. Por la abundancia de noticias, esos capítulos dejan poco que desear. Oviedo, juez severo para muchos de los descubridores y conquistadores del Nuevo Mundo, es notablemente benévolo con Almagro, lo que se explica fácilmente por sus relaciones de amistad. Resulta de aquí que en su narración la figura de este conquistador aparece bajo su faz más simpática. Así, el historiador, al paso que enaltece las buenas cualidades de Almagro, no tiene una palabra de censura para las crueldades ejercidas sobre los indios, a quienes, por lo demás, como se ve en todo el curso de su historia, considera salvajes dignos de su suerte, más o menos como los consideraban los conquistadores españoles de su siglo.

Hemos citado igualmente al pie de estas páginas los primeros capítulos de la *Crónica del reino de Chile* del capitán don Pedro Mariño de Lobera, escrita a fines del siglo XVI, retocada en su redacción por el padre jesuita Bartolomé de Escobar, y publicada por primera vez en Santiago, en 1865, de la cual tendremos que hablar más largamente en otras ocasiones. El autor de esta crónica no hizo la campaña de Almagro, y solo vino a Chile algunos años más tarde; pero indudablemente recogió noticias verbales de algunos de los actores en esos sucesos. Mariño de Lobera no pudo consultar libro alguno para escribir esta parte de su crónica, porque las únicas relaciones detalladas que entonces existían, las de Oviedo y Cieza de León, permanecían inéditas en España. Pero en Chile vivían en la segunda mitad del siglo XVI algunos de los compañeros de Almagro, como el clérigo Molina y el capitán Pedro Gómez, y ellos han debido dar al cronista las noticias que éste ha consignado en su libro.

Los capítulos que Antonio de Herrera destina a la campaña de Almagro, en su notable *Historia general de los hechos de los castellanos*, etc., son del mismo modo una fuente abundante de informaciones seguras. Cronista de Indias de 1596 a 1625, Herrera tuvo libre acceso a los archivos, y pudo disponer de un gran número de relaciones manuscritas, algunas de las cuales no han llegado hasta nosotros, o permanecen quizá olvidadas en alguna biblioteca. Compilador diligente más que verdadero historiador, Herrera ha trasladado a su libro las noticias que hallaba en esos documentos y en esas relaciones, copiándolas con sus propias palabras o abreviándolas ligeramente. Este procedimiento es lo que constituye el valor de su libro porque, aunque adolece de algunos descuidos de detalle en la reproducción de esas noticias, su obra merece ser citada siempre como una autoridad contemporánea de los sucesos que narra, por más que haya sido escrita mucho más tarde (1601-1615). El valor de esa historia sería más estimado si el autor hubiera querido indicar en el texto o por medio de notas, los documentos o relaciones que extractaba. Esta omisión es causa de que no siempre se le preste entera fe.

Para la historia de la conquista del Perú y las guerras subsiguientes de sus capitanes, Herrera pudo disponer, además del manuscrito de Oviedo, de la crónica manuscrita de Pedro Cieza de León, el más amplio, el más noticioso y el más prolijo observador de aquellos sucesos. De la extensa obra de éste, solo se publicó en vida del autor la primera parte, la descripción del Perú, y después se han dado a luz otras porciones en las cuales se ve que Herrera las siguió con la mayor fidelidad. Esta circunstancia nos hace creer que los capítulos que ha destinado a la expedición de Almagro, que contienen un abundante caudal de noticias que no se hallan en otros documentos, son tomados en su mayor parte del manuscrito de Cieza de León, el cual por su larga residencia en el Perú, pudo recoger esas noticias con la diligencia y con el criterio que ponía en sus trabajos históricos. Nos confirma en esta opinión el ver que los otros antiguos historiadores de la conquista del Perú, Zárate y Gómara, son de tal manera sumarios en la relación de la expedición de Almagro, que Herrera no ha podido hallar en ellos mucho material. Sea de ello lo que fuere, el hecho es que la narración de Herrera tiene el sello de autenticidad en cuanto se refiere a esta expedición, y que ella sirve para completar la que nos dejó Oviedo.

La campaña de Almagro ha sido contada por algunos historiadores modernos con más o menos extensión, basándose casi exclusivamente en la relación de Herrera. Creemos haberlas consultado todas ellas para ver si hallábamos algo de nuevo, y debemos recomendar el artículo que a este conquistador dedica don Manuel de Mendiburu en el tomo I de su *Diccionario histórico y biográfico del Perú*, Lima, 1874, por la abundancia de noticias y la claridad en la exposición. Pueden también consultarse las elegantes páginas que a estos sucesos ha consagrado don Sebastián Lorente en su *Historia de la conquista del Perú*, Lima, 1861.

Pero el estudio más completo y más acabado que se ha hecho sobre la expedición de Almagro, se halla en los capítulos 3, 4 y 5 de la primera parte del *Descubrimiento y conquista de Chile*, Santiago, 1852, de don Miguel Luis Amunátegui. Después de un estudio completo de todos los historiadores y documentos que nos quedan, el señor Amunátegui ha trazado un cuadro notable por la hábil disposición de los materiales y por el colorido con que ha sabido revestir los hechos.

En esta parte de mi historia, apenas he podido agregar muy poco de nuevo a mi relación; y esto está limitado principalmente a fijar el itinerario de Almagro y a establecer la cronología de la expedición, puntos ambos descuidados en todas las relaciones anteriores. Creo por esto que las páginas que forman este capítulo pueden tener alguna utilidad, aun cuando su fondo histórico no sea nuevo sino en algunos accidentes. Por lo demás, tanto la cronología como la geografía de la expedición, ayudan a explicar las dificultades que encontraron Almagro y los suyos en esta memorable campaña.

Para la parte geográfica, he debido consultar muchos mapas, el del señor Raimondi, citado en una nota anterior, el *Atlas de la República Argentina*, de Martin de Moussy, el mapa de esta república del doctor Petterman, Gotha, 1875, y otros que sería largo enumerar. Pero me han servido sobremanera los libros del señor Burmeister que he recordado. La nota n.º 80, puesta al capítulo 8 de la primera parte de su *Description physique de la République Argentine*, ha bosquejado sumariamente, pero con ciencia sólida y con seguro criterio, el itinerario de Almagro que nosotros hemos desarrollado y completado.

Los últimos sucesos de la vida de Almagro, su vuelta al Cuzco y la guerra civil que le costó la vida, han sido contados con más o menos amplitud y con más o menos verdad por muchos historiadores y cronistas. La *Historia general* de Herrera formaba la más rica fuente de prolijas informaciones sobre estos sucesos, y la constituía en autoridad fundamental sobre la materia. El feliz hallazgo de una parte de los manuscritos de Pedro Cieza de León, ha venido a arrebatarle ese prestigio. En 1877 se ha publicado en Madrid en el

Capítulo IV. Valdivia; su entrada a Chile. Fundación de Santiago (1539-1541)

1. Descrédito en que había caído el proyecto de conquistar Chile. 2. Pedro de Valdivia: Pizarro lo faculta para llevar a cabo esa conquista. 3. Trabajos y sacrificios de Valdivia para reunir y organizar las tropas expedicionarias. 4. Llega al Perú Pedro Sancho de Hoz con provisiones reales, y Valdivia se ve obligado a celebrar con él una compañía para la conquista de Chile. 5. Sale Valdivia del Cuzco en marcha para Chile. 6. Pedro Sancho de Hoz es compelido a renunciar a la compañía celebrada con Valdivia. 7. Marcha de Valdivia hasta el valle del Mapocho. 8. Fundación de la ciudad de Santiago. 9. Desastroso fin de la empresa confiada por el rey a Francisco de Camargo para poblar una gobernación en la región de Magallanes.

1. Descrédito en que había caído el proyecto de conquistar Chile

Desde que se hicieron sentir las primeras desavenencias entre Pizarro y Almagro, habían comenzado a llegar a España los informes más contradictorios sobre los sucesos que se desarrollaban en el Perú. Por una y otra parte se dirigieron al rey cartas y memoriales escritos por diversos funcionarios civiles y eclesiásticos del Perú y de las otras colonias, en que cada cual presentaba los hechos según sus simpatías.[228]

---

tomo 68 de la Colección de documentos inéditos para la historia de España, la cuarta parte de la crónica de Cieza de León con el título de *La guerra de las Salinas* con 93 capítulos y 451 páginas. Es el más precioso y completo arsenal de noticias que puede apetecerse. Su estudio hace ver que el cronista Herrera casi no había hecho otra cosa que copiarlo y abreviarlo en ciertas partes; y nos confirma en la convicción de que las noticias que da acerca de la expedición de Almagro a Chile son tomadas de la tercera parte de la crónica de Cieza de León, que permanece desconocida y tal vez perdida.

228 Las cartas y memoriales dirigidos al rey por esos diversos funcionarios, aunque ordinariamente apasionadas por uno o por otro de los contendores, son documentos del más alto interés para la historia. Muchas de ellas han sido publicadas por Torres de Mendoza en el tomo III de su Colección antes citada. Figuran entre esas cartas dos del cronista Oviedo y Valdés, escritas en Santo Domingo en defensa de Almagro. No estará demás advertir que estas dos mismas cartas habían sido publicadas junto con otras de Oviedo, en las págs. 522 y 529 del tomo I de aquella Colección. Se encuentran, pues, publicadas dos veces en la misma obra. Es un hecho digno de observarse que bajo el régimen de la monarquía absoluta, y a causa, sin duda, de no estar bien regularizada la administración de las secretarías de Estado, todas esas cartas eran escritas directamente al rey, no solo por los jefes militares de la Conquista, los cabildos, los funcionarios civiles o eclesiásticos sino por simples particulares. En casi todas esas cartas, sus autores comienzan por protestar su

Las ardientes pasiones que agitaron a los conquistadores interesados en esa sangrienta lucha, y que conmovieron a casi todos los pobladores españoles del Nuevo Mundo, están reflejadas en esos escritos con que cada cual pretendía inclinar a su causa la voluntad del soberano.

Junto con esos memoriales, se elaboraron por ambas partes voluminosas informaciones jurídicas, en que ante el juez y el escribano, cada cual hacía declarar a numerosos testigos los hechos y circunstancias que más importaban a sus pretensiones. Pizarro se hallaba en mejor situación que su competidor para hacer llegar hasta el trono la defensa de sus derechos. Su residencia de Lima lo ponía en comunicación más fácil con España. Así, mientras Almagro se hallaba empeñado en su campaña en Chile o mientras se encontraba en el Cuzco, su antiguo compañero no había dejado pasar una oportunidad para hacer llegar a noticia del rey los sucesos del Perú con el colorido que convenía a sus intereses.[229]

Pero el astuto Pizarro no se limitó a esto solo. En 1536, cuando la sublevación general de los indígenas del Perú le hizo temer por la suerte de la conquista, envió emisarios a todas partes para pedir refuerzos de tropas. Despachó entonces a España a uno de sus capitanes de más confianza llamado Pedro Anzúrez Enríquez de Camporredondo, más conocido en la historia con el nombre abreviado de Peranzúrez, que le daban sus contemporáneos. Debía éste referir a Carlos V las ocurrencias del Perú y solicitar de él los auxilios necesarios para sofocar el formidable levantamiento de los indios. Llevaba, además, el encargo secreto de informar al soberano acerca de las rivalidades que habían surgido entre Almagro y Pizarro, de interesarlo en favor de este último y de obtener una ampliación de sus facultades.

---

amor y su veneración al soberano, y por declarar que estos sentimientos los obligan, como leales vasallos, a darle cuenta de lo que está pasando en las provincias más lejanas de sus dominios, para que pueda remediar los males que se le comunican.

229 En el Archivo de Indias depositado en Sevilla se encuentran dos voluminosos cuerpos de autos remitidos por Pizarro, en que se han agrupado infinitas declaraciones destinadas a probar las faltas cometidas por Almagro en desacato de la autoridad real. Pero nada pinta mejor esta manía de los largos expedientes tramitados por los jueces y escribanos del tiempo de la Conquista que un hecho consignado por don Alonso Enríquez de Guzmán en el libro inédito que ya hemos citado. Cuenta allí que el expediente seguido contra Almagro después de la batalla de Las Salinas, y en que declararon oficiales y soldados, «se hizo tan alto como hasta la cintura de un hombre».

Tantas diligencias dieron el resultado que solicitaba Pizarro. La Corte se puso decididamente de su parte. El rey, al paso que le confería armas y blasones, que recordasen los servicios prestados en la Conquista, dictó varias cédulas que importaban una condenación explícita de la conducta de Almagro.[230] A su vuelta al Perú a fines de 1537, Peranzúrez traía, entre muchas otras, dos provisiones que ensanchaban considerablemente las atribuciones de Pizarro. Por una de ellas, el rey lo autorizaba para dejar después de sus días, o cuando quisiese, la gobernación de la Nueva Castilla, no a Almagro como se la había concedido antes sino a cualquiera de sus hermanos. Por la otra, lo facultaba para mandar hacer la conquista de la Nueva Toledo y de la provincia de Chile, que Almagro había abandonado.[231] Aunque el texto original de estas provisiones, que no hemos podido descubrir, limitase tal vez esta última facultad a ciertas condicio-

---

[230] Algunas de estas reales cédulas, datadas en 1538, fueron publicadas íntegras por Francisco Caro de Torres en su *Historia de las órdenes militares*, Madrid, 1629, libro III, fol. 141 y siguientes y por don Fernando Pizarro y Orellana en sus *Varones ilustres del nuevo mundo*, Madrid, 1630, pág. 222 y siguientes; pero ni en estas obras ni en ninguna otra, ni aun, en los archivos he hallado más que una o dos que hacen particularmente al objeto de nuestra historia, y que fueron expedidas el año anterior.

[231] Ninguna de estas cédulas nos es conocida en su texto original. Habla de la primera el cronista Antonio de Herrera en el capítulo II, libro III, dec. VI de su *Historia general*. La segunda es citada dos veces por Pedro de Valdivia, en su carta a Carlos V de 15 de octubre de 1550, y en las instrucciones dadas el mismo día a dos agentes suyos que debían partir para España a pedir al rey ciertas mercedes en premio de sus servicios. En ambas piezas recuerda Valdivia «una cédula de Su Majestad dada en Monzón, año 37, en que mandaba al marques (Pizarro) enviase a poblar y conquistar y gobernar el Nuevo Toledo y las provincias de Chile». Valdivia sostenía que esa cédula era el fundamento de los poderes que le había confiado Pizarro para conquistar a Chile.
Esta única referencia a tan importante resolución de la Corona, da origen a algunas dudas. Desde luego, las reales cédulas de 1538 que hemos citado en la nota anterior, no hacen ninguna referencia a ella, y lejos de eso, recomiendan a Almagro que permanezca en la gobernación que le había concedido el rey, y que no trate de ocupar la de Pizarro. Es posible que la cédula extractada por Herrera, y la recordada por Valdivia sean una sola y que tanto aquél como éste hayan dado una noticia incompleta, y por tanto, inexacta de su contenido.
El cronista Herrera no da la fecha precisa de la cédula que extracta, ni señala el lugar en que fue expedida. Valdivia fija solo la ciudad de Monzón y el año de 1537. En efecto, Carlos V se hallaba allí en agosto de ese año, para abrir las sesiones de las cortes de Aragón, de Valencia y de Cataluña, convocadas expresamente para solicitar recursos pecuniarios con que hacer frente a las costosas guerras en que vivía envuelta España. La cédula a que nos referimos ha debido ser dada en esa ocasión, pero no hemos podido verla nunca ni impresa ni manuscrita.

nes, la muerte de Almagro dejaba el camino expedito a Pizarro para disponer por sí solo de la conquista de Chile.

Pero en esos momentos en que había tantos pretendientes a conquistas y gobernaciones en América, en que cada uno de los capitanes que habían ayudado a Pizarro en sus contiendas contra Almagro solicitaba por pago de sus servicios que se les permitiese expedicionar en cualesquiera de las regiones vecinas, no había quién aspirase a volver a Chile. Después del regreso de Almagro, este país era el más desacreditado de las Indias, en el concepto de los conquistadores. Se le creía la región más pobre y miserable del Nuevo Mundo, tierra maldita, sin oro, de clima frío y desapacible, poblada por salvajes de la peor especie, e incapaz no ya de enriquecer a los que lo dominaran, pero ni siquiera de pagar los costos que ocasionara su conquista.[232] Un año entero había pasado después del triunfo de los Pizarro en la memorable jornada de Las Salinas sin que nadie hablase de una nueva expedición a Chile, cuando apareció un hombre verdaderamente superior por su inteligencia y por su carácter a ponerse al frente de aquella empresa tan desacreditada.

2. Pedro de Valdivia: Pizarro lo faculta para llevar a cabo esa conquista

Era éste Pedro de Valdivia. Originario de la villa de Castuera, en La Serena de Extremadura, Valdivia pertenecía a una familia de hidalgos pobres, cuyos mayores, según dice él mismo, se habían ocupado en el ejercicio de las armas. En 1521, y cuando probablemente apenas pasaba de veinte años de edad, Valdivia servía en Flandes en los ejércitos de Carlos V y en los cuatro años siguientes en las famosas guerras de Italia bajo las órdenes de Próspero Colona y del marqués de Pescara. En estas campañas tuvo la gloria de asistir a la memorable batalla

---

[232] Manuel de Espinar, nombrado por el rey tesorero de la Nueva Toledo, escribía a Carlos V en 15 de junio de 1539, una extensa carta en que hacía relación de la guerra civil entre Pizarro y Almagro. Explicando las razones que éste había tenido para abandonar la conquista de Chile, dice que en este país «no había disposición para poblar, ni donde se pudiera dar de comer a cincuenta vecinos»; que no había podido «dejar en esta tierra a persona alguna, pues no se podían sustentar». Ésta era la opinión que acerca de Chile corría en esa época en el Perú después de la expedición de Almagro.
En el lenguaje de los conquistadores, «dar de comer» a un hombre, era darle un repartimiento de tierras y de indios que le asegurase una posición independiente y desahogada.

de Pavía y de adquirir la instrucción militar que le sirvió después para abrirse una gloriosa carrera en el Nuevo Mundo.

Pedro de Valdivia

Diez años más tarde, en 1535, Valdivia, casado en Salamanca con una señora llamada doña Marina Ortiz de Gaete, partía de España solo y sin familia para tomar parte en la conquista de la provincia de Paria, en Venezuela, que las ilusiones de algunos capitanes españoles pintaban como un país abundante en riquezas y de numerosas poblaciones. En vez del teatro de brillantes y productivas hazañas que esperaba hallar en aquella región, Valdivia fue testigo de una lucha sin gloria y sin expectativas de fortuna, enturbiada, además, por las disensiones y pendencias de los mismos conquistadores. Anunciábase entonces en todas las colonias que el Perú, el país de las maravillosas riquezas, corría riesgo de escaparse de la dominación española, a causa del levantamiento general de los indígenas. Valdivia, como un gran número de los soldados que servían en diversas partes de las Indias, corrió a ofrecer sus servicios a Pizarro.

Llegó a Lima a fines de 1536, en circunstancias bien angustiosas para los conquistadores del Perú. Todo el país estaba en armas. El Cuzco se hallaba sitiado por un poderoso ejército peruano, y Pizarro, incomunicado con las provincias del interior, sin saber la suerte que corrían los destacamentos que había despachado a combatir la insurrección, organizaba apresuradamente en Lima un nuevo ejército con los auxiliares que recibía de las otras colonias. Valdivia llegaba allí con el prestigio de soldado de las guerras de Italia. La prudencia que manifestó desde los primeros instantes, la entereza de su carácter, su actividad incansable para el servicio, le ganaron en breve la confianza de Pizarro. Elevado al rango de Maestre de Campo del nuevo ejército que se organizaba, Valdivia desplegó las dotes de un verdadero militar, y moralizó las tropas de su mando reprimiendo con mano de fierro toda tentativa de deserción. El cronista Cieza de León, al referir estos sucesos, lo califica de hombre entendido en la milicia de la guerra.[233]

---

[233] El cronista Oviedo, que llama despreciativamente «un Valdivia» al futuro conquistador de Chile, refiere que queriendo éste aterrorizar a los soldados para que no intentasen desertar, mandó ahorcar a uno que se había ocultado detrás de unas paredes. *Historia general*, libro 47, capítulo 16, tomo IV, págs. 325 y 326. Cieza de León, *Guerra de las Salinas*, capítulo 53.

Aquel ejército no alcanzó a entrar en campaña contra los indios sublevados. La vuelta de Almagro de su expedición a Chile había producido el sometimiento de los indígenas, pero fue el origen de la guerra civil entre los conquistadores. Valdivia prestó sus servicios a los Pizarro en esta lucha, como militar y como hombre de consejo. Desalojó un destacamento enemigo de las posiciones que ocupaba en las alturas de Guaitara, tomó una parte principal en la batalla de Las Salinas y ayudó eficazmente a Hernando Pizarro a pacificar las provincias que habían dominado sus contrarios. Al lado de éste penetró en las regiones del Alto Perú, y después de algunos combates con los indígenas, recibió en premio de sus servicios un valioso repartimiento de tierras y de indios en Charcas, y una rica mina de plata en el mineral de Porco. Valdivia pasó a ser uno de los colonos más acomodados en el Perú.[234]

Pero su carácter ambicioso y emprendedor no se satisfizo con esa ventajosa situación. Valdivia soñaba en conquistas y gobernaciones con las cuales alcanzar una alta nombradía y una gran fortuna. Por otra parte, su sagacidad natural le hacía, sin duda, comprender que la pacificación del Perú no era definitiva, que antes de mucho estallarían nuevos disturbios entre los mismos españoles, y que su crédito, fundado en servicios durante la guerra civil, lo ponía en el concepto de los otros capitanes, en una condición inferior a la de aquéllos que habían ganado sus títulos y sus repartimientos en la conquista del país. En abril de 1539, Francisco Pizarro visitaba la provincia del Collao, es decir, la región que rodea al lago Titicaca, y había fijado accidentalmente su residencia en el pueblo de Chuquiabo, donde diez años más tarde se fundó la ciudad de la Paz. Valdivia, que vivía en Charcas, fue a visitarlo a ese lugar. Allí solicitó del gobernador del

---

234 El lector encontrará todo lo que se sabe sobre la primera parte de la vida del conquistador de Chile en una disertación que publiqué en la pág. 257 y siguientes del *Proceso de Pedro de Valdivia*, Santiago, 1874. Todos los documentos que he recogido sobre este personaje en los archivos y bibliotecas de España, no me han dado luz para escribir con más noticias esta parte de su historia. Aunque a Valdivia no se puede aplicar literalmente lo que un antiguo historiador español dice de otros capitanes «que no han tenido tanto cuidado de escribir sus hazañas cómo de hacerlas» (Carlos Coloma, *Las guerras de los Estados Bajos*, prólogo), es lo cierto que si bien refiere prolijamente en sus cartas al rey y en otros documentos sus servicios después de 1540, apenas da algunas ligerísimas noticias sobre los años anteriores de su vida.

Según Mariño de Lobera, *Crónica del Reino de Chile*, capítulo 44, Pedro de Valdivia era hijo de un hidalgo portugués llamado Pedro Oncas de Melo, y de una gran señora española de Extremadura nombrada Isabel Gutiérrez de Valdivia, cuyo apellido adoptó.

Perú que, en uso de las facultades que le había conferido el rey, lo autorizase para conquistar y poblar las provincias que tres años antes había abandonado don Diego de Almagro. Cuenta Valdivia que Pizarro oyó con espanto esta solicitud y que no acertaba a comprender que un hombre que tenía tan buena posición en el Perú, quisiese abandonarla por correr aventuras en la conquista de un país tan lejano como pobre y desacreditado; mas, «como vio mi ánimo y determinación, agrega enseguida, me mandó viniese a poner mi buen propósito en cumplimiento».[235] Valdivia recibió el título de teniente gobernador de Chile, esto es: de jefe del país que se proponía conquistar, pero quedando sometido a la autoridad del gobernador don Francisco Pizarro.

3. Trabajos y sacrificios de Valdivia para reunir y organizar las tropas expedicionarias

Entre los conquistadores españoles del Nuevo Mundo, este género de concesiones no importaba más gasto que la hoja de papel en que se extendía el título. Los costos de la empresa quedaban a cargo del concesionario, que no debía contar más que con sus propios recursos y con su propio crédito. Valdivia, por otra parte, en su carácter de encomendero, no podía vender las tierras ni los indios que le habían tocado en repartimiento; de manera que los fondos que poseía eran muy poco considerables. Nada le detuvo, sin embargo, se trasladó rápidamente al Cuzco y, enseguida, a Lima para anunciar la campaña que pensaba emprender, y para allegar a sus banderas los soldados que debían formar su ejército.

Los recursos de que podía disponer Valdivia, contando con lo que obtuvo en préstamo bajo pesadas condiciones, no pasaban de 9.000 pesos de oro, y esa suma se agotó muy pronto. Aunque los caballos, las armas y la ropa comenzaban a tener un precio más bajo que el de los primeros días de la Conquista, eran todavía tan costosos que la empresa estuvo apunto de fracasar por falta de dinero. Pero acababa de llegar al Cuzco un comerciante español llamado Francisco Martínez, que traía un surtido de armas, caballos, esclavos negros y

---

235 *Instrucciones* dadas por Valdivia a sus apoderados en octubre de 1550. Estas instrucciones, que contienen una reseña bastante minuciosa de toda la conquista de Chile, y que por tanto ratifican y completan las noticias que contienen las cartas de Valdivia, se conservan originales en el Archivo de Indias, donde las descubrí en 1859. Las publiqué en el volumen titulado *Proceso de Pedro de Valdivia*, págs. 217-245.

otros artículos que tenían un fácil expendio en las colonias del Nuevo Mundo. Valdivia, sometiéndose a las más onerosas condiciones, llegó a celebrar con él, el 10 de octubre de 1539, un contrato que se denominó de «amigable compañía». Martínez se comprometía a poner la mitad de los capitales que se necesitaban para la expedición. Aunque todos los trabajos de la campaña iban a recaer sobre Valdivia, que debía dirigirla, se estipuló que se repartirían por mitad los beneficios que ella produjera. En virtud de este compromiso, Martínez entregó la suma de 9.000 pesos de oro, en armas, caballos, vestuarios y en otros objetos avaluados a los precios que él mismo quiso fijarles. Valdivia tuvo que someterse a todo para no ver desbaratada la empresa en que había concebido tantas esperanzas de gloria, de poder y de riquezas.[236]

Pero, aunque Valdivia hubiese podido disponer de recursos mucho más abundantes, siempre le habría costado un gran trabajo el reunir gente que quisiera acompañarlo a Chile. «No había hombre, cuenta él mismo, que quisiese venir a esta tierra, y los que más huían de ella eran los que trajo el adelantado don Diego de Almagro, que como la desamparó, quedó tan mal infamada, que como de la pestilencia huían de ella. Aun muchos que me querían bien y eran tenidos por cuerdos, no me tuvieron por tal cuando me vieron gastar la hacienda que tenía en empresa tan apartada del Perú, y donde el adelantado no había perseverado habiendo gastado él y los que en su compañía vinieron más de 500.000 pesos de oro.»[237]

Residían entonces en el Perú muchos aventureros españoles que por haber tomado parte en las últimas guerras civiles o por haber llegado al país después de su pacificación, se hallaban desocupados y reducidos a la mayor pobreza. En su deseo de completar sus filas, Valdivia habría enrolado a todos los que hubiesen querido hacer la campaña de Chile sin cuidarse mucho de averiguar sus antecedentes, pero, a pesar de su decidida voluntad, a fines de 1539 solo había podido reunir 150 hombres. Cuatro años antes, Almagro había contado bajo sus banderas algunos afamados capitanes y más de 500 guerreros, no solo

---

236 Constan estos hechos en un expediente seguido en Santiago en 1543 entre Valdivia y Martínez para la liquidación de la compañía, y conservado en el Archivo de Indias de Sevilla, donde lo encontré en 1860. En el libro citado en la nota anterior, en un apéndice titulado Los socios de Pedro de Valdivia, he dado a conocer más prolijamente las noticias que contiene ese expediente, y la manera cómo se formó y cómo se disolvió aquella sociedad guerrero-comercial.
237 Carta de Valdivia a Carlos V, de 4 de septiembre de 1545.

porque poseía recursos mucho más abundantes y, al parecer, inagotables sino porque el país que iba a conquistar estaba revestido del prestigio de riqueza de que habían sabido rodearlo los indígenas. Los contemporáneos que comparaban uno y otro ejército, el de Almagro y el de Valdivia, los que recordaban que el primero de éstos había renunciado, sin embargo, a la conquista de Chile por ser un país donde no había cómo «dar de comer a cincuenta vecinos», según la expresión vulgar de aquella época, debieron creer que la empresa de Valdivia era una insensata temeridad, y que antes de muchos meses los soldados de éste habrían perecido de hambre o vuéltose al Perú arruinados por las miserias y los padecimientos de una expedición tan descabellada».[238]

4. Llega al Perú Pedro Sancho de Hoz con provisiones reales, y Valdivia se ve obligado a celebrar con él una compañía para la conquista de Chile

Valdivia, sin embargo, no perdió un solo instante su entereza ni su confianza. Continuaba pacientemente todos sus aprestos para traer a Chile todo aquello que debía servirle para fundar una colonia estable. Junto con los caballos y las armas para sus soldados, reunía herramientas de toda clase, semillas europeas con que plantar nuevos cultivos, y hasta animales caseros, puercos y gallinas que quería propagar. Pero en diciembre de 1539, Valdivia se hallaba en el Cuzco disponiéndose para emprender la marcha con el puñado de españoles que formaban su ejército, cuando se suscitó una nueva contrariedad que estuvo a punto de contrastar todos sus proyectos.

En los primeros días de ese mismo año, Carlos V había expedido nuevos títulos para las gobernaciones que pretendía establecer en la extremidad austral del continente. Malograda en 1535 la expedición de Alcazaba a la región vecina al estrecho de Magallanes, el obispo de Plasencia, don Gutierre de Carvajal y Vargas, que por sus títulos personales y por el rango de su familia, gozaba de

---

[238] El cronista Oviedo, que escribía entonces en Santo Domingo su famosa *Historia general* anotando casi día a día las noticias que llegaban hasta él, daba cuenta de los aprestos de Valdivia en los términos siguientes: «También vino allí a los Reyes (Lima) uno que se decía Valdivia, a hacer gente para ir a poblar a Chile; mas se cree que con la que de allí llevaría, no lo poblará». Libro 47, capítulo 20. Si la muerte no hubiera sorprendido a Oviedo en 1557, sin haber alcanzado a publicar esta parte de su obra, habría tenido que corregir este pasaje para hacer constar que ese que se decía Valdivia, había llevado heroicamente a cabo su empresa con aquel puñado de aventureros que había reunido con tanta dificultad.

grandes consideraciones en la Corte, obtuvo para un pariente suyo, llamado Francisco Camargo, la gobernación de la Nueva León. Comprendía ésta, como se recordará, los territorios que, de uno a otro mar, se extendían al sur de la gobernación concedida a don Pedro de Mendoza. Pero, en lugar de las 200 leguas que señalaba de norte a sur la concesión de Alcazaba, la de Camargo había sido ampliada hasta el mismo estrecho. Así, pues, la noticia de esta real provisión era una contrariedad para Pedro de Valdivia que aspiraba a someter bajo su dominio todo el territorio de Chile hasta el último confín de la América.

Aquella concesión, sin embargo, no ponía en serios peligros los proyectos de Valdivia, desde que había fundados motivos para creer que la empresa de Camargo fracasaría, como había fracasado la de su antecesor. Pero, con la misma fecha (21 de enero de 1539), el rey había concedido a otro solicitante una autorización para navegar por la costa del mar del Sur, y descubrir nuevas tierras, con tal que no fueran las que correspondían a los otros concesionarios, tanto en la otra parte del estrecho como en aquella costa. El soberano le prometía que hecho este descubrimiento, se le harían las mercedes a que fuera merecedor por sus servicios. El favorecido por esta real cédula se llamaba Pedro Sancho de Hoz.[239] En esos momentos se hallaba en el Perú agitando las diligencias para emprender los viajes que proyectaba, y podía contar con la protección

---

239 La provisión en favor de Pedro Sancho de Hoz de que se habla en el texto, ha sido publicada por Torres de Mendoza en el tomo 23, pág. 5 de la Colección citada, y reproducida por don Miguel L. Amunátegui en la pág. 128 del tomo I de la *Cuestión de límites*. Según el tenor de esta real cédula, Sancho de Hoz había de descubrir las tierras situadas al sur del estrecho, sin entrar en los límites de las tierras e islas que estaban dadas a Pizarro, a Almagro, a Mendoza y a Camargo. Este documento deja ver que el 21 de enero de 1539 la Corte ignoraba todavía la muerte de Almagro ejecutada seis meses antes, lo que se explica por el empeño que puso Pizarro en no dejar salir del Perú los buques que pudiesen llevar esa noticia. En el Archivo de Indias vi una carta de don fray Tomás de Berlanga, obispo de Panamá, en que con fecha de 15 de diciembre de 1538, informa al rey sobre ese suceso como noticia recién llegada a esa ciudad.

No parece que la provisión real en favor de Sancho de Hoz que conocemos, y en que solo se le autoriza para descubrir al otro lado del estrecho y fuera de los territorios de las otras cuatro gobernaciones, le sirviese de título suficiente para sus negociaciones con Pizarro. Pero llevaba además otra cédula del rey que no se ha publicado y que solo se conoce por referencias más o menos vagas, según la cual se le había nombrado gobernador y capitán general de las tierras que descubriese en esta empresa. Véase la declaración de Pedro de Villagrán en el *Proceso de Valdivia*, pág. 124. La falta de este documento no nos permite apreciar exactamente el alcance de los poderes que tenía el competidor de Valdivia.

eficaz del gobernador Pizarro, más valiosa en su situación que la misma cédula que le había acordado el rey.

Sancho de Hoz era uno de los más antiguos servidores en la conquista del Perú.[240] Había acompañado a Pizarro en la captura de Atahualpa y en la primera ocupación del Cuzco. Nombrado teniente de escribano, había actuado en el reparto del rescate del Inca, y había sucedido al historiador Francisco de Jerez en el rango de secretario del gobernador. Enriquecido con la parte que le tocó en el botín, Pedro Sancho se volvió a España a fines de 1535, se casó en Toledo con una señora principal, llevó durante dos años la vida regalada de gran señor y acabó por perder cuanto tenía. Convirtiose entonces en uno de tantos pretendientes de conquistas y gobernaciones en las Indias, y obtuvo del rey la cédula que hemos recordado más arriba para descubrir nuevas tierras de la otra parte del estrecho de Magallanes. Pero Pedro Sancho conservaba aún una encomienda de indios en el Perú, y lo que valía más que eso, la amistad de Pizarro, cuya correspondencia había redactado, y en cuyos proyectos había sido confidente. En 1539 volvía a este país a reunir los elementos necesarios para aquella empresa.

---

240 En 1535 el obispo de Panamá don fray Tomás de Berlanga se había trasladado a Lima, y por encargo de Carlos V levantaba una prolija y extensa investigación sobre la parte que correspondía al rey en el reparto del rico botín cogido en el Perú. Pedro Sancho fue llamado a declarar como secretario que había sido de Pizarro, y dijo: «que conoce al gobernador y a los oficiales de Su Majestad de cinco años a esta parte, poco más o menos, y a todos los más de los conquistadores de que está en estos reinos, porque fue de los primeros conquistadores y tuvo la cuenta de la copia de ellos». Véase esta información publicada por Torres de Mendoza en el tomo 10 de su citada Colección, y sobre todo la pág. 262 en que se halla la declaración de Pedro Sancho.

Por encargo de Pizarro, Pedro Sancho escribió una relación oficial de los sucesos de la conquista del Perú desde la partida a España de Hernando Pizarro en 1533 hasta julio de 1534. El original de este importante documento parece perdido, pero existe una traducción italiana publicada por J. B. Ramusio en el vol. III de sus *Navigationi et viaggi*. Un erudito escritor mexicano, don Joaquín García Icazbalceta, la ha vertido al castellano y la ha publicado como apéndice a su traducción de la *Historia de la conquista del Perú*, de Prescott, México, 1851. Es una pieza utilísima para la historia.

El nombre de Pedro Sancho aparece, además, en dos documentos notables de la conquista del Perú, que firmó como escribano de Pizarro. Son éstos el acta del reparto del rescate de Atahualpa, en que le tocaron 4.440 pesos de oro como oficial de infantería; y el acta de la repoblación del Cuzco, que hemos citado en una nota anterior, y por la que vemos que se le dio solar para casa como vecino de esa ciudad.

Los títulos que traía consigo Pedro Sancho de Hoz, a lo menos los que conocemos, no lo autorizaban para pretender la conquista de Chile. Pero sea porque poseyese también valiosas recomendaciones de la Corte, que Pizarro no se atrevería a desatender, o porque este último se dejase arrastrar por su amistad hacia su antiguo secretario, Pedro Sancho se halló en situación de disputar la futura gobernación de Chile al bizarro maestre de campo que había organizado el ejército vencedor en Las Salinas. Pizarro no vio otro arbitrio para conciliar los intereses opuestos de los pretendientes, que el asociarlos en la empresa que querían acometer. El 28 de diciembre, hallándose en el Cuzco, Pizarro reunió a ambos en el comedor de su casa, y los indujo a celebrar un contrato de compañía. Valdivia ponía en la sociedad la columna de 150 hombres que había reunido y equipado por su sola cuenta. Pedro Sancho, considerando sin duda imposible el juntar más gente para engrosar, esa columna, se comprometió a surtirla de algunos artículos que le faltaban. Con este fin debía trasladarse a Lima, adquirir allí cincuenta caballos y 200 corazas, y equipar dos buques que transportasen a Chile otros objetos y que ayudasen a la conquista de este país. Valdivia iba a ponerse en marcha inmediatamente con sus soldados; pero su socio debía reunírsele en el camino en el término de cuatro meses. El contrato de compañía, reducido a unas cuantas líneas, dejaba por resolver varios puntos importantes. Allí no se estipulaba a quién correspondía el mando de las fuerzas, ni cómo se repartirían los beneficios de la campaña, ni siquiera qué países se proponían conquistar. Todo hace creer que las tres personas que intervinieron en ese contrato, querían solo resolver una dificultad del momento, sin preocuparse mucho de las complicaciones y embarazos que él debía producir y que no era difícil prever.[241]

Aunque Valdivia necesitara los artículos que su socio debía aportar a la compañía, este contrato que venía a restringir sus poderes y a menoscabar las probables utilidades de la empresa, era una gran contrariedad. Otro hombre de menos resolución que la suya, sobre todo tratándose de una conquista tan

---
241 El contrato entre Valdivia y Sancho de Hoz fue hallado en el Archivo de Indias por don Juan Bautista Muñoz. De la preciosa colección de manuscritos que éste formó, sacó don Claudio Gay las copias que publicó en las primeras páginas del tomo I de los *Documentos* que acompañan a su historia. Sin embargo, la verdad acerca de las relaciones entre Valdivia y Sancho de Hoz solo ha podido descubrirse con la ayuda de los documentos que hallé en los archivos de España, y que publiqué en 1874. Véase el *Proceso de Pedro de Valdivia*, págs. 276-315.

desacreditada como la de Chile, habría renunciado a llevarla a cabo. Valdivia, sin embargo, no se desalentó un solo instante. Era sobradamente sagaz para no conocer en qué venían a parar en las Indias estos contratos de sociedad para hacer conquistas. Valdivia había podido comprender que el socio que le imponía Pizarro no sería un obstáculo a sus proyectos, y que, de un modo u otro, lograría apartarlo en breve de la compañía, para constituirse en jefe único de la empresa. La confianza en su propia superioridad fue, sin duda, la columna que lo sostuvo firme e inquebrantable en esta prueba, en que un hombre de menos prudencia se habría dejado abatir renunciando a toda participación en la campaña que no podía dirigir como exclusivo jefe.

5. Sale Valdivia del Cuzco en marcha para Chile

En los primeros días de enero de 1540, Valdivia estuvo listo para emprender la marcha. Algunos antiguos cronistas cuentan con detalles probablemente de pura invención, la ceremonia religiosa en que ese caudillo hizo bendecir sus banderas en la catedral del Cuzco, y prestó el juramento de tomar a tales o cuales santos por patrones de su empresa.[242] Enseguida rompió la marcha a la cabeza de los suyo.

La hueste de Valdivia, a que los contemporáneos daban el pomposo nombre de ejército,[243] era compuesta, como hemos dicho, de solo 150 soldados españoles de a pie y de a caballo, pero contaba con cerca de 1.000 indios de carga o tamemes, reunidos en el Perú. El segundo jefe de esa columna, el maestre de campo, era Pedro Gómez, natural del pueblo de Don Benito, en Extremadura, soldado de la conquista de México, que a su larga experiencia de las guerras contra los indios unía el conocimiento particular de Chile, por haber hecho con

---

242 Antonio García, *Historia de Chile*, libro I, capítulo 2, manuscrito que no ha llegado hasta nosotros, y que solo conocemos por las referencias que a él hace Pérez García, en su historia igualmente inédita. Dice allí el primero de éstos que Valdivia salió del Cuzco el 20 de enero. Mariño de Lobera, por descuido de copia sin duda, dice en octubre; y el padre Rosales, libro III, capítulo 10, por un error incomprensible de tres años, señala el año de 1537. El mismo Valdivia dice en varios pasajes de sus cartas y relaciones, que partió en enero de 1540, sin especificar el día.

243 Hablando de otras expediciones de esta naturaleza, dice don Antonio de Solís que «los capitanes españoles en América llevaban unas tropas de soldados que llamaban ejércitos. Y no sin alguna propiedad, agrega, por lo que intentaban y por lo que conseguían». Solís, *Historia de la conquista de Nueva España*, libro I, capítulo 1.

Almagro la campaña anterior.[244] Figuraban, además, en esa hueste algunos oficiales de dotes más o menos relevantes, tres clérigos,[245] y una mujer unida a Valdivia por los vínculos del amor. Era ésta Inés Suárez, destinada a conquistarse un nombre célebre en las primeras páginas de nuestra historia.

Al partir del Cuzco, Valdivia había elegido el mismo camino que llevó Almagro a su vuelta de Chile. Descendió con sus tropas las altas cordilleras para caer al valle de Arequipa, y de allí siguió su marcha por la región vecina a la costa, pasando por Moquegua, Tacna y Tarapacá. La marcha se hacía lentamente, no solo por causa de las asperezas del camino, de las montañas escarpadas y de las peligrosas laderas sino, porque era preciso andar al paso de los infantes, que formaban casi la mitad de la columna expedicionaria, y de los indios de carga que conducían los bagajes. Algunos soldados españoles traían consigo los niños que les habían nacido de sus uniones clandestinas con las indias del Perú. Conducían, además, puercos y gallinas, y con tal séquito no podían apurar mucho la marcha. Valdivia, por otra parte, cuidaba de dar descanso a sus tropas durante algunos días en los valles en que encontraba pasto para sus caballos y víveres para sus soldados. Por lo demás, el viaje se hacía con toda regularidad, sin encontrar resistencia de los naturales de esa región y sin perder un solo hombre por enfermedad o por deserción.

Durante esta marcha, por el contrario, la hueste de Valdivia se engrosó con algunos nuevos auxiliares. En esa época, otros jefes castellanos expedicionaban en la parte sur de la altiplanicie que rodea al lago Titicaca. Dispersadas sus fuerzas en aquella lucha contra los indios chunchos, varios oficiales y soldados bus-

---

244 Constan estos hechos de una información de los servicios de Diego Flores de León, cuya esposa era descendiente de Pedro Gómez. Véase sobre éste el *Proceso de Valdivia*, pág. 384.

245 Eran éstos Rodrigo González Marmolejo, más tarde primer obispo de Santiago, Diego Pérez y Juan Lobo. Algunos escritores posteriores, apoyándose en las crónicas de las órdenes religiosas, han contado que también acompañaban a Valdivia siete frailes mercedarios, aserción que se encuentra implícitamente desmentida en la primera carta de Valdivia a Carlos V, en que no habla más que de los tres sacerdotes nombrados. Por lo demás, las crónicas de las órdenes religiosas en América, salvo pocas excepciones, adolecen de los mayores errores, errores frecuentemente intencionales para exaltar los méritos de talo cual orden. Muy pocas veces hemos encontrado en ellas alguna noticia que no esté desmentida por los documentos. En cambio, contienen por millares los milagros más estupendos; y fuera de una que otra, no prestan ningún auxilio al historiador, o solo sirven para hacerlo caer en las más graves equivocaciones.

caron su salvación bajando las montañas para llegar a la región de la costa. Allí hallaron la columna de Valdivia y fueron reuniéndosele unos en pos de otros.[246] Entre estos auxiliares, se incorporaron Francisco de Villagrán, Francisco de Aguirre y Rodrigo de Quiroga, que estaban destinados a representar un gran papel en la conquista de Chile. Las tropas expedicionarias llegaron a contar cerca de 170 soldados españoles.

6. Pedro Sancho de Hoz es compelido a renunciar a la compañía celebrada con Valdivia

Mientras tanto, había expirado el plazo convenido con Pedro Sancho de Hoz, y éste no llegaba con el contingente de armas y de caballos que había ido a buscar a Lima. Valdivia creyó que esta falta de cumplimiento de lo pactado, había disuelto la sociedad, y que por tanto era ya el jefe único de la expedición. Con este motivo, escribió a Pizarro para pedirle que si su socio no había de llevar los elementos con que debía contribuir a la conquista, no le permitiese pasar a Chile, porque su presencia en este país podía ser causa de desórdenes y perturbaciones.[247]

Pero Sancho de Hoz, sin embargo, no había desistido de sus proyectos de conquistas y gobernaciones. Era tan grande su descrédito para empresas de esta clase, y se hallaba tan escaso de recursos, que en Lima no pudo adquirir ninguno de los elementos que había ido a buscar. En vez de prestamistas que le adelantaran fondos, encontró solo acreedores empecinados que le cobraban otras deudas anteriores, y que aun le redujeron a prisión para obtener su pago. Cuando se convenció de que no tenía nada que esperar por este camino, se concertó con un caballero noble de Cáceres, en Extremadura, llamado Antonio de Ulloa, y con otros tres oscuros aventureros, para arrebatar por fuerza a Valdivia el mando de la expedición. Con este plan, partieron apresuradamente de Lima, persuadidos de que les bastaría arrestar o asesinar a Valdivia, y exhibir

---

246 Este hecho referido por Mariño de Lobera, *Crónica*, capítulo 8, y consignado después por algunos cronistas, y negado por otros, está comprobado por las informaciones de méritos y servicios de Villagrán y de Quiroga que encontré en el Archivo de Indias. Véanse sobre éstos las noticias reunidas en vista de esos documentos en las págs. 344, 358 y 366 del *Proceso de Valdivia*.
247 Declaración de Luis de Toledo en el *Proceso de Valdivia*, pág. 69.

las provisiones de Sancho de Hoz, para que los soldados que marchaban a Chile reconociesen a éste por jefe superior.

Una noche de principios de junio, la columna expedicionaria se hallaba acampada a entradas del desierto de Atacama. Sancho de Hoz y sus compañeros llegaron de improviso al campamento, e informados del lugar que ocupaba la tienda del general, cayeron sobre ella para ejecutar el proyecto que meditaban. Hallaron allí a Inés Suárez y a algunos oficiales, pero el jefe de la expedición se encontraba ausente. Valdivia, siempre activo y previsor, se había adelantado hasta el pequeño valle de Atacama, donde existía un pueblo de indios, y donde había forrajes para sus caballos, con el fin de preparar el alojamiento de sus soldados. Impuesto de lo que ocurría en su campo, dio la vuelta en la mañana siguiente y apresó sin dificultad y sin efusión de sangre a los cinco conspiradores. Sancho de Hoz fue retenido dos meses en estrecha prisión. Ulloa supo ganarse la voluntad de Valdivia, y fue incorporado en las filas expedicionarias. Los otros tres recibieron la orden de volverse al Perú, donde se mezclaron en las guerras civiles de los conquistadores, en que uno de ellos pereció en el último suplicio.

El motín quedó así vencido y dominado. Pero las semillas de la rebelión dejaban rara vez de germinar en los campamentos de los aventureros españoles de la Conquista. Un soldado llamado Juan Ruiz, que había hecho la campaña anterior con Almagro, comenzó a provocar la deserción, manifestando que se les llevaba a un país sumamente pobre, donde solo unos treinta hombres hallarían qué comer. Para escarmentar a los cobardes, Valdivia lo hizo ahorcar una noche, pocas horas después de haber descubierto su delito.[248] Otro soldado, apellidado Escobar, que con propósito sedicioso se atrevió a insultar al oficial de quien dependía, fue condenado por Valdivia a la misma pena. Habiéndose cortado la soga de la horca en el momento de la ejecución, el general, según una costumbre usada en su tiempo en casos semejantes, perdonó a ese infeliz para que volviese a España a encerrarse en un convento de frailes.[249] Estos actos de severo rigor, mantuvieron la disciplina en la hueste de Valdivia durante toda la marcha.

---

248 Este hecho ha sido referido por Góngora Marmolejo, *Historia de Chile*, capítulo 3, sin nombrar al soldado víctima de la justicia militar. Valdivia, en su defensa, lo ha contado con más amplios detalles. Véase el *Proceso*, pág. 50.

249 *Proceso de Valdivia*, declaración de Luis de Toledo, pág. 68.

Los expedicionarios se detuvieron cerca de dos meses en el pueblo de Atacama, descansando de las fatigas anteriores y preparándose para la penosa marcha del desierto de ese nombre. Pedro Sancho permanecía, entre tanto, con grillos e incomunicado; pero había llegado a ser un grave estorbo para la expedición. Viéndose definitivamente perdido, el ambicioso aventurero se avenía a renunciar a toda participación en la Conquista. Sin embargo, lo aterrorizaba la idea de volver al Perú a ser víctima de sus acreedores y objeto de las burlas a que se prestaba su situación. Por este motivo, hizo pedir a Valdivia que lo llevase en su expedición, y que le diese en Chile un repartimiento igual al de cualquiera de sus capitanes. No fue difícil el entenderse sobre esta base. Valdivia imponía las condiciones más claras y terminantes para liberarse de un competidor; y Sancho de Hoz tenía que aceptarlo todo para alcanzar su libertad. Viose éste forzado a firmar el 12 de agosto de 1540, ante escribano y testigos, una escritura pública en la cual declaraba que, no habiendo podido cumplir aquello a que se había comprometido, renunciaba «en su libre poder, y de su espontánea voluntad», a todos los títulos y derechos que le había dado Pizarro para la conquista y gobierno de las provincias de Chile, así como a todas las mercedes que pudiera hacerle el rey en premio de sus servicios. Bajo la ley del juramento, se comprometió, además, a no destruir jamás esta cesión y a no pedir jamás ni al papa, ni a nadie la relajación de su palabra empeñada en nombre de Dios, de la Virgen María, de la cruz y de los evangelios. Las cláusulas de aquella escritura, a pesar de las protestas de espontaneidad del que renunciaba a sus derechos, dejan de sobra ver la coacción que sobre él ejercía Valdivia para fortificar la independencia de su poder, y demuestran, además, la poca confianza que inspiraban entre ellos mismos los compromisos y juramentos de los conquistadores españoles del siglo XVI.[250]

Disuelta de esta manera la sociedad pactada en el Cuzco, Pedro de Valdivia, jefe único y absoluto de la Conquista, firmó a Sancho de Hoz una obligación por el valor de las pocas armas y caballos que habían traído él y sus compañeros.

---

250 La escritura de dejación o renuncia de Pedro Sancho de Hoz, fue copiada en los archivos españoles a fines del siglo último por don Juan B. Muñoz, publicada por primera vez sesenta años más tarde por don Claudio Gay, y reimpresa después en Chile. Sin embargo, la verdadera inteligencia de este documento y de los móviles que lo produjeron, no ha podido ser apreciada sino después de la publicación del *Proceso de Valdivia*. Véase el n.º 2º de las acusaciones que se le hicieron, de la defensa del conquistador y de las declaraciones de los testigos.

Enseguida lo puso en libertad, pero lo condenó a que siguiese la marcha sin armas, y vigilado por un centinela. Dos días después, la columna expedicionaria emprendía su marcha por el desierto. En el estrecho valle de Atacama había renovado sus escasas provisiones y hecho los aprestos para la penosa travesía.

7. Marcha de Valdivia hasta el valle del Mapocho

Las relaciones de Valdivia y los otros documentos contemporáneos de la Conquista nos han dejado pocas noticias acerca de los padecimientos y fatigas de esa marcha, en que la absoluta falta de víveres y forrajes, y la escasez de agua por una parte, el Sol abrasador durante el día y los fríos penetrantes de la noche por otra, debieron molestar sobremanera a los expedicionarios. Acostumbrados a vencer por todas partes a la naturaleza misma, y en sus manifestaciones más duras y aterrantes, los vigorosos soldados de la Conquista soportaban serenos y tranquilos esos trabajos y privaciones, y ni siquiera se acordaban de hablar de ellos, a menos de ocurrir accidentes extraordinarios. De esas relaciones se desprende que Valdivia llegó al valle de Copiapó sin haber perdido un solo hombre de su hueste.

Los habitantes de este valle la recibieron en actitud hostil. Aleccionados por la experiencia de la campaña anterior, y por los consejos de los indios peruanos, los pobladores de Copiapó creían que con ocultar sus provisiones y mostrar su obstinada desobediencia a los conquistadores, éstos se verían obligados a abandonar el país. Valdivia, sin embargo, no se dejó engañar por aquellas apariencias de miseria que descubría en todas partes. Supo descubrir los lugares en que los indios ocultaban sus víveres y dominar enérgicamente todas las tentativas de resistencia. En los asaltos o sorpresas que dieron los indígenas a los destacamentos españoles, éstos no perdieron más que dos o tres indios auxiliares y otros tantos caballos, y como cuarenta indios de servicio o de carga. Valdivia, en cambio, rompió los fuertes o palizadas en que los enemigos se habían parapetado para defenderse contra los invasores.[251]

---

251 Valdivia no da en sus cartas de relación a Carlos V gran importancia a estos primeros combates de que solo habla de paso y en general. Un poco más explícito, pero sin entrar en pormenores, es en las *Instrucciones* antes citadas, y en la carta a Hernando Pizarro que publiqué en el *Proceso de Valdivia*, págs. 196-214. En esta edición, al hablar de estos sucesos, se ha cometido un error tipográfico que conviene explicar. Dice Valdivia que llegó hasta el valle de Mapocho «sin perder sino dos o tres indios que me mataron en Guacanaras, en Copayapo», lo que hace creer que se trata de un lugar. El manuscrito

Según la costumbre de los conquistadores españoles, Valdivia tomó allí posesión del territorio en que se prometía organizar su gobernación. Ejecutó este acto con todas las solemnidades de estilo, pero en el acta extendida con este motivo, se guardó de mencionar el nombre de Pizarro de quien emanaban sus poderes y sus títulos. El ambicioso capitán declaraba solo que ocupaba este territorio en calidad de soldado y de servidor del rey de España. Algunos de los oficiales de Valdivia creyeron ver en este acto un principio de rebelión contra toda dependencia del gobernador del Perú.[252] En recuerdo de este acto, el valle de Copiapó fue denominado de la Posesión, con que se le designa en los primeros documentos de la Conquista.[253]

Prosiguiendo su marcha al sur, Valdivia se halló contrariado por las mismas dificultades. Los indios, prevenidos de antemano por mensajeros que habían venido del Perú, ocultaban las muestras de oro que poseían, quemaban sus comidas, mataban sus ganados y se presentaban a los castellanos en el más triste estado de miseria y de desnudez, para desalentarlos de continuar la conquista. En Coquimbo huyeron del campamento español 400 indios auxiliares, es decir, casi la mitad de los que Valdivia traía a su servicio, temerosos de morir de hambre más adelante. Nada de eso arredró a este valeroso caudillo. Había

---

original, de que tomé esa copia, dice Guaçauaras, esto es, guazavaras, palabra americana con que los indios de las Antillas, según creo, designaban los ataques o batallas, y que los conquistadores de Nueva Granada, del Perú y de Chile usaban en el mismo sentido, como se ve en muchas de sus relaciones. El capitán don Bernardo de Vargas Machuca, soldado y vecino de Bogotá, da a esta palabra la significación de batalla, en el vocabulario de voces americanas que ha puesto al fin de su interesante libro Milicia y descripción de las Indias, Madrid, 1599.

Algunos antiguos cronistas, y entre ellos Antonio García seguido por Pérez García, y el padre Rosales, dan noticia de esta marcha y de estos combates con pormenores más o menos contradictorios entre sí, y que la crítica histórica no permite aceptar. Así, por ejemplo, el segundo de esos cronistas dice que Valdivia penetró en el desierto de Atacama en marzo y que llegó a Copiapó el 27 de agosto. Los documentos contemporáneos, el proceso de Valdivia y la escritura de dejación de Sancho de Hoz, revelan, por el contrario, que la hueste conquistadora no entró al desierto sino a mediados de agosto, después de haber descansado dos meses en el pueblo de Atacama. Por otra parte, todos esos pormenores de la más dudosa autenticidad, y que no están corroborados por los documentos contemporáneos, o que están en contradicción con ellos, son de muy escasa importancia.

252 Capítulo 4° de las acusaciones en el proceso de Valdivia, y el mismo número en la defensa de éste y en las declaraciones de los testigos.
253 Véase entre otros el nombramiento hecho por Valdivia en favor de Monroy, para teniente gobernador, inserto en el acta del cabildo de Santiago de 7 de agosto de 1541.

descubierto el plan de los indios chilenos; y sin alarmarse por estas resistencias, continuó imperturbable su viaje hacia la región central de Chile.

Sin duda, Valdivia habría podido fundar en esos valles la primera población de cristianos. De esta manera, habría quedado el asiento de su gobernación más cerca del Perú, de donde debía necesariamente recibir los auxilios y recursos. Pero era esto último lo que quería evitar el jefe conquistador. Por una parte, temía que la proximidad del Perú fuese una tentación para que sus soldados maquinasen volverse a ese país.[254] Por otra, meditaba el crearse una posición independiente, libre de la sumisión a otros gobernadores y sujeta solo al rey de España, y sabía que la distancia debía favorecer la ejecución de sus planes. Así, pues, solo cuando en diciembre de ese año hubo llegado al valle del Mapocho, algunas leguas más adelante de la región en que don Diego de Almagro había tenido su campamento, determinó fijar el asiento de sus dominios. En esa estación del año en que la naturaleza ostenta en nuestro suelo sus más ricas galas y, sobre todo, después de un largo y penoso viaje al través de los más áridos y tristes desiertos, los campos del centro de Chile, cubiertos entonces de tupidísimos bosques, debieron parecer a Valdivia un sitio admirable para fundar una ciudad. La amenidad de este valle relativamente cultivado, y sus condiciones estratégicas para defenderse de cualquier ataque de los indígenas, determinaron su elección. El valle del Mapocho, por otra parte, contaba con un mayor número de pobladores que las regiones que Valdivia acababa de recorrer. Esta circunstancia, al paso que revelaba la fertilidad de los campos que suministraban los alimentos para esa población, era una seguridad de que los españoles encontrarían allí servidores para sus trabajos agrícolas y para las minas que pensaban explotar.

8. Fundación de la ciudad de Santiago

Los indios de este valle se mostraban retraídos de los españoles. Ocultaban sus comidas, abandonaban sus casas y se refugiaban en los bosques vecinos, persuadidos de que así obligarían a los invasores a alejarse de su suelo. Valdivia comenzó por asentar su campamento, dejando allí a sus infantes y veinte jinetes para que defendiesen sus bagajes, y dividió el resto en cuatro cuadrillas que principiaron a recorrer todo el valle. Esta operación practicada con habilidad,

---

254 Herrera, dec. VII, libro I, capítulo 8.

dio el resultado que había previsto el jefe conquistador. Los indios, creyendo librarse de caer en manos de una de esas cuadrillas, eran detenidos por otra, y acabaron por creer que los españoles eran más numerosos de lo que les habían parecido al primer aspecto. Muchos de esos indios cayeron prisioneros y fueron tratados con humanidad, para hacerles entender que los invasores venían en paz. Por medio de ellos, Valdivia convocó a los jefes de tribus o de familias a una junta en que quería explicarles el objeto de su venida a Chile. La lengua peruana, generalmente hablada en esta región, servía a los españoles para entenderse con los indios por medio de los intérpretes que acompañaban al ejército invasor.

En esa asamblea, Valdivia, proclamándose el enviado del poderoso rey de España, manifestó a los indígenas que había venido a establecerse para siempre en su territorio, como lo habían hecho otros capitanes en el Perú. Esta determinación, les agregó, era tan firme e invariable de parte de su soberano, que Almagro había sido condenado a muerte y decapitado porque había abandonado la conquista. Por lo demás, él les ofrecía tratarlos humanamente y como amigos si, imitando a los indios del Cuzco, se sometían a los conquistadores y los ayudaban en sus trabajos y en la construcción de la ciudad que pensaba levantar en ese mismo sitio. Los indios oyeron tranquilos estas proposiciones y se sometieron a ellas aparentemente.[255] Esperaban hacer en pocos meses más la cosecha de sus maizales; y creí provistos de víveres, podrían levantarse contra los conquistadores sin temer el hambre que en esos momentos, cuando estaban casi agotadas las provisiones del año, los habría acosado sin remedio.[256]

Hecho esto, Valdivia procedió a trazar la ciudad. Un soldado español llamado Pedro de Gamboa, que en el Perú había desempeñado el oficio de alarife o director de obras, y que más tarde ensordeció y perdió un ojo peleando contra los indios de Chile, fue el colaborador de Valdivia en estos trabajos. Con arreglo a lo que por una real cédula de 1523[257] se practicaba en todas las colonias españolas, el terreno fue dividido en cuadrados de 150 varas por cada lado y separados entre sí por calles de doce varas de ancho. Los conquistadores, acostumbrados a ver las callejuelas estrechas y tortuosas de las antiguas ciu-

---

255 *Carta de Valdivia a Hernando Pizarro*, pág. 198.
256 *Carta de Valdivia a Carlos V*, de 4 de septiembre de 1545.
257 *Recopilación de las leyes de Indias*, Ley I, tit. VII, libro IV.

dades españolas, y sin sospechar que las aldeas que fundaban pudiesen llegar a ser un día grandes y animadas poblaciones, debieron creer que esas calles eran espaciosas avenidas. Cada uno de esos cuadrados fue dividido en cuatro solares de igual tamaño, que fueron distribuidos entre los conquistadores. El cuadrado del centro se reservó para plaza de la naciente ciudad; y dos de sus costados, el del norte y el del occidente para las casas del gobernador y para la iglesia. El acta de la fundación de la nueva ciudad se extendió solemnemente el 12 de febrero de 1541.**258** Valdivia le dio el nombre de Santiago de la Nueva Extremadura, en honor del santo patrón de España, y de la provincia en que él había nacido. Valdivia creía que estando tan infamada esta tierra bajo la denominación de Chile, después de la expedición de Almagro, era conveniente cambiarle nombre.**259** Este último no subsistió, sin embargo, más que algunos años y solo en los documentos oficiales.

Con gran actividad se comenzó la construcción de la ciudad. Cerráronse los solares con trozos de madera y se construyeron habitaciones provisorias de madera y barro, cubiertas de paja. La iglesia misma fue edificada de este modo. Los conquistadores trabajaban con sus propias manos y tuvieron por auxiliares en esta tarea a los indios de la comarca, que desde ese día pudieron apreciar las fatigas que les imponía la conquista. En vez de la libertad y de la vida más o menos ociosa a que estaban acostumbrados, se vieron reducidos a una condición semejante a la de los esclavos. Más tarde, cuando la naciente ciudad fue

---

258 El acta de la fundación de Santiago, tal como se conserva en el Archivo del Cabildo de Santiago, fija esta fecha que ha repetido el mayor número de los cronistas posteriores. Conviene advertir que esa acta, que consta solo de unas cuantas líneas, no es el documento original. Destruida junto con otros papeles ese mismo año en el incendio de la ciudad por los indios rebelados, se rehicieron ése y otros documentos en 1544. Sin duda, el acta original era mucho más extensa y característica de la época y de la Conquista.

Valdivia en dos de sus cartas al rey y en las *Instrucciones* antes citadas, fija la fecha de 24 de febrero y en su carta a Hernando Pizarro, tal vez por error de pluma, la de 20 del mismo mes.

Conviene advertir aquí que la tradición que llama «casa de Valdivia» un modesto edificio situado al oriente del cerro Santa Lucía, es de origen muy posterior, y carece de todo fundamento. Es una simple invención que no se puede remontar sino a fines del siglo pasado o principios del presente. El primero que la ha consignado, según creemos, es el padre fray Francisco Javier Guzmán, cronista desprovisto de toda crítica, que en 1834 escribía su Chileno instruido en la historia de su país.

259 *Carta de Valdivia a Carlos V*, de 15 de octubre de 1550.

amenazada por los indios, se construyeron fuertes palizadas en sus avenidas, para que pudiese defenderse en ella la gente de a pie.

Valdivia, por otra parte, había elegido para sitio de la ciudad un terreno que consideraba de fácil defensa. Al oriente, un pequeño cerro que los naturales llamaban Huelén, y que los castellanos denominaron Santa Lucía, les servía para dominar toda la llanura inmediata. Al norte y al sur, el río Mapocho, dividido entonces en dos ramas antes de llegar al cerro, dejaba en el centro una especie de isla de poco más de un kilómetro de ancho, donde se comenzaba a construir la ciudad. Según los antiguos cronistas, el primer trazado de ésta, comprendía diez calles de oriente a poniente y ocho de norte a sur. Previendo el levantamiento posible de los indígenas, que, sin embargo, parecían muy sumisos en los primeros días, Valdivia cuidó de almacenar todos los víveres que pudo recoger en las sementeras que existían en el valle.

En el acta de la fundación de Santiago, tal como este documento ha llegado hasta nosotros, Valdivia se había llamado teniente de gobernador por el muy ilustre señor don Francisco Pizarro. Pero el ambicioso y astuto conquistador, aspiraba a algo más que eso. Como muchos otros capitanes de las Indias, pensaba crear un gobierno que no dependiese más que del rey. Para fundamento de sus pretensiones y de su poder, quiso tener un cabildo o ayuntamiento, que a imitación de las asambleas análogas de España, poseyese la representación de los vecinos no solo en las materias de orden y policía sino en cuestiones más altas de administración.

Las leyes y las tradiciones de las libertades municipales de la Edad Media, aseguraban a los cabildos españoles una gran independencia en la representación de los vecinos. El Cabildo nombraba libremente cada año a los individuos que debían componer la corporación el año siguiente; elegía a los alcaldes encargados de administrar justicia y, aun, en caso de muerte de un gobernador, cuando no estaba designada la persona que debía reemplazarlo, el Cabildo podía nombrarlo por elección. En uso de sus atribuciones propias, además, arreglaba sus gastos y levantaba gente armada. En la guerra, era costumbre que cada cuerpo de ejército enviado por las ciudades, llevase en su pendón las armas de su cabildo respectivo. En los casos más graves que se le ofrecían, esta corporación convocaba a los vecinos tenidos por buenos hombres en la localidad, y resolvía con ellos en cabildo abierto, tal era el nombre que se daba a estas asambleas, muchos negocios no previstos por las leyes y, aun, los resolvía en oposición a ellas cuando las circunstancias exigían que no se les diera cumplimiento. Solo más tarde, y sobre todo con la creación de las audiencias, despojó el rey de muchas de estas tradicionales atribuciones a los cabildos americanos; pero a mediados del siglo XVI, se creían esas corporaciones en el pleno goce de tales facultades.

El conquistador de Chile quería tener una asamblea de esta naturaleza que fortificase la independencia de su poder. El 7 de marzo, cuando todavía no tenía un mes de fundada la ciudad, Valdivia instituyó el primer cabildo compuesto de dos alcaldes autorizados para administrar justicia, de seis regidores, de un mayordomo y de un procurador, encargados de dictar las ordenanzas de buen gobierno y de velar por los intereses de la ciudad. En nombre del rey, designó él mismo a todos estos funcionarios eligiéndolos entre los más caracterizados y los más leales de sus compañeros. El Cabildo quedó solemnemente instalado cuatro días después.[260] Esa asamblea iba a ser el apoyo que Valdivia buscaba para la realización de sus planes de engrandecimiento.

9. Desastroso fin de la empresa confiada por el rey a Francisco de Camargo para poblar una gobernación en la región de Magallanes

Pero la ambición de Valdivia no se limitaba a gobernar los territorios que hasta entonces llevaba explorados. En los primeros documentos emanados de su poder, fijaba solo los límites septentrionales en el valle de la Posesión o de Copiapó, pero cuidaba de advertir que se extendía al sur en todas las provincias comarcanas. Poco más tarde, expresaba sin embozo que lo dilataría hasta el estrecho de Magallanes y mar del Norte, esto es, el océano Atlántico, para lo cual le era necesario absorber en sus dominios la gobernación concedida por el rey a Francisco Camargo en 1538. Valdivia debía estar profundamente convencido de que estos extensos territorios no podían ser conquistados sino desde Chile.

En efecto, los últimos sucesos parecían darle la razón. Cuando Valdivia en su marcha por el territorio chileno, se hallaba a pocas jornadas del valle de Mapocho, supo por los indios que una nave española recorría la costa vecina.

---

[260] Pueden verse estos documentos publicados en el tomo I de la *Colección de historiadores de Chile*, págs. 67 y 68.

Inmediatamente despachó a uno de sus capitanes, a Francisco de Aguirre, a comunicarse con los navegantes en el puerto de Valparaíso, donde se les suponía fondeados. Pero aquella nave no se había detenido allí más que algunos días, de manera que cuando Aguirre llegó al puerto, ya había partido aquélla con rumbo al norte.[261] Ese buque, mandado por un oficial llamado Alonso de Camargo, formaba parte de una flotilla de tres embarcaciones que un año antes partiera de España para conquistar y poblar en la región del estrecho; y era el único que después de fatigas infinitas, había logrado penetrar en el Pacífico.

Se recordará que, como contamos, el rey, cediendo a los empeños del obispo de Plasencia, había autorizado a un pariente de éste llamado Francisco de Camargo para ir a fundar una gobernación. No pudiendo éste llevar a cabo su empresa, la tomó a su cargo el caballero don fray Francisco de la Rivera, que consiguió equipar tres embarcaciones. Con ellas partió de Sevilla en agosto de 1539; y en enero del año siguiente se halló a entradas del estrecho de Magallanes. Las fatigas que allí pasaron los expedicionarios nos son confusamente conocidas.[262] La nave capitana se perdió en el estrecho, pero su tripulación fue recogida y salvada. Otra de ellas, después de pasar grandes sufrimientos y miserias durante más de diez meses en aquellos mares, dio la vuelta a España. La tercera, que, como dijimos, consiguió entrar al Pacífico, mandada por Alonso de Camargo, recorrió las costas de Chile, tocó tierra un poco al norte del río de Lebu y después en Valparaíso y, por último, llegó al puerto de Quilca en el Perú. El torbellino de la guerra civil arrastró allí al capitán y a muchos de sus compañeros, y hasta hizo perderse la relación cabal de este viaje.[263]

---

261 Mariño de Lobera, *Crónica*, capítulo 10.
262 Son muy escasos y oscuros los documentos que nos quedan acerca de esta desgraciada expedición, sobre la cual solo se hallan noticias sumarias y erróneas en las narraciones históricas. La Colección citada de Torres de Mendoza, tomo V, pág. 561 ha publicado un diario náutico de la expedición, hallado en los archivos de España, y que no contiene dato alguno sobre la manera como se organizó y muy escasos sobre el viaje. Herrera utilizó ese diario en su *Historia general*, dec. VII, libro I, capítulo 8, sin ensanchar sus noticias. Aun éstas se refieren a la nave que volvió a España, de tal suerte que casi no sabemos nada sobre la que penetró al Pacífico con Alonso de Camargo. Algunos cronistas han referido que, habiendo desembarcado Camargo en la costa de Arauco, entró en tratos con los indios, y que éstos le dieron un guanaco, o carnero de la tierra. Éste sería el origen del nombre de puerto del Carnero, con que se designa una bahía situada un poco al norte del río Lebu
263 Pedro Cieza de León ha destinado el capítulo 5 de su *Crónica del Perú*, Sevilla, 1553, a describir la costa del Pacífico desde Lima hasta Chile, y lo hace con una precisión notable para ese tiempo, si bien al hablar de la región del sur incurre en los errores que entonces

Las tempestades de los mares del sur, desarmando estos proyectos de colonización en los territorios vecinos al estrecho, venían así a dar aliento a las ambiciones del conquistador de Chile.

---

circulaban. Refiere allí que él había poseído una relación muy importante del viaje de que hablamos en el texto, pero que no alcanzó a utilizarla, porque el día de la batalla de Jaquijahuana, en que él servía en el ejército de La Gasca, le robaron ése y muchos otros papeles de gran valor histórico.

Capítulo V. Valdivia; los primeros días de la Conquista; destrucción y reedificación de Santiago (1541-1543)

1. Valdivia se hace nombrar por el Cabildo y por los vecinos de Santiago gobernador y capitán general de la Nueva Extremadura. 2. Pone trabajo en los lavaderos de oro y manda construir un buque para comunicarse con el Perú. 3. Conspiración de algunos españoles contra Valdivia; castigo de los principales de ellos. 4. Levantamiento general de los indígenas contra la dominación extranjera. 5. Asalto e incendio de la ciudad de Santiago; los indios son derrotados después de un combate de un día entero. 6. Trabajos y penalidades de Valdivia para reconstruir la ciudad y para sustentar la Conquista. 7. Viaje de Alonso de Monroy al Perú, y sus esfuerzos para socorrer a Valdivia. 8. Llegan a Chile los primeros auxilios enviados del Perú y se afianza la conquista comenzada por Valdivia.

1. Valdivia se hace nombrar por el Cabildo y por los vecinos de Santiago gobernador y capitán general de la Nueva Extremadura

Los primeros días de la naciente colonia fueron pacíficos y tranquilos. Los vecinos de Santiago, ayudados por los indios comarcanos, a quienes aquéllos obligaban a trabajar, construían sus casas, sin sospechar tal vez los peligros que los amenazaban. Valdivia mismo, según se cuenta en algunas antiguas crónicas, obedeciendo a un errado sistema de conquista, aconsejado por la ambición de extender sus dominios, hacía reconocimientos del territorio quizá más allá de lo que podía dominar efectivamente con el puñado de españoles que formaban su ejército.[264]

---

264 Un antiguo cronista, Antonio García, cuya obra no conocemos más que por las referencias de la *Historia* manuscrita de don José Pérez García, cuenta que Valdivia hizo en esta época un reconocimiento del territorio del sur de Chile hasta el Biobío, de donde dio la vuelta por sugerencia de algunos de sus soldados, que sabían bien que no podrían mantenerse allí contra el gran número de indios que poblaban esa región. Pérez García, confirmando estos hechos, cita en su corroboración algunos acuerdos del cabildo de Santiago de años posteriores, que en rigor pueden también referirse al viaje que hizo Valdivia más tarde. Pero en apoyo de esta expedición de 1541, o más propiamente de un reconocimiento, hay los hechos siguientes: 1° Habla de ella Mariño de Lobera en el capítulo 17 de su *Crónica*, si bien ésta, tal como ha llegado hasta nosotros, esto es, «reducida a nuevo método» por el jesuita Escobar, hace coincidir esa expedición con el asalto de Santiago por los indios comarcanos, lo que no se combina con el orden lógico de los sucesos ni con los mejores documentos que conocemos. 2° En septiembre de 1544, el capitán Juan Bautista

Parece, en efecto, que apenas instalado el cabildo de Santiago, el caudillo conquistador se alejó temporalmente de la ciudad para someter otras tribus de indígenas. El 18 de marzo, el Ayuntamiento resolvía que «atento que se tiene continua guerra con los indios naturales, e que a esta causa se hallan ausentes de esta ciudad algunos señores de este cabildo», serían válidos los acuerdos que se tomasen con asistencia de un alcalde y de dos o tres regidores. Pero hasta entonces los indios comarcanos de Santiago, se mantenían sumisos en los trabajos a que los habían sometido los conquistadores.[265]

Sin embargo, aquella situación no podía durar largo tiempo. Refiere Valdivia que estos indios esperaban solo hacer sus cosechas de maíz para sublevarse. Probablemente también los malos tratamientos que recibían de los invasores, el verse privados de su libertad y de parte de sus víveres, y el comprender que en adelante estarían siempre obligados a trabajar para amos tan duros y soberbios, los exasperaron precipitándolos a la rebelión. Cuatro meses después del arribo de los españoles, el retraimiento de los indios comenzaba a tomar un carácter

---

Pastene reconocía las costas del sur de Chile por encargo de Valdivia. El escribano Juan de Cardeña, que en forma de escritura pública ha consignado día por día la historia de la expedición, dice así: «Más abajo, hacia el puerto de Valparaíso, está el Ribimbi (probablemente el Biobío) que es en la provincia de Rauco (Arauco) que manda el cacique Leochengo y confina con la provincia de Itata y de los poromabcaes, de las cuales tiene tomada posesión tres años ha el dicho señor gobernador Pedro de Valdivia». 3° En los despachos dados por Valdivia desde el mes de julio de 1541, especifica la extensión de su gobernación, nombrando las provincias del sur hasta «Quiriquino con la isla de Quiriquino que señorea el cacique Leochengo»; lo que revela que él mismo o algunos de sus capitanes se había adelantado en efecto hacia el sur, como cuentan Mariño de Lobera y Antonio García. Pueden verse cuatro nombramientos diversos hechos por Valdivia en que se encuentran esas palabras, y que se hallan insertos en las actas del cabildo de 7 y 11 de agosto de 1541.

Como ni en las cartas de Valdivia a Carlos V ni en la que escribió a Hernando Pizarro, ni en las *Instrucciones* ya citadas, se habla de este reconocimiento, no nos atrevemos a darlo como cosa cierta. Creemos, sin embargo, que si se verificó, ha debido tener lugar entre el 11 de marzo, día de la instalación del cabildo de Santiago, que presidió Valdivia, y mediados de mayo. En los documentos no hay constancia de que Valdivia estuviera en Santiago durante estos dos meses; y aún parece que estaba lejos de la ciudad.

265 En su carta primera a Carlos V en la que escribió a Hernando Pizarro, y en las *Instrucciones* tantas veces citadas, cuenta Valdivia que durante los primeros meses, cinco o seis, los indios de Santiago sirvieron bien sin tratar de sublevarse. Las palabras del acta del Cabildo de 18 de marzo debían referirse a las correrías más o menos lejanas que hacían las partidas exploradoras.

de abierta hostilidad. El reducido número de los invasores debía estimular los propósitos de resistencia de los indígenas.

A este peligro se agregaba, sin duda, otro no menos grave. Los compañeros de Valdivia, como la generalidad de los soldados de la conquista del Nuevo Mundo, eran tan valerosos en la guerra como turbulentos e impacientes después de los combates. Al ver que en Chile no hallaban las riquezas que apetecían por premio de sus fatigas, debieron mostrarse inclinados a abandonar la conquista de un país que no correspondía a sus esperanzas. Esta inquietud, que era la enfermedad característica de los campamentos de aquellos aventureros, no alcanzó a manifestarse en esos primeros momentos porque la energía y la astucia de Valdivia dieron otra dirección a las preocupaciones de sus compañeros.

En los primeros días de mayo circuló en la ciudad la más alarmante noticia. Contábase que se sabía por los indios, que en el Perú había estallado de nuevo la guerra civil; que Pizarro había muerto y que los indígenas, aprovechándose del desorden consiguiente a este acontecimiento, se habían sublevado. Según estas noticias, ya no quedaban cristianos en aquel país. Agregábase que los naturales de Chile no querían dejar pasar esta ocasión para deshacerse de sus nuevos dominadores. Tan graves sucesos colocaban a los conquistadores de Chile en la imposibilidad de recibir auxilios del Perú y en la precisión de proveer a su defensa sin contar con socorro extraño, y sin depender de otra autoridad que la del rey de España. El cabildo de Santiago se reunió el 10 de mayo bajo el peso de estas tristes preocupaciones; y allí acordó que para conservar esta tierra, era necesario elevar a Valdivia al rango de gobernador y capitán general en nombre del rey, en lugar del de teniente gobernador por Pizarro, que hasta entonces ejercía. En efecto, se comisionó al procurador de ciudad para que en representación del pueblo hiciese el pedimento escrito sobre el cual debía recaer la resolución del Cabildo.

Hasta entonces, sin embargo, no se daba crédito absoluto a aquellas noticias; pero dos semanas después se anunció su terminante confirmación. Se decía que dos indios prisioneros tomados en el valle de Aconcagua y sometidos a tormento, habían hecho las siguientes revelaciones: los partidarios de Almagro habían asesinado en Lima al gobernador Pizarro, y quedaban mandando en el Perú. El cacique de Atacama había comunicado esta noticia a los habitantes del valle de Copiapó, y éstos a los de Aconcagua, invitándose todos a aprovechar esta oportunidad para sublevarse contra los conquistadores de Chile y darles muerte, en la seguridad de que ya no podrían venir más españoles. Se contaba, además, que dieciocho castellanos, que dos meses atrás habían pasado el desierto de Atacama para reunirse a Valdivia, habían sido sorprendidos y asesinados en Copiapó. Desde ese momento, nadie dudó de la efectividad de estos hechos, que venían a producir la alarma y la perturbación en la naciente colonia. Conviene advertir que esas noticias, aunque enteramente falsas, no tenían nada de improbables. Desde 1539, todos los españoles que había en el Perú, sabían que los almagristas, desesperados por la miseria y las persecuciones, conspiraban contra la vida de Francisco Pizarro. Su propio hermano Hernando, antes de partir para España, había manifestado estos temores al gobernador, aconsejándole que se pusiera en guardia contra las asechanzas de sus enemigos.[266]

El Cabildo volvió a reunirse el 31 de mayo. El procurador de ciudad, llamado Antonio de Pastrana, originario de Medina de Rioseco en Castilla la Vieja, era un soldado de experiencia en los asuntos de guerra contra los indios por haber servido en México, en Nicaragua, en Guatemala y en el Perú y, además, hombre diestro para manejar la pluma en documentos administrativos. El escrito que ese día presentó al Cabildo es una obra relativamente notable. Después de recordar las noticias que daban tanta gravedad a la situación, Pastrana sostenía que el Cabildo «que tiene la voz y el poder de Su Majestad», podía «hacer nueva provisión y elección de persona que sea tal cual convenga a su real servicio», y que siendo Valdivia tan gran servidor del rey, tan experimentado en la guerra que por sí solo valía más que cien soldados armados, y después de Dios, el verdadero sustentador de la conquista de Chile, la elección no podía recaer en otra persona. Como fundamento de este dictamen, Pastrana alegaba la necesidad de evitar las disensiones y de poner la nueva conquista a cubierto de tiranos, es decir, de los hombres que en el Perú habían usurpado el poder real, y que podían venir a Chile o mandar a sus tenientes a ejercer sus venganzas. El Cabildo, agregaba, no debía vacilar en tomar esta determinación,

---

266 Zárate, *Conquista del Perú*, libro III, capítulo 12; Pedro Pizarro, Descubrimiento y conquista etc. pág. 340 del tomo V la Colección de documentos inéditos para la historia de España; Cieza de León, *Guerra de las Salinas*, capítulo 93, pág. 448 del tomo 68 de la misma Colección.

si quería impedir que se repitiesen los desórdenes que, por inadvertencia de estas corporaciones para nombrar un gobernador en circunstancias análogas, habían tenido lugar en otras provincias de las Indias. Los capitulares de Santiago, poniéndose de pie uno en pos de otro, comenzando por los alcaldes y siguiendo luego los regidores, por orden de edades, aprobaron unánimemente aquel parecer.

Pero Valdivia que, a no caber duda, había preparado artificiosamente aquella elección, era demasiado sagaz para aceptar al primer requerimiento el puesto que se le ofrecía. Contestó al Cabildo un largo escrito en que, exponiendo el temor de que pudiera sospechar que él había forzado la voluntad de los capitulares de Santiago para que le diesen ese nombramiento, se negaba a asumir el cargo de gobernador. Al leer en nuestros días aquella terminante negativa, el historiador creería en el desprendimiento y en la rectitud de Valdivia si no tuviera otros documentos para descubrir la verdad.

Reunido nuevamente el Cabildo el 4 de junio, aprobó en el acto un nuevo y más extenso requerimiento escrito por el procurador de ciudad. Después de reforzar su argumentación anterior, no solo insistía en que se ofreciese a Valdivia el puesto de gobernador sino que hacía responsable a éste de las consecuencias que podía traer su negativa. Los capitulares pasaron en cuerpo a la casa del teniente gobernador a exponerle esta resolución; pero por segunda vez obtuvieron la misma respuesta. Valdivia parecía firmemente determinado a declinar el honor que se le ofrecía, temeroso siempre, decía, que interpretando mal sus intenciones, pudiese creerse que él había encaminado las cosas para obtener su nombramiento por medios vedados.

Eran sin duda muy pocos los soldados de Valdivia que estaban en el secreto de esta maquinación. La muerte de Pizarro, la sublevación de los indios peruanos, el asesinato de los dieciocho españoles que venían a Chile, eran simples invenciones lanzadas hábilmente a la circulación; pero cuyo verdadero origen se guardaba con la mayor reserva. La gran mayoría de los conquistadores daba, sin embargo, a esas noticias el crédito más absoluto, y pasaba en esos días por la más viva inquietud. Así fue que cuando el Cabildo, al saber la segunda negativa de Valdivia, acordó consultar al pueblo sobre el particular, los vecinos de Santiago estaban decididos a apoyar las resoluciones tomadas por aquella corporación.

En efecto, el 10 de junio un negro esclavo que desempeñaba el oficio de pregonero recorría las calles al son de una campanilla, por no haber campana en la ciudad, convocando al pueblo para un cabildo abierto que debía celebrarse el mismo día. La citación se hacía nombre del procurador Antonio de Pastrana. El lugar de reunión era un tambo grande,[267] situado junto a la plaza. Allí concurrieron todos los individuos de alguna representación, entre ellos los tres clérigos que había en la ciudad. Leídas las comunicaciones que habían mediado entre Valdivia y el Cabildo, los capitulares y ochenta y un vecinos que se habían reunido, aprobaron todo lo actuado, y dieron poder al procurador de ciudad para seguir gestionando en el mismo sentido. El acta de la sesión fue firmada por todos los que podían hacerlo. Algunos de los regidores firmaron por los que no sabían escribir. Al disolverse la reunión, el pueblo quedó convocado para oír de boca del mismo Valdivia su contestación definitiva.

Pero el caudillo conquistador quería todavía hacer ostentación de su acatamiento a la autoridad de Pizarro, y dejar constancia de que si aceptaba el cargo de gobernador, era contra su voluntad y obligado por la necesidad de evitar mayores dificultades. El día siguiente, después de oír, según la costumbre de esos soldados tan turbulentos como fanáticos, una misa solemne para alcanzar en sus acuerdos la protección del cielo, el pueblo se reunía en el mismo tambo. Valdivia se hallaba allí presente para dar su última respuesta. El procurador de ciudad comenzó por leer un nuevo y más enérgico requerimiento. Pastrana, en tono solemne, y en nombre de Dios y del rey, pedía a Valdivia que aceptase el cargo de gobernador; pero en el mismo documento lo hacía responsable a él exclusivamente de «todos los escándalos, daños, menoscabos y muertes de hombres, alzamientos de tierras, desasosiego de naturales, pérdidas de haciendas así de las reales como de las particulares», que debían resultar de su obstinada negativa. Valdivia, sin embargo, pareció no inmutarse por estas conminaciones; y ofreciendo dar en breve su respuesta, se disponía a retirarse a su casa. El pueblo se precipitó entonces sobre él; y levantándolo en los brazos, lo aclamó a voces gobernador electo en nombre de Su Majestad. Pero el

---

267 La palabra tambo, importada del Perú por los conquistadores, significaba las posadas o descansos que había en los caminos, y en el mismo sentido se aplicó en Chile en los primeros tiempos de la entrada de los españoles. El tambo grande de que habla el acta del Cabildo Abierto de 10 de junio de 1541, debía ser una ramada o galpón espacioso y cubierto con paja, como todas las casas de la ciudad.

gobernador consiguió desasirse de las manos de sus compañeros; y declarando de nuevo que no quería aceptar el cargo que se le ofrecía, se retiró a su casa con aire de enfado y de disgusto.

Oyéronse entonces en la plaza las conversaciones más alarmantes y sediciosas. «Si Valdivia, se decía, no quiere aceptar lo que tanto conviene al servicio de Dios y de Su Majestad y al bien de todos, no faltará quien lo acepte.» Parece que éste era el momento esperado por el astuto caudillo para acceder a las súplicas de los suyos. Volvió a la plaza, como si quisiera desarmar una terrible conjuración; y en breve y enérgico discurso, declaró que aceptaba el puesto de gobernador contra su propio parecer, pero para mejor servir al rey para no desatender por más tiempo la petición del Cabildo y del pueblo de Santiago. Allí mismo hizo certificar por escritura pública y ante escribano y testigos, que se sometía a la decisión del pueblo contra su voluntad, sin menoscabo de su honra y de su fidelidad, y cediendo solo a la voz de los que le representaban que así servía mejor a Dios y al rey. El Cabildo Abierto del 11 de junio de 1541, se terminó en medio del mayor contento de todos los asistentes. En la tarde del mismo día, Valdivia era reconocido por el Cabildo en el rango de gobernador electo en nombre de Su Majestad.[268]

---

[268] Todos los incidentes relativos al nombramiento de Valdivia constan de las actas del cabildo de Santiago de los días 10 de mayo a 11 de junio de 1541. Los historiadores que han escrito sobre esos documentos, han creído sinceras las reiteradas negativas de Valdivia. La circunstancia de haber sido asesinado, en efecto, Pizarro por los partidarios de Almagro, ha dado fuerza a esa creencia, sin fijar la atención en que el asesinato del conquistador del Perú solo tuvo lugar el 26 de junio de ese año, y que la comparación de estas fechas demostraba claramente el verdadero significado de aquel nombramiento. Creo que uno solo de los historiadores que conocieron estos documentos, fijó su atención en estas fechas. Es éste don José Pérez García, autor de una extensa *Historia de Chile*, que permanece manuscrita; pero guiado por su admiración por Valdivia, y negándose a creer en la posibilidad de que todo aquel nombramiento fuese una maquinación artificiosamente urdida, no puede explicarse la contradicción de fecha sino sosteniendo que Pizarro fue asesinado en junio de 1540, porque solo así se podía conocer este acontecimiento en Santiago en mayo de 1541.

Los documentos publicados en 1874, en el *Proceso de Valdivia* han venido a esclarecer este punto, y a demostrar las circunstancias y los móviles de este nombramiento. Véase la pág. 221 y siguientes de ese libro.

2. Pone trabajo en los lavaderos de oro y manda construir un buque para comunicarse con el Perú

Todo este artificio había servido a Valdivia para alcanzar la satisfacción de sus más ardientes deseos. El nombramiento de gobernador, efectuado en esta forma, al paso que robustecía su autoridad, independizándolo del gobierno del Perú, debía, según él, demostrar ante el rey su acrisolada e incontrastable fidelidad para que no se le confundiese con otros ambiciosos capitanes de las Indias, que estaban dispuestos a olvidarlo todo a trueque de alcanzar una gobernación. Desde ese día, el altivo capitán encabezó todas sus órdenes con estas arrogantes palabras: «Pedro de Valdivia, electo gobernador y capitán general, en nombre de Su Majestad, por el Cabildo, justicia y regimiento, y por todo el pueblo de la ciudad de Santiago del Nuevo Extremo en estos reinos de la Nueva Extremadura, que comienzan del valle de la Posesión, que en lengua de indios se llama Copiapó, con el valle de Coquimbo, Chile, y Mapocho, y provincias de Poromaocaes, Rauco y Quiriquino, con la isla de Quiriquino que señorea el cacique Leochengo, con todas las demás provincias sus comarcanas, hasta en tanto que Su Majestad provea lo que más fuere su servicio, etc.». Sin contar con otro apoyo que la obediencia de una banda de 170 aventureros, Valdivia se creía ya gobernador de una dilatada región que poblaban centenares de miles de indios valientes y esforzados.

Dueño ya del gobierno superior de la naciente colonia, Valdivia no pensó más que en consolidar y en extender su dominación. Designó para su segundo en el mando, con el título de teniente general de gobernador, al capitán Alonso de Monroy, soldado extremeño, de una familia poco antes poderosa y ahora decaída de su antigua grandeza. Le dio el mando de la ciudad durante las ausencias del gobernador y el poder para juzgar y sentenciar los pleitos que se suscitaren, y para presidir el Cabildo en sus deliberaciones. Después de haber distribuido los cargos de hacienda entre aquéllos de sus compañeros que le merecían mayor confianza, el gobernador salió de Santiago a activar los trabajos en que estaba empeñado.

Valdivia comprendía perfectamente que para realizar sus planes de conquista le era necesario engrosar el número de sus soldados. Pero sabía, además, que no podría conseguir este resultado sino haciendo desaparecer la fama de pobreza que habían dado a Chile los compañeros de Almagro. Con este propósito, uno de sus primeros cuidados había sido el de hacer explotar los lavaderos de oro de donde los indios chilenos extraían el tributo que pagaban a los incas. Michimalonco, el señor del valle de Chile, astuto y disimulado como la generalidad de los indios, enemigo de los españoles en el fondo, pero su servidor oficioso cuando no podía sublevarse, había señalado el pequeño estero de Malgamalga, que corre un poco al norte de Valparaíso encajonado en una estrecha quebrada de tierras famosas entonces por el oro que encerraban. Allí planteó Valdivia una gran faena bajo la dirección de dos mineros experimentados que había entre los soldados españoles. Un número considerable de indios, que un antiguo cronista hace subir a 1.200 hombres y a 500 mujeres, trabajaba en esta explotación bajo el régimen riguroso del látigo a que los conquistadores sometían en todas partes a los indígenas.

Cerca de ese lugar, en la embocadura del río Aconcagua, planteó Valdivia otro trabajo de distinta naturaleza. Deseando comunicarse con el Perú para hacer llegar noticias suyas hasta España, para enviar el oro que recogiera y para hacer venir los hombres y los elementos con que adelantar sus conquistas, emprendió la construcción de un bergantín. Los campos vecinos ofrecían entonces maderas en abundancia, y los indios de la comarca servían para su transporte. En ambas faenas, en los lavaderos de oro y en la construcción del buque, Valdivia ocupó ocho trabajadores españoles. Una escolta de doce jinetes, mandados por Gonzalo de los Ríos, uno de los más fieles servidores del caudillo conquistador, estaba destinada a mantener a los indios bajo la obediencia.[269]

3. Conspiración de algunos españoles contra Valdivia; castigo de los principales de ellos

Hallábase Valdivia en esos lugares a principios de agosto, empeñado en activar aquellos trabajos. Una noche recibió una carta del carácter más alarmante. Su teniente Monroy le avisaba de Santiago que se hacían sentir entre los conquistadores los gérmenes del más vivo descontento, y que se tramaba una conspiración. En el instante mismo, Valdivia montó a caballo y se puso en viaje para la ciudad. Desplegando la energía que las circunstancias reclamaban,

---

[269] Mariño de Lobera, *Crónica*, capítulo 13. Carta I.ª de Valdivia a Carlos V. Id. a Hernando Pizarro.

apresó inmediatamente a seis individuos, los encerró en cuartos distintos bajo la custodia del alguacil mayor de la ciudad, y comenzó a instruir el proceso.

El jefe de la conspiración era don Martín de Solier, caballero noble de Córdoba, y uno de los regidores de Santiago que dos meses antes habían desplegado tanto empeño en elevar a Valdivia al rango de gobernador.[270] Sus principales cómplices eran Antonio de Pastrana, el mismo procurador de ciudad, que había escrito los premiosos requerimientos para que Valdivia aceptase el cargo de gobernador, un yerno de Pastrana llamado Alonso de Chinchilla y otros tres individuos de menor importancia. De los documentos que nos quedan, todos ellos emanados de Valdivia y de sus amigos, aparece que el plan de los conspiradores era dar muerte al gobernador, apoderarse del buque que hacía construir y dirigirse al Perú. Parece que entre los conquistadores, obligados a no moverse de Santiago, en la inacción consiguiente a los meses de invierno, rodeados de privaciones de toda clase y obligados a vivir con las armas en la mano, había cundido el desaliento junto con la convicción de que perderían el tiempo y quizá la vida en la conquista de un país cuya pobreza correspondía a las noticias que les habían dado en el Perú. Es posible también que los últimos nombramientos hechos por Valdivia en Monroy y en algunos de sus capitanes para los puestos de más confianza de la colonia, hubiesen suscitado bandos y rivalidades; y que los que creyeron que el gobernador pagaba mal los servicios que le prestaron para preparar su elevación, no hallaron otro medio de satisfacer su encono que precipitarse en una peligrosa revuelta. La historia carece de datos seguros para apreciar los móviles y el alcance de aquella conspiración.

El castigo de los conspiradores no se hizo esperar. Aunque en el proceso resultaron comprometidos algunos otros individuos, Valdivia se limitó a castigar a los promotores. El 10 de agosto de 1541, la naciente ciudad de Santiago presenció la primera ejecución capital. Levantáronse en la plaza seis horcas: Solier, Pastrana, Chinchilla y dos de sus cómplices rindieron la vida en aquel afrentoso suplicio. Otro de los presos, que estaba confesado para subir al patíbulo, fue indultado por el gobernador. Nadie se atrevió a protestar contra aquella ejecu-

---

270 Don Martín de Solier y un hermano suyo llamado don Francisco, que no vino a Chile, habían servido en el Perú en el ejército de Pizarro contra Almagro, e hicieron después la desastrosa campaña de Pedro de Candia a la región oriental de los Andes. Véase Cieza de León, *Guerra de las Salinas*, capítulo 55 y 57. No he podido descubrir otras noticias acerca de los antecedentes de don Martín de Solier.

ción ni intentó alterar en lo menor el orden público. Al día siguiente se reunía el Cabildo bajo la presidencia de Monroy, para tomar diversas determinaciones. «Por cuanto Antonio de Pastrana, difunto, fue nombrado por procurador síndico de esta ciudad, dice el acta de aquella sesión, y por su muerte hay necesidad de que se nombre una persona que use del dicho oficio»; y sin agregar una sola palabra sobre aquel trágico suceso, procedieron los cabildantes a elegir un nuevo procurador. Los libros capitulares de la ciudad no han guardado otro recuerdo de la conspiración que costó la vida a dos de los miembros de aquella asamblea.[271]

Estas rigurosas y precipitadas ejecuciones en que tal vez se violaban todos los principios de justicia y de equidad para producir el terror, despiertan en nuestro tiempo un amargo sentimiento de indignación. Pero en el siglo XVI, y entre los rudos y turbulentos conquistadores de América, el suplicio de cinco hombres por el delito de haber hablado de una conspiración que no alcanzaron a poner en ejecución, era considerado solo un escarmiento saludable. Teniendo Valdivia que contestar siete años después a las acusaciones que le hacían sus enemigos, se refirió a esos sucesos en los términos siguientes: «Con estas muertes se remediaron muchos daños; y aunque había otros culpados y bulliciosos, tomaron ejemplo en ellos, y hasta hoy no se ha hecho otro castigo». «Convino que se hiciera esta justicia, dice un contemporáneo, porque de no hacerse pudiera ser que se perdiera la tierra.»[272] Y el primer historiador que refirió aquella conspiración, aprobó el castigo con las palabras que siguen:

---

[271] No conocemos los documentos concernientes a esta conspiración. El proceso seguido ante el escribano Juan Pinel, no ha llegado hasta nosotros o permanece escondido en algún archivo. Valdivia habla de estos sucesos muy sumariamente en sus cartas a Carlos V y a Hernando Pizarro, empeñándose en demostrar que los conspiradores eran almagristas, y que desde el Perú venían confabulados para darle muerte. En el proceso que se le siguió en Lima en 1548, teniendo que contestar al cargo n.º 6 de la acusación, Valdivia en su defensa, y dos de los testigos en sus declaraciones, dieron más detalles, pero no los suficientes para apreciar en su justo valor el carácter y el alcance de la conspiración. Los dos antiguos cronistas, Góngora Marmolejo (*Historia*, capítulo 3) y más prolijamente Mariño de Lobera (*Crónicas*, capítulo 13), han referido en conjunto esta conspiración de que no se hallan vestigios ni en los libros del Cabildo ni en algunos otros cronistas.

La fecha de la ejecución de los conspiradores, que he fijado por conjeturas, no puede alejarse más de uno a dos días del que yo indico. El 7 de agosto, Solier asistía al Cabildo; y no vuelve a nombrarse más en las actas capitulares desde el 11 del mismo mes, en cuya sesión se menciona la muerte de Pastrana, ejecutado conjuntamente con aquél.

[272] Declaración de Diego García de Cáceres en el *Proceso de Valdivia*, pág. 109.

«Quedó Valdivia con este castigo que hizo, tan temido y reputado por hombre de guerra, que todos en general y en particular tenían cuenta en dalle contento y en servirle en todo lo que quería, y así por esta orden tuvieron de allí adelante».[273]

4. Levantamiento general de los indígenas contra la dominación extranjera

Pero si la ejecución de Solier y de sus compañeros produjo el efecto de aquietar a aquéllos que entre los españoles no podían vivir sin tramar conspiraciones y revueltas, debía estimular el levantamiento de los indígenas. Vieron éstos que los conquistadores sobre ser muy pocos, estaban profundamente divididos entre sí, y que no podían sostenerse sino matándose los unos a los otros.

En efecto, pocos días después llegaba a Santiago Gonzalo de los Ríos comunicando una desgracia terrible. Los indios que trabajaban en los lavaderos de Malgamalga, y los que ayudaban a los españoles en la construcción del bergantín en la embocadura del río Aconcagua, se habían sublevado. Provocando la codicia de los castellanos con la presentación de una olla llena de oro en polvo, los astutos indios los atrajeron a una emboscada, y cayendo de improviso sobre ellos, los mataron despiadadamente, así como a los caballos de los soldados. Solo Gonzalo de los Ríos y un negro esclavo llamado Juan Valiente, habían logrado escapar a uña de caballo para referir la catástrofe. Los indios dieron también muerte a los carpinteros que construían el buque, y a los indios peruanos que estaban al servicio de los españoles, e incendiaron el casco de la nave, destruyendo así las esperanzas que por tanto tiempo había acariciado Valdivia.

Fácil es imaginarse la consternación que esta noticia debió producir en la ciudad. El levantamiento de los indios parecía general y formidable, y se extendía no solo al valle de Quillota y de Aconcagua, que obedecía a Michimalonco, sino a los territorios del oeste y del sur de Santiago. Para combatirlo, Valdivia contaba con veinticinco guerreros menos de los que había traído a Chile; y esta falta insignificante en cualquier ejército, era de la mayor importancia en la reducidísima hueste de los conquistadores. La pérdida de diez caballos, por otra parte, debilitaba considerablemente su poder militar en una lucha en que un

---

273 Góngora Marmolejo, capítulo 3.

jinete bien montado valía por muchos infantes. Ante los peligros de esa situación, que un alma menos fuerte habría creído desesperada, Valdivia conservó toda su entereza y toda su energía.

Para ponerse en situación de resistir al levantamiento de los indígenas, Valdivia redobló su diligencia con el propósito de encerrar en la ciudad las provisiones que se pudieron quitar a los indígenas de las inmediaciones, y mandó traer a todos los jefes o caciques de estas localidades, pensando asegurar así la neutralidad o el desarme de sus tribus respectivas. Reunió de este modo a siete de esos señores y, aunque éstos se manifestaban extraños a la sublevación, el gobernador los retuvo prisioneros en la ciudad. Esta medida, sin embargo, no cambió en nada el estado de las cosas. Valdivia pudo convencerse de que el peligro era todavía mayor de lo que se había imaginado en el principio. Los indios del sur de Santiago estaban sobre las armas, y evidentemente confederados con los de Aconcagua.

5. Asalto e incendio de la ciudad de Santiago; los indios son derrotados después de un combate de un día entero

La prudencia aconsejaba, entonces, a los españoles no dividir sus fuerzas, reconcentrarse en la ciudad y en las inmediaciones y esperar el ataque de los indígenas sublevados. El reducido número de sus tropas no les permitía intentar expediciones en los campos vecinos, tanto más cuanto que estando estos campos en esa época cubiertos de bosques, los indios podían hacer en ellos la guerra de sorpresas en que los salvajes desplegaban siempre una rara habilidad. Valdivia, sin embargo, guiado por su natural arrogancia y por la confianza que le inspiraban sus guerreros, dispuso las cosas de otro modo. Entregó a su segundo, Monroy, el mando de la ciudad, dejándole veinte infantes y treinta jinetes. Enseguida, poniéndose él mismo a la cabeza de noventa soldados, se dirigió a la región del sur a deshacer las juntas de indios armados.[274]

---

[274] Todos estos hechos constan principalmente de las cartas de Valdivia a Carlos V y a Hernando Pizarro, escritas en 1545. Mariño de Lobera en su *Crónica*, capítulo 14 los ha referido con algunos detalles más o menos importantes; pero supone que en esta salida, que según él hizo Valdivia contra la voluntad de los jefes que quedaban en Santiago, llegó hasta las orillas del Biobío, donde tuvo una batalla con los indígenas. Éste es un error evidente del soldado cronista o del que rehízo su libro. Valdivia no tuvo más objeto que recorrer los campos que se extienden entre los ríos Maipo y Cachapoal, poblados por los indios que él llamaba poromaocaes, voz peruana que significa gente vecina y no sometida.

Monroy no descuidó nada para resistir el ataque que todo le hacía temer de un instante a otro. Aumentó las trincheras de la ciudad y mantuvo la más constante vigilancia. El domingo 11 de septiembre de 1541, tres horas antes de amanecer,[275] un ejército de indios, que los contemporáneos y los cronistas posteriores han hecho subir a la cifra indudablemente exagerada de 8 o 10.000 hombres,[276] cayó de improviso sobre la ciudad. Creían, sin duda, encontrar desapercibidos a los castellanos y consumar en poco rato su completa destrucción. Pero los centinelas estaban sobre aviso, y en breves instantes todos los defensores de Santiago estaban sobre las armas. Los indígenas empeñaron el ataque con gran resolución, lanzando espantosos alaridos que aumentaban el pavor de la pelea en medio de la oscuridad de la noche. Los españoles combatían bajo las peores condiciones, sin conocer el número de sus enemigos y sin poder distinguir los movimientos que éstos hacían de un punto a otro. Los indios se parapetaban detrás de las palizadas que cerraban los solares de la ciudad, y desde allí dirigían lluvias de flechas y de piedras sin ser ofendidos por las balas de los castellanos. Sin embargo, el valor de éstos no flaqueó un instante, y la primera luz del alba los encontró firmes en sus puestos, y bien determinados a pelear hasta morir.

Pero la luz del día no puso término al combate, como habría podido esperarse. Lejos de eso, los bárbaros, enfurecidos por la resistencia que hallaban,

---

El mismo Valdivia refiriendo estos sucesos en las *Instrucciones* que hemos citado tantas veces, y en que cuenta sumariamente todas sus campañas, dice que salió de Santiago «a deshacer los fuertes donde la gente de guerra (de los indios) se favorecía, a 15 o 20 leguas de la ciudad» pág. 220. Uno de los soldados que acompañaban a Valdivia en esta campaña, dice que fueron a combatir a un cacique que se llamaba Cachipoal, a 10 leguas de la ciudad. Declaración de Luis de Toledo en el Proceso de Valdivia, pág. 77. Creo por esto que si Valdivia llegó en 1541 hasta las orillas del Biobío, esta expedición debió tener lugar en marzo y abril de ese año, como dijimos en la nota n.º 1 de este capítulo.

275 Da esta fecha con toda puntualidad el capitán Marino de Lobera en el capítulo 15 de su *Crónica*. He comprobado que realmente ese día era domingo, lo que da más autoridad a su aserción. Por lo demás, esta fecha que no se halla anotada en la correspondencia de Valdivia, ni en los libros del Cabildo, ni en los otros documentos contemporáneos, se encuadra perfectamente en el encadenamiento de los sucesos que narramos.

276 Tal es el número que da la generalidad de los cronistas. Pérez García cita, además, la solicitud de un Escobar, en que pretendiendo una encomienda de indios, y apoyándose en los servicios de uno de sus mayores en esa jornada, dice que los asaltantes eran 40.000. Los contemporáneos apreciaban el número de los enemigos en 8 o 9.000 hombres; como se lee en la declaración de Luis de Toledo, que acabamos de citar, Valdivia en su carta a Hernando Pizarro dice 8 o 10.000 indios.

cargaron con mayor rabia poniendo fuego a las palizadas y a las habitaciones de los españoles. El incendio se propagó fácilmente: las pobres chozas de la ciudad, construidas de madera y cubiertas de paja, ardían con gran rapidez obligando a sus defensores a abandonarlas unas en pos de otras y a asilarse en la plaza, donde se continuó el combate con el mismo encarnizamiento. En esas horas de suprema angustia, Inés Suárez, la compañera de Valdivia, la única mujer española que allí había, se ocupaba sin descanso en curar a los heridos para que volviesen a la pelea y en animar a todos para que continuasen en la defensa de la ciudad. Creyendo que el asalto dado por los indios tenía por objeto libertar a los caciques prisioneros, instaba a los suyos para que les dieran muerte. Sus compañeros se resistían a ejecutar esta matanza que tal vez creían una innecesaria inhumanidad, pero cuando los asaltantes penetraban como vencedores en la plaza misma del pueblo, y cuando la batalla parecía irremediablemente perdida, la muerte de los caciques se ejecutó sin vacilación. Inés Suárez ayudó a degollarlos con sus propias manos. Se cuenta que las cabezas ensangrentadas de esos infelices lanzadas a los enemigos, produjeron entre ellos el espanto y el terror. Los contemporáneos referían que este acto de desesperación decidió la retirada de los indígenas.[277]

Pero lo que más directamente determinó el triunfo de los castellanos, fue una formidable carga de caballería. El ataque obstinado de los bárbaros había durado el día entero. Las numerosas bandas de indios que se parapetaban en los cercos de los solares contra los ataques de los defensores de la ciudad, habían ido ganando terreno, protegidas por el incendio de las casas. En la tarde no quedaba a los españoles más que el recinto del fuerte; y este mismo estaba cercado y próximo a sucumbir. Fue entonces, sin duda, cuando tuvo lugar la matanza de caciques prisioneros y, probablemente, hubo un momento de pavor entre los asaltantes. Los castellanos comprendieron que solo un rasgo

---

[277] Luis de Toledo, Gregorio de Castañeda y Diego García de Villalón en sus declaraciones, y el mismo Valdivia en su defensa, *Proceso de Valdivia*, art. 39, atribuyen en gran parte la retirada de los indígenas a la ejecución de la matanza aconsejada por Inés Suárez. Esta misma hizo instruir más tarde una información de sus servicios, y las certificaciones recogidas corroboraron la misma opinión,
La matanza de los caciques ha sido referida por casi todos los historiadores antiguos; pero en nuestros días había sido puesta en duda por unos y negada por otros. Los documentos publicados en 1874 no dejan lugar a duda a este respecto. Por lo demás, se hace referencia a ella en la carta de Monroy de que hablamos en la nota siguiente.

de audacia podía salvarlos en tal conflicto. Formaron un compacto escuadrón con todas sus fuerzas y con los indios auxiliares. En su centro estaba la valerosa Inés Suárez, vestida de cota de mallas, y armada como los demás guerreros. Abandonando entonces el fuerte que no podían defender, y donde los caballos no les eran de gran utilidad, salieron a campo raso, y en el pedregal del río Mapocho, que ocupaban los indios para proveerse de proyectiles, dieron a los pelotones de bárbaros tan terrible carga que los dispersaron en todas direcciones haciendo entre ellos una espantosa carnicería. La noche vino a poner término a la jornada y a la persecución de los fugitivos.[278]

Aquella carga audaz y decisiva salvó a los castellanos; pero la victoria les costaba las más dolorosas pérdidas de que hablaremos enseguida. Entre los héroes de la defensa de Santiago, los contemporáneos mencionaban en primer lugar a Inés Suárez, a Francisco de Aguirre, el primer alcalde del Cabildo, y al clérigo Juan Lobo, «que así andaba entre los indios como lobo entre las pobres ovejas», dice un antiguo cronista.[279] Sin embargo, aquellos ignorantes y supersticiosos soldados, persuadidos de que en esta guerra atroz de conquista y de bandalaje estaban auxiliados por el cielo, no podían explicarse su victoria sino por la intervención directa de los santos. Los indios que cayeron prisioneros en la batalla, referían haber visto en su derrota un jinete que hacía prodigios con su lanza y una señora que peleaba como los mejores guerreros. Los conquistadores interpretaron estos informes con el criterio de su grosero fanatismo y supusieron que la Virgen María y el apóstol Santiago habían peleado ese día en medio de ellos, determinando la derrota de los indios.[280] Los cronistas contem-

---

278 Aunque este combate ha sido referido por Valdivia en sus cartas al rey y a Hernando Pizarro, y por los cronistas primitivos, no se hallan en sus relaciones sino noticias vagas y generales. Alonso de Monroy, hallándose en el Cuzco en 1542, escribió al rey una carta que llevó a España la primera noticia de la campaña de Valdivia en Chile, y en ella le dio cuenta más prolija de este combate. Desgraciadamente, no pude hallar en los Archivos de Indias esta carta en su original, y solo he conocido una copia abreviada o extracto hecho por don Juan B. Muñoz, que me ha servido de guía principal. Probablemente el documento mismo no contiene más pormenores que los que apuntó Muñoz con la esmerada e inteligente prolijidad con que tomaba las notas que debían servirle para su obra. Me parece indudable que esa carta fue conocida por el cronista Antonio de Herrera, y que de allí sacó la exacta relación que hace de este combate en el capítulo 4, libro I, dec. VII de su *Historia general*, pues hay en ella la más completa conformidad con el extracto que conozco.
279 Góngora Marmolejo, capítulo 4.
280 Valdivia no habla de tal milagro en la relación que contiene su carta a Hernando Pizarro. Pero en la que dirigió el mismo día a Carlos V no deja de mencionar «el favor del señor

poráneos y posteriores han consignado este pretendido milagro con los más pintorescos y singulares pormenores.

6. Trabajos y penalidades de Valdivia para reconstruir la ciudad y para sustentar la Conquista

Los vencedores, extenuados de fatiga y de cansancio, cubiertos de golpes y de heridas pasaron la noche en medio de las ruinas humeantes de la ciudad, con las armas en la mano y esperando por momentos un nuevo ataque. Una segunda batalla los habría destruido irremediablemente; pero los indios habían sufrido en la jornada pérdidas tales que se hallaban imposibilitados para renovar el combate. El primer cuidado de Monroy fue dar aviso a Valdivia, probablemente por medio de uno de los indios auxiliares, de lo que pasaba en la ciudad, pidiéndole que acudiese a socorrerla.

El gobernador había sido prevenido a tiempo de que los indios se preparaban para asaltar la ciudad. Creyendo, sin duda, que estos avisos eran estratagemas del enemigo para hacerlo desistir de su expedición al Cachapoal, se había obstinado en llevarla adelante.[281] Aquella empresa, cuyos frutos no son apreciables, sirvió quizá para contener a los indios del otro lado del Maipo, impidiéndoles concurrir al asalto de la ciudad; pero la presencia de Valdivia y de sus soldados el día del combate habría sido, sin duda, mucho más útil a la causa de la conquista. Al saber lo que había ocurrido durante su ausencia, dio inmediatamente la vuelta a Santiago. El día siguiente del combate, el gobernador se reunía a sus destrozados compañeros.

El sitio en que se había levantado la naciente ciudad, presentaba entonces un cuadro de horror y de desolación. No se veían más que montones de escombros calcinados: en ninguna parte había un solo «palo enhiesto», dice el mismo conquistador en el pintoresco lenguaje que solía usar en sus relaciones.[282] La victoria no costaba a los suyos más que la pérdida de cuatro españoles

---

Santiago». El cronista Mariño de Lobera, o probablemente el jesuita Escobar, que reformó su libro, es el que ha dado más explicaciones sobre este milagro, que por lo demás se halla consignado en casi todas las historias escritas hasta principios de este siglo.

281 Mariño de Lobera, capítulo 14; Herrera, dec. VII, libro I, capítulo 4. Valdivia, queriendo, sin duda, justificar su obstinación en alejarse de la ciudad en tan críticas circunstancias, dice que ésta fue atacada mientras él «hacía fruto donde fue» (carta a Hernando Pizarro, pág. 200); pero no explica en qué consistía ese fruto.

282 *Instrucciones* citadas, pág. 221.

muertos;[283] pero casi todos los soldados estaban heridos, y estos infelices yacían tirados en el suelo, sin techo que los abrigase, y rodeados de las mayores privaciones. En el combate, además, habían perdido veintitrés caballos, lo que acrecentaba una enorme disminución de su poder militar.

Pero todo esto no era más que la menor parte de los daños causados por el combate. El incendio había destruido todas las casas, y en ellas, los víveres, las ropas y hasta los libros del Cabildo. Los conquistadores no conservaban más que las armas y los vestuarios desgarrados y rotosos que llevaban el día de la batalla. Su situación difícil y precaria poco antes, hallándose en tan reducido número, y tan lejos de todo centro de auxilios y de recursos, parecía desde entonces insostenible. Otros hombres menos animosos y resueltos no habrían pensado más que en volverse al Perú, abandonando para siempre una conquista que parecía imposible y que, además, ofrecía pocas expectativas de provecho.

Valdivia, sin embargo, no se desanimó. Lejos de eso, en tan apretada situación desplegó mayores dotes de soldado y de colonizador. Hizo recorrer los campos vecinos para amedrentar a los indios de guerra que persistían en hostilizar a los castellanos y para recoger los víveres que pudieran conseguirse. Dio principio a la reconstrucción de la ciudad prefiriendo los paredones de adobes a los postes de madera, para evitar en cuanto fuera dable un segundo incendio. Habiendo quitado con no poco riesgo a los indios enemigos algunas pequeñas cantidades de maíz, Valdivia las destinó exclusivamente para semilla, y al efecto, mandó sembrarlas en los alrededores de la ciudad. Entre los escombros del incendio se descubrieron algunos puñados de trigo,[284] que Valdivia hizo cultivar con el mayor esmero. Los soldados españoles fueron distribuidos en cuadrillas o porciones, que se alternaban en el trabajo del campo, en la reconstrucción de los edificios y en la guarda de los campos, siempre expuestos a las hostilidades de los indios, que habrían querido destruir los sembrados para matar de hambre a los invasores. Era preciso, por esto mismo, mantener de día y de noche la más estricta vigilancia. Valdivia, además, a la cabeza de un cuerpo de jinetes, recorría

---

283 En su primera carta a Carlos V y en la que dirigió a Hernando Pizarro, escritas ambas en 1545, Valdivia habla de cuatro muertos. En las *Instrucciones* citadas, escritas mucho más tarde, no cuenta más que dos.

284 Dos almuerzas, dice Valdivia. Los españoles daban este nombre a la porción de áridos que cabe en las dos manos juntas puestas en forma cóncava.

frecuentemente los campos vecinos, deshaciendo las juntas de los indígenas hasta 18 leguas a la redonda.

Los castellanos desplegaron también en esas circunstancias un tesón admirable. Sea por amor a Valdivia, sea por temor a los enérgicos castigos con que el jefe conquistador solía reprimir todo conato de revuelta, la más completa sumisión se mantuvo entre los soldados. Todos ellos, sin distinción de clase, trabajaron en el campo y en las construcciones. «Todos cavábamos, arábamos y sembrábamos, dice Valdivia, estando siempre armados y los caballos ensillados.» Pero en estas tareas tuvieron los españoles buenos cooperadores en los indios de servicio que habían traído del Perú.[285] Los yanaconas, dice el mismo Valdivia, «eran nuestra vida», palabras que explican la importancia de los auxilios que le prestaron en esos días de prueba.

El asalto del 11 de septiembre costaba a los españoles otras pérdidas no menos sensibles. En su propósito de establecerse definitivamente en Chile, Valdivia había traído con gran trabajo del Perú algunos animales domésticos que se proponía propagar. Del combate de ese día y del incendio de la ciudad, solo salvaron dos porquezuelas y un cochinillo, un pollo y una polla. A pesar de la escasez de víveres, Valdivia dispuso que esos animales fuesen perfectamente cuidados a fin de que reproduciéndose, asegurasen para más tarde la subsistencia de los colonos. En efecto, bajo la inspección de Inés Suárez, las gallinas y los cerdos se habían propagado abundantemente dos años después.

Todos estos trabajos, que suponían un espíritu paciente y previsor, debían ser fructuosos para más tarde, pero no remediaban los apuros del momento. Valdivia y sus compañeros comprendían que sin recibir auxilios de afuera no podrían mantenerse largo tiempo en el país. El terreno que pisaban, y en el cual podrían durante algunos meses hacerse fuertes contra los ataques de los indígenas, debía suministrarles más adelante el alimento necesario para no morirse de hambre. En cambio, les faltaban armas, herrajes, vestuarios y los otros elementos de que no puede dispensarse el hombre civilizado, sobre todo

---

285 Hemos dicho que estos indios de servicio eran conocidos con el nombre peruano de yanaconas. Don Alonso de Ercilla, en el preámbulo de su *Araucana*, explica muy bien el papel de los yanaconas. «Son, dice, indios mozos amigos que sirven a los españoles, andan en su traje y algunos muy bien tratados, que se precian mucho de policía en su vestuario: pelean a las veces en favor de sus amos, y algunos animosamente, especial cuando los españoles dejan los caballos y pelean a pie, porque en las retiradas los suelen dejar en las manos de los enemigos, que los matan cruelísimamente.»

teniendo que mantener una guerra incesante e implacable de cada día y de cada hora. Esos auxilios no podían venir sino del Perú; pero era menester pedirlos, y esta diligencia, sumamente difícil por la gran distancia y por la condición de los caminos, ofrecía entonces, a causa de la sublevación de los indígenas, los mayores peligros.

Alonso de Monroy, el valiente defensor de Santiago, se prestó gustoso a desempeñar este delicadísimo encargo. Cinco soldados tan resueltos como él, debían acompañarlo en esta empresa. Valdivia puso a su disposición los mejores caballos que tenía, y los proveyó de herraduras de repuesto para que pudiesen soportar las asperezas del camino. Conociendo que en el Perú no se haría gran caso de su conquista, y que «ninguna gente se movería a venir a esta tierra por la ruin fama de ella, si de acá no iba quien llevase oro para comprar los hombres», dice Valdivia, resolvió enviar en esta ocasión todo el que habían recogido los conquistadores en los lavaderos que habían explotado. Montaba éste a 7.000 pesos de oro, cuya mayor parte había sido extraída en Malgamalga por cuenta de Valdivia. Tanto para aligerar a los caballos de todo peso inútil como para hacer creer en el Perú que el oro era tan abundante en Chile como en otras partes el cobre o el fierro, Valdivia dispuso que el precioso metal fuese convertido en estriberas, en empuñaduras de las espadas y en vasos que debían servir a sus emisarios durante el viaje. Terminados estos aprestos en enero de 1542, Monroy y sus compañeros emprendieron la marcha. Valdivia les echó la bendición, encomendándolos a Dios y repitiéndoles nuevamente que no olvidasen la aflictiva situación en que lo dejaban.[286]

Las penalidades de los castellanos no podían encontrar un pronto remedio con esto solo. El hambre los acosaba de una manera horrible. Los indios comarcanos se habían retirado a las montañas vecinas, llevándose los pocos bastimentos que habían podido salvar de la rapacidad de los españoles, y solo se dejaban ver en las cercanías de la ciudad para molestar a éstos y para amenazar sus sembrados. Con la finalidad de hostilizar a los españoles, ellos mismos se obstinaron en no hacer nuevas siembras, sometiéndose a las mayores privaciones. Valdivia y los suyos se veían forzados a alimentarse con las yerbas de los campos y con algunas cebolletas que sacaban de la tierra, muchas veces

---

[286] Constan todos estos hechos de la primera carta de Valdivia a Carlos V y de la que dirigió a Hernando Pizarro. Sin embargo, la fecha de la partida de Monroy, solo consta de la carta escrita al rey en 1550.

después de un reñido combate. Recordando estos sufrimientos, el caudillo conquistador escribía a Carlos V las palabras siguientes: «Los trabajos de la guerra puédenlos pasar los hombres, porque loor es al soldado morir peleando; pero los del hambre concurriendo con ellos, para los sufrir, más que hombres han de ser». Cuenta un antiguo cronista que en esas circunstancias, al español «que hallaba legumbres silvestres, langosta, ratón y semejante sabandija, le parecía que tenía banquete».[287]

A principios de 1542, los conquistadores hicieron la primera cosecha de sus sembrados. La tierra había correspondido generosamente a sus esperanzas y a sus cuidados; pero había sido tan escasa la semilla arrojada al suelo, que a pesar de la fertilidad de éste, el producto de los trabajos agrícolas no bastaba para satisfacer las necesidades de la población. El trigo había producido doce fanegas. La cosecha de maíz, sin duda, mucho más abundante, era también insuficiente para el mantenimiento de los españoles. Valdivia, siempre prudente y previsor, temiendo no ser socorrido tan oportunamente como convenía, y resuelto a establecerse en Chile a todo trance, reservó la mayor parte de esos productos para las nuevas siembras. El segundo año de la Conquista fue por esto mismo acompañado de las más penosas privaciones para aquellos valientes y obstinados colonizadores.

El mismo gobernador ha contado estos padecimientos con el lenguaje sencillo y pintoresco que caracteriza sus relaciones. «El cristiano que alcanzaba cincuenta granos de maíz cada día, dice en una de sus cartas a Carlos V, no se tenía en poco; y el que tenía un puño de trigo no lo molía para sacar el salvado. Y de esta suerte hemos vivido; y tuviéranse por muy contentos los soldados

---

[287] Mariño de Lobera, *Crónica*, capítulo 18. La caza de aves silvestres, abundantes ahora en el valle de Santiago, y que debían ser mucho más numerosas en esa época, suministró, sin duda, a los españoles una buena parte de su alimentación en aquellos días. Las armas de fuego que usaban, es decir, los pesados arcabuces que se disparaban allegándoles una mecha encendida, no podían tener gran aplicación para la caza y, por otra parte, no es creíble que quisieran consumir en este objetivo las municiones que debían servirles para su defensa contra los indios. Los primeros conquistadores usaron en sus cacerías el halcón de Chile, el falco femoralis de los naturalistas, llamado chilque, por los indios, como se ve en una declaración del proceso de Pedro Sancho de Hoz, publicado en el *Proceso de Valdivia*. Véase la pág. 309 de ese libro. Esa ave tan rápida como rapaz, fue muy usada en Chile para atrapar las perdices y los queltehues, cuya caza era una diversión frecuente en nuestros campos hasta hace pocos años.

con esta pasadía,[288] los dejara estar en sus casas; pero convenía me tener a la continua treinta o cuarenta de a caballo por el campo el invierno; y acabadas las mochilas (de víveres) que llevaban, venían aquéllos e iban otros. Y así andábamos como trasgos,[289] y los indios nos llamaban cupais, que así nombran a sus diablos,[290] porque a todas horas que nos venían a buscar, porque saben venir de noche a pelear, nos hallaban despiertos, armados, y si era menester a caballo. Y fue tan grande el cuidado que en esto tuve todo este tiempo, que con ser pocos nosotros y ellos muchos, los traía alcanzados de cuenta. Basta esta breve relación para que V. M. sepa que no hemos tomado truchas a bragas enjutas.» Refiriendo estos hechos en la misma fecha a Hernando Pizarro, le añadía estas palabras que explican las dificultades que el caudillo conquistador tuvo que vencer en esas circunstancias: «No sé lo que merezco por haberme sustentado en esta tierra con 150 españoles que son del pelo de los que vuesa merced conoce». Valdivia creía, con razón, que había realizado una gran obra con solo mantener sumisos y tranquilos a aquellos hombres pendencieros y turbulentos, siempre inclinados a conspirar y a abandonar una empresa cuando ésta no producía mucho oro.

Aun en medio de estas penurias, el activo capitán atendía a los trabajos de reconstrucción y desarrollo de la ciudad. Era a la vez, como él mismo dice, «geométrico en trazar y poblar; alarife en hacer acequias y repartir aguas; labrador y gañán en las sementeras; mayoral y rabadán en hacer criar ganados; y, en fin, poblador, criador, sustentador, conquistador y descubridor». Valdivia, comprendiendo, sin duda, que la ociosidad engendrada por aquella precaria situación, podía incitar a sus compañeros a la revuelta, los estimulaba a un trabajo constante, dando él mismo el ejemplo de incansable laboriosidad. Mandó

---

288 Porción suficiente de renta para sostener las necesidades de la vida.
289 Duendes.
290 Valdivia, como todos los hombres de la Conquista, estaba persuadido de que los indios, ignorantes de Dios, tenían conocimiento del Diablo de las creencias cristianas. Contra lo que parece desprenderse de este pasaje de la carta de Valdivia, que la voz cupai no es chilena, y no parece probable que la usasen los indios de este país. Cupai es una palabra quechua, que servía para designar el espíritu del mal de la mitología peruana, y que envolvía una idea inmaterial, o como pretenden otros, el dios de la noche y de la oscuridad. Los españoles creyeron ver en esta idea la prueba de que los peruanos tenían conocimiento del Satanás de los cristianos, y tradujeron cupai por demonio. Véase Garcilaso de la Vega, *Comentarios reales*, parte I, libro II, capítulo 2°; Girard de Rialle, *La mytologie comparée*, capítulo 16, tomo I, pág. 268.

hacer un cercado de 1.600 pies en cuadro, y de estado y medio de alto,[291] en que entraron 200.000 adobes. Esta fortaleza, en que trabajaron sin descanso los castellanos y los indios auxiliares, servía para guardar las provisiones, y para que se guareciesen los infantes y la gente menuda al primer amago de ataque de los indios, mientras los jinetes salían al campo a defender las sementeras. Por premio de tanta constancia y de tanto trabajo, Valdivia obtuvo a principios de 1543 una abundante cosecha de trigo y de maíz que ponía a sus soldados al abrigo del hambre.

La falta de vestuarios, de herrajes y de los demás artículos necesarios para la colonia, había llegado, en cambio, a las últimas extremidades. Aunque había tres clérigos en la ciudad, éstos no podían decir misa porque se había acabado el vino, lo que era una dolorosa contrariedad para aquellos fanáticos guerreros, en quienes los más duros instintos estaban aunados con la devoción más ardorosa. El escribano secretario del Cabildo escribió los acuerdos capitulares en tiras de cartas y, luego, se vio obligado a anotarlos en pedazos de cuero, que se comieron en su mayor parte los perros hambrientos de los conquistadores. Aun en medio de los afanes que les imponía aquella situación, habían logrado sacar algún oro en los lavaderos; pero ese precioso metal no les servía para remediar su desnudez, porque no había medio de procurarse alguna ropa. «Los españoles, dice uno de ellos, no tenían con qué vestirse, porque ya andaban muchos en cueros, que no traían encima camisas ni otros vestidos, sino unos muslos de cuero y unos jubones con que se cubrían sus vergüenzas. Había muchos que no tenían más de una camiseta de lana, que era de indio; y como todos cavaban y araban, por no gastarla, desnudaban cuando habían de arar y cavar.»[292] Les faltaba, además, el fierro para renovar las herraduras de los caballos y para reparar sus armas, gastadas o descompuestas con tanto combatir. La pólvora misma comenzaba a escasear. Los españoles que en último caso se habrían resignado a pasar sin misa y sin registros capitulares, no podían vivir sin armas y sin vestuario.

---

291 El estado era una medida equivalente a la estatura regular del hombre.
292 Declaración de Luis de Toledo, en el *Proceso de Valdivia*, pág. 74.

7. Viaje de Alonso de Monroy al Perú y sus esfuerzos para socorrer a Valdivia

Las esperanzas de todos estuvieron largo tiempo cifradas en el capitán Monroy y en los socorros que había ido a buscar al Perú. Pero pasaron veintidós meses y no se tenía noticia alguna de él. Pueden imaginarse las inquietudes que esta tardanza produciría en el ánimo de los pobladores de Santiago. Algunos debían creer que Monroy y sus compañeros habían sido muertos por los indios sublevados o que habían perecido de hambre en los áridos desiertos del camino. Otros, juzgando al emisario de Valdivia con la moral de muchos de los conquistadores del Nuevo Mundo, creyeron quizá que aquél los había olvidado engolfándose en el Perú en empresas que juzgaba más productivas. Esta clase de traiciones no eran raras en aquel tiempo, y entre aquellos hombres, y nadie habría podido garantizar la lealtad de Monroy. Sin embargo, este bizarro capitán había hecho cuanto era humanamente posible hacer para desempeñar su difícil y peligrosa comisión.

La primera parte del viaje de Monroy y de sus compañeros fue completamente feliz. Atravesaron el territorio chileno hasta llegar a Copiapó sin encontrar resistencia en ninguna parte. Se preparaban para emprender la travesía del desierto, cuando fueron sorprendidos en este último valle por un número considerable de indios. Cuatro de los castellanos sucumbieron en la refriega; pero Monroy y otro de sus compañeros, llamado Pedro de Miranda, alcanzaron a tomar sus caballos y, aunque heridos, pudieron huir hasta un cerro vecino. Allí fueron alcanzados por los indios y tomados prisioneros. Llevados a la presencia del cacique, los dos españoles habrían sido muertos indudablemente sin la intervención de una india principal. Los antiguos cronistas han referido estas ocurrencias con adornos romanescos, pero no improbables. Cuentan que Miranda encontró en casa del cacique una flauta dejada allí por otros españoles, y que siendo un diestro flautista, encantó a los indios con su música, y se hizo perdonar la vida, obteniendo al mismo tiempo la de su compañero.[293]

Monroy y Miranda, sin embargo, fueron despojados de sus caballos, del oro que llevaban, de sus armas y de casi todos sus papeles. Reducidos a la condi-

---

[293] Mariño de Lobera, *Crónica*, capítulo 22; Góngora Marmolejo, *Historia de Chile*, capítulo 5. Las relaciones de estos dos cronistas, aunque semejantes entre sí, se apartan en muchos accidentes. Ambas contienen, sin embargo, pormenores que están en contradicción con los documentos contemporáneos, que son nuestro guía principal.

ción de prisioneros, pasaron tres meses entre los indios buscando siempre una ocasión favorable para tomar la fuga. Un día, el cacique principal del valle se ejercitaba en el manejo del caballo en compañía de los dos castellanos, de otro español llamado Francisco Casco, desertor de la expedición de Almagro, y de dos indios armados que le hacían escolta, y en su paseo se había alejado de las rancherías de su tribu. Monroy, creyendo propicio el momento para efectuar su evasión, quitó de improviso una daga que llevaba Casco, dio de puñaladas al cacique dejándolo muy mal herido, y ayudado eficazmente por su compañero Miranda, desarmó a los otros dos indios, y apoderándose de los caballos, obligó al desertor a tomar con ellos el camino del despoblado.[294] Aquellos atrevidos viajeros habrían ido a perecer miserablemente de hambre en el desierto, sin un oportuno encuentro que tuvieron a pocas leguas de camino. Hallaron una india que conducía una llama cargada de maíz. Arrebatáronle la carga y la bestia, mataron a ésta para aprovechar su carne, y echando sobre sus caballos los sacos de maíz, continuaron su marcha para el norte. Monroy y Miranda habían resuelto desafiar todos los peligros y, aunque solos y desarmados, llegaron felizmente al pueblo de Atacama en la frontera del Perú.

Allí los amenazaba un nuevo peligro. El Perú estaba envuelto en la guerra civil. El gobernador Pizarro había sido asesinado en junio de 1541; y el hijo de Almagro, que tomó el mando del país, se hallaba amenazado por el ejército que había reunido el licenciado don Cristóbal Vaca de Castro con el carácter de gobernador en nombre del rey. En el momento en que Monroy llegaba a la frontera del Perú, todo el sur del Perú estaba dominado por Almagro, es decir, por los rebeldes, enemigos declarados de Valdivia. En vez de encontrar allí los auxilios que esperaba, Monroy habría hallado una prisión y quizá la muerte. En tal coyuntura habría sido una imprudencia continuar su viaje al Cuzco. Torciendo su camino por la cordillera nevada, y venciendo nuevas fatigas y nuevos peligros, llegó al asiento minero de Porco, al oriente de los Andes. Allí residían muchos españoles, ocupados en faenas industriales, más o menos extraños a los sucesos que se desarrollaban en la guerra civil. Entre esos mineros, por otra parte, había algunos amigos de Valdivia, que también había residido en esa

---

294 Góngora Marmolejo, capítulo citado, supone que este español desertor era el mismo Barrientos que había penetrado en Chile antes que Almagro. Mariño de Lobera dice que era el único sobreviviente de una partida de españoles que quiso entrar a Chile en seguimiento de Valdivia.

región antes de su partida para Chile. Allí encontraron Monroy y Miranda el descanso de algunos días después de las penalidades de su viaje.[295]

Monroy había perdido en su prisión de Copiapó las cartas que al partir le dio Valdivia para varias personas del Perú, pero había salvado un poder en forma para contraer deudas en nombre del gobernador de Chile. En Porco halló el primer prestamista. Fue éste un clérigo portugués llamado Gonzalo Yáñez, que halagado por las descripciones de este país y de sus riquezas, prestó a Monroy cerca de 5.000 pesos de oro, y se decidió a acompañarlo a su regreso.[296] Tan pronto como la batalla de las Chupas hubo echado por tierra el gobierno de Almagro, Monroy voló a presentarse a Vaca de Castro. Lo encontró en Limatambo, en el camino del Cuzco, y allí le dio cuenta de los sucesos de Chile, de la apurada situación en que quedaba Valdivia y de las peripecias del viaje que él mismo acababa de hacer. Ocurría esto a fines de septiembre de 1542, siete meses después de su partida de Santiago.

Pero el nuevo gobernador del Perú estaba en la más completa imposibilidad de socorrer a Valdivia. Hallábase rodeado de afanes para atender a la pacificación del país, para castigar a los rebeldes y para premiar a los capitanes que lo habían ayudado en la reciente campaña. Las últimas conmociones habían dejado vacías las cajas reales. Así pues, aunque Vaca de Castro se interesó vivamente por la empresa del conquistador de Chile, tuvo que limitar su protección a permitir a Monroy que levantase en el Perú la bandera de enganche y a recomendar a algunos de sus allegados que auxiliasen esta empresa. Por lo demás, él escribió afectuosamente a Valdivia comunicándole la noticia de sus triunfos en el Perú y de los últimos sucesos de España y ratificándole el título que en 1539 le había dado Pizarro para acometer la conquista de Chile. Valdivia, según estos despachos, sería teniente gobernador de Chile, bajo la dependencia del gobernador del Perú.

A pesar de la actividad que desplegó Monroy para enganchar gente y para proporcionarse los recursos que necesitaba, se pasaron cerca de seis meses sin que pudiera conseguir su objetivo. Pregonaba la expedición al son de clarines y tambores; pero eran pocos los que acudían a enrolarse en sus filas a

---

295 Monroy ha referido estos sucesos en la carta a Carlos V que hemos citado por el extracto de Muñoz. El cronista Herrera parece haber seguido fielmente esa carta en los caps. 5 y 6, libro I, dec. VII.
296 Carta de Valdivia a Hernando Pizarro, pág. 204.

causa de la escasez de recursos del emisario de Valdivia. Un vecino principal del Cuzco, llamado Cristóbal de Escobar, antiguo conocido del conquistador de Chile, se avino a prestar otros 5.000 pesos de oro y a acompañar a Monroy en el rango de maestre de campo de la columna que organizaba. Con este dinero, y mediante las recomendaciones de Vaca de Castro, esa columna llegó a contar setenta hombres bien armados.

Al pasar por Arequipa, Monroy pudo contar con el auxilio de otro antiguo amigo de Valdivia. Era éste Lucas Martínez Vegaso, soldado afortunado de la Conquista, vecino acaudalado y regidor del Cabildo de esa ciudad, y propietario de minas en Tarapacá. Armó éste un buque suyo, cargolo de ropa, armas, fierro, vino y otros artículos que, según pensaba, debían faltar en Chile, y lo despachó para Valparaíso bajo el mando de uno de sus amigos llamado Diego García de Villalón, hombre leal y honrado, que fue más tarde uno de los mejores servidores de Valdivia. Ese cargamento importaba diez o 12.000 pesos de oro; y, sin embargo, Lucas Martínez lo enviaba a Valdivia para que lo emplease en sus soldados, y «se lo pagase cuando quisiese y tuviese».[297] Rara vez los prestamistas de aquella época adelantaban sus capitales en las colonias españolas con tanta generosidad.

8. Llegan a Chile los primeros auxilios enviados del Perú y se afianza la conquista comenzada por Valdivia

La colonia fundada por Valdivia tocaba entonces las últimas extremidades de la miseria. No le faltaban víveres, pero carecía de todos los demás artículos indispensables para la vida. Los españoles, como ya dijimos, andaban casi desnudos o vestidos con las toscas jergas que arrebataban a los indios, y con cueros que ni siquiera habían sido curtidos. El mismo jefe conquistador, tan constante y sufrido para los mayores trabajos, comenzaba a comprender que aquella situación era insostenible.

En estas circunstancias llegó a Valparaíso, en septiembre de 1543, el buque despachado del Perú por Martínez Vegaso. Indescriptible fue el contento que este suceso produjo entre los conquistadores que después de más de dos años de trabajos, de privaciones y de aislamiento, recibían junto con las primeras noticias de sus compatriotas, los socorros indispensables para reparar sus

---
297 Carta de Valdivia a Hernando Pizarro, pág. 204.

necesidades. Valdivia, tomando bajo su responsabilidad el pago de aquellas mercaderías, autorizó a sus soldados para comprar los vestuarios que necesitaban, debiendo éstos obligarse por escrito a cubrir su importe. Queriendo, además, premiar el oportuno servicio prestado por García de Villalón, el gobernador le concedió un repartimiento de tierras y de indios, y lo estimuló a establecerse en Chile.[298]

La situación de los conquistadores mejoró en parte con aquel socorro; pero tres meses después cambió por completo con el arribo de Monroy. El fiel y valiente emisario de Valdivia, después de vencer todo orden de dificultades en el desempeño de su encargo, entraba a Santiago a fines de diciembre a la cabeza de los setenta jinetes que había reunido y equipado en el Perú.[299] Monroy había

---

298 Llegó en esta ocasión a Chile Francisco Martínez, aquel comerciante que en 1539 había facilitado a Valdivia armas y caballos para su campaña, avaluándolos en 9.000 pesos de oro, y bajo la condición de repartir entre ambos las utilidades de la conquista. Martínez venía a Chile a recoger la parte que le correspondía en los productos de la empresa, y pensando que Valdivia tendría atesoradas grandes cantidades de oro, como se le había dicho en el Perú. Contra sus esperanzas, halló que no solo no había tal oro sino que Valdivia estaba cargado de deudas y de compromisos. Por este motivo, pidió en 11 de octubre de 1543 la disolución de la sociedad y el pago de los 9.000 pesos que había adelantado. Su demanda fue entablada ante los alcaldes ordinarios de Santiago, Juan Dábalos Jufré y Juan Fernández Alderete. En nombre y en representación de Valdivia, contestó la demanda su camarero Jerónimo de Alderete. Dice allí que su poderdante lleva gastados 10.000 pesos de oro de su fortuna particular, que debe a sus soldados 50.000, y otros 70.000 por las compras últimas de ropa, fierro, etc.; y que si Martínez pretende tener igual parte en las utilidades futuras de la conquista, es justo que contribuya por su lado con la mitad de estas sumas. Por fin, ambas partes se conformaron en que se deshaga la compañía, debiéndose pagar a Martínez lo que pruebe haber puesto en ella. Por convenio mutuo, fueron nombrados liquidadores y jueces árbitros Diego García de Villalón, por parte de Valdivia, y Antonio Galiano, por parte de Martínez. Presentáronse las cuentas y los documentos, y el 10 de noviembre de 1543 los árbitros dieron su sentencia. Dan por disuelta la sociedad; pero Valdivia debía pagar a Martínez en el término de diez días, 5.000 pesos de buen oro, como valor verdadero de los artículos suministrados en 1539. Aparece allí que doce días después, el 22 de noviembre, Martínez se da por recibido de esa suma. Este expediente, tramitado ante el escribano de Cabildo Luis de Cartagena, fue enviado a España por Valdivia, y se conserva en el Archivo de Indias.

El cronista Mariño de Lobera, que ha referido estos hechos en globo, pero con alguna inexactitud, capítulo 24, dice que Valdivia pagó su deuda a Martínez dándole en encomienda un pueblo de indios llamado Colina, 3 leguas al norte de Santiago.

299 Valdivia, en su primera carta a Carlos V y en la que en la misma fecha escribió a Hernando Pizarro, dice que Monroy llegó a Santiago en diciembre de 1543. En la carta relación de 1550, y en las instrucciones citadas, señala la fecha de enero de 1544. Estas pequeñas contradicciones en los detalles no son raras en las relaciones del jefe conquistador. En

sufrido las privaciones y fatigas consiguientes al viaje por los desiertos; y había atravesado los valles del norte de Chile soportando todo género de miserias. Los indígenas de esa región eran impotentes para oponer resistencia formal a setenta castellanos bien armados y dirigidos por un capitán tan valeroso como prudente; pero retiraban y escondían sus comidas y sus forrajes, de tal suerte que aquellos soldados tuvieron que vencer mil dificultades a fin de procurarse víveres para ellos y pasto para sus caballos. Llegaron a Santiago extenuados de hambre y de cansancio; pero aquí los esperaba el más amistoso recibimiento de sus compatriotas a quienes habían salvado de una destrucción que parecía inevitable. Este pequeño refuerzo bastó para demostrar a los indígenas de las inmediaciones de Santiago el poder y los recursos de los conquistadores. «Nunca vimos más indios de guerra, dice Valdivia en una de sus relaciones. Todos se acogieron a la provincia de los poromabcaes, que comienza 6 leguas de aquí, de la parte de un río caudalosísimo que se llama Maipo.»[300]

Los vecinos de Santiago pudieron entregarse a las pacíficas ocupaciones de la industria, seguros de que no serían perturbados por los asaltos de las hordas de bárbaros que en 1541 habían incendiado la ciudad, y que durante dos años los habían obligado a vivir con las armas en la mano. Valdivia adquirió nuevo prestigio con aquella situación, cuando se vio logrado el éxito de sus afanes y de su previsión. Su arrogancia se hizo también mucho mayor. Así, cuando Monroy le entregó los títulos por los cuales Vaca de Castro lo nombraba su teniente de gobernador en la provincia de Chile, el altivo capitán ocultó esos despachos, y continuó llamándose como antes «gobernador electo y capitán general por el Cabildo, justicia y regimiento y por todo el pueblo de esta ciudad de Santiago».[301] El caudillo conquistador no quería reconocer más jefe que el rey.

---

este caso, toda duda desaparece con la confrontación con otros documentos. El 29 de diciembre de 1543, Alonso de Monroy se hallaba en Santiago, y en su carácter de teniente gobernador, presidía la sesión del Cabildo. En ese mismo día, el Ayuntamiento elegía alcalde de Santiago para el año siguiente a Cristóbal Martín de Escobar, que acababa de llegar del Perú en el refuerzo que traía Monroy.

300 Carta de Valdivia a Hernando Pizarro, pág. 204.
301 En 1548 Valdivia fue acusado ante La Gasca de este acto de desobediencia al representante legítimo del rey de España. Véase el cargo 56 en el Proceso de Valdivia, pág. 40. Valdivia negó rotundamente el hecho, sosteniendo que de Vaca de Castro solo había recibido una provisión por la cual lo autorizaba para que pudiese nombrar su sucesor en el gobierno de Chile. Sin embargo, la desobediencia de Valdivia es efectiva. Escribiendo en 1545 a Herrando Pizarro, le dice estas palabras: «Envío a vuestra merced el traslado de

Capítulo VI. Valdivia; exploración del territorio; los primeros repartimientos de indios (1544-1546)

1. Expediciones enviadas por Valdivia al sur y al norte del territorio; fundación de la ciudad de La Serena. 2. Hace reconocer las costas del sur de Chile por dos buques bajo las órdenes del capitán Juan Bautista Pastene. 3. Despacha Valdivia nuevos emisarios a España y al Perú para dar noticias de sus conquistas y traer otros socorros. 4. El jefe conquistador emprende una campaña al sur de Chile: llega hasta las orillas del Biobío y retrocede a Santiago convencido de que no puede fundar una ciudad. 5. Ideas dominantes entre los conquistadores de que los territorios de América y sus habitantes eran de derecho propiedad absoluta del rey. 6. El sistema de encomiendas. 7. Valdivia reparte entre sus compañeros el territorio conquistado y los indios que lo poblaban. 8. Preferencia que los españoles dan al trabajo de los lavaderos de oro. 9. Implantación del sistema de encomiendas de una manera estable.

1. Expediciones enviadas por Valdivia al sur y al norte del territorio; fundación de la ciudad de La Serena

La hueste de Valdivia llegó a contar, con los últimos refuerzos, poco más de 200 hombres. Este número era, sin duda, demasiado reducido para pensar en someter toda la extensión territorial que el ambicioso conquistador pretendía dar a su gobernación. Sin embargo, desde principios de 1544, cuando Valdivia vio a Santiago y su comarca libres de las hostilidades de los indígenas, se preparó

---

una carta que escribo al señor gobernador Vaca de Castro, y le respondo, como por ella verá, a ciertas provisiones que me envió con el capitán Monmy para que fuese su teniente: yo respondo: "Noli me tangere quia Caesaris sum"». Aunque no se conoce el texto de esta contestación, las palabras citadas indican perfectamente que Valdivia respondió que no podía aceptar el cargo de teniente gobernador por Vaca de Castro, porque era gobernador por Carlos V. Por lo demás, Vaca de Castro daba a Valdivia el solo tratamiento de «mi lugarteniente», como puede verse en el despacho que dio al capitán Juan Bautista Pastene para pasar a Chile, documento que hemos publicado en el *Proceso de Valdivia*, pág. 358 y siguientes.

Por lo que toca a los límites de la gobernación de Valdivia, el gobernador Vaca de Castro tenía también miras muy diversas a las del conquistador de Chile. En 1542, hallándose en el Cuzco, autorizó a tres de sus mejores servidores, Diego de Rojas, Felipe Gutiérrez y Nicolás de Heredia, para que fuesen a descubrir al sur de Chile, expedición que debían ejecutar atravesando la provincia de Tucumán, para llegar a la parte austral del continente. Véase Diego Fernández, *Historia del Perú*, Sevilla, 1571, parte I, libro II, capítulo 3. La empresa se frustró y los planes de Valdivia no fueron perturbados.

para nuevas campañas, esperando siempre recibir otros socorros de tropas que le permitiesen consolidar su dominación.

Tan pronto como los jinetes y los caballos que trajo Monroy del Perú, se hubieron repuesto de las fatigas de la marcha, Valdivia formó una buena columna, y a su cabeza partió para el sur. Era tal el prestigio de invencibles que los españoles habían conquistado entre los indígenas en la defensa de Santiago, que en ninguna parte se atrevieron éstos a oponerles la menor resistencia. Lejos de eso, abandonaban sus campos, quemaban sus habitaciones y huían despavoridos al otro lado del Maule, «dejando desamparado, dice Valdivia, el mejor pedazo de tierra que hay en el mundo, que no parece sino que en la vida hubo indio en ella».

Los lavaderos de oro que comenzaban a explotar los conquistadores en las vecindades de Santiago, daban un pobre beneficio por falta de brazos. Los indios comarcanos habían emigrado al otro lado del Maule para no someterse a la dura condición a que los reducían los españoles; y allí, lejos de sus tierras, llevaban una vida miserable, pero conservaban al menos su libertad. Valdivia quiso hacerlos volver, para reducirlos al trabajo, y encargó esta comisión a Francisco de Villagrán, elevado al rango de maestre de campo, y al capitán Francisco de Aguirre. Llegaron éstos hasta las orillas del Rata, y desde allí emprendieron la persecución de los indígenas, para obligarlos a regresar a las provincias que habían abandonado. Aguirre quedó establecido en aquella región para impedir que esos infelices bárbaros volviesen a emigrar.

Parece que esta persecución fue bastante eficaz. Los españoles trataron, sin duda, a los indios con el rigor que solían emplear en estas expediciones. «Viéndose tan seguidos, y que perseverábamos en la tierra, dice Valdivia, tienen quebradas las alas, y ya de cansados de andar por las nieves y montes como animales, determinan de servir.» En efecto, poco más tarde volvían a sus tierras, reconstruían sus chozas y comenzaban a dedicarse de nuevo al cultivo de sus campos, para lo cual Valdivia repartió a los jefes de tribus semillas no solo de maíz sino, también, de trigo. Aquí los esperaba, en cambio de estos obsequios, el penoso y obligatorio trabajo de lavaderos que importaba para ellos la pérdida de su antigua independencia, y para muchos la pérdida de la vida.

Se hallaba Valdivia empeñado en estos trabajos en abril de 1544, cuando recibió una noticia que contrariaba en cierto modo sus planes de dar vida y animación a la colonia y de acreditarla en el exterior. Cuatro o cinco comerciantes del Perú habían equipado un buque y cargádolo de toda suerte de mercaderías para traerlas a Chile, y venderlas a sus pobladores. Habiéndose acercado a la costa de Copiapó, trataron de desembarcar el piloto y algunos marineros. Atacados de sorpresa por los indios pescadores de la vecindad, todos ellos fueron asesinados inhumanamente por aquellos bárbaros, que conservaron como trofeo de victoria el bote que montaban los marinos castellanos. A bordo del buque no quedaban más que tres hombres y un negro; y, aunque inexpertos para dirigir una nave, levantaron anclas y continuaron su viaje al sur. Su inexperiencia los llevó cerca de la embocadura del río Maule, donde el mar embravecido atrojó la nave sobre la costa. Acudieron los indios en tropel, asesinaron a los tripulantes y quemaron el casco del buque. Francisco de Villagrán, enviado por Valdivia a castigar este inhumano asesinato, ahorcó a todos los indios sobre los cuales recaían sospechas de haber tomado parte en él.[302]

Este desgraciado accidente decidió quizá a Valdivia a atender a la defensa de la región del norte para impedir que se repitieran los asesinatos de los españoles que intentaban penetrar en Chile. Con este objeto, no vaciló en desprender de su pequeño ejército, aun con peligro de la seguridad de sus conquistas, una columna de poco más de treinta hombres que puso bajo las órdenes del capitán Juan Bohón, regidor ese año del cabildo de Santiago. Para alentar a los soldados que partían a esta expedición, Valdivia comenzó por repartirles los indígenas de aquellas provincias. Asignó a cada uno de aquéllos un número tal de indios, que según lo sabía perfectamente el caudillo conquistador, la escasa población de esa parte del país no podía bastar para completar los repartimientos. Juan Bohón, sin embargo, no halló serias dificultades en el cumplimiento de su encargo. Según las instrucciones que llevaba, fundó en el valle de Coquimbo, y a poca distancia del mar, una ciudad que llamó La Serena, en recuerdo de

---

[302] Carta primera de Valdivia a Carlos V; Id. a Hernando Pizarro; Mariño de Lobera, *Crónica*, capítulo 24, ha contado este mismo hecho con algunos pormenores, no todos exactos, como el de suponer que fue Francisco de Aguirre el encargado de castigar a los asesinos de los náufragos. Cuenta que la vista del negro causó en los indios tanta sorpresa que no podían persuadirse de que aquel color fuese natural. Lo lavaron con agua caliente, frotándole la piel con el corazón de las mazorcas de maíz, y acabaron por matarlo despiadadamente sin haber conseguido volverlo blanco.

la vasta dehesa en que está situado el pueblo natal de Valdivia.[303] La nueva ciudad no tuvo más que trece vecinos. Los otros soldados que formaban la expedición del norte quedaron en frontería, es decir, recorriendo los campos vecinos para aquietar a sus pobladores. Una pequeña embarcación construida en Valparaíso, servía para mantener las comunicaciones y para proveerla de víveres.[304] Por entonces se creyó que la tranquilidad quedaba afianzada en aquellos lugares.

2. Hace reconocer las costas del sur de Chile por dos buques bajo las órdenes del capitán Juan Bautista Pastene

El invierno de 1544 fue para Valdivia y para los colonos de Santiago un período de forzada inacción. Desde abril se desataron las lluvias, y continuaron con tanta fuerza que los indios contaban que no tenían recuerdo de un tiempo más crudo y tempestuoso. Los ríos arrastraban un caudal de agua tan abundante que hacía imposible su paso. El Mapocho mismo, que había parecido tan inofensivo y pequeño a los españoles que acababan de asentarse en sus riberas, salió de madre y estuvo a punto de anegar la naciente ciudad. Los campos cubiertos de agua y de pantanos intransitables, interrumpían toda comunicación.

---

[303] Son tan vagas las indicaciones cronológicas que hallamos en los documentos sobre estos sucesos, que nos es imposible fijar la fecha exacta de la primera fundación de la ciudad de La Serena. Los cronistas no dan tampoco luz. Dicen unos, 30 de diciembre, otros, Mariño de Lobera, *Crónica*, capítulo 22, 15 de noviembre de 1543, y otros, por fin, simplemente 1544. Es indudable que Valdivia no pudo despachar esta expedición antes de haber recibido el refuerzo de tropas que trajo del Perú Alonso de Monroy, y que solo llegó a Santiago en diciembre de 1543. Por otra parte, en sesión de 29 de este mes, Juan Bohón fue elegido regidor del cabildo de Santiago, lo que hace suponer que en esa época se hallaba en la ciudad.
En la primera carta de Valdivia a Carlos V y en la dirigida a Hernando Pizarro, escritas ambas en septiembre de 1545, dice expresamente que fundó la ciudad de La Serena en «este verano pasado», lo que quería decir que esa fundación tuvo lugar a fines de 1544 o en los primeros meses del año siguiente. Pero, al mismo tiempo, existe otro documento de septiembre de 1544, el poder dado al capitán Juan Bautista Pastene, en que se da por fundada la ciudad de La Serena. Esta contradicción de fechas parece incomprensible y solo puede explicarse aceptando que en septiembre de 1544 había salido Bohón de Santiago para fundar aquella ciudad, pero que la fundación no tuvo lugar sino uno o dos meses después. Sin embargo, lo que es fuera de toda duda es que la primera fundación de La Serena tuvo lugar en 1544, y no en el año antes, como se lee en la generalidad de los cronistas.
[304] *Instrucciones* de Valdivia a sus apoderados, pág. 223 del *Proceso de Valdivia*.

Durante los días más rigurosos de aquel invierno excepcional, en el mes de junio, llegó a Valparaíso el navío San Pedro, enviado del Perú por el gobernador Vaca de Castro.[305] Mandábalo un perito marino genovés llamado Juan Bautista Pastene, que había prestado importantes servicios a los Pizarro en la conquista de aquel país y en las guerras civiles posteriores. Vaca de Castro, temeroso de que los franceses, empeñados entonces en las largas guerras que han hecho famosas las rivalidades de Carlos V y Francisco I, intentasen penetrar en el Pacífico para atacar las posesiones españolas, había encargado a Pastene que viniera a las costas de Chile, y que poniéndose en comunicación con Valdivia, a quien podía llevar armas y socorros, tratase de rechazar cualquier amago de invasión.[306] La escasez de recursos por que pasaba el Perú, fue causa de que se retardara la salida de esa nave; pero, a principios de 1544, un comerciante llamado Juan Calderón de la Barca, que gozaba de la confianza y de la protección de Vaca de Castro, ayudó a los gastos del viaje para traer a Chile un cargamento de mercaderías.[307]

---

305 El navío San Pedro había sido construido en Nicaragua. Formó parte de la escuadra de seis naves en que Pedro de Alvarado hizo su expedición al Perú en 1533 y 1534. Fracasada la expedición, Alvarado vendió su escuadra a Almagro por escritura pública de 26 de agosto de 1534 en 100.000 pesos de oro. Creo que después de la primera guerra civil de los conquistadores, Pizarro dio ese buque a Juan Bautista Pastene en premio de los servicios que le había prestado.

306 Las instrucciones dadas por Vaca de Castro a Pastene, que encontré en el Archivo de Indias, fueron publicadas en el *Proceso de Valdivia*, págs. 385-361. Tienen la fecha de 10 de abril de 1543. Eran tales las dificultades por las que entonces pasaba el gobierno del Perú, que Pastene no pudo salir al mar hasta un año después.

307 Este Calderón de la Barca causó a Valdivia problemas de distinta naturaleza. Se presentó en Chile diciéndose autorizado por Vaca de Castro para hacer descubrimientos y conquistas en las islas del océano, y en este carácter se daba aires de almirante y reclamaba ciertos honores y preeminencias, una de las cuales era tener estrado o sitial en la iglesia. Un día, terminada la misa, Juan de Cardeña, escribano del juzgado de gobierno, secretario particular de Valdivia, hombre hábil, pero de carácter ligero y atolondrado, predicó un sermón en que hacía el ridículo de las pretensiones de Calderón de la Barca, que hizo reír a los circunstantes, pero que produjo gran escándalo en la colonia, y que dio lugar a una de las muchas acusaciones que más tarde se hicieron a Valdivia.

La causa inmediata que impulsó a Cardeña a hacer esta burla no fue solo la vana arrogancia y las pretensiones de Calderón de la Barca. Hemos referido que Valdivia había hecho construir un barquichuelo que servía para mantener las comunicaciones entre Valparaíso y La Serena. El piloto que lo mandaba tomó la fuga llevándose la embarcación. Valdivia y los colonos de Santiago creyeron que ese piloto había sido instigado por Calderón de la Barca para que fuese al Perú a llevar a Vaca de Castro informes contrarios a los gobernantes de Chile. Los documentos que conocemos no explican si esas sospechas eran o no fundadas;

Valdivia era sobradamente arrogante para que temiese las invasiones de los enemigos del rey de España, que causaban tantos temores a Vaca de Castro. «Podemos vivir bien seguros de franceses en estas partes, decía el gobernador de Chile, porque mientras más vinieren más se perderán.»[308] Pero la presencia en estos mares de una nave de que podía disponer, y la circunstancia de estar mandada por un marino tan inteligente como Pastene, con quien había contraído amistad en el Perú, le sugirieron el pensamiento de hacer reconocer las costas del territorio que quería hacer entrar en su gobernación. Con este objetivo se trasladó en persona a Valparaíso en el mes de agosto, tan luego como los primeros días de primavera permitieron atravesar los campos que habían estado intransitables durante el invierno. Allí dispuso todos los aprestos para la expedición. El navío San Pedro, y el Santiaguillo, en que el año antes había llegado a Chile Diego García de Villalón, fueron provistos de una buena dotación de víveres y convenientemente alistados para el viaje.

La expedición debía ser mandada por Pastene, a quien Valdivia confió el cargo de su teniente general en el mar, como Monroy lo era en tierra. El 3 de septiembre, después de darle los despachos, en que acordaba este nombramiento, el gobernador le hizo la entrega solemne del estandarte en que estaban

y el mismo Valdivia, según parece, no lo supo nunca. Sea lo que se quiera, si ese barquichuelo llegó al Perú, debió hallar que Vaca de Castro había sido removido del gobierno, y que de nuevo ardía allí la guerra civil.

Los fondos que Calderón había empleado en las mercaderías que trajo a Chile, no eran suyos. Los únicos documentos que sobre el particular conocemos no son bastante explícitos a este respecto. Parece que fueron suministrados por Vaca de Castro de los que pertenecían a los herederos de Francisco Pizarro, y que tuvo que responder por ellos en un juicio que poco después se le promovió en España. Este negocio, que echa sombras sobre la honorabilidad de Vaca de Castro, parece justificar las acusaciones de codicia y peculado que le hace Gonzalo Pizarro en su carta a Pedro de Valdivia, varias veces publicada. El lector puede hallarla en las págs. 226-238 del tomo II de la *Colección de historiadores de Chile*.

Por lo demás, y a pesar de los grandes elogios que el mayor número de los historiadores hace de la rectitud de Vaca de Castro, conviene advertir que no es Gonzalo Pizarro el único que le haya hecho tales acusaciones. Es todavía mucho más severo el cronista Fernández de Oviedo en su *Historia general*, libro XLIX, capítulo 7.

Véase sobre Calderón de la Barca en el *Proceso de Valdivia* los cargos 52 y 53, y los números correspondientes en la defensa y en las declaraciones de los testigos.

Según un documento que data de fines del siglo XVII, Calderón de la Barca se estableció en Chile. Alonso de Espejo y Fuica probaba en octubre de 1699 que era su descendiente, y pedía como tal que se le concediera una encomienda de indios.

308 Carta primera a Carlos V.

pintadas las armas reales y las del mismo Valdivia. «capitán, le dijo, yo os entrego este estandarte para que bajo la sombra y amparo de él, sirváis a Dios y a Su Majestad y defendáis y sustentéis su honra y la mía en su nombre, y me deis cuenta de él cada y cuando os lo pidiese: y así haced juramento y pleito homenaje de lo cumplir.» Pastene prestó en el acto, y delante de muchos testigos, el juramento que se le pedía.

Según las instrucciones de Valdivia, Pastene se dirigía al sur; y reconociendo prolijamente la costa, facilitaría el desembarco de dos oficiales de tierra, Jerónimo de Alderete y Rodrigo de Quiroga, encargados de tomar la posesión oficial de aquellos lugares. El escribano de gobierno, Juan de Cardeña, debía dar el testimonio de esta posesión. Valdivia le encargó, además, que fondeara en el río Maule para comunicarse con las tropas de tierra que tenía en esos lugares, a fin de pasarlas a la orilla sur y facilitar las operaciones en que estaban empeñadas.

La escuadrilla zarpó de Valparaíso antes de amanecer del 5 de septiembre, impulsada por los últimos nortes del invierno. Durante trece días consecutivos, navegaron sin alejarse mucho de la costa, pero haciéndose al mar cada noche para evitar el peligro de ser arrastrados a la playa por el noroeste reinante. El tiempo, constantemente nublado, no permitía a los pilotos tomar la altura ni distinguir bien la tierra. Por esta razón, sin duda, no pretendieron penetrar en el río Maule, como lo había recomendado Valdivia. Por fin, después de trece días de viaje, el 17 de septiembre, el Sol se mostró en todo su esplendor. Los pilotos tomaron la altura y reconocieron que se hallaban a la latitud de 41° y un cuarto. Los navegantes, que habían podido apreciar las tempestades de aquellos mares, determinaron acercarse a tierra, y dar enseguida la vuelta al norte aprovechándose del viento sur que había aparecido con el buen tiempo. En la misma tarde echaron el ancla en una dilatada bahía, que juzgaron bastante segura.

En la mañana siguiente (18 de septiembre) bajaron a tierra Pastene, Alderete, el escribano Juan de Cardeña y varios hombres armados. Algunos indios de las inmediaciones que se habían acercado a la playa atraídos por la curiosidad que despertaba un espectáculo tan nuevo para ellos, lanzaban gritos y amenazas; pero cuando los españoles les hubieron obsequiado algunas bagatelas que llevaban preparadas, los salvajes se mostraron mucho más dóciles y tratables y dieron los nombres con que designaban los ríos y cerros de las inmediaciones.

El capitán Jerónimo de Alderete, llevando su escudo en el brazo izquierdo y su espada desenvainada en la mano derecha, avanzó gravemente y repitió por tres veces las palabras siguientes: «Escribano que presente estáis, dadme por testimonio en manera que haga fe ante Su Majestad y los señores de su muy alto consejo y cancillería de las Indias, como por Su Majestad y en su nombre por el gobernador Pedro de Valdivia, tomo y aprehendo la tenencia y posesión y propiedad de estos indios y en toda esta tierra y provincia y en las demás sus comarcanas; y si hay alguna persona o personas que lo contrario digan, parezcan delante, que yo se la defenderé en nombre de Su Majestad y del dicho gobernador, y sobre ello perderé la vida; y de como lo hago, pido y requiero a vos el presente escribano, me lo deis por fe y testimonio, signado en manera que haga fe, y a los presentes ruego me sean dello testigos».

De todos los presentes a esta curiosa y característica ceremonia, solo podían contradecir a Alderete los pobres indios a quienes se pretendía despojar de su libertad y de sus tierras. Pero ellos no entendían una palabra de cuanto se decía, y mucho menos el alcance de aquellas declaraciones. Así, pues, el acto solemne de la toma de posesión se terminó sin contratiempos. La bahía aquella y el río vecino recibieron, en honor de Valdivia y del buque explorador, el nombre de San Pedro, que han conservado hasta ahora. Para demostrar que aquel territorio pertenecía desde entonces al rey de España, Alderete cortó algunas ramas de los árboles, arrancó algunas yerbas y cavó la tierra. Sus compañeros construyeron una cruz que dejaron amarrada a un árbol y, en la misma tarde, se daban a la vela con rumbo al norte, llevando consigo algunos de los indios cogidos en la playa.

Los navegantes continuaron su exploración sin encontrar dificultades. Desembarcaban en algunos puntos sin temer a los indios que en grupos más o menos numerosos acudían a la playa en actitud amenazadora, pero que luego se retiraban contentos con los obsequios que se les hacían y, aun, daban generosamente sus propias provisiones. En todas partes, Alderete tomaba posesión de la tierra y de los indios con las mismas ceremonias, y mandaba que el escribano extendiera siempre el acta que debía remitirse al rey de España. Aun, llegaron a simplificar notablemente esta operación. El 22 de septiembre se hallaron enfrente de un río y puerto, cuya latitud fijaron bastante aproximadamente en 39° y dos tercios. Como la hora era bastante avanzada, no bajaron a tierra, y desde el buque dieron a aquel lugar el nombre del gobernador Valdivia, que hasta hoy conserva. Jerónimo de Alderete, por otra parte, tomó posesión de la tierra y de sus habitantes desde la cubierta del navío San Pedro. Esta práctica se observó en la exploración de la costa del norte y de las islas adyacentes. Los castellanos, temiendo, sin duda, el verse obligados a sostener combates con los indios bravos y numerosos de esa región, y no creyéndose fuertes y preparados para esa lucha, tomaban desde sus buques posesión nominal del país y de sus habitantes, y extendían el acta solemne que dejaban firmada el escribano y los testigos de la expedición. El 30 de septiembre entraban al puerto de Valparaíso satisfechos del resultado de su viaje.[309]

3. Despacha Valdivia nuevos emisarios a España y al Perú para dar noticias de sus conquistas y traer otros socorros

De poco servía a Valdivia la posesión nominal que su capitán y su escribano habían tomado de aquellas tierras y de sus indios, porque carecía de las fuerzas suficientes para hacer efectiva la ocupación. Los conquistadores, sin embargo, ensoberbecidos con sus primeros triunfos, y deseosos, sobre todo, de que se les repartiesen los indios de la poblada región del sur para echarlos a los trabajos de las minas o lavaderos en que soñaban enriquecerse, pedían con

---

309 La historia de este importante reconocimiento de las costas de Chile consta de los autos completos de la expedición, desde el nombramiento de Pastene hasta la relación final del viaje hecha en forma de escritura pública. En 1550, cuando Valdivia solicitaba de la Corte la ampliación de los límites que La Gasca había asignado a su gobernación, envió a España la copia de estos autos que se conserva en el Archivo de Indias. A fines del siglo pasado sacó don Juan Bautista Muñoz una copia entera de ellos para utilizarlos en la historia del Nuevo Mundo que estaba preparando. Don Claudio Gay los copió de la colección de manuscritos de Muñoz, y los insertó íntegros en el tomo I de documentos que acompañan su historia. Esta impresión adolece de algunos pequeños errores tipográficos o de copia, que han sido reproducidos en las reimpresiones posteriores.

Los expedicionarios, de vuelta de este viaje, contaban que habían visto las tierras del poderoso cacique Leochengo o Lechengol, señor de la región vecina al río Ribimbi (Biobío), de que se hablaba ya en los primeros documentos de la conquista. La imaginación inventiva de los españoles creó la existencia de una especie de imperio, con templos servidos por millares de sacerdotes, y cuyo soberano llamado Leuchengolma, tenía ejércitos de centenares de miles de guerreros. Más al sur todavía se hallaba, decían, un país maravilloso en que solo vivían mujeres. Estas invenciones tuvieron por algunos años gran circulación en el Perú. Véase *Historia del descubrimiento y conquista del Perú* por Agustín de Zárate, Amberes, 1555, libro III, capítulo 2 y López de Gómara, *Historia general de las Indias*, Zaragoza, 1552, capítulo 143.

instancia que se emprendiese su conquista. Valdivia, por su parte, pensando con mucha más prudencia, tenía resuelto el enviar nuevos emisarios al Perú a enganchar más soldados con que adelantar esa conquista. Pero, como sabía perfectamente que «no llevando oro era imposible traer un hombre», según dice él mismo, contrajo toda su actividad a procurarse este metal. Queriendo tener propicios a los indios chilenos para que hiciesen sus siembras, y no volviesen a emigrar al sur, determinó Valdivia no llevarlos por entonces a los trabajos de los lavaderos. Ocupó en estas faenas a los indios yanaconas que había traído del Perú, que según las relaciones del jefe conquistador, componían un total de 500 individuos, y que, a ser cierto lo que allí mismo se cuenta, ayudaban a los españoles «de buena gana». Parece que el punto principal de explotación fue el valle de Quillota. Valdivia enviaba de Santiago los víveres para sus trabajadores, a quienes atestigua en sus cartas un cariño particular. «Los tenemos, dice, por hermanos por haberlos hallado tales en nuestras necesidades.»

El resultado de esta explotación fue relativamente satisfactorio. Haciendo relavar las tierras sueltas de donde los indios habían sacado oro en otro tiempo, los castellanos juntaron en una temporada de nueve meses de trabajo, 23.000 castellanos o pesos de oro, cuyo valor equivale muy aproximadamente a 70.000 pesos de nuestra moneda. Este beneficio era tanto más considerable cuanto que la explotación originaba muy pocos gastos. Los yanaconas o indios de servicio, trabajaban sin remuneración alguna; y su alimentación no imponía tampoco grandes sacrificios. Esos pobres indios, tan pacientes como sobrios, casi no consumían más que un poco de maíz, que después de las primeras cosechas había llegado a ser muy abundante en la región poblada por los españoles.

Aquella suma de oro no era toda de Valdivia; pero éste supo darse trazas para tomar la parte que correspondía a algunos de sus gobernados. El jefe conquistador, que según parece, estaba dotado de cierto talento oratorio, aprovechaba las reuniones de sus compatriotas, como la salida de misa, para representarles la conveniencia y la utilidad de suministrarle algunos recursos para enviar al Perú por nuevos refuerzos de tropa y por nuevos socorros. Algunos de ellos, sin embargo, temiendo que Valdivia fuese removido por el rey del gobierno de la colonia, y que no pudiese satisfacer sus compromisos, no se dejaban persuadir fácilmente por aquellos discursos; pero si no por su libre voluntad, por el temor al menos de verse despojados por la fuerza, acudían con los pocos dineros que habían atesorado. Valdivia llegó al fin a completar aquella cantidad con no poco trabajo, a mediados de 1545.**310**

Su propósito era enviar ese dinero al Perú con los oficiales de su mayor confianza, con Alonso de Monroy y con Juan Bautista Pastene, para que el uno por tierra y el otro por mar le trajesen socorros de gente, de caballos y de armas. Esta elección probaba una vez más la sagacidad del caudillo conquistador, y su conocimiento de los hombres que lo rodeaban. Monroy y Pastene eran un modelo de lealtad; pero a pesar de su penetración, Valdivia se dejó engañar por otro aventurero en que no debió depositar su confianza. Era éste aquel Antonio de Ulloa que había venido confabulado con Pedro Sancho de Hoz para quitarle en Atacama el mando de las tropas con que Valdivia emprendió la conquista de Chile. Después de aquel suceso, había mostrado la más absoluta sumisión al jefe conquistador, ocultando tan bien sus resentimientos que, aunque parece que estimulaba la discordia en la colonia, como lo creían algunos de sus contemporáneos, nunca dejó huellas de su doblez. Lejos de eso, supo ganarse la confianza de Valdivia hasta obtener en 1542 el cargo de regidor del cabildo de Santiago, y un repartimiento de tierras y de indios. Cuando el gobernador se preparaba para despachar sus emisarios, Ulloa solicitó permiso para volver a España. Contaba que en Extremadura acababa de morir sin herederos un hermano suyo, y que él quería ir a recoger su mayorazgo para que no se perdiese su apellido. Valdivia quiso aprovechar esta ocasión para hacer llegar hasta la Corte la relación de sus conquistas y la petición de las gracias y mercedes a que se creía merecedor. El cabildo de Santiago y los tesoreros reales de la colonia aprovecharon esta ocasión para escribir al rey pidiéndole que confirmase a Valdivia en el cargo de gobernador que se le había conferido por aclamación popular.

Entonces fue cuando Valdivia dirigió al rey la primera carta que hemos tenido necesidad de citar tantas veces en estas páginas, y junto con ella otras muchas para el presidente del Consejo de Indias, y para varios otros altos personajes a

---

310 En el Proceso de Valdivia hallará el lector algunas noticias sobre estos hechos, tanto en la acusación como en las declaraciones de los testigos. En su primera carta a Carlos V, como en la que dirigió a Hernando Pizarro, ambas en 1545, dice Valdivia que el dinero recogido en esta ocasión, ascendía a 23.000 pesos de oro. Cinco años más tarde, queriendo reagravar la infidelidad de su emisario, Valdivia decía en otra carta a Carlos V, y en las *Instrucciones* citadas, que en esta ocasión envió al Perú más de 70.000 castellanos de oro.

quienes quería interesar en su favor. Una de ellas, la única que ha llegado hasta nosotros, además de la del rey, iba dirigida a Hernando Pizarro, a quien Valdivia suponía en el apogeo de la grandeza, y que por el contrario se encontraba entonces encarcelado en un fuerte, en castigo de los desmanes cometidos en el Perú. Refería en esas cartas, clara, pero compendiosamente, las peripecias de la conquista, describía el país y exaltaba las excelencias de su clima y de su suelo, y la riqueza de sus minas, para atraer a él nuevos pobladores. Es discutible si el mismo Valdivia es el autor de estas cartas o si ellas eran escritas por Juan de Cardeña, «mi secretario de cartas», como dice el jefe conquistador; pero aun aceptando que no sea suya la redacción fácil y corriente, el donaire en el decir, los rasgos enérgicos y vigorosos que allí abundan, y que conocido el estado que entonces alcanzaba el arte de escribir, suponen un verdadero talento de escritor, siempre sería de Valdivia el espíritu superior que ha inspirado esa correspondencia, la penetración que deja ver en los planes y propósitos del conquistador, y la sagacidad con que solo refiere lo que interesa a su causa y con que presenta los hechos con la luz más favorable a sus intereses. Bajo todos estos aspectos, las cartas de Valdivia, bien superiores a las relaciones de la mayor parte de los capitanes y aun de los letrados de la conquista del Nuevo Mundo, casi pueden soportar sin desdoro la comparación con la admirable correspondencia de Hernán Cortés. Si encerraran aquéllas en sus páginas la acción completa de una epopeya más animada y pintoresca que las que han inventado los poetas, como se halla en las cartas del conquistador de México, las de Valdivia correrían reimpresas y traducidas. Pero tocó en suerte al conquistador de Chile consumar empresas menos brillantes, pero no menos difíciles y heroicas; y esta circunstancia, extraña a sus bríos y a su genio, lo ha privado de una parte de la gloria que le correspondía como guerrero y como escritor.[311]

Copiada su correspondencia, y terminados todos sus arreglos, Valdivia se trasladó a Valparaíso con sus emisarios. A mediados de agosto se embarcó en el navío San Pedro, y se hizo a la mar con rumbo a La Serena. Necesitaba esta nave algunas reparaciones, y por falta de otros materiales, se la quería calafa-

---

311 En la correspondencia original de Valdivia, que he examinado prolijamente en el Archivo de Indias, no hay de su mano más que la firma, trazada con caracteres irregulares, angulosos y violentos. El texto de las cartas está escrito generalmente con una letra pequeña, clara y limpia, y trazada con cierta maestría caligráfica, pero con ortografía defectuosa y desigual como casi todos los manuscritos de ese tiempo.

tear con cierta goma o cera vegetal que allí abundaba. Este trabajo los demoró en La Serena algunos días, del 25 de agosto al 4 de septiembre. En ese puerto, entregó Valdivia sus cartas a Antonio de Ulloa, recomendándole encarecidamente que tomase su representación en la Corte. Para los gastos de viaje le dio de su propio tesoro 1.000 pesos de oro, casi lo único de que podía disponer. «Quisiera, escribía Valdivia a Herrando Pizarro, tener con qué enviar a Ulloa tan honrado y prósperamente como merece; pero viendo él que no lo tengo, y mi voluntad que es de darle mucho, va contento con lo poco que lleva. A vuestra merced suplico le tenga en el lugar que merece, porque le tengo por amigo por el valor de su persona y por ser quien es.»[312] El navío San Pedro zarpó del puerto el 4 de septiembre de 1545 llevando junto con los tres emisarios de Valdivia todas las esperanzas de éste y todo el dinero que había podido obtener con infinitos trabajos y con no pocas extorsiones.

4. El jefe conquistador emprende una campaña al sur de Chile: llega hasta las orillas del Biobío y retrocede a Santiago convencido de que no puede fundar una ciudad

El caudillo conquistador no se demoró en aquella ciudad más que el tiempo necesario para dotarla de un Cabildo, y para dictar algunas providencias militares a fin de ponerla a cubierto de las hostilidades de los indios. Los soldados que quedaban en Santiago ardían en deseos de expedicionar al sur, y hacían los preparativos para abrir una campaña en que esperaban someter millares de indios a quienes hacer trabajar en los lavaderos de oro. Valdivia, de vuelta a Santiago, aceleró estos aprestos; pero teniendo a la vez que atender a los trabajos administrativos, sobre todo para dar desarrollo a la explotación de las minas, solo pudo emprender la marcha cuatro meses después.

Eran tales las ilusiones que los castellanos se habían forjado en el provecho que iban a reportar en esta expedición, que todos querían partir al sur. Valdivia, sin embargo, invocando el servicio que en ello prestaban a Dios y al rey, mandó

---

312 Carta de Valdivia a Herrando Pizarro, pág. 210. En esta misma carta, Valdivia dice que enviaba a su mujer doña Marina Ortiz de Gaete, que residía en Salamanca, la cantidad de 500 pesos de oro; pero en otros documentos se dice que fueron 1.200. Ulloa recibió esta cantidad para entregarla personalmente a aquella señora. Era ésta la segunda remesa de dinero que Valdivia enviaba a su familia. Ahora, como la primera vez, aunque por diverso motivo, aquella remesa no había de llegar a su destino.

que el mayor número se quedara sustentando la ciudad.[313] Apartó solo sesenta jinetes bien armados, y a su cabeza partió de Santiago el 11 de febrero de 1546. Durante los primeros días de marcha, los castellanos no experimentaron ninguna dificultad; pero desde que se acercaron a los territorios de los formidables aucas o araucanos, hallaron una población mucho más densa y dispuesta a disputar palmo a palmo la posesión del suelo. El primer choque con un cuerpo de 300 indios, fue, como debía esperarse, una victoria para los soldados de Valdivia, pero éstos pudieron comprender desde ese momento que tenían que habérselas con enemigos tan esforzados como valientes.[314]

En efecto, aquella misma noche cayó de improviso sobre el campamento de los españoles un cuerpo de guerreros indios que Valdivia, exagerando, sin duda, considerablemente su número, computa en 7 u 8.000 hombres. Los bárbaros atacaban en escuadrones compactos, «como tudescos», dice Valdivia, y con un vigor que los conquistadores no habían visto nunca en las guerras de América. La lucha duró más de dos horas, al cabo de las cuales los indios tuvieron que abandonar el campo dejando muertos un gran número de hombres y, entre ellos, a uno de sus jefes. Los españoles pudieron cantar victoria con pérdida de dos caballos y de algunos heridos.

Estos primeros combates, aunque felices, debieron hacer pensar a los conquistadores en las dificultades de la empresa en que se habían metido. Sin embargo, la arrogante confianza que tenían en su superioridad, los indujo a adelantarse 4 leguas más, hasta el sitio en que el caudaloso Biobío desemboca en el mar. Valdivia creía que aquel sitio era favorable para fundar una ciudad, a lo que le estimulaba principalmente el gran número de indios a quienes pensaba reducir a repartimiento; pero por todas partes descubría los síntomas de una resistencia encarnizada y terrible que podía costarle muy caro, tal vez la derrota completa de su pequeña hueste, y quizá también la pérdida del territorio que ya tenía conquistado. Ante tales peligros, todos sus capitanes estuvieron de acuerdo en que era indispensable dar la vuelta a Santiago.[315] Los antiguos cro-

---

313 Consta este hecho de una representación dirigida a Valdivia en 9 de noviembre de 1552 por el procurador de ciudad Francisco Míñez, y de que se dio cuenta en sesión del Cabildo de 13 del mismo mes y año.
314 Carta de Valdivia a Carlos V de 15 de octubre de 1550. *Instrucciones* citadas, pág. 225.
315 Góngora Marmolejo, *Historia*, capítulo 6; Mariño de Lobera, *Crónica*, capítulo 17. Este cronista dice que el combate que sostuvo Valdivia tuvo lugar en Quilacura; que el ejército que atacó allí a los españoles constaba de 80.000 indios; y que Valdivia se retiró porque

nistas que han contado esta campaña con algunas equivocaciones en cuanto al tiempo en que tuvo lugar, así como algunos documentos contemporáneos, consignan un hecho que revela los peligros de aquella campaña, pero que Valdivia ha omitido en sus relaciones. Refieren que viéndose amenazados los castellanos de una sublevación general de los indígenas, y temiendo que éstos les cortasen la retirada, dejaron una noche encendidos sus fuegos en el campamento y tomaron cautelosamente el camino de Santiago.

Los expedicionarios estaban de vuelta a fines de marzo. Por más que los ofuscara su jactanciosa arrogancia, y por más contento que produjera entre sus compatriotas la noticia de aquellas tierras tan pobladas de que esperaban sacar, en breve, tantos indios de trabajo, Valdivia y sus compañeros no podían disimular que esa campaña, que dejaba ensoberbecidos a los indios del sur, era un fracaso de las armas españolas. Los indígenas de Santiago y hasta los del norte, se contaban en secreto los triunfos de sus compatriotas y concebían la esperanza de verse libres de sus opresores. Teniendo Valdivia que anunciar a los habitantes de esta región, así indios como españoles, ciertas providencias relativas a los repartimientos, hizo publicar un bando; y con el propósito de sostener el prestigio de sus armas, refería los sucesos de la última expedición en los términos siguientes: «Hizo su señoría (esta campaña) creyendo poblaría en aquella tierra una ciudad que podría sustentar con la gente que llevaba hasta que le fuese socorro. Y llegando su señoría a aquella tierra y descubriéndola como la descubrió, viendo la mucha pujanza de indios y los pocos cristianos que llevaba para poder poblar y sustentar, siendo suplicado, importunado y requerido de toda la gente, diese la vuelta a esta ciudad hasta que con más pujanza, sabiendo la que era menester para poblar y sustentar, tornase su señoría a ir. Y él viendo que convenía al servicio de Su Majestad y pro de sus vasallos y de

---

se preparaban contra él 100.000 guerreros. Cuando se hallan estas cifras en los antiguos cronistas, el historiador llega a creer que hay un error de copia, y que en el primer caso se ha querido decir ocho y en el segundo diez. Aun así, me parece que hay una notable exageración, por más que estas últimas cifras se encuentren en las mismas relaciones de Valdivia.

Ambos cronistas están contestes en la estratagema que tuvo que usar el gobernador para retirarse a Santiago sin ser atacado por los indios. El capitán Gregorio de Castañeda confirmó el mismo hecho en una declaración prestada en Lima ante el presidente La Gasca en 28 de octubre de 1548. A juicio de los contemporáneos, esa estratagema salvó a los castellanos de ser destrozados irremediablemente por los indios.

la conquista de toda la tierra, dio la vuelta con todos ellos a esta ciudad».[316] El astuto caudillo se guardaba bien de mencionar siquiera los ejércitos de indios reunidos en el sur, que lo habían obligado a retroceder a Santiago.

5. Ideas dominantes entre los conquistadores de que los territorios de América y sus habitantes eran de derecho propiedad absoluta del rey

Este bando, como hemos dicho, tenía por objetivo el promulgar ciertas disposiciones relativas a los repartimientos. Estamos en el caso de suspender la narración de los sucesos militares de la Conquista para dar a conocer esas disposiciones y los hechos de otro orden que se relacionan con ellas.

Los conquistadores llegaban a América con la convicción más profunda de que el suelo y los habitantes de este continente eran propiedad incuestionable de los reyes de España. El descubrimiento del nuevo mundo habría bastado, según ellos, para conferirles este derecho; pero desde el año siguiente del descubrimiento, las concesiones pontificias vinieron a robustecer los títulos de dominio de los soberanos. Las famosas bulas de Alejandro VI ratificaron su derecho de propiedad en nombre de Dios; y dieron a la Conquista ese carácter religioso y casi divino que veía en ella el fanatismo interesado del pueblo español. Nació de aquí la persuasión arraigada en todos los ánimos de que las expediciones de los castellanos en las Indias estaban colocadas bajo la protección de Dios, el cual no debía economizar los más singulares prodigios para llevarlas a término feliz. Los conquistadores, así los jefes como los soldados, tanto los ignorantes como los más cultos de entre ellos, que pudieron consignar en sus escritos la historia de aquellas guerras, contaban formalmente y, sin duda, lo creían, que en los más reñidos combates, cuando los españoles estaban más estrechados por los innumerables ejércitos de indios, bajaban a la tierra los santos del cielo y combatían con armas sobrenaturales hasta poner en espantosa derrota a los enemigos del rey de España. La lucha entre los indígenas que defendían su suelo y su libertad, y los conquistadores que contra toda razón y toda justicia venían a arrebatarles sus bienes y a reducirlos a la esclavitud, pasó a ser, en el concepto de los castellanos, una guerra sagrada en que el demonio

---

316 Bando de 12 de abril de 1546. Este bando, cuya exposición abreviamos, no está publicado en el orden cronológico correspondiente en el tomo I de la Colección de historiadores de Chile, pero se halla al fin del volumen, en la pág. 602.

pretendía en vano oponerse al poder irresistible de los reyes de España, representantes armados de Dios y bendecidos por la autoridad divina de los papas. Los capitanes menos escrupulosos de entre los conquistadores, aquéllos que no retrocedían ante ninguna perfidia, ni ante las más injustificables atrocidades, invocaban con la mayor confianza la protección de Dios, y estaban persuadidos, después del triunfo, de que el cielo había venido en su ayuda.

La creencia de que en virtud de la concesión pontificia estos territorios eran propiedad incuestionable del rey de España, adquirió, como hemos dicho, el carácter de una convicción profunda, de uno de esos hechos revestidos con el prestigio de un verdadero dogma, que nadie podía poner en duda sin incurrir en esas tremendas censuras que comprometen el bienestar en el presente y la salvación de las almas para después de la muerte. Los mismos reyes, beneficiados directamente con aquellas concesiones, estaban persuadidos de la solidez de tales títulos, que invocaban a cada paso en apoyo de su ambición. Ni siquiera daban el nombre de conquista a la ocupación armada de los territorios de los indígenas americanos. No se debe llamar conquista, pensaban ellos, al acto de entrar en posesión de lo que nos pertenece. Mandaron por esto que aquellas guerras terribles y desoladoras que sus capitanes hacían a los indígenas, se denominasen pacificación y población.[317]

Es cierto que los monarcas españoles hubieran querido evitar los horrores de esas guerras, y que así lo recomendaban a los capitanes a quienes se autorizaba para emprender cada nuevo descubrimiento; pero estas mismas recomendaciones eran el fruto de la convicción en que estaban de que los indios no tenían derecho para resistir a las armas de los cristianos, y de que estaban en el deber de someterse a una dominación autorizada por el papa, representante directo de Dios en la Tierra. Esta caridad de los soberanos, dio lugar a un curioso procedimiento que basta por sí solo para caracterizar las ideas y las creencias de una época. Después de oír el consejo de los hombres más doctos en teología y cánones, uno de éstos, Juan López de Palacios Rubios, el más grande de los letrados españoles de su siglo,[318] redactó un célebre requeri-

---
317 *Recopilación de las leyes de Indias*, libro IV, tit. I, ley VI.
318 Alguna vez se han insinuado dudas acerca de si efectivamente es Palacios Rubios el autor del famoso requerimiento de que hablamos. El cronista Fernández de Oviedo, que conoció personalmente al célebre letrado, y que habló con él sobre este documento, lo afirma expresamente en su *Historia general*, libro XXIX, capítulo 7.

miento que debía leerse a los indígenas antes de comenzar a pacificarlos. «La historia del género humano, dice un grave historiador, no ofrece cosa más singular ni más extravagante que la fórmula que imaginaron para llenar este objeto.»[319] Según este escrito, Dios creó el cielo y la tierra hacía 5.000 años, y creó también un hombre y una mujer, que son los padres del género humano, esparcido después de muchas generaciones en todos los ámbitos de la tierra. El mismo Dios sometió a todos los hombres, cualquiera que fuese su religión, a la autoridad de uno llamado San Pedro, con facultad de juzgarlos y gobernarlos, y con el título de papa, que quiere decir admirable, mayor, padre y guardador. A él y a sus sucesores deben obediencia todas las gentes hasta que el mundo se acabe. Uno de esos papas, como señor del mundo, hizo donación de las Indias a los reyes de Castilla y sus sucesores con todo lo que en ellas hay, de manera que esos soberanos son reyes y señores de estas tierras por virtud de la dicha donación, y sus habitantes deben rendirles acatamiento y obediencia, reconociéndolos como tales reyes y señores. En este caso, el rey de España los trataría con amor y cariño; pero si los indios, desconociendo sus deberes, no se sometiesen, los capitanes del rey, ayudados por Dios, entrarían en las tierras de los rebeldes, les harían una guerra implacable y los reducirían a ellos, a sus hijos y sus mujeres a esclavitud como a vasallos que no obedecen ni quieren recibir a su señor legítimo.[320] Los autores de este singular requerimiento parecían creer que los indios americanos que oyesen su lectura, como movidos por una fuerza sobrenatural, se someterían gustosos a la dominación del rey de España o incurrirían con justicia en las penas con que se les conminaba.

    El famoso requerimiento, si no en su forma textual, en su esencia y en su fondo, era constantemente explicado a los indios; pero, como debe suponerse, en ninguna parte produjo el efecto que se esperaba. Los indios no entendían lo que se les decía y, aun, en el caso de comprenderlo, se resistían a someterse voluntariamente a la dominación de los invasores, marcada siempre desde sus primeros pasos por los actos de la más dura violencia y de la más insaciable rapacidad. Conocieron, luego, que sometiéndose o no, siempre se les obligaba a un trabajo penoso a que no estaban acostumbrados, y a entregar sus víveres y sus bienes. Preferían por esto resistir cuanto les era dable y, aunque en la

---

319 Robertson, *History of America*, book III.
320 Este requerimiento, muchas veces publicado, puede verse íntegro en Herrera, dec. I, libro VII, capítulo 14.

resistencia empleaban todos los arbitrios que les inspiraba la desesperación, así como la falsía y la crueldad característica de los bárbaros y de las civilizaciones inferiores, eran al fin sometidos a un régimen de cruel esclavitud disfrazada con un nombre menos duro.

6. El sistema de encomiendas

La base de este sistema era, como ya hemos dicho, la creencia profundamente arraigada de que el rey de España era el dueño y protector de los indios americanos. Como tal, y en virtud de sus derechos de soberano, podía someterlos al pago de un tributo. Estando obligado a remunerar los servicios que le prestaban sus capitanes en la conquista del Nuevo Mundo, podía también «descargar su conciencia», como entonces se decía, esto es, pagar esos servicios, traspasándoles por un tiempo dado cierto número de indios, cuyos tributos debían ser para el concesionario. Este sistema, nacido de las ideas que engendró la organización feudal de la Edad Media, fue creado gradualmente por una serie de ordenanzas que se corregían o se completaban, y convertido en una explotación mucho más práctica y mucho más beneficiosa.

El tributo de los indios fue transformado, al fin, en un impuesto de trabajo personal. Se les obligó a trabajar a beneficio de los concesionarios, en los campos, en las minas, en los lavaderos de oro y en las pesquerías de perlas. Ese trabajo producía mucho más que lo que habría podido producir un simple impuesto. Tener indios era, según el lenguaje corriente y usual de los españoles, «tener qué comer», esto es, tener los medios de enriquecerse. Según la práctica introducida en las colonias, aquellas concesiones duraban ordinariamente dos vidas, es decir, la del concesionario y la de sus herederos inmediatos. Después de éstas, los indios quedaban vacos y volvían a caer bajo el dominio de la Corona. Pero entonces se presentaban ordinariamente nuevos solicitantes, que alegando sus servicios o los de sus mayores, obtenían, a su vez, el repartimiento por otras dos vidas. Podían hacer estas concesiones los gobernadores y los virreyes en nombre del soberano, pero en todo caso, para tener valor efectivo, estaban sometidas a la aprobación de este último.

Debiendo darse a este sistema un nombre que no fuese el de esclavitud de los indios, se le dio el de encomiendas. El rey, se decía, encomienda sus indios a los buenos servidores de la Corona, para ponerlos bajo el amparo y protección de éstos, a fin de que sean tratados con suavidad y justicia. Los encomenderos debían cuidar de convertirlos al cristianismo y atender a la salvación de sus almas. En la práctica, el sistema de encomiendas fue la base del más duro y cruel despotismo. Los pobres indios fueron convertidos en bestias de carga para transportar los bagajes de los conquistadores en sus expediciones militares, se les reducía a los más penosos trabajos en que morían por centenares, se les encadenaba para que no se fugasen y hasta se les marcaba en el rostro con hierros candentes para reconocerlos en cualquier parten.[321]

Cuando estos horrores fueron conocidos en España, los reyes trataron de suavizar ese sistema con numerosas y repetidas leyes siempre ineficaces y desobedecidas y, aun, quisieron suprimirlo por completo. Les fue imposible destruir un estado de cosas que había creado tantos intereses en las colonias, y se limitaron a dictar nuevas ordenanzas para regularizar aquel régimen, sin conseguir otra cosa, como habremos de verlo en el curso de esta historia, que revestirlo con apariencias legales menos ofensivas a todo sentimiento de humanidad.

7. Valdivia reparte entre sus compañeros el territorio conquistado y los indios que lo poblaban

La conducta observada con los indígenas por los conquistadores de Chile no se apartó de esos antecedentes. Los antiguos cronistas refieren prolijamente las arengas con que Almagro y los sacerdotes que lo acompañaban, explicaron a los indígenas el objeto y el alcance de su expedición, y el deber en que estaban éstos de someterse a los representantes del rey de España, señor y dueño absoluto de las Indias. Aunque no intentó establecerse en el país y, aunque por esto mismo no pensó en repartir las tierras y los indios entre los soldados de

---

[321] Parece tan inconcebible con las ideas morales de nuestra época, esto de marcar a los indios en la cara con hierros candentes, que casi nos resistiríamos a creer lo que se lee en las crónicas y en los documentos, si no tuviéramos conocimiento de las doctrinas corrientes entre los españoles de los siglos XVI y XVII. Conservo en mi biblioteca un ejemplar del Tesoro de la lengua castellana, Madrid, 1611, por don Sebastián de Covarrubias Orozco. Este ejemplar perteneció al licenciado Diego de Colmenares (1586-1651), clérigo y erudito famoso, autor de una historia de Segovia, su ciudad natal. En el margen ha puesto de su puño y letra muchas notas importantes y curiosas para completar el texto del diccionario de Covarrubias. En el folio 364, desarrollando el significado de la palabra esclavo, dice: «Cautivo es nombre genérico: comprende esclavo y prisionero. Esclavo es el infiel que puede ser herrado. Prisionero el católico vencido en buena guerra». Ésta era la doctrina de sus contemporáneos.

su ejército, dispuso de los infelices indígenas y de sus escasos bienes como de una propiedad indiscutible. Los despojó de sus víveres y los obligó a servirle de bestias de carga, dándoles un tratamiento tal que no se puede recordar sin indignación.

Resuelto a cimentar definitivamente una gobernación, Valdivia comenzó también por exigir de los indios la sumisión y la obediencia que según las ideas fijas de los conquistadores, debían aquéllos de derecho al rey de España. Cuando hubo trazado la planta de la ciudad, obligó a los indios a trabajar en la construcción de las habitaciones, y los habría obligado también a servir en otras faenas sin la sublevación general de los indígenas que los tuvo sobre las armas y prófugos de sus hogares por más de dos años. Apenas se hubo restablecido la tranquilidad, Valdivia comenzó a repartir la tierra y los indios entre los más caracterizados de sus compañeros. Un bando pregonado en Santiago en 12 de enero de 1544, creaba sesenta encomenderos con los derechos y obligaciones que fijaban las ordenanzas generales sobre la materia. La distribución del territorio se hacía en ocasiones por medidas determinadas, pero lo más general era asignar un valle o una porción de extensión desconocida, limitada por accidentes naturales del terreno. El reparto de los indios era mucho más difícil. No se sabía ni aproximadamente siquiera el número de habitantes de la parte reconocida del país. Pero, siendo necesario «aplacar el ánimo de los conquistadores», según la expresión del mismo Valdivia, hizo éste una distribución imaginaria, señalando a cada uno de ellos un número que no podía completarse con la escasa población de esta región. El mismo engaño se repitió cuando el gobernador envió a poblar la ciudad de La Serena. «Para que las personas que allá envié fuesen de buena gana, dice Valdivia, les deposité indios que nunca nacieron, por no decirles habían de ir sin ellos a trabajos de nuevo.»[322] En efecto, las cifras que dan los antiguos cronistas, que casi constituyen la única fuente de noticias sobre este punto, por no haber llegado hasta nosotros más que unas pocas escrituras de este orden, dejan ver que se asignaba a cada conquistador tal número de indios, que habría sido imposible completar los repartimientos.

Cuando se consolidó la paz en esta parte del territorio, y cuando los indios, cansados de persecuciones, se sometieron a trabajar, se conoció el error de los cálculos que habían servido de base a aquel primer repartimiento. La guerra,

---

322 Carta primera de Valdivia a Carlos V.

por otra parte, había disminuido considerablemente el número de los indios en estado de trabajar. Mientras tanto, cada encomendero reclamaba para sí el número de indios que expresaban sus títulos, y era imposible completarlo. Hubo cacique con su tribu respectiva, que fue reclamado como propiedad exclusiva por cuatro distintos encomenderos. Por el momento se creyó que los progresos subsiguientes de la conquista, y la ocupación de provincias más pobladas, permitirían dejar a todos satisfechos. Los conquistadores sabían que la región del sur era mucho más poblada; y de allí nació, como ya lo hemos dicho, la aspiración de todos ellos de ir a conquistar esa parte del país, sin tomar en cuenta las dificultades de la empresa y el escaso número de españoles que había en Chile para llevarla a término feliz. La campaña de 1546 fue solo una dolorosa decepción. Los españoles reconocieron una región muy poblada en donde hubieran querido establecerse; pero se convencieron de que carecían de fuerzas para dominarla.

Había entonces en el distrito de Santiago, como ya dijimos, unos sesenta encomenderos. Parecería natural que en esa situación se hubieran resignado a explotar el trabajo de los pocos indios que a cada cual le habían tocado en repartimiento, al menos hasta que les hubiera sido dable tener un número mayor. Pero no sucedió así. En los primeros días de julio de 1546, Bartolomé Flores,[323] procurador del cabildo de Santiago, con la aprobación expresa de este cuerpo, presentó a Valdivia un memorial o requerimiento, en que pedía la reforma radical y completa de aquel estado de cosas. «Los repartimientos que ahora hay, decía con este motivo, son de tan pocos indios que los más de ellos son de a ciento, y a cincuenta, y algunos de a treinta; y siendo tan pocos, no pueden los vecinos sustentar armas y caballos y sus casas honradamente como es uso y costumbre en todas estas partes de Indias.» El procurador terminaba pidiendo al gobernador que ensanchase los límites de Santiago, y aumentase los repartimientos para «satisfacer y dar de comer a los que en estos reinos han servido a Dios y a su majestad, pues que, consta que en todas las partes donde se han repartido indios, se dan los términos muy mas largos que en esta ciudad». Los oficiales reales, es decir, los administradores de la hacienda del rey, reforzaron este requerimiento con otra petición en idéntico sentido. En ambos

---

323 Este procurador del Cabildo era alemán, originario de Nüremberg. Su nombre castellano es probablemente la traducción de un apellido alemán.

memoriales se invocaba, aparte de los nombres y del servicio de Dios y del rey, la conveniencia de mejorar la condición de los indios que artificiosamente se presentaban como muy perjudicados con aquel estado de cosas. En ninguno de ellos se pedía, sin embargo, claramente la reforma de los repartimientos en la forma que la decretó el gobernador.

La resolución de este negocio no tardó mucho, porque de antemano Valdivia tenía determinado lo que debía hacer. El 25 de julio de 1546 se pregonaba con gran aparato un nuevo bando sobre la materia. Los repartimientos del distrito de Santiago se reducían a treinta y dos en vez de los sesenta de la primera distribución.[324] Se declaraban nulas las primeras concesiones, y se establecía que solo tendrían valor las que se hacían desde entonces. En la nueva distribución, Valdivia, obedeciendo a sus afecciones personales, prefería a aquéllos de sus compañeros que le eran más adictos; pero es preciso reconocer también que entre los agraciados se hallaban casi todos los hombres de algún mérito que figuraban a su lado, muchos de los cuales se ilustraron más tarde con grandes servicios prestados a la causa de la conquista.

Por el contrario, los hombres a quienes la reforma de los repartimientos despojó de sus indios, eran casi en su totalidad soldados oscuros que no han

---

324 Los nombres de los favorecidos con la nueva repartición, según el orden que les dio el mismo Valdivia, son los siguientes: capitán Alonso de Monroy, doña Inés Suárez, el maestre de campo Francisco de Villagrán, capitán Juan B. Pastene, bachiller Rodrigo González Marmolejo, clérigo, Juan Lobo, clérigo, capitán Francisco de Aguirre, Pedro Gómez de Don Benito, Rodrigo de Araya, Juan Fernández Alderete, Jerónimo de Alderete, Pedro de Villagrán, Juan Jufré, Gaspar de Villarroel, Juan Gómez, alguacil mayor, Alonso de Córdoba, Rodrigo de Quiroga, Gonzalo de los Ríos, Pedro de Miranda, Diego García de Cáceres, Juan de Cuevas, Gabriel de la Cruz, Bartolomé Flores, Salvador de Montoya, Gaspar de Vergara, Juan Godínez, Francisco Riberos, Marcos Veas, Francisco Martínez Vegaso, Diego García de Villalón, Alonso de Escobar y Juan Gallego. Valdivia, por su parte, guardó también el repartimiento que él mismo se había dado con unos 1.500 indios.
Entre los desposeídos de sus repartimientos estaban: Catalina Diez, don Francisco Ponce, Antonio Zapata, Francisco Martínez, Juan Negrece, Francisco de Rabdona, Antonio Tarabajano, Juan Galaz, Santiago Dazau, Juan Cabrera, Juan Pinel, escribano, Francisco Vadillo, Pedro Gamboa, Francisco Carretero, Alonso Moreno, Pedro de Herrera, Diego de Velasco, Luis Ternero y Alonso Galiano. Los documentos relativos a este asunto estaban consignados en el libro llamado de repartimientos que conservaba el secretario de Valdivia y escribano de gobierno Juan de Cardeña. Ese libro, desgraciadamente, parece perdido o, por lo menos, no se halla en el archivo del cabildo de Santiago. El gobernador, sin embargo, había enviado copia de sus primeras piezas al rey de España o al Consejo de Indias, y esas copias nos han servido para tratar este punto con datos enteramente desconocidos de todos los historiadores.

dejado huella apreciable en la historia. Valdivia, sin embargo, creyó tranquilizarlos con la promesa de remunerar más tarde sus servicios. «A las cuales dichas personas, decía aquel bando, su señoría del señor gobernador les señalará adelante caciques e indios de repartimiento para que sean vecinos en la primera ciudad que hubiere de poblar de lo que ya su señoría tiene descubierto y visto.» Pero esta promesa no podía satisfacer a los perjudicados. Muchos de ellos concibieron un odio profundo por Valdivia, que les fue forzoso disimular por entonces. Mas, cuando creyeron que podían vengarse, forjaron contra él las violentas acusaciones que dos años más tarde pusieron en peligro el prestigio e hicieron bambolear el poder del conquistador de Chile. Este odio por Valdivia se explica fácilmente desde que todas las esperanzas de fortuna y de riqueza de aquellos hombres estaban basadas en la posesión de algunos centenares de indios a quienes hacer trabajar en provecho propio. Para el mayor número de esos soldados, aquella reforma fue el principio de una existencia oscura, pobre, miserable, que arrojó a algunos de ellos en una vida de aventuras y de desastres.[325]

En efecto, como ya lo hemos dicho, tener indios que hacer trabajar en los campos o en las minas era, según las ideas y según el lenguaje de los conquistadores, «tener qué comer». Valdivia mismo, en los documentos salidos de su mano, emplea indiferentemente cualesquiera de esas dos expresiones. Más aún, la esclavitud de los indios en el concepto de los conquistadores era no solo un medio justo y razonable de satisfacer las necesidades de la vida, sino que servía, como dijimos, para «descargar la conciencia del rey» de la obligación en

---

325 Acusado Valdivia ante el presidente La Gasca en 1548, como lo veremos más adelante, explicó su conducta respecto de esta medida en los términos siguientes: «El Cabildo y los oficiales de Su Majestad y todos los demás me pidieron y requirieron por muchas veces que hiciese reformación y remediase los daños que dicho tengo, y a la cobra lo hice dando los indios en Dios y en mi conciencia a quien me parecía y era justo dárselos, luego el mismo día que el repartimiento se publicó, hice dar un pregón en la plaza en que referí lo dicho, e que a todos los que se les habían quitado algunos indios les daría cuatro doblados en lo de adelante 10 o 20 leguas; pues era tierra por ellos vista, que luego se había de ir a conquistar e poblar, e así los di a muchos».

Acerca del número de indios de los nuevos repartimientos, no tengo más dato que lo que aparece en la defensa de Valdivia contestando el cargo 48 de la acusación. Dice así: «A lo que yo alcanzo, en lo poblado hasta ahora no tendré de 1.500 indios arriba, y Jerónimo de Alderete tendrá hasta 400 e Inés Suárez podrá tener hasta 500; y los que he tenido y tengo, bien se comprenderá que los he menester para me sustentar».

que estaba de pagar los servicios de los esforzados guerreros que dilataban sus dominios.**326** Estas reparticiones de indios eran provisorias. No solo no debían tener validez definitiva sino cuando fuesen confirmadas por el rey, sino que estaban a merced del gobernador que las revocaba cuando quería. Parece que Valdivia quería tener a sus capitanes bajo su voluntad. Pero, aun, en aquel carácter provisorio, los indios fueron obligados a trabajar en las faenas en que los colocaban sus amos. Valdivia refería al rey en sus cartas que en el trato bondadoso dado a los indios y en el celo por su conversión, Chile aventajaba «a todas cuantas tierras han sido descubiertas y pobladas en las Indias». A pesar de esta aseveración, que demostraría solo que en otras partes los indios eran peor tratados todavía, un antiguo cronista de Chile, el capitán Mariño de Lobera, recordando poco después la dureza empleada con los indígenas, extraña que en castigo de esos horrores «no llueva fuego del cielo sobre nosotros».

8. Preferencia que los españoles dan al trabajo de los lavaderos de oro

La repartición de las tierras ofreció a Valdivia muchas menos dificultades. El territorio ocupado por los españoles habría bastado para satisfacer las aspiraciones de un número inmensamente mayor de pretendientes, y dejaba ver desde los primeros ensayos de cultivo una rara fertilidad. Pero la posesión de esta tierra servía de poco a los que no tenían indios con que explotarla. Sin embargo, Valdivia hizo las primeras concesiones para fincas de cultivo y, aunque no han llegado hasta nosotros todos los títulos acordados por el conquistador, los registros del Cabildo han conservado algunos que dejan ver

---

326 En las cartas de Valdivia al rey y en los otros documentos contemporáneos se encuentran a cada paso esas expresiones usadas en el sentido de dar indios en repartimiento. En la defensa de Valdivia que acabamos de citar, dice éste que en razón de los servicios prestados por Inés Suárez en la defensa de la ciudad cuando el asalto de los indígenas, fue necesario que «se le diesen algunos indios para su sustentación, porque sin ellos no podría vivir, y así por respeto de lo dicho y a contemplación de todos, de los indios que yo tenía en mi depósito, le di un cacique (con los indios de su tribu) que la alimentasen». En la carta tantas veces citada de Valdivia a Hernando Pizarro, dice también el conquistador de Chile que se propone adelantar la empresa «para dar de comer a estos soldados y descargar la conciencia de Su Majestad». El repartir los indios entre los conquistadores y el hacerlos marcar con hierros candentes para que sus amos pudieran reconocerlos en toda ocasión, como se hizo más adelante, siguió llamándose por largo tiempo «descargar la conciencia de Su Majestad».

la manera cómo se hacían estas distribuciones.**327** Todos ellos contienen esta cláusula final impuesta como obligación al agraciado: «Con aditamento que no las pueda vender ahora ni de aquí adelante, él ni sus herederos, a clérigo, ni a fraile, ni a iglesia, ni a monasterio, ni a otra persona eclesiástica; y si las vendiere o enajenare a tales personas, que las haya perdido y pierda, y queden aplicadas para los bienes propios de esta dicha ciudad».**328** Esta disposición era inspirada por diversas resoluciones de las antiguas cortes españolas que prohibían a las iglesias y a los eclesiásticos el adquirir más bienes raíces, para que la mayor parte de la tierra no pasase a ser propiedad de mano muerta con detrimento de la industria y de las rentas del Estado. En Chile, sin embargo, como en el resto de la América colonizada por los españoles, esa condición de los títulos de donación fue solo una mera fórmula que nadie respetó. Algunos años más tarde, los conventos, los monasterios y hasta los eclesiásticos personalmente, poseían magníficas propiedades territoriales, obtenidas por donaciones y por legados, y amenazaban adueñarse de las más ricas porciones de suelo del país.

---

327 Hemos dicho que ordinariamente se fijaban los límites de estas concesiones por los accidentes naturales del terreno, cerros, ríos, etc. En otras ocasiones se expresaba la medida precisa del frente y del fondo que debía tener el terreno concedido, cuya figura era casi siempre un rectángulo. Conviene advertir que la vara de que se habla en estos documentos, no es la usada hasta hace poco, sino una medida de veinticinco pies, es decir, más de ocho veces más larga que la vara moderna.

328 Se creería por esto que los eclesiásticos que vinieron a Chile, a lo menos en el primer tiempo, impedidos de comprar propiedades y repartimientos por la cláusula que acabamos de citar, vivieron siempre pobres, o de la escasa renta que podía producirles el culto. Sin embargo, no fue eso lo que sucedió, como vamos a contarlo. Con Valdivia entraron en 1541 tres clérigos, Diego Pérez, Juan Lobo y Rodrigo González Marmolejo. El primero se volvió poco tiempo después al Perú con una regular fortuna, habiendo vendido a Valdivia al contado los bienes que tenía en Chile. Véase Proceso de Valdivia, cargo 36 y números correspondientes en la defensa y en las declaraciones. Juan Lobo, que era a la vez un esforzado guerrero en los combates, tuvo encomienda de indios y beneficiaba lavaderos de oro, y fue uno de los que prestaron dinero a Valdivia en sus apuros para enviar a pedir nuevos socorros al Perú. Rodrigo González Marmolejo, primer cura, y más tarde primer obispo de Santiago, tuvo también encomienda de indios, y tenía crianza de caballos que le daba buen provecho, y fue, además, uno de los prestamistas de Valdivia en varias ocasiones. El padre dominicano, fray Francisco de Victoria, que más tarde fue obispo de Santiago del Estero, después obispado de Tucumán, escribía al rey desde Lima en enero de 1553, acusando a González Marmolejo de haber «sido siempre encomendero». El clérigo portugués Francisco Gonzalo Yáñez, que vino a Chile en 1543 con Monroy y que también fue cura de Santiago, trajo una buena fortuna adquirida en las minas de Porco, y pudo prestar a Valdivia cantidades considerables de dinero.

Valdivia habría querido dar desarrollo a los trabajos agrícolas. A este pensamiento obedecía, como dijimos, la repartición de buenas tierras de cultivo en lotes poco extensos, pero a propósito para sembrados. La mayoría de los colonos, sin embargo, no mostraba gran afición a esta industria. Los españoles habitantes de Santiago, así como una gran parte de los aventureros que habían militado en la conquista de las otras provincias de América, no pensaban en establecerse definitivamente en el Nuevo Mundo. Chile, sobre todo, país situado en el último rincón del continente, más apartado que ningún otro de la metrópoli, no ofrecía a aquellos soldados las ventajas convenientes para determinarlos a domiciliarse en su suelo. Así, pues, contra los propósitos colonizadores de Valdivia, el mayor número de sus compañeros no pensaba más que en enriquecerse lo más pronto posible para volverse a España, a gozar de la fortuna adquirida con tantas fatigas y con tantos peligros. Según ellos, el incremento de la agricultura servía para satisfacer las necesidades del momento; pero solo las minas y los lavaderos de oro podían enriquecerlos.

Estas ideas adquirieron mayor consistencia después que se vio el resultado de los primeros trabajos planteados por Valdivia para la explotación de los metales preciosos. Hemos contado que, habiendo destinado a las faenas de los lavaderos a los indios auxiliares que trajo del Perú, el jefe conquistador obtuvo en los últimos meses de 1544 y en los primeros de 1545 una cantidad no despreciable de oro que le sirvió para enviar a sus emisarios en busca de nuevos socorros. En la primavera siguiente todos los vecinos de Santiago que tenían indios en repartimiento, emprendían por su cuenta la explotación de los lavaderos.

Los primeros trabajos habían dado lugar a un semillero de cuestiones sobre prioridad de descubrimiento de los terrenos auríferos y sobre muchos puntos relacionados con esta explotación. En vista de estas dificultades que comenzaban a surgir, y a falta de ordenanzas escritas, por haberse quemado en el incendio de la ciudad las que los conquistadores habían traído del Perú, Valdivia mismo dictó un código de treinta y seis artículos que fue aprobado y promulgado por el cabildo de Santiago con fecha de 19 de enero de 1546. Elaborada por hombres poco versados en la jurisprudencia, esa ley solo resolvía un pequeño número de cuestiones, dejaba una gran amplitud a la acción de los jueces, y hasta por la redacción poco clara y precisa, daba lugar a dificultades. El Cabildo remedió en parte estos inconvenientes por acuerdos posteriores.

Hacíase el trabajo de los lavaderos durante ocho meses del año, que era lo que se llamaba una demora. Parece que en el principio no hubo regla fija sobre la duración de la demora o temporada de trabajo, y que ésta se prolongaba todo el tiempo que había agua abundante en los arroyos en cuyas arenas se buscaba el oro. Resultó de aquí que se descuidó el beneficio de los campos, y que las familias de los indígenas comenzaron a experimentar escasez de víveres. El Cabildo dispuso que la demora se abriese el 15 de enero de cada año,[329] dando tiempo así para que los indios pudiesen ocupar los cuatro meses anteriores en el cultivo de sus maizales. Esta providencia humanitaria, al parecer, servía principalmente a los amos que estaban obligados a mantener a los trabajadores, y cuya obligación desaparecía en parte desde que éstos podían hacer sus propias cosechas. Los indios no percibían ningún salario por este trabajo que los obligaba a pasar días enteros con el agua hasta las rodillas, y bajo el apremio de los severos castigos a que los sometían sus amos. Estas penosas tareas agobiaban tanto más a esos pobres indios cuanto que por su vida anterior no estaban habituados a soportar tales fatigas. Según los antiguos cronistas, los trabajos de los lavaderos diezmaban a los indígenas, y comenzaron a reducir rápidamente la población de esta parte del país. Los hombres que imponían y patrocinaban aquel duro régimen de cruel esclavitud disfrazada con el nombre de repartimientos eran, sin embargo, exaltados creyentes que habían hermanado la explotación inhumana de la raza indígena con las ideas religiosas que traían de España. Es curioso por esto observar que en una de las reformas o ampliaciones que en 1548 se hicieron a las ordenanzas dictadas por Valdivia, el Cabildo cuidó de poner el artículo siguiente: «Ningún minero ni otra persona alguna mande trabajar, ni trabajen los indios y yanaconas que sacan oro, los domingos y fiestas que se guardan, en cosa alguna que sea de trabajo, so pena de 20 pesos de oro».[330]

---

329 Acuerdo del Cabildo del 10 de diciembre de 1548. En acuerdo de 19 de noviembre de 1555, el Cabildo condenó a Gonzalo de los Ríos a pagar una multa de 100 pesos de oro por haber hecho trabajar a sus indios después de terminada la demora. En sesión de 11 de enero de 1557 el procurador de ciudad, Alonso de Córdoba, pedía al Cabildo que no permitiese echar los indios al trabajo de los lavaderos una semana antes que se abriese la demora, que entonces era el 1 de febrero.
330 Ordenanza de 10 de diciembre de 1548.

La explotación de los lavaderos de oro en algunas quebradas, en las arenas de ciertos arroyos o ríos y, en general, en los mismos lugares donde habían trabajado los indios para pagar a los incas el tributo que les había impuesto la antigua dominación peruana, produjo buenos resultados a algunos conquistadores que alcanzaron a enriquecerse; pero faltan datos precisos para apreciar exactamente la producción del oro. Puede, con todo, asegurarse que los beneficios de esa industria resultaban principalmente del reducido costo de producción, esto es, de la circunstancia de no tener que pagar a los trabajadores que pasaban ocho meses consecutivos del año, y los meses más rigurosos, en las faenas de los lavaderos.

Hubo algunos de esos industriales que fueron mucho menos afortunados, al mismo tiempo que otros individuos que no tenían repartimientos de indios, pero que explotaban los lavaderos con las «piezas de su servicio», es decir, con los indígenas que les servían como criados domésticos, obtenían cierto beneficio en sus faenas. Creíase, además, que los productos de esa industria eran en realidad mucho mayores; pero que los indios trabajadores ocultaban una parte del oro que recogían. El Cabildo tomó más tarde sobre estos puntos diversas medidas que favorecieron a los concesionarios. Prohibió que los vecinos que no tenían indios en encomienda, pudiesen trabajar en los lavaderos con sus yanaconas o indios de servicio, bajo pena de multa y de pérdida del oro que hubieren extraído.[331] Las ordenanzas dictadas para impedir las transacciones comerciales con oro en polvo, de que hablaremos más adelante, aunque en ellas se decía que iban dirigidas a evitar los engaños de que se hacía víctima a los indígenas, tenían en realidad un doble objeto: el hacer pagar a todos el tributo que pesaba sobre los metales preciosos y el de probar a los indios que el oro que se apropiaran en los lavaderos no les serviría de nada porque no tenía circulación.

9. Implantación del sistema de encomiendas de una manera estable

Las encomiendas implantadas por Valdivia tenían un título muy poco consistente. No solo necesitaban la confirmación real sino que el gobernador se había arrogado el derecho de revocar y de anular sus propias concesiones. Esto era un motivo de desconfianza y de alarma para los encomenderos. Así, cuando en

---

331 Cabildo de 29 de junio de 1550.

1548 el cabildo de Santiago envió un procurador cerca de un poderoso emisario del rey que por esos años se hallaba en el Perú, le encargó que solicitase de ese alto funcionario que hiciese «merced a los vecinos de esta ciudad de los indios que tienen o tuvieren depositados en nombre del rey, por su vida y de un hijo, así como Su Majestad lo ha hecho con los vecinos del Perú».**332**

El procurador del cabildo de Santiago cumplió su encargo con excesivo celo. En su representación solicitó más de lo que se le ordenaba, esto es, la perpetuidad de las encomiendas; pero apoyaba su petición en razones que merecen ser tomadas en cuenta. El trabajo personal de los indígenas, obligándolos a faenas durísimas a que no estaban acostumbrados, seguía despoblando América. El sistema de encomiendas era la continuación y la consagración de aquel deplorable estado de cosas. Sin embargo, en esa representación se pide que se sancione y legitime la esclavitud perpetua de los indios en favor de la conservación de los mismos indios. «Se ve por experiencia, dice ese documento, que los indios, aunque sea en estas partes (el Perú) donde son muchos, cada día vienen a menos y se disminuyen, lo cual es causa de no ser perpetuamente encomendados en las personas en quien se encomiendan; y pues esto acá es ansí cuanto con más razón lo será en aquel Nuevo Extremo (Chile) donde los dichos indios son tan pocos que a no tenerse gran vigilancia en su conservación se menoscabarán del todo en muy breve tiempo. Por tanto, conviene mucho al servicio de Dios y de Su Majestad y sustentación de los dichos indios y conquistadores de aquellas partes, vuestra señoría les haga merced en nombre de Su Majestad de la perpetuidad de ellos, y así lo suplico a vuestra señoría.»**333**

Esta argumentación singular, sugerida por la codicia de los conquistadores, no podía engañar al presbítero La Gasca, presidente del Perú, y hombre de una rara sagacidad. Sin embargo, sometido a las ideas generales de su tiempo sobre la libertad de los indios, y a la necesidad de satisfacer las aspiraciones de los españoles, sancionó la implantación en Chile del sistema de encomiendas. Mandó a Valdivia que en la provisión de ellas cuidara de premiar con preferencia a los descubridores y conquistadores, «mirando que los repartimientos que da sean tales que de los tributos de ellos los españoles a quien los encomendase se puedan mantener y aprovechar sin detrimento de la conservación

---

332 *Instrucciones* dadas por el Cabildo a Pedro de Villagrán, en 22 de septiembre de 1548.
333 Representación de Villagrán al presidente La Gasca, de 15 de noviembre de 1548. *Proceso de Valdivia*, pág. 124.

de los naturales y sin vejación ni molestia. Y que así hechos y encomendados los dichos repartimientos, no quite a ninguno el repartimiento que le hubiere encomendado sin ser vencido (el término y porque se dio) y sentenciado sobre ello, según y como Su Majestad por sus cédulas y ordenanzas lo manda.[334] La Gasca resolvió, además, que los oficiales reales de Chile, es decir, los tesoreros del rey, pudiesen tener repartimientos de indios como los demás conquistadores.[335]

Aquella resolución, al paso que despojaba a Valdivia de la facultad que se había arrogado de revocar las concesiones de encomiendas, teniendo a los agraciados pendientes de su beneplácito para la conservación de los indios que se les había dado, cimentaba en Chile de una manera estable aquel régimen. Más adelante tendremos que explicar las modificaciones por las que pasó durante el gobierno colonial.

Preciso es advertir que si Valdivia, con el pensamiento de tener gratos a sus más leales servidores, cometió injusticias en la distribución de los repartimientos, y si para robustecer su poder, no quiso darles desde el principio una existencia estable, no desconocía los méritos de sus buenos servidores ni fue despiadado con sus subalternos. Lejos de eso, él supo rodearse de los hombres más útiles de la colonia, de tal suerte que puede decirse que sus enemigos fueron en lo general hombres de poco valor y de escaso prestigio, y fue, además, afectuoso y servicial con los más infelices soldados. Poco amigo de oír consejos, dispuesto a proceder siempre por su sola inspiración, inflexible para castigar con implacable severidad cualquier conato de sublevación, exigente para obligar a sus compañeros a que contribuyesen con lo suyo a la obra de la conquista, violento y arrebatado hasta poner manos sobre cualquiera persona que objetaba sus mandatos o que no le guardaba el debido acatamiento,[336] el gobernador era al mismo tiempo afanoso para socorrer y para servir a los

---

334 Sentencia de La Gasca en el *Proceso de Valdivia*, pág. 128.
335 Provisión de La Gasca de 17 de diciembre de 1548, presentada al cabildo de Santiago en 29 de mayo de 1549. Conviene advertir que en Chile los tres oficiales reales, nombrados por Valdivia, esto es, Juan Jufré, Juan Fernández Alderete y Jerónimo de Alderete, tenían repartimientos desde antes que La Gasca hiciera esa declaración, y que esos repartimientos fueron confirmados por la reforma de 1546.
336 Véanse sobre este punto diversos pasajes del proceso de 1548, y particularmente el art. 46 de la propia defensa de Valdivia en que éste confiesa haber dado de bofetadas a Diego Vadillo y a otro de sus subalternos.

que necesitaban su auxilio. «Se hallará por verdad, decía él mismo, no haber enfermado hombre en toda aquella tierra (Chile) que yo no haya visitado y procurado su remedio y dado de mi casa de lo que tenía y para ello convenía.»[337] A este sentimiento obedecía la fundación de un vasto hospital que subsiste en el mismo sitio hasta nuestros días, donde eran asistidos los soldados pobres y los indios de servicio. Los cronistas, que quizá conocieron documentos que no han llegado hasta nosotros o que nos son desconocidos, cuentan, además, que Valdivia dotó a ese hospital de un buen repartimiento de tierras y de indios para proveer a su sostenimiento.[338]

---

337 *Defensa de Valdivia*, pág. 61.
338 Pérez García que refiere este hecho, cita en su apoyo el capítulo 1, libro 6 de la parte II de la *Historia civil* de Olivares, que parece perdida.

Capítulo VII. Valdivia; su viaje al Perú; gobierno interino de Francisco de Villagrán (1546-1548)

1. Aventuras de los emisarios de Valdivia en el Perú: la traición de Antonio de Ulloa. 2. Vuelta de Pastene a Chile: Valdivia se embarca en Valparaíso apoderándose de los caudales de los colonos que querían salir del país. 3. Villagrán es reconocido gobernador interino de Chile; conspiración frustrada de Pedro Sancho de Hoz. 4. Viaje de Valdivia al Perú. 5. Servicios prestados por él a la causa del rey en ese país.

1. Aventuras de los emisarios de Valdivia en el Perú: la traición de Antonio de Ulloa

A pesar de todos los esfuerzos que se hacían por su adelanto, la naciente colonia no podía prosperar mientras no llegasen del exterior nuevos pobladores. Valdivia esperaba confiadamente que Monroy y Pastene le traerían del Perú un considerable refuerzo de tropas con que asentar y dilatar su conquista. Queriendo estar bien provisto de víveres para cuando llegasen esos auxiliares, el gobernador hizo en el invierno de 1546 siembras más considerables que las que había hecho en los años anteriores.

Al partir de La Serena en septiembre anterior, el capitán Monroy había llevado consigo algunos indios chilenos conocedores de los caminos del norte. Esos indios debían servirle de correo para tener a Valdivia al corriente de las diligencias que se practicasen en el Perú. A pesar de esta precaución, pasaban los meses y no se recibía en Chile noticia alguna de Monroy. Los conquistadores se deshacían en conjeturas sin poderse explicar la tardanza de sus emisarios y la falta absoluta de comunicaciones. Valdivia mismo, no queriendo poner en duda la probada lealtad de aquellos dos capitanes, llegó a temer que les hubiera ocurrido una gran desgracia, y se resolvió a enviar un nuevo emisario.

Su elección recayó en el capitán Juan Dávalos Jufré, hombre valiente y leal, regidor del cabildo de Santiago, y alcalde de esta ciudad el primer año de su fundación. En 1543 Valdivia le entregó un duplicado de la correspondencia que en septiembre anterior había enviado con Antonio de Ulloa, y todo el oro que pudo reunir recurriendo al efecto a los préstamos voluntarios y a las requisiciones entre los conquistadores.[339] Dávalos Jufré y ocho compañeros se embarcaron en una lancha que Valdivia había hecho construir para pescar en Valparaíso, y se lanzaron resueltamente al océano en agosto de 1546. Esa débil embarcación, la única que entonces había en estos mares, llevaba todas las esperanzas de Valdivia y de sus soldados.

Sin embargo, pasaron muchos meses todavía y no se recibía aviso alguno de éste ni de los otros emisarios. Las comunicaciones con el Perú se habían suspendido por completo desde dos años atrás, de tal suerte que todo hacía presumir que en aquel país habían ocurrido acontecimientos de la mayor gravedad. Pero lo que realmente pasaba y las aventuras y trabajos de los emisarios de Valdivia, no podían entrar, como vamos a verlo, en las conjeturas de los conquistadores de Chile.[340]

Partidos de La Serena el 4 de septiembre de 1545, los primeros emisarios de Valdivia, después de una de las navegaciones más rápidas y felices que podían hacerse en esa época, llegaron al Callao el 28 del mismo mes. El Perú ofrecía entonces el espectáculo de un país profundamente agitado por una revolución que comenzaba a tomar proporciones colosales.

No es éste el lugar de referir en sus pormenores la causa y el origen de aquella conmoción. El monarca español había elevado el Perú al rango de virreinato, dotándolo, al mismo tiempo, de una audiencia o tribunal superior

---

339 En su carta al rey, de octubre de 1550, Valdivia dice que reunió por estos medios casi 70.000 pesos de oro, con que partió para el Perú Juan Dávalos Jufré. Como el conquistador tenía interés en exagerar los gastos y sacrificios que le ocasionaron la conquista y sobre todo los disturbios subsiguientes del Perú, creemos que esta cifra es tan inexacta como la que en esa misma carta da a la remesa que el año anterior había enviado con Pastene y Monroy.

340 Para la relación de estas aventuras y de la deslealtad de Ulloa, los modernos historiadores de Chile han tenido por guía única la carta de Valdivia al rey que hemos citado en la nota anterior. Empeñado en presentar a Ulloa bajo los más negros colores, Valdivia refiere accidentes que desde luego me despertaron desconfianza. El estudio de algunos documentos inéditos que descubrí en el Archivo de Indias, me permitió explicarme bien estos sucesos, y presentarlos bajo su verdadera luz. Conviene advertir que un apunte de tres páginas de extractos de documentos concernientes a Chile que hallé en la colección de documentos manuscritos de don Juan Bautista Muñoz, me facilitó el camino para esta investigación.

El deseo de esclarecer por completo estos hechos, me lleva a entrar en pormenores que tal vez parecerán fatigosos e innecesarios. Por otra parte, esta prolija relación de incidentes da mucha luz para apreciar el carácter de los hombres de la Conquista, la versatilidad de sus ideas y la prontitud con que pasaban de un bando a otro en medio de una encarnizada guerra civil.

de justicia; y había dado el cargo de virrey no a Vaca de Castro, pacificador poco antes del país, sino a un caballero inexperto en negocios gubernativos, llamado Blasco Núñez Vela. El nuevo virrey traía el encargo de plantear en la colonia unas ordenanzas sobre el régimen de los repartimientos, destinadas a mejorar la condición de los indígenas y a poner atajo a los abusos de los conquistadores, pero que por esto mismo despertaron una resistencia formidable en todo el Perú. Gonzalo Pizarro, aclamado por caudillo de los descontentos, se había puesto a la cabeza de la insurrección y había sido reconocido en Lima por gobernador del país. Mientras tanto, el virrey, después de infortunios y de aventuras que no tenemos para qué contar aquí, se hallaba en el norte, en Popayán, preparando tropas para reconquistar el poder.

En el momento en que desembarcaron en el Perú los emisarios de Valdivia, Gonzalo Pizarro había partido para Quito en persecución del virrey, dejando en Lima como teniente suyo al capitán Lorenzo de Aldana.**341** Era éste primo hermano de Antonio de Ulloa, el agente que llevaba la correspondencia y el dinero de Valdivia. Recibido favorablemente allí, Ulloa sintió pocos deseos de continuar su viaje a España. Hombre inquieto y turbulento, espíritu inconstante y veleidoso, debió creer tal vez que las revueltas del Perú le ofrecían un campo en que conquistarse una posición y quizá una fortuna.**342**

Llegó en esas circunstancias a Lima el capitán Francisco de Carvajal. Este soldado de ochenta años era, por la rara penetración de su inteligencia y por la

---

341 Lorenzo de Aldana, capitán extremeño, natural de Cáceres, había venido a Chile con Almagro, y contó por algún tiempo con la confianza ilimitada de este caudillo. Más tarde, Aldana lo abandonó, fugándose del Cuzco con Gonzalo Pizarro y con Alonso de Alvarado, que Almagro había dejado presos. Comprometido después en la rebelión de Gonzalo Pizarro, recibió de éste el encargo de desempeñar una misión cerca de La Gasca; y Aldana aprovechó esta circunstancia para abandonar a su jefe y pasarse a servir en el ejército real. Estas veleidades y estas traiciones no fueron raras en las guerras civiles de los conquistadores. Aldana, sin embargo, que era hombre de cierta cultura, ha encontrado alguna justificación en la historia, diciéndose de él que quería huir de los excesos, y que abandonó a Pizarro cuando vio los atentados que se cometían en su nombre.

342 Valdivia, en su correspondencia a Carlos V, refiere que Ulloa descubrió su propósito de traicionarlo desde que llegó al Perú; que al efecto abrió las cartas que llevaba del gobernador de Chile, que hizo mofa de ellas, y que gastó el dinero que se le había entregado. Creo más probable, en vista de los otros documentos, que Ulloa, hombre ligero y versátil, no obedecía a ningún plan determinado, y que solo más tarde concibió el pensamiento de traicionar a Valdivia, cuando ya había gastado el dinero de éste, y cuando comprendió que no podría justificar su conducta.

terrible energía de su carácter, el alma del movimiento revolucionario del Perú. Impuesto del arribo de los emisarios de Valdivia, Carvajal decidió en el acto lo que sobre estos individuos convenía a los intereses de su causa. Aunque gran amigo de Valdivia desde Italia, donde habían militado juntos, Carvajal creyó que el gobernador de Chile debía estar sometido a Gonzalo Pizarro, y que por tanto no era prudente dejarlo comunicarse con el rey, ni permitirle sacar por su propia cuenta tropas del Perú. En esta resolución, mandó que Pastene se quedara en Lima, y que Ulloa y Monroy marchasen a Quito a verse con Pizarro, el primero para obtener el permiso de seguir su viaje a España y el segundo para alcanzar licencia de enganchar gente. El leal Monroy no alcanzó a emprender este viaje. Atacado por una fiebre maligna, sucumbió en Lima al tercer día de enfermedad.[343]

---

343 Nuestra relación modifica sustancialmente la que hace Valdivia, la cual ha sido adoptada por otros historiadores. Para comprobar nuestra versión, copiamos enseguida una carta de Francisco de Carvajal a Gonzalo Pizarro, que al paso que explica perfectamente estos hechos, da a conocer el carácter de aquel viejo soldado que conservaba las genialidades de su espíritu burlón en medio de los más serios afanes del gobierno. Hela aquí:
«Muy ilustre señor: Yo me partiré de aquí mañana si Dios quisiere; y llevo conmigo cerca de 200 hombres con todos, y entre ellos los diez que V. S. me dio en Quito, y los que he allegado en el camino y los que salen desta ciudad.
»Alonso de Monroy, capitán del capitán Valdivia, vino aquí de Chile en la nave del capitán Baptista, criado del comendador Hernando Pizarro, en que fue Calderón de la Barca. Venía por socorro de gente, con buenas nuevas de aquella tierra, y algunos dineros aunque bien pocos. Y habiéndole yo encaminado para V. S. y estando de partida, le dio una enfermedad que en tres días se murió. Dicen los médicos que fue ramo de pestilencia: yo digo que ellos lo mataron no sabiéndole curar, ni entendiendo su enfermedad.
»Ahora queda aquí el capitán Baptista, que es el que digo, señor de la nave en que vinieron, y un hidalgo de Cáceres que se llama Ulloa, que vino con ellos de Chile con poderes de Valdivia para negociar en Castilla sus cosas. Y porque me ha parecido que él no vaya a Castilla ni a Borgoña, sin dar razón a V. S. se le envió para que de él se informe y vea todo lo que trae. Y después de bien informado, no le deje ir a ninguna parte sino téngale consigo. Porque no es menester que de parte de Valdivia se negocie nada con el rey, sino con V. S., y que no haya otro que le pueda ayudar ni valer solo, por que siempre Valdivia tenga fin de servir por los beneficios y socorros que de las gobernaciones de V. S. cada día recibirá. Esto que he dicho lo digo para grandes efectos y fines que no son para escribir, y bien sé lo que digo. Pero si V. S. fuere servido de otra cosa y mandare que se socorra, conviene a mandar lo que fuere servido, y yo les daré la gente que V. S. me enviare a mandar. Y esto V. S. solo lo podría mejor entender que otro ninguno, porque sabe la confianza que tiene de Valdivia, y la que se puede tener. Pero a mí me parece que habiendo de ir socorro vaya un capitán de V. S. para que aquella gobernación se comunique y se ate con ésta. Y si acaso mañana se muriese Valdivia, quede todo por de V. S. como lo es en poder del capitán con quien V. S. le enviare el socorro. Y así tendremos reparado lo del estrecho, y serán estos

Entre las cartas que llevaba Ulloa de Chile, había una para Gonzalo Pizarro. Pedro de Valdivia, sin sospechar siquiera las últimas ocurrencias del Perú, le escribía para darle cuenta de su conquista y para repetirle la expresión de sus simpatías personales por la familia de Pizarro, a la cual debía su elevación. Gonzalo recibió, pues, amistosamente a Ulloa; y éste que veía cuán popular era la causa de la revolución, no vaciló en tomar servicio por ella. Enrolado en las filas del ejército rebelde, el emisario de Valdivia peleó en la célebre batalla de Añaquito (18 de enero de 1546) en que fue derrotado y muerto el virrey. Esta conducta acabó por ganarle enteramente la voluntad de Gonzalo Pizarro.

Por otra parte, el jefe revolucionario, ofuscado por su reciente triunfo, y persuadido de que la lealtad de Valdivia por su familia era inquebrantable, y de que no vacilaría en plegarse a la causa de la rebelión, autorizó a Ulloa para levantar la bandera de enganche. Hizo más todavía: puso bajo las órdenes de éste algunos oficiales de toda su confianza y mandó que ocho o nueve caballeros que habían caído prisioneros en la batalla, y que se mostraban arrepentidos de haber servido en el ejército del virrey, fuesen enrolados en la columna que partía para Chile.[344]

El turbulento Antonio de Ulloa estaba de vuelta en Lima en agosto de 1546. Gonzalo Pizarro le había dado sus más explícitas recomendaciones para las autoridades revolucionarias que mandaban en esa ciudad. Allí hizo Ulloa los últi-

---

mundos todos término de V. S. El capitán (Valdivia) es mucho mi amigo y conocido, hombre de bien y humilde; pero crea V. S. que con todas estas buenas costumbres, cuando ya está en aire de gobernador, siempre lo querrá ser, antes que dejar que lo sea San Pedro de Roma. Y así por esto, como por lo que podría venir por el estrecho, es bien que V. S. mire lo que sobre esto de Chile se hubiere de proveer porque es un negocio muy hondo.

»Entre tanto que este Ulloa va a V. S. y vuelve, queda aquí el capitán Baptista, señor de esta nave, y procurará aderezarla de algunas cosas para su navegación. V. S. le escriba y favorezca diciendo que le entiende honrar y aprovechar mucho así en cargos honrosos de capitanes de la mar y de la tierra como de otras cosas que se ofrezcan, porque es honrada persona y tiene plática de la tierra y de los aguajes y puertos de la costa de Chile.

»La nave de Pero Díaz que lleva estos despachos, lleva también mucha pólvora para la armada y 220 quintales de bizcocho. V. S. mire mucho por la armada y su salud, que estas dos cosas nos tendrán en pie de aquí a 1.000 años, a pesar de reyes y aun de papas.

»Nuestro Señor la muy ilustre persona de V. S. conserve con el contentamiento, prosperidad y salud que V. S. desea. De estos Reyes (Lima) a 25 de octubre de 1545 años. Las manos de V. S. besa su criado Francisco de Carvajal.»

344 Diego Fernández, *Historia del Perú*, Sevilla, 1571, part. I, libro I, capítulo 54; Herrera, *Historia general*, dec. VIII, libro I, capítulo 4.

mos aprestos para marchar a Chile, gastando en ello todo el dinero de Valdivia. Aprovechándose de la ausencia del capitán Pastene, Ulloa tomó posesión del buque de éste, adquirió otro en el Callao y los despachó al sur con algunas personas y con las provisiones de guerra. En la costa de Tarapacá debían reunirse todas las fuerzas de su mando para combinar su entrada a Chile.

En estos afanes se ocupó Ulloa hasta septiembre de 1546. Gonzalo Pizarro, que acababa de hacer su entrada triunfal en Lima, le entregó una carta para Valdivia. Después de contarle todos los sucesos de la guerra civil, le expresaba los más amistosos sentimientos y el deseo de que ambos se mantuviesen siempre unidos.[345] El caudillo de aquella formidable revolución, que veía por todas partes las más negras deslealtades, y una constante versatilidad en las opiniones de muchos hombres importantes, parecía abrigar la más absoluta confianza en la antigua amistad del gobernador de Chile, y en que éste lo ayudaría en la empresa en que se hallaba empeñado.

Por fin, Ulloa se encontró con su gente en Tarapacá, a entradas del desierto de Atacama. Su columna se había engrosado durante su marcha con unos pocos hombres que Carvajal hacía salir desterrados de las provincias del sur del Perú.[346] Todos creían hasta entonces que marchaban a Chile en auxilio de Valdivia. Solo en Tarapacá, descubrió Ulloa a los suyos un plan que cambiaba todas sus determinaciones anteriores. Les expuso que Valdivia tenía el gobierno de Chile por un acto de violencia, que el verdadero jefe de este país debía ser Pedro Sancho de Hoz, a quien Valdivia había arrebatado el mando. En vista de estos antecedentes, los invitó a marchar a Chile a deponer a Valdivia y a restablecer en el gobierno al mandatario legítimo, Pedro Sancho de Hoz. Sus proposiciones hallaron eco entre aquellos turbulentos aventureros; pero juzgaban que su número, probablemente menos de cien hombres, era insuficiente para llevar

---

345 La carta de Gonzalo Pizarro es un documento capital para conocer los sucesos de aquella guerra civil, y como tal ha sido utilizada por el célebre historiador estadounidense Prescott. Esta carta fue copiada en el Archivo de Indias por el laborioso historiógrafo don Juan Bautista Muñoz, y publicada varias veces con algunos errores y sin fecha. Debió ser ésta escrita en agosto o septiembre de 1546. El lector puede hallarla en las págs. 226-238 del tomo II de la *Colección de historiadores de Chile*. Es también una pieza útil para esclarecer algunos pormenores de los sucesos que vamos contando. Valdivia no recibió nunca esa carta. Sus enemigos, sin embargo, la hicieron valer más tarde como una prueba de que estaba en comunicación y de acuerdo con los revolucionarios del Perú.
346 Fernández, *Historia del Perú*, part. I, libro II, capítulo 10.

a cabo esta empresa. Antonio de Ulloa tuvo que someterse a estas razones; pero en el acto despachó al norte a uno de sus oficiales apellidado Figueroa con cartas para Gonzalo Pizarro. Decíale en ellas que no tuviese confianza alguna en Valdivia porque éste no se plegaría jamás a la causa de los rebeldes del Perú. Ulloa acababa por pedir a Pizarro que le enviase más gente, asegurándole que con ella él daría buena cuenta de Valdivia y sometería a sus banderas a todos los españoles que había en Chile. Figueroa partió para Lima con esta misión; pero, como vamos a verlo enseguida, no alcanzó a llegar a su destino.

Entre tanto, Pastene había vuelto a Lima y se preparaba para marchar a Chile en auxilio de Valdivia. Carecía absolutamente de fondos, porque Ulloa había gastado todos los dineros que se llevaron de Chile. Le fue necesario contraer en nombre de Valdivia un préstamo muy oneroso para comprar un buque llamado Santiago en que zarpó del Callao con los escasos recursos que pudo procurarse. Gonzalo Pizarro aprovechó esta ocasión para enviar a Valdivia algunos obsequios de vino y de ropa, esperando tenerlo grato y hacerlo interesarse por su causa.[347] Los enemigos del gobernador de Chile hicieron valer más tarde este accidente para demostrar que éste se hallaba entonces ligado con los caudillos revolucionarios del Perú.

El viaje del honrado capitán fue un tejido de aventuras singulares. A pesar de su maestría náutica, Pastene, retardado por vientos contrarios y por las corrientes del océano, avanzaba con una desesperante lentitud, desembarcando en los puertos en frecuentes ocasiones. En una de ellas encontró a Figueroa, que acompañado por algunos soldados, marchaba a Lima a desempeñar la comisión de Ulloa. Queriendo detenerlo, Pastene despachó cinco o seis arcabuceros; Figueroa se propuso defenderse, trabó combate, cayó herido con dos balazos, y murió luego en el buque de Pastene, a donde había sido transportado. El fiel emisario de Valdivia pudo descubrir entonces el plan que contra éste había fraguado el desleal Ulloa y pudo, asimismo, precaverse contra el peligro de tales maquinaciones.[348]

---

347 Consta este hecho de las diversas informaciones que en octubre de 1548 recogió La Gasca en Lima.
348 Pedro de Valdivia, en su carta a Carlos V, de octubre de 1550, ha referido el viaje de Pastene con bastantes pormenores, pero ha omitido contar este combate y la muerte de Figueroa. Se limita a decir lo siguiente: «En este tiempo, el Ulloa y sus dos navíos estaban entre Tarapacá y Atacama. Allí tuvo aviso el capitán Juan B. Pastene de cómo se había declarado el Ulloa con aquellos sus oficiales y consejeros en mucho secreto, cómo me

Pocos días después, en efecto, Pastene llegó al punto en que estaban fondeadas las dos naves que obedecían a Ulloa. Pidiole éste en términos amistosos que desembarcara para tratar de los negocios de la expedición; pero el capitán, prevenido además por otro aviso que se le envió de tierra, se negó a ello y se dispuso a seguir su viaje. Fue inútil que Ulloa quisiera atajarlo con uno de sus buques: Pastene, como hábil marino, evitó el combate y, luego, dejó atrás a los que lo perseguían. Quería poner a Valdivia en guardia contra el nuevo e inesperado peligro que lo amenazaba. Le era tanto más urgente marchar deprisa cuanto que había perdido ya seis largos meses en la navegación del Callao a Tarapacá.

Por fortuna para el gobernador de Chile, la proyectada expedición de Ulloa se desorganizó sin disparar un tiro. Esperaba éste los socorros que había ido a buscar Figueroa, cuando recibió cartas de Alonso de Mendoza, gobernador de la provincia de Charcas por Gonzalo Pizarro.[349] Comunicábale que Diego Centeno acababa de levantar por segunda vez el estandarte del rey en el Cuzco (junio de 1547), y le pedía que marchase con sus tropas a ayudarlo a combatir esta contrarrevolución. Ulloa, que se había hecho uno de los más ardientes partidarios de la revolución, no vaciló en acudir a este llamamiento; pero su marcha al interior fue la señal de la desorganización de todos sus planes. Uno de sus buques, en que estaban detenidos los parciales del virrey que Gonzalo Pizarro mandaba desterrados a Chile, se sublevó y se hizo a la vela para Soconusco, en la Nueva España.[350] Muchos de los soldados de Ulloa se mostraban más inclinados a ir a juntarse con Centeno. El capitán Diego de Maldonado, resistiéndose a marchar a Charcas a servir entre los rebeldes, obtuvo licencia de Ulloa para dirigirse por tierra a Chile con veinte jinetes que no temían afrontar los peligros de un viaje penosísimo a través de los desiertos.

---

venía a matar, etc., etc., porque muerto yo, repartiría los indios entre aquellos ocho o diez, y la tierra entregaría a Gonzalo Pizarro». Pero, volvemos a repetirlo, Valdivia se guarda bien de referir cómo Pastene descubrió los planes de Ulloa, no queriendo contar al rey la muerte de Figueroa, por temor, sin duda, de que se interpretase como un asesinato.

349 Alonso de Mendoza era hermano de Juan Dávalos Jufré, el emisario que Valdivia envió al Perú en agosto de 1546, como se lee en las *Instrucciones* tantas veces citadas, pág. 227. Ignoro si eran solo hermanos de madre o si la diferencia de apellido nacía de la libertad que cada cual tenía entonces de tomar cualquiera de los nombres de su familia. Más adelante daremos noticia de la vuelta a Chile de Juan Dávalos Jufré, acerca de la cual no hallamos referencia alguna en los historiadores y cronistas.

350 Herrera, *Historia general*, dec. VIII, libro II, capítulo 8.

Ulloa, sin embargo, estaba decidido a servir a la causa de los rebeldes. El mismo día que se alistaba para ponerse en camino para Charcas, llegó a su campo Sancho Perero con cuatro soldados. Traíale cartas de Diego Centeno en que le comunicaba que Alonso de Mendoza acababa de abandonar la causa de Pizarro, que se había plegado a sus banderas, y que ambos le rogaban que marchase a reunírseles. En medio de aquella atmósfera de deslealtades y traiciones en que tantos capitanes tan comprometidos como Aldana, Hinojosa y Mendoza, cambiaban de bando, el inconstante y veleidoso Ulloa no podía quedar largo tiempo fiel a la causa que había abrazado. Sea porque considerase perdida la causa de la rebelión en aquellos lugares o porque fuese influenciado por la misma gente que lo acompañaba, abandonó el servicio de Pizarro, se incorporó en el ejército de los leales, y fue reconocido en él con el rango de capitán de caballería. En esas filas peleó Ulloa en la batalla de Guarina (20 de octubre de 1547) en que los rebeldes obtuvieron la victoria. Más feliz que un gran número de sus compañeros, Ulloa alcanzó a escapar a la sangrienta persecución de los vencidos y llegó a juntarse en Lima con el licenciado La Gasca, que entonces abría una campaña mucho más eficaz contra la insurrección.[351]

---

351 Hemos referido con gran extensión las aventuras de los emisarios de Valdivia y sobre todo la traición de Ulloa en el Perú, para consignar hechos que completan y modifican la relación de los mismos sucesos que contiene la carta de Valdivia, que ha sido la única fuente de informaciones de los historiadores que nos han precedido. Este episodio, característico de los tiempos de la Conquista, está basado en dos expedientes o declaraciones tomadas por La Gasca, que existen en el Archivo de Indias, con el título de *Informaciones*, Lima, 1548. La declaración del piloto Diego García de Villalón, que salió de Chile con Pastene y Monroy en 1545 y que en 1547 volvía a este país con Antonio de Ulloa, consigna una gran parte de las noticias a que hemos dado cabida en el texto. Para comprobar muchos de los detalles, he tenido constantemente a la vista la *Historia del Perú* de Diego Fernández, tan prolija en la relación de estos sucesos.

Herrera, *Historia general*, dec. VIII, libro IV, capítulo 14, dice equivocadamente que Ulloa murió en la batalla de Guarina, error que ha sido repetido por algunos de los escritores posteriores. Ya veremos a Ulloa en nuevas maquinaciones contra Valdivia.

2. Vuelta de Pastene a Chile: Valdivia se embarca en Valparaíso apoderándose de los caudales de los colonos que querían salir del país

Valdivia permanecía entonces en Chile ignorante de todas las aventuras de sus emisarios, y en medio de la más viva inquietud.[352] Dos años cabales habían transcurrido desde la partida de Pastene y de Monroy sin recibir noticia alguna ni de ellos ni de los trastornos del Perú. En medio de la turbación y de la alarma que esta expectativa debía producir, llegó a Santiago en septiembre de 1547 el capitán Juan Bautista Pastene acompañado por ocho o diez hombres, extenuados de hambre y de fatiga. El leal emisario de Valdivia había sido víctima de todo género de contrariedades. Después de emplear seis meses en la navegación del Callao a Tarapacá, había necesitado más de dos meses para llegar al puerto de Coquimbo. Los vientos del sur no le habían permitido avanzar con mayor

---

352 A principios de 1546 partió de la costa de Quito el capitán Diego García de Villalón, con un buque cargado de mercaderías para Chile, y llevando para Valdivia una caria de Gonzalo Pizarro. Los conquistadores de este país habrían recibido entonces noticias de los sucesos que se desarrollaban en el Perú; pero hallándose ese buque en la costa de Arequipa, fue asaltado y tomado por los fugitivos que venían huyendo de las persecuciones de las tropas rebeldes, y obligado a dirigirse a Nicaragua. Véase la carta citada de Gonzalo Pizarro, y la *Relación de lo sucedido en la provincia del Perú*, etc. desde 1543, crónica noticiosa y contemporánea de esos sucesos, publicada en Lima en 1870.

Esta curiosa relación, evidentemente escrita por un testigo presencial de los hechos que cuenta, circulaba manuscrita en copias diversas, con más o menos variantes, pero siempre sin nombre de autor. Muñoz y Prescott que la conocieron, pensaban que era el primer manuscrito de la *Historia del Perú*, de Agustín de Zárate, por cuanto algunas panes de esta obra son un trasunto fiel de aquella relación. Sin embargo, un estudio atento del libro anónimo revela que esa conjetura carece de fundamento. En ella el autor habla como testigo de vista de sucesos ocurridos en el Perú cuando Zárate había salido de este país.

La relación anónima es la copia más o menos fiel de un libro que se imprimió con el título siguiente: *Verdadera y copiosa relación: todo lo nuevamente sucedido en los reinos y provincias del Perú desde la ida a ella del virrey Blasco Núñez Vela hasta el desbarato y muerte de Gonzalo Pizarro: según que lo vio y escribió Nicolao Albenino, florentín, al beneficiado Fernán Suárez, vecino de Sevilla*. Acabóse de imprimir en esta ciudad el 2 de enero de 1549. Aunque fue impresa con las licencias del caso para satisfacer en España la demanda de noticias sobre esos sucesos, luego fue retirada de la circulación por orden del rey para no revelar aquellos escándalos contra la autoridad del soberano, y tal vez no se salvaron de su destrucción más que dos o tres ejemplares, de algunos de los cuales se sacó, sin duda, la primera copia manuscrita, de donde debieron sacarse otras, pasando de una en otra por variantes y modificaciones. A no caber duda, Agustín de Zárate conoció ese libro, ya por un ejemplar impreso o por alguna copia manuscrita; y como ya dijimos, lo ha seguido fielmente.

rapidez. Sus víveres se habían agotado casi completamente en tan penoso viaje. Ardiendo en deseos de comunicar a Valdivia la trama que había urdido Ulloa, y temiendo que éste hubiera podido dirigirse por tierra para ejecutar su plan de apoderarse del gobierno de Chile, Pastene dejó en Coquimbo el buque que no podía hacer andar más aprisa y se dirigió a Santiago por los caminos de tierra, despreciando todos los peligros consiguientes a un viaje a través de una región habitada por indios guerreros y cavilosos.

Las noticias comunicadas por Pastene, no solo no venían a tranquilizar a los españoles de Chile sino que agravaban considerablemente los peligros de su situación. La guerra civil en el Perú hacía ver que no era posible esperar socorros de ninguna especie de aquel país. La traición de Ulloa, por otra parte, amenazaba a Chile con una revuelta que Valdivia creía sin duda dominar, pero que le podía costar grandes sacrificios y quizá la pérdida de algunos de sus soldados. El conquistador de Chile debió pasar algunos días de la mayor alarma.

Por fortuna, esta situación no duró largo tiempo. Poco después del arribo de Pastene, llegaban a Santiago nueve jinetes que, según la expresión de Valdivia, «parecían salir del otro mundo», tan estropeados y desfigurados venían. Eran Diego de Maldonado y ocho de los veinte compañeros que en julio anterior habían partido de Tarapacá. Contaban ellos que al separarse de Ulloa, éste les había quitado sus corazas y sus mejores armas, así como sus caballos, para utilizarlos en la guerra civil del Perú, y que solo les había dejado unas sesenta yeguas cerriles o indómitas, que ellos habían resuelto traer a Chile. Los indios de Copiapó, viéndolos tan mal armados y montados en aquellas cabalgaduras, cargaron sobre ellos, les mataron once hombres y les quitaron algunos de sus animales y casi todas las provisiones que traían. Los nueve españoles restantes habían podido llegar con gran trabajo a La Serena, donde repararon sus tuerzas para seguir el viaje a Santiago.[353] Maldonado y sus compañeros referían que el complot de Ulloa quedaba definitivamente desbaratado, y que al partir de Tarapacá habían sabido que acababa de llegar a Panamá un caballero enviado por el rey para pacificar las provincias del Perú.

---

353 Valdivia ha referido estos hechos en su carta de octubre de 1550. Su relación no tiene más que una divergencia con las Informaciones de que hemos hablado en una nota anterior. Valdivia dice que los indios de Copiapó mataron doce españoles, y que solo ocho llegaron a Santiago. Las informaciones dicen once muertos, y nueve que siguieron su viaje.

En el momento concibió Valdivia el proyecto de ir él mismo a procurarse los socorros que necesitaba para consumar su conquista; pero lo ocultó con la mayor reserva o solo lo comunicó a aquéllos de sus capitanes que le inspiraban la mayor confianza. El astuto gobernador sabía de sobra que si no llevaba una buena cantidad de oro, no podría proporcionarse, en ninguna parte, ni armas ni soldados, y sabía, además, que los habitantes de Santiago, escarmentados con los dos empréstitos anteriores (los de 1545 y 1546 para despachar a Monroy y a Dávalos Jufré), no tendrían voluntad para hacer un tercer préstamo. Concibió entonces una artificiosa maquinación que de muestra cuán poco escrupulosos eran los grandes caudillos de la Conquista.

Mandó trasladar a Valparaíso el buque Santiago, que Pastene había dejado en Coquimbo. Hizo anunciar por todas partes que pensaba enviar en busca de socorros a los capitanes Jerónimo de Alderete y Francisco de Villagrán. Hasta entonces, Valdivia se había resistido obstinadamente a dar permisos para salir del país, o los había concedido con suma dificultad. Ahora pareció cambiar de sistema; y mediante un moderado derecho, consintió en que muchos individuos que habían reunido algún oro en los lavaderos, se fuesen de Chile llevándose sus tesoros. Todos éstos se trasladaron a Valparaíso en los primeros días de diciembre de 1547. Valdivia mismo, seguido de su secretario Juan de Cardeña, y de algunos otros capitanes de toda su confianza, se puso en camino el 5 de diciembre para ese puerto, pretextando tener que escribir su correspondencia para el Perú y para España, y que dar sus últimas instrucciones a los emisarios que hacía partir.

Estando todo listo para el viaje, y embarcados con sus caudales los individuos que habían obtenido licencia para salir del país, Valdivia les pidió que bajasen a tierra para despedirse de él en una comida que les tenía preparada. Rogoles allí que en cualquier parte donde estuviesen, lo recordasen con amistad, y que procurasen favorecerlo en la empresa en que se hallaba empeñado. Contentísimos con las condescendencias que el gobernador había usado con ellos, todos prometieron hacerlo así. Valdivia les exigió enseguida que estampasen en un acta escrita y firmada por todos ellos, la promesa que acababan de hacerle. Ninguno puso obstáculo a esta exigencia. Pero cuando estaban firmando aquel papel, Valdivia se escurrió de la sala, se fue a la playa donde lo esperaban sus verdaderos compañeros de viaje, tomó con ellos un bote que le tenían preparado y se dirigió a bordo de la nave Santiago. Un castellano apellidado Martín o Marín, que sospechó la burla que se les hacía, corrió detrás de Valdivia profiriendo los mayores insultos, y se obstinó en meterse en el bote; pero fue arrojado al agua en los momentos en que la embarcación se desprendía de la ribera (6 de diciembre de 1547).

Indescriptible fue la rabia y la desesperación de aquellos hombres cuando conocieron que se les engañaba y que se les despojaba de los tesoros que habían reunido con tantos sacrificios y con tantas privaciones. Los antiguos cronistas han consignado a este respecto algunos curiosos incidentes. Un trompeta llamado Alonso Torres se puso a cantar un antiguo romance que decía: «Cata el lobo do va, Juanica», y luego rompió su instrumento por no guardar el último resto de su caudal. Todos los otros prorrumpían en quejas e imprecaciones acompañando el nombre de Valdivia y de sus secuaces con los apodos más ultrajantes que puede proferir un soldado. Algunos de ellos querían asaltar el buque que permanecía fondeado en la bahía y barrenarlo para echarlo a pique; pero esta empresa era de la más difícil ejecución. Poco más tarde, un soldado llamado Espinel, que había querido trasladarse a Granada para llevar a sus hijas el corto caudal que poseía, se volvió loco de pesadumbre.

El gobernador, entre tanto, se hallaba a bordo, y se ocupaba en regularizar aquel acto de despojo. En el buque encontró a Pedro de Gamboa, el antiguo alarife de Santiago, el que trazó sus primeras calles y el curso de sus acequias. Enfermo, sordo y privado de un ojo en las guerras contra los indios, pedía de rodillas y con el rostro bañado en lágrimas, que se le permitiese partir en ese buque. Valdivia fue inflexible: mandó que quedase en tierra como los otros españoles que habían obtenido permiso para salir del país. Enseguida, formó ante escribano un prolijo inventario de todo el oro que había en el buque, y de los nombres de sus dueños respectivos. Todavía permaneció algunos días más en el puerto tomando otras disposiciones y esperando saber cómo se cumplían en tierra las órdenes que daba.[354]

---

354 Las circunstancias del embarque de Valdivia en Valparaíso, habían sido referidas con bastante exactitud por Diego Fernández en su *Historia del Perú*, part. I, libro II, capítulo 85, cuya relación fue reproducida por el inca Garcilaso de la Vega en su parte II de la *Historia del Perú*, libro V, capítulo 29.
Según Fernández, el oro tomado por Valdivia de esta manera, pasaba de 80.000 castellanos, o pesos de oro, pertenecientes a unos veinte individuos, cifra que se ha aceptado generalmente como verdadera. Valdivia, en las *Instrucciones* citadas, habla solo de 40.000

Cualquiera que sea la condenación que haya de pronunciarse contra Valdivia por este pérfido despojo, conviene referir un hecho que atenúa en gran manera su falta. El gobernador había resuelto que el capitán Francisco de Villagrán lo reemplazase en el mando. Al entregarle su nombramiento a bordo del Santiago, Valdivia le dio también un pliego de instrucciones. Por ellas disponía que todo el oro que se sacase de los lavaderos de su propiedad particular, fuese destinado al pago de los dineros de que se había apoderado tan violentamente.[355] Asumiendo así la responsabilidad personal de sus actos, el gobernador demostraba la más completa confianza de que su conducta iba encaminada al mejor servicio del rey y de la Conquista que había acometido.

---

castellanos. En las informaciones levantadas por La Gasca en el Perú no se puede descubrir con toda precisión la cifra exacta, pero parece desprenderse que eran 60.000. Consta sí que 8.000 de ellos pertenecían al presbítero González Marmolejo, y que éste fue el primero que recibió el pago de sus caudales.

Aunque Fernández escribía en vista de los mejores documentos y, aunque su relación tiene el carácter de la más absoluta seriedad, algunos historiadores de Chile se negaban a dar crédito a estos hechos. La publicación de las crónicas de Góngora Marmolejo y de Mariño de Lobera, vinieron a confirmar su exactitud. Pero las informaciones levantadas por La Gasca, y de las cuales solo se ha publicado la que nosotros llamamos el Proceso de Valdivia, no dejan lugar alguno a duda.

Los subalternos de Valdivia, que estaban en el secreto del despojo que preparaba, son, además de Villagrán, los individuos siguientes, que lo acompañaron al Perú: Jerónimo de Alderete, Juan Jufré, Gaspar de Villarroel, Juan de Cepeda, don Antonio Beltrán, Diego García de Cáceres, Diego de Oro, Vicencio del Monte y Juan de Cardeña, secretario del gobernador.

Los historiadores modernos que han referido estos sucesos, han sido muy severos para condenar la conducta de Valdivia. Pero conviene recordar que estos actos de despojo en nombre del servicio público, estaban autorizados por el ejemplo del rey. En 17 de septiembre de 1538, Carlos V mandaba tomar por cuenta de la Corona todos los tesoros de las Indias que llegasen a Sevilla, para cualquier persona que fuesen destinados, a causa, decía, de las gravísimas necesidades de la guerra contra el turco, y prometía pagarlos a sus dueños en seis años. Una corta cantidad de oro que Valdivia enviaba del Perú a su esposa, que, según parece, estaba en gran pobreza, fue secuestrada en aquella ocasión, dándosele un certificado que seguramente no pudo hacer efectivo. ¿Qué tiene de extraño que Valdivia, en nombre del interés del Estado, imitase la conducta de su soberano?

355 Declaración de Francisco Rodríguez, escribano del buque Santiago, en las informaciones tomadas en Lima por La Gasca.

3. Villagrán es reconocido gobernador interino de Chile; conspiración frustrada de Pedro Sancho de Hoz

El mismo día bajaba a tierra Francisco de Villagrán y se ponía en viaje para Santiago. Acompañábalo Juan de Cardeña, el secretario de Valdivia, que era portador de importantes comunicaciones. En ellas anunciaba el gobernador que había resuelto trasladarse al Perú a servir la causa del rey, y a buscar allí o en España los elementos necesarios para dar fin a la conquista de Chile. Recomendaba a todos que prestasen obediencia a Villagrán, a quien dejaba investido de las facultades anexas al cargo de gobernador.

Cardeña y Villagrán llegaron a Santiago en la tarde del 7 de diciembre de 1547. Inmediatamente se reunió el Cabildo para imponerse de la provisión decretada por Valdivia. «Y así presentada y leída a los dichos señores, justicia y regidores, dice el acta de aquella sesión, la tomaron en sus manos y dijeron que obedecían y obedecieron como en ella se contiene; y que han por recibido e recibieron al dicho señor Francisco de Villagrán por tal teniente capitán general, en nombre de Su Majestad y del dicho gobernador Pedro de Valdivia, hasta tanto que él venga o Su Majestad fuere servido de mandar otra cosa.»[356]

Pero si la recepción oficial del capitán Villagrán no suscitó ninguna resistencia, no era difícil percibir en el pueblo una alarmante inquietud. A esas horas circulaba ya en los corrillos la noticia del embarco de Valdivia y de su próxima partida llevándose los caudales de los mismos individuos a quienes había dado un falso permiso para salir del país. Por más acostumbrados que estuviesen los conquistadores a ver por todas partes los actos más injustificables de perfidia y de violencia, y por más que aquel despojo no tocase más que a unas cuantas personas, la conducta del gobernador despertó una gran reprobación. Todos los que estaban quejosos de Valdivia por la reforma de los repartimientos de 1546, o por cualquier otra causa, murmuraban sin disimulo y, aun, algunos de ellos trataron de ir a Valparaíso a echar a pique el buque en que aquél estaba

---

356 El acta del Cabildo tiene fecha de 8 de diciembre; pero de otros documentos de la más incontestable autoridad, de las piezas del proceso de Pedro Sancho de Hoz, consta que Villagrán fue recibido el día anterior. El acta del Cabildo, que contiene una larga carta dirigida a Carlos V en recomendación de Valdivia y un poder dado a Cardeña para que representase al Cabildo en la Corte, ha debido ser escrita uno o dos días después. El 8 de diciembre de 1547, como vamos a verlo, fue un día de gran agitación en Santiago, y el Cabildo no habría tenido tranquilidad para celebrar una sesión tan larga y para acordar y aprobar aquellas comunicaciones.

embarcado. Los más pacíficos y tranquilos de los colonos temieron que ocurriese una sublevación. Rodrigo de Araya, amigo de Valdivia y uno de los alcaldes que acababan de reconocer al gobernador interino, no pudo menos de exclamar: «¡Este hombre se ha ido y deja perdida la tierra!».

Sin embargo, nadie se atrevía a pasar más allá de estas estériles lamentaciones. Un mancebo llamado Juan Romero, allegado de Pedro Sancho de Hoz, concibió el pensamiento de aprovechar en favor de éste la excitación que reinaba en la ciudad. Sancho de Hoz había obtenido, como otros colonos, una casa o solar en Santiago y un lote de tierras en sus alrededores, y había vivido oscuramente, sin tomar parte alguna en los negocios de la administración, pero siempre quejoso de Valdivia y mecido por la ilusión de que un día u otro llegaría una cédula del rey que lo elevaría a otro rango, tal vez al de gobernador. Pocos meses antes, cuando Valdivia tuvo noticia del complot de Ulloa para arrebatarle el mando, ordenó que Sancho de Hoz se alejase de Santiago. En los momentos en que tenían lugar los acontecimientos que vamos contando, se hallaba confinado a algunas leguas de la ciudad. Al saber las últimas ocurrencias, Pedro Sancho, llamado por el atolondrado Romero, volvió apresuradamente a la ciudad en la mañana del 8 de diciembre.

A pesar del estado ardiente de los ánimos, Sancho de Hoz vacilaba en emprender una revolución. Creyéndose con el más perfecto derecho al mando de la colonia en virtud de los poderes que Pizarro le había conferido en otro tiempo, y del título que le había dado el rey para ir a descubrir tierras, confiaba, sin embargo, en que pronto se le haría justicia sin necesidad de apelar a las armas. Sin embargo, Romero, después de ver a diversas personas que estaban quejosas de Valdivia, y que tenían en la ciudad una posición más o menos expectable, lo alentó mucho más, y al fin lo determinó a escribir una carta a un caballero llamado Hernán Rodríguez de Monroy, que gozaba de la reputación de valiente y que era enemigo ardoroso de Valdivia. En ella decía Pedro Sancho que no buscaba escándalos ni alteraciones, pero que creía que sus títulos lo habilitaban para tomar el gobierno superior en nombre del rey, sin resistencia y sin sangre, a condición de que le prestasen apoyo todos los hombres que procuraban el servicio del rey. El golpe debía darse ese mismo día, porque si se dejaba pasar una sola noche, ya no tendría buen efecto.

La conspiración había sido conducida con muy poca cordura. Romero no había hallado un solo partidario decidido y resuelto; todos le habían dado contestaciones evasivas o muy poco comprometentes y, sin embargo, se hacía la ilusión de que contaba con entusiastas adhesiones. Más aún, Romero había cometido la imprudencia de descubrirse a personas que no debieron inspirarle confianza. Una de ellas, Juan Lobo, aquel clérigo batallador que adquirió una gran reputación en los combates contra los indios, refirió a Villagrán que se tramaba un complot en la ciudad, sin revelar quiénes eran sus autores. Rodríguez de Monroy fue más lejos todavía en su delación, y presentó al gobernador la carta que había recibido del candoroso pretendiente. No se necesitó de más para la perdición de ese infeliz.

Sin la menor tardanza, Villagrán mandó que Pedro Sancho y Juan Romero fuesen reducidos a prisión por el alguacil mayor Juan Gómez, y encerrados en la casa del regidor Francisco de Aguirre, situada en la misma plaza. En las calles de la ciudad se notaba cierto movimiento desusado, producido más por la curiosidad que por un conato de levantamiento; pero el gobernador hizo cerrar con buenos soldados todas las avenidas de la plaza, y se dispuso al castigo inmediato de los reos. Sancho de Hoz reconoció la carta que había escrito, pero se negó a comprometer a nadie haciendo revelaciones. Cuando comprendió que se le quería sacrificar, pidió solo que se le perdonase la vida y que se le permitiese vivir en una isla desierta para llorar sus pecados. Villagrán fue inflexible a sus ruegos, y sin la menor vacilación mandó que Sancho de Hoz fuese decapitado. Un negro esclavo llamado a desempeñar las funciones de verdugo, tomó en sus manos la espada del alguacil mayor, y allí mismo, en la casa que servía de prisión y en presencia del mismo Villagrán, cortó la cabeza del infortunado socio de Valdivia. El pregonero la paseó por todos los ámbitos de la plaza, proclamando en alta voz que Pedro Sancho de Hoz había sido ejecutado por orden del gobernador sustituto, y en castigo del delito de traición al servicio de Su Majestad

Esta violenta ejecución, hecha sin forma de proceso, sin tomar declaraciones de testigos, sin defensa del reo y sin sentencia escrita, aterrorizó a toda la población. Sancho de Hoz había sido decapitado una hora después de su captura, y ni siquiera se le había dado tiempo para confesarse, lo que entre los españoles del siglo XVI era el colmo de la severidad. Villagrán había demostrado que estaba resuelto a todo para asentar su gobierno; y había probado al mismo tiempo que tenía amigos fieles, dispuestos a secundarlo con toda energía y decisión. Nadie se atrevió, no diremos a provocar un levantamiento, pero ni siquiera a proferir una queja ni una protesta. Villagrán, sin embargo, no se dio por satisfecho con esto solo. En la misma tarde tomó personalmente declaración a todos los individuos que habían hablado con Juan Romero sobre aquel descabellado proyecto, y recogió la confesión de éste, que la dio amplia, contando todo lo que había hecho y todo lo que sabía. En la mañana siguiente, 9 de diciembre, Villagrán dio su sentencia definitiva. El infeliz Romero fue sacado pocas horas después de la prisión, paseado por las calles de la ciudad con una soga al cuello y, por último, ahorcado en la plaza, mientras el pregonero proclamaba su traición.**357** El orden público amenazado un momento, quedó definitivamente asegurado. Villagrán pudo creer que la tranquilidad de su gobierno sería inalterable.

4. Viaje de Valdivia al Perú

Valdivia se hallaba todavía en Valparaíso. Allí recibió el 9 de diciembre, por un emisario de Villagrán, la noticia de la catástrofe del día anterior. Aquel suceso lo contrariaba sobremanera, no por un sentimiento de compasión en favor de su desventurado rival, sino por las acusaciones que se le habían de hacer y por las complicaciones y dificultades que ellas podían crearle cerca del rey y de sus delegados y representantes. Valdivia debía creer que Pedro Sancho tenía valiosas relaciones en la Corte, que le habían servido para obtener las cédulas

---

357 La condenación y muerte de Pedro Sancho de Hoz y de su instigador a la revuelta, no ha sido contada por Valdivia en las prolijas cartas en que ha referido la conquista de Chile. Las actas del Cabildo no dejaron tampoco rastro de estos sucesos. Los historiadores no tenían más fuente de noticias que unas pocas líneas que sobre ellos contienen dos notas del Cabildo en justificación de Villagrán, de septiembre de 1548, de que hablaremos más adelante, y las relaciones más o menos inexactas de los cronistas. La publicación de los documentos que sobre este suceso encontré en el Archivo de Indias, y entre ellos el proceso auténtico de la conspiración, ha venido a hacer luz completa. Véase el *Proceso de Valdivia*, págs. 276-315, donde se encontrarán minuciosos detalles que no nos es posible hacer entrar aquí. Una de las informaciones levantadas por La Gasca en Lima en 1548 contiene también la exposición completa del hecho con ciertos incidentes que he utilizado en esta narración. Esa información demuestra hasta la evidencia que Valdivia no tuvo parte alguna en la muerte de Pedro Sancho de Hoz, y que no supo la noticia de la descabellada conspiración sino cuando todo se había terminado y ejecutado el castigo.

reales y las recomendaciones que trajo al Perú en años anteriores y, aunque esa ejecución había sido hecha sin su consentimiento, y no comprometía más que a Villagrán, temió, sin duda, que ella pudiese poner en peligro su carrera posterior. Por esto mismo lo veremos guardar la más absoluta reserva sobre estas ocurrencias.

Pero este trágico accidente no podía hacerlo cambiar de determinación. Cardeña, el secretario del gobernador, había vuelto a Valparaíso, y refería que todo quedaba en paz en Santiago. Unos enemigos de Valdivia le habían dirigido en tierra algunos insultos; pero Villagrán se hallaba en posesión del gobierno, la tropa apoyaba su poder, y nada hacía presumir que la tranquilidad pública pudiese ser alterada. El Cabildo de la capital, los oficiales o tesoreros reales, y muchos de los más caracterizados capitanes de la conquista, escribían al rey extensas cartas en que después de encomiar los servicios de Valdivia, recomendaban las pretensiones que pudieran llevarlo a la Corte.[358] Además de esto, el mismo cabildo de Santiago había dado a Juan de Cardeña el cargo y los poderes de representante suyo cerca del rey de España. El gobernador debió comprender que su autoridad estaba cimentada sobre bases tan sólidas, que podía ausentarse de Chile sin peligro de verse derrocado por nuevas revoluciones.

Dispuesto ya a darse a la vela, Valdivia hizo extender un acta característica de esos tiempos en que las traiciones de tanta gente no debían inspirar confianza en la lealtad de nadie. El 10 de diciembre mandó que Juan de Cardeña, en su calidad de escribano de gobierno, le diese un testimonio autorizado «que haga entera fe ante Su Majestad y los señores de su cancillería de Indias o ante cualquier caballero que por su mandado esté en las provincias del Perú, Castilla del Oro (Panamá) o en cualquier parte de estas Indias, y ante cualesquier gobernadores, justicias y cabildos de las ciudades, villas, y lugares de ellas, de cómo partía de las provincias de la Nueva Extremadura para se ir a presentar ante su cesárea majestad y ante los señores de su real Consejo de Indias, para le dar cuenta y razón de la tierra que ha descubierto, conquistado

---

358 Estas cartas que llevan las fechas de 8 a 12 de diciembre de 1547, están firmadas por: Francisco de Aguirre, Francisco de Villagrán, Diego de Maldonado, Francisco Martínez, Juan Fernández de Alderete, Juan Jufré y Jerónimo de Alderete. Los dos últimos, además, acompañaban a Valdivia en su viaje. En ninguna de ellas hay otra cosa que recomendaciones generales y ardorosas, pero no contienen ningún hecho particular, ni la menor alusión a los graves sucesos que habían tenido lugar en Santiago el 8 de diciembre.

y poblado».³⁵⁹ Aunque Valdivia no expresaba allí su propósito de ir al Perú a combatir la insurrección de Gonzalo Pizarro, había querido dejar constancia en ese documento de que era completamente extraño a la causa de los rebeldes.

El Santiago zarpó de Valparaíso el 13 de diciembre. Dos días después llegaba a Coquimbo, y se detenía unas cuantas horas. Valdivia bajó a tierra, reunió el cabildo de La Serena, y después de darle cuenta de los motivos de su viaje, hizo reconocer a Villagrán por su reemplazante en el mando. En esa ciudad, recibió una noticia que contrariaba sobremanera sus planes. Un indio recién llegado de Copiapó, comunicaba que Gonzalo Pizarro acababa de obtener una victoria sobre las tropas del rey, y que todo el Perú obedecía al jefe de la rebelión.³⁶⁰ Valdivia, sin embargo, no modificó su determinación, pero sí redobló sus precauciones para no dejarse sorprender por los rebeldes del Perú, de quienes era de temerse que apresaran su buque en cualquier punto de la costa.

Pero Gonzalo Pizarro había perdido ya el dominio del mar. Su escuadra se había entregado al representante del rey. En las costas del sur del Perú no se veía un solo buque. El 24 de diciembre, Valdivia, favorecido por los vientos del sur reinantes en esta estación, fondeaba sin inconveniente alguno en el puerto de Arica. Dos de sus compañeros bajaron a tierra, para inquirir noticias y para comprar algunas provisiones. Recibieron allí la confirmación de la victoria de los rebeldes, pero supieron también que el norte del Perú estaba pronunciado por el rey, y que el triunfo de éste parecía probable. Al saber que algunos soldados de Pizarro andaban por aquellas inmediaciones, los emisarios de Valdivia regresaron apresuradamente a bordo, dejando abandonadas las provisiones que acababan de comprar.³⁶¹ El Santiago volvió a hacerse a la vela con rumbo al norte.

---

359 Este documento a que hacía referencia Valdivia en muchas ocasiones, se conserva en el Archivo de Indias en copia certificada. Allí aparecen como testigos Lucas de Acorta, capitán del Santiago, algunos de los compañeros de viaje de Valdivia y, además, el capitán Juan Bautista Pastene, Rodrigo de Quiroga y Francisco de Villagrán, que, sin embargo, no firman. Este último, a lo menos, no se hallaba ese día en Valparaíso.
360 Declaración citada de Francisco Rodríguez. La victoria a que se alude en esta declaración era la Huarina, alcanzada por Carvajal el 20 de octubre de 1547. Los indios del Perú y los del norte de Chile debían comunicarse estas noticias con toda la rapidez posible esperando que las guerras civiles de los conquistadores pudieran producir un cambio en la condición de los indígenas.
361 Declaración de Diego García de Cáceres en la información levantada por La Gasca.

Parece que hasta entonces había vacilado Valdivia sobre el puerto en que debía desembarcar. No teniendo más que noticias vagas y confusas acerca de lo que ocurría en el Perú, temiendo que todos los puertos del Pacífico hasta Panamá estuviesen por Pizarro, como habían estado poco antes, había pensado más de una vez en dirigirse a las costas de Nueva España, donde esperaba hallar representantes del rey. Las noticias recogidas en Arica lo hicieron fijar su determinación. Después de oír el parecer de sus capitanes, resolvió continuar su viaje sin alejarse de la costa, tomando nuevas informaciones, y bajar a tierra en el primer puerto que hallase por el rey.

El resto de su viaje, hasta llegar al Callao, estuvo sembrado de peripecias y aventuras más de una vez peligrosas para sus comisionados y exploradores. En Ilo desembarcó Juan de Cardeña con cartas para las autoridades reales, cayó en manos de los agentes rebeldes, y estuvo apunto de ser muerto por ellos.[362] En Islai o en Chilca, dos de sus emisarios tuvieron que volverse apresuradamente a la nave para no caer prisioneros de las autoridades revolucionarias de Arequipa. En Chincha desembarcó Jerónimo de Alderete y pudo llegar por tierra a Lima, que estaba bajo la autoridad de los representantes del rey. Desde allí, el viaje de Valdivia no ofrecía peligro alguno.

5. Servicios prestados por él a la causa del rey en ese país

En efecto, a mediados de enero de 1548, se hallaba ya Valdivia en Lima disponiéndose para entrar en campaña. Allí se proveyó de armas y de caballos para sí y para sus compañeros; y luego emprendió su viaje a la sierra para reunirse con el jefe pacificador. Por fin, el 24 de febrero llegaba al campo realista, situado en Andaguailas.

Mandaba en él con la suma del poder real, el licenciado Pedro de La Gasca, eclesiástico anciano tan distinguido por la claridad de su inteligencia como por la entereza de su carácter. Enviado de España sin tropas ni recursos para sofocar una revolución gigantesca, había conseguido atraer a su lado a muchos

---

362 De las aventuras del secretario de Valdivia se hallan noticias en la carta de La Gasca al rey, escrita en Andaguailas el 9 de marzo de 1548, en el art. 38 de la *Defensa de Valdivia*, y en las informaciones levantadas en Lima en octubre de ese año. De ellas resulta que Cardeña fue detenido en el camino por un capitán revolucionario apellidado Espinoza, el cual le quitó su caballo y le perdonó la vida en razón de su antigua amistad. Cardeña tuvo que permanecer en Arequipa; y solo después de sofocada la rebelión consiguió reunirse a Valdivia cuando éste regresaba a Chile.

capitanes, y formaba un ejército para marchar contra los rebeldes. Valdivia fue recibido con gran satisfacción en el campamento de La Gasca. Un escritor contemporáneo cuenta que en los días anteriores, los soldados del rey, inquietos por un triunfo reciente de los soldados rebeldes en el sur, lamentaban no tener un jefe capaz de oponer al famoso Francisco de Carvajal, que en estas revueltas había desplegado las dotes de un verdadero general. En sus conversaciones expresaban el deseo de «tener allí al capitán Pedro de Valdivia, que estaba en Chile, aquél que fue maestre de campo en la batalla de Las Salinas, porque sabía tanto en el militar arte como Francisco de Carvajal». El arribo de Valdivia fue para esos supersticiosos soldados el cumplimiento de una orden de Dios, y el motivo de grandes fiestas, y de juegos de cañas y de sortija.[363] El conquistador de Chile, en efecto, tenía entre sus contemporáneos el prestigio de capitán de las guerras de Italia, y se le reconocía un gran talento militar.

El licenciado La Gasca, aunque clérigo de misa, era como muchos eclesiásticos de esa época, entendido y práctico en los negocios de guerra. Durante los años de 1542 y 1543 había servido en la fortificación y defensa del reino de Valencia y de las islas vecinas contra los ataques de los turcos. En esta campaña contra los rebeldes del Perú, La Gasca se reservó siempre la dirección superior de las operaciones, pero había organizado un consejo de guerra compuesto por el mariscal Alonso de Alvarado y el general Pedro de Hinojosa. Valdivia, con el simple título de capitán, fue agregado a ese consejo. En las deliberaciones de este cuerpo reinó siempre la mejor armonía no solo por la discreción de esos tres jefes sino por la prudencia superior con que La Gasca sabía aunar todas las voluntades.

Por lo demás, el triunfo de la causa real presentaba menos dificultades de lo que al principio se había creído. La población española estaba cansada de revueltas y quería la paz para procurarse las riquezas que ofrecían las minas. La revolución se había desacreditado con crueldades inauditas e innecesarias. Bastó que un hombre prudente y sagaz se presentase en nombre del rey y que ofreciese el perdón de los extravíos anteriores para que los menos comprometidos en la rebelión acudiesen a engrosar sus filas. Las últimas operaciones de

---

363 *Relación de lo sucedido en las provincias del Perú desde 1543*, págs. 169 y 170. Véase sobre esta curiosa crónica, lo que hemos dicho en la nota 352 del presente capítulo.

aquella campaña, difíciles por las asperezas y escabrosidades del terreno, no podían dejar de conducir al triunfo seguro del ejército real.

Valdivia desplegó en estas operaciones tanta actividad como inteligencia. En la construcción de un puente de cimbra sobre el Apurimac, en el paso de este río y en la ocupación y defensa de las escarpadas alturas que lo rodean, confirmó su reputación de gran soldado. En la batalla de Jaquijahuana, que puso término a la guerra civil de 1548, cupo a Valdivia el honor de tender la línea realista y de merecer por ello el elogio más alto que puede recibirse. Cuando vio Francisco de Carvajal el campo real, dice el historiador Fernández, pareciéndole que los escuadrones venían bien ordenados, dijo: «Valdivia está en la tierra y rige el campo o el diablo».[364] Carvajal ignoraba que el conquistador de Chile estuviese en el Perú, y, sin embargo, creía que solo él había podido organizar aquella línea de batalla.

Momentos después de la victoria, se presentaba Valdivia delante de La Gasca, llevando prisionero al terrible Carvajal. El pacificador del Perú, provisto por Carlos V de los más amplios poderes que solía dar un rey, saludó a Valdivia con el título de gobernador, en vez del de capitán que hasta entonces le había dado. En el momento mismo recibió Valdivia las felicitaciones de sus compañeros. Al fin veía realizadas sus más queridas esperanzas. ¡Era gobernador de Chile en nombre del rey![365]

---

364 Diego Fernández, *Historia del Perú*, part. I, libro II, capítulo 89.
365 La relación particular de los servicios prestados por Valdivia a la causa del rey en toda esta campaña, no entra en el plan de nuestro libro. El lector puede hallarla en las antiguas historias del Perú, de las cuales la más prolija es la de Diego Fernández. Pero puede encontrar la mejor fuente de informaciones en las cartas o relaciones de La Gasca a Carlos V que publiqué en el *Proceso de Valdivia*, págs. 131-196. El mismo Valdivia ha referido estos sucesos con abundancia de pormenores en las *Instrucciones* citadas y en su carta de octubre de 1550. El historiador Prescott, que conoció este último documento, pero no las relaciones de La Gasca, que lo utilizó en la última parte de *Historia de la conquista del Perú*, dice de él (libro V, capítulo 3, nota 5) lo que sigue: «Debe confesarse que Valdivia nada deja que decir por modestia: toda su carta está escrita en un tono de jactancia que sería extraño aun en el más vanidoso hidalgo de Castilla». En efecto, en esa carta, como en las *Instrucciones* citadas, se atribuye la parte principal en la dirección de la campaña, y lleva su arrogancia hasta decir que apenas llegado al campo de La Gasca, éste le «dio el autoridad toda que traía de parte del rey, y le encargó todo el ejército y le puso bajo de su mano». Esta aseveración del vanidoso capitán está contradicha no solo porta correspondencia de La Gasca sino porta suya propia. En una carta escrita por Valdivia al rey el 15 de junio de 1548 desde la ciudad de Lima, le dice textualmente lo que sigue: «Venido al real de V. M.,

Capítulo VIII. Valdivia: su regreso a Chile con el título de Gobernador (1548-1549)

1. El cabildo de Santiago envía al Perú a Pedro de Villagrán a pedir la vuelta de Valdivia o el nombramiento de otro gobernador. 2. Valdivia, nombrado gobernador de Chile, reúne un cuerpo de tropas y emprende su vuelta a este país. 3. La Gasca lo hace volver a Lima para investigar su conducta. 4. Proceso de Pedro de Valdivia. 5. Se embarca en Arica para volver a Chile. 6. Sublevación de los indios del norte de Chile; incendio y destrucción de La Serena y matanza de sus habitantes. 7. Llega Valdivia a Chile y es recibido en el rango de gobernador.

1. El cabildo de Santiago envía al Perú a Pedro de Villagrán a pedir la vuelta de Valdivia o el nombramiento de otro gobernador

Mientras se desarrollaban en el Perú los sucesos que hemos recordado al terminar el capítulo anterior, los españoles que poblaban Chile, seguían viviendo en la más perfecta tranquilidad bajo la enérgica administración de Francisco de Villagrán. Impedidos por su corto número para acometer nuevas conquistas, se ocupaban principalmente en los trabajos de los lavaderos de oro. Parece que los productos de la demora de 1548 fueron satisfactorios. Las faenas particulares de Valdivia alcanzaron a pagar una buena parte del oro tomado por éste al marcharse para el Perú, sin que esto aplacara del todo el encono producido por aquel despojo. Nadie, sin embargo, intentó la menor agitación.

En cambio, reinaba una gran ansiedad por conocer el desenlace de los trastornos del Perú. Todos sabían que esos sucesos debían tener una gran influencia en los progresos de la conquista de Chile. Pero pasaron muchos meses sin que llegase noticia alguna. Al fin, en mayo de 1548 entró a Valparaíso una fragata con procedencia del Callao. Venía en ella Juan Dávalos Jufré, el emisario que había enviado Valdivia en agosto de 1546. Se recordará que

---

el presidente me dio cargo del campo juntamente con el mariscal Alonso de Alvarado, maestre de campo».

Conviene advertir que, aunque es completamente inexacto que Valdivia hubiese tenido el mando en jefe en esta campaña, como se comprueba por lo que dejamos dicho, algunos de los cabildos de Chile, el de Villarrica y el de Concepción, señaladamente, escribían al rey en 1552 para recomendar los servicios del caudillo conquistador, y le repetían la misma cosa. Véase *Proceso de Valdivia*, págs. 247 y 251. Parece que en Chile se creyó realmente que Valdivia había mandado como único jefe la campaña de 1548 contra los rebeldes del Perú.

este personaje había partido de Valparaíso en una lancha tripulada por ocho hombres. Venciendo grandes dificultades, llegó a un puerto de la provincia de Arequipa, se internó en el país, y a consecuencia de la revolución, se encontró en la imposibilidad de obtener los recursos que había ido a buscar. Algunos de sus compañeros se juntaron a la columna que Ulloa había preparado para traer a Chile, y uno de ellos, Diego García de Cáceres, había alcanzado a volver a este país a fines de 1547 entre los once hombres que llegaron con el capitán Maldonado.

Dávalos Jufré, después de diligencias que nos son desconocidas, consiguió llegar a Cajatambo y presentarse a La Gasca, que avanzaba por la sierra reuniendo bajo sus banderas numerosos capitanes y soldados. En el interés de comunicar a las provincias vecinas la noticia de su arribo y de su misión de paz y de concordia en nombre del rey, La Gasca despachaba a todas partes emisarios por medio de los cuales creía reducir a la obediencia a los rebeldes y mantener la tranquilidad en las provincias donde ésta no había sido alterada. Con este objetivo, mandó que Dávalos Jufré volviese a Chile con cartas para Valdivia y para el cabildo de Santiago. Aunque esas cartas fueron escritas el 25 de octubre de 1547, el emisario que las traía no llegó a Chile hasta mayo del año siguiente.[366]

Las noticias que Dávalos Jufré traía del Perú eran relativamente tranquilizadoras. La rebelión no había sido vencida, pero parecía seguro el triunfo de las armas del rey, vistas las defecciones que experimentaba Gonzalo Pizarro. Aquella formidable revolución que había convulsionado todo el país, no había encontrado simpatías en Chile. Esta provincia, según la expresión de un contemporáneo, se conservó «tan pacífica como si en ella se encontrase el emperador nuestro señor». Las comunicaciones de La Gasca fueron recibidas con satisfacción. «Se leyeron y pregonaron en la plaza pública, y se obedecieron con mucho contentamiento; y tanto que caballeros que allí estaban dijeron que ellos habían de ser los pregoneros, por ser cosas de nuestro rey, y no el pregonero

---

366 Actas del cabildo de Santiago de 22 de agosto y de 10 de septiembre de 1548. En la correspondencia de La Gasca al Consejo de Indias están anotados día por día todos sus trabajos en la pacificación del Perú. He tenido cuidado de examinar detenidamente esas cartas y no he hallado la menor referencia a lo que escribió al cabildo de Santiago con Dávalos Jufré. Sin embargo, el hecho consta, como dijimos, en las actas citadas del Cabildo.

común, y anduvieron de noche y de día apellidando ¡viva el rey!»**367** Sin embargo, la ruina misma de la revolución era un peligro para Chile. Se temía que los rebeldes derrotados buscasen un asilo en este país y que viniesen a continuar aquí la guerra civil con sus horrores y depredaciones. Villagrán tuvo que pasar todo el invierno sobre las armas para hacer frente a esta emergencia.

Pasaron todavía cerca de cuatro meses de desazonada expectativa, sin que se tuviera la menor noticia de los sucesos que habían puesto término a la guerra civil en el Perú. No se sabía nada de Valdivia ni del resultado de su viaje; y esta situación daba lugar a todo género de conjeturas. Creían algunos que el gobernador había muerto: pensaban otros que La Gasca había debido dejarlo en el Perú para utilizar sus servicios. El 22 de agosto, estando para volver al Perú la fragata que había traído a Juan Dávalos Jufré, el procurador de ciudad, Bartolomé de Mella, se presentó al Cabildo para pedirle que tomase alguna determinación. Según él, era llegado el caso de enviar al Perú un emisario que representase a La Gasca la conveniencia de designar una persona que tomase el gobierno de la colonia en el caso que Valdivia hubiese muerto, o que por cualquier otro motivo no pudiese volver a Chile. El procurador pedía que se llamase a consejo a los vecinos y moradores de la ciudad para que acordasen los poderes que debía llevar el emisario, y lo que éste había de pedir al representante del rey. Sin tomar en cuenta esta última indicación, el Cabildo designó en esa misma sesión, al regidor Pedro de Villagrán, «por ser persona hábil y suficiente para ello, para ir a las dichas provincias y negociar lo que conviene». Pedro de Villagrán era primo hermano del gobernador interino, desempeñaba el cargo de su maestre de campo y gozaba de su más ilimitada confianza.

La historia de la conquista de América enseña a cada paso que aquellos rudos guerreros no podían vivir mucho tiempo en paz y armonía, y que, aun,

---

367 Declaración prestada en Lima por Luis de Toledo, el 31 de octubre de 1548. Diego Fernández, *Historia del Perú*, part. I, libro II, capítulo 85, refiere que Luis de Toledo pasó al Perú en compañía de Valdivia. Fiado en la respetable autoridad de este cronista, asenté este mismo hecho en la página 67 del *Proceso de Valdivia*. De la declaración citada consta que, aunque estuvo a punto de embarcarse con el gobernador en diciembre de 1547, tuvo orden de volverse a Santiago, y que solo partió para el Perú en septiembre del año siguiente, en la misma fragata en que iba Villagrán.

Luis de Toledo era uno de los capitanes más fieles a Pedro de Valdivia. Todo hace creer que su viaje al Perú en septiembre de 1548, tuvo por motivo el ponerse al lado de éste, comprendiendo el peligro en que iban a colocarlo las tramas de sus enemigos.

en las más pequeñas agrupaciones de gente surgían las ambiciones más inesperadas. La ausencia de Valdivia había creado en Chile un partido en favor de Villagrán, soldado valiente, es verdad, pero que no poseía las dotes de inteligencia del jefe conquistador. La humilde ciudad de Santiago debió ser en aquellos días teatro de conciliábulos y de agitadas conversaciones sobre las cuestiones de gobierno. Los partidarios de Valdivia se inquietaron seriamente. Los tres oficiales reales, es decir, los funcionarios que en representación del rey tenían la administración del tesoro público, pidieron al Cabildo (29 de agosto) que se solicitara la confirmación de Valdivia en el cargo de gobernador, y que, además, se les diese voz y voto en los acuerdos de la corporación. Aunque esta última petición no fue aceptada, la actitud de esos funcionarios debió influir, sin duda, en la opinión y en las decisiones posteriores del Cabildo.

En efecto, el 10 de septiembre quedaron acordadas las cartas que debían dirigirse al gobernador del Perú. En una de ellas el Cabildo pedía que a la mayor brevedad se hiciese volver a Valdivia a tomar el mando de Chile «porque si se detuviere sería en mucho daño y perjuicio nuestro y todos los que estamos en servicio de Su Majestad, por estar esperando cada día a ser gratificados por él de nuestros trabajos y gastos que en la conquista de esta tierra hemos hecho». Recordando allí ligeramente los servicios prestados por Valdivia, el Cabildo señala como uno de los mayores el haber dejado en el gobierno a Francisco de Villagrán, «persona de mucha calidad y merecimiento, y muy servidor de su rey y amigo de hacer justicia y tan bueno que Nuestro Señor (Dios) por nos hacer merced, nos lo quiso dar». La otra carta era todavía más explícita. Pedía en ella el Cabildo que en caso de que Valdivia hubiera muerto, se diera el gobierno de Chile a Francisco de Villagrán, «caballero tan servidor de Dios y del rey, y amigo de honrar a todos guardando justicia, que no parece en las obras que hace haber sido nombrado por el gobernador y aceptado por nosotros, sino elegido de mano de Dios». En ambas cartas, el Cabildo justificaba plenamente la conducta administrativa de Villagrán y la ejecución del infortunado Pedro Sancho de Hoz.

A mediados de septiembre, estaba la fragata lista para darse a la vela. Villagrán dio permiso a varias personas para que pasasen al Perú, y entre ellas a algunos de los más encarnizados enemigos de Valdivia. Estos últimos eran aventureros turbulentos y descontentadizos, o colonos a quienes el gobernador no había gratificado a medida de sus ambiciones o a quienes había despojado de sus indios en la reforma de los repartimientos de 1546. Con ellos partió Pedro de Villagrán llevando las dos cartas de que hemos hablado más arriba, para entregar la una o la otra según las circunstancias.[368] Con ellos se embarcó también el procurador de ciudad Bartolomé de Mella, movido tal vez por asuntos personales o por sugestión de los parciales de Valdivia, puesto que de los documentos no aparece que llevara comisión alguna del servicio público. La fragata zarpó de Valparaíso el 24 de septiembre, favorecida por los vientos del sur reinantes en esa estación.

2. Valdivia, nombrado gobernador de Chile, reúne un cuerpo de tropas y emprende su vuelta a este país

Valdivia, entre tanto, hacía en el Perú los más activos esfuerzos para volver a Chile; pero experimentaba en sus trabajos grandes contrariedades. La escasez de sus recursos pecuniarios y el descrédito de Chile por una parte, y las intrigas de sus enemigos por otra, le impedían regresar al país cuya conquista había emprendido con tanta resolución.

Después de la batalla de Jaquijahuana, Valdivia pasó al Cuzco en la comitiva de La Gasca. El 23 de abril recibió allí el título oficial de gobernador y capitán general de la Nueva Extremadura. En las gestiones que a este respecto hizo,

---

368 Los documentos a que nos referimos están publicados con el acta del Cabildo de 10 de septiembre. Ellos no explicarían perfectamente la tentativa de sobreponer a Villagrán sobre Valdivia; pero el cronista Góngora Marmolejo, *Historia de Chile*, capítulo 8, aunque equivocando algunos pormenores, ha dado a conocer el móvil de esas comunicaciones. Góngora supone que Villagrán mandó hacer dos probanzas, una en pro y otra en contra de Valdivia, y que su primo llevó al Perú el encargo de presentar la una o la otra y según los casos. En los documentos antiguos no aparece más que lo que dejamos asentado en el texto. Refiere también ese cronista que Villagrán mandó hacer la fragata en que partió su emisario. Éste es un error. Esa fragata era la que cuatro meses antes había traído del Perú a Juan Dávalos Jufré como puede verse en las actas del Cabildo que hemos citado; y en la carta relación de La Gasca de 26 de noviembre de 1548, publicada en la pág. 183 y siguientes del *Proceso de Valdivia*.

Pero haciendo abstracción de estos pequeños errores de accidente, debe reconocerse que la relación de Góngora Marmolejo, sobre todo en lo que se refiere a la conducta de Villagrán, tiene las apariencias de verdad. El hecho solo de haber permitido que en esa ocasión se trasladasen al Perú los más encarnizados enemigos de Valdivia, que sin duda llevaban el plan de procurar la ruina de éste, basta para hacer desconfiar de la lealtad de Villagrán.

Valdivia había pedido empeñosamente que se extendiese esta gobernación hasta el estrecho de Magallanes. La Gasca, sin embargo, se negó terminantemente a acceder a esta exigencia. Por el título que dejamos citado, mandó que la Nueva Extremadura estuviese limitada «desde Copiapó, que está en 26° de parte de la equinoccial hacia el sur, hasta 41 norte sur, derecho meridiano, y en ancho desde la mar la tierra adentro, 100 leguas hueste leste». «Diósele esta gobernación, agrega La Gasca, por virtud del poder que de Su Majestad tengo, porque convenía mucho descargar estos reinos de gente y emplear los que en el allanamiento de Gonzalo Pizarro sirvieron, que no se podían todos en esta tierra remediar; y cupo dársela a él antes que a otro por lo que a Su Majestad sirvió esta jornada y por la noticia que de Chile tiene, y por lo que en el descubrimiento de aquella tierra ha trabajado.»[369] La Gasca le asignó también un sueldo de 2.000 pesos al año, pagaderos por cuenta del rey.

Valdivia, además, fue autorizado para levantar la bandera de enganche en el Perú a rinde reunir los auxiliares que quería traer a Chile. Prohibiósele, sin embargo, sacar para su servicio indios de aquella tierra y enrolar en sus filas a soldados que hubiesen servido en el ejército de la rebelión, a menos que éstos fuesen expresamente confinados a este país por los tribunales militares que con saña implacable estaban castigando a los partidarios de Gonzalo Pizarro. Inmediatamente despachó Valdivia a uno de sus capitanes, Juan Jufré, a reunir gente en la provincia de Charcas, y dejó en el Cuzco con el mismo objetivo a otro oficial de confianza llamado Esteban de Sosa. El gobernador se trasladó a Lima en busca de tropas y a tomar posesión de dos buques y de algunas vituallas que debían suministrarle los tesoreros del rey, bajo cargo de pagar más adelante 27.000 pesos de oro.[370] Valdivia, como todos los capitanes de su época que andaban buscando reinos para aumentar los estados de Carlos V, estaba obligado, según lo hemos dicho en otras ocasiones, a hacer todos los gastos de sus expediciones con su fortuna personal o firmando onerosas obligaciones que el oro de Chile no había de alcanzar a pagar.

En Lima, Valdivia tuvo que luchar con otras dificultades. Mandaba allí en nombre de La Gasca, aquel Lorenzo de Aldana, primo hermano, como hemos dicho, de Antonio de Ulloa, convertido, según sabemos, en enemigo implacable

---
369 Carta de La Gasca al Consejo de Indias de 7 de mayo de 1548.
370 Carta de Valdivia a Carlos V, fechada en Lima a 15 de junio de 1548.

del gobernador de Chile. No era, pues, extraño que éste se viese con frecuencia contrariado en sus aprestos. Dominando la altanería de su carácter, Valdivia lo soportaba todo sin proferir una sola queja, pero seguía imperturbable en sus trabajos sin cuidarse mucho de obedecer los mandatos superiores. Así, a pesar de las órdenes terminantes de La Gasca, embarcó algunos indios peruanos en los dos buques que tenía listos en el Callao para enviar a Chile. Aldana quiso visitar las naves para sacar esos indios; pero Valdivia no lo consintió, y dispuso que salieran del puerto y que fuesen a esperarlo en la costa de Arequipa, a donde él se dirigía por el camino de tierra. Sus enemigos escribieron todo esto a La Gasca, señalando con particular insistencia la desobediencia del gobernador de Chile y exagerando el número de indios que llevaba.[371]

En Arequipa halló Valdivia la gente que sus capitanes habían reunido para traer a Chile. Montaba apenas a 120 hombres. Muchos de ellos eran de tan malas condiciones que desde el Cuzco el presidente La Gasca había despachado tropa para custodiarlos a fin de impedir que cometiesen los desmanes y atropellos a que la soldadesca se había habituado durante las guerras civiles. Valdivia, sin embargo, se puso a la cabeza de esa banda de aventureros, incorporó en ella a algunos soldados del antiguo ejército de Gonzalo Pizarro, que habían sido condenados a galeras o que andaban perseguidos por la justicia, y el 31 de agosto emprendió resueltamente su marcha a Chile por los ásperos caminos de tierra. El gobernador no quería otra cosa que juntar el mayor número de hombres que le fuera posible para llevar a cabo su conquista; y pensaba, sin duda, que los rebeldes del Perú, a quienes salvaba de la cárcel y de las persecuciones, serían seguramente en Chile sus más fieles soldados. Al partir de Arequipa dejó encargado que la gente que se fuese allegando, se embarcase en los buques que venían del Callao en viaje para Chile.[372]

3. La Gasca lo hace volver a Lima para investigar su conducta

La Gasca, entre tanto, estaba asediado de quejas y de denuncios contra Valdivia. Los enemigos de éste exageraban empeñosamente estas pequeñas faltas del gobernador de Chile, y pedían que se le hiciera volver al Perú. Hallándose en el camino del Cuzco a Lima, La Gasca recibió el pérfido denuncio

---

371 Carta de La Gasca al Consejo de Indias de 25 de septiembre de 1548.
372 Carta de La Gasca de 26 de septiembre de 1548.

de que al partir de Chile, Valdivia había hecho dar muerte a Pedro Sancho de Hoz. Agregábase que esa tierra debía estar alterada, y que los contrarios de Valdivia habían de procurar impedir que éste volviese a gobernarlos. Aunque La Gasca ha reservado el nombre del denunciante, éste no podía ser otro que Antonio de Ulloa, el antiguo consejero de Sancho de Hoz y el enemigo declarado de Valdivia.

Delante de tales hechos, La Gasca creyó que no podía quedar impasible. En el momento, despachó órdenes al general Pedro de Hinojosa, que había quedado en el Cuzco, para que sin tardanza se trasladase a Arequipa, que visitase con toda prudencia las naves de Valdivia, soltase a los indios que éste llevaba, y que prendiese y enviase a Lima a los soldados que habiendo tomado parte en la rebelión de Pizarro, marchaban a Chile para sustraerse al castigo a que eran merecedores. Pero la comisión confiada a Hinojosa tenía otra parte mucho más delicada todavía. Debía informarse con todo secreto y disimulo de las cosas de Chile, y en caso de hallar que eran verdaderos los hechos de que se acusaba a Valdivia, lo haría volver a Lima para que diese cuenta de su conducta. Por el contrario, si descubría que los denuncios eran infundados, Hinojosa debía disimular su comisión y ayudar a Valdivia para que pudiese continuar su viaje. La Gasca tenía tanta confianza en la prudencia de Hinojosa que le envió provisiones con su firma en blanco para que el general las llenase como viese convenir a las circunstancias.[373]

Valdivia y su gente se hallaban ya en el valle de Sama, a muchas jornadas de Arequipa, cuando fueron alcanzados por Hinojosa y nueve hombres que le servían de escolta. Disimulando artificiosamente la comisión que llevaba, el agente de La Gasca refirió a Valdivia que iba a la provincia de Charcas, y que podían seguir juntos el mismo camino durante algunos días. Hinojosa, entre tanto, conversaba sobre los sucesos de Chile con los oficiales que habían estado en este país; y cuando descubrió que eran más o menos efectivos algunos de los cargos que se hacían a Valdivia, trató de persuadirlo de que debía volver a Lima a dar cuenta de sus actos y a sincerar su conducta. El gobernador de Chile, sin embargo, no queriendo demorarse en estas tramitaciones que trastornaban sus planes, y que a lo menos podían retardar la conquista en que estaba empeñado, respondió a Hinojosa que no le era posible volver atrás. En ese estado llegaron

---
373 Carta de La Gasca al Consejo de Indias de 25 de septiembre de 1548.

al pueblo de Atacama, a entradas del último desierto que era preciso atravesar para llegar a Chile.

El general Hinojosa no quiso retardar más tiempo el cumplimiento del encargo que llevaba. Una mañana, cuando nada hacía esperar un cambio en sus determinaciones, penetró resueltamente en la cámara de Valdivia y le presentó la orden de volver a Lima. Los nueve soldados de su séquito, estaban a su lado con los arcabuces listos y las mechas encendidas, para hacer cumplir este mandato. Valdivia, sin embargo, no opuso la menor resistencia a obedecer aquella orden. Lejos de eso, él mismo contribuyó a aplacar a su tropa que se mostraba inquieta e inclinada a empuñar las armas en defensa de su jefe. Enseguida, dejando la orden de que esa gente continuase su viaje a Chile, Hinojosa y Valdivia dieron la vuelta al norte (septiembre de 1548).**374** El general, en virtud de los amplios poderes que le había conferido La Gasca, puso a la cabeza de esos soldados a uno de los oficiales que formaban su séquito, al capitán Francisco de Ulloa que nunca había estado en Chile, ni tenía relaciones con los conquistadores de este país. Ya veremos cómo esta designación fue causa de dificultades y de desórdenes.

Después de un penoso viaje de muchos días por los desiertos y valles del sur del Perú, Hinojosa y Valdivia se embarcaron en Arica en uno de los buques de este último, y se hicieron a la vela para el Callao. Su arribo a este puerto el 20 de octubre, colmó de satisfacción a La Gasca. Creía éste que el cumplimiento fiel de sus órdenes por un capitán de conocida intrepidez y que disponía de elementos para desobedecerlas, contribuiría a robustecer el prestigio de la autoridad real en el Perú. Por otra parte, ese mismo acto de sumisión probaba que Valdivia tenía plena confianza en la bondad de su causa. Así, pues, La Gasca lo recibió con consideración y lo dejó gozando en Lima de completa libertad. Los enemigos de Valdivia, sin embargo, debieron creer que la ruina de este caudillo era inevitable.

---

374 Estos sucesos han sido referidos por Valdivia en su carta de octubre de 1550, y por La Gasca en la de 26 de noviembre de 1548. Hay en ambas relaciones bastante conformidad en el conjunto y en los detalles, pero su espíritu es diferente. Así, mientras La Gasca cree que Valdivia no quería volver a Lima, y que fue necesario presentarle con todo el aparato de la fuerza, la orden que tenía Hinojosa, el gobernador de Chile protesta su absoluta sumisión al representante del rey, y lamenta que Hinojosa no le hubiese hablado con franqueza desde el principio para haberse puesto en marcha sin necesidad de emplear todo aquel aparato militar.

La Gasca era demasiado sagaz para dejarse influenciar por los denuncios más o menos pérfidos que le comunicaban los enemigos del gobernador de Chile. El pacificador del Perú, anciano de carácter frío y reservado, conocía bastante bien a los hombres que lo rodeaban, había estudiado el cúmulo de intrigas en que vivían envueltos, sabía que un gran número de ellos había cometido delitos de infidelidad a su rey, y si estaba dispuesto a disimular, no quería dejarse engañar por nadie. La Gasca se había impuesto privadamente de las relaciones entre Ulloa y Valdivia. Estaba obligado por las circunstancias a perdonar las faltas del primero, pero conocía perfectamente la parte que había tomado en las revueltas del Perú hasta el día en que abandonó el servicio de Gonzalo Pizarro. Así, pues, teniendo que apreciar la conducta de Valdivia, comenzó desde el 22 de octubre a tomar cautelosamente una información secreta sobre el estado en que éste había dejado a Chile al partir para el Perú, sobre sus relaciones con Gonzalo Pizarro, sobre la muerte de Sancho de Hoz y particularmente, sobre si su confirmación en el gobierno de este país sería, como se le había dicho, el origen de revueltas y perturbaciones. La Gasca recogía con toda diligencia las declaraciones de numerosas personas que habían vivido en Chile, y que hablaban más o menos desapasionadamente de las cosas de este país. Esa información reveló desde el principio que muchas de las acusaciones que se hacían a Valdivia eran infundadas, y que cualesquiera que fuesen las verdaderas faltas de este capitán, sus méritos y sus servicios eran indisputables y dignos del premio que se le había dado al confiársele el cargo de gobernador de Chile.

4. Proceso de Pedro de Valdivia

Seguramente, la detención de Valdivia habría terminado en pocos días. La justificación de su conducta parecía inevitable, y La Gasca, que no tenía ningún interés en retenerlo en Lima, lo habría dejado partir prontamente a hacerse cargo de su gobierno. Pero el 24 de octubre llegaba al Callao la fragata que había partido de Valparaíso el mes anterior. Iban en ella, como ya dijimos, Pedro de Villagrán, con el cargo de representante del cabildo de Santiago, y otros vecinos de esta ciudad, algunos de los cuales eran parciales y otros enemigos declarados de Valdivia. La Gasca pudo recoger de los más caracterizados, o más propiamente de los menos apasionados de ellos, diversas noticias que debían serle útiles para apreciar la conducta del gobernador de Chile.[375]

Pero, el 28 de octubre, uno de los pasajeros de esa misma fragata entregó a La Gasca un acta de cincuenta y siete capítulos de acusación contra Valdivia. Los cargos estaban amontonados allí sin orden ni plan; pero se señalaban hechos de la mayor gravedad, sobre los cuales no era posible dejar de hacer una seria investigación. Valdivia, se decía allí, había muerto a varios españoles sin causa justificada; había apresado y quitado sus provisiones reales a Pedro Sancho de Hoz obligándolo por la fuerza a firmar la renuncia de sus derechos; había despojado de sus bienes a muchos de sus gobernados; había sido partidario de Gonzalo Pizarro, cuya causa había querido ayudar cuando fue al Perú; había dado y quitado los indios a los españoles de Chile según su capricho y sus pasiones; había gobernado este país sin ley ni freno, haciendo siempre su voluntad, y vejando a todo el mundo con palabras y con obras; había por fin llevado una vida licenciosa, de jugador de mala ley y de hombre de malas costumbres, en compañía de una mujer española a la cual había dado los premios que correspondían a los mejores servidores del rey. Todas esas acusaciones tenían un fondo de verdad; pero la pasión había exagerado los hechos, convirtiéndolos todos en una cadena de atentados y de crímenes. Los acusadores habían recargado tanto el colorido que no reconocían en Valdivia ninguna cualidad estimable.

El primer cuidado de La Gasca fue descubrir quiénes eran los autores de esta tremenda acusación. Sospechaba con fundamento que al presentarla anó-

---

375 Esta información de La Gasca, aunque menos importante que el proceso de que vamos a hablar enseguida, es un documento útil para la historia, y como tal nos ha servido mucho para trazar las páginas anteriores. La Gasca había limitado su investigación a los puntos siguientes: 1° Cómo se apoderó Valdivia de los fondos que llevó al Perú; 2° Si tuvo participación en la muerte de Pedro Sancho de Hoz, y cuáles fueron los antecedentes de esta catástrofe; 3° Cuáles eran las relaciones entre Valdivia y Gonzalo Pizarro, y si era cierto que el primer propósito de éste al trasladarse al Perú había sido prestar ayuda a los rebeldes y 4° Si convenía o no que Valdivia volviese a tomar el gobierno de Chile. La Gasca tomó las declaraciones de las personas siguientes: Vicencio del Monte, Diego García de Villalón, Diego de Oro, Francisco Rodríguez, Vicencio de Pascual, Gregorio de Castañeda, Guillermo de la Rocha, Bernardino de Mella, Luis de Toledo, Diego García de Cáceres y García de Cárdenas. El conjunto de estas declaraciones, que contienen muchos pormenores, es favorable a Valdivia, y deshacen el mayor número de los cargos que se habían formulado en contra de él. No es extraño que La Gasca tuviera resuelto el reponerlo en el mando cuando llegó a sus manos la acusación de que vamos a hablar enseguida.

nima y disimuladamente, pretendían algunos de ellos ser oídos como testigos y fortificar así los cargos que se hacían a Valdivia. No le fue difícil descubrir la verdad. La acusación había sido hecha en casa de un mercader de Lima, llamado Gaspar Ramos, por Antonio de Ulloa y seis de los españoles que acababan de llegar de Chile, y todos los cuales tenían algún motivo de queja contra Valdivia, sobre todo el de no haberlos gratificado largamente al hacer los repartimientos de indios en el país conquistado. Cuando La Gasca hubo establecido este hecho, dio a Valdivia copia de la acusación para que pudiese hacer su defensa.

Tres días después presentaba Valdivia su vindicación en un largo escrito del más alto interés histórico. Examinaba uno a uno los cargos que se le hacían, negaba unos, rectificaba otros y hacía la defensa completa, aunque no siempre satisfactoria, de su conducta. No necesitamos detenernos para dar a conocer su justificación: al referir en los capítulos anteriores la historia de Valdivia, hemos expuesto sencillamente los hechos verdaderos que quedan probados en su acusación y en su defensa; y si de ellos resultan graves faltas, también aparecen las grandes dotes que lo elevan sobre el mayor número de los más famosos capitanes de la conquista de estos países. La justificación de Valdivia, en efecto, no se desprende del examen aislado de sus actos, hecho bajo la luz de las ideas morales de nuestro tiempo, sino de la comparación con los hechos de sus contemporáneos, y del conocimiento de la sociedad en que vivió. La Gasca, que había tenido que tratar con muchos otros hombres inferiores a Valdivia por la inteligencia y por el carácter, y que por no hallar mejores servidores y consejeros había tenido que guardarles grandes consideraciones, debió sentirse inclinado a absolverlo; pero quiso adelantar la investigación para pronunciar un fallo.

En efecto, además de las informaciones que había recogido anteriormente, tomó la declaración de cuatro capitanes que habían servido en Chile bajo las órdenes de Valdivia, que conocían perfectamente casi todos los sucesos ocurridos en este país, y que eran extraños a la acusación.[376] Sin pretender justificar todos sus actos y, aun, reconociendo muchos de sus defectos y de sus faltas, estos testigos explicaron lealmente la conducta del gobernador de Chile y demostraron la importancia de sus servicios y la consideración que merecía

---

376 Eran éstos: Luis de Toledo, Gregorio de Castañeda, Diego García de Cáceres y Diego García de Villalón.

a sus subalternos. La Gasca se convenció de esto mismo cuando recibió las comunicaciones que llevaba Pedro de Villagrán, y en las cuales el cabildo de Santiago le pedía la vuelta de Valdivia con la confirmación del título provisorio que esta ciudad le había dado en 1541. Este solo hecho demostraba que era absolutamente falso el temor que manifestaban sus enemigos de que su vuelta a Chile debía ser la causa de revueltas y de trastornos. La Gasca descubrió, además, que Pedro Sancho de Hoz no había tenido nunca provisión real para hacer la conquista de Chile, que asociado a esta empresa por la sola voluntad de Francisco Pizarro, no había cumplido sus compromisos, y se había hecho conspirador contra su socio y, por último, que en su muerte no había tenido parte alguna el gobernador Valdivia. Por otra parte, nada en la conducta de éste probaba de una manera efectiva y convincente que hubiera simpatizado con la rebelión de Gonzalo Pizarro, y lejos de eso, era evidente que había servido eficazmente y en primera fila en la pacificación del Perú, lo que desvirtuaba más aún aquella acusación. Por último, si era cierto que había despojado de sus caudales a los españoles que querían salir de Chile, Valdivia había empleado ese dinero en el servicio del rey, y había mandado, además, que se pagase con el producto de los lavaderos de oro de su propiedad particular.

Todas estas consideraciones tuvo La Gasca para firmar el 19 de noviembre de 1548 la sentencia absolutoria de Valdivia. Esa sentencia dictada con el acuerdo del arzobispo de Lima y de los más altos consejeros del gobierno del Perú, y entre ellos del mismo Lorenzo de Aldana, que había hostilizado a Valdivia, no es en manera alguna la justificación completa del gobernador de Chile. La Gasca reconocía algunas de las faltas de éste, y le recomendaba que se separase de Inés Suárez para no dar escándalo a sus gobernados, que acabase de pagar los dineros de que había despojado a algunos españoles, que olvidase las quejas que tuviese de aquéllos de sus subalternos que lo habían ofendido, tratándolos en adelante con dulzura, sin tomar venganza de ellos y sin arrastrarlos a juicio, que en los repartimientos de indios premiase sin pasión a los mejores servidores del rey, y que permitiera salir de Chile a los españoles que lo solicitaran.[377] Terminado de esta manera aquel molestísimo proceso, Valdivia quedaba expedito para emprender su viaje a Chile.

---

377 El proceso íntegro de Valdivia forma la parte principal del volumen de documentos concernientes a ese conquistador que con ese título publicamos en 1874. Es como ha podido verse por las notas de los capítulos anteriores, una pieza capital para conocer la historia

5. Se embarca en Arica para volver a Chile

En efecto, el 20 de noviembre partía de Lima por el camino de tierra en compañía de diez o doce caballeros que lo habían acompañado desde Chile o que querían venir a este país a tomar parte en la prosecución de la conquista. Este viaje, terriblemente penoso en cualquier estación, lo era mucho más en aquellos meses en que un Sol implacable abrasaba la serie de desiertos que forman la región de la costa del Perú, y que solo están interrumpidos por estrechos valles ordinariamente malsanos en esta época del año. Aquellos hombres de fierro soportaban, sin embargo, resueltamente esos sufrimientos y todo género de privaciones y, con frecuencia, vencían a la naturaleza misma. Pero al llegar a Arequipa el 24 de diciembre, Valdivia fue asaltado por «una enfermedad del cansancio y trabajos pasados, que lo puso, dice él mismo, en el extremo de la vida».

Apenas repuesto de esta enfermedad, después de ocho días de descanso, Valdivia continuaba su viaje al sur para tomar uno de sus buques que debía hallarse en Arica. Aquella región del Perú estaba todavía más o menos agitada a consecuencia de las últimas revueltas de ese país. Cuenta Valdivia que por todas partes encontraba gentes descontentas con el gobierno. Creyéndolo agraviado, invitaban al gobernador de Chile a ponerse a la cabeza de una nueva revolución que habría tenido su centro en la apartada provincia de Charcas, donde se comenzaban a explotar minas de una riqueza maravillosa. Valdivia desoyó esas sugestiones; pero La Gasca le había recomendado que descargase de gente esa región, porque mientras anduviesen vagando aquellos aventureros no habría seguridad ni podría conducirse a Lima la plata que se extraía de las minas de Charcas. Así, pues, el gobernador de Chile pudo reunir allí unos 200 hombres que debían servirle para adelantar su conquista. El 18 de enero de 1549 estaba en Arica listo para embarcarse con ese cuerpo de auxiliares.

Algún tiempo antes había pasado para Chile por el camino de tierra otro socorro de hombres. Hemos contado que cuando en septiembre del año anterior fue detenido Valdivia por el general Hinojosa, mandó éste que los cien soldados que aquél había reunido, siguiesen su viaje a Chile bajo las órdenes del

---

de los primeros años de la Conquista de Chile. El lector encontrará en la acusación, en las declaraciones y en la defensa un gran conjunto de datos para conocer a aquellos hombres y aquellos tiempos.

capitán Francisco de Ulloa. Otros capitanes de Valdivia habían reunido también pequeños destacamentos y tomaron el mismo camino. La armonía no podía durar largo tiempo entre aquellos oficiales. Peleándose el derecho de mandar a todos los auxiliares, el capitán Juan Jufré apresó a Ulloa, y se hizo jefe de toda la columna.[378] Como Jufré era un servidor leal y decidido de Valdivia, la entrada de esos auxiliares en el territorio chileno no ofreció inconveniente alguno y, aun, fue de gran utilidad para la pacificación de las provincias del norte, como lo veremos más adelante.

Ignorante de estos sucesos, Valdivia ardía en deseos de llegar cuanto antes a Chile, no solo con el objeto de adelantar la conquista sino para prevenir las perturbaciones que podía producir la entrada de aquella gente. En Arica lo esperaba el capitán Jerónimo de Alderete con uno de los buques que había comprado en el Callao, el galeón San Cristóbal, barco viejo, que en 1534 había traído de Guatemala Pedro de Alvarado, y que ahora hacía agua por tres o cuatro partes. Allí se embarcó Valdivia con sus 200 hombres; y sin más víveres que una cantidad de maíz y cincuenta llamas en sal. El 27 de enero (1549) se daba a la vela para Chile.

Aquella navegación debía ser extremadamente larga y penosa. Los marinos españoles que navegaban en el Pacífico no se alejaban de la costa. Si bien esta circunstancia les permitía llegar en un mes de Valparaíso al Callao, aprovechando los vientos del sur y las corrientes del océano, la vuelta, teniendo en contra estos elementos, los retardaba muchos meses, como había ocurrido a Pastene en 1547. Valdivia explica bastante bien los inconvenientes de estos viajes. «Como no alcanzan allí los nortes, dice con este motivo, y hay sures muy recios, se ha de navegar a fuerza de brazos y a la bolina, ganando cada día 3 o 4 leguas, y otros perdiendo doblados, y a veces más.»[379] Faltaba todavía un cuarto de siglo para que un piloto tan inteligente como osado (Juan Fernández) descubriese un camino más largo en su trayecto, pero que era posible recorrer con mucha mayor rapidez.

---

378 Góngora Marmolejo, *Historia*, capítulo 9; Mariño de Lobera, *Crónica*, capítulo 26.
379 Carta a Carlos V de octubre de 1550. *Instrucciones* citadas, pág. 233.

6. Sublevación de los indios del norte de Chile; incendio y destrucción de La Serena y matanza de sus habitantes

En esos momentos, los españoles que se hallaban establecidos en Chile, pasaban por una situación sembrada de peligros. En los últimos días de 1548, los indios de Copiapó habían tomado nuevamente las armas, y atacando, probablemente de sorpresa, a los primeros soldados que habían salido del Cuzco con el capitán Esteban de Sosa, mataron a cuarenta de ellos. El levantamiento se hizo general en toda aquella región. Los indios de Coquimbo, cansados de las vejaciones que sufrían de los conquistadores, y comprendiendo que les esperaba una suerte igual a la de los indígenas de los valles del sur, es decir, la servidumbre y el trabajo forzado en los lavaderos de oro, imitaron el ejemplo de sus hermanos de Copiapó. Los pocos españoles que poblaban La Serena, vivían desprevenidos e ignorantes del levantamiento de los indígenas, cuando una noche vieron asaltadas sus habitaciones en medio de una espantosa gritería. La defensa fue imposible. La saña de los asaltantes era implacable: mataban a los hombres, a las mujeres y a los niños, así españoles como indios de servicio, y junto con ellos a los caballos y demás animales domésticos que habían llevado los conquistadores. Enseguida, prendieron fuego a las habitaciones y las arrasaron hasta sus cimientos para no dejar ni vestigios de la naciente ciudad.[380]

De esta matanza, solo escaparon dos españoles, uno de los cuales era Juan de Cisternas, antiguo regidor del cabildo de La Serena. Caminando a pie de noche y ocultándose durante el día en los bosques y quebradas, llegaron éstos a Santiago en los últimos días de enero de 1549, y comunicaron el incendio y destrucción de aquella ciudad. Inmediatamente resolvió el gobernador interino Francisco de Villagrán marchar al frente de unos cuarenta soldados a castigar a los indios rebeldes. El mando de Santiago quedó encomendado al capitán Francisco de Aguirre.[381]

---

380 Las noticias que acerca de estos sucesos se encuentran en los documentos primitivos y en los antiguos cronistas, son vagas y contradictorias en los detalles, de tal suerte que no se pueden recoger más datos que los que consignamos en el texto. El lector puede consultar las actas del cabildo de Santiago de 1 y 13 de febrero y de 13 de marzo de 1549; a Góngora Marmolejo, capítulo 9, y a Mariño de Lobera, capítulo 17. Las noticias que se encuentran en los cronistas posteriores suelen estar adornadas de incidentes enteramente falsos y que no resisten a un ligero examen.
381 Cabildo de 1 de febrero de 1549.

Antes de muchos días se recibieron noticias más alarmantes todavía. Se supo la rebelión de los indios de Copiapó y la matanza de españoles que habían hecho, y se recogieron informes de que los indígenas de las inmediaciones de Santiago preparaban también un levantamiento. Los castellanos que dirigían la explotación de los lavaderos de Malgamalga, temiendo ser víctimas de la sublevación, pedían que se les auxiliase con tropa para la defensa de sus personas y de sus labores. Por todas partes se hacían sentir idénticos temores que obligaron al cabildo de Santiago a tomar diversas medidas militares, y a todos los colonos a vivir con las armas en la mano como en los peores días de los años pasados.

En medio de la escasez de gente, solo se pudieron enviar cuatro soldados para defender a los mineros de Malgamalga; pero se mandó que estos últimos estuvieran siempre armados, y que tomasen las precauciones necesarias para evitar cualquier sorpresa. Los jefes de las tribus de indios vecinos de Santiago, fueron reducidos a estrecha prisión. El gobernador sustituto Francisco de Aguirre salió a recorrer los campos situados al norte de la ciudad; y el alguacil mayor Juan Gómez fue autorizado para ir en persona o para enviar gente en otras direcciones, y provisto de las más amplias facultades para castigar a los españoles que no le prestasen la más decidida ayuda. Se juzgará del objeto de estas campeadas por las palabras siguientes de las instrucciones que el Cabildo dio a Juan Gómez: «Y así mismo, dice ese documento, le damos el dicho nuestro poder cumplido al dicho alguacil mayor para que pueda salir de esta ciudad siéndole mandado por nos, a tomar lengua de lo que hay en la tierra; y para ello pueda tomar cualquier indio de cualquier repartimiento, ahora sea de paz o de guerra, y lo atormentar y quemar para saber lo que conviene se sepa en lo tocante a la guerra, sin que de ello ahora ni en tiempo alguno se le pueda pedir ni tomar cuenta, por cuanto así conviene se haga al servicio de Dios nuestro señor, y al bien y sustentación de esta tierra».[382] Ni los documentos ni los cronistas nos han dejado constancia de los castigos preventivos y de los horrores que se perpetraron sobre los pobres indios en virtud de esta autorización; pero cuando se conoce el desprecio que la raza indígena merecía a los conquistadores, y cuando se ve que éstos estaban profundamente convencidos de que aquellas iniquidades eran en servicio de Dios, se comprende que no faltarían en

---

382 Cabildo de 13 de marzo de 1549.

aquellas coyunturas indios quemados y descuartizados por simples sospechas o porque no revelaban lo que no sabían.

Tampoco conocemos los castigos que Francisco de Villagrán aplicó a los indios rebeldes de Coquimbo y de Copiapó. Se ocupó en estas diligencias cerca de tres meses. Los vecinos de Santiago estuvieron algún tiempo alarmados por la falta de noticias del gobernador interino y, aun, parece que temieron que pudiese haber sido derrotado por los indios. En efecto, era de temerse que esto sucediera, visto el escaso número de sus tropas; pero en esos momentos llegaban los nuevos destacamentos de auxiliares que venían del Perú, y ellos contribuyeron a imponer respeto a los indígenas. Villagrán se hallaba todavía ocupado en estos trabajos, cuando supo que Valdivia estaba de vuelta en Valparaíso.

7. Llega Valdivia a Chile y es recibido en el rango de gobernador

En efecto, después de emplear más de dos meses y medio en su viaje desde Arica, el gobernador llegaba a Valparaíso a mediados de abril. Al pasar en frente de Coquimbo, desembarcó alguna gente para adquirir noticias de la ciudad, y tuvo el dolor de saber por los escombros que se hallaron, la suerte que había corrido pocos meses atrás.

Cuando parecía que Valdivia estaba ansioso por reasumir el gobierno de la colonia, se le vio detenerse, por cuestiones de etiqueta, dos meses enteros en Valparaíso. Allí fueron a saludarlo sus más ardorosos amigos, y allí llegó también Villagrán a darle cuenta de los sucesos de su interinato y, sobre todo, de las últimas ocurrencias de la región del norte. Valdivia estaba persuadido de que el nombramiento de gobernador que traía, como dado por el representante directo del rey, lo eximía del deber de prestar juramento al tomar posesión de ese cargo. En esta virtud, entregó sus títulos a Jerónimo de Alderete para que a su nombre se recibiera del gobierno. Pedro de Miranda, procurador de ciudad en ese año, se presentó al Cabildo reclamando que antes que se le recibiera en el mando, se le tomase el juramento de «guardar los mandamientos reales, mantener a sus gobernados en paz y en justicia, guardar las libertades, franquicias, privilegios y gracias que el rey acuerda a los caballeros hijosdalgo, y a todas las personas que descubren y conquistan y pueblan tierras nuevas, y consentir que goce esta ciudad, vecinos y moradores de ella de los términos y jurisdicción que le fueron señalados, dándole y acrecentándole los propios, ejidos, dehesas y baldíos».[383] El Cabildo, respetando las tradiciones de los antiguos privilegios municipales de los pueblos de España, aprobó la proposición de su procurador. En esta virtud, Alderete prestó en nombre de Valdivia el juramento de estilo el 19 de junio, y este último fue proclamado gobernador de Chile.

El día siguiente, 20 de junio, día de Corpus Christi, hizo Valdivia su entrada solemne en la ciudad. El Cabildo y los vecinos más notables de Santiago, se reunieron en la casa del gobernador para reconocerlo en el ejercicio de su cargo. Cuando el Cabildo le pidió que ratificara el juramento que a su nombre había prestado Jerónimo de Alderete, Valdivia «juró como caballero, hijodalgo y gobernador, plegó las manos una contra otra, y juró en debida forma de derecho como tal persona, que tendrá y guardará y cumplirá todo aquello que el dicho capitán Jerónimo de Alderete juró y prometió». El Cabildo, sin embargo, no se satisfizo con esta demostración. Según él, la palabra dada por Valdivia era solo pleito homenaje, es decir, una promesa formal de cumplir las órdenes reales y, por tanto, era necesario que «prestase el juramento en forma de derecho como es uso y costumbre». Fuele forzoso al arrogante capitán someterse a esta formalidad, de que había querido desentenderse; y poniendo la mano derecha sobre una cruz, juró en nombre de Dios y de la Virgen María cumplir todo lo que había prometido.[384] El mismo día fue pregonado en la ciudad su reconocimiento en el carácter de gobernador en nombre del rey. Desde entonces el arrogante capitán se dio en todas sus providencias el tratamiento de don Pedro de Valdivia, que usaron igualmente las autoridades que se dirigían al gobernador.

El primer acto de Valdivia fue expedir en honor de Francisco de Villagrán el título de teniente de capitán general, es decir, de su segundo en el mando de Chile. El agraciado, sin embargo, no quedó largo tiempo en este país. El gobernador creía que en ese momento era posible sacar del Perú muchos otros auxiliares para adelantar las conquistas que meditaba. Con este propósito, reunió todo el oro que pudo proporcionarse, y que según Valdivia ascendió a 36.000 castellanos, y lo entregó a Villagrán. Debía éste trasladarse al Perú para dar cuenta a La Gasca del estado de Chile y de la complacencia con que había sido recibido su gobernador, y para enganchar enseguida toda la gente que quisiera venir a este país. Villagrán partió de Valparaíso el 9 de julio en uno de

---

383 Cabildo de 17 de junio de 1549.
384 Cabildo de 20 de junio de 1549.

los buques que había traído Valdivia. Es posible que al confiarle esta comisión, el caviloso gobernador quiso también desorganizar el partido que en la colonia había comenzado a formarse en favor de Villagrán. Más adelante tendremos que referir cómo desempeñó éste aquel encargo.

Para tener expedito el camino de tierra, Valdivia acordó repoblar la ciudad de La Serena. Confió este encargo el capitán Francisco de Aguirre que había demostrado mano firme en la guerra contra los indios, y en el castigo de éstos. En esos momentos, Valdivia podía contar con fuerzas más considerables. Además de los 200 hombres que trajo del Perú en sus buques, habían llegado por tierra otros cien hombres que venían bajo las órdenes de Juan Jufré. Pudo, pues, poner bajo las órdenes de Aguirre una regular columna para la expedición a Coquimbo.[385]

La partida de Aguirre dio lugar a una cuestión entre el Cabildo y el gobernador. A petición del procurador de ciudad, quería aquella corporación que, siendo Santiago cabeza de la gobernación, no se redujera la extensión jurisdiccional que se le había dado en 1541, declarándose, por tanto, que La Serena quedaría comprendida dentro de sus términos. Valdivia, desoyendo esta exigencia dictada por una vana ambición de prerrogativas y preeminencias, resolvió que Santiago quedaría siendo la cabeza de la gobernación, pero que La Serena tendría el título de ciudad con los términos y jurisdicción que le había señalado.[386] El gobernador que meditaba la fundación de otras ciudades, quería que, aunque sujetas a un poder central, tuvieran cabildo propio y facultades independientes dentro de los límites de su jurisdicción respectiva.

En esta ocasión se aseguró de una manera definitiva la tranquilidad de aquellos territorios. Aguirre comenzó por echar los cimientos de la nueva ciudad de La Serena el 26 de agosto de 1549,[387] y construyó allí un fuerte en

---

385 En un expediente promovido por uno de los descendientes de Aguirre del mismo nombre y apellido, en diciembre de 1688, para que se le diese una encomienda, dice que su antepasado partió para esta campaña a la cabeza de ochenta hombres. En los documentos primitivos no hay constancia del número de soldados que sacó Aguirre, y me persuado de que el número que fija el expediente citado es de pura invención. Conviene advertir que deben recibirse con reserva las noticias que se hallan en documentos de esa clase, informaciones de mérito, etc. He hallado muchas veces las mayores exageraciones y los más inconcebibles errores.
386 Cabildo de 26 de julio de 1549.
387 Don Claudio Gay ha publicado todos los documentos relativos a la segunda fundación de La Serena en las págs. 211-220 del I tomo de Documentos que acompañan a su obra. Más

que pudieran resguardarse sus pobladores en caso de ataques de los indígenas. Enseguida, poniéndose a la cabeza de sus soldados, recorrió los campos para hacer, según sus instrucciones, el castigo de los indios. Ese castigo, severo y memorable, según un antiguo cronista que no ha cuidado de darlo a conocer,[388] fue una serie no interrumpida de horrores de que se conservaba el recuerdo mucho tiempo después. Los españoles encerraban vivos a los indios, así hombres como mujeres, en ranchos de paja y, luego, les prendían fuego, haciéndolos morir por partidas de a ciento. Esta campaña y estas crueldades diezmaron la población indígena de esas provincias; pero al paso que aterrorizaron a los indios sobrevivientes, alejándolos de todo pensamiento de nuevas sublevaciones, asentaron entre los conquistadores la gloria y la reputación militar de Francisco de Aguirre. A él se debió, en efecto, que el camino de tierra entre Chile y el Perú quedase mucho más despoblado, pero libre de los peligros que hasta entonces lo habían hecho tan dificultoso.

---

tarde han sido reimpresos.
388 Mariño de Lobera, capítulo 28.

Capítulo IX. Valdivia: organización administrativa y social de la colonia (1541-1553)

1. Primera población de la colonia. 2. Primeros trabajos agrícolas. 3. Industrias manuales; aranceles fijados por el Cabildo. 4. El comercio: creación de un mercado público. 5. Moneda usada por los conquistadores: la fundición de oro. 6. Inútiles esfuerzos de los conquistadores para descubrir minas de plata. 7. Impuestos y multas. 8. Administración de justicia. 9. La vida de ciudad. 10. Condición de los indígenas. 11. Estado religioso de la colonia. 12. Falta absoluta de escuelas en estos primeros tiempos.

1. Primera población de la colonia

En la época a que hemos alcanzado en la relación de los hechos de la Conquista, la colonización de Chile se robustecía, y la ciudad de Santiago comenzaba a perder el aire de campamento provisorio de sus primeros días. Sus casas, es verdad, eran modestísimas habitaciones cubiertas con paja; pero había comenzado a plantearse una administración estable, principiaba a nacer la industria y se regularizaba la vida social.

Durante los primeros años, la colonia, como hemos visto, tuvo menos de 200 pobladores españoles. A fines de 1549, este número alcanzaba a 500.[389] Desde 1543 habían comenzado a llegar del Perú algunas mujeres españolas.[390] La población criolla comenzaba también a desarrollarse. Aparte de los pocos niños, casi todos mestizos, que trajeron consigo los primeros conquistadores,

---

[389] Da esta cifra el mismo Valdivia en las *Instrucciones* tantas veces citadas. Véase el Proceso de Valdivia, pág. 241.

[390] Una de las primeras fue una española natural de Canarias, apellidada Balcázar, que vino en 1544, en el buque del capitán Juan Bautista Pastene, que se casó con éste en Chile, y que tuvo una larga familia.
En prueba de que en esos años no faltaban en Santiago las mujeres españolas, vamos a citar otro caso. El 19 de septiembre de 1553 el capitán Juan Jufré solicitaba del Cabildo la concesión de un terreno situado al pie del cerro denominado hoy de San Cristóbal, para construir allí un molino. En su petición se leen estas palabras: «Yo soy conquistador, poblador y sustentador de los primeros que en esta gobernación han servido a Su Majestad, y me he casado en esta tierra y quiero perpetuarme en ella». El capitán Vicencio del Monte, que acompañó a Valdivia al Perú, y que volvió en 1549, trajo también «su mujer y familia», según dice la provisión expedida en su favor por el presidente La Gasca.

habían nacido en Chile algunos otros, hijos de legítimo hogar o fruto de uniones clandestinas con las indias.[391]

El mayor número de aquellos pobladores no residía entonces en Santiago más que transitoriamente. Valdivia ardía en deseos de ir a reducir las provincias del sur, y sus soldados, que sabían que esa región era la parte más poblada de Chile, estaban violentos por partir a la conquista para «tener qué comer», es decir, para que se les repartieran indios que hacer trabajar en los lavaderos de oro. Estos pobladores no tenían más que derecho de moradía. Pero los que querían establecerse en la ciudad, es decir, los que ejercían en ella el comercio, o tenían en sus inmediaciones repartimientos de indios o tierras de cultivo, eran denominados vecinos. Como tales, eran contribuyentes; pero tenían el derecho de poseer casa en la ciudad y de ser designados para los cargos públicos y concejiles. Este derecho era concedido por el Cabildo mediante una carta de vecindad que se daba sin largos trámites. Bastaba que un individuo la pidiese, expresando su deseo de avecindarse en la ciudad, para que el Cabildo lo mandase inscribir en el libro de vecinos, le diese la carta respectiva y le señalase solar para su casa, y tierras de cultivo, si también lo pretendía.[392] Deseando regularizar la ciudad, el Cabildo comenzó luego a exigir que cada nuevo vecino a quien se le concediere solar para construir su casa, lo cercara en un plazo dado de tantos meses, bajo pena de quedar sin valor su concesión si así no lo hiciere.[393]

La carta de vecindad daba derecho, como hemos dicho, para ejercer los cargos concejiles. En la práctica, sin embargo, éstos fueron el monopolio de unos cuantos individuos que se reelegían cada año o que se alternaban con cortos intervalos. En 1552, el procurador de ciudad pedía a Valdivia que mandase «que todos los vecinos que son personas honradas y en quien caben los dichos

---

[391] En el Cabildo de 22 de marzo de 1550, Luis de Cartagena, escribano y secretario de la corporación, se presentó pidiendo que se le pagasen sus sueldos atrasados porque «al presente está pobre y tiene tres hijos». En las tarifas fijadas por el Cabildo a las obras de los sastres y zapateros, se establece siempre el precio que debía pagarse por la hechura de la ropa y del calzado de los niños, todo lo cual revela que no escaseaban en esa época en la naciente ciudad. Valdivia habla también en su primera carta a Carlos V de los hijos que traían los conquistadores.
[392] Los libros de Cabildo ofrecen muchos casos de estas concesiones de cartas de vecindad. Véanse, entre otros, los cuerdos de 28 de abril y de 9 de agosto de 1550.
[393] Se hallará, entre otros casos, concesiones en esta forma, en los acuerdos del Cabildo de 7 de abril, de 7 de agosto y de 7 de noviembre de 1553.

cargos, gocen de las dichas libertades y vayan por ruedas, porque hay muchos vecinos que nunca se les ha dado cargo ninguno». Valdivia resolvió esta petición en los perentorios términos siguientes: «No ha lugar a lo que se pide porque es en perjuicio del servicio de Su Majestad y de la república andar en rueda los oficios, sino que se den a quien los mereciere, porque así conviene al bien de la república». Esta negativa del gobernador tenía, sin duda, un doble fundamento. Quería que los cargos públicos fuesen desempeñados por hombres de su confianza, que lo sirviesen y apoyasen con toda lealtad. Deseaba, además, que esos funcionarios tuviesen alguna cultura, que a lo menos supiesen firmar los acuerdos del Cabildo, y esta escasa ilustración era rara entre los primeros pobladores españoles de Chile.[394]

En los primeros tiempos, Valdivia, temiendo la despoblación de la naciente colonia, se había negado obstinadamente a dar permiso a los españoles para salir del país. Creía, además, que cada hombre que partiera sin llevar una fortuna, sería en el exterior un pregonero de la pobreza de Chile, que había de desalentar a los que quisieran venir. Desde 1549 tuvo que cambiar de conducta a este respecto. El presidente La Gasca le mandó terminantemente que «dé licencia a los que de aquellas provincias quisieren salir y venir a estas partes (el Perú) o a España o a otros señoríos de Su Majestad para que libremente lo puedan hacer, no concurriendo causa bastante por que no se le deba

---

[394] Cabildo de 13 de noviembre de 1552. En prueba de lo que dejamos dicho en el texto, nos bastará recordar que en los doce años que duró el gobierno de Valdivia, Francisco de Aguirre fue tres veces alcalde de Santiago; cuatro, Rodrigo de Araya; siete, Juan Fernández Alderete; y que en algunos de los años en que no desempeñaron ese cargo, fueron regidores del Cabildo.
Algunos historiadores han enaltecido la condición y la cultura de los primeros conquistadores de Chile, recordando que más de la mitad de ellos, es decir, noventa individuos, firmaron el acta del Cabildo abierto en que Valdivia fue nombrado gobernador en 1541. Sin embargo, basta leer esa misma acta para hallar en su parte final estas palabras: «Y los que no sabían escribir rogaron a los que lo sabían firmasen por ellos». En efecto, en el Proceso de Valdivia, págs. 46 y 53, se hallará la prueba de que no sabían leer dos de los individuos que aparecen firmados en aquella acta.
Registrando prolijamente los acuerdos del cabildo de Santiago durante todo el gobierno de Valdivia, no hemos hallado entre alcaldes, regidores, oficiales reales y otros diversos funcionarios, más que sesenta y una firmas diferentes. Aun, el examen atento de esas firmas, nos ha hecho sospechar que algunos de ellos solo sabían escribir sus nombres, como parece descubrirse en la de Pedro Gómez de Don Benito, el primer maestre de campo de Valdivia.

dar la dicha licencia».**395** No parece, sin embargo, que en esa época hubiera muchas personas dispuestas a salir de Chile. El mayor número de los españoles esperaba todavía adquirir bienes que les permitiesen volver a la metrópoli en mejores condiciones de fortuna. Ya veremos que muy pronto comenzaron a desvanecerse estas ilusiones; pero entonces la misma pobreza obligó a muchos a permanecer en Chile.

Como parte de esta población de origen extranjero, había también otros dos elementos sociales que ocupaban un rango bien inferior. Eran éstos los yanaconas y los negros. Los primeros eran los indios peruanos traídos por los primeros conquistadores como bestias de carga y convertidos en Chile en sus auxiliares en los combates, y en sus trabajadores en las faenas industriales. Mucho más dóciles y sumisos que los indios chilenos, eran en su generalidad servidores tan útiles como leales, sufridos en la adversidad y pacientes para el trabajo hasta el punto de decir Valdivia que en los peores días de la Conquista «fueron la vida de los españoles».**396** Los negros eran los pocos esclavos comprados por los conquistadores en el Perú, empleados en los menesteres domésticos y en las necesidades de la guerra, y sometidos al régimen más riguroso y cruel a que es posible reducir a los hombres.

2. Primeros trabajos agrícolas

Se comprende que una sociedad compuesta de tan reducido número de individuos, regida, además, por las tradiciones legislativas de la metrópoli, no necesitaba de gran mecanismo administrativo. Sin embargo, Valdivia, a quien hemos visto dictar una ordenanza completa para la explotación de los lavaderos de oro, tuvo que ser legislador en muchas materias, dictando con el Cabildo una gran variedad de provisiones.

El Cabildo, según las antiguas prácticas españolas, tenía latas atribuciones, y ejercía funciones legislativas, judiciales y administrativas. Formado en 1541 por designación de Valdivia, se renovaba cada año por elección que sus propios miembros hacían en las personas que los habían de reemplazar cada año. Pero cuando Valdivia obtuvo de La Gasca el título de gobernador, recibió la facultad de nombrar tres regidores perpetuos, con el cargo de someter esta designación

---

395 Sentencia de Valdivia en el proceso de 1548.
396 Más adelante los conquistadores dieron también el nombre peruano de yanaconas a los indios chilenos que les servían en la guerra o en los trabajos industriales.

a la aprobación del rey y, en efecto, a su vuelta del Perú, hizo el nombramiento de estos tres funcionarios en aquellos de sus capitanes que le habían demostrado más decisión y lealtad.[397] Esta modificación en la manera de constituirse, no alteró en nada las facultades y atribuciones del Cabildo. En las páginas siguientes tendremos ocasión de explicar cómo puso en acción esas facultades creyendo servir al progreso de la colonia.

Contamos,[398] que los conquistadores de Chile, en su gran mayoría a lo menos, más aún que los del resto de América, manifestaban poca inclinación a establecerse definitivamente en el país. Buscaban el medio de enriquecerse en pocos años para volver a España en una ventajosa posición de fortuna, y ambicionaban, sobre todo, el tener repartimientos de indios a quienes hacer trabajar en los lavaderos de oro. Pero, además de que los indios repartibles no alcanzaban para satisfacer a todos, era necesario pensar en otras industrias para procurarse el alimento de cada día. Valdivia, por otra parte, halagado con el pensamiento de gobernar a perpetuidad una provincia rica y productora, estimulaba los trabajos agrícolas y la crianza de ganados, a que se consagraron algunos colonos. De aquí nació la repartición de las tierras vecinas a la cuidad en lotes relativamente pequeños. Recibieron éstos el nombre de chácaras o chacras, palabra de origen quechua, que los conquistadores trajeron del Perú.

Era el Cabildo quien hacía estas concesiones, que ratificó formalmente el gobernador en acuerdo de 26 de julio de 1549. A consecuencia de las condiciones climatológicas, esta región del territorio chileno no podía ser muy productiva por la sola acción de las lluvias. Los colonos lo comprendieron así,

---

397 Fueron éstos: Rodrigo de Quiroga, Diego García de Cáceres y Juan Gómez, los cuales entraron en sus funciones desde el 1 de enero de 1550. En marzo del mismo año llegó provisto en el propio rango por La Gasca, Lope de Landa, uno de los acusadores de Valdivia en 1548, con el cargo de obtener la sanción del rey para esta designación. Lope de Landa, perjudicado por Valdivia en la reforma de los repartimientos en 1546, se había dejado arrastrar a tomar parte en esa acusación. Volvía ahora a Chile en disposiciones menos hostiles, y fue, en efecto, muy deferente con el gobernador. Lope de Landa partió luego para el sur.

En virtud de esa facultad, Valdivia continuó designando tres regidores perpetuos en el Cabildo de cada ciudad que fundaba. Así desaparecía gradualmente la atribución de los cabildantes para designar por elección a sus sucesores. Andando los tiempos, los regidores fueron perpetuos por designación real, o más propiamente, por compra que los interesados hacían en subasta pública, debiendo pagar al tesoro del rey la suma a que hubiera alcanzado el remate.

398 Capítulo 6, § 8, pág. 222.

y desde los primeros días dieron ensanche a los canales que bajo la influencia de la conquista peruana habían abierto los indios, y construyeron otros nuevos. El Cabildo quiso, desde luego, regularizar el uso de las aguas de los ríos, y creó al efecto el cargo de alarife o director de obras públicas, cuyas principales funciones eran el trazado y régimen de los canales. Según las ordenanzas dictadas sobre el particular, solo ese funcionario podía repartir aguas, prohibiéndose bajo pena de azotes para los indios y los negros, y de multa para los españoles, el innovar las demarcaciones que aquél hiciere.[399] Como hasta entonces los vecinos de Santiago sembraban en los solares de las casas los cereales necesarios para el consumo de cada familia, el Cabildo prohibió terminantemente estos cultivos, para que se hicieran en los campos con mayor extensión.[400] Sin embargo, los sembradíos siguieron siendo hechos en muy pequeña escala, y solo para satisfacer las necesidades de aquella escasa población. Eran tan limitadas y difíciles las comunicaciones con las otras colonias, tan costosos los medios de transporte, y tales la inseguridad y las trabas comerciales, que durante esos primeros años a nadie se le ocurría que pudieran exportarse los cereales de Chile. A causa de esta limitada producción, los frutos de la agricultura conservaron por largo tiempo precios sumamente elevados.[401]

La industria ganadera ocupó también a aquellos primeros propietarios. La crianza de caballos, que era una necesidad imprescindible para una colonia de guerreros, atrajo sobre todo su atención, y fue objeto de numerosas providen-

---

399 Acuerdos del Cabildo de 13 de agosto de 1548 y 25 de octubre de 1549. Parece que estas disposiciones, aunque repetidas, eran poco obedecidas. En 22 de diciembre de 1551, el Cabildo, «por cuanto muchas personas, cristianos, negros, yanaconas, indios, así por mandado de sus amos como por su propia voluntad, atajan el río de esta ciudad y llevan toda el agua por sus chacras, yendo contra la forma y orden que por el alarife de esta ciudad está acordado», repitió la misma ordenanza con nuevas penas. El Cabildo se convenció al fin de la inutilidad de estos mandatos, y en 22 de febrero de 1552, por cuanto, «conviene que no haya alarife ninguno», suprimió dicho cargo.
400 «Ninguna persona siembre en su solar, ni consienta sembrar a sus yanaconas, ni indias, maíz, ni frijoles, ni papas, ni zapallos, si no fuere cosa de hortaliza, so pena que le será arrancado y pagará 3 pesos (de oro) de pena.» Acuerdo de 13 de agosto de 1548. En 27 de noviembre de 1551, el Cabildo, «por cuanto muchas personas, con poco temor de Dios nuestro Señor y de Su Majestad», continuaban sembrando en sus solares, repitió esta misma ordenanza con aumento de penas.
401 En 1556, el cabildo de Santiago, obedeciendo al sistema de fijar aranceles para la venta de todos los artículos, mandaba «que ninguna persona venda la fanega de trigo en esta ciudad a más precio de 2 pesos, y la fanega de cebada a peso y medio».

cias dictadas por el gobernador y por el Cabildo, para estimularla y para ponerla bajo el cuidado de un funcionario especial con el título de yegüerizo. «El indio que flechare yeguas, u otra bestia, dice un acuerdo del Cabildo en que se trató de esta materia, que le sea cortada la mano por ello, y su amo pague el daño que hiciere.»**402** Habiéndose propagado rápidamente la raza caballar, el Cabildo dio la ordenanza siguiente: «De hoy en adelante toda persona, señor de las tales yeguas, y potros y potrancas que estuvieren por herrar, las hierren y los hierros con que cada uno quisiese herrar sus ganados los traigan para que se asienten en este dicho Cabildo en el libro del Ayuntamiento; y después de cuatro meses, la yegua o potro o potranca que hallaren por herrar, lo tomaran por perdido».**403**

Prosperó también desde los primeros días de la colonia la crianza de los cerdos, y luego la de las cabras. Las ovejas vinieron un poco más tarde y fueron más lentas en aumentarse. Aun las primeras estuvieron atacadas por una epidemia importada del Perú, que debió reducir considerablemente su número y probablemente extinguirlas entonces por completo.**404**

De la misma manera, el ganado vacuno no fue introducido en Chile sino cuando las comunicaciones con el Perú se hicieron más seguras y frecuentes. Según se lee en un título de encomienda dada algunos años más tarde a Francisco de Alvarado, éste trajo en 1548, diez vacas y diez toros, que cuidados esmeradamente, se propagaron bien y fueron el origen de las considerables masas de ganado que medio siglo después poblaban todos los campos de Chile. De todas maneras, y a pesar de las exageradas noticias que algunos cronistas han dado de la rápida propagación de los animales útiles al hombre,**405** su número fue bastante reducido durante muchos años, de tal suerte que el

---

402 Cabildo de 8 de julio de 1549.
403 Cabildo de 27 de febrero de 1551.
404 Esta epidemia, conocida con el nombre peruano de carache, se propagó extraordinariamente en 1549. El Cabildo, en acuerdo de 25 de septiembre de ese año, acordó que se mataran todos los animales enfermos porque no había medio de curarlos, y para evitar el contagio. El 26 de enero de 1551 el procurador de ciudad pedía «que todas las ovejas que han quedado del carache las maten, porque si entra ganado, se restaure la tierra».
405 No puede atribuirse sino a un error del jesuita Escobar, que rehizo la crónica de Mariño de Lobera, el contar en el libro II, capítulo 8, que los españoles asaltados por los indios en la quebrada de Purén o de Cayucupil, a principios de 1558, llevaban consigo más de 2.000 vacas, número que habría sido imposible reunir en esa época en todo Chile. El ganado que en realidad arreaban los españoles en esas circunstancias, consistía en una considerable cantidad de cerdos.

alimento de carne era escaso y difícil de obtenerse, aun después de que los cerdos se propagaron considerablemente. No había carnicería alguna en la ciudad; y el vecino que mataba uno de sus animales para su alimento, estaba obligado a salar y guardar la carne restante para su propio consumo.[406]

Por una razón análoga, los habitantes de Santiago estuvieron obligados durante los primeros años a moler a mano el trigo y el maíz que necesitaban para su consumo. Pero siendo la harina la base principal de la alimentación de los colonos, aquel estado de cosas no pudo durar largo tiempo. Así, desde 1548, el Cabildo concedió permiso para la construcción de dos molinos. En 1553, Santiago contó cuatro establecimientos de esta clase,[407] que debieron dar algún desarrollo a la agricultura naciente y una gran comodidad a los habitantes de la colonia.

El cultivo de las frutas europeas y de algunas hortalizas, se desarrolló rápidamente en Chile. Las semillas traídas del Perú por los primeros conquistadores, produjeron resultados tan satisfactorios, que su propagación se hizo con la más notable facilidad. En 1555, la vid, cultivada en varias partes del territorio, permitía ya fabricar una pequeña cantidad de vino. Un pie de olivo traído misteriosamente del Perú en 1561, generalizó esta planta en el país con tal abundancia que a fines del siglo, Chile exportaba aceite.[408] Del mismo modo, y gracias a las

---

406 A este hecho se hace referencia en el Cabildo de 2 de enero de 1552. La primera carnicería estable se abrió en Santiago en 1567; y, aun, entonces solo tenía carne fresca dos veces por semana. Sin embargo, en sesión de 22 de febrero de 1548 ya el Cabildo se había empeñado en vano en que se estableciesen carnicerías en la ciudad.

407 Cabildos de 22 y 29 de agosto de 1548, id. de 9 de noviembre de 1552 y de 19 de septiembre de 1553. El primero de éstos estuvo establecido en la falda sur del cerro de Santa Lucía, y subsistió hasta nuestros días.

408 Ni en los antiguos documentos ni en los cronistas primitivos se encuentran noticias detenidas sobre la introducción de las plantas útiles en el territorio chileno. Consta sí que a fines del siglo XVI se cultivaban casi todas las hortalizas y árboles frutales de España, con excepción del guindo y del cerezo, cuyas semillas no se había logrado todavía hacer germinar. El maestre de campo Alonso González de Nájera, que escribía en los primeros años del siglo XVII, dice lo que sigue: «Todas las frutas, legumbres y hortalizas que se ha podido llevar de estas partes (España), como son de lo que toca a frutas, uvas, melones, higos, melocotones, granadas, membrillos, peras, manzanas, naranjas, limones, aceitunas, produce aquella tierra en gran cantidad, de que cargan los árboles en tanta abundancia que se llevan por mar al Perú, todas de la bondad que las de España». *Desengaño de la guerra de Chile*, pág. 54. El inca Garcilaso de la Vega ha referido la introducción del olivo en un capítulo muy divertido de una de sus obras. Un español llamado Antonio de Rivera, que había sido enviado a España en una comisión del servicio, trajo de Sevilla en 1560 unos

ventajas del suelo chileno para este género de cultivos, se propagaron en poco tiempo y sin grandes ni esmerados trabajos, el cáñamo, el lino, y muchas otras plantas útiles al hombre.

El Cabildo tomó también a empeño el regularizar la corta de bosques. En esa época, la mayor parte del territorio chileno estaba cubierta de hermosas selvas que la imprevisión de los hombres, más que las necesidades de la industria agrícola, ha destruido considerablemente. El 1 de julio de 1549 el Cabildo ordenaba «que ninguna persona de ninguna condición que sea, mande cortar ni corte en el monte y términos de esta ciudad de Santiago ningún árbol, sin que deje y mande dejar horca y pendón,[409] so pena de pagar por cada pie 2 pesos de oro». Poco tiempo después, habiendo concedido Valdivia a la ciudad de Santiago la propiedad de los bosques que había en toda la extensión de las riberas del río Maipo, desde la sierra hasta el mar, se dispuso, según la voluntad del gobernador, que los vecinos que quisieren cortar madera para la construcción de sus casas, estuvieran obligados a solicitar permiso del Cabildo. Ese permiso era gratuito; pero a cada peticionario se le fijaba expresamente el número de árboles que podía cortar.[410] Desgraciadamente, este régimen que supone en los conquistadores una inteligencia industrial que no hallamos en otros ramos, no fue largo tiempo respetado, y los bosques del Cabildo desaparecieron por completo antes de muchos años.[411]

---

cien pies de olivo, de los cuales solo tres llegaron en buen estado. Los plantó en un huerto que tenía en los alrededores de Lima. A pesar del cuidado con que los vigilaba, le robaron uno. Recurrió a todos los arbitrios imaginables para descubrir el robo. Hizo excomulgar al ladrón, pero no pudo descubrir nada. La planta había sido traída a Chile, donde se propagó felizmente y fue el origen de los numerosos olivares que medio siglo más tarde había en nuestro país. Garcilaso, *Primera parte de los comentarios reales del Perú*, libro IX, capítulo 27.

409 Con estas palabras se designaban dos ramas de las más crecidas del árbol.

410 Cabildos de 26 de julio y de 2 de agosto de 1549. Existe en los libros de Cabildo la lista ordenada de estos permisos.

411 En ésta, como en las demás materias administrativas, las ordenanzas del Cabildo, aunque frecuentemente repetidas, eran muy poco respetadas. Así, en sesión de 28 de noviembre de 1552, «por cuanto, dice, se tiene noticia de que en el monte de esta ciudad se ha cortado mucha madera sin licencia y con ella, por manera que dicen que hay gran daño hecho en el monte, lo cual es contra las ordenanzas de esta ciudad, el Cabildo conmina con nuevos castigos a los infractores». Poco tiempo antes, en 8 de abril del mismo año, el Cabildo había condenado a los carpinteros que habían cortado madera sin permiso, a trabajar a su costa una puerta y una ventana y los bancos y escaños para la sala de sesiones.

Como fomento a la agricultura, y para servir también a los intereses militares de la colonia, el Cabildo cuidó de la conservación de los caminos. Eran éstos simples veredas traficables solo a pie y a caballo, pero que convenía tener expeditas. En los títulos de donaciones de tierras solía exigirse a los agraciados que cuidaran del mantenimiento de esos caminos. Se mandó, además, en varias ocasiones que no los dejaran empantanarse con las aguas de riego. Obedeciendo al mismo principio, el Cabildo hizo puentes en los ríos Maipo y Cachapoal.[412] Eran simples puentes suspendidos de cuerda y mimbres, como los que usaban los indios peruanos, que prestaban un servicio efectivo; pero, construidos a la ligera, eran de poca duración y exigían constantes reparaciones.

3. Industrias manuales; aranceles fijados por el Cabildo

Desde los primeros días de la colonia, comenzaron a implantarse las industrias manuales, ejercidas por los soldados conquistadores. Santiago tuvo: herreros, zapateros, sastres y carpinteros que podían no ser muy diestros en estos oficios, pero que prestaron servicios de indisputable utilidad. Los herreros, sobre todo, eran indispensables en un campamento militar en que los soldados estaban revestidos de cascos y de armaduras, en que cada día era necesario reparar una lanza o una espada, y en que, al mismo tiempo, era preciso herrar los caballos y construir los instrumentos para la agricultura y para el beneficio de los lavaderos de oro.

Estas industrias debían rendir muy mezquinos productos a los que las ejercían en una población tan reducida y, además de esto, tan pobre y de tan pocas necesidades. Pero esos industriales tuvieron también que soportar otro orden de contrariedades. Según las ideas económicas de los conquistadores, los trabajos manuales de los artesanos fueron sometidos a tarifa. El Cabildo formó

---

412 Así se ve en el acta del Cabildo de 26 de agosto de 1545 y de 4 de marzo de 1552.
En 4 de septiembre de 1556 el Cabildo contrató por la cantidad de 6.000 pesos de oro la construcción de un puente de tres arcos de ladrillo y piedra sobre el río Maipo, con un ancho de cuatro varas y tercia, y con pilares a sus extremos para que no pasasen carretas; pero en sesión de 2 de octubre del mismo año, se dio por nulo el referido contrato. Poco más tarde, el 30 de octubre se presentó otro contratista ofreciéndose a construir por 2.500 pesos de oro un puente de madera de algarrobo sobre el mismo río, y detallaba todas las condiciones del trabajo que iba a ejecutar. El Cabildo aprobó estas bases en sesión de 22 de diciembre de 1556, pero la obra no se llevó a cabo, manteniéndose solo los puentes de cuerda y criznejas.

aranceles minuciosos y detallados en que establecía el precio de cada uno, especificando prolijamente todas las condiciones y circunstancias del trabajo. Más aún, esos aranceles no eran invariables. Sus precios fueron altos en el principio; pero desde que llegó a Chile un número mayor de artesanos, y desde que los materiales de fabricación fueron más abundantes, el Cabildo revisó las tarifas consultando especialmente el interés del consumidor.[413]

A pesar de estas reducciones, los precios fueron siempre bastante elevados. Así, por ejemplo, el aderezar una espada, esto es, ponerle empuñadura y vaina, costaba 5 pesos de oro. Aparte de esto, los artesanos no se sometían fácilmente a las tarifas. A requisición del procurador de ciudad, el Cabildo decretó lo que sigue: «Por cuanto en esta ciudad residen muchos oficiales de sastres, carpinteros y otros, y llevan muy desaforados precios, más de lo que está proveído y mandado, de hoy en adelante ningún oficial que en esta ciudad residiere, así sastre como carpintero, herrero o zapatero use el dicho oficio sin que tenga para ello un arancel en la parte y lugar donde lo usaren, públicamente para que cada uno vea el precio que ha de llevar, y que dicho arancel esté firmado por el escribano de Cabildo».[414]

---

[413] Estas tarifas, documento curioso para la historia económica de la colonia, tienen las fechas de 22 de febrero y 10 de diciembre de 1548, de 1 de julio de 1549, 16 de noviembre de 1552 y de 20 de julio de 1553, y fueron todavía modificadas por tarifas posteriores. Este sistema de tarifas o aranceles, que se quería hacer extensivo en cuanto era posible a todos los artículos de comercio, obedeciendo a las preocupaciones económicas de la época, se aplicó en 1556, como ya dijimos en otra nota de este capítulo, al precio del trigo. En 4 de junio de 1557, el Cabildo mandó que las panaderías vendiesen veinte panes por un peso, en vez de los dieciocho que antes solían dar por la misma cantidad, pero no especificaba el tamaño del pan. El 22 de febrero de este año, el Cabildo mandó que los fieles ejecutores fijaran el precio de las medicinas que se vendían en la botica. Como en esa época comenzaban a fabricarse tejas en la ciudad, en sesión de fines de febrero, dispuso el Cabildo que no pudieran venderse a más de 20 pesos el millar.

Con este sistema se pretendía proteger al público contra el monopolio que podían ejercer los industriales y comerciantes, sin pensar que contra ese peligro no había más remedio que la libertad industrial y comercial, rechazada por todo el sistema económico español de esa época.

[414] Cabildo de 1 de julio de 1552. En sesión de 14 de julio de 1553 el Cabildo acordó, además, el nombramiento de un veedor o inspector de sastres y otro de calceteros, designando al efecto a dos individuos «que tienen cartas de examen de los dichos oficios». Este primer paso para introducir en Chile los gremios industriales de la Europa de la Edad Media, fue seguido de otra providencia de 20 de agosto de 1556 para que no pudieran ejercer el oficio de calceteros, sino los que exhibiesen títulos y exámenes. Este sistema, aunque condenado por la ciencia, subsistió en Francia hasta 1791 y en España hasta los primeros

Todavía pesaban otras obligaciones sobre aquellos industriales. En octubre de 1549, cuando se disponía Valdivia para partir a la conquista de las provincias del sur, y cuando sus soldados esperaban enriquecerse en esa empresa, el Cabildo, a requisición del procurador de ciudad, exigió que no se llevase consigo a todos los herreros, por cuanto los pobladores de Santiago necesitaban de esta clase de artesanos. El gobernador accedió a este pedido, mandando que quedasen tres herreros, dos en la ciudad y otro en los lavaderos de oro de Malgamalgaz.[415] En 1553 no existía en Santiago más que uno de ellos; y aun éste, creyéndose hombre libre, se preparaba para irse a buscar mejor fortuna a otra parte. El Cabildo «mandó que se notifique a Zamora, herrero, que por cuanto se tiene noticia que se quiere ir de esta ciudad, y si él se fuese quedaría esta ciudad sin herrero, y no habría quien aderezase las herramientas para sacar oro y otras cosas en esta ciudad, en lo cual los quintos y derechos reales recibirían disminución, y Su Majestad sería deservido, y los vecinos, estantes y habitantes en esta ciudad recibirían muy gran daño, que no se vaya de esta ciudad sin licencia de este Cabildo, so pena de 500 pesos de oro».[416] Por causa de su habilidad industrial, ese herrero no podía gozar de las franquicias acordadas a los demás colonos.

---

años de este siglo. El lector puede hallar una exposición bastante completa en el importante Discurso sobre la educación popular, Madrid, 1775, de Campomanes, en que el autor, reconociendo claramente los defectos del sistema, propone su reforma parcial en vez de pedir su abolición absoluta. Cuando se conoce la organización de los gremios industriales, se comprende que ellos no podían existir en sociedades poco numerosas, como lo fueron las ciudades de Chile bajo el régimen colonial. La división y subdivisión de los oficios, y la prohibición de ejecutar otro trabajo que los que correspondían al gremio, eran enteramente inaplicables a pequeñas agrupaciones de individuos en que los artesanos eran muy escasos, y en que por tanto cada uno de ellos debía ejecutar trabajos que las constituciones gremiales separaban. Los gremios, que los primeros cabildos quisieron implantar en nuestro país, tuvieron una existencia efímera, se transformaron en congregaciones y cofradías religiosas, y por la sola fuerza de las cosas acabaron por desaparecer. Cada cual pudo ejercer más tarde su oficio sin examen ante los veedores o examinadores, y pasar de un oficio a otro por su sola voluntad. El escaso número de artesanos y el limitado trabajo que exigía la reducida población de la colonia, libró casi absolutamente a Chile de una institución que era difícil destruir por los intereses que creaba el monopolio.
415 Cabildo de 13 de octubre de 1549.
416 Cabildo de 31 de enero de 1553.

4. El comercio: creación de un mercado público

El comercio estuvo sometido desde el principio a reglamentos análogos con que el Cabildo legislador pretendía remediar la situación económica de la colonia. Al paso que el precio de los alimentos bajaba un poco en Chile después de las primeras cosechas y de la abundante propagación de los cerdos y de las gallinas, el de los vestuarios y de los otros artículos importados del exterior, era enorme, inabordable para el mayor número de los consumidores. El Cabildo los estimaba en cuatro veces el valor que los mismos artículos tenían en el Perú.[417] Sus reglamentos tenían por objetivo el regularizar en cuanto fuera posible aquel estado de cosas, que era el resultado natural de las circunstancias excepcionales por que pasaban estas nuevas agrupaciones de gente, y de las trabas que por todas partes, así en la metrópoli como en las colonias, se ponían a la facultad de comerciar libremente. Aquella situación habría cambiado más rápidamente, y habría sido mucho más productiva para el tesoro real, si el monarca español hubiera permitido, no diremos a los extranjeros, porque eso era inconciliable con las ideas económicas de la época, pero sí a todos sus súbditos, negociar con las nuevas colonias sin sujeción a las restrictivas ordenanzas que desde los primeros días de la conquista hicieron del comercio de las Indias un odioso monopolio, como tendremos ocasión de exponerlo más adelante.

El comercio de Chile era reducidísimo en esos años. Algunos comerciantes del Perú se aventuraban a traer o a enviar las mercaderías más indispensables que querían vender al más alto precio posible para usufructar el monopolio que les creaban las circunstancias. Esos comerciantes vendían sus artículos a los mercaderes de Chile, que se encargaban de revenderlos con el mejor provecho. El cabildo de Santiago, deseando reducir esos precios, dictó en agosto de 1548 la ordenanza siguiente: «Cualquier persona, de cualquier calidad o condición que sea, vecino o mercader, estante o habitante, que compre para tornar a vender cualquier cosa de mercancía, si luego ese día siguiente no viniere a lo manifestar en este Cabildo, ante la justicia y regimiento de esta dicha ciudad,

---

417 En 14 de diciembre de 1547 el cabildo de Santiago mandaba entrar en posesión del primer curato de la ciudad a Rodrigo González Marmolejo, designado al efecto por el obispo del Cuzco, y le señalaba la asignación anual de 365 pesos de oro, en razón, dice, que los artículos de vestuarios tenían en Chile cuatro veces el valor a que se vendían en el Perú. Con este motivo consignó en el acta algunos datos curiosos. Una camisa valía 20 pesos de oro; un par de borceguíes (botas abiertas por delante y cerradas con un cordón) 20 pesos, y una arroba de vino 70 pesos, «y todas las cosas a este respecto», agrega el acta.

con la memoria por escrito del costo por que así lo tomare y comprare, para que dentro de nueve días primeros siguientes de la tal compra y venta, pueda cualquier vecino o poblador de esta ciudad de Santiago, y de sus términos y jurisdicción haberlo y tomarlo por el tanto que quisiere y hubiere menester, con tal que la tal persona no lo tome para tornar a revender; y si el tal comprador no viniere a lo manifestar, y con juramento que le sea tomado al tal vendedor y comprador, por que en la tal compra y costo no haya fraude ni engaños, que por el mismo caso haya perdido y pierda toda la dicha mercadería que así hubiere y comprare y se averiguare».[418] Esta curiosa ordenanza, que no hacía más que confirmar por la ley una práctica del antiguo comercio español, pero que en realidad debió ser respetada muy corto tiempo, apartó, sin duda, de esa profesión a algunos individuos en los momentos en que solo la libre concurrencia habría conseguido hacer bajar los precios de las mercaderías.

Fijó, además, el Cabildo los padrones de pesos y medidas, y creó los cargos de fieles ejecutores y de almotacenes encargados de hacer cumplir estas ordenanzas, y con facultad de visitar las casas de cualquier comerciante. Pensó también en el establecimiento de un mercado público, o tiánguez;[419] pero solo en julio de 1552 se consiguió hacer práctica esta idea, fijándolo en la plaza pública. Como los indígenas se resistieran a concurrir al tal mercado, el Cabildo acordó que cada vecino de Santiago mandase dos piezas, es decir, dos indios de su servicio, «hasta tanto que los naturales perdiesen el temor y lo hiciesen» voluntariamente. El Cabildo esperaba grandes beneficios «en servicio de Dios y de S. M». de aquella institución.

Valdivia se hallaba en esos momentos en el sur, empeñado en ensanchar sus conquistas. Cuando estuvo de vuelta en Santiago, el procurador de ciudad Francisco Míñez trató de explicarle el objetivo y ventajas del nuevo establecimiento, con el fin de obtener la aprobación gubernativa. «Estando, como está la santa iglesia en la plaza, decía con este motivo el procurador de ciudad, los naturales que están en el tiánguez, ven administrar los divinos oficios, y es parte para que ellos y todos los demás indios vengan más prestos en el conocimiento

---

418 Cabildo de 13 de agosto de 1548.
419 La copia de libros del Cabildo escribe equivocadamente trángues. Esta voz fue tomada y modificada por los españoles en México de la palabra tianguistli con que los antiguos mexicanos designaban sus mercados. Véase Antonio de Herrera. *Historia general*, dec. II, libro VII, capítulo 15.

de nuestra santa fe. Lo principal que las ciudades honran, son las ferias y mercados que hay en ellas. Sírvase Dios y Su Majestad que los naturales tengan libertad para que contraten unos con otros y excúsase que vayan a las tiendas de los mercaderes, donde les llevan doblado de lo que vale. Es público y notorio que la cuarta parte del oro que se saca en las minas, hurtan los indios, y como está en poder de ellos, es mejor que torne al poder de los españoles; y Su Majestad en ello recibe provecho, porque se le acrecientan cada un año 20.000 pesos de quintos. Como vimos por experiencia en el tiánguez, había todas las cosas de mantenimientos necesarios, a lo que se seguía muy gran provecho a los estantes de esta ciudad y pobres soldados, porque con un diamante,[420] o con otra cualquiera cosa les traían del tiánguez lo que habían menester para comer. Es gran grandeza para la ciudad y provecho para los pobres que todas las veces que un pobre soldado ha menester 10 o 20 pesos, con enviar (a vender a los indios) cualquiera cosa se lo traen; y como tengo dicho mejor es que el oro esté en poder de los españoles que no en el de los naturales. Cualquier hurto que en la ciudad se hace, en el tiánguez se descubre. Cualquier secreto que en la tierra hay, así de alzamiento de naturales como de minas de plata y oro, se descubre a causa de la comunicación que los españoles tienen con los naturales.» Éstos eran los principios a que obedecían los conquistadores cuando crearon el primer mercado público. Veían en él un establecimiento útil para el comercio, para la administración pública y para afianzar su dominio.

Todas aquellas razones debieron parecer poderosas al gobernador. En la misma sesión del Cabildo en que se le leyó aquel memorial, Valdivia, «visto que es en servicio de Dios y en aumento de los reales quintos», aprobó el establecimiento del mercado público, pero puso a las operaciones comerciales que en él se hiciesen una restricción que solo puede explicarse por el propósito de favorecer los intereses de los mercaderes españoles. «Que los naturales, dijo, no puedan rescatar cosa de España, sino de lo que se da en la tierra, y que no se pueda rescatar ropa de Castilla sin licencia de su señoría, y que su teniente (gobernador) no pueda dar licencia ni otra ninguna justicia.»[421] Un mes más

---

420 No puede creerse que los soldados de la Conquista tuviesen a su disposición verdaderos diamantes para negociar con los indios. Sin duda daban este nombre a las piedras de color, cuentas de vidrio, chaquiras, etc., que los indios apetecían para sus adornos y que recibían de los españoles a cambio de maíz y de otros comestibles.
421 Cabildo de 13 de noviembre de 1552.

tarde el Cabildo hacía publicar un bando en que se fijaban las penas para los infractores de esta disposición.[422]

Todas estas providencias fueron más o menos ineficaces e inútiles. El mercado público no produjo sino en muy limitada escala el resultado que buscaban sus iniciadores. Los indios, recelosos y desconfiados por naturaleza, se mantenían lo más alejados que les era posible de sus dominadores, y se resistían tenazmente a concurrir al tiánguez de la plaza de Santiago. Por otra parte, ellos no estaban preparados para comprender las ventajas de aquella institución. Sus necesidades eran tan reducidas que podían vivir sin esos cambios que se les ofrecían, y su escaso desarrollo intelectual no les permitía percibir las ventajas del comercio, aun, en esa forma rudimentaria. El Cabildo, invocando siempre «el servicio de Dios y de Su Majestad», renovó sus ordenanzas para que cada vecino enviase al mercado dos de sus indios de servicio, a fin de «que los naturales pierdan el temor» y, aun, dio permisos especiales para vender en él «cosas de Castilla»;[423] pero la resistencia de los indígenas, nacida de causas que las leyes no alcanzaban a remediar, no podía desaparecer con simples ordenanzas.

5. Moneda usada por los conquistadores: la fundición de oro

En estas transacciones, los conquistadores no usaban de moneda en el sentido literal que nosotros damos a esta palabra. Se comprende que los que venían a Chile «a buscar qué comer», no habían de traer plata u oro acuñados. En sus tratos con los indios, cuando no les arrebataban audazmente sus víveres o el poco oro en polvo que esos infelices había recogido, les daban en cambio por esos objetos algunas prendas de vestuario usadas o algunas chaquiras, palabra peruana con que los españoles designaban las cuentas de vidrio y otras bagatelas codiciadas por los indígenas para sus adornos. En las estipulaciones comerciales entre los mismos españoles, las ventas se hacían por el simple cambio de especies o por medio de oro en polvo medido al peso.[424]

---

[422] Cabildo de 19 de diciembre de 1552. Esas penas eran multas pecuniarias para los españoles y cien azotes para los indios y para los negros.
[423] Cabildo de 2 de enero de 1556.
[424] El peso de oro, hemos dicho en otra parte, era un castellano de oro en polvo o en bruto, y equivalía casi exactamente a 3 pesos de nuestra moneda de oro. En los antiguos documentos se nombran otras medidas que conviene conocer. El tomín, llamado también real de oro, era la octava parte del peso de oro. El ducado equivalía a seis tomines o seis reales de oro.

Este oro era el que se sacaba de los lavaderos. El rey había gravado desde tiempo atrás la producción de metales preciosos en sus colonias de América con un impuesto de 20 % sobre el producto en bruto. Era esto lo que se llamaba los quintos reales.[425] Para hacer efectiva esta contribución, no se permitía circular ni exportar sino el oro fundido y marcado. Para ello se establecieron en las colonias las fundiciones reales, que corrían a cargo de un ensayador, y bajo la inspección del tesorero, del contador y del veedor de la real hacienda, funcionarios estos tres señalados con el nombre de oficiales reales. Parece que en el principio no existió fundición en Santiago, lo que no impedía que aquellos funcionarios percibiesen por otros medios el impuesto.[426] En 1549, cuando Valdivia volvió del Perú, trajo un ensayador.[427] Instalose inmediatamente la fundición real en tan pobres condiciones «que ahora más parece herrería», decía tres años después el procurador de ciudad.[428] La fundición no era lo que podría llamarse una casa de moneda. Los particulares acudían allí a hacer fundir el oro en polvo que habían sacado de los lavaderos, y a pagar el quinto real que correspondía a la Corona. El oro era reducido a tejos más grandes o más pequeños, según la cantidad de metal que hubiere llevado cada individuo, y marcado con un sello otro que, que era ceremoniosamente guardado por los oficiales reales. Esas piezas tenían, como debe suponerse, un valor muy desigual o, más propiamente, cada una valía lo que pesaba. En esa forma eran usadas en las transacciones comerciales.

Para evitar las defraudaciones del tesoro real, esto es, para obligar a todo poseedor de oro a hacerlo marcar y a pagar el quinto del rey, el Cabildo mandó

---

[425] Más adelante tendremos que recordar una provisión real de 21 de febrero de 1554, por la cual el rey bajó temporalmente al 10 % el impuesto sobre el oro en Chile.

[426] En 12 de diciembre de 1547, los oficiales reales de Santiago escribían una carta al rey en recomendación de Valdivia, y le decían que hasta esa época se habían recogido 40.000 pesos de oro por derechos reales. Al margen de esa carta, conservada en el Archivo de indias, se leen estas palabras que resumen la contestación del soberano: Que lo envíen. Esos 40.000 pesos, sin embargo, no llegaron por entonces a España. Valdivia los gastó en enganchar nuevos soldados para la conquista; pero, como veremos más adelante, fue condenado a pagarlos con sus propios bienes.

[427] Cabildo de 8 de julio de 1559. Llamábase este ensayador Andrés de Pereda. Su honorario consistía en un pequeño derecho que pagaban los individuos que hacían fundir y marcar oro. Fueron tan escasas las entradas que le produjo este cargo, que Pereda lo abandonó pronto. En junio de 1553 Valdivia lo confirió a un soldado platero llamado Pedro González.

[428] Cabildo de 13 de noviembre de 1552.

«que ninguna persona sea osada de tratar y contratar con oro en polvo, así en esta ciudad de Santiago como en todos sus términos, sino es con oro marcado, so pena que lo pierda el tal oro y más 50 pesos de oro de pena».[429] Esta disposición fue poco respetada desde el principio, y se hizo necesario repetir la ordenanza pocos meses después.[430] Por otra parte, representando esos tejos un valor de algunos pesos de oro, faltaba el numerario para las pequeñas transacciones, de tal suerte que el Cabildo tuvo que consentir en que el oro en polvo siguiese usándose en las ventas de menos de 10 pesos; pero habiéndose creído que este permiso disminuía las entradas de la Corona, fue derogado poco más adelante.[431]

La real fundición de Santiago no fue la única que existió en Chile en aquellos años. Valdivia la estableció también en las ciudades del sur luego que se comenzó a sacar oro de los lavaderos. En octubre de 1552 autorizó, además, a Francisco de Aguirre para fundar otra en La Serena. El fundidor de Santiago hizo con este motivo un segundo ejemplar de la marca que usaba, y el Cabildo, en presencia de los oficiales reales, la entregó a Aguirre solemnemente «en un cofre chiquito bien cerrado y sellado» con testimonio de escribano.[432] Todas estas medidas, que tenían por finalidad el aumentar los quintos o derechos del rey, y las aparatosas ceremonias con que se revestían, no produjeron, sin embargo, el resultado, no diremos de engrosar las rentas de la Corona, pero ni siquiera de modificar la triste convicción que se iba apoderando de los españoles acerca de la escasa producción del oro en el suelo chileno.

6. Inútiles esfuerzos de los conquistadores para descubrir minas de plata

En efecto, si los lavaderos produjeron algún oro en los primeros años de la Conquista, el beneficio consistía casi exclusivamente en que los indios tra-

---

429 Cabildo de 5 de agosto de 1550.
430 Cabildo de 24 de enero de 1551.
431 Cabildo de 1 de julio de 1553. En carta del doctor Luis Merlo de la Fuente al rey, escrita en Lima en 4 de abril de 1623, leemos que en Chile no circuló moneda sino desde el año 1601, siendo gobernador Alonso de Ribera. Merlo de la Fuente, que había venido a Chile a establecer la real audiencia de Santiago, y que conocía mucho este país por haber residido en él algunos años, es una autoridad digna de todo crédito, según habremos de verlo al referir los sucesos de principios del siglo XVII.
432 Cabildos de 2 y 3 de noviembre de 1551.

bajaban sin remuneración alguna. El codiciado metal se hallaba, es verdad, en muchas partes, pero en proporciones tan pequeñas que no correspondía a las ilusiones que se habían forjado los españoles. Creíase generalmente, que en las partes del territorio que estaban todavía ocupadas por los indios se le hallaría en mucha mayor abundancia; y estas esperanzas llevaban los que partían a la conquista de la región del sur, para sufrir en breve un desengaño semejante. Pero en Santiago y su jurisdicción comenzó a comprenderse que los lavaderos modestamente productivos, no enriquecían a nadie, y que Chile no era el país del oro de que hablaban los que querían enganchar gente para su conquista.[433]

Mientras tanto, se hablaba entre los conquistadores de las sorprendentes riquezas que comenzaban a extraerse de las minas de plata descubiertas en el Alto Perú, en la provincia de Charcas. Hubo un momento de fiebre por buscar y explotar en Chile minas análogas y, aun, se hicieron pedimentos y se iniciaron trabajos. No habiendo en el país leyes por donde resolver las cuestiones a que podía dar lugar esta explotación, el Cabildo encargó a uno de los vecinos de Santiago, que pasaba por práctico en el trabajo de las minas de plata, que formase «en Dios y en conciencia» las ordenanzas del caso. Ese código de minería, redactado en 21 artículos, y encerrando a la vez la legislación civil y penal, no resolvía más que un reducido número de dificultades, pero mereció la aprobación del Cabildo, y fue promulgado con fuerza de ley.[434] Sin embargo, tuvo muy escasa aplicación.

Los españoles del siglo de la conquista, muy inclinados a ver en todas las cosas algo de prodigioso, tenían sobre las minas de excavación las ideas más

---

433 Los documentos contemporáneos no dejan ver, en efecto, que se sacaran grandes cantidades de oro de los lavaderos, y, aun, demuestran, por el contrario, la gran pobreza de los primeros colonos de Chile. Así, Pedro de Villagrán, procurador del cabildo de Santiago en Lima, decía a La Gasca, en representación de 15 de noviembre de 1548, lo que sigue: «En aquellas tierras (Chile) las herramientas y todo lo demás con que el oro se saca y descubre es tan costoso, que muchas veces cuesta más la herramienta que el provecho». Véase *Proceso de Valdivia*, pág. 124. Este resultado, a pesar de tener trabajadores que no recibían paga alguna, demuestra que el beneficio de los lavaderos era muy limitado. Los cronistas, sin embargo, hablan de terrenos auríferos que producían cantidades sorprendentes de oro; pero los situaban generalmente en las provincias que habían reconquistado los araucanos después de la destrucción de las ciudades del sur. La historia debe colocar aquellas prodigiosas riquezas en la misma categoría que los centenares de miles de guerreros araucanos y que los millares de milagros que cuentan esos cronistas, tan inclinados siempre a todo lo maravilloso.

434 Cabildos de 5 y 9 de agosto de 1550.

singulares. Creían que frecuentemente salían de las cavernas abiertas por el hombre, monstruos, fantasmas y demonios que estaban allí para tentar su codicia y para castigarlo con horribles tormentos.[435] A pesar de todo, buscaron minas de plata con afán incansable; pero sus esfuerzos mal dirigidos no dieron, por entonces, el resultado que se buscaba. Tres años después, habiéndose presentado en Santiago un español que se decía experimentado en la explotación de este género de minas, el Cabildo acordó dar a él, o a cualquiera otra persona que descubriese vetas de plata en la extensa jurisdicción de la ciudad, un premio de 5.000 pesos de oro.[436] Todo esto fue trabajo y tiempo perdidos. La riqueza de las minas de plata de Chile, mucho más efectiva que la de los lavaderos de oro, y objeto más tarde de una valiosa explotación, quedó desconocida de los conquistadores.

7. Impuestos y multas

Esta desilusión no hacía más que confirmar la idea de que los conquistadores comenzaban a formarse de la pobreza del país. Halagados con la esperanza de enriquecerse en pocos años con la cosecha de metales preciosos, ellos miraban en menos los trabajos de la agricultura que exigía muchos brazos y que por la falta de comercio y de mercados en el exterior, no podían ser productivos por entonces. Los documentos de esa época han dejado la constancia del estado de escasa fortuna por que pasaban. Pedro de Villagrán, cumpliendo con un encargo del cabildo de Santiago, hacía en 1548 la siguiente petición a La Gasca, el gobernador del Perú: «Porque todos los vecinos conquistadores y pobladores de aquellas partes (Chile) están pobres y gastados en tal manera que no pueden rehacerse de sus necesidades tan presto, sea vuestra señoría servido de mandar que por ninguna deuda, como no sea delito ni descienda de él, no

---

435 El padre jesuita Diego de Rosales, *Historia general del reino de Chile*, libro II, capítulo 8, ha contado algunas de estas apariciones subterráneas y diabólicas que se decían ocurridas en este país. Conviene advertir que, aunque el padre Rosales escribía en la segunda mitad del siglo XVII, creía profundamente en estas apariciones, y que las refiere con toda seriedad.
436 Cabildo de 14 de marzo de 1553. La jurisdicción de Santiago, que en el principio comprendía toda la gobernación de Valdivia, había sido limitada por éste en 1552. Se extendía de norte a sur del río Choapa al río Maule. Su ancho era de 100 leguas comenzando desde el mar, y se dilataba por tanto al lado oriental de la cordillera de los Andes. Cabildo de 13 de noviembre de 1552.

se les pueda hacer ejecución en sus personas, armas, caballos, ropas de su vestir, esclavos de su servicio, casas, estancias ni chacras, sino que paguen de los demás bienes que tuvieren, guardándoles los susodichos y no llegándoles a ellos».[437] Por las mismas razones, el procurador del cabildo de Santiago pedía que se redujera a la mitad el impuesto que pagaba el oro que se extraía de los lavaderos.

Ese impuesto daba una escasa renta a la Corona, a causa de la limitada producción de metales preciosos. Las otras contribuciones no rendían beneficios más considerables. La ganadería y la agricultura, gravadas con el pago del diezmo, daban una renta exigua desde que esas industrias eran cultivadas en limitadísima escala.[438] Por otra parte, aunque esa contribución estaba revestida de un carácter eclesiástico, lo que le daba mayor prestigio entre los colonos y, aunque el Cabildo había reglamentado la manera de percibirla mandando que en los casos en que los animales no alcanzasen a diez, «de cada crianza de yeguas, no llegando hasta nueve, se paguen 5 pesos, y de cada casa un gallo y una gallina», los propietarios hallaron medio de eludir la ley. Repartían sus animales en cabeza de sus hijos menores y, de esta manera, no había ninguno de éstos que los tuviere en número suficiente para pagar el diezmo. A requisición de los oficiales reales, el Cabildo tuvo que dictar una nueva ordenanza para que «se pague el diezmo a Dios, como buenos cristianos». Según ella, solo podían reputarse poseedores de ganado los hijos mayores que fuesen casados y velados. La ley no reconocía la validez de esas donaciones simuladas hechas a los hijos menores para no pagar el diezmo.[439]

Los primeros colonos estuvieron, además, sometidos a pagar otro género de impuestos. Con el nombre de derramas se conocían ciertos repartimientos de contribuciones directas para atender a tales o cuales necesidades públicas.

---

437 Representación de Pedro de Villagrán de 15 de noviembre de 1548, publicada en el *Proceso de Valdivia*, pág. 124.

438 El *Boletín Eclesiástico del arzobispado de Santiago*, en su tomo IV, publicó una nota del obispo electo González Marmolejo, de 1558, sin expresión de día ni de mes, según la cual, los diezmos de Chile del Maule al norte, habían producido desde 1546 hasta aquel año, la suma de 54.618 pesos; pero hay que advertir que esta producción está muy desigualmente repartida entre aquellos trece años, y que la de los primeros era muy diminuta. Así, en 1546 solo alcanzó a 600 pesos.

439 Representación de los oficiales reales en el Cabildo de 13 de octubre de 1549. En 18 de abril de 1556 se reformó esta ordenanza fijando la manera de pagar el diezmo cuando el producto de los ganados no alcanzase a diez.

Esos repartimientos que, sin duda, daban lugar a injusticias y quejas por la designación de las cuotas, servían para pagar ciertos servicios, como los del alarife o juez de agua, y se hacían para subvenir al costo de algunas obras públicas, iglesias, caminos o puentes. Los documentos antiguos, sin embargo, han dejado pocos datos para apreciar la importancia de estos impuestos extraordinarios.[440]

Al leer las ordenanzas dictadas por el cabildo de Santiago, se encuentra casi invariablemente establecida la penalidad que debía recaer sobre los infractores. Esas penas eran multas considerables para los españoles y centenares de azotes para los negros y los indios.

Es seguro que estas últimas se aplicaban puntualmente y con todo rigor; pero se engañaría quien creyese que las multas enriquecían el tesoro que estaba bajo el cuidado de los oficiales reales. Un acuerdo del Cabildo revela la verdad sobre la aplicación de tales penas. «Por cuanto, dice, los años pasados de la fundación de esta ciudad hasta hoy fue necesario que la justicia pusiese, como se pusieron, penas en las ordenanzas y pregones a los soldados conquistadores, vecinos y moradores de estos reinos, y algunas de ellas fueron excesivas y desaforadas, porque como en tierra nueva los soldados, era menester apremiarlos con temores, para que fuesen obedientes a la justicia; y por ser como fueron excesivas, no se han podido cobrar ningunas porque los saldados no las han podido pagar, y que la voluntad del señor gobernador y justicia no fue de ejecutar, sino que pasen por penas conminatorias, para moderarse al tiempo que se hubiesen de cobrar»; el Cabildo acordaba moderar esas penas. Según su acuerdo, se pagarían íntegras las que provenían de sentencia por caso de crimen y de blasfemia; pero las otras podían saldarse con maíz.[441] Esta declaración explica por qué el Cabildo estaba obligado a repetir dos y más veces una ordenanza sobre uso de las aguas, de bosques, conservación del ganado, etc.; repitiendo, al mismo tiempo, las penas de multas que no se hacían efectivas o que estaban sometidas a una notable rebaja.

---

440 En una real cédula expedida en Valladolid el 8 de agosto de 1558, la princesa gobernadora autoriza al gobernador de Chile para que gaste 6.000 pesos de oro del tesoro real en terminar la iglesia mayor de Santiago, en razón, dice, que los vecinos están pobres, adeudados, y no pueden hacer mayores sacrificios. Según esa real cédula, de los 12.000 pesos de oro que hasta entonces costaba la obra, los vecinos habían dado 10.000, y los otros dos los mandó poner Valdivia del tesoro real.

441 Cabildo de 5 de enero de 1545.

8. Administración de justicia

A pesar del reducido número de individuos que entonces componían la población de la colonia, y de la escasez de sus bienes de fortuna, no faltaban los litigios, y desde los primeros días había sido necesario organizar la administración de justicia. Después de la creación del Cabildo, estaba ésta a cargo de los alcaldes municipales, que se renovaban cada año. Las causas de mayor importancia y las apelaciones de las sentencias pronunciadas por los alcaldes, debían ser resueltas por el gobernador. Valdivia delegó estas facultades, según era práctica en las colonias españolas, en el teniente gobernador. Los capitanes Alonso de Monroy y Francisco de Villagrán, como se recordará, ejercieron este cargo, según su leal saber y entender o, más propiamente, como soldados extraños a toda noción de jurisprudencia. La justicia era, sin duda, expedita, pero seguramente no era muy arreglada a derecho por más que esos funcionarios estuvieran asesorados por escribanos que tenían alguna práctica en la tramitación.

A su vuelta del Perú, en 1549, Valdivia quiso reformar aquel estado de cosas. Trajo consigo al licenciado Antonio de las Peñas, en cuya ciencia manifestaba gran confianza, y le dio el título de juez superior de la colonia. «Para que nuestro Dios sea más servido, dice ese nombramiento, y yo pueda descargar en esta parte la conciencia real y mía, acatando vuestros méritos y habilidad, e por concurrir en vos las demás calidades que son necesarias para usar y ejercer la justicia de parte de Su Majestad y mía, os encargo por la presente, en nombre de Su Majestad y mío, y por el tiempo que mi voluntad fuere, os nombro, elijo y proveo por mi justicia mayor en esta ciudad de Santiago del Nuevo Extremo y en los límites y términos de ella, para que como tal mi justicia mayor podáis conocer y conozcáis de todas las causas, pleitos y negocios, así civiles como criminales, así en primera instancia como en grado de apelación, y los tales pleitos y causas definir y sentenciar definitivamente, y ejecutando las dichas sentencias u otorgando las apelaciones que de vos se interpusieren en los casos y cosas que de derecho haya lugar para ante Su Majestad o ante los señores presidente y oidores de su real audiencia del Perú.»[442] El justicia mayor tenía la facultad de presidir las sesiones del Cabildo, y debía entender en la apelación no solo de las

---

442 Nombramiento de Antonio de las Peñas, de 18 de julio de 1549.

sentencias que pronunciaren los alcaldes de Santiago sino de las que se hubiesen dado en La Serena. Por un acuerdo posterior del Cabildo, se resolvió que en los casos en que se concediese apelación ante la audiencia de Lima de las sentencias del justicia mayor, «en los pleitos de cantidad de 500 pesos de oro y desde abajo, se hagan pago las partes no embargante cualquiera apelación que interpongan, dando fianzas la parte en cuyo favor se dio la dicha sentencia que si fuere revocada, volverá lo que les es hecho pago».[443]

Este orden de cosas no subsistió largo tiempo. El licenciado De las Peñas, infatuado con su nombramiento, comenzó a suscitar dificultades,[444] y más tarde pretendió resistir alguna orden del gobernador. Pero Valdivia, cuyo carácter impetuoso no soportaba contradicción, no quiso tolerar las primeras resistencias que su voluntad había hallado de parte de ese juez. Encontrándose en Concepción ocupado en los negocios de la guerra, revocó con fecha de 7 de abril de 1550 el nombramiento del licenciado De las Peñas, y dispuso que en lugar de éste pasase a Santiago con el título de juez de comisión el general Jerónimo de Alderete. Esta modificación dio lugar a un largo debate en el seno del cabildo de Santiago; pero habiéndose pronunciado el mayor número de

---

443 Cabildo de 2 de octubre de 1549. Posteriormente, por cédula de 9 de abril de 1554, el rey, vista la dificultad y los costos de las apelaciones que se llevaban a la audiencia de Lima, autorizó a los cabildos de Chile para entender en ellas siempre que no pasasen de 300 pesos de oro.

444 El 23 de septiembre, el licenciado De las Peñas se negó descomedidamente a asistir a la sesión del Cabildo, pretendiendo que éste debía reunirse en la casa de su habitación. Los alcaldes y regidores acordaron, sin embargo, «que de hoy en adelante no se llame al dicho señor licenciado a Cabildo sino fuere cuando él quisiere venir a esta casa de Cabildo».
El Cabildo celebraba entonces sus sesiones en una sala de la casa de Valdivia, pero sin la presencia de éste, que en esos días se hallaba enfermo con un pie fracturado. El 25 de septiembre el Cabildo celebraba otra sesión a que asistía el licenciado De las Peñas, pero los oficiales reales, esto es, los ministros del tesoro, que, por decisión expresa de La Gasca, tenían voz y voto en el Ayuntamiento, se negaron a tomar parte en las deliberaciones, alegando que tenían que «ir a otras cosas tocantes al servicio de Su Majestad», pero seguramente por motivos análogos a los del licenciado De las Peñas. No teniendo hasta entonces el Cabildo casa propia (que solo poseyó en 1552, como referiremos más adelante), desde el 2 de octubre de 1549 se reunió en la iglesia mayor de Santiago, «con licencia del vicario general bachiller Rodrigo González», acordándose ese día que las sesiones tendrían lugar «tres días en la semana, que son lunes y miércoles y viernes, después de dichos los divinos oficios e acabada la misa mayor». Este orden no subsistió, sin embargo, largo tiempo. El Cabildo no celebró las tres sesiones semanales, y poco después siguió reuniéndose en la casa de Valdivia, que luego quedó desocupada por la partida del gobernador a la conquista de la región del sur.

sus miembros por que debía respetarse la provisión del gobernador, «el señor Jerónimo de Alderete se levantó del lugar donde estaba, en presencia de los sobredichos señores justicia y regidores, y tomó la vara que tenía en la mano el señor licenciado De las Peñas, justicia mayor, con asistencia y consentimiento de los dichos señores justicia y regidores, y la recibió en su mano para hacer de ella lo que el señor gobernador don Pedro de Valdivia manda por su provisión y mandamiento en nombre de Su Majestad».[445] Alderete, sin embargo, no asumió aquel cargo para administrar justicia. El mismo día, y en virtud de otra provisión de Valdivia, hizo reconocer por teniente de gobernador a Rodrigo de Quiroga, y éste quedó con el carácter de juez superior, con las mismas atribuciones que habían tenido sus predecesores antes del nombramiento del licenciado De las Peñas. La justicia volvió a ser administrada como en los primeros días de la colonia, esto es, de la manera que podían hacerlo los soldados extraños a toda noción de derecho.

Respecto de los indios, la justicia era administrada con menos miramientos todavía. Habiendo nombrado Valdivia un alcalde para administrar justicia en los lavaderos de oro de Malgamalga, lo facultó para fallar las causas civiles; pero respecto de los procesos criminales, le encomendó que se limitara a apresar a los reos, levantando la información del caso, y a enviarlos a Santiago para que fuesen juzgados por la justicia ordinaria. «Y asimismo, agrega en sus instrucciones, porque conocéis los indios naturales, cuán mentirosos son y huidores, no por el mal tratamiento que ahí se les hace, ni trabajos excesivos que se les dan en el sacar del oro, ni por falta de mantenimientos que tengan, sino por ser bellacos y en todo mal inclinados, e por esto ser necesario castigarlos conforme ajusticia, vos doy poder para que los podáis castigar dándoles de azotes, y otros castigos en que no intervenga cortar miembros.»[446] En este último caso, el indio debía ser remitido a Santiago. Poco más tarde, el Cabildo resolvió que el regidor que residiese de turno en aquel asiento, administrase justicia en todos los casos, «como más convenga al servicio de Su Majestad».[447]

---

445 Cabildo de 2 de mayo de 1550.
446 Nombramiento de Mateo Díaz para el cargo de alcalde de minas, de 2 de enero de 1550.
447 Cabildo de 29 de enero de 1551.

9. La vida de ciudad

Aquel cabildo legislador, a quien las circunstancias habían revestido de una gran suma de poderes, era la imagen fiel de la pobreza de la colonia. A pesar de que el terreno no costaba nada y de que las construcciones valían muy poca cosa, por mucho tiempo no tuvo siquiera una casa en que funcionar. Celebraba sus sesiones en las casas del gobernador Valdivia, en la iglesia principal de la ciudad o en la casa de alguno de los alcaldes. En la distribución de solares, Valdivia había reservado para sí el costado norte de la plaza con una cuadra de fondo, y allí había hecho modestas construcciones techadas con paja. En 1552, empeñado Valdivia en la conquista de la región del sur, y necesitando fondos para esta empresa, que, como se sabe, debía hacerse a su costa,[448] vendió, ignoramos en qué suma, las casas de su propiedad para que fueran pagadas con el producto de las multas, o a defecto de ellas, con los fondos de la caja real. En esas casas se instaló el Cabildo, y la fundición real con las oficinas de los tesoreros, y se estableció la primera cárcel pública.[449] Parece que hasta esa época, los reos procesados eran guardados con cadenas en la casa del alcalde, que hacía de juez de la causa, o en la del alguacil mayor. En sesión de 4 de marzo de ese año, el Cabildo reconocía que la casa que ocupaba, por estar cubierta de paja, corría riesgo de fuego; pero que cuando tuviese fondos disponibles proveería lo que fuere conveniente para evitar ese peligro. Esos modestos edificios fueron llamados desde entonces «las casas del rey».

En frente de ellos, y en el centro de la plaza, se levantaba el rollo. Era ésta una columna de piedra, que en las ciudades españolas era el signo de jurisdicción, y con este objetivo, los conquistadores erigían una en cada pueblo que

---

[448] Valdivia, como los demás conquistadores de América, según hemos dicho en otras ocasiones, estaba obligado a hacer a sus expensas todos los gastos que demandaran las operaciones militares de la conquista. Antes de 1548 había tomado el oro de las arcas reales para subvenir a las necesidades del servicio público y para ayudar a la pacificación del Perú. El presidente La Gasca resolvió estos asuntos de la manera siguiente: «Que lo que (Valdivia) ha tomado prestado de la caja y hacienda de Su Majestad lo vuelva a ella, y lo ponga en el arca de tres llaves de los oficiales reales lo más breve que pudiere, y que de aquí en adelante en ninguna manera tome de la dicha caja hacienda real, antes tenga cuidado de que los oficiales tengan en ella gran recaudo». Sentencia de Valdivia, pág. 129.

[449] Cabildos de 4 de marzo y de 13 de noviembre de 1552. Los primeros muebles del Cabildo, unas bancas y unos escaños, fueron mandados construir en abril de ese año como conmutación de multa a un vecino que había cortado madera en el bosque de la ciudad sin el permiso competente.

levantaban. Esas columnas, que subsistieron en las ciudades hasta nuestro siglo, prestaban, además, otro servicio. Allí se fijaba en escarpia, la cabeza de los criminales ejecutados por la justicia, y allí también se aplicaba la pena de azotes a los reos de delitos menores. A juzgar por las ordenanzas del Cabildo, y por la existencia de un verdugo desde los primeros días de la colonia, el rollo de Santiago debía ser testigo casi cada día de este género de castigos aplicado a los negros y a los indios.

Durante los primeros años, el aspecto de aquella ciudad de adobones y de paja que, sin embargo, se llamaba la capital del reino de la Nueva Extremadura, debió ser el de las más miserables aldeas. Sus calles no estaban formadas en su mayor parte más que por tapias y palizadas. El Cabildo, por su parte, ya que no podía mejorar los edificios, quiso al menos asegurar la tranquilidad de sus moradores y mantener el aseo. Así, en 1550 mandó «que todas las personas, vecinos y habitantes limpien y les hagan limpiar a sus indios o esclavos las calles, cada uno lo que le cabe de su pertenencia, so pena de 4 pesos».[450] Al paso que prohibía bajo severas penas las reuniones y borracheras de los indios, el Cabildo tomaba otras medidas para la seguridad de los vecinos. Temiendo que los españoles que salían de la ciudad pudieran ser víctimas de una sorpresa en los momentos en que quedaba menos guarnecida por la marcha de Valdivia para el sur, mandó que «ninguna persona de ninguna condición sea osado de salir de esta ciudad para dormir fuera de ella, con sus pies o ajenos, so pena de la vida».[451] Algún tiempo después, tomaba esta otra determinación: «Por cuanto en esta ciudad de noche andan muchas personas, así cristianos como negros e indios, haciendo muchos males y daños, y robando, y haciendo muchos otros desaguisados, proveyendo remedio en justicia, se manda que de hoy en adelante ninguna persona, de cualquier estado y condición que sea, así cristiano, negro, ni indio, ni negra, ni india, sea osado de andar de noche después de la queda, que para ello mandaban tañer la campana, so pena que al español que tomaren, con perdimento de sus armas, aplicadas para el juez que así le tomare, y más que será preso para el mismo caso; y al negro o negra que tomaren, sea llevado a la cárcel pública y de allí al rollo de la plaza pública y sea atado y le sean dados cien azotes públicamente; y a los indios y a las indias la misma pena

---

450 Cabildo de 5 de noviembre de 1550.
451 Cabildo de 23 de diciembre de 1549.

de los dichos negros».**452** Esta costumbre, que demuestra la deficiencia de la policía de seguridad, indica también cuál debía ser la tristeza y la monotonía de la vida de ciudad en aquellos tiempos. Estas prácticas, sin embargo, se prolongaron con corta alteración hasta nuestro siglo.

Por lo demás, los conquistadores carecían de casi todas las distracciones de la vida de sociedad, fuera de los juegos de naipes a que eran muy aficionados, y por los cuales tenía una marcada pasión el mismo gobernador Valdivia. Obligados, por otra parte, a vivir constantemente con las armas en la mano, faltos de otros animales que los que les servían para el combate o para el alimento, no pudieron tener entonces aquellos pasatiempos a que eran más aficionados los españoles. Así, solo veinte años después, tuvieron combates de toros; pero, como lo veremos más adelante, poco más tarde celebraban en ciertas ocasiones juegos de sortijas y de cañas en que los jinetes lucían su destreza.

La colonia, en cambio, tenía desde esos años otros elementos de la vida social de los españoles. No hablamos aquí de las iglesias ni de las prácticas religiosas de que trataremos más adelante. En 1552, el Cabildo admitió al ejercicio de su profesión a un licenciado en medicina,**453** y poco después prohibió que curaran los que no tenían título para ello.**454** Entonces existía ya una botica que el Cabildo había sometido al régimen de las tarifas y que hacia visitar para reconocer «las medicinas que en ella hay, y si algunas hubiere dañadas, se

---

452 Cabildo de 31 de julio de 1551. La queda era una institución de las ciudades europeas de la Edad Media. En Francia y en Inglaterra se le conocía con el nombre de couvre-feu, o apaga luces. Un toque de campana o dos toques con cierto intervalo de tiempo, en las primeras horas de la noche, advertía a los vecinos que debían recogerse a sus casas y entregarse al descanso. En España se le llamaba también «tocar a silencio».
Según disposición del Cabildo, sancionada por el art. 37 de la ordenanza general de policía aprobada por la audiencia de Lima el 30 de marzo de 1569, y que casi no es más que la compilación de acuerdos anteriores con pequeñas modificaciones (el lector puede verlas en la pág. 188 y siguientes del primer tomo de *Documentos* publicados por don Claudio Gay), debían tocarse dos quedas, con el intervalo de una hora. La primera regía con los negros, los cuales no podían salir a la calle desde esa hora sino llevando cédula en que constase que andaban en servicio de sus amos. La segunda queda, tocada una hora después, regía con los españoles. Los toques de campanas que se usan en nuestras ciudades a las ocho y a las nueve de la noche, son los últimos vestigios de esta costumbre.
453 Cabildo de 2 de enero de 1552.
454 Cabildo de 31 de enero de 1553. Por ordenanza de 11 de enero de 1557 se prohibió que el médico tuviese botica de su propiedad, reglamento que fue invariablemente conservado, creyendo impedir así una especulación que se habría prestado a muchos abusos.

mande que no se gasten por excusar mayor daño». Ya hemos referido que en esa época existía en Santiago un hospital fundado por Valdivia para curar a los enfermos pobres.

Al paso que Santiago no tuvo en sus primeros años más que un solo médico, contó luego con algunos abogados. En 1556 había tres en Santiago, y residían otros dos en otras ciudades. Prestaban sus servicios en las defensas de los pleitos entre los particulares y eran, además, como habremos de verlo más adelante, los consejeros legales de los gobernadores y de los cabildos en todos los casos difíciles en que se creía necesario pedirles su informe profesional. Para permitirles el ejercicio de su profesión, el Cabildo les exigía la presentación de sus títulos, pretendiendo resguardar así a los litigantes contra las especulaciones de los charlatanes y enredistas.[455]

10. Condición de los indígenas

Hemos referido,[456] que desde 1546 quedó sancionado y regularizado a lo menos ante la ley el sistema de repartimientos. Pero aquel régimen que satisfacía la codicia de los conquistadores, e implantado contra la voluntad de los indios a quienes se condenaba sin razón ni justicia a trabajos a que no estaban acostumbrados, no podía cimentarse con la misma facilidad con que había sido decretado. En efecto, comenzaron a notarse las dificultades en que tal vez no se había pensado. Los indios se fugaban de sus hogares o abandonaban el lugar en que se les hacía trabajar más, para asilarse en los repartimientos en que se les trataba menos mal. Los encomenderos, por su parte, a pretexto de que nadie tenía una cuenta cabal de sus indios, recibían a los que llegaban fugados de las otras encomiendas. Nacían de aquí pleitos repetidos sobre la propiedad de los indios, que la justicia ordinaria no podía resolver equitativamente.

El cabildo de Santiago creyó remediar este estado de cosas comisionando un juez especial que visitase los repartimientos, que oyese las quejas y que fallase todas las cuestiones definitivamente y sin apelación. Confiose este encargo al capitán Juan Jufré,[457] que cumplió su cometido con toda actividad. Como debía

---

455 El 21 de abril de 1556 algunos vecinos representaron al Cabildo que los tres licenciados que había en Santiago, no tenían títulos legales de tales. El Cabildo ordenó que el secretario examinase esos títulos.
456 Capítulo 6, § 7.
457 Cabildo de 26 de enero de 1551.

esperarse, las resoluciones del capitán Jufré dejaron satisfechos a algunos, pero descontentos a otros. Después de su visita, se renovaron las fugas de indios y nacieron nuevos litigios. Fue inútil que un año más tarde el procurador de ciudad pidiese una nueva visita de los repartimientos: el Cabildo, creyendo ineficaz esta medida, dio por anulados los poderes conferidos al capitán Jufré, y dejó que estas cuestiones fuesen resueltas por iajusticia ordinaria.[458]

Las mismas dificultades se repitieron en las provincias del sur cuando Valdivia fundó las nuevas ciudades y repartió los indios. «Comienzan a se mover, decía el mismo gobernador, muchos pleitos y disensiones sobre los indios naturales que los vecinos tienen encomendados, de que Dios nuestro Señor, y Su Majestad en su nombre, se tienen por muy deservidos, y entre sus vasallos se podrían recrecer escándalos y perturbaciones.»[459] Deseando evitar dificultades y gastos, mandó que estos juicios se resolviesen por tres árbitros nombrados por las partes y por la justicia ordinaria; pero en realidad, esta medida no surtió los efectos que se esperaban de ella. No era extraño que a los españoles se les ocurriera en tales circunstancias, la idea de marcar a los indios para distinguir los que pertenecían a cada repartimiento. Su condición de infieles autorizaba, según la moral de esos tiempos, este bárbaro tratamiento.

Estas fugas frecuentes de indios, la resistencia obstinada que oponían al trabajo, la falsedad con que faltaban a toda palabra que hubieran empeñado, el ningún caso que hacían de la enseñanza religiosa que se les quería dar, su apego a vivir según sus usos y costumbres y sin tratarse con los españoles, eran los accidentes necesarios del estado de barbarie en que se hallaban. Los conquistadores, por su parte, no estaban preparados para comprender un fenómeno natural que la experiencia ha demostrado en todas partes, esto es, que las civilizaciones inferiores no pueden modificarse sino con una extrema lentitud; y cuando vieron la fuerza de inercia que los indios oponían a toda innovación de su estado social, acabaron por concebir por ellos la misma idea de odio y de desprecio que los indígenas habían inspirado en los otros países de América. Se les creía apenas superiores a las bestias por su inteligencia, y además malos e incapaces de corrección. Ya hemos dicho lo que pensaba Valdivia acerca

---

458 Cabildos de 2 de enero y 4 de marzo de 1552.
459 Preámbulo de la ordenanza dictada por Valdivia en Concepción el 7 de abril de 1553.

de los indios.[460] Las ordenanzas de su gobierno reflejan constantemente ese mismo espíritu. Los indios debían sufrir penas terribles, un centenar de azotes, a lo menos, por las más leves faltas. El apedrear un caballo era castigado con la pérdida de una mano. Se les prohibieron los juegos en los asientos de minas. Una ordenanza de 1551 disponía lo siguiente: «Ningún indio ni india sea osado de hacer taqui,[461] ni su amo no consienta que hagan sus piezas taqui en su casa ni fuera de ella, so pena que a la india e indio que le tomaren haciendo taquis, se le den cien azotes en el rollo de esta ciudad, y más les sean quebrados los cántaros que tienen la chicha».[462] Los regidores creían equivocadamente que estos bárbaros castigos habían de modificar inmediatamente las costumbres más arraigadas de los indios y poner término a sus fiestas y borracheras.

Las pocas medidas dictadas en favor de los indios, más que inspiradas por un sentimiento de caridad, eran aconsejadas por el deseo de conservarlos sanos y útiles para el servicio. Valdivia había dispuesto que en los caminos hubiera posadas para el descanso de los viajeros, a las cuales los conquistadores daban el nombre peruano de tambos. Eran pobres chozas de indígenas, o más propiamente postas de indios, donde los españoles en el principio tomaban servidores que les cargasen sus bagajes. Valdivia mandó que a ningún indio se le pudiera cargar con más de dos arrobas, y que solo se les hiciera caminar de un tambo a otro, «porque es muy gran daño y menoscabo de los naturales, decía el procurador de ciudad recordando estas disposiciones, que vayan cargados 30 o 40 leguas, y en ello se desirve mucho a Dios, y a Su Majestad y al señor gobernador, y será causa que los naturales se alcen y rebelen, siendo tan trabajados como son». En esa misma ocasión, el procurador de ciudad pedía con instancia que se aplicaran las penas del caso a los que en violación de las ordenanzas de Valdivia, continuaban empleando a las pobres indias como bes-

---

460 Véanse las palabras que dejamos copiadas, § 8 del presente capítulo, de la instrucción dada por Valdivia al alcalde de minas de Malgamalga.
461 La palabra taqui es peruana, y debía ser conocida solo en la parte de Chile que estuvo sometida a los incas. Taki o taqui, en la lengua quechua, significa música o reunión en que se canta y se baila. En la región de Santiago y en el norte de Chile debían de designarse con este nombre las borracheras y fiestas de los indios.
462 Cabildo de 31 de julio de 1551.

tias de carga, y a las cuales, en consideración a su sexo, el gobernador había exceptuado de esta obligación.[463]

A pesar de estas precauciones, el trabajo forzado y los rigores que lo acompañaban, principiaron a producir sus funestos efectos en la población indígena. Al abatimiento y a la desesperación de los indios, se siguieron en breve las enfermedades y la muerte. Chile principiaba a despoblarse como se despoblaban las otras provincias de América. Cuando los españoles notaron la disminución de los repartimientos, trataron de inquirir la causa de la boca misma de los indios. Creían éstos, como hemos dicho en otra parte,[464] que toda muerte por enfermedad era el resultado de un hechizo preparado por un enemigo encubierto. Los españoles, no menos supersticiosos que los mismos indios, creyeron esta explicación. En enero de 1552, pedía el procurador de ciudad «que cada seis meses del año vaya un juez de comisión para visitar la tierra sobre los hechiceros que llaman ambicamayos,[465] dándole poder para castigarlos con todo el rigor del derecho, pues es público y notorio los muchos indios e indias que se hallan muertos mediante esto». El Cabildo ofreció tomar una resolución sobre el particular, pero parece que por entonces no hizo nada.

A fines de ese año, Valdivia se hallaba en Santiago y presidía las sesiones del Cabildo. El procurador de ciudad volvió a insistir en la cuestión de los hechiceros que daban muerte a los indios. «Los naturales, dijo, se matan unos a otros y se van consumiendo con ambi y hechizos que les dan, y en esto las justicias tienen algún descuido en no se castigar. Vuesa señoría mande que cada dos meses dos vecinos se vayan de Maipo hasta Maule a visitar la tierra, y otros dos vayan hasta Choapa; y vuestra señoría les dé poder como capitanes para que

---

463 En los libros del Cabildo se habla algunas veces de estas diversas disposiciones; pero el lector encontrará noticias suficientes en los cabildos de 2 de enero y de l de julio de 1552. Por ordenanza dada por Valdivia en Concepción a 4 de octubre de 1551 se mandó que los españoles que viajaban entre Santiago y Concepción debían hacerlo con indios propios, y no tomarlos en los tambos del camino. Mandó igualmente que a los soldados que viajaban entre esos puntos «se den al de a caballo cuatro indios, y al de a pie dos; y si fuere casado y trajere su casa y mujer, le provean de lo que fuere menester de indios para su buen aviamento». Esos pobres indios prestaban en la marcha el servicio de bestias de carga.
464 Parte I, capítulo 5, § 5.
465 Cabildo de 2 de enero de 1552. Ambicamayo o, más propiamente, hamppicamayu (de hamppi, medicina, veneno, hechizo, y de camayu, el que tiene poder) es una voz peruana que significa hechicero, el que sabe matar con hechizos. Los indios chilenos, como hemos dicho en otra parte, llamaban a sus hechiceros huecuvutuvoe, y también machituvoe.

con sumaria información tengan especial cuidado de castigar estos hechiceros y ambicamayos, porque demás del daño que reciben los naturales, se desirve Dios en los hechizos que hacen invocando el demonio. Y asimismo mande vuesa señoría que los que fueren a visitar tengan cuidado de hacer volver los naturales que se huyen de unos pueblos a otros.» Valdivia declaró que la justicia de la ciudad tenía poder cumplido para castigar esos delitos;**466** pero luego se creó el cargo de juez pesquisidor de hechiceros indígenas.**467** No tenemos noticias de la manera cómo desempeñaban sus funciones estos magistrados; pero pueden presumirse las injusticias que cometían recordando que los españoles creían firmemente en estos hechizos, que veían en ellos la intervención del demonio, y que pensaban que era un deber religioso y sagrado el castigar a los infelices a quienes se atribuía un poder diabólico.

Pero si los conquistadores en su desprecio por la raza indígena no tomaron nunca medidas serias para impedir los malos tratamientos de que eran víctimas los indios de parte de los españoles, quisieron castigar con mano de fierro los desmanes cometidos por los negros esclavos. «En esta ciudad, decía el Cabildo en noviembre de 1551, hay cantidad de negros y de cada día vienen a esta tierra; y por ser la tierra aparejada para sus bellaquerías, se atreven algunos de huir de sus amos y andar alzados, haciendo muchos daños en los naturales de esta tierra y forzando mujeres contra su voluntad; y si se diese lugar a esto, y no hubiese castigo en ello conforme a justicia, de cada día vendrían a alzarse y andarían alzados, haciendo muchas muertes, robos y fuerzas.» Para procurar un castigo contra estos atentados, el Cabildo recogió información acerca de las penas que en casos semejantes imponía la audiencia de Lima, y en vista de ella, mandó que esas mismas penas se aplicaran en Chile. «A cualquier negro o negros que se alzaren del servicio de su amo, dice la ordenanza, y no volviere dentro de ocho días, y si forzare alguna india de cualquier manera que sea contra su voluntad, que cualquier justicia de Su Majestad, recibiendo información bastante, pueda el tal juez por su sentencia en que le corten el miembro genital, y las demás penas que al juez le pareciere conveniente a la ejecución

---

466 Cabildo de 13 de noviembre de 1552.
467 En años posteriores desempeñó este cargo, por nombramiento del gobernador Rodrigo de Quiroga, el capitán Góngora Marmolejo, autor de la crónica de la Conquista que hemos citado en las páginas anteriores, y que tendremos que citar muchas veces más.

de la justicia, por cuanto así conviene al servicio de Dios nuestro Señor y de Su Majestad»[468]

11. Estado religioso de la colonia

La repetición de esta última cláusula en todas las ordenanzas de ese tiempo, aun, en las que se sancionaban las más duras crueldades contra los indios y contra los negros, explican el orden de ideas de los españoles de la conquista. Se comprenderá así que los hombres que habían identificado los intereses de su codicia con el servicio de Dios y del rey, debían ser una amalgama del más rudo y supersticioso fanatismo y de las más violentas y desenfrenadas pasiones.

En efecto, los conquistadores que no retrocedían ante ninguna violación de los principios de justicia y de humanidad en su lucha contra los indígenas, ni en el avasallamiento de esta raza para obligarla a los más abrumadores trabajos, y que además en sus relaciones entre los mismos españoles demostraban de ordinario los peores instintos, se sentían poseídos de la más ardiente devoción religiosa. Al hacer el primer trazado de la ciudad, Valdivia había señalado sitio para la iglesia en el costado occidental de la plaza mayor, y dio principio a su construcción. En esos primeros años, a lo menos hasta principios de 1545, decíase misa en una portada de la casa del gobernador;[469] pero poco más tarde pudo habilitarse para el culto una parte de la nueva iglesia. Aunque todo hace creer que aquél fue un templo modesto y pobre como todos los edificios de la ciudad, se emplearon en ese trabajo más de diez años. Esta tardanza se explica fácilmente por las atenciones de la guerra que ocupaban a todas horas a los conquistadores, por la carencia de operarios hábiles y por la escasez de fondos. A esta construcción se destinaron, fuera de las erogaciones del tesoro real, una parte de las multas penales y algunas de las derramas o contribuciones que imponía el gobernador.

Aun antes que esta iglesia estuviera terminada, comenzó, como ya dijimos, a servir para el culto. Pero había en Santiago, además, desde los primeros años de la Conquista, otros tres pequeños templos o ermitas, construidas, dos de ellas a lo menos, por la piedad de algunos vecinos.[470] En la ciudad de La Serena, como

---
468 Ordenanza de 27 de noviembre de 1551.
469 Cabildo de 31 de diciembre de 1544 y 1 de enero de 1545.
470 Parece que la primera iglesia que existió en Santiago fue la ermita de Santa Lucía, en el cerro de este nombre, que los indígenas llamaban Huelén, fundada por Juan Fernández

en las otras ciudades que se fundaron en el sur, la construcción de iglesias fue uno de los primeros afanes de los conquistadores. En 1548, cuando Valdivia se defendía en Lima de las numerosas acusaciones que se le habían hecho ante el presidente La Gasca, pasó en revista los servicios prestados por él a la causa de la conquista, y agregaba en su justificación estas palabras: «He fundado, gracias a nuestro Señor, cinco o seis templos donde se alaba su santísimo nombre».[471] Estas piadosas fundaciones, debían, según las ideas de la época, hacerle perdonar en el cielo y en la tierra las violencias y exacciones de que se le acusaba.

Los conquistadores podían hacerse perdonar el olvido de los deberes de humanidad, pero no les era permitido desentenderse de la obligación de levantar iglesias. «Lo principal que Su Majestad encarga por sus instrucciones, decía el procurador de ciudad en 1552, es que se tenga especial cuidado en hacer las iglesias y proveer de todo lo necesario para el culto divino.»[472] Valdivia, en cumplimiento de este encargo, había dictado el año anterior una ordenanza en que se encuentran estas palabras: «Por cuanto las iglesias de estos reinos son pobres y cada día son importunados los oficiales reales de la real hacienda que les provean de vino, cera, aceite para las lámparas, y porque la real hacienda no pague ninguna cosa de éstas, y las iglesias que se edifican y edificaren de aquí adelante sean servidas, que por falta de muchas veces los oficiales reales no lo quieren proveer, o por no lo haber se dejan de celebrar los divinos oficios y el culto divino no está adornado como es razón y Su Majestad manda, mandó su señoría en su real nombre, que las primicias sean de las iglesias, y que el mayordomo de ellas pueda arrendarlas».[473]

El clero de Chile, que en los primeros días de la Conquista había constado de tres individuos, se incrementó considerablemente en pocos años en relación de la escasa población de la colonia. La vida sacerdotal, que atraía mucha gente, era también muy productiva. Aparte de las entradas que los eclesiásticos podían procurarse en los repartimientos, en los lavaderos de oro y en la crianza

---

de Alderete. Inés Suárez, la antigua manceba de Valdivia, fundó otra con el nombre de Monserrate, al norte de la ciudad, a cuya ermita dotó el gobernador de un buen lote de tierra. Existía, además, la ermita de la Virgen del Socorro.
471 *Defensa de Valdivia*, pág. 66.
472 Cabildo de 13 de noviembre de 1552. Valdivia mandó ese día que el año siguiente los oficiales reales entregaran 2.000 pesos del producto de los diezmos para terminar la iglesia mayor de Santiago.
473 Ordenanza dada en Concepción en 4 de octubre de 1551.

de ganado, que eran las industrias de todos los colonos, percibían los beneficios particulares de su profesión, es decir, los honorarios de misas, entierros, novenas y exequias, que no podían dejar de ser considerables en un pueblo de españoles del siglo XVI. Sea que los eclesiásticos pidiesen por todo esto precios muy subidos, sea que el Cabildo quisiera solo respetar las prácticas de la metrópoli, sometió a los eclesiásticos a tarifa, así como lo hizo con los sastres, zapateros y herreros, poniendo precio a las misas según fueran rezadas o cantadas, y a todas las funciones especiales de los eclesiásticos.[474] Sin embargo, estas tarifas, como lo hemos visto con un gran número de ordenanzas del Cabildo, fueron muy poco respetadas en la práctica, y siguieron cobrándose precios mayores que los fijados que, sin embargo, eran bastante subidos. Los colonos, por su parte, y a pesar de su ferviente devoción, dejaban frecuentemente morir a sus indios sin hacerlos cristianos, esto es, sin bautizarlos, para no pagar el entierro.[475] Este hecho, observado a la luz de las creencias religiosas de la época, da la medida de los sentimientos de esos hombres, tanto de los encomenderos como de los eclesiásticos.[476]

---

[474] Cabildo de 29 de diciembre de 1543.
[475] Cabildo de 13 de noviembre de 1552.
[476] La iglesia de Santiago había sido elevada en 1547 al rango de parroquia dependiente del obispado del Cuzco; y los curas, como dijimos en una nota anterior, fueron dotados con una subvención por el cabildo de Santiago, aparte de los derechos parroquiales que podían percibir. Cinco años más tarde llegaba a Chile el presbítero, licenciado Hernando Ortiz de Zúñiga, revestido con el carácter de visitador eclesiástico enviado por el obispo diocesano. La visita de este funcionario no ha dejado más huellas que las de las primeras competencias y altercados que fueron tan frecuentes más adelante y que, apasionando a las gentes, interrumpieron más de una vez la monotonía de la vida colonial.
Apenas llegado a Santiago, pidió al Cabildo las ordenanzas del hospital para examinarlas y someterlas a su aprobación. El Cabildo, presidido por el mismo Valdivia, acordó inmediatamente en 13 de noviembre de 1552, «que las vea y las confirme, como no sea en daño de la constitución y fundación del hospital, porque como sea en su perjuicio, no quieren que se entremeta en cosa ninguna». El gobernador, siempre dispuesto a no tolerar sugestión de nadie, no podía someterse a las resoluciones del visitador.
Ortiz de Zúñiga quiso, además, hacer una ordenanza de entierros o, más propiamente, revisar la tarifa o arancel fijado por el Cabildo en años anteriores. A petición del procurador de ciudad que reclamaba que se moderasen los precios, y que a los indios y a los pobres no se les cobrase nada, Valdivia resolvió esto último comunicándolo al visitador. Cabildo de 13 de noviembre de 1552.
El año siguiente los altercados fueron más ardientes todavía.
En Santiago había habido dos curas. No habiendo más que uno solo a fines de 1552, Valdivia ordenó que tomase el cargo vacante el clérigo portugués González Yáñez, su

Después de la vuelta de Valdivia del Perú, llegaron también a Chile algunos religiosos regulares. Traían, sin duda, el propósito de fundar conventos de sus órdenes respectivas, para lo cual el terreno estaba perfectamente preparado por la devoción de los colonos. Faltan los documentos fehacientes para darnos cuenta de sus trabajos en este sentido; y las noticias consignadas por los cronistas, no son dignas de gran confianza. Consta sí que en octubre de 1553 los franciscanos obtuvieron por donación un espacioso terreno para tener iglesia y convento.[477] Los frutos alcanzados por esos religiosos en la conversión de los

---

amigo particular. El otro cura, Nuño de Ábrego, se negó a aceptarlo; y el Cabildo hizo, sin embargo, entrar a aquél en funciones. El visitador, que se hallaba en Concepción, desaprobó la conducta del clérigo González Yáñez, y lo llamó al sur. El cabildo de Santiago se mantuvo firme en su resolución. Se opuso al viaje de su protegido, defendiéndolo resueltamente, y acusó al cura Ábrego de ser hombre apasionado e intratable. «Es persona, decía, que no conviene a esta ciudad que sea de condición que es; y si no fuera por no dar qué decir, se hubieran con él de otra manera.» Las pocas noticias que acerca de este litigio consignan los libros del Cabildo, acuerdos de 7 de enero, 17 de abril y 18 de mayo de 1553, no bastan para seguirlo en todos sus incidentes ni para conocer su desenlace. Se sabe sí que el cura Nuño de Ábrego, obligado a aceptar al otro cura, por mandato terminante de Valdivia, se fue a Concepción pocos meses después, y que allí murió como soldado y como valiente peleando contra los indios araucanos.

Entre otros muchos hechos, estas competencias del Cabildo con el visitador Ortiz de Zúñiga, revelan que los soldados de la Conquista, aunque devotos hasta el fanatismo, no tenían un respeto ilimitado por los clérigos. Sin duda, el ver a éstos envueltos con frecuencia en altercados y competencias, y mezclados en revueltas y en guerras civiles, como había sucedido poco antes en el Perú, donde la justicia había ahorcado algunos, era causa de que los soldados no les guardaran el acatamiento a que ellos aspiraban.

477 Cabildo de 3 de octubre de 1553. Este día, Juan Fernández Alderete hizo donación a fray Martín de Robledo, comisario de la orden de San Francisco, de unos terrenos que tenía al pie del cerro Santa Lucía, y de la ermita que en este cerro había levantado. El Cabildo sancionó esa donación. El convento y la iglesia de San Francisco se levantaron, sin embargo, en otro lugar de la ciudad, en donde existen hasta el presente.

De los antiguos cronistas, el que da noticias más completas de la fundación de conventos y monasterios es el padre Olivares en su *Historia civil de Chile*. Pero esas noticias no están fundadas de ordinario en documentos fehacientes, sino en las crónicas de las órdenes. Estas crónicas, excelente documento para apreciar las creencias de esos siglos en materia de milagros y de cosas sobrenaturales, abundan en los mayores errores en cronología y en historia, de tal suerte que parecen más ser en gran parte la obra de la imaginación de sus autores que el fruto de un estudio regular de los hechos. El examen atento de muchos de sus capítulos, y su confrontación con los documentos más fidedignos, me ha probado que no se puede tener mucha confianza en sus noticias o, más bien, que no deben aceptarse sino cuando están apoyadas en otras autoridades. Por otra parte, casi la totalidad de esas noticias es ajena a la historia propiamente dicha, o trata de ésta con un notable descuido. Bajo este aspecto, las crónicas de los jesuitas forman excepción: no solo suponen mucho

indios, de que hablan vagamente y en términos generales algunas de esas crónicas, son invenciones que la historia y la razón no pueden aceptar. Los indios solían recibir el bautismo por curiosidad, o como un acto de sumisión aparente a los conquistadores; pero su conversión al cristianismo quedaba reducida a este solo aparato. Sin comprender una palabra de la religión que quería impronérseles, sin aceptar los usos y costumbres de los invasores, los indígenas conservaban sus supersticiones, y una resistencia obstinada a cambiar de vida y de manera de ser.

12. Falta absoluta de escuelas en estos primeros tiempos

Al estudiar este primer período de nuestra historia, llama la atención un hecho que explica la lentitud con que la civilización y la cultura se abrían camino en las colonias españolas del Nuevo Mundo. Aunque, como lo hemos visto al comenzar este capítulo, no faltaban niños, hijos de españoles en la colonia, no hallamos en los documentos de esta primera época el menor vestigio de haber existido la intención de crear una escuela de primeras letras, ni referencia alguna de haberse dado instrucción privada a los hijos de los conquistadores.[478] Así se comprende que en aquellas primeras generaciones, fueran muy escasos los hombres que sabían leer, aun entre las familias acomodadas, y que los obispos

---

     más estudio de los documentos sino que, por referirse a una orden que tuvo tanta injerencia en los sucesos políticos, no han podido dejar de tratarlos más detenidamente.
     Dejándose engañar por las falsas noticias de algunas de esas crónicas, algunos historiadores han asentado que los primeros frailes que se establecieron en Chile fueron los dominicos, los cuales fundaron su convento, según se dice, en 1552, esto es, un año antes que los franciscanos. Estas noticias no constan de documento alguno, sino de las simples aseveraciones de los cronistas. De los documentos aparece que los dominicos se establecieron cuatro años después que los franciscanos, esto es, en 1557.
478 La única indicación que en los primitivos documentos hallamos de alguien que en esos años aprendiera a leer, se encuentra en el artículo 51 del acta de acusación de Valdivia. He aquí sus propias palabras: «Ítem, que yendo Vallejo, un soldado, a ver a Inés Suárez (la manceba de Valdivia) la estaba mostrando a leer un bachiller que se llama Rodrigo González (el primer cura y después el primer obispo de Santiago), y le dijo el dicho Vallejo al bachiller: muestra a leer a la señora, de leer verná a otras cosas. Por esto y porque dijo un día que los enviaban por maíz viéndoles muertos de hambre, lo echaron en una cadena en dos colleras y le quisieron ahorcar». Proceso de Valdivia, pág. 39.

tuvieran poco más tarde que dar las órdenes sacerdotales a individuos que no habían recibido la menor instrucción.[479]

Esta ignorancia de los primeros tiempos, aunque ligeramente combatida en los años subsiguientes, legó a la colonia abundantes gérmenes de atraso y exigió después, de la república, una acción vigorosa y constante para poner término a la era del oscurantismo.

---

[479] En 1589, fray Cristóbal Núñez, apoderado en Madrid de los frailes dominicanos de Chile, dirigía al rey una «representación para remediar lo espiritual de Chile». Allí decía que el obispo Medellín había «tenido mucha rotura para ordenar mestizos, y a lo que se platica y yo he visto, dos son muy ignorantes porque no saben leer ni han estudiado, y lo mismo ha ordenado a criollos y otra gente de Castilla, que son en público muy faltos de ciencia».

Capítulo X. Valdivia: primera campaña de Arauco; fundación de nuevas ciudades (1550-1552)

1. Aprestos de Valdivia para su campaña al sur: trabajos para la defensa de Santiago. 2. Noticia acerca de las armas usadas por los españoles en la conquista. 3. Campaña de Valdivia en las márgenes del Biobío: batalla nocturna de Andalién. 4. Fundación de Concepción: defensa de la nueva ciudad contra los ataques de los indios. 5. Valdivia despacha un nuevo emisario a España a dar cuenta de sus conquistas y a pedir las gracias a que se creía merecedor. 6. Campaña de Valdivia hasta las márgenes del Cautín y fundación de la Imperial. 7. Reciben los españoles nuevos auxilios. Viajes y aventuras de Francisco de Villagrán: incorpora la ciudad del Barco a la gobernación de Valdivia y llega a Chile con 200 soldados. 8. Campaña de los conquistadores a la región del sur: fundación de las ciudades de Valdivia y Villarrica

1. Aprestos de Valdivia para su campaña al sur: trabajos para la defensa de Santiago

Desde su regreso del Perú, Valdivia no había cesado de hacer los aprestos para emprender la conquista de los territorios del sur. Una serie de contrariedades parecía retardar la realización de sus planes. La insurrección de los indios del norte y la destrucción de La Serena, al paso que le costaba la pérdida de cuarenta soldados y de algunos caballos, lo había obligado a desprenderse de una parte de sus tropas para organizar la columna con que marchó Francisco de Aguirre a repoblar aquella ciudad. Los españoles auxiliares que habían venido del Perú con el capitán Jufré por el camino de tierra, habían perdido en la travesía del desierto más de cien caballos, lo que era un contratiempo enorme en aquella situación. Sin embargo, Valdivia no se desalentó un solo instante, y solo esperaba la vuelta de la primavera para abrir la campaña.

El 8 de septiembre de 1549, el gobernador pasaba revista a sus tropas en los campos vecinos a Santiago. En uno de los ejercicios militares, su caballo dio una caída aplastando al jinete la pierna derecha y fracturándole los dedos del pie. Valdivia fue transportado a su casa, y se vio obligado a permanecer tres meses en cama. Desde su lecho siguió ocupándose en los preparativos de la expedición y venciendo las dificultades y resistencias que encontraba la empresa. Los habitantes de Santiago, que no debían salir a campaña, temían que la ciudad quedase desguarnecida y, por lo tanto, expuesta a los peligros de nuevas sublevaciones de los indígenas, y, además, que con motivo de las necesidades de la guerra, llevase en calidad de auxiliares, o como simples bestias de carga, a los indios que les habían sido encomendados. Estos temores habían producido una gran alarma en la ciudad. Los encomenderos de Santiago defendían a sus indios, no por un sentimiento de filantropía y de justicia sino por el mismo interés con que habrían defendido sus ganados. El 13 de octubre, Valdivia reunía al Cabildo en su propia casa; y el procurador de ciudad, Pedro de Miranda, le leía a nombre de los vecinos un extenso requerimiento. Pedía en él que el gobernador dejase en Santiago las fuerzas necesarias para atender a la defensa de la ciudad, y que mandase que todos sus habitantes, incluso los mercaderes, se proveyesen de armas y de caballos «para la sustentación de ella, pues lo pueden tener y hacer mejor que ninguno de los vecinos». Por lo que respecta a los indios, el procurador de ciudad pedía que siendo esta región del país «tan pobre de indios», no permitiese que se sacasen para emplearlos en la guerra, «que los que llevasen para cargas no pasasen el río Itata, pues la tierra de adelante tiene mucha cantidad de indios», y, por último, que no tolerase que a los que acompañasen al ejército, se les encadenase de noche, «por cuanto estoy informado, decía, que algunas personas llevan cadenas para aprisionarlos». El procurador pedía, además, que Valdivia dejase un herrero en la ciudad. El Cabildo apoyó estas peticiones con las fórmulas ordinarias, esto es, porque «así conviene al servicio de Dios nuestro Señor y de Su Majestad y al bien y sustentación de sus vasallos».

Sin pérdida de tiempo, contestó Valdivia a estas peticiones. Anunció que dejaría en la ciudad más gente que la que tuvo en sus primeros años, y que a cargo del Cabildo quedaba el velar por su defensa, para lo cual debía compeler a todos los habitantes para que se armasen en su defensa. Después de acceder en todos los otros puntos a la petición del procurador de ciudad, Valdivia mandó que la gente de guerra que viniera del Perú en unos buques que esperaba, fuera despachada inmediatamente al sur, sin permitirle llegar a Santiago, y dio otras órdenes para aporratar caballos con que abrir la campaña.

Fueron aquellos días de trabajo incesante para preparar las tropas expedicionarias y para atender a la defensa de la ciudad. Con el objetivo de satisfacer a los encomenderos, que temían que pudieran quitarles sus indios, así como para impedir la fuga de criminales, Valdivia mandó que no se dejara salir de Valparaíso un solo buque sin ser previamente registrado por el alguacil mayor. El Cabildo, por su parte, mandó que antes de mediados de enero del año siguiente, todos los habitantes de Santiago estuviesen listos para la defensa de la ciudad, que tuviesen en sus casas armas y caballos, y a falta de éstos yeguas que podían comprar a un a crédito, o tomarlas prestadas sin que nadie que tuviera más de uno de esos animales pudiese excusarse de vender los otros por un precio equitativo; que todos cargaran siempre sus espadas; que nadie durmiese fuera de la ciudad, bajo pena de la vida;[480] y que se tomasen muchas otras precauciones para estar prevenidos contra cualquier amago de insurrección de los indígenas.

Cuando Valdivia hubo terminado sus aprestos militares, escribió su testamento. Según las facultades inherentes al cargo de gobernador, disponía en él el orden de sucesión en el gobierno de la colonia «si Dios fuere servido de le llevar de esta presente vida». Habiendo reunido al Cabildo en su propia habitación, le entregó allí, el 23 de diciembre, el referido testamento, en pliego cerrado, y con la firma de siete testigos. Mandó el gobernador que se le guardara en el arca de tres llaves del tesoro real, de donde no podría sacarse sino después de su muerte; y exigió de los cabildantes la promesa de respetar y cumplir esta última voluntad, bajo la multa de 5.000 pesos de oro y las demás penas legales para aquéllos que no la obedeciesen puntualmente. «Y luego, dice el acta de aquella sesión, todos los señores justicia y regidores dijeron que viendo, como ven, que el dicho señor gobernador va en servicio de Su Majestad a las provincias de Arauco a las conquistar y poblar, y lo que así les manda es tan justo y conviene tanto al servicio de Dios nuestro Señor y de Su Majestad y al bien común, que ellos dicen y prometen a su señoría que así lo guardarán y cumplirán como por su señoría les es mandado; imponiendo sobre sí y sobre sus personas y bienes las tales penas que su señoría les tiene impuestas, las cuales desde ahora dan poder a las justicias para que en sus personas y bienes las ejecuten siendo inobedientes a lo que aquí se les ha mandado; lo cual prometen por sí y por todos los demás señores justicia y regidores de este Cabildo como sucesores en él, y lo firmaron de sus nombres.» Valdivia debió creer que esta explícita y terminante declaración, sería una garantía del fiel cumplimiento

---

480 Cabildos de 23 de diciembre de 1549 y de 7 de enero de 1550.

de su última voluntad. Y, sin embargo, él habría debido recordar que entre los conquistadores de América eran las promesas más solemnes y aparatosas las que menos se cumplían.[481]

Por decisión de Valdivia, el gobierno de la ciudad quedó confiado al Cabildo bajo la presidencia del licenciado Antonio de las Peñas con el título de justicia mayor. Este régimen no subsistió largo tiempo. Como referimos en el capítulo anterior, este funcionario fue destituido violentamente por el gobernador. El 2 de mayo de 1550 fue reconocido con el carácter de teniente gobernador el capitán Rodrigo de Quiroga que gozaba en la colonia del prestigio de hombre honrado y de valiente militar.

2. Noticia acerca de las armas usadas por los españoles en la conquista

Al entrar a referir las verdaderas campañas de la conquista, debemos detenernos un momento para dar a conocer las condiciones del poder militar de los conquistadores. Al verlos sostener con tan reducido número de soldados una lucha formidable contra ejércitos numerosos de indios tan valientes como astutos, nos exageramos inconscientemente la importancia de sus recursos militares, y creemos que las armas de fuego, que consideramos tan eficaces como los cañones y los fusiles de nuestros días, decidían la victoria en aquellos reñidísimos combates.

Sin embargo, las armas de fuego tenían en el ejército de Valdivia una importancia mucho menor de la que pudiera atribuírseles. Los conquistadores de Chile no tuvieron cañones en los primeros días de la guerra, y cuando los usaron en 1554, eran piezas de pequeño calibre, con las imperfecciones de la artillería de esos tiempos; y las perdieron en el primer combate. Los arcabuces que llevaba la infantería, aunque ya bastante perfeccionados, eran armas pesadas que fatigaban al soldado durante la marcha, y que casi no podían usarse sino apoyando el cañón en una horquilla o vara de madera que el soldado cargaba consigo

---

481 Cabildo de 23 de diciembre de 1549. En confirmación de las últimas palabras del texto, que podrían parecer demasiado rigurosas, tendríamos mil hechos que citar, pero nos bastará recordar solo dos de que hemos hecho mérito en las páginas anteriores. La reconciliación de Pizarro y Almagro en la iglesia del Cuzco, partiendo entre ambos la hostia consagrada, y firmando un contrato solemne, precedió a una sangrienta guerra civil y a la ejecución del último. La dejación firmada en favor de Valdivia por Sancho de Hoz en el pueblo de Atacama no vino a ser efectiva sino cuando a éste le cortaron la cabeza.

y que clavaba en el suelo, lo que en cierta manera inmovilizaba a la tropa o le impedía, a lo menos, la rapidez en los movimientos. Esas armas, además, solo podían hacer un limitado número de disparos. Exigían tanta pérdida de tiempo para la carga, que el fuego se hacía con notables intervalos. No se conocían los cartuchos de pólvora y bala que más tarde aligeraron la carga de las armas de fuego. Los soldados llevaban un cinturón en que tenían una sarta de cañutos pequeños de madera u hojalata, cada uno de los cuales tenía la pólvora para un tiro; y, aunque esta distribución había simplificado en cierta manera la operación de cargar, ni el soldado podía llevar muchos de esos cañutos, ni la carga podía hacerse con la conveniente rapidez. El fuego, por otra parte, se daba con una mecha o cuerda encendida, que era preciso manejar a mano y con mucha precaución para que por un descuido cualquiera no incendiara la pólvora que el soldado llevaba en su cinturón. Esta circunstancia era un grave inconveniente en ciertos momentos. Los arcabuces no podían servir en los casos en que la tropa era atacada de sorpresa, cuando las mechas estaban apagadas.

Las armas de fuego, imperfectas como eran, daban, sin duda alguna, una inmensa superioridad a los españoles; pero nosotros nos exageramos su importancia, atribuyéndoles un poder comparable al de los armamentos modernos. La verdadera fuerza de las tropas conquistadoras existía en los caballos y en las armas blancas, que en esa época conservaban todavía casi intacto su prestigio en los ejércitos mejor organizados de los pueblos europeos.

No debe suponerse que los soldados de Valdivia cargasen esas fuertes y primorosas armaduras de acero bruñido que nos dan una idea tan elevada del arte de trabajar los metales en el siglo XVI. Las corazas y los yelmos de esa clase tenían un valor muy subido, y solo eran usadas por los príncipes y los grandes señores. El vulgo de los conquistadores de América, cargaba armas defensivas mucho más modestas, pero sólidas y eficaces contra los golpes de los indios. Los infantes llevaban una simple coraza que les defendía solo el pecho y la espalda, que les dejaba al descubierto el resto del cuerpo, permitiéndoles la libertad en todos sus movimientos y que por esto no los entorpecía en la marcha. Los jinetes, por el contrario, usaban ordinariamente armaduras completas de acero, que los cubrían de pies a cabeza, y que resguardaban todo su cuerpo de los golpes de los salvajes. Pero en muchas ocasiones también, el alto precio de esas armaduras, y la estrechez de recursos con que se preparaban algunas de estas expediciones, eran causa de que los soldados no poseyesen todas las piezas, y de que supliesen algunas de ellas con pedazos de cuero más o menos bien adaptados a la necesidad que se trataba de satisfacer. De cuero eran también las adargas o escudos que llevaban los soldados en el brazo izquierdo para parar los golpes del enemigo. En cambio, todos usaban casco o celadas de metal para defender la cabeza en los combates; pero, sin duda, por considerarlas embarazosas, habían suprimido las viseras que en las antiguas armaduras servían para cubrir el rostro. Las celadas de los soldados estaban provistas de carrilleras que al paso que las afianzaban sólidamente en la cabeza, resguardaban las mejillas en la pelea. Aunque esos cascos ofrecían una resistencia considerable, estaban revestidos, además, por el interior de un cojincillo o acolchado de algodón que neutralizaba grandemente el efecto de los golpes.

La pica o lanza era el arma blanca más poderosa de esos guerreros. Aunque había compañías de infantes piqueros y aunque la empleaban igualmente los arcabuceros cuando no convenía usar las armas de fuego, así como los soldados de nuestros días usan la bayoneta, esa arma iba quedando destinada casi exclusivamente para la caballería. Consistía en una vara sólida, comúnmente de madera de fresno, de poco menos de tres metros de largo, y provista en su extremidad de una punta de acero de tres o cuatro filos. La pica era un arma terrible en los combates contra los pelotones compactos de indios; y los conquistadores españoles de estas regiones habían introducido en su manejo ciertas innovaciones que redoblaban su poder. Un clérigo que peleaba en el bando de Almagro en las guerras civiles del Perú, había inventado el amarrarlas con unas correas a la silla y al pecho del caballo, de manera que una carga de lanza en esas condiciones, llevaba una pujanza irresistible y debía arrollar cuanto encontraba por delante.[482]

Todos los soldados, así infantes como jinetes, cargaban espada. En manos de aquellos hombres vigorosos y adiestrados en la pelea, esas armas, aunque toscas y pesadas, pero casi siempre de buen temple y de una solidez incontrastable, hacían prodigios en los momentos de mayor aprieto, y más de una vez decidieron ellas solas la suerte de una batalla que parecía perdida. Los jinetes usaban, además, hachas de combate, y las clavas o mazas de fierro, cuya cabe-

---

482 Fernández, *Historia del Perú*, parte I, libro II, capítulo 80.

za era una especie de bola pesada y cubierta de púas, o de barritas sólidas y afiladas, cuyos golpes bastaban para anonadar a un hombre.

Si estas armas aseguraban la superioridad militar de los españoles sobre los salvajes, valientes, pero mal armados, que iban a hallar en los campos del sur,[483] el número considerable de éstos, hacía de ellos un enemigo siempre formidable. Pero los conquistadores tenían en los caballos y en su organización mucho más inteligente y más regularizada, una fuerza que casi centuplicaba su poder. En las páginas siguientes vamos a verlos en acción.

3. Campaña de Valdivia en las márgenes del Biobío: batalla nocturna de Andalién

En los primeros días de enero de 1550 partía de Santiago la columna expedicionaria compuesta de poco más de 200 hombres.[484] Valdivia, convaleciente todavía de la fractura de su pie, era llevado en una litera que cargaban algunos indios auxiliares. A su lado iban Jerónimo de Alderete, en el rango de teniente general de las armas, y Pedro de Villagrán como maestre de campo o jefe de estado mayor. La marcha se hacía por el valle central del territorio chileno, sin

---

483 En el capítulo 4, § 4, de la primera parte hemos descrito las armas de los indios de Chile. En la continuación de la guerra, inventaron otros medios de defensa y de ataque de que tendremos que dar noticia en el curso de nuestra narración.

484 Valdivia no ha dado en sus relaciones la fecha exacta de su partida de Santiago. De las actas del Cabildo consta que el 2 de enero se hallaba en la ciudad, y que este día firmaba el nombramiento de Mateo Díaz de alcalde de las minas o lavaderos de Malgamalga; y que el 7 de ese mes ya estaba en marcha. Del tenor de los documentos, creo que ha debido salir el 2 o 3 de enero.

En su carta a Carlos V de 1550 y en las *Instrucciones* citadas, dice Valdivia que su ejército se componía de 200 hombres. Los cronistas contemporáneos difieren en el particular. Góngora Marmolejo, capítulo 10, dice que salieron con Valdivia 170 hombres; y Mariño de Lobera habla, capítulo 31, de más de 300. Es probable que a este número alcanzara la hueste del gobernador con los nuevos refuerzos que recibió poco más tarde.

Algunos de los cronistas posteriores han referido esta campaña con errores de todos calibres en los hechos y en la cronología. De propósito deliberado no hemos querido detenernos en rectificar esos errores por no alargarnos desmedidamente en nuestras notas. Nos bastará decir que el demostrar las numerosísimas inexactitudes que abundan en esos cronistas en el solo gobierno de Valdivia, daría material para un volumen entero. Solo de paso agregaremos que el más extenso de todos ellos, el padre Rosales, pone esta campaña en el año 1549, y hace figurar en ella a militares que no tomaron la menor parte, entre otros, a Pedro Gómez, que en la época en que se hizo esta campaña era alcalde del cabildo de Santiago y no salió de esta ciudad.

otros inconvenientes que las dificultades que ofrecía el paso de los ríos que en esa estación debían estar bastante crecidos por el deshielo de las cordilleras.

Hasta las orillas del Itata, los expedicionarios no hallaron la menor resistencia. Pasado este río, Valdivia, repuesto ya de su enfermedad, pudo montar a caballo y dirigir personalmente las precauciones que era preciso tomar en territorio enemigo. Según las instrucciones reales, no podía atacar a los indios antes de hacerles un requerimiento de paz. Era éste aquel famoso memorial escrito por el doctor Palacios Rubios, de que hemos hablado en otra parte,[485] según el cual se intimaba a los bárbaros que se sometieran a los representantes del rey de España por cuanto el papa había dado a este soberano el dominio absoluto de América y de sus habitantes. Valdivia no explica la manera cómo hizo llegar este requerimiento a noticia de los indios de guerra, pero deja entender que, como debía preverse, no produjo ningún resultado en el ánimo de aquellos bárbaros. Se veía por esto reducido a llevar sus tropas en orden de batalla, colocando sus bagajes en el centro para libertarlos de cualquier asalto, adelantando partidas exploradoras y manteniendo una gran vigilancia en los campamentos en que pasaba la noche. Los españoles, además, daban frecuentes guazavaras[486] a los indios que les salían al camino, a los cuales hacían retroceder, pero sin conseguir aterrorizarlos.

En este orden llegaron los conquistadores a las orillas del río Nivequetén, que nosotros llamamos de la Laja. Como en ese sitio[487] ofreciera el río un vado fácil, aunque largo, en que el agua llegaba a los estribos de los caballos, entraron resueltamente en él. Un cuerpo de indios que Valdivia hace subir a 2.000 hombres, trató de impedirles el paso; pero Villagrán, adelantándose con la vanguardia, los desbarató mediante una de esas cargas irresistibles que sabían dar los jinetes castellanos, y les tomó algún ganado y varios prisioneros.

Aquel desastre no amedrentó, sin embargo, a los indios. El 24 de enero llegaron los españoles a las orillas del Biobío, y no siéndoles posible pasarlo a vado, por lo profundo y cenagoso que estaba en ese lugar, comenzaron a construir balsas para atravesarlo. Los indios, en número más considerable todavía, salieron a la defensa del paso, cruzaron a nado sus aguas y fueron a atacar

---

485 Capítulo 6, pág. 216.
486 Ataques o asaltos. Ya hemos dicho que los españoles habían adoptado esta voz americana en su lenguaje militar.
487 Probablemente, el que nosotros llamamos Tarpellanca.

valientemente el campamento enemigo. Valdivia, sin embargo, logró desbaratarlos, obligándolos a repasar el río; pero no se atrevió a seguir su marcha por ese lugar. Queriendo buscar un paso menos peligroso, se puso en marcha hacia el oriente. Apenas había andado 2 leguas, sus tropas fueron asaltadas de nuevo por aquellos infatigables guerreros, que las obligaron a sostener otra batalla. Esta vez cupo el honor de la jornada a Jerónimo de Alderete. Después de reñida pelea, en que, sin embargo, no perdió más que un solo hombre arrastrado por la corriente del río, puso una vez más en derrota a los indios, y les quitó una cantidad considerable de guanacos o carneros de la tierra, como los llamaban los españoles.

Esos combates de cada día, y, casi podría decirse, de cada hora, debieron hacer comprender a Valdivia que aquellos salvajes eran los enemigos más terribles que hasta entonces hubieran hallado los españoles en el Nuevo Mundo. Mal armados, casi desnudos, los indios atravesaban a nado ríos correntosos, caían sobre el campamento de Valdivia de noche y de día, trababan combate cuerpo a cuerpo contra hombres cubiertos de fierro y contra caballos impetuosos, despreciaban el fuego de los arcabuces y el filo de las espadas y, aunque siempre vencidos por una táctica más inteligente y por armas más poderosas que las suyas, volvían de nuevo a la pelea con mayor audacia y con incontrastable tenacidad. Durante más de ocho días que los españoles anduvieron en el territorio que nosotros llamamos isla de la Laja, tuvieron que sostener constantes combates y que mantener la más estricta vigilancia de cada hora para estar prevenidos contra los repetidos ataques. Valdivia se atrevió a pasar el Biobío con cincuenta jinetes y a caminar por las orillas durante dos días con dirección al mar; pero encontró tanta gente enemiga que no se atrevió a pasar adelante, y al fin dio la vuelta a su campamento. Buscaba el sitio apropiado para fundar una población española; pero temiendo, sin duda, no poder sostenerse en aquellos lugares, repasó el río de la Laja, y siguiendo por sus orillas, se dirigió a la costa en busca de la bahía que había visto en 1546. Allí debía recibir los socorros que esperaba por mar.

En su marcha, los españoles se detuvieron dos días en el valle de Andalién, y acamparon en un terreno llano y bajo, entre el río de este nombre y el caudaloso Biobío, cerca de unas pequeñas lagunas de agua dulce. Valdivia no había olvidado ninguna de las precauciones militares para estar prevenido contra cualquier ataque de los indios. La mitad de sus tropas velaba de noche mientras dormía la otra mitad, alternándose cada seis horas en la guarda del campo. En la noche del 22 de febrero,[488] cuando acababa de mudarse la primera vela, los castellanos se encontraron repentinamente asaltados por un ejército de indios que Valdivia hace subir, exageradamente sin duda, a 20.000 hombres y que algunos cronistas elevan, más exageradamente aún, a cinco y seis veces ese número. Aunque los indios estaban divididos en tres grandes cuerpos, no pudieron atacar más que por un lado a causa de las lagunas en que se apoyaba la hueste de Valdivia.[489]

El asalto, sin embargo, fue terrible, «con tan grande ímpetu y alarido, dice el caudillo conquistador, que parecían hundir la tierra». En el primer momento, los bárbaros arrollaron las avanzadas de los españoles; pero en el mismo instante, todos éstos estuvieron de pie para empeñar el combate con aquel valor sobrehumano con que solían hacer la guerra. «Prometo mi fe, dice Valdivia, que ha treinta años que sirvo a V. M. y he peleado contra muchas naciones, y nunca tal tesón de gente he visto jamás en el pelear como estos indios tuvieron contra nosotros; que en espacio de tres horas no podía entrar con ciento de a caballo el un escuadrón.» Las masas compactas de salvajes envolvían de cerca y por todas partes a los españoles; y las pesadas macanas, manejadas con vigor y destreza, hacían encabritarse a los caballos, impidiéndoles romper los pelotones enemigos y obligándolos a retroceder. La derrota de los españoles parecía inevitable, y debía ser tanto más desastrosa cuanto que la proximidad de los indios que luchaban cuerpo a cuerpo, y la oscuridad de la noche, no permitían la retirada. En esa hora de suprema angustia, Valdivia, con la valentía que infunde la desesperación, mandó que su tropa dejara los caballos que habían llegado a ser inútiles, y que defendiéndose con sus adargas de las flechas y picas de los bárbaros, los acometiesen de frente con las lanzas y las espadas. Esta resolución decidió la victoria en su favor. Acuchillados por armas contra cuyos filos no tenían defensa alguna, agotados de cansancio y de fatiga, los salvajes

---

488 Mariño de Lobera, que asistió a esta batalla, dice 24 de febrero. Seguimos las relaciones de Valdivia, escritas pocos meses después en su carta a Carlos V y en las *Instrucciones* citadas.

489 Estas lagunas no existen en el día; pero la referencia que a ellas hace Valdivia son un dato seguro para fijar el campo del combate. La batalla de Andalién tuvo lugar en el sitio mismo en que hoy se levanta la ciudad de Concepción. Aquellas lagunas originadas por una depresión natural del terreno, han sido disecadas gradualmente, y el suelo levantado poco a poco por el transporte de tierra y ripio de los cerros vecinos.

comenzaron a vacilar y acabaron por pronunciarse en completa derrota, abandonando el campo cubierto de cadáveres. Los indios auxiliares o de carga que acompañaban a Valdivia, fueron muy útiles en la persecución de los fugitivos.

Aquella dura jornada costaba a los españoles dolorosos quebrantos. No tuvieron más que un solo muerto, y éste fue un soldado herido por un tiro de arcabuz imprudentemente dirigido por uno de sus camaradas; pero si las armaduras habían salvado a los castellanos de la muerte, no los salvaron de las heridas. «Hiriéronme sesenta caballos y otros tantos cristianos de flechazos y botes de lanza, dice Valdivia, aunque unos y otros no podían estar mejor armados.» «De todos los españoles, de los capitanes y soldados, refiere Góngora Marmolejo, no quedó ninguno que no saliese herido; de condición que si otra batalla les dieran los desbarataran, según quedaron temerosos y maltratados ellos y los caballos.» El resto de la noche y todo el día siguiente, fueron empleados por los castellanos en curar los heridos. Por fortuna de ellos, los indios no volvieron a atacarlos.[490]

4. Fundación de Concepción: defensa de la nueva ciudad contra los ataques de los indios

Valdivia no quiso exponerse a nuevos combates en aquellos lugares. El día 23 de febrero trasladó su campo a la orilla del mar, en la espaciosa bahía de Talcahuano, para buscar el poyo de los buques que esperaba de Valparaíso. Estos buques no habían llegado todavía; ero los españoles encontraron en aquella bahía un sitio donde podían defenderse de los repetidos y formidables ataques de los indios. Este lugar, llamado Pegnco o Penco por los indígenas, y reconocido ya por Valdivia en su campaña de 1546, estaba situado a orillas del mar, y rodeado de abundantes y tupidos bosques que la imprevisión de los hombres ha destruido casi en su totalidad. Para verse libres de asaltos y de sorpresas, cuyo peligro no les dejaba un momento de descanso, los españoles

---

490 Esta batalla ha sido referida por Valdivia en las relaciones citadas. Los cronistas Góngora Marmolejo, capítulo 10, y Mariño de Lobera, capítulo 31, la cuentan con mayores accidentes, pero en el fondo están acordes en que el triunfo de los españoles se debió a la carga dada de a pie. Góngora Marmolejo refiere que los primeros que dieron el ejemplo en esta carga, fueron los capitanes Francisco de Riberos, Juan Godínez y Gregorio de Castañeda; pero hay en esto un pequeño error. Juan Godínez era en ese año regidor del cabildo de Santiago y se hallaba entonces en esta ciudad. Su nombre figuraba entre los que asistieron a las sesiones de 4 de febrero y de 6 de marzo de 1550.

acometieron con la mayor actividad el trabajo de fortificaciones. Abrieron una ancha y profunda zanja trazada en semicírculo que rodeaba todo su campamento. Cortaron árboles en los bosques vecinos, y en veinte días de incesante tarea, construyeron un cercado fuerte de maderos gruesos y entretejidos, que según dice Valdivia, «fue tal y tan bueno que se puede defender de franceses, el cual se hizo a fuerza de brazos. Hízose por dar algún descanso a los conquistadores en la vela, y por guardar nuestros bagajes, heridos y enfermos, y para poder salir a peleas cuando quisiésemos y no cuando los indios nos incitasen a ello».

La belleza del lugar, la suavidad de su clima, la abundancia de peces y mariscos, que los ponía fuera de todo peligro de hambre, y las condiciones particulares de la bahía, que Valdivia consideraba «la mejor que hay en estas Indias», lo determinaron a fundar allí una ciudad. En efecto, el 3 de marzo de 1550, trazó su planta, repartió los solares entre los conquistadores, y dio principio a la construcción de galpones o casas provisorias para pasar el invierno. La nueva ciudad recibió el nombre de Concepción. Aun en medio de estos afanes, el caudillo conquistador no olvidó los cuidados militares que le imponía la proximidad de los indios enemigos. «A todos ordené las velas y guardias, dice él mismo, de tal manera que podíamos descansar algunas noches, cayéndonos las velas de tres en tres días.»

Estas precauciones eran muy fundadas. Los indios de aquella región, que conservaban el recuerdo de las luchas contra los ejércitos de los incas del Perú, no tenían la menor idea de que hubiese en el mundo enemigos más formidables que los que ellos habían derrotado en años anteriores.[491] Para ellos, los españoles eran soldados del Inca y, aunque los veían montados en animales vigorosos que podían arrollar un pelotón de indios, cubiertos con armaduras relucientes y casi impenetrables a sus picas y a sus flechas, y provistos de espadas y arcabuces que jamás manejaron los peruanos, siguieron llamándolos «incas, dice Valdivia, y a los caballos hueque inca», que quiere decir ovejas de incas. Este mismo error, hijo de la grosera ignorancia de esos bárbaros,

---

491 Según el informe del sargento mayor Miguel de Olaverría, debía haber entonces muchos indios del sur de Chile que habían hecho la guerra contra los ejércitos peruanos. Valdivia mismo nos ha dejado en su carta de octubre de 1550 la curiosa noticia de que los indios que llamamos araucanos, tomaron a los españoles por soldados del inca. Este hecho está confirmado filológicamente. Esos indios siguieron llamando a los castellanos huinca y huiracocha, es decir, viracocha, nombre de uno de los más prestigiosos soberanos del Perú. Véase Febres, *Diccionario hispano-chileno*.

alentaba su confianza en alcanzar la victoria, persuadidos de que los nuevos enemigos no valían más que los que ya en otra ocasión habían ahuyentado de sus fronteras. Después de la derrota que sufrieron en el valle de Andalién, pasaron muchos días haciendo sus aprestos para dar una nueva embestida a los invasores. Celebraron juntas, convocaron un mayor número de guerreros y luego se encontraron en situación de renovar los combates.[492]

Valdivia estaba advertido de estos aprestos, sin duda, por medio de los indios de servicio, y se mantenía sobre las armas. El 12 de marzo, poco después de mediodía, se presentó delante de los españoles un ejército de indígenas que cubría las lomas vecinas, y que Valdivia, con la exageración habitual de los conquistadores al computar el número de los enemigos, hace subir a 40.000 guerreros, fuera de otros tantos que quedaban atrás. «Venían, agrega, muy desvergonzados, en cuatro escuadrones de la gente más lucida y bien dispuesta que se ha visto en estas partes, y más bien armada de pescuezos de carneros y cueros de lobos marinos, crudos, de infinitas colores, y grandes penachos, todos con celadas de aquellos cueros, a manera de bonetes de clérigos, que no hay hacha de armas, por acerada que sea, que haga daño al que las trajere, con mucha flechería y lanzas y mazas y garrotes.» La batalla que se siguió fue, sin embargo, la menos reñida de aquella campaña. Los indios parecían querer dirigir su ataque contra cuatro puntos a la vez, y sus divisiones estaban tan apartadas unas de otras que no se podían socorrer oportunamente. Aprovechando hábilmente esta situación, mandó Valdivia que saliera al campo Jerónimo de Alderete con cincuenta caballeros, y que rompiese la división que se dirigía a la puerta del fuerte, y que era la que más se había acercado a los españoles. Aquella carga fue decisiva: los jinetes y los caballos, repuestos de sus anteriores fatigas con algunos días de descanso, cayeron como un rayo sobre los apiñados pelotones de indios, rompiéndolos y sembrando por todas partes la consternación y el espanto. Aquella división tuvo que volver caras. La sorpresa se apoderó también de las otras, que a su turno emprendieron la reti-

---

492 Algunos cronistas refieren que en esta ocasión ya traían los indios un toqui o general superior al cual estaban todos sometidos. Lo llaman comúnmente Aillavilu (nueve culebras). Don Alonso de Ercilla, que lo nombra Ainavillo, dice que cayó prisionero de los españoles en una batalla que tuvo lugar cerca de Penco. Sin embargo, en los documentos primitivos no se habla de tal general en jefe. Es probable que fuera solo uno de los capitanes o caudillos de los indios, a quien los españoles revistieron de ese título, suponiendo a los bárbaros una cohesión y una organización que no tenían.

rada. La persecución fue encarnizada y sangrienta: casi 2.000 indios quedaron muertos en el campo.

Los españoles tomaron cerca de 400 prisioneros. Llevados a la presencia del general, éste mandó que se les cortaran las narices y la mano derecha, y aquella orden inhumana fue ejecutada sin compasión.[493] Valdivia, que llama justicia esta atrocidad, hizo explicar a aquellos infelices el móvil de su conducta. Esa mutilación, según él, era simplemente un justo castigo aplicado a los indios que no se sometían a la dominación de los invasores cuando se les hacía saber por el requerimiento acostumbrado que el papa los había hecho vasallos del rey de España. Después de este discurso, que la razón casi se resiste a creer, y de la amenaza de tratar en adelante de la misma manera a todos los indios que se rebelaran contra sus pretendidos señores, Valdivia mandó que esos salvajes, estropeados y chorreando sangre, fuesen puestos en libertad para que volviesen a sus hogares.

Aquellos desalmados aventureros, que castigaban con tan bárbara crueldad la heroica defensa que esos salvajes hacían de su independencia y de su suelo, estaban convencidos de que eran los instrumentos de Dios, que habían venido a Chile a pelear contra el demonio y que los santos del cielo bajaban a la tierra a combatir a su lado. Valdivia mismo, que era el más sagaz si no el más ilustrado de todos ellos, estaba tan persuadido de esto como el último soldado. «Dios parece servirse de nosotros, escribe al referir la batalla de Penco; pues dicen los indios naturales que el día que llegaron a la vista de este fuerte cayó entre ellos un hombre viejo vestido de blanco en un caballo blanco (el apóstol Santiago), que les dijo: "Huid todos que os matarán estos cristianos"; y así huyeron; y tres días antes, al pasar el río grande (Biobío) para acá, dijeron haber caído del cielo una señora muy hermosa en medio de ellos, también vestida de blanco (la Virgen María) y que les dijo: "No vayáis a pelear con esos cristianos que son valientes e os matarán". E ida allí tan buena aparición vino el Diablo, su patrón, y les dijo que se juntasen muchos y viniesen a nosotros, que en viendo tantos nos caeríamos de miedo, y que también él venía; y con esto llegaron a vista de nues-

---

[493] En su carta a Carlos V, Valdivia dice que los indios mutilados fueron 200. En las *Instrucciones* citadas dice 300 o 400, pero expresa que solo se les cortó la mano derecha, y no las dos manos, como se lee en aquella carta.

tro fuerte.»⁴⁹⁴ Los soldados de Valdivia, por su parte, creían firmemente que en

---
494 *Instrucciones* dadas por Valdivia, pág. 238. En su carta a Carlos V cuenta más extensamente todavía estos prodigios, asentando terminantemente que esa batalla fue ganada con «el ayuda de Dios, y de Nuestra Señora e del apóstol Santiago».
El cronista don Pedro de Córdoba Figueroa, que escribía a principios del siglo XVIII, fue alcalde de la antigua ciudad de Concepción, y como lo dice él mismo, tuvo a la vista los libros de su Cabildo, perdidos más tarde. Contando estos milagros, de los cuales dice que «no hay la menor duda», da la prueba de su autenticidad según una acta de ese Cabildo de 17 de diciembre de 1554. Los cabildantes de Concepción comprobaron ante el visitador eclesiástico y vicario general de estas provincias, Fernando Ortiz de Zúñiga, la efectividad de la aparición del apóstol Santiago peleando contra los indios en la batalla de Penco. El vicario general dio licencia para construir una ermita en el sitio en que se había batido el apóstol. Córdoba Figueroa, *Historia de Chile*, libro II, capítulo I. El padre Miguel de Olivares ha reproducido casi textualmente esta noticia de la comprobación del milagro en su *Historia civil*, libro II, capítulo 10.
El cronista Góngora Marmolejo, que refiere el milagro y que no parece dudar de su efectividad, capítulo II, da también una explicación más lógica y racional de la victoria de los españoles. Refiere que el primer cuerpo de indios que entró en batalla, era compuesto de los restos salvados de la derrota de Andalién, y que destrozado este cuerpo por la carga de los jinetes castellanos, las otras divisiones que nunca habían visto caballos ni caballeros armados, se sintieron sobrecogidas de pavor y tuvieron que tomar la fuga.
El padre Diego de Rosales, que atribuye la principal intervención en la batalla a la Virgen María, en su *Historia general*, libro III, capítulo 2, cuenta que la reina del cielo lanzaba a los ojos de los indios puñadas de polvo que los obligaba a retroceder. Refiere con este motivo que la ermita se edificó en el sitio en que apareció la Virgen, que allí se levantó una cruz con una tabla en que estaba escrito el milagro, y que los obispos de Concepción concedieron indulgencias a los que iban a orar a aquel sitio.
Los milagros de la batalla de Penco han sido referidos en las historias y crónicas casi hasta nuestros días.
El abate don Juan Ignacio Molina, mucho más ilustrado que todos los cronistas que lo precedieron, se atrevió a negar este milagro a fines del siglo pasado. «Todo el ejército, dice, de común acuerdo hizo voto de fabricar una capilla en el lugar de la batalla, la cual efectivamente se dedicó algunos años después; pero este pretendido milagro, que a fuerza de ser copiado se ha hecho más increíble, no provino sino del carácter del circunspecto Lincoya» (nombre que se da al supuesto jefe de los indios). Molina, *Compendio de la historia civil*, libro III, capítulo I. A principios de nuestro siglo, don José Pérez García, en su *Historia de Chile*, todavía inédita (part. I, libro IX, capítulo 2) se manifestaba enfadado contra Molina por haber dudado de la efectividad de estos prodigios.
Los milagros de la batalla de Penco, aunque sinceramente creídos por los conquistadores y por sus descendientes durante más de dos siglos, no tienen siquiera el mérito de la originalidad en la invención. Son simplemente la reproducción de otros milagros iguales que se creían ocurridos en México y en el Perú, y que recuerdan en sus libros Gómara, Torquemada, Garcilaso y muchos otros cronistas.
Aunque los progresos de la ilustración y del criterio hayan desterrado para siempre los milagros de la historia, no puede dejar de recordarlos el que aspira a dar a conocer el carácter y las ideas de los tiempos pasados. Esas creencias pintan con su verdadero colo-

aquella batalla habían sido auxiliados por el apóstol Santiago, que peleaba como un guerrero en su caballo blanco, y por la Virgen María, que lanzaba a la cara de los indios puñados de polvo para cegarlos y ponerlos en desastrosa fuga.

Ocho días después de la victoria de los castellanos, esto es, el 20 de marzo, fondeaban en el puerto dos embarcaciones. Habían salido de Valparaíso bajo las órdenes del capitán Juan Bautista Pastene, y llevaban a su bordo algunos auxilios de gente y de forrajes para Valdivia. Iba también allí el cura de Santiago, González Marmolejo, que quería robustecer la fe de sus compatriotas para continuar en la empresa en que estaban empeñados. Desde ese día, los invasores cobraron un gran prestigio ante los ojos de los indios. Creyeron éstos que esos vigorosos extranjeros, que engrosaban sus filas con nuevos refuerzos, tenían a su disposición elementos de poder a que era casi imposible resistir.

El invierno se pasó en la mayor tranquilidad. Cuando los españoles hubieron consumido la carne y el maíz que habían recogido en las inmediaciones, resolvió Valdivia enviar una expedición al otro lado del Biobío. Pastene partió con sus buques, mientras Alderete seguía con sesenta hombres a caballo por el camino de la costa. En esta ocasión llegaron solo hasta la bahía de Arauco, y tanto en tierra como en la isla de Talca, que los españoles llamaron de Santa María, obtuvieron abundantes provisiones. Los buques volvieron dos veces más a aquellos lugares y alcanzaron hasta la isla de la Mocha. Casi sin más dificultades que las del viaje, recogieron nuevos acopios de víveres. Pastene llevaba además el encargo de demostrar a los indígenas que debían someterse al vasallaje del rey de España.

Un antiguo cronista ha contado con honrada indignación los desmanes de los conquistadores en estas expediciones. Refiere que en una de ellas, cuando se acercaron los españoles a tierra, los isleños, «así hombres como mujeres llegaban cargados de comidas sin quedar niño que trajere otra cosa que regalos hasta ponerlo todo en los bateles. A este servicio no dejaron los españoles de dar el retorno que en semejantes ocasiones acostumbraban, y fue que al tiempo de embarcar y recoger las cargas que los indios les traían, los recogieron también a ellos echando mano de los más hombres y mujeres que pudieron, llevándolos forzados sin otra utilidad que no perder la costumbre de dar mal

---

rido los sentimientos religiosos de los conquistadores, sentimientos, por otra parte, que no ponían freno a su insaciable codicia y a su bárbara crueldad.

por bien, no dejar de hacer de las suyas ni pasar por lugar donde no dejasen rastros de sus mañas. Verdaderamente, todas las veces que me vienen a las manos semejantes hazañas que escribir, añade, me parece que esta gente que conquistó a Chile por la mayor parte de ella tenía tomado el estanco de las maldades, desafueros, ingratitudes, bajezas y exorbitancias. ¿Qué habían de hacer los pobres indios que veían tal remuneración de los servicios de sus manos sino emplearlas en las armas, dando sobre los españoles como toros agarrochados, braveando con tal furia que parecía los querían desmenuzar entre los dientes como a hombres aleves y fementidos que les llevaban sus mujeres, hijos y parientes? Lo que resultó de esta bonica hazaña de los españoles fue el quedar los indios tan escandalizados que hasta hoy están de guerra, y el haber salido muchos de ellos en balsas grandes de madera a correr la costa de la tierra firme dando aviso de las mañas de los españoles para que se guardasen de ellos como de hombres facinerosos y embaucadores».[495]

Los indios, sin embargo, se mantuvieron en paz. Los más vecinos a la nueva ciudad, habían visto sus cosechas perdidas ese verano y sus provisiones y ganados arrebatados por los conquistadores. Sea por el desaliento momentáneo nacido de la convicción de no poder resistir, sea obedeciendo a un plan de disimulo mientras llegaba el momento de preparar una insurrección más formidable, se mostraron tan sumisos que Valdivia llegó a creer pacificada aquella región. El 5 de octubre creó cabildo para la nueva ciudad de Concepción y repartió las tierras y los indios entre los principales de sus compañeros, prohibiendo, sin embargo, a éstos la explotación de los lavaderos hasta que la paz estuviese definitivamente asegurada.[496] Dos días después reunía a los caciques que acababa de dar en encomienda, y celebró con ellos un parlamento en presencia de los vecinos y soldados. Por medio de los intérpretes, les hizo decir que había venido a este país por mandato del poderoso rey de España, que su misión no era para quitarles sus casas y sus bienes, sino para impedir que se matasen unos a otros en sus constantes guerras, para reducirlos a una vida

---
495 Mariño de Lobera, *Crónica*, etc. capítulo 32.
496 Este primer repartimiento de los indios y de las tierras de las inmediaciones de Concepción, fue provisorio.
En abril de 1551, estando Valdivia de vuelta de una expedición a las márgenes del Cautín, reformó las encomiendas y donaciones de chacras con más cabal conocimiento de esta parte del territorio y del número de sus habitantes indígenas. Concepción tuvo entonces cuarenta vecinos encomenderos.

mejor bajo un régimen de justicia, y para enseñarles quién fue su creador. Con el fin de conseguir tan grandes bienes, los indios debían renunciar a su libertad y someterse al vasallaje que les imponían los conquistadores. Sin duda alguna, si los indios comprendieron algo de aquel discurso, debieron recibir estas proposiciones con la mayor desconfianza, como un simple disfraz de la esclavitud a que se les quería reducir. El documento que consigna estas noticias, añade, sin embargo, que «ellos dijeron que así lo harían y que darían sus hijos para que les fuesen mostrados a sus amos a quienes estaban encomendados en nombre de Su Majestad».[497] Los españoles, incapaces de conocer que la sinceridad en las promesas es el fruto de un desarrollo moral que no puede hallarse en las civilizaciones inferiores, parecieron quedar satisfechos con el resultado de aquel parlamento.

5. Valdivia despacha un nuevo emisario a España a dar cuenta de sus conquistas y a pedir las gracias a que se creía merecedor

En medio de la satisfacción que estos triunfos y los progresos de la conquista habían de producir en el ánimo de Valdivia, éste debía experimentar cierta inquietud por la inestabilidad de su poder. Hasta entonces no tenía otro título para el gobierno de la colonia que el que le había dado La Gasca en 1548. Aunque había escrito cinco veces al rey para darle cuenta de sus campañas y de sus servicios a la Corona, no había recibido contestación alguna ni la confirmación de su título de gobernador.[498] Con el deseo de salir de esta situación

---

497 Carta del cabildo de Concepción al príncipe don Felipe de Austria, después Felipe II, escrita en Concepción el 15 de octubre de 1550, y publicada en la pág. 247 del Proceso de Valdivia.

498 Valdivia había escrito al rey las cartas siguientes: 1.ª carta escrita en La Serena en 4 de septiembre de 1545, varias veces publicada. 2.ª duplicado de esta carta con agregación de los sucesos ocurridos en Chile hasta agosto de 1546, llevada al Perú por Juan Dávalos Jufré y probablemente perdida, porque no se halla en los Archivos de Indias. 3.ª carta escrita en Andaguailas el 12 de marzo de 1548, en que refería que había pasado al Perú a servir la causa del rey contra la rebelión de Gonzalo Pizarro. Parece igualmente perdida. 4.ª carta escrita en Lima el 15 de junio de 1548 en que comunica que ha sido nombrado gobernador de Chile. Ha sido varias veces publicada y 5.ª carta escrita en Santiago el 9 de julio de 1549 en que avisa su regreso a Chile. Fue llevada al Perú por Francisco de Villagrán y de allí remitida a España. Se halla publicada en el Proceso de Valdivia, pág. 214.
La primera noticia que se tuvo en España de las conquistas de Valdivia fue comunicada al rey desde el Perú por Alonso de Monroy en septiembre de 1542. Junto con esa carta llegó a Valladolid una carta o petición de Jerónimo de Alderete en que solicitaba del rey que se

incierta y de ensanchar y consolidar su poder, resolvió entonces enviar a la Corte nuevos emisarios, provistos de amplios poderes para que tuviesen la representación de sus negocios.

Para el desempeño de esta comisión, el gobernador eligió a dos hombres de toda su confianza. Eran éstos Rodrigo González Marmolejo, bachiller en teología y primer cura vicario de Chile, y Alonso de Aguilera, soldado extremeño y pariente de Valdivia. El gobernador escribió con este motivo una extensa carta en que hacía la relación detallada de sus servicios, particularmente en la pacificación del Perú y en la continuación de la conquista de Chile. Aunque esa larga carta terminaba con la petición de las gracias que pretendía alcanzar de la Corona, Valdivia preparó unas instrucciones para sus apoderados que constan de más de veinte grandes páginas de letra menuda, y que contienen una reseña prolija de todos sus servicios, más propiamente una especie de autobiografía del caudillo conquistador, terminada con los artículos que contienen las gracias y mercedes que pedía al soberano.[499] Estos documentos del más alto valor histórico, revelan que Valdivia tenía plena conciencia de la importancia de sus servicios; que su espíritu arrogante no sabía encubrirlos con los artificios de una falsa modestia, y que estaba convencido de que era merecedor de los premios que solicitaba.

Las mercedes que Valdivia pedía en recompensa de sus servicios eran las siguientes: confirmación real de su título de gobernador de la Nueva Extremadura con ampliación de sus límites hasta el estrecho de Magallanes, por toda su vida y la de dos de sus herederos sucesivamente o a falta de éstos de las dos personas que él designare para sucederle después de sus días; confirmación para él y sus herederos a perpetuidad del título de alguacil mayor de la gobernación; concesión a perpetuidad para él y sus herederos de la octava

---

le confirmase en el cargo de tesorero real en Chile, que le había conferido el capitán Pedro de Valdivia. Con fecha de 27 de octubre de 1544 el príncipe don Felipe recomendaba al virrey Blasco Núñez Vela que diera ese cargo a Alderete si no tenía nota alguna contra él. En esa carta se ve que se conocía ya en la Corte la empresa de Valdivia, pero el rey no proveyó nada en su favor hasta seis años después.

499 En 1860 descubrí estas instrucciones en el Archivo de Indias depositado en Sevilla, guardadas en un grueso legajo rotulado Informes de méritos y servicios de descubridores, conquistadores y pobladores del reino del Perú. Por las frecuentes citaciones que hemos hecho de este importante documento, se habrá reconocido su alto valor histórico. El lector lo hallará publicado íntegro en el *Proceso de Valdivia*, págs. 217-245.

parte de las tierras que había descubierto o que descubriere y conquistare, con la facultad de poder tomar esa octava parte donde mejor le pareciere; facultad para proveer todas las escribanías públicas y tres puestos de regidores perpetuos en cada ciudad que fundare y donde instituyese cabildo; permiso para introducir en Chile 2.000 esclavos negros sin estar obligado al pago de derechos; condonación de la deuda de 118.000 pesos de oro que había tomado de las arcas reales en el Perú y en Chile para atender a los gastos que le había impuesto la conquista; concesión de otros 100.000 pesos de oro para consumar esta empresa; facultad para fundar en la costa tres o cuatro fortalezas, quedando él y sus herederos por gobernadores de ellas con el sueldo anual de un millón de maravedís por cada una y, por último, asignación de un sueldo personal de 10.000 pesos al año.[500]

Por exorbitantes que parezcan estas peticiones, conviene recordar que Valdivia, como los demás conquistadores de América, se había sometido a las condiciones más onerosas que es posible concebir al acometer aquella empresa. Su título de conquistador, o más propiamente su capitulación para descubrir, como entonces se decía, era una sociedad con el rey en que éste no arriesgaba nada, y se llevaba la mejor parte, por no decir el todo de los productos. El conquistador ponía en la campaña su vida y sus bienes, toda su actividad y todos los capitales que la empresa requería: el rey no contribuía con otra cosa que con el permiso para conquistar en su nombre, es decir, con un pliego de papel y una firma. Pero las utilidades, esto es, los países conquistados, pasaban a ser propiedad del soberano; y cuando concedía algo a sus socios, tenía cuidado

---

500 En todas estas peticiones había un espíritu de lucro que no se percibe a primera vista. Valdivia, como los otros caudillos, sus contemporáneos, solicitaba la facultad de nombrar tres regidores perpetuos en cada cabildo, y todos los escribanos, porque estos cargos se vendían públicamente tanto en América como en España. Del mismo modo, los alguaciles mayores vendían los puestos de alguaciles de las ciudades.

La cantidad de 118.000 pesos de oro que Valdivia confiesa deber a la Corona, y cuya condonación solicitó sin alcanzarla del rey, se descompone de la manera siguiente: 50.000 pesos que tomó de las cajas reales para ir al Perú a servir contra Gonzalo Pizarro; 30.000 pesos importe de los dos buques y de los víveres que compró en el Perú a los oficiales reales, es decir, a los tesoreros del rey, para volver a Chile con las tropas auxiliares. El resto era debido a aquel Calderón de la Barca de que hemos hablado en otra parte (capítulo 6, pág. 208) que trajo a Chile un cargamento de mercaderías en 1544 para vender en este país. Los capitales empeñados en esta negociación eran seguramente del licenciado Cristóbal Vaca de Castro; pero embargados los bienes de éste por orden real, Valdivia pasó a ser deudor de la Corona por esa suma.

de declarar que lo hacía en virtud de su real munificencia. Por extrañas que fuesen las ideas españolas de ese siglo sobre las prerrogativas de la dignidad real, no faltaban entre los conquistadores quienes conociesen lo absurdo de aquel sistema de repartición de las utilidades de la conquista. Si Valdivia era de este número, el resultado de sus gestiones debió contrariarlo sobremanera, porque murió sin haber conseguido más que una porción muy pequeña de lo que reclamaba.

El gobernador de Chile pedía también al rey que se instituyese un obispado en este país; y recomendaba para desempeñar este cargo al bachiller González Marmolejo. Al efecto, tanto él como el cabildo de Concepción hacían de este eclesiástico los más ardorosos elogios. Recomendábale sobre todo Valdivia por el cuidado que prestaba a «ciertas cabezas de yeguas que metió en la tierra con grandes trabajos, multiplicándoselas Dios en cantidad por sus buenas obras, que es la hacienda que más ha aprovechado y aprovecha para el descubrimiento», y por la buena voluntad con que prestaba sus capitales para el servicio público. González Marmolejo, sin embargo, a causa de su edad avanzada, y también por petición de los conquistadores, renunció al proyecto de ir a España. El otro emisario de Valdivia, Alonso de Aguilera, emprendió solo el viaje resuelto a cumplir su encargo con todo celo y con toda lealtad (15 de octubre de 1550). En el mismo buque partió para el Perú el capitán Esteban de Sosa, enviado por Valdivia para llevar a La Gasca el oro que correspondía al rey por derecho de quinto de las minas, y para traer nuevos auxiliares con que adelantar la conquista.[501]

6. Campaña de Valdivia hasta las márgenes del Cautín y fundación de la Imperial

Solo la escasez de tropas detenía a Valdivia en Concepción. Su ambición de conquistador lo arrastraba a dilatar sus dominios mucho más allá del territorio que realmente podía defender contra aquellos indios que habían mostrado un espíritu tan varonil y tan resuelto. No pensaba más que en la fundación de

---

501 Carta al rey de los oficiales reales de Chile de 27 de septiembre de 1551. Esteban de Sosa era además contador del rey, es decir, uno de los tres oficiales reales. El oro llevado por él ascendía a la suma de 11.000 pesos. La Gasca había vuelto a España, y ese oro fue guardado en Lima. Dos años después lo tomó Jerónimo de Alderete para llevarlo al rey junto con otra cantidad mayor que había sacado de Chile.

nuevas ciudades, en grandes repartimientos de indios y de tierras para sus soldados, y en extender su gobernación hasta el estrecho de Magallanes. Los triunfos alcanzados ofuscaban su razón y, a pesar de sus grandes dotes de soldado, se iba a precipitar en una empresa que, con menos arrogancia de carácter, debió considerar irrealizable.

Aun sin aguardar otros refuerzos, se dispuso para una nueva campaña. Comenzó por construir en Concepción un fuerte de adobones de vara y media de espesor y de dos estados de alto, para resguardo de los defensores de la ciudad contra cualquier ataque de los indígenas. Después de cuatro meses de incesante trabajo, este fuerte quedó concluido a mediados de febrero de 1551. Valdivia dejó allí cincuenta soldados, veinte de ellos de caballería, y con el resto de sus tropas, esto es, con 170 hombres, emprendió su marcha al sur. Aquella expedición duró solo mes y medio. Valdivia atravesó el Biobío no lejos de su embocadura. Recorriendo enseguida los campos vecinos a la costa, se adelantó cerca de 40 leguas, hasta las orillas del caudaloso río Cautín. En su marcha, llamaba de paz a los naturales, y en efecto parece que éstos no opusieron en ninguna parte la menor resistencia a los invasores. La amenidad de aquellos lugares, y más que todo la abundancia de población, que le permitía hacer buenos repartimientos de indios a sus soldados, lo decidieron a fundar allí una nueva ciudad. Había buscado en aquella costa un puerto seguro; pero no hallándolo, eligió a poca distancia del mar un sitio que creía de fácil defensa, en la unión de dos ríos, el Cautín y el de las Damas. Mandó construir un fuerte de palizadas, y repartió los indios de las inmediaciones para el servicio de los vecinos de la nueva población. La ciudad recibió el nombre de Imperial.[502]

---

502 Según una carta del cabildo de Valdivia al rey, de 20 de julio de 1551, los conquistadores dieron a esta ciudad el nombre de Imperial, «porque en aquella provincia en la mayor parte de las casas de los naturales se hallaron de madera hechas águilas de dos cabezas». En las crónicas de Góngora Marmolejo y de Mariño de Lobera, se habla también de esas águilas, que algunos escritores posteriores han presentado como obras de cierto mérito artístico. Sin embargo, se sabe que aquellos indios no eran escultores ni pintores. Parece que lo que dio lugar a esta ilusión de los conquistadores fue el hecho siguiente. En los techos de las chozas de los indios dejaban salientes las puntas de las varas sobre las cuales se amarraba la paja que las cubría. Esas puntas se juntaban sobre los techos en forma de cruz, y en ellas los indios, inducidos por una de sus numerosas supersticiones, ensartaban las cabezas de ciertas aves para alejar males y hechizos del hogar. Los españoles creyeron ver en esta costumbre las águilas de dos cabezas de las armas imperiales de Carlos V.

Esta fácil campaña aumentó las ilusiones de Valdivia. En un parlamento que tuvo con los indios principales, se mostraron éstos sumisos y resignados a aceptar la nueva dominación. El jefe conquistador, creyendo en la sinceridad de estas promesas, y pensando que esta actitud de los indígenas era la consecuencia de los terribles castigos aplicados a los prisioneros después de la batalla de Penco, llegó a persuadirse de que la región que acababa de recorrer, quedaba definitivamente pacificada. En esa confianza, repartió minuciosamente entre 125 conquistadores a todos los indios de la costa comprendida entre los ríos Biobío y Cautín, distribuyéndolos por lebus o tribus. Los nuevos encomenderos, sin embargo, no debían entrar por entonces en el goce de sus repartimientos. Valdivia dejó en la Imperial a su maestre de campo Pedro de Villagrán con solo cuarenta soldados para la defensa de la plaza, y el 4 de abril dio la vuelta a Concepción con el grueso de sus fuerzas.[503]

7. Reciben los españoles nuevos auxilios. Viajes y aventuras de Francisco de Villagrán: incorpora la ciudad del Barco a la gobernación de Valdivia y llega a Chile con 200 soldados

Durante el invierno, recibió Valdivia una parte de los auxilios de gente que esperaba. Dos buques llegados del Perú, le trajeron cien soldados de refuerzo. Supo, además, que su teniente Francisco de Villagrán estaba próximo a llegar con 200 hombres y 400 caballos después de una expedición llena de aventuras y peripecias, que estamos obligados a referir sumariamente.

Enviado por Valdivia para buscar auxiliares, Villagrán llegó a Lima el 20 de agosto de 1549.[504] Llevaba el temor de que el proceso y ejecución de Pedro Sancho de Hoz pudiera procurarle algunos embarazos. Sin embargo, nadie lo incomodó por estos sucesos.[505] Por el contrario, el presidente La Gasca,

---

[503] Carta de Valdivia a Carlos V de 25 de septiembre de 1551. Valdivia no nombra en su carta al capitán que dejó al mando de la guarnición de la Imperial. Góngora Marmolejo y Mariño de Lobera dicen que fue Pedro de Villagrán.

[504] Carta de La Gasca al Consejo de Indias de 21 de septiembre de 1549.

[505] Cuenta Mariño de Lobera, *Crónica*, capítulo 27, que habiendo ido Villagrán al Perú en años adelante, enviado por don García Hurtado de Mendoza, una hija de Sancho de Hoz, casada con Juan de la Voz Mediana, promovió juicio contra aquél por la muerte de su padre. Y luego añade: «Mas, como se pusiese en ello silencio por haber entrado personas graves de por medio, la remuneró Villagrán cuando volvió a este reino por gobernador, dando a Juan de la Voz un repartimiento de indios en encomienda, con el cual quedó satisfecho».

deseando alejar del Perú a muchos soldados sin ocupación y que eran un peligro para la paz pública, le dio licencia para levantar la bandera de enganche y para traer a Chile los auxiliares que necesitaba. Villagrán llevaba algún dinero con que atender a los gastos más urgentes. Varios comerciantes españoles que tenían capitales disponibles, se aventuraron a venir con él a Chile en la confianza de hacer una rápida fortuna, indemnizándose de los desembolsos que hicieran en la expedición. Algunos capitanes, cuyos servicios no había podido recompensar La Gasca en el Perú, se ofrecieron gustosos a tentar fortuna al lado de Villagrán. Así, pues, al cabo de algunos meses de trabajo y diligencias, y eficazmente ayudado por el capitán Diego de Maldonado, que lo acompañaba desde Chile, completó en la provincia de Charcas más de 200 hombres y un número doble de caballos.

En esta provincia se organizaba entonces otra expedición. Por encargo de La Gasca, el capitán Juan Núñez del Prado reunía gente para marchar a la conquista del Tucumán y de los países circunvecinos. Uno de sus tenientes tenía listos algunos soldados; pero muchos de ellos desertaron de sus banderas, y se juntaron en el camino con las fuerzas de Villagrán. Estos accidentes, repetidos muchas veces en aquellas expediciones y entre esas gentes, fueron el origen de algunas de las peripecias más singulares del viaje de Villagrán.

Este viaje, según los antiguos cronistas, fue marcado por todos los horrores y crueldades que solían ejercerse contra los indios, y por los motines y revueltas que eran frecuentes entre los mismos españoles. Los expedicionarios quemaban las aldeas de los indígenas, encadenaban a éstos y los obligaban a servir de bestias de carga. Un oficial español de cierta reputación, llamado Rodrigo Tinoco, fue ejecutado de orden de Villagrán por cierta desobediencia.[506] Durante la primera parte de su marcha, los castellanos habían seguido el mismo camino que trajo Almagro en su famosa campaña de 1535; pero una vez llegados al territorio que hoy forma la provincia argentina de Salta, se apartaron de ese rumbo. En vez de dirigirse al occidente para trasmontar por esos lugares la gran cordillera de los Andes, continuaron su viaje al sur por el oriente de la sierra de Aconquija, y atravesaron todo el territorio de Tucumán, que creían comprendido dentro de los límites de la gobernación de Valdivia.

---

506 Mariño de Lobera, *Crónica*, caps. 29 y 30.

Núñez del Prado, con solo ochenta españoles y numerosos indios peruanos como auxiliares, los había precedido en estas regiones. Batiendo a las numerosas tribus de indígenas, había penetrado en Tucumán, arrollando a sus pobladores, y cerca de la falda del sur de la cadena de Aconquija, había fundado un pueblo que llamó Barco de la Sierra,[507] en honor de una aldea de Castilla nombrada Barco de Ávila, que era el lugar del nacimiento del presidente La Gasca. Cuando Núñez del Prado supo que andaban en esta región tropas españolas y que éstas obedecían a Francisco de Villagrán, resolvió atacarlas de sorpresa para equilibrar la desigualdad de sus fuerzas. Uno de sus tenientes, llamado Juan de Guevara, hombre tan resuelto como esforzado, tomó a su cargo el ejecutar la parte más difícil de aquel golpe de mano y, en efecto, se adelantó a sus compañeros y se introdujo disimuladamente en el campo de Villagrán.

El ataque se efectuó una noche, de improviso y en medio de una gritería que en el primer momento produjo una gran perturbación en la columna que marchaba a Chile. Guevara se arrojó sobre Villagrán intimándole la orden de rendirse como preso. Pero este valiente capitán, aunque desarmado y desprevenido, no perdió un solo instante la entereza de su ánimo. Arrebató a Guevara la espada que éste llevaba y trabó con él una lucha cuerpo a cuerpo que dio tiempo a que sus soldados se repusieran de la sorpresa. Al poco rato, las tropas de Villagrán habían recobrado su superioridad, y sin pérdida de un solo hombre, pusieron a los asaltantes en la más desordenada fuga. Sin hallar resistencia alguna, ocuparon la ciudad del Barco. Villagrán se proponía aplicar allí un tremendo castigo a Núñez del Prado y a sus parciales, a quienes mandaba perseguir en todas las inmediaciones.

Todo hacía creer que aquel territorio iba a regarse con sangre española en una de esas encarnizadas contiendas civiles tan frecuentes entre los conquistadores. Sin embargo, la intervención de un clérigo llamado Hernando Díaz y de otros religiosos, tranquilizó los ánimos e indujo a los capitanes rivales a celebrar un avenimiento. Núñez del Prado fue obligado a reconocer la autoridad de

---

507 La ciudad del Barco, sobre cuya ubicación se encuentran los mayores errores en los antiguos cronistas, estuvo situada cerca del río Escaba, cabeza del río Marapa, en la región de la aldea actual de Naranjo Esquina, casi en el mismo paralelo que Santiago del Estero, pero mucho más al occidente.
Como la gobernación de Valdivia, según la concesión de La Gasca, debía tener un ancho de 100 leguas de 17 al grado contadas desde la costa del Pacífico, la ciudad del Barco estaba fundada dentro del territorio asignado entonces al gobernador de Chile.

Valdivia y a someter a su dependencia la ciudad del Barco. Villagrán, por su parte, satisfecho con este resultado, convino en dejar allí a su rival al mando de esta provincia, pero con el carácter de dependiente y de subalterno de Valdivia. Sancionado solemnemente este pacto, Villagrán y los suyos continuaron su marcha a Chile.[508]

Los expedicionarios, guiados sin duda por indios conocedores de las localidades, siguieron un camino que hasta entonces no había sido traficado por los españoles. Su objetivo era trasmontar las cordilleras, no por donde las había pasado Almagro sino mucho más al sur, casi al frente del sitio en que está fundado Santiago. En efecto, atravesaron una extensa porción de territorio poblado por tribus salvajes que los españoles llamaban comechingones; y a mediados de mayo de 1551, llegaban a la región de Cuyo, en las faldas orientales de la cordillera. La estación estaba demasiado avanzada para pretender penetrar a Chile con toda la división. La nieve había comenzado a caer en las montañas y el tránsito por los desfiladeros habría sido sumamente peligroso. El capitán Diego de Maldonado, sin embargo, se aventuró a adelantarse para comunicar a Valdivia la noticia del próximo arribo a Chile de la división.

Obligado a detenerse durante el invierno de 1551 al otro lado de las cordilleras, Villagrán mandó hacer en esos meses una expedición a los territorios del sur. Contábase entre los conquistadores que en aquellos lugares existía una nación más civilizada, populosa y hospitalaria, que poseía grandes riquezas en plata y oro. Estas fábulas, primer origen de la creencia en la misteriosa ciudad de los Césares, que tanto preocupó la atención de los españoles durante tres siglos, eran fácilmente acogidas por la inclinación de esas gentes por todo lo

---

508 Valdivia ha dado cuenta sumaria de estos hechos en su carta a Carlos V de 25 de septiembre de 1551; pero éste es el único documento auténtico que conocemos sobre el particular. Más extensamente, aunque con divergencias en los pormenores, han contado los mismos sucesos los cronistas de Chile Mariño de Lobera, capítulo 29, y Góngora Marmolejo, capítulo 13, en cuya impresión se ha cometido el error de copia, nacido de mala inteligencia de una abreviatura del manuscrito original, de llamar Martínez de Prado a Núñez del Prado. Los cronistas de las provincias argentinas cuentan también estos hechos con diferentes apreciaciones, pero con conformidad en el fondo. Véase la *Historia argentina* del capitán Rui Díaz de Guzmán, libro II, capítulo 10, y la *Historia de la conquista del Paraguay, Río de la Plata y Tucumán* por el padre Pedro Lozano, libro IV, capítulo 4. El padre Guevara ha narrado igualmente estos sucesos en su *Historia del Paraguay, Río de la Plata y Tucumán*, libro II, parag. 8; pero en este punto, como en casi toda su obra, no hace más que abreviar el libro del padre Lozano.

maravilloso, y estimularon a Villagrán a disponer aquella campaña. Sus tropas, sin embargo, después de soportar no pocas penalidades y de perder muchos caballos, volvieron a Cuyo sin haber hallado la rica región de que se les hablaba.[509] Todavía sufrieron allí otro contratiempo: un incendio de su campamento destruyó muchos de los objetos que traían del Perú. Solo cuando los calores de la primavera hubieron derretido en parte las nieves de la montaña, les fue posible penetrar en Chile.[510]

---

509 Esta fue la primera expedición emprendida por los españoles en busca de una ciudad fabulosa que, según se contaba, existía en la extremidad austral de la América, y a la cual dieron el nombre de Césares. Ni los documentos conocidos hasta ahora ni las crónicas dicen una palabra de los esfuerzos de Villagrán para descubrir esta ciudad encantada en 1551. Sin embargo, el hecho es exacto, como pasamos a demostrarlo.

En un grueso legajo del Archivo de Indias rotulado *Cartas y expedientes de personas seculares del distrito de la audiencia de Chile* (1547-1576), hay un expediente tramitado en 1560 por don Miguel de Avendaño y Velasco para comprobar sus servicios. Dice allí que vino a Chile con Villagrán en 1551, con quien llegó a Cuyo, después de haber atravesado la provincia de los comechingones. «De allí, agrega, salí al descubrimiento de lo de César, de donde salí con gran necesidad y perdí muchos caballos y esclavos y puse mi persona en gran riesgo.» Los testigos ratifican esta exposición.

El origen de la creencia de los españoles en la existencia de aquella ciudad, data de loa primeros días de la conquista de estos países. Contábase que en 1527, cuando Sebastián Cabot, primer explorador del río Paraná, fundó una fortaleza en el punto de reunión de este río con su afluente el Carcarañá, despachó cuatro soldados a reconocer los territorios del interior. Uno de sus soldados, el único cuyo nombre se recuerda, se llamaba César. Penetraron éstos hasta Tucumán, y dirigiéndose enseguida hacia el sur, llegaron, según se refiere, a una tierra muy poblada, abundante en plata y oro, gobernada por un cacique poderoso que recibió hospitalariamente a los castellanos. Después de residir algún tiempo entre esos indios, recibiendo de ellos todo género de atenciones, César y sus compañeros dieron la vuelta a juntarse con Cabot. Hallaron destruido y abandonado el fuerte, y entonces se dirigieron al norte y llegaron al Perú en los momentos en que Pizarro comenzaba la conquista de este imperio. Hicieron allí la relación de sus fabulosas aventuras, y ella dio origen a que se creyera en la existencia de aquella región maravillosa, que los españoles denominaban «lo de César». Véase Lozano, *Historia de la conquista del Paraguay*, libro IV, capítulo I. Más tarde se supuso que la encantada ciudad de los Césares había sido poblada por indios fugitivos del Perú después de la Conquista, o por españoles náufragos en el estrecho de Magallanes en 1540.

510 En esta división llegaron a Chile muchos capitanes que más tarde adquirieron una gran nombradía en las guerras de Arauco. Nos bastará nombrar a Gabriel de Villagrán, tío del jefe de la columna, Alonso de Reinoso, don Pedro y don Miguel de Avendaño y Velasco, hermanos ambos, y cuñados del mariscal Alonso de Alvarado. Los españoles de Chile dieron el sobrenombre de comechingones a los individuos que formaban parte de esa división.

8. Campaña de los conquistadores a la región del sur: fundación de las ciudades de Valdivia y Villarrica

Valdivia ardía entonces en deseos de emprender una campaña más importante y decisiva. En ese mismo invierno de 1551 había recibido una carta del soberano que lo había llenado de contento, excitando su celo de conquistador. No venían con ella los títulos que tanto codiciaba; pero los príncipes, en nombre de Carlos V, se mostraban satisfechos de sus servicios, y le decían que se había mandado tomar nota de esos servicios y de su persona, y que se le recomendaba especialmente al licenciado La Gasca, gobernador del Perú. Estas expresiones banales, que los reyes dirigían a cada paso a servidores mucho menos meritorios que Valdivia, hicieron comprender a éste que se acercaba la hora de las recompensas, y retemplaron su ardor por llevar adelante la empresa en que estaba empeñado.

Sin aguardar los refuerzos que le traía Villagrán, el gobernador salió de Concepción el 5 de octubre a la cabeza de 200 soldados perfectamente armados. Les había prometido hacerles los repartimientos de indios antes que llegasen los nuevos auxiliares a pretender encomiendas; y esta promesa los llevaba a todos llenos de esperanzas y de contento. En la Imperial fueron ostentosamente recibidos por las tropas que la guarnecían; pero sin detenerse allí más que el tiempo necesario para tomar algunas medidas gubernativas, Valdivia continuó su viaje al sur. Al acercarse al río Toltén, los españoles construyeron balsas de carrizo, y lo atravesaron sin gran dificultad, llevando los caballos a nado y tirados por la brida. Aunque toda esta región era bastante poblada, no hallaron en ninguna parte resistencia formal, de suerte que los conquistadores pudieron persuadirse de que la conquista de esta porción del territorio no ofrecía grandes dificultades.

Pasado el río Toltén, los expedicionarios se apartaron de los senderos de la costa, sin duda, a causa de las montañas que en esa región ofrecían un tránsito difícil. Se internaron en el valle central y siguieron con rumbo al sur, a poca distancia de las faldas de la gran cordillera. La belleza natural de esos lugares, la abundancia de bosques hermosísimos, la afluencia de arroyos de aguas cristalinas y la suavidad del clima, sin grandes calores aun en el corazón del estío,

---

Los indios comechingones habitaban la región comprendida entre las actuales provincias argentinas de La Rioja, San Juan y Córdoba.

tenían maravillados a Valdivia y a sus compañeros. La confianza que le infundía el vigor de sus tropas, lo indujo a fraccionarlas y a despachar una parte de ellas con Jerónimo de Alderete a hacer otros reconocimientos, mientras él mismo permanecía en el valle de Mariquina, cerca del río que llamamos de Cruces. Los indios que creyeron que era el momento de caer sobre las pocas fuerzas que habían quedado con Valdivia, fueron severamente escarmentados. Los jinetes que los perseguían los obligaron a precipitarse en la barranca de un río, donde perecieron en gran número.

Hallábase todavía en el valle de Mariquina, cuando llegó a su campo Francisco de Villagrán con los auxiliares que traía del Perú. Desde entonces el poder de Valdivia parecía irresistible en aquellos lugares. Marchando siempre hacia el sur, los españoles se hallaron detenidos por el Calle-Calle, el río más caudaloso que hasta entonces hubieran encontrado en Chile. Con el deseo de fundar una nueva ciudad, Valdivia comenzó a bajar hacia la costa en busca de un sitio apropiado para establecer un puerto seguro sobre el mismo río. Las lluvias torrenciales que allí caen en toda estación, lo asaltaron en los últimos días de diciembre y retardaron su marcha; pero, mejorado el tiempo, sus soldados construyeron balsas de carrizo, y favorecidos por la tranquilidad del río en aquellos lugares, lo atravesaron sin la menor dificultad. Ese río era el mismo que en 1544 había reconocido por mar el capitán Juan Bautista Pastene, y al cual había dado el nombre del gobernador de Chile. A poca distancia de su desembocadura, había sobre el río un puerto tan seguro como hermoso, rodeado de magníficos bosques, y capaz de ser convertido en una plaza fuerte. En los primeros días de febrero de 1552, el gobernador fundó allí una ciudad con su propio nombre. Según sus propósitos, la ciudad de Valdivia debía ser el centro de la colonización de toda aquella parte del país. Colocó en ella unos setenta vecinos, creó cabildo y la puso bajo el mando del licenciado Julián Gutiérrez de Altamirano con el título de alcalde y de justicia mayor.

En los primeros días de marzo, cuando el verano comenzaba a declinar, Valdivia despachó a Alderete con una parte de sus tropas a buscar en el valle central un sitio donde se pudiese fundar otra ciudad vecina a la cordillera, y como escala para continuar las conquistas al otro lado de las montañas. El mismo gobernador, con el deseo de acercarse al estrecho de Magallanes, partió para el sur ala cabeza de cien jinetes. No se hizo esperar mucho el resultado de estas dos expediciones. Alderete llegó a las orillas de un hermoso lago de donde nace el río Toltén. Allí cerca había un camino fácil y expedito para trasmontar las cordilleras. Los naturales habían contado que las arenas de los arroyos vecinos eran abundantes en oro; y los españoles, que creyeron ver confirmadas estas noticias, supusieron que los cerros inmediatos ocultaban ricas vetas de plata. Alderete fundó allí a principios de abril una nueva ciudad a la cual dio el nombre de Villarrica, dotándola de cabildo y de cuarenta vecinos, y enseguida volvió a Valdivia a reunirse al gobernador.

Valdivia, entre tanto, había vuelto también de su expedición al sur. Llegó solo hasta las orillas del grande y pintoresco lago de Ranco, del cual se desprende un río caudaloso que no podía pasarse sin serias dificultades. La estación estaba muy avanzada para continuar en esta empresa. El invierno, que comienza allí en abril, ponía intransitables los campos y engrosaba considerablemente el caudal de los ríos y de los arroyos. El gobernador se vio forzado a dar la vuelta a Valdivia, donde tenía que atender a muchos asuntos administrativos antes de regresar a Concepción. Entre estos asuntos, el más urgente era satisfacer las aspiraciones de sus compañeros de armas, señalándoles sus repartimientos. Valdivia atendió a estos afanes del mejor modo que se lo permitía el imperfecto conocimiento de la topografía del país y del número de sus habitantes, que hasta entonces tenían los conquistadores. Los antiguos cronistas refieren que, como era de razón, los más favorecidos en estos repartimientos fueron Francisco de Villagrán y Jerónimo de Alderete. La encomienda del primero comprendía toda la región de la costa desde el río Cautín o de la Imperial hasta el Toltén. La del segundo principiaba en este río y terminaba en el de Valdivia, en frente de la ciudad de este nombre. Los indios que poblaban esta región, que los cronistas cuentan por cifras increíbles, fueron declarados vasallos, o más propiamente esclavos de esos dos esforzados capitanes.

Un mes más tarde, Valdivia estaba de regreso en Concepción para pasar el invierno de 1552 en las casas que había hecho construir en esta ciudad. Estaba persuadido de que dejaba conquistada la mayor parte de los territorios del sur, cuando en realidad no había hecho más que diseminar imprudentemente sus tropas en una vasta extensión del país, que no podría defender el día de un alzamiento general de los indígenas. Hasta entonces solo habían combatido contra los invasores algunas tribus aisladas. La falta de cohesión de esas tribus, la carencia absoluta de un sentimiento de nacionalidad, había dado el triunfo a los invasores. El día en que esos bárbaros comprendiesen que el peligro era común para todos y que la esclavitud con que los amenazaba la conquista no se limitaba a tales o cuales puntos del territorio, la sublevación sería formidable. Entonces, los españoles, divididos y fraccionados en ésas y otras ciudades, debían ser impotentes para contener a los enemigos por quienes ostentaban tan altanero desprecio.[511]

---

511 La carta de Valdivia escrita en Santiago el 26 de octubre de 1552, en que refiere al rey la campaña al sur que acabamos de contar, y la fundación de las ciudades de Valdivia y Villarrica, es una de las menos noticiosas relaciones que llevan su firma. Casi puede asegurarse que no es de la misma mano que trazó las muy interesantes y pintorescas de septiembre de 1545 y de octubre de 1550, tan abundantes en noticias minuciosas y animadas. Las cartas que dirigieron a Carlos V los cabildos de Valdivia, en 20 de julio de 1552, muchas veces publicada, y de Villarrica, en la misma fecha, y publicada en el Proceso de Valdivia, pág. 249, sirven para completar los datos consignados en la del gobernador.
Pero los antiguos cronistas Góngora Marmolejo y Mariño de Lobera son todavía más amplios en sus informaciones, sin contar, sin embargo, todo lo que puede interesarnos. El primero da cuenta de esta campaña en el capítulo 13 de su historia. La crónica del segundo le consagra cinco capítulos, del 25 al 29, con gran abundancia de pormenores, muchos de ellos inútiles, inverosímiles o fabulosos, y con no poca confusión en el orden de los sucesos. Nace esto de que la crónica de Mariño de Lobera no ha llegado hasta nosotros tal como salió de manos de ese capitán, es decir, como la relación sencilla de un soldado, sino completamente reformada por un escritor, el padre Escobar, que sin conocimiento cabal de la historia de esos sucesos, la rehizo completamente, ensanchándola con noticias tomadas en otras fuentes y modificándola en muchas de sus partes. Reservándonos para ser más extensos sobre este punto, al dar algunas noticias acerca de este autor, debemos decir aquí que por este motivo la crónica citada no puede ser seguida sin reserva.

Capítulo XI. Valdivia: sus últimas campañas y su muerte (1552-1554)

1. Misión de Jerónimo de Alderete cerca del rey de España. 2. Arrogancia de Valdivia en la gestión de los negocios públicos y en la concepción de sus proyectos. 3. Envía dos expediciones para explorar por tierra y por mar hasta el estrecho de Magallanes. 4. Establece el gobernador el fuerte de Arauco y manda fundar otra ciudad al sur de Valdivia. 5. Fundación de dos fuertes y de una nueva ciudad en el corazón del territorio araucano. 6. Preparativos de los indios para un levantamiento: atacan y destruyen el fuerte de Tucapel. 7. Marcha Valdivia a sofocar la rebelión. 8. Junta general de los indios: Lautaro propone un plan de batalla y toma el mando del ejército araucano. 9. Memorable batalla de Tucapel. 10. Muerte de Pedro de Valdivia. 11. Su persona y familia. Historiadores de Valdivia (nota).

1. Misión de Jerónimo de Alderete cerca del rey de España

Más de un año había transcurrido desde que Valdivia recibiera la carta en que los príncipes le anunciaban que el rey había tomado nota de sus servicios. Sin embargo, no llegaban de la Corte las gracias y mercedes a que el ambicioso capitán se creía merecedor. Este retardo, frecuente en la corte de España para con aquellos caudillos de la conquista de América que no tenían protectores de valimiento cerca del rey, hacía pensar a Valdivia que los altos personajes a quienes había dirigido algunas de sus cartas, y aun sus mismos apoderados, no ponían bastante calor en la gestión de sus pretensiones. En esa época, sin embargo, el rey había confirmado a Valdivia el título de gobernador de Chile, no con el ensanche de territorio ni con las prerrogativas que éste había pedido en 1550, sino en la misma forma que en años atrás se lo había conferido La Gasca. La cédula de Carlos V tenía la fecha de 31 de mayo de 1552;[512] pero eran tan difíciles y tardías las comunicaciones con la metrópoli que un año más tarde no se tenía en Chile la menor noticia de esta concesión. Para salir

---

[512] Se halla publicada en la *Historia general del reino de Chile*, del padre Rosales, libro III, capítulo 18, tomo I, pág. 274, y reimpresa por don Miguel Luis Amunátegui en *La cuestión de límites entre Chile y la República Argentina*, tomo I, pág. 268 y siguientes. Por esta cédula, que es una simple confirmación del título expedido por La Gasca en abril de 1548, se facultaba a Valdivia para alejar de Chile a cualquier persona cuando entendiera «ser cumplidero el real servicio». Valdivia, que en años atrás habría usado de esta prerrogativa contra Pedro Sancho de Hoz y contra los parciales de éste, no alcanzó, como veremos, a ponerla en aplicación.

de esta incertidumbre, a mediados de 1552, había resuelto Valdivia enviar a España al capitán Jerónimo de Alderete, el más leal y el más caracterizado de sus compañeros. Dispuso, al efecto, que los cabildos de las cuatro ciudades del sur, Concepción, Imperial, Valdivia y Villarrica, escribiesen al rey para darle cuenta de los progresos de la conquista y para recomendar sus servicios y sus peticiones. Los dos primeros, además, extendieron poderes en regla para que Alderete los representase cerca del rey.

Cuando la vuelta de la primavera hubo permitido traficar por los caminos del sur, Valdivia se trasladó a Santiago. El Cabildo de esta ciudad, aprobando la determinación del gobernador, acordó dar a Alderete la representación de sus intereses en la corte de España, entregándole al efecto 13.000 pesos de oro en tejuelos fundidos y marcados, para atender, sin duda, a los gastos que habían de originar los encargos que se le hicieron.[513] Valdivia mismo entregó a Alderete una carta en que daba al rey cuenta sumaria de sus últimas campañas, y en que le pedía que diera crédito a los informes que transmitiese su emisario. Éste debía solicitar en la Corte todas las gracias y mercedes que había debido pedir Alonso de Aguilera, y, además, un título de conde o de marqués para Valdivia junto con el hábito de caballero de la orden de Santiago. Alderete partió de Valparaíso a fines de octubre de 1552, llevando consigo un grueso paquete de informes y de peticiones.

El emisario de Valdivia llevaba, además, al rey una recomendación que en la Corte de Carlos V había de tener más influencia que todas las cartas de los cabildos. Los oficiales reales de Santiago le entregaron todo el oro que tenían reunido por derechos de quinto del rey. No hemos encontrado en los documentos la cifra exacta del valor de esos derechos, pero sí sabemos que Alderete hacía registrar pocos meses más tarde en la flota real que partía de Nombre de Dios, setenta y tantos 1.000 pesos de oro que había sacado de Chile.[514] Era la

---

513 Cabildo de 25 de octubre de 1552. En el acta de esta sesión se dice que Alderete debía negociar en la Corte los asuntos del Cabildo, conforme a una instrucción que al efecto se le daba, y en que, sin duda, se le recomendaría la manera como había de invertir ese dinero. Pero esa instrucción nos es desconocida.

514 Carta al rey, de Álvaro de Sosa, jefe de la flota real, escrita en Nombre de Dios en 15 de mayo de 1553. En esta suma estaban comprendidos los 11.000 pesos que el año anterior llevó al Perú Esteban de Sosa. Aquella cantidad no pertenecía por completo al rey. El licenciado Juan de Herrera, que fue teniente gobernador en años posteriores, escribió a su vuelta a España algunas relaciones o informes sobre las cosas en que fue testigo y

primera remesa de oro que se enviaba a España de este país que, sin embargo, se pintaba como cuajado de ricos metales.

Valdivia tuvo que hacer en esa ocasión los mayores sacrificios personales para despachar a Alderete. El gobernador quería enviar algunos recursos a su esposa, que vivía pobremente en una aldea de Extremadura, para que viniese a establecerse a Chile, y deseaba, además, que su emisario activase en las secretarías de Estado el pronto despacho de sus negocios. Para una y otra cosa se necesitaba dinero; y el altivo conquistador, dueño de dilatadas porciones de territorio y de millares de indios que valían poco menos que los esclavos, no poseía, sin embargo, oro para enviar a España. En esos apuros, vendió los indios que tenía en su nombre en la jurisdicción de Santiago «a quien más dinero le dio por ellos».[515] Del mismo modo, enajenó las casas que había construido en la plaza central de Santiago, a los oficiales reales de la colonia. Esos modestos edificios, como ya dijimos, pasaron a ser las casas del rey,[516] esto es, las oficinas de la administración pública, el Cabildo, la cárcel, la fundición real y la tesorería del Estado. Valdivia pudo proveerse así del dinero más indispensable para atender a las necesidades de su familia, y para seguir haciendo los gastos que exigía la continuación de la Conquista.

Solo el oro podía neutralizar en la Corte los informes que por otros conductos marchaban en esa época en contra de los conquistadores de Chile. El buque en que Alderete partió del Perú, llevaba al Consejo de Indias algunas comunicaciones del peor carácter. El licenciado Juan Fernández, fiscal de la audiencia de Lima, decía en su carta: «Va un memorial que se me dio contra Valdivia, gobernador de Chile, del cual ha parecido no tratarlo aquí sino enviarlo a V. S.».[517] Un religioso dominicano llamado fray Francisco de Victoria, portugués de nacimiento, que gozaba de mucho prestigio entre los frailes de su orden, era

---

actor, dos de las cuales han sido publicadas varias veces, y que el lector puede hallar en el II tomo de la Colección de historiadores de Chile. En la primera dice que Jerónimo de Alderete llevó a España, como quintos reales, 60 y tantos 1.000 pesos. Fue el primer oro de Chile que llegó a la metrópoli. Ya veremos que fue muy bien recibido, pero que la cantidad pareció exigua en la Corte.

515 Góngora Marmolejo, capítulo 14.
516 Cabildo de 13 de noviembre de 1552.
517 Carta del licenciado Juan Fernández al Consejo de Indias, escrita en Lima el 11 de marzo de 1553. En esa época la Audiencia estaba gobernando en el Perú por muerte del virrey don Antonio de Mendoza.

todavía más explícito en sus acusaciones. Recomendaba al Consejo de Indias que no creyese los informes de los que iban de Chile con dinero y mucho menos las cartas que llevaban, porque todas eran escritas a sabor de Valdivia. «Por dos personas recién llegadas de Chile y que se han hecho frailes, y por otros que se han confesado, consta, añadía, que allí no hay cristiandad ni caridad, y suben al cielo las abominaciones. Cada encomendero echa a las minas a sus indios, hombres y mujeres, grandes y chicos, sin darles ningún descanso, ni más comida en ocho meses del año que trabajan, que un cuartillo de maíz por día; y el que no trae la cantidad de oro a que está obligado, recibe palos y azotes; y si alguno esconde algún grano, es castigado con cortarle las narices y orejas, poniéndolas clavadas en un palo.»[518] La corte de España debía recibir en ese tiempo muchas acusaciones de esta naturaleza, que más de una vez la estimularon a repetir sus recomendaciones para que se diera mejor trato a los indios.

---

518 Carta al Consejo de Indias de fray Francisco de Victoria, escrita en Lima en 10 de enero de 1553. Los informes dados por este fraile acerca de los eclesiásticos que había en Chile, son igualmente desfavorables. Hablando de aquél para quien se pedía el obispado de Santiago, dice así: «El bachiller Rodrigo González y ha sido siempre encomendero, y ha hecho lo que todos».

Fray Francisco de Victoria fue elevado más tarde al obispado de Tucumán, que tenía su asiento en Santiago del Estero. Entonces fue él mismo víctima de otro orden de acusaciones originadas de la dureza de su carácter despótico e intratable. Son curiosas las noticias que acerca de él hallamos en un importante documento, porque ellas contribuyen a dar a conocer esa época. Juan Ramírez de Velasco, gobernador de Tucumán, daba al rey en 10 de diciembre de 1586 un extenso informe sobre esa provincia. Allí he hallado los pasajes siguientes: «En esta ciudad, Santiago del Estero, está la iglesia catedral, y por obispo de ella don fray Francisco de la Victoria, de la orden de Santo Domingo, tan malquisto de toda la tierra cuanto puedo encarecer; porque no hay hombre en ella que le viese ni entrase por su casa. Hícele amistad en confederarle con todos. Entiendo durará poco por su áspera condición... La falta que hay de sacerdotes es los malos tratamientos del prelado, porque aun los legos no le pueden sufrir, y si no son algunos mozos que ha ordenado no ha quedado ninguno, y éstos se irán si V. M. no lo remedia. A mí me ha descomulgado dos veces, porque he mandado en Salta no dejar salir ningún sacerdote sin licencia... Están escandalizados por las continuas excomuniones que pone cada día, y así los españoles ni ellos osan contradecirle nada, y así ha salido con todo lo que ha querido en año y medio que esta tierra ha estado sin gobierno. Si yo no hubiera mirado a su dignidad y a la mala opinión que han tenido los gobernadores de esta tierra, ya yo le hubiera echado de ella, y si de su vida se le pudiera enviar a V. M. información, se le enviara tan bastante que la cristiandad de V. M. no diera lugar a tenerle una hora más en el Obispado». Este extenso y noticioso informe, depositado original en el Archivo de Indias, ha sido publicado por don Manuel Ricardo Trelles en el tomo III de la *Revista de la biblioteca pública de Buenos Aires*, Buenos Aires, 1881, págs. 31-66.

En esta ocasión, sin embargo, como habremos de verlo más adelante, pudo más el oro que llevaba Alderete que las lamentaciones del fraile portugués.

2. Arrogancia de Valdivia en la gestión de los negocios públicos y en la concepción de sus proyectos

Después de la partida de su emisario, Valdivia quedó algún tiempo en Santiago ocupado en la gestión de los negocios administrativos. Aquellos años de prosperidad en su empresa, los repetidos triunfos sobre los indios y la confianza que había adquirido en la solidez de la conquista, dando vuelo a las tendencias naturales de su carácter, habían acabado por ensoberbecerlo sobremanera. Lo enfurecían las más ligeras resistencias que hallaba en su camino, y había acabado por tratar a sus subalternos con una ultrajante altanería.

Los registros del cabildo de Santiago han dejado constancia de algunos hechos que dan a conocer la arrogancia del gobernador y el espíritu que había impreso a la administración. En diciembre de 1551, hallándose Valdivia empeñado en la campaña que hemos referido al terminar el capítulo anterior, dio el título de alguacil mayor de la gobernación a don Miguel de Velasco y Avendaño, con voz y voto en todos los cabildos de Chile y con facultad de nombrar alguaciles para cada ciudad. Era éste un hidalgo castellano de cierta distinción, cuñado del mariscal Alonso de Alvarado, amigo de Valdivia. Velasco y Avendaño había servido con lucimiento en la pacificación del Perú, y había venido a Chile entre los auxiliares que trajo ese año Francisco de Villagrán. El cabildo de Santiago se limitó a tomar nota de este nombramiento, pero no resolvió nada sobre la forma en que se le tomaría el voto en sus acuerdos.[519]

Meses más tarde, en acuerdo de 9 de noviembre de 1552, Velasco y Avendaño se presentó al Cabildo con una declaración firmada por el gobernador en que mandaba que se le tomara el voto antes que a los regidores de la corporación. Este mandato dio lugar a réplicas; pero Valdivia, que se hallaba presente, no pudo contener su cólera, y entre otras palabras destempladas, profirió las siguientes amenazas: «Por vida de Su Majestad que lo habéis de recibir, y si no que antes que salgáis de aquí paguéis la pena de los 2.000 pesos del mandamiento». Fue inútil después de esto el pretender discutir aquella orden. Valdivia repitió sus amenazas en términos más imperiosos todavía; y

---
519 Cabildo de 1 de junio de 1552.

los capitulares tuvieron que someterse. El mismo día, sin embargo, trataron de reunirse en casa de uno de los alcaldes para extender una protesta; pero el gobernador se hallaba en Santiago, y su presencia infundía los más serios recelos. Solo cuando Valdivia hubo partido para el sur, fue posible al cabildo hacer esta declaración, y aun entonces se tuvo cuidado de expresar que no se viese en ella «cosa ninguna contra el dicho señor gobernador», sino un acto «en guarda del derecho del Cabildo».[520] Según esta protesta, el voto del alguacil mayor sería «el postrer voto en el dicho Cabildo para ahora y para siempre jamás». Fácil es descubrir en estos hechos el descontento que había despertado la altanera actitud de Valdivia aun entre aquellos hombres que siempre se habían mostrado tan dóciles y sumisos a su voluntad.

Aprovechando la permanencia del gobernador en Santiago, el procurador de ciudad le propuso un número considerable de cuestiones que requerían su resolución. Valdivia proveyó a todas ellas de una manera decisiva y perentoria,[521] o desechó algunas de las peticiones con desdén y dureza. Por una de ellas, se le representaba la conveniencia de que en las inmediaciones de Valparaíso hubiese algún español que se hallase en situación de proveer de víveres a los buques que llegaran al puerto, y se le pedía que en las tierras que el mismo gobernador se había dado en repartimiento, concediese a ese individuo por el término de siete u ocho años una estancia en que hiciera sus siembras. Esta petición no tenía nada de exorbitante, no solo porque las propiedades territoriales de Valdivia eran dilatadísimas sino, porque el suelo tanto en las ciudades como en los campos, no tenía en esa época casi ningún valor. El gobernador, sin embargo, contestó «que en el puerto de Valparaíso hay aguas y tierras donde solía estar poblado un pueblo de indios y ahora está despoblado; que allí puede sembrar el cristiano que estuviere en aquel puerto; y que en la estancia de su señoría no ha lugar, porque él la abrió y desmontó y quiere gozar de ella».[522]

---

520 Cabildos 1.º y 2.º de 9 de noviembre y de 31 de diciembre de 1552. Este último acuerdo consigna la protesta de los capitulares, y en ella se hallan la relación de lo ocurrido en este negocio y las amenazas que profirió Valdivia.
521 En el capítulo 9 hemos indicado muchas de las medidas administrativas dictadas por el gobernador en aquellas circunstancias como, por ejemplo, su negativa a que los cargos concejiles se alternaran entre todos los vecinos.
522 Cabildo de 13 de noviembre de 1552.

Los trabajos administrativos no hacían olvidar a Valdivia sus planes de conquista. A pesar de hallarse empeñado en reducir la región del sur del territorio, lo que debía ocupar a toda la gente de que podía disponer, meditaba entonces poblar los territorios que correspondían a su gobernación en el lado oriental de las cordilleras. Habiéndosele informado que Juan Núñez del Prado había desconocido su autoridad en la región de Tucumán, y despoblado la ciudad del Barco, mandó que Francisco de Aguirre partiese de La Serena con algunas tropas a someter a su dominio aquel país. Se disponía igualmente a enviar otra expedición por la cordillera vecina a Santiago; pero la falta de gente le impidió llevarla a cabo. Más adelante tendremos que referir la historia de la expedición de Aguirre al Tucumán.

Es verdad que en este tiempo las comunicaciones con el Perú eran mucho más frecuentes. Cada buque que llegaba traía algunos nuevos pobladores para la colonia, de tal suerte que se ha calculado que a fines de 1552 había en Chile poco más de 1.000 habitantes españoles; pero este número no bastaba para llevar a cabo las diversas empresas en que estaba empeñado Valdivia. Muchos de los recién venidos eran soldados que, creyendo mal remunerados sus servicios en el Perú, salían a buscar fortuna en Chile. Durante la residencia de Valdivia de cerca de tres meses en Santiago, llegó un destacamento de estos auxiliares capitaneado por don Martín de Velasco y Avendaño. Valdivia recibió a éste con las mayores distinciones y lo empeñó para marchar pocos días más tarde a continuar la conquista de los territorios del sur.[523] El gobernador pensaba ante todo en dar cima a aquella empresa, dilatando sus dominios hasta el estrecho de Magallanes.

---

523 Don Martín de Velasco y Avendaño, era hermano de don Miguel, el alguacil mayor, con quien lo han confundido algunos historiadores. Don Martín no residió largo tiempo en Chile. Valdivia le dio en Villarrica un repartimiento de tierras y de indios que no satisfizo su ambición. Por otra parte, los favores que le dispensaba el gobernador, suscitaron las murmuraciones de los soldados, y don Martín se determinó al poco tiempo a volverse al Perú.
En Chile quedaron dos hermanos suyos, don Miguel y don Pedro, de quienes tendremos que hablar muchas veces en adelante.
Con don Martín de Velasco y Avendaño vinieron a Chile dos primos suyos, Lope y Martín Ruiz de Gamboa, los cuales, sobre todo el último, adquirieron más tarde gran nombradía.

3. Envía dos expediciones para explorar por tierra y por mar hasta el estrecho de Magallanes

En efecto, a fines de diciembre de 1552 partía nuevamente para Concepción con los refuerzos de tropas que había recibido del Perú. A poco de haber llegado a esta ciudad, dispuso el gobernador dos expediciones para la exploración de los territorios australes. Francisco de Villagrán, al mando de un cuerpo de tropas, debía pasar la gran cordillera y marchar por las regiones orientales hasta el confín del continente. Otro de sus capitanes, Francisco de Ulloa, recibió el encargo de reconocer por mar la costa del sur hasta el mismo estrecho de Magallanes con el fin de facilitar su navegación para los buques que vinieran de España.

Ambas expediciones nos son muy imperfectamente conocidas. Villagrán, partiendo de la ciudad de Valdivia, trasmontó las cordilleras sin gran dificultad, probablemente por el boquete de Villarrica. Avanzó enseguida hacia el sur; pero luego se halló detenido por un río ancho y profundo que no ofrecía paso alguno. Este río, que seguramente es el que llamamos Negro, fue el término de su exploración. Durante muchas jornadas, recorrió en vano sus riberas buscando un lugar por donde poder atravesarlo. En aquellos lugares halló numerosas tribus de indios a las cuales invitó a la paz con los requerimientos acostumbrados. Los bárbaros que, sin duda, no entendían siquiera lo que se les anunciaba, no hicieron caso de los ofrecimientos de los invasores. Villagrán resolvió atacarlos aprovechando la superioridad de sus armas, y aun logró vencerlos; pero los indios se defendieron valientemente y dieron muerte a algunos de los españoles. Después de estos combates, y convencido de que no podía pasar adelante, Villagrán volvió a repasar la cordillera por otro camino, quizá el boquete de Riñihue, y entró por fin a Valdivia sin haber conseguido otro resultado de esta expedición.[524]

La exploración marítima se extendió a territorios mucho más apartados. Desde tiempo atrás Valdivia meditaba esta empresa; pero la falta de buques

---

524 La campaña de Villagrán al otro lado de la cordillera, ha sido contada con más o menos detalles por Góngora Marmolejo, capítulo 14, y por Mariño de Lobera, capítulo 40. De sus relaciones no hemos podido sacar datos más seguros sobre los lugares recorridos por los españoles en esta ocasión. En ninguno de ellos se encuentra la menor referencia sobre la época en que se hizo la expedición. Puede creerse como casi seguro que tuvo lugar en los primeros meses de 1553.

lo había obligado a aplazarla.[525] En la primavera de 1553, consiguió alistar dos naves que puso bajo las órdenes del capitán Francisco de Ulloa,[526] y del piloto

---

[525] En su carta a Carlos V de 26 de octubre de 1552, Valdivia le decía estas palabras: «Asimismo, despacharé con la ayuda de Dios, el verano que viene, porque al presente no puedo por la falta de navíos que en esta tierra hay, a descubrir y aclarar la navegación del estrecho de Magallanes».

Un año más tarde, Valdivia se disponía a emprender él mismo una exploración de aquellos territorios. En un acuerdo del cabildo de Concepción de 26 de octubre de 1553, citado por el cronista Córdoba Figueroa, se leen las palabras siguientes: «Por cuanto su señoría está para ir a la conquista del mar del Norte y a la pacificación de la tierra adelante, y repartimiento de la ciudad de Valdivia, quiere hacer antes la elección de alcaldes». Ya veremos que el gobernador no alcanzó a emprender esta expedición.

[526] Como se recordará, el capitán Francisco de Ulloa entró a Chile en 1548 con el refuerzo de tropas que Valdivia envió del Perú por tierra. La circunstancia de confiarle el gobernador la exploración marítima del estrecho de Magallanes, hace creer que era hombre práctico en la navegación y en los reconocimientos de costas. En una carta suya dirigida al rey de España con fecha de 11 de agosto de 1563, que se conserva en el Archivo de Indias, dice que se cree autorizado para darle cuenta de los sucesos de Chile, «como hombre que tengo experiencia de más de treinta y cinco años de hoy en día, que siempre he gastado en servicio de V. M. en muchas conquistas y descubrimientos que en vuestro real nombre en este tiempo he hecho». No detalla, sin embargo, cuáles son esos descubrimientos. Los cronistas primitivos dicen que Francisco de Ulloa era natural de Cáceres, en Extremadura. En alguna relación antigua se dice que en años atrás, Ulloa había servido en la Nueva España.

Esta indicación da origen a una conjetura que merece ser examinada detenidamente, y que nosotros solo proponemos. En 1539 y 1540 un capitán extremeño, a quien se hace natural de Mérida, y llamado también Francisco de Ulloa, exploraba por encargo de Hernán Cortés las costas del golfo de California y adelantó considerablemente los descubrimientos. El lector encontrará noticias acerca de estas exploraciones en la generalidad de las historias de esas conquistas y de esos viajes; pero en el III volumen de la obra ya citada de Ramusio (*Navigationi e viaggi*) hay una extensa relación; y algunos documentos relacionados con esos viajes, en el IV tomo de la Colección de documentos inéditos para la historia de España.

Las noticias posteriores que tenemos acerca de este explorador son muy inciertas. El cronista Antonio de Herrera, después de contar la expedición de Francisco de Ulloa a California (dec. VI, libro IX, caps. 8, 9 y 10), dice que habiéndose adelantado con uno de sus buques para continuar el reconocimiento, no volvió a tenerse noticia de él; y esta versión ha sido seguida por muchos historiadores, y entre ellos por Navarrete, Prescott y Gayangos. Bernal Díaz del Castillo (*Historia verdadera*, etc., capítulo 200) dice que Ulloa fue asesinado durante la exploración, por uno de sus soldados, noticia que ha repetido don Ignacio de Salazar en su bombástica Segunda parte de la conquista de México, libro V, capítulo 15. Mientras tanto, López de Gómara, que antes que esos historiadores escribía su *Crónica de la Nueva España*, asienta en el capítulo 189 que los exploradores de California volvieron después de un año de viaje. El autor anónimo (el padre Andrés Burriel) de la *Noticia de la California*, tomo I, pág. 159, acepta y reproduce la versión de Gómara. Si ésta

Francisco Cortés Ojea. No ha llegado hasta nosotros una relación circunstanciada de este viaje; y las escasas noticias que nos quedan, apenas bastan para apreciar en conjunto su importancia. Ulloa, según parece, zarpó de Valdivia a fines de octubre, y emprendió el reconocimiento de las costas del sur. Daba a los lugares nuevamente explorados, el nombre del santo que la Iglesia celebraba el día del descubrimiento. Esta práctica, seguida casi invariablemente en estas exploraciones por los españoles y portugueses, nos permite en cierto modo seguir su itinerario. Así, el 8 de noviembre, Ulloa se hallaba a entradas del golfo en que comienza el archipiélago de Chiloé, y lo denominó golfo de los Coronados, en honor de los cuatro santos mártires que la Iglesia recuerda ese día. Tres días después se halló en frente de la isla del Huafo, que por un motivo análogo llamó de San Martín. Continuando la exploración por las costas occidentales de aquel intrincado laberinto de islas, Ulloa y sus compañeros tuvieron que sufrir las hostilidades de los indios, hambres y penalidades de todo género que, sin embargo, no los arredraron de seguir adelante. A principios de enero de 1554 penetraron en el estrecho, y recorrieron una vasta extensión de él, 30 leguas según un documento contemporáneo. La escasez de víveres, el temor de verse detenidos allí durante el invierno que, como era fácil conocer, debía ser muy riguroso, y tal vez las malas condiciones de los buques, determinaron a Ulloa a dar la vuelta a Chile sin haber alcanzado a descubrir el otro mar. El objetivo de su expedición no se había logrado más que en parte.

Los exploradores regresaron a los puertos de Chile en febrero de 1554, en momentos terribles para la colonia. Habiendo desembarcado algunos marineros en un lugar de la costa, se vieron atacados por los bárbaros, y les fue forzoso recogerse a sus buques apresuradamente. En esas circunstancias, nadie pensaba en Chile en los reconocimientos geográficos ni en las expediciones lejanas. Los indios estaban sublevados, habían obtenido grandes victorias y amenazaban destruir para siempre el poder español. Como es fácil comprender, nadie hizo caso de los descubrimientos que acababa de hacer el capitán Francisco de Ulloa, descubrimientos, sin embargo, de un valor real por cuanto revelaban la

---

es la verdad, lo que no nos es posible comprobar o rectificar satisfactoriamente, podría ser que el capitán extremeño Francisco de Ulloa que en 1540 hacía un viaje de exploración en California por encargo de Hernán Cortés, fuese el mismo a quien Valdivia encomendaba en 1553 el reconocimiento del estrecho de Magallanes.

configuración de aquellas costas, y demostraban la posibilidad de la navegación del estrecho en un sentido opuesto al que había seguido Magallanes.[527]

4. Establece el gobernador el fuerte de Arauco y manda fundar otra ciudad al sur de Valdivia

La primavera de 1553, época en que Ulloa emprendió esta exploración, fue el tiempo de mayor prosperidad y de más lisonjeras ilusiones del gobernador Valdivia. La quietud de los indios en los alrededores de las ciudades pobladas en el sur, le hizo creer que esa región podía considerarse como definitivamente pacificada. Al principio, Valdivia no había querido consentir en que los conquistadores hicieran trabajar a los indígenas, para evitar así rebeliones y levantamientos. Desde 1553 los españoles comenzaron la explotación de los lavaderos de oro; y según los antiguos cronistas, los primeros frutos de estas labores fueron altamente satisfactorios. Cuentan a este respecto que a poca distancia de Concepción, en un terreno singularmente rico, los indios de Valdivia extrajeron una gran cantidad de oro, y que cuando se la presentaron, el gobernador exclamó lleno de satisfacción: «Desde ahora comienzo a ser señor!».[528] Refieren también que esta era de riqueza desarrolló entre los conquistadores la pasión del juego a que eran muy inclinados. «A esto se aplicaba entonces el gobernador, dice uno de esos cronistas, no tanto por codicia como por vía de regocijo, porque cuanto ganaba lo daba a los que estaban a la mira, y vestía también mucha gente pobre sin guardar para sí cosa alguna; porque de su condición era muy magnífico y no menos largo en el juego, que aun cuando no estaba en su prosperidad, ni había la riqueza que en esta sazón, le sucedió una vez estando en el Perú el jugar con el capitán Machicao a la dobladilla de poner 14.000 pesos en sola una mano.»[529]

---

527 Los antiguos cronistas apenas consignan algunas vagas noticias sobre la expedición de Francisco de Ulloa al estrecho de Magallanes. Sin duda alguna, Ulloa y Cortés Ojea llevaban un diario de su viaje, pero habiendo regresado a Chile en una época de desastres, no se volvió a pensar por entonces en tales expediciones, ni se acordó de recoger esos antecedentes. Para hallar algunas noticias acerca de esta exploración, es indispensable consultar los documentos del viaje del capitán Ladrillero (1557-1558), de que hablaremos más adelante, y en que tomó también parte el capitán Cortés Ojea. En el itinerario de éste se habla varias veces de los reconocimientos practicados por la expedición de Ulloa.
528 Góngora Marmolejo, capítulo 14.
529 Mariño de Lobera, capítulo 40. El capitán a que se refiere este cronista es Hernando Machicao o Bachicao, como escriben otros, gran partidario de los Pizarro y famoso en las

Queriendo tener expedito el camino de la costa que conducía de Concepción a la Imperial, y sujetos a los bárbaros que poblaban esos campos, Valdivia mandó construir un fuerte. Eligió para ello un sitio vecino al mar, en un lugar donde los indios habían atacado a los marinos españoles cuando tres años antes reconocían esa costa bajo las órdenes del capitán Juan Bautista Pastene. El fuerte fue llamado Arauco, nombre con que los conquistadores designaron más tarde todo el territorio que se extendía al sur del Biobío. Este nombre, tan famoso en la historia, era, sin embargo, desconocido de los indígenas, y tuvo su origen, como hemos dicho en otra parte, en la palabra peruana aucca, usada por los españoles para designar a los indios de guerra.

En ese mismo tiempo Francisco de Villagrán desempeñaba otra comisión de Valdivia en los campos del sur. Sea que el gobernador desconfiando de su lealtad, como cuentan los antiguos cronistas,[530] quisiera tenerlo siempre ocupado en empresas lejanas, sea que obedeciese solo a su plan de dilatar la ocupación efectiva de los territorios que deseaba hacer entrar en su gobernación, había encargado a Villagrán que pasando adelante de la región explorada hasta entonces, esto es, de las orillas del lago Ranco, buscase un lugar a propósito para fundar otra ciudad. En cumplimiento de estas órdenes, ese capitán se hallaba a fines de 1553 preparando en el sitio en que más tarde se levantó la ciudad de Osorno, el establecimiento de un nuevo pueblo que debía llevar, según se cuenta, el nombre de Santa Marina de Gaete, en honor de la esposa de Valdivia. Los graves acontecimientos que en esa época tuvieron lugar en las inmediaciones del Biobío, vinieron a distraer a Villagrán de la ejecución de esa empresa.

5. Fundación de dos fuertes y de una nueva ciudad en el corazón del territorio araucano

En sus primeras campañas, Valdivia no había penetrado propiamente en el corazón del territorio a que se ha dado después el nombre de Araucanía.

---

guerras civiles del Perú. En las informaciones tomadas por La Gasca en 1548 hay varias referencias a la pasión de Valdivia por los juegos de azar, pasión por lo demás muy común entre los conquistadores.

530 Góngora Marmolejo y Mariño de Lobera, en los capítulos citados, están acordes en atribuir a desconfianza de Valdivia por Villagrán el propósito de tenerlo apartado en comisiones lejanas.

Había recorrido los campos vecinos de la costa, y los que se extienden al sur del río Toltén; pero quedaba una especie de cuadrilátero encerrado al norte por el Biobío y sus afluentes, al sur por el Toltén, al oriente por la cordillera de los Andes, y al poniente por la cordillera de la Costa, a donde los españoles no habían penetrado. Esta región que mide solo una extensión aproximada de 1.000 leguas cuadradas, cubierta en gran parte de bosques impenetrables, cortada por numerosos ríos de difícil paso y por vastas ciénagas que favorecían su defensa, y rodeada de ásperas serranías que con sus tupidas selvas facilitaban la guerra de emboscadas y de sorpresas, era también la porción más poblada del territorio chileno, y sus habitantes eran los más vigorosos y resueltos guerreros de todo el país. Esos bárbaros se habían mantenido hasta entonces inertes y tranquilos, o quizá solo algunos de ellos habían tomado una pequeña parte en la defensa que en 1550 hicieron de su suelo los indios comarcanos del Nivequetén o Laja. La falta de cohesión de aquellas tribus, la carencia absoluta del sentimiento de nacionalidad, las había hecho mirar con indiferencia los progresos de los españoles en las comarcas vecinas. La conquista española no se había hecho sentir en esa porción del territorio; y sus habitantes seguían gozando en perfecta paz de la libertad a que estaban acostumbrados.

Esta región, hemos dicho, era la más poblada del territorio chileno antes de la Conquista. La población estaba agrupada principalmente en las faldas de la cordillera de la Costa donde gozaba de un suelo fértil, de un clima templado y de la proximidad del mar que le suministraba un alimento abundante. Valdivia no podía medir el vigor y los recursos de esas tribus ni los peligros que envolvía el pensamiento de dominarlas con el puñado de hombres que formaban su ejército. Los triunfos constantes de los españoles, la fortuna con que hasta entonces habían vencido todas las resistencias, casi sin experimentar pérdidas, exaltaron de tal suerte la confianza de Valdivia, que llegó a persuadirse de que nada podía complicar sus proyectos de conquista. El arrogante caudillo se creía próximo a llegar a la cima de su engrandecimiento, cuando en realidad marchaba inconscientemente a una ruina desastrosa.

El desprecio que le inspiraban los indígenas lo movió a penetrar en aquel territorio que todavía no habían pisado sus caballos. Como si quisiera avasallarlos en el centro mismo de su poder y de su fuerza, mandó fundar dos fuertes, uno en la falda occidental de la cordillera de la Costa, con el nombre de Tucapel, y otro un poco más al sur, y en la falda oriental de la misma cordillera, con el nombre de Purén. En los llanos vecinos a este último, que los indios llamaban Angol, y en las márgenes de uno de los afluentes del Biobío, y por tanto en medio del valle central, ordenó levantar una ciudad que llamó de los Confines. Debían poblarla algunos vecinos de Concepción y de la Imperial a quienes asignó repartimientos en aquellos lugares. Aunque esos fuertes no estaban defendidos más que por un número muy reducido de soldados, los indios no opusieron en el primer momento una resistencia seria a esta invasión. Los conquistadores comenzaron a creer que no tenían nada que temer, dieron principio a la construcción de sus casas en la nueva ciudad y, aun, iniciaron la explotación de los lavaderos de oro.[531]

6. Preparativos de los indios para un levantamiento: atacan y destruyen el fuerte de Tucapel

Aquella tranquilidad no podía ser duradera. Pasada la primera sorpresa que había producido la vista de las armas y de los caballos de los conquistadores, los indios, privados de su libertad y obligados a trabajos que detestaban, comenzaron a mostrarse inquietos, y parecían aguardar una circunstancia propicia para levantarse contra sus opresores.[532] Los primeros síntomas de

---

531 Ni las crónicas ni los documentos fijan la fecha de estas nuevas fundaciones. El encadenamiento natural de los sucesos deja ver que debieron tener lugar en la primavera de 1553.
532 Don Alonso de Ercilla, cuyo poema, como tendremos ocasión de verlo más adelante, es ordinariamente un documento de incontestable valor histórico, refiere en el canto II de La Araucana que los indios prepararon su levantamiento celebrando una asamblea a que concurrieron casi todos los señores o caciques de la tierra. El poeta describe esa asamblea con animado colorido, hace intervenir a un cacique anciano llamado Colocolo, el Néstor de su poema, en cuya boca pone un discurso digno de Hornero. Colocolo decide a los indios a que reconozcan por jefe al más esforzado de todos ellos, al que tuviese más tiempo sobre sus hombros un pesado madero, que según su descripción, no habría podido levantar hombre ninguno. El vencedor en esta prueba fue, según el poeta, un cacique joven, de arrogante figura, aunque privado de un ojo, y dotado de las más raras cualidades de valor y de prudencia. Este cacique, llamado Caupolicán en el poema, fue proclamado general en jefe.
No se necesita mucha perspicacia para desechar el todo o la mayor parte de este pasaje como una hermosa invención poética. Así, pues, los historiadores no han aceptado el cuento del madero, y no han tenido mucha confianza en la existencia de Colocolo, acerca del cual no se halla referencia alguna en otra relación antigua. Aun adoptando como verdadera la noticia de que tuvo lugar aquella asamblea de los indios, la crítica tiene que apartar como puras invenciones todos aquellos rasgos poéticos con que Ercilla ha dado

rebelión se hicieron sentir en las cercanías del fuerte de Tucapel en los primeros días de diciembre de 1553. Los indios atacaron y desbarataron al capitán Diego de Maldonado, que marchaba con cinco castellanos del fuerte de Arauco al de Tucapel. Tres de éstos sucumbieron en la pelea, y Maldonado y uno de sus compañeros solo pudieron hallar su salvación en la fuga. El levantamiento de los indios de esa comarca se acentuaba más y más cada día. Los pocos españoles que defendían Tucapel, estaban mandados por un capitán vizcaíno llamado Martín de Ariza, hombre experimentado en las guerras contra los indios, y acostumbrado a vencerlos. Esta vez, sin embargo, se alarmó a la vista de la insurrección que asomaba, y procedió inmediatamente a apresar a algunos de los caciques de los alrededores. Todas las medidas de rigor que Ariza tomó para hacerles declarar sus aprestos bélicos fueron infructuosas. Pero, aunque los indios guardaron perfectamente su secreto, el capitán español se creyó en

---

cierto colorido caballeresco al levantamiento de esos bárbaros. Su poema, fuente histórica de primer orden cuando se le sabe aprovechar, ha contribuido más que cualquier otro escrito a propagar las ideas más falsas sobre los indios de Arauco, presentándonoslos como movidos por esos altos sentimientos que no se hallan jamás en las civilizaciones inferiores, sujetos a planes vastos y complicados, y ligados todos entre sí por los vínculos de una estrecha nacionalidad. La historia, que tiene que admirar sin reserva el heroísmo casi sobrehumano que los indios desplegaron para combatir a sus opresores y para reconquistar la independencia de la vida salvaje, no puede revestirlos de cualidades y de sentimientos que nunca se han hallado y que no pueden hallarse en las sociedades que no han alcanzado un mediano desenvolvimiento moral e intelectual.

Por nuestra parte, nosotros no creemos que tuvo lugar la asamblea general de los indios de que habla Ercilla, a lo menos en el momento en que la coloca el poeta. La formidable insurrección de fines de 1553 comenzó por el levantamiento aislado de una tribu que quería deshacerse de los invasores que oprimían la comarca de Tucapel. El primer triunfo de esa tribu alentó a las otras, cundió en pocos días el sentimiento de la rebelión y de la venganza, y la resistencia tomó al fin el carácter de general.

Tampoco aceptamos que antes del principio del levantamiento, los indios hubiesen elegido un jefe superior a todos ellos, y que ese jefe fuera Caupolicán. Es cierto que otro cronista muy autorizado, Góngora Marmolejo, habla de un Queupulicán, señor o cacique de Pilmaiquén, que hizo cruda guerra a los españoles y que fue ejecutado por éstos. Pero la aparición de Caupolicán o Queupulicán, es muy posterior a los primeros sucesos del levantamiento, de tal suerte que su nombre no se halla en ningún documento o relación que se refiera a esos sucesos, al paso que se habla de Lautaro como del verdadero promotor de la insurrección. Parece que Ercilla, con el propósito de dar interés a su poema mediante la unidad de héroe, ha puesto en escena a Caupolicán desde los primeros días de la lucha, y por lo mismo mucho antes que figurase realmente. Este procedimiento no debe parecer raro en la epopeya. En el siglo de Ercilla, la historia misma no estaba libre de estas adulteraciones a que los contemporáneos no daban importancia.

el caso de dar cuenta de todo a Valdivia, y de pedir que se le enviasen auxilios a la mayor brevedad.[533]

La muerte de aquellos tres españoles había arrebatado a los conquistadores el prestigio de invencibles de que gozaban ante los indígenas. Los indios que poblaban los campos vecinos a Tucapel, se atrevieron a acometer una empresa mucho más arriesgada para deshacerse de sus opresores, inventando para ello una ingeniosa estratagema. Como obligación impuesta por sus amos, esos indios debían llevar al fuerte cada mañana la provisión de leña para combustible y de pasto para los caballos. Un día, después de depositar su carga con la sumisión acostumbrada, sacaron de improviso las armas que llevaban ocultas entre las yerbas y cargaron resueltamente contra los castellanos. Ariza y sus soldados, que no esperaban este ataque, sufrieron un momento de perturbación; pero repuestos pronto de la sorpresa, cogieron sus adargas, o escudos de cuero, empuñaron sus espadas y embistieron con tal furor a sus agresores, que a pesar de la superioridad numérica de éstos, los pusieron al fin en desordenada dispersión. Ariza quiso aprovechar esta ventaja persiguiendo al enemigo y, aun, embistiendo a otro cuerpo que venía en auxilio de los indios, pero se vio forzado a encerrarse en el fuerte para resistir a la muchedumbre que lo asaltaba.

Esta desesperada defensa de los castellanos podía estimarse como una victoria; pero era una victoria demasiado costosa. Habían perdido algunos de

---

[533] Mariño de Lobera, capítulo 42, cuenta que la insurrección de los indios comenzó por la muerte de los tres españoles de que hemos hablado en el texto. Este hecho está confirmado por la carta del cabildo de Santiago a la Real Audiencia de Lima de 26 de febrero de 1554, y por la carta de los tesoreros u oficiales reales al rey, de 10 de septiembre de 1555, ambas publicadas primeramente por Gay, Documentos, tomo I, págs. 160 y 170.

Los documentos y las crónicas son muy deficientes sobre estas sucesos, y se encuentran entre ellos algunas graves contradicciones. Así, algunos cronistas dicen que el primer fuerte atacado fue el de Purén, pero nosotros seguimos en este punto a Ercilla, a Góngora Marmolejo y a Diego Fernández, que si no estuvo en Chile, escribió sobre las primeras noticias que llegaron al Perú.

El nombre del capitán que mandaba en Tucapel y el número de sus tropas son también materia de dudas. Sobre el primer punto seguimos a Góngora Marmolejo y a Mariño de Lobera sobre Antonio de Herrera (dec. VIII, libro V, capítulo 5), que lo llama Martín de Erizar. Ariza es un apellido muy común en Vizcaya. No creemos, sin embargo, como Góngora Marmolejo, que la guarnición de ese fuerte fuera compuesta de solo seis hombres, sin creer tampoco que se elevaba a cuarenta, como han escrito otros. Probablemente no bajaría de doce individuos.

sus soldados, y casi todos los que escaparon con vida estaban heridos y estropeados.⁵³⁴ Por otra parte, todos los indios de las inmediaciones se hallaban sobre las armas y amenazaban el fuerte. Aunque Ariza estaba comprometido a esperar allí los auxilios que había pedido, comprendió que no podía permanecer en ese lugar, expuesto no solo a nuevos ataques sino a los rigores de un sitio en que él y los suyos tendrían que morir de hambre. De acuerdo con los seis compañeros que le quedaban, determinó abandonar el fuerte. Los españoles mataron inhumanamente, con una barreta, a los caciques que tenían prisioneros y, enseguida, emprendieron la fuga favorecidos por la oscuridad de la noche y por la rapidez de sus caballos. En la mañana siguiente penetraban extenuados de cansancio y de fatiga en el fuerte de Purén, a donde llevaban la noticia del levantamiento de los bárbaros y de sus primeros triunfos.

El orgullo de los indios no conoció límites desde entonces. Apoderados de la desierta fortaleza de Tucapel, pusieron fuego a las palizadas construidas por los españoles, y enviaron emisarios por todas partes a anunciar aquellos triunfos. La noticia produjo una gran conmoción en la comarca. Los indios, sedientos de venganza contra sus opresores, llenos de confianza en el éxito de la guerra que comenzaba, acudían presurosos al sitio de su reciente victoria y preparaban sus armas para nuevos y más formidables combates.

7. Marcha Valdivia a sofocar la rebelión

Valdivia se hallaba, entre tanto, en Concepción ocupado en dar impulso al trabajo de los lavaderos de oro y haciendo los aprestos para la expedición que

---

534 Este combate ha sido admirablemente referido por Ercilla al final del II canto de *La Araucana*, y por Góngora Marmolejo, capítulo 14, sin grandes discrepancias en los detalles. Conviene advertir que cuando el segundo escribió su historia, ya se había publicado la primera parte de aquel poema, y la tuvo a la vista. Ercilla dice que los indios que penetraron en el fuerte eran ochenta, y Góngora los eleva a ciento, contra solo seis españoles que estaban con Ariza. Ninguno de ellos dice que los castellanos sufrieron pérdidas de vidas; pero Diego Fernández, cronista contemporáneo de aquellos sucesos, que estaba bien impuesto de las ocurrencias de Chile por las noticias que llegaban a Lima, y que escribió antes que Ercilla y que Góngora Marmolejo (si bien su libro se publicó solo en 1571), dice que los indios «acometieron a los españoles que allí había (en el fuerte de Tucapel) con gran astucia, y mataron muchos de ellos y a otros hirieron». *Historia del Perú*, part. II, libro II, capítulo 37. Probablemente solo seis de ellos llegaron vivos a Purén, lo que quizá extravió a Góngora Marmolejo haciéndole decir que la guarnición de Tucapel era compuesta solo de seis hombres.

en ese verano pensaba hacer a las regiones australes en busca del mar del Norte o, más propiamente, del estrecho de Magallanes. Creía confiadamente que su dominación en los territorios conquistados estaba asegurada para siempre, cuando supo primero la agitación y luego el levantamiento de los indios de la comarca de Tucapel y la muerte de los tres soldados españoles que se dirigían a esa plaza. Aquella sublevación, que en su principio no parecía envolver un carácter de alarmante gravedad, debió molestar al orgulloso conquistador. Los indios rebeldes eran considerados vasallos personales de Valdivia y formaban parte del extenso repartimiento que él mismo se había dado, y que comenzaba en la margen austral del Biobío. El teatro de los primeros actos del levantamiento no estaba lejos de los lavaderos de oro que el mismo gobernador había planteado como propiedad suya, y donde tenía ocupados algunos centenares de indios. Si la insurrección cundía hasta estos lugares, esas faenas tendrían que ser temporalmente abandonadas, y las expectativas de recoger grandes riquezas en poco tiempo más se verían frustradas.

No era posible demorar la represión de los bárbaros. En vez de enviar a alguno de sus capitanes a castigar a los insurrectos, Valdivia se decidió a salir personalmente a campaña. Después de haber cenado y de recibir la bendición del comisario general de los frailes franciscanos fray Martín de Robleda, el gobernador partió de Concepción en la tarde del 20 de diciembre.[535] Para no dejar desguarnecida la ciudad, Valdivia no sacó consigo más que quince soldados de caballería. La oscuridad de la noche les hizo perder el camino, de manera que solo al amanecer llegó al lugar de los lavaderos, donde se hallaba un destacamento de españoles para la sujeción de los indígenas ocupados en los trabajos. Allí no se tenía noticia alguna de la insurrección de los indios de Tucapel; ni se había hecho sentir el menor síntoma de levantamiento. Valdivia, sin embargo, mandó construir un fuerte provisional para la defensa de los soldados que inspeccionaban las faenas de las minas.[536]

---

535 «Cinco o seis días antes de Navidad», dice la carta anónima de 1554, que hemos citado anteriormente. El cronista Mariño de Lobera formaba parte del séquito del gobernador, pero fue dejado en los lavaderos de oro y no tomó parte en la campaña. Su manuscrito, que no conocemos en su forma original, contenía quizá sobre estos sucesos algunos otros detalles que desaparecieron al dársele una nueva redacción.

536 ¿Dónde estaban situados estos lavaderos de oro en que Valdivia se demoró varios días? Según parece desprenderse de algunas relaciones, se hallaban en el camino de Concepción al fuerte de Arauco, más o menos en las cercanías de Coronel y Lota. De la

Estos trabajos en que debe verse un rasgo de prudencia de Valdivia para aislar la insurrección, y no un error cometido por la codicia más vulgar, como se lo han reprochado algunos escritores,[537] le hicieron, sin embargo, perder un tiempo precioso en aquellas circunstancias en que convenía acudir con la mayor presteza posible a socorrer el fuerte de Tucapel. Cuando el estado de esas obras le hizo creer que los lavaderos podían ser defendidos con una escasa guarnición, confió el mando de ellos a un capitán andaluz llamado Diego Díaz, y emprendió de nuevo su marcha llevándose consigo el mayor número de los soldados que allí había. A su paso por el fuerte de Arauco, sacó también a algunos de los soldados de su guarnición. Su columna llegó a contar cincuenta españoles bien montados,[538] y un número considerable de indios auxiliares. Este número era, sin duda, insuficiente para la empresa en que iba a empeñarse; pero Valdivia, además de que no daba todavía gran importancia a la insurrección de los indios, contaba también con dos contingentes que debían doblar el poder de sus fuerzas. Esperaba hallar en pie el fuerte de Tucapel, cuya guarnición y cuyos parapetos no podían de dejar de servirle para reprimir a los indios sublevados; y aguardaba, además, un destacamento de veinte soldados escogidos que había pedido a la Imperial designándolos por sus nombres. Según las órdenes de Valdivia, éstos debían hallarse en Tucapel el mismo día que él llegase a la vista del fuerte.

8. Junta general de los indios: Lautaro propone un plan de batalla y toma el mando del ejército araucano

Los indios rebelados estaban mientras tanto al cabo de todos los movimientos del gobernador. Sus espías, perfectamente conocedores del terreno,

---

declaración prestada por Gaspar Orense ante el cabildo de Santiago el 12 de enero de 1554, aparece que éste vio construir el fuerte de que se habla, y vio también a la tropa de Valdivia pasar el río (seguramente el Biobío) para penetrar en la tierra de guerra. Según esto, los lavaderos en que se demoró el gobernador estaban situados al norte de este río. Probablemente eran los del estero de Quilacoya, que el reformador de la crónica de Mariño de Lobera ha llamado Andacollo, confundiéndolos con los famosos lavaderos de Coquimbo.

537 Entre otros, Ercilla en las octavas 92 y 93 del II canto de *La Araucana*.
538 Éste es el número que dan las cartas citadas del cabildo de Santiago y de los oficiales reales. Herrera, lugar citado, dice cincuenta y tres; Ercilla, canto III, oct. 57, y Mariño de Lobera, capítulo 43, lo elevan a sesenta; mientras que Góngora Marmolejo, capítulo 14, lo rebaja a treinta y seis.

dotados además del perfeccionamiento de los sentidos corporales tan útiles en las exploraciones, y de aquella perspicacia que convierte a los salvajes en enemigos tan terribles en las guerras de emboscadas, comunicaban a los vencedores de Tucapel que se había puesto en marcha contra ellos una división española más numerosa, y que les esperaba una prueba más dura y decisiva.

Parece que ni por un instante se les ocurrió a los indios la idea de evitar el combate y de diseminarse en fuga por los bosques y montes vecinos. Sus recientes triunfos los habían llenado de soberbia y habían atraído a su campo a un gran número de guerreros ansiosos de castigar a los invasores y de repartirse sus despojos. Según su costumbre, celebraron una junta para acordar el plan de guerra que debían seguir. En medio de aquella aparatosa asamblea, se levantó un mancebo de arrogante figura, de estatura marcial, de voz clara y prestigiosa, y pidió que se le dejara hablar. Era un indio de unos dieciocho años de edad, tomado por Valdivia en una de sus anteriores correrías en ese territorio, y destinado por el gobernador al humilde oficio de cuidador de sus caballos. Los españoles lo llamaban Alonso; entre sus compatriotas fue conocido con el nombre de Lautaro.[539] La noticia del levantamiento de los indios lo indujo a fugarse del lado de los opresores de su raza, y había volado a ofrecer a los suyos el auxilio de su brazo y de su consejo.

La arenga de Lautaro se redujo a demostrar a sus compatriotas que los españoles no eran invencibles, y que si éstos poseían armas mucho más destructoras que las de los indios, y caballos briosos que centuplicaban sus fuerzas, los hombres y los caballos eran mortales, sufrían el cansancio y la fatiga después de una batalla, y su número era, además, tan reducido que todos sus soldados tenían que entrar en la pelea sin dejar una reserva que pudiera servirles para reorganizarse en el caso de un desastre. Para vencer a los espa-

---

[539] Los indios chilenos no tenían propiamente nombre. Tomaban el del lugar de su residencia, o uno que expresaba las cualidades que se atribuían al individuo, o el animal u objeto a que creía parecerse. Desgraciadamente, la manera como los pronunciaban los españoles, y más aún como los escribían, hacen de ordinario imposible el descubrir su etimología. Sin embargo, en uno de mis apuntes hallo anotada una etimología del nombre de Lautaro que, sin duda, he hallado en alguna antigua relación que olvidé de señalar. Según ese apunte, el nombre verdadero de ese célebre caudillo sería Leutaru o Leuteru, que los españoles convirtieron en Lautaro, voz de pronunciación más llena. Ese nombre tendría su origen en el verbo leutun, acometer, embestir y perseguir al enemigo, o en el adjetivo leuten, diligente, audaz, emprendedor. Doy esta etimología sin tener en ella una confianza ilimitada.

ñoles, según Lautaro, no se necesitaba tanto un ataque impetuoso de todo el ejército de indios que pudiese decidir la victoria en corto tiempo, sino una serie de ataques sostenidos con vigoroso tesón, y renovados por otros cuerpos de combatientes. Era necesario fatigar al enemigo, extenuar sus fuerzas y reducirlo a la impotencia después de largas horas de combate. Los innumerables guerreros que los indios podían reunir, debían servirles para formar esas divisiones que habían de entrar sucesivamente en pelea, y para cerrar a la retaguardia de los españoles los caminos por donde pudieran retirarse los restos salvados de su derrota.

Aquel indio, que sin duda alguna estaba dotado de una gran penetración, debió conquistarse desde el primer día el prestigio que le aseguraba el conocimiento inmediato de los españoles, de sus armas y de su manera de pelear. Con todo, el ardoroso entusiasmo de la juventud procedió a elegir el terreno para empeñar la batalla. En las últimas graderías de la falda oriental de la cordillera de la Costa, se extiende una loma o meseta desde cuyas alturas se dominan los valles inmediatos. El río Tucapel, que baja de la montaña vecina arrastrando un limitado caudal de aguas cristalinas, rodea serpenteando una buena parte de los pies de esa meseta, y forma, o formaba en otro tiempo, tupidos pajonales en varios puntos de sus riberas.[540] En las laderas accidentadas y a veces escabrosas de aquella meseta, se había levantado el destruido fuerte de Tucapel, cuyo recinto, cercado por un foso y por una espesa palizada, había sido el teatro del combate que sostuvo el capitán Ariza contra los indios rebelados. Lautaro eligió aquella meseta para teatro de la batalla, colocando de antemano los cuerpos más numerosos de sus guerreros detrás de sus pajonales y bosques vecinos para no dejarse ver de los españoles sino en el momento en que éstos estuvieran muy cerca. El suave declive que la loma presentaba por su frente, no pondría ningún impedimento a la marcha de los castellanos, a quienes se quería dejar fácil acceso hasta las alturas. Los indios atacarían entonces por divisiones y sucesivamente, de manera que la segunda no entrase a la pelea

---

540 Don Ignacio Domeyko, que visitó esos lugares en los primeros meses de 1845, ha destinado a su descripción unas pocas líneas de buen colorido y de la más absoluta claridad. Véase Araucanía y sus habitantes, Santiago, 1845, pág. 28. Esa descripción, aunque muy sumaria, confirma la que se encuentra en Góngora Marmolejo, capítulo 14. Si el señor Domeyko hubiera conocido esta crónica, inédita entonces, sin duda que habría dado mayor desarrollo a las noticias que consigna sobre aquellos sitios, testigos de los memorables sucesos que narramos.

sino cuando la primera hubiese sido dispersada después de reñida resistencia. Los restos salvados de cada uno de estos choques se arrojarían por las laderas más ásperas de la meseta para que los caballos no pudieran perseguirlos, mientras se presentaba un nuevo cuerpo de indios a ocupar el lugar de los que habían sido obligados a retirarse. Lautaro, por su parte, tomó el mando de un cuerpo de indios situado cerca del río, y al flanco del sitio del combate, para dar la señal de una carga general y definitiva en el momento que él creyera que los españoles, agobiados de cansancio, pensaban en tomar la retirada. El caudillo araucano no olvidó ninguna de las precauciones necesarias para alcanzar un triunfo definitivo. En el camino que debían recorrer los castellanos para llegar a Tucapel, colocó numerosas partidas de observación ocultas en los bosques, con encargo de hostilizar a los batidores del enemigo, y de cortar la retirada a los que salvasen de la refriega.[541]

Cuando se estudian en las antiguas crónicas estas disposiciones estratégicas del caudillo araucano, el historiador está tentado a creer que la imaginación las ha engalanado, porque se hace difícil creer que aquellos salvajes hubiesen ideado un plan de batalla tan razonable y discreto. Sin embargo, en las páginas siguientes hemos de ver que Lautaro tenía las dotes de un gran soldado, y que sus guerreros poseían, junto con la más extraordinaria audacia, una rara habilidad para engañar y para sorprender al enemigo. Los araucanos, como lo han probado en tres siglos de lucha, demostraban en la guerra cualidades de penetración y de astucia que parecerían inconciliables con su estado de barbarie, a todo el que no conozca la singular habilidad que algunos pueblos, más salvajes todavía, han solido desplegar en sus campañas militares.

9. Memorable batalla de Tucapel

Valdivia salió del fuerte de Arauco el 30 de diciembre. El primer día de marcha no encontró en su camino otro indicio del levantamiento de los indígenas que la soledad de los campos que atravesaba. Su columna pasó la noche en perfecta tranquilidad a orillas del río Lebu, en un lugar llamado Labalebu.[542] El

---

541 Existe la mayor discordancia sobre el número de indios que formaban el ejército de Lautaro, no faltando alguien, Mariño de Lobera, que lo haga subir a 150.000 hombres. Probablemente no pasaba de 5 o 6.000 guerreros.
542 Para comprender la marcha de Valdivia en esta memorable campaña, conviene recordar que, aunque desde su salida de Arauco marchaba con dirección al sur, e inclinándose muy

día siguiente, que era domingo, 31 de diciembre, los españoles oyeron misa en ese mismo sitio, y enseguida continuaron su marcha en la mayor confianza, persuadidos quizá de que los indios sublevados, impotentes para sostener la lucha, habían ido a ocultarse en los bosques lejanos. Valdivia, con todo, deseando impedir cualquier sorpresa, despachó adelante cuatro o seis exploradores bajo las órdenes de un caballerizo suyo apellidado Bobadilla. Llevaban el encargo de reconocer el camino, de comunicarle cualquier novedad y de volver a reunírsele antes de la noche.

La noche llegó, sin embargo, y los corredores no volvían. Éste fue un primer motivo de inquietud; pero los castellanos acamparon sin que nada les dejara percibir la proximidad del enemigo. En la mañana del 1 de enero de 1554, cuando apenas habían avanzado un poco, encontraron en el sendero por donde caminaban, un brazo cortado hacía poco. La manga del jubón y de la camisa dejaba ver que ese brazo ensangrentado era de español. No podía caber duda sobre lo ocurrido. Bobadilla y sus compañeros habían sido sorprendidos en una emboscada, se les había dado muerte, y sus miembros descuartizados y sangrientos habían sido esparcidos en el campo que debían atravesar los castellanos. Aquel horrible espectáculo, lejos de infundir pavor a los expedicionarios, retempló su coraje y avivó su sed de venganza.

Pero Valdivia comenzaba a ver las cosas con más claridad que sus impetuosos compañeros. Se encontraba a corta distancia del fuerte de Tucapel, cerca de los enemigos que iba a combatir, y no tenía la menor noticia del refuerzo que había pedido a la ciudad de la Imperial. No podía ocultarse al gobernador que había temeridad en seguir avanzando hacia el enemigo con los pocos soldados que formaban su división. En un momento de prudente desconfianza quiso oír el parecer de sus capitanes. Muchos de éstos eran jóvenes ardorosos, recién llegados a Chile, y que por esto mismo no conocían a los temibles araucanos o

---

ligeramente hacia el oriente (entre las longitudes respectivas de Arauco y de Tucapel hay solo la diferencia de 10 minutos), se alejaba considerablemente de la costa. En esta parte de nuestro territorio, como es fácil verlo en cualquier mapa, el continente se avanza hacia el océano, formando entre el mar y la cordillera de la Costa una larga faja de terreno que tiene 6 u 8 leguas de ancho. La distancia que Valdivia tuvo que recorrer para llegar de Arauco a Tucapel es de más de 16 de nuestras leguas, por camino más o menos accidentado y en gran parte cubierto de bosques. La conducción de sus bagajes llevados a hombros por los yanaconas, y la marcha a pie de los indios auxiliares, no le permitía recorrer esa distancia en menos de dos días y medio.

pensaban que eran salvajes débiles y miedosos que abandonarían el campo a la primera carga que se les diera. Todos ellos contestaron que no era digno de valientes el retroceder ante aquellos bárbaros, y que era preciso marchar sin demora a castigarlos ejemplarmente.

Solo una voz se hizo oír en favor de una oportuna retirada. Un indio yanacona llamado Agustinillo por los españoles, sirviente personal de Valdivia, se acercó a éste en actitud humilde y suplicante, y le dijo: «Volveos, señor, vuestros soldados son muy pocos y los enemigos son numerosos y valientes. Acordaos de la noche de Andalién». La impresión que las palabras del leal yanacona hicieron en el ánimo del gobernador, fue desvanecida por el entusiasmo bélico de sus compañeros. Valdivia no volvió a vacilar. Animando a los suyos para entrar en combate, dio resueltamente la orden de continuar la marcha. En aquella determinación debió influir, sin duda, la convicción de que no era posible dejar abandonados a los defensores de Tucapel que, según creían los españoles, se hallaban sitiados por los rebeldes.

Antes de mucho tiempo se encontró Valdivia a la vista de los lugares que los indios habían elegido para su defensa. A lo lejos se divisaban los escombros del fuerte de Tucapel, humeantes todavía; pero no se veía un solo hombre ni se sentía el menor ruido. Todo hacía creer que los rebeldes habían abandonado aquellos lugares huyendo de la saña implacable de los castellanos. Habían llegado éstos a las alturas de la loma cuando se vieron amenazados por su frente por una turba compacta de guerreros araucanos que atronaban el aire con gritos terribles y descompasados con que los provocaban a la pelea. Sin vacilar, Valdivia dio sus órdenes para el combate, dividió su tropa en tres cuadrillas, y mandó que la primera saliese en el acto contra el enemigo.

Aquella primera carga fue tremenda. Los jinetes españoles embistieron en orden y con aquel furor que solían usar en los combates. Los pechos de los caballos arrollaban los pelotones de indios, que quedaban pisoteados y tendidos por el suelo, al mismo tiempo que las formidables espadas hacían destrozos entre los que podían mantenerse de pie. Los salvajes, por su parte, resistían con tesón heroico, luchaban y morían como bravos, pero vendían caras sus vidas, de suerte que después de este primer choque, casi todos los españoles que los atacaban estaban heridos o estropeados, y lo que era peor aún, agobiados de cansancio. Cuando los españoles habían dispersado ese primer cuerpo, y cuando los indios salvados de la refriega se precipitaban de las alturas por las laderas más ásperas para no ser perseguidos por los caballos, un nuevo cuerpo de guerreros araucanos se presentaba de frente para renovar la batalla.

La segunda división araucana llegaba en el mismo orden que la primera; pero los españoles no se atemorizaron un solo instante. Valdivia hizo salir contra ella otra cuadrilla de jinetes, y ésta recomenzó la refriega con todo ardor. Los indios, por su parte, opusieron esta vez una resistencia mucho más tenaz y encarnizada. Mientras tanto, la fatiga natural después de algunas horas de pelea, el calor de uno de los días más ardientes del verano y el deseo de resolver cuanto antes una lucha que se prolongaba demasiado, avivaban la impaciencia de los castellanos. Valdivia, creyendo poner pronto término al combate, dejó unos pocos hombres al cuidado de sus bagajes, y a la cabeza de los soldados que le quedaban, embistió furiosamente al enemigo. Todo su arrojo no sirvió más que para desbaratar la segunda división de los araucanos. Destrozados éstos en la pelea, corrían desordenados a precipitarse por las laderas vecinas.

Pero entonces se presentaron nuevos cuerpos de guerreros indios que llegaban de refresco. El combate fue entonces más duro y dificultoso para los castellanos, cansados ya de tanto pelear. Valdivia, sin embargo, reunió a todos sus soldados, y arremetió valientemente sobre el enemigo. Sus esfuerzos fueron impotentes para dispersar las nuevas divisiones araucanas: aquella lucha tenaz y encarnizada los tenía casi extenuados de fatiga y, aunque peleaban con audacia y sembraban el suelo de cadáveres de indios, los mismos españoles comenzaban a sufrir dolorosas pérdidas en sus filas y adquirían la triste convicción de que no podían romper las espesas columnas de los contrarios. Valdivia quiso suspender un instante la pelea para darse algún descanso y para tomar consejo de los suyos. Sus trompetas los llamaron a replegarse «Caballeros ¿qué hacemos?», preguntó el gobernador. «¡Qué quiere vuestra señoría que hagamos sino que peleemos y muramos!», contestó el capitán Altamirano, oficial extremeño, tan valiente como arrebatado. Valdivia debió comprender que una nueva carga no había de mejorar su situación; pero viendo a sus soldados tan animosos y resueltos, embistió otra vez con todas sus fuerzas, y seguramente con los indios auxiliares que llevaba consigo. Este acto de desesperación, con todo, no hizo más que precipitar su descalabro. Los españoles fueron impotentes para arrollar los apretados cuerpos de enemigos, y las trompetas volvieron a llamar a replegarse.

Parecía indispensable el pensar en la retirada para volver con mayores tropas a castigar a aquellos salvajes. Valdivia, que conocía la rapacidad y la codicia de los indios, creyó que si les abandonaba sus bagajes se entretendrían éstos en la turbulenta repartición del botín, y podría él retirarse sin serias dificultades. Comenzaba a ejecutar este movimiento cuando los quebrantados restos de sus tropas se encontraron asaltados de flanco por nuevos cuerpos de indios que acudían de carrera lanzando gritos aterradores y feroces de victoria y de venganza. Era la reserva de Lautaro, que acudía presurosa a consumar el triunfo de los araucanos. Siguiose todavía una confusa refriega: los castellanos, aunque jadeantes de fatiga, hallaron todavía en sus corazones y en sus brazos fuerzas bastantes para seguir luchando; pero cuando muchos de ellos rodaban por el suelo y cuando se convencieron de que les era imposible romper los espesos pelotones de indios, buscaron la salvación en la fuga.

La fuga, sin embargo, era imposible. Los caballos, heridos en la refriega y rendidos por el cansancio, apenas podían andar. Por otra parte, todos los caminos estaban tomados por los indios, cuyos ánimos habían cobrado mayor ardimiento a la vista del triunfo. Numerosas partidas de ágiles guerreros se habían diseminado en los campos vecinos; asaltaban a los fugitivos, los derribaban a lanzadas y los ultimaban despiadadamente o los arrastraban prisioneros para sacrificarlos en la celebración de la victoria. Ni un solo español logró sustraerse a aquella obstinada e implacable persecución. El mayor número de los indios auxiliares pereció también bajo los golpes de lanza y de macana de los sanguinarios vencedores. Los pocos que lograron sustraerse a la matanza ocultándose en los bosques o confundiéndose artificiosamente entre sus perseguidores, pudieron llevar a los establecimientos españoles la noticia de aquel espantoso desastre.

10. Muerte de Pedro de Valdivia

Valdivia, que montaba un excelente caballo, había alcanzado a alejarse algo más del teatro del combate, seguido por un clérigo apellidado Pozo, que le servía de capellán. Aunque acechados y perseguidos por todas partes por los indios, creían quizá salir con vida de aquella desastrosa jornada. Pero sus caballos se atollaron en una ciénaga, y se vieron forzados a detenerse en su carrera. Los enemigos, que defendían ese paso, cayeron presurosos sobre los fugitivos, los derribaron a golpes de lanza y de macana y los tomaron prisioneros. Valdivia fue despojado de sus ropas y armaduras, sin poder, sin embargo, arrancarle la celada que le cubría la cabeza. Desnudo, con las manos atadas con unos bejucos, que a los indios sirven de sogas, colmado de insultos y de improperios que seguramente no comprendía, el desventurado cautivo fue obligado a andar más de media legua para volver al campamento de los vencedores. Como no pudiera seguir en su carrera a sus ágiles aprehensores, Valdivia era a trechos arrastrado despiadadamente por el suelo y conducido en el más lastimoso estado ante la junta de los señores o caciques enemigos.

La fatiga del combate, la enormidad del desastre que acababa de experimentar y aquellos crueles sufrimientos habían abatido el espíritu del altivo y valiente capitán. El yanacona Agustinillo, el mismo que le había aconsejado en la mañana que se retirara sin presentar la batalla, prisionero también como su amo, le quitó la celada que sus aprehensores no habían podido desatarle.[543] «Devolvedme la libertad, dijo entonces Valdivia, y sacaré los españoles de vuestras tierras, despoblaré las ciudades que he fundado y os daré, además, 2.000 ovejas.» Por única respuesta los indios vociferaron las más feroces amenazas. Queriendo poner término a aquella conferencia, descuartizaron en el acto al yanacona Agustinillo que sin duda había sido el intérprete que tradujo las proposiciones de Valdivia. Allí mismo, a su propia vista, los indios se repartían las piezas de su vestuario y de su armadura, dejando a Lautaro la facultad de elegir las mejores.

No quedaba ninguna esperanza de salvación a los infelices prisioneros. Aquellos salvajes no tenían la costumbre de perdonar la vida a sus enemigos. Ahora, además, el recuerdo de las atrocidades cometidas por los españoles

---

[543] El cronista Góngora Marmolejo, que ha consignado este pormenor, da el nombre de celada borgoñona al casco que llevaba Valdivia. Era la borgoñota de algunos escritores españoles, o burguignotte de los franceses, casco ligero, desprovisto de visera, y que por esto mismo dejaba el rostro completamente al descubierto, si bien tenía una parte saliente destinada a proteger los ojos. La borgoñota, sobre todo la que usaban los soldados de caballería, estaba provista de carrilleras movibles que servían a la vez para resguardar una parte de la cara contra los golpes del enemigo, y para atar el casco por debajo de la barba. Algunas de estas borgoñotas eran obras exquisitas de arte por los relieves y cincelados, como se ven en la Real Armería de Madrid, en las piezas que pertenecieron a Carlos V, a Antonio de Leiva y a otros personajes célebres. La borgoñota de Valdivia, que cayó en manos de los indios, debía ser mucho más modesta.

después de sus anteriores victorias, y del mal trato que acostumbraban dar a los indios, habían provocado la cólera de éstos y excitado su natural crueldad con los vencidos. El clérigo Pozo, viendo cercano el fin de todos ellos, hizo una cruz con unas pajas, y comenzó a persuadir al gobernador a morir como cristiano. Una muerte rápida habría sido para ellos un beneficio; pero esos bárbaros acostumbraban gozarse en los sufrimientos de sus víctimas, y en esta ocasión no descuidaron de satisfacer sus instintos más feroces.

Valdivia fue martirizado de una manera cruel. Aunque los indios tenían las espadas y dagas que habían quitado a los vencidos, prefirieron usar las conchas marinas que usaban como cuchillos. Con ellas le cortaron los brazos, y después de asarlos ligeramente, los devoraron en su presencia. Un antiguo documento refiere que el conquistador de Chile vivió tres días en medio de estas torturas, y que al fin expiró de extenuación y de fatiga.[544]

---

544 Carta citada del cabildo de Santiago a la real audiencia de Lima. La derrota y muerte de Valdivia, acerca de las cuales se encuentran muy escasas noticias en los documentos antiguos, han sido contadas, con mayor amplitud de pormenores, por los antiguos cronistas, y particularmente por Góngora Marmolejo y por Ercilla, cuyo poema tiene en esta parte el valor de una historia. Esas relaciones, sin embargo, se diferencian totalmente en accidentes capitales, y nosotros preferimos en estos casos la del primero, que nos parece la más probable, o más propiamente la única posible.

Ercilla supone que los guerreros araucanos estaban mandados por Caupolicán: Góngora Marmolejo no lo nombra siquiera en esta parte de su crónica. En las relaciones o documentos contemporáneos se guarda el mismo silencio, si bien se habla de Lautaro como jefe de los indios. El nombre de Caupolicán no aparece sino bajo el gobierno de don García Hurtado de Mendoza.

La batalla de Tucapel ha sido contada por Ercilla de una manera diferente. Supone que los indios, derrotados en la pelea, se entregaban a la dispersión y a la fuga cuando Lautaro, que marchaba en el séquito de Valdivia, se pasó al enemigo, pronunció un hermosísimo discurso, uno de los mejores del poema, e indujo a los vencidos a volver al combate hasta alcanzar la victoria. Esta narración, de buen efecto en la epopeya, es insostenible ante la razón y ante la lógica y no puede ser admitida en la historia seria. Basta imaginarse lo que es una derrota, y, sobre todo, una derrota de indios sin disciplina militar, para comprender que es imposible que las cosas puedan haber pasado como lo supone el poeta. Como era difícil explicarse de qué manera los españoles vencedores en la primera batalla dejaron que los indios fugitivos y desordenados se reorganizaran. Ercilla va hasta contar que Lautaro, armado de una lanza primero y enseguida de una maza, contiene él solo a toda la caballería española, durante cierto tiempo. Esta proeza, digna de las novelas de caballerías de la Edad Media, desautoriza por completo aquella versión. Sin embargo, la vemos invariablemente seguida por casi todos los cronistas posteriores, comenzando por el jesuita Escobar en la nueva redacción que dio a la crónica de Mariño de Lobera.

La relación de Góngora Marmolejo, que hemos seguido fielmente, es mucho más natural y mucho más aceptable. En ella no hay nada de increíble o de inverosímil, y hace comprender perfectamente las causas verdaderas de la derrota de los castellanos. El honrado cronista, que no asistió a la batalla y que tampoco pudo hablar con ninguno de los españoles que en ella tomaron parte, puesto que todos ellos murieron en la refriega, dice que él recogió sus informes de un indio auxiliar que fue testigo de todo. El inca Garcilaso de la Vega, que en su juventud conoció a algunos soldados y capitanes de la conquista de Chile, ha referido en sus *Comentarios reales*, part. I, libro VII, capítulo 24, el desastre de Tucapel de una manera semejante a la de Góngora Marmolejo. Casi es innecesario decir que la crónica de éste, inédita hasta 1850, no fue conocida por Garcilaso, y que, por tanto, su versión ha sido recogida en otros informes. Esta misma circunstancia da más valor a esta narración de la batalla.

En la narración de la muerte de Valdivia, Ercilla se aparta también de Góngora Marmolejo; pero sigue otra versión que circuló con gran crédito, y que se halla consignada en la carta anónima que hemos citado anteriormente. Según ésta, algunos indios principales estaban inclinados a perdonar la vida a Valdivia; pero un cacique le descargó un golpe de maza que lo mató en el acto. Mariño de Lobera ha aceptado también esta versión. Nosotros seguimos la de Góngora Marmolejo, que es la misma que da la carta del cabildo de Santiago antes citada.

El padre Escobar, en su nueva redacción de la crónica de Mariño de Lobera, es el primero que ha consignado como cosa que «se dice comúnmente», la especie de que a Valdivia se le dio muerte haciéndole tragar oro derretido, especie consignada después en muchos libros, y que, sin embargo, ni siquiera vale la pena refutar.

¿En qué día tuvo lugar la batalla de Tucapel? Hay sobre este punto tanta discordancia entre los cronistas, que esta fecha se prestaría a largas discusiones.

Don Pedro de Córdoba y Figueroa, que escribía su *Historia de Chile* casi a mediados del siglo XVIII, apoyándose en una crónica de Ugarte de la Hermosa, que no ha llegado hasta nosotros, la coloca, libro II, capítulo 9, en el 3 de diciembre de 1553, fecha verdaderamente insostenible en vista de los pocos documentos que nos quedan sobre estos sucesos, y según los cuales Valdivia salió de Concepción cinco o seis días antes del 25 de diciembre. Sin embargo, esta fecha ha sido adoptada por historiadores posteriores, y entre ellos por Olivares y Molina.

Don José Basilio de Rojas y Fuentes en unos *Apuntes de lo acaecido en la conquista de Chile, escritos a mediados del siglo XVII*, y publicados en el tomo XI de la Colección de historiadores, dice 26 de diciembre de 1553.

Mariño de Lobera, o su reformador Escobar, señala en el capítulo 43, el día 27 de diciembre del mismo año.

Mientras tanto, la carta de los tesoreros de Santiago, escrita en septiembre de 1555, dice expresamente que tuvo lugar el 1 de enero de 1554. Esta fecha, que es la que nosotros adoptamos, se conforma bien con el orden de los sucesos y con la fecha de la partida de Valdivia, fijada en el documento que hemos citado, y en cierta manera está corroborada en una relación contemporánea que vimos en el Archivo de Indias, pero que no tiene ningún hecho nuevo. Se dice allí que el día antes de la batalla fue domingo, y que ese día, después de oír misa, despachó Valdivia los batidores que fueron descuartizados por los indios. Como la letra dominical del año de 1554 fue G., el 1 de enero fue lunes, accidente que se combina con lo que dice ese documento.

Una muerte análoga tuvieron los otros prisioneros, de tal suerte que no escapó con vida ni uno solo de los españoles que asistieron a aquella memorable y desastrosa jornada. Sus cabezas fueron colocadas en picas por los indios, y paseadas en sus tierras como trofeos de victoria para excitar a la rebelión a todos su habitantes.

11. Su persona y familia. Historiadores de Valdivia (nota)

«Este fue el fin que tuvo Pedro de Valdivia, hombre valeroso y afortunado hasta aquel punto», dice el cronista que nos ha servido de guía principal en la relación de estos últimos sucesos. Y más adelante agrega: «Era Valdivia, cuando murió, de edad de cincuenta y seis años, hombre de buena estatura, de rostro alegre, la cabeza grande conforme al cuerpo, que se había hecho gordo, espalduda, ancho de pecho, hombre de buen entendimiento aunque de palabras no bien limadas, liberal y hacía mercedes graciosamente. Después que fue señor recibía gran contento en dar lo que tenía: era generoso en todas sus cosas, amigo de andar bien vestido y lustroso, y de los hombres que lo andaban, y de comer y beber bien, afable y humano con todos; mas tenía dos cosas con que oscurecía todas estas virtudes, que aborrecía a los hombres nobles, y de ordinario estaba amancebado con una mujer española, a lo cual fue dado».[545] Este corto e imperfecto retrato del conquistador de Chile no

---

Como dato bibliográfico indicaremos aquí que la derrota y muerte de Valdivia ha dado origen a un poema inglés que no carece de mérito poético, pero que no tiene el menor valor histórico. William Liste Bowles, poeta de crédito en Inglaterra a principios de nuestro siglo (n. 1772-m. 1850) publicó en 1822 un poemita en ocho cantos con el título de *The missionary of the Andes*, cuyos héroes principales son Valdivia, Lautaro y un padre Anselmo, misionero. La pintura de la naturaleza, las costumbres descritas, todo es obra de pura imaginación. Por lo que toca a la historia, el autor no ha tenido más guía que lo que halló en una traducción inglesa del compendio histórico del abate Molina.

545 Góngora Marmolejo, capítulo XVI. El retrato de Valdivia hecho por este cronista, contraído solo a recordar algunas cualidades de su carácter que podemos llamar subalternas, no parece ser inspirado por ningún sentimiento desfavorable al célebre conquistador. Sin embargo, todo hace creer que por un motivo o por otro, Valdivia no dejó recuerdos simpáticos en la mayoría de sus contemporáneos. Ercilla, que llegó a Chile pocos años después, sin desconocer las grandes dotes de Valdivia, no se formó una idea lisonjera de su carácter moral, como puede verse en los primeros cantos de *La Araucana*. Así, en la estrofa 68 del canto y se leen estos cuatro versos:

La ley, derecho, el fuero y la justicia
Era lo que Valdivia había por bueno,

basta para darlo a conocer, pero servirá a lo menos para completar el cuadro de su fisonomía moral que resulta de los hechos que hemos narrado con tanta prolijidad en los capítulos anteriores. Creemos que el vasto caudal de noticias que en ellos hemos agrupado, pone al lector en situación de formarse un juicio exacto acerca de este hombre singular, en que se aunaban las grandes dotes de colonizador y de general, con los defectos inherentes a su condición de soldado, a la soberbia que creó en su ánimo su rápida elevación, y más que todo, al medio social en que vivió entre los capitanes de la Conquista, tan audaces en los combates como poco escrupulosos en la ejecución de sus planes; tan astutos y sagaces en el gobierno y en la guerra como groseros en su codicia y en su ambición. Juzgado a la luz de los progresos de la moral, el historiador no puede dejar de ser severo con Valdivia. Considerado comparativamente con el mayor número de sus contemporáneos, Valdivia debe ser estimado como uno de los más hábiles, de los más audaces y de los más grandes entre los conquistadores de América.

Valdivia murió sin dejar herederos de su nombre y de su gloria. Casado desde más de veinte años antes con una señora de Salamanca, llamada doña Marina Ortiz de Gaete, vivía alejado de ella desde 1535, año en que pasó a América a buscar fortuna. Aun, en medio de sus escaseces, Valdivia había cuidado de enviar a su esposa algunos socorros pecuniarios; pero más de una vez habían sufrido extravío. Al fin, cuando Alderete llegó a España y supo por él doña Marina que su marido había consumado la conquista de Chile, resolvió venir a establecerse en este país donde debía ocupar una alta posición. Sus esperanzas se desvanecieron bien pronto. Al desembarcar en Nombre de Dios,

---

Remiso en graves culpas y piadoso,
Y en los casos livianos riguroso.

En la lectura de los documentos contemporáneos se percibe una circunstancia de poca importancia al parecer, pero que revela un sentimiento de resistencia a los deseos del gobernador. Desde su vuelta del Perú en 1549, Valdivia se hacía dar el título de don en todos los documentos públicos. En los bandos del gobierno, en los nombramientos que hacía, en las actas del Cabildo, no se le nombraba sino don Pedro de Valdivia. Después de su muerte se le suprimió este tratamiento, o solo se le daba una que otra vez, y esto por aquellas personas que conservaban gratitud por su memoria.

El nombramiento expedido por el rey en 1552, de que hemos hablado al principio de este capítulo, no daba a Valdivia el tratamiento de don.

a mediados de 1554, para trasladarse a Panamá y seguir su camino a Chile, supo que Valdivia había muerto desastrosamente a manos de los indios.

Entonces comenzó para la desventurada viuda una vida de estrecheces y de reclamaciones ante la Corte, que formaban un triste contraste con las ilusiones que había concebido. Los bienes de su esposo fueron embargados y vendidos por los oficiales reales con el objetivo de reintegrar al tesoro los capitales que aquél había tomado para adelantar la conquista. El rey, por tres cédulas consecutivas, mandó que se asignase a aquella señora un repartimiento que correspondiese a su rango y a los servicios de Valdivia. Aunque se satisfizo en parte esta obligación, doña Marina no recibió de los gobernantes de Chile las consideraciones a que era merecedora la viuda del conquistador.[546]

---

546 En uno de los apéndices del *Proceso de Valdivia* (págs. 326-333) hemos dado cuenta minuciosa de todas las gestiones hechas por doña Marina Ortiz de Gaete para obtener las mercedes y concesiones a que se creía acreedora por los méritos de su marido. Allí se encontrarán también noticias sobre algunos parientes suyos que la acompañaron a Chile. Casi todos los cronistas posteriores a la Conquista y, aun, algunos historiadores de nuestros días, han asentado equivocadamente que la esposa de Valdivia llegó a Chile en vida de éste, el año de 1552. El pasaporte que se le dio para salir de España, fue firmado por el príncipe regente, después Felipe II, en Valladolid, el 19 de enero de 1554. Los documentos publicados en el libro que acabamos de citar, restablecen la verdad de los hechos en todo cuanto concierne a la viuda del conquistador, y son una prueba más de que sin el auxilio de los antiguos documentos no se puede escribir una sola página de la historia de Chile, pues las crónicas están plagadas de errores de toda naturaleza.

Hasta hace cuarenta años sabíamos bien poco de sólido y fundamental sobre la historia de la conquista de Chile bajo el gobierno de Pedro de Valdivia. El famoso poema de Ercilla pasa muy a la ligera sobre esos sucesos, y los ha engalanado, además, con accidentes poéticos que no pueden tener cabida en una historia seria. La célebre obra de Herrera (*Historia general de los hechos de los castellanos*), aunque escrita en vista de los documentos y relaciones primitivas que de ordinario copia casi sin modificar ni siquiera la redacción, contiene en general pocas noticias sobre esos sucesos por creerlos, sin duda, subalternos en el vasto cuadro que se había trazado de la historia completa de la conquista de América. Los libros, así impresos como manuscritos, que corrían con el nombre de historia de Chile, eran un conjunto de noticias basadas sobre hechos ciertos, pero enturbiadas por las perturbaciones de la tradición, y más todavía por la imaginación poco escrupulosa de los cronistas, que con muy poco criterio adornaban la historia con accidentes de su invención. Solo unos pocos de éstos consultaron algunos documentos, y de ellos tomaron unas cuantas noticias que no bastaban para rehacer la historia nacional en una de sus partes más esenciales.

Por real cédula de 17 de julio de 1779, Carlos III dio a don Juan Bautista Muñoz y Ferrandis el encargo de escribir una historia general de América con que se quería eclipsar la que acababa de publicar en inglés el insigne historiador Robertson, que la Corte y los literatos de Madrid creían desfavorable a la gloria y a los intereses políticos y coloniales de España. Ampliamente autorizado para registrar bibliotecas y archivos, Muñoz acometió los estudios preparatorios con un celo que pocas veces se habrá puesto en estudios de esta naturaleza. En cinco años del más tesonero trabajo, estudió los archivos de España y de Portugal, las bibliotecas públicas, conventuales y particulares donde había libros y papeles impresos o inéditos sobre la historia de América, y formó una colección de más de 130 volúmenes en folio, de copias o de extractos de crónicas, expedientes o documentos. Esos volúmenes son la más elocuente demostración de la seriedad de sus estudios. Muñoz copiaba textualmente las relaciones y documentos más importantes, y extractaba con una rara escrupulosidad, que hemos podido comprobar por nosotros mismos, los legajos o expedientes de menos valor. Este célebre erudito, debilitado por el exceso de trabajo, falleció el 19 de julio de 1799, a la edad de cincuenta y cuatro años, dejando impreso el primer tomo de su *Historia del nuevo mundo*, e inédita una parte considerable del segundo. Apenas había llegado a los últimos años de la carrera de descubrimientos de Cristóbal Colón.

Pero Muñoz dejaba también su preciosa colección de manuscritos en que habían de hallar un inmenso arsenal de noticias y documentos los historiadores posteriores, y entre ellos Navarrete, Irving, Prescott y Quintana. En esa colección, Muñoz había reunido los mejores fundamentos de la historia de la conquista de Chile, y entre ellos, cinco cartas de Valdivia a Carlos V que, sin duda, había recorrido el cronista Herrera a principios del siglo XVII, pero que ni él ni ningún historiador posterior había utilizado convenientemente. Sin el conocimiento de esas piezas era imposible escribir con mediano acierto las primeras páginas de la historia de Chile.

Cuando en 1843 emprendió don Claudio Gay la redacción de la parte política de la obra que le ha dado celebridad, pudo disfrutar de los libros y papeles que sobre la historia americana había reunido el célebre bibliógrafo Henri Ternaux Compans, y en ella halló numerosas copias de los documentos copiados por Muñoz. Entre ellos estaban las cartas de Valdivia a Carlos V, que Gay utilizó y que enseguida publicó en su colección de documentos. Don Claudio Gay pudo, de esta manera, dar a esa parte de su obra el mérito de la originalidad en la investigación y de la verdad en la narración. La parte que ha destinado a Valdivia en su *Historia de Chile* forma diez capítulos que son quizá los mejores de la sección política de su obra. Fueron escritos por el mismo Gay antes que confiara a manos subalternas la redacción de los volúmenes que se refieren a la historia colonial. Los hechos están expuestos con claridad y buen método, aunque sin relieve y con poco colorido, y vinieron a dar una luz enteramente nueva sobre todo lo que se había creído historia de la conquista de Chile. Pero Gay, que en vista de los documentos que tenía en sus manos, debió conocer cuán inexactas eran las crónicas impresas y manuscritas en que estaban contados esos mismos sucesos, cometió el error de seguirlas en muchas ocasiones, y esa complacencia lo hizo caer en numerosas equivocaciones y le impidió apreciar más clara y más exactamente los hombres y los sucesos.

En sus investigaciones históricas, don Juan Bautista Muñoz descubrió en la biblioteca del monasterio de Monserrate de Madrid, un volumen en 4° con el título de *Historia de Chile*. Era el manuscrito original y firmado de la crónica del capitán Alonso de Góngora Marmolejo. Muñoz lo hizo copiar con el mayor esmero, conociendo desde el primer momento la importancia fundamental que tenía para la historia de la conquista de este país. La copia de Muñoz se conserva todavía en la biblioteca particular del rey: el manuscrito original pasó a la biblioteca de la Academia de la Historia después de la supresión de los conventos en España. El capitán Góngora Marmolejo, soldado de claro entendimiento, escribió sin pretensiones ni aparato los sucesos de su tiempo, contando con llaneza y sencillez y juzgando con honradez. Habiendo llegado a Chile en los últimos años del gobierno de Valdivia, su crónica no toma extensión sino desde 1549, pero narra también los hechos anteriores por las noticias que pudo recoger entre sus contemporáneos. En el curso de nuestro libro tendremos ocasión de utilizarla con mucha frecuencia para referir la historia de los sucesos subsiguientes hasta 1575, en que termina esa crónica. Por ahora nos limitamos a decir que ella ha dado mucha luz sobre el gobierno de Valdivia. Publicada por primera vez en Madrid en 1850 en el IV tomo del *Memorial histórico español* bajo el cuidado del célebre erudito don Pascual de Gayangos, ha sido reimpresa en el II tomo de la Colección de historiadores de Chile, y constituye uno de los más preciosos documentos para estudiar y escribir la historia de la Conquista.

De estos antecedentes, así como de los primeros libros del cabildo de Santiago, se aprovechó don Miguel Luis Amunátegui para escribir los seis magistrales capítulos que ha destinado a Valdivia en su Descubrimiento y conquista de Chile, Santiago, 1862. Estudio cabal y completo de los documentos conocidos hasta entonces, gran arte en la exposición y en la narración, buen colorido en el estilo y notable sagacidad en los juicios, son las dotes que dominan en esa obra, cuya lectura recomendamos ardientemente a los que quieran estudiar bien esta parte de nuestra historia. El señor Amunátegui, dejando de mano a los cronistas posteriores a Valdivia, ha buscado la verdad en otras fuentes más seguras, y ha dado a los hechos y a los hombres su verdadera fisonomía. Haciendo el retrato del conquistador de Chile, se ha apartado por completo de los elogios banales esparcidos en las crónicas, elogios vulgares que ni siquiera revelan sus buenas cualidades, y que no sirven en manera alguna para caracterizarlo. El estudio sólido de los hechos, le ha permitido bosquejar la fisonomía moral del Valdivia verdadero, con sus virtudes y sus defectos, pero mucho más real y mucho más grande también que el de los cronistas.

Pero la investigación sobre esta parte de nuestra historia no estaba terminada. Después de muchos meses de rebusca en las bibliotecas y archivos de España durante los años de 1859 y 1860, pudimos recoger una gran cantidad de documentos que venían a explicar muchos sucesos imperfectamente conocidos, y a descubrir otros desconocidos. La mayor y la mejor parte de esos documentos fue publicada en 1874 en el volumen titulado Proceso de Pedro de Valdivia, que hemos citado tantas veces en los capítulos anteriores. La publicación anticipada de esos documentos quita, sin duda, mucho de la novedad que habría tenido esta parte de nuestro libro; pero pone a la disposición de los hombres estudiosos un buen caudal de noticias que es fácil utilizar. De todas maneras, nos lisonjeamos con la idea de que los capítulos concernientes a Valdivia que contiene nuestro libro, encierran el más copioso caudal de datos fidedignos que sea posible recoger en el estado actual de la investigación. Pero no creemos imposible que nuevos investigadores lleguen a descubrir otros antecedentes para completar la historia definitiva de esa era.

En esta revista de las relaciones y documentos que deben considerarse fundamentales para estudiar la historia de Valdivia, debiéramos quizá incluir la crónica de Mariño de Lobera, que hemos citado muchas veces. Desgraciadamente, no ha llegado hasta nosotros la obra original de ese capitán, sino una refundición de mejor forma literaria quizá, pero reformada con innovaciones que le hacen perder su carácter de relación primitiva, y que ha introducido hechos y noticias recogidos en otras fuentes y que carecen de autenticidad y de verdad. El jesuita Bartolomé de Escobar, autor de esta refundición, declara terminantemente en varios pasajes del libro (véase entre otros la pág. 260), que su obra es formada sobre el manuscrito de Mariño de Lobera con informes escritos y orales de otras personas. Más tarde, cuando tengamos que utilizar la parte más fidedigna de este libro, daremos más amplias noticias acerca de él y de su autor. Entonces también examinaremos más detenidamente las otras fuentes primitivas de los primeros años de nuestra historia, la crónica de Góngora Marmolejo y el poema de don Alonso de Ercilla.

Libros a la carta

A la carta es un servicio especializado para
   empresas,
   librerías,
   bibliotecas,
   editoriales
   y centros de enseñanza;
   y permite confeccionar libros que, por su formato y concepción, sirven a los propósitos más específicos de estas instituciones.

Las empresas nos encargan ediciones personalizadas para marketing editorial o para regalos institucionales. Y los interesados solicitan, a título personal, ediciones antiguas, o no disponibles en el mercado; y las acompañan con notas y comentarios críticos.

Las ediciones tienen como apoyo un libro de estilo con todo tipo de referencias sobre los criterios de tratamiento tipográfico aplicados a nuestros libros que puede ser consultado en Linkgua-ediciones.com .

Linkgua edita por encargo diferentes versiones de una misma obra con distintos tratamientos ortotipográficos (actualizaciones de carácter divulgativo de un clásico, o versiones estrictamente fieles a la edición original de referencia).

Este servicio de ediciones a la carta le permitirá, si usted se dedica a la enseñanza, tener una forma de hacer pública su interpretación de un texto y, sobre una versión digitalizada «base», usted podrá introducir interpretaciones del texto fuente. Es un tópico que los profesores denuncien en clase los desmanes de una edición, o vayan comentando errores de interpretación de un texto y esta es una solución útil a esa necesidad del mundo académico.

Asimismo publicamos de manera sistemática, en un mismo catálogo, tesis doctorales y actas de congresos académicos, que son distribuidas a través de nuestra Web.

El servicio de «libros a la carta» funciona de dos formas.

1. Tenemos un fondo de libros digitalizados que usted puede personalizar en tiradas de al menos cinco ejemplares. Estas personalizaciones pueden ser de todo tipo: añadir notas de clase para uso de un grupo de estudiantes, introducir logos corporativos para uso con fines de marketing empresarial, etc. etc.

2. Buscamos libros descatalogados de otras editoriales y los reeditamos en tiradas cortas a petición de un cliente.

www.ingramcontent.com/pod-product-compliance
Lightning Source LLC
Chambersburg PA
CBHW020321170426
43200CB00006B/234